ISTITUTO PER LA STORIA DEL RISORGIMENTO ITALIANO

BIBLIOTECA SCIENTIFICA

SERIE II: MEMORIE                                                Vol. XLIII

SERGIO LA SALVIA

# LA RIVOLUZIONE E I PARTITI

## Il movimento democratico nella crisi dell'unità nazionale

*Volume primo*

ARCHIVIO GUIDO IZZI
1999

Archivio Guido Izzi s.r.l. - Via Ottorino Lazzarini, 19 - 00136 Roma
Tel. (06) 39735580 - Fax (06) 39734433

*Alla memoria di Umberto*
*al cui esempio ho appreso la dignità del lavoro;*
*a Ines,*
*che mi spinse a cercare le nascoste ragioni*

# PREFAZIONE

L'intento di questa ricerca, avviata agli inizi degli anni '90, era di esaminare i caratteri del primo associazionismo legale democratico dell'Italia unita. Nel suo corso però ha assunto più centralità il sistema dei partiti, che mi è parsa presto l'unica via per chiarire la evidente contraddizione tra il ruolo giocato e la forza messa in campo dalla sinistra rivoluzionaria tra il 1859 e il 1861, culminando negli eventi del 1860, e il modesto risultato ottenuto come schieramento, contraddizione che resta celata se si guarda a quella fase cruciale in una prospettiva "risorgimentista" o, similmente, cercandovi conferme ai risultati cui pervenne il moto unitario. Questa impostazione se anche si giustifica in nome della concretezza storica e dell'incontrovertibile lezione dei fatti, in realtà disincentiva l'istanza critica, riducendo un momento fondamentale del processo di costruzione dello Stato nazionale agli aspetti diplomatico-militari, e, per gli aspetti politici, ad un differenza nelle modalità di accesso alle finalità unitarie secondo una scala di intensità ed accelerazione del moto idealmente ben rappresentata nelle posizioni estreme dal mazzinianesimo. Il limite non consiste tanto nella sottovalutazione del conflitto tra i partiti, dei quali si afferma aprioristicamente la gracilità in funzione del prevalere della questione nazionale e fondandosi sulla sostanziale identità sociale delle élites, cosa peraltro inevitabile. Quel che mi pare più grave è che ne deriva una visione "normalizzata" di un grande processo storico, la quale ne acquieta passioni e contrasti, potenzialità e valenze, e sorvola sui contenuti dello scontro che decise gli orientamenti del sistema, la cui costruzione non avviene in un laboratorio, ma nel vivo di un conflitto nel quale i contrapposti interessi non sono neutrali rispetto alle evoluzioni del sistema stesso. Una simile operazione in realtà non avrebbe avuto senso neanche per l'insieme della classe dirigente postunitaria, e risponde alla visione nazionalista, centralizzatrice e dinastica delle forze che, alla fine, raccolgono i frutti caduti dall'albero, sferzato duramente dalla tempesta della rivoluzione. Mi è parso allora necessario, oltre che illuminare gli aspetti di linea politica e i caratteri associativi della democrazia risorgimentale, verificare le coerenze del movimento nazionale, i diversi modelli cui si richiama, evidenziando gli schieramenti politici e istituzionali, non quelli sociali, seguendo le fratture interne alle élites e ai gruppi ad esse collegate. È così prevalso uno scenario nel quale si sono affrontati "risorgimenti" distinti, progetti istituzionali e visioni differenti dello sviluppo del sistema costituzionale, un nodo di problemi destinati, a mio avviso, a perdurare nel più lungo periodo. Da qui è nata anche la necessità di dividere la trattazione in due parti, volte la prima e delineare il profondo mutamento delle condizioni in cui si svolge l'agitazione nazionale con l'emergere del movimento associativo e, al suo interno, di quello democratico; la seconda più specificamente incentrata sul "partito" democratico e sui caratteri della prima associazione che lo rappresentò, non solo dal punto di vista della forma partito, ma indagandone l'azione politica alla luce delle grandi fratture che lo attraversano e attraversano il Paese. In questo senso l'ampia Introduzione serve a delineare la cornice nella quale nell'arco temporale più prossimo agli eventi esaminati si situano alcune continuità problematiche. A ciascuna delle due parti si unisce una Appendice di documenti, ciascuna relativa ai temi narrati e dunque ordinate intorno alla scansione segnata dal sorgere della Associazione dei Comitati di Provvedimento per Roma e Venezia. Infine la Nota di filologia mazziniana, al di là dell'aspetto pedante, si connette in realtà al ruolo svolto dall'esule nel primo sorgere del partito legale della democrazia nazionale.

Naturalmente l'idea dei "risorgimenti" configura non solo un gran moto ideale, culturale, politico e sociale, il momento fondativo dello Stato moderno, ma la nascita della moderna opinione pubblica, in grado di condizionare l'azione di governi e avanguardie. Perciò il movimento associativo, attraverso il quale essa si esprime diviene centrale, e le sue vicende configurano il primo formalizzarsi di strutture collettive di coordinamento portatrici di una visione della società e dello Stato secondo la quale ci si incontra e ci si divide. Sono i partiti, o meglio le prime manifestazioni di essi: la successiva evoluzione sarebbe dovuta avvenire infatti con il passaggio dall'associazione all'organizzazione, che in Italia incontrò ostacoli inimmaginabili. Solo con il consolidarsi della società politica questo passaggio si sarebbe determinato in un modello imposto dall'alto e in grado di agire sia sul piano del mercato e del comportamento economici come su quello delle interrelazioni sociali e di gruppi, configurando un "sistema di potere", più che un sistema dei partiti. Il problema rinvia alle regole, ma soprattutto a quella rete di condizionamenti formali e non, spesso neppure visibili ad occhio nudo, che il politico riflette sul sociale in virtù della sua potenza mimetica e imperativa, l'una e l'altra tanto più forti e condizionanti quanto più definito è il ricorso alla tipologia del citoyen, alla dimensione dello Stato rappresentativo. Ma per le stesse ragioni, assunte in senso opposto, questa rete di condizionamenti che bloccava il ricambio e il rinnovamento dei partiti e della politica avrebbe alimentato il rifiuto radicale, la negazione, la estraneità al sistema.

Le vicende di questi ultimi anni hanno svelato impietosamente il carattere ideologico e quindi l'esaurirsi di molte vecchie diatribe che, credo, nessuno, pur apprezzando quanto da esse è scaturito sul terreno della comprensione di un grande momento della nostra storia nazionale, dovrebbe rimpiangere. Ciò malgrado la ripresa di interessi sul Risorgimento rischia oggi di annegare nella ricerca di scorciatoie che potrebbero rivelarsi illusorie se non si fa viva l'istanza di una verifica di tale categoria storiografica.

Non par dubbio infatti che chiarire come fu fatta l'Italia potrebbe fornire qualche elemento non irrilevante per comprendere come furono pensati gli italiani da farsi. Per molti versi il dibattito su idea di nazione e identità nazionale pare un po' supponente proprio nella prevalente disposizione, una scorciatoia, a interrogarsi sul mito del Risorgimento o, nei casi migliori, sulla formazione dell'ideologia nazionale. La luce forte di questo mito, originata da una fonte che sedimenta i materiali di più generazioni, compresi quelli dei protagonisti dell'epico scontro, abbaglia anche oggi, quando dovrebbe perdere i caratteri di evento su cui si misurano gli schieramenti, e dovrebbe finalmente avviarsi un'indagine che ne colga l'effettiva consistenza, comprendendovi anche il rapporto con una storia della storia del Risorgimento. Pare infatti indiscutibile che in ogni Risorgimento, anche in quello che costituiva ancora una aspirazione, si riveli un vocazione egemonica. Assumendo un tale punto di vista ho cercato di muovermi senza la pretesa di dire come è andata davvero, ma di ancorare il giudizio storico ai documenti utilizzati. Nel mio caso poi una parte non secondaria di essi proviene da fonti edite, che interrogate dal punto di vista della formazione del movimento associativo, e dei partiti si sono mostrate ancora ricche di informazioni; dalla stampa, nella quale è per tanta parte documentato questo faticoso processo di aggregazione; e dai grandi archivi di personalità centrali nella vicenda associativa del movimento democratico, quali il Bertani, le cui carte sono al Museo del Risorgimento di Milano, Giuseppe Dolfi e Federico Bellazzi, il cui archivio, fondamentale per illustrare questa fase, si è sedimentato in diversi fondi del Museo Centrale del Risorgimento di Roma.

Gli studi sui partiti nell'Italia post-unitaria, sul loro sviluppo e le loro difficoltà nel sistema politico italiano, contano su molte riflessioni, ma su pochi contributi relativi al primo decennio e di essi spesso non si tiene neppure il dovuto conto. Devo perciò un franco riconoscimento a quanti, in modo più o meno essenziale, hanno contribuito a dare una certa inclinazione alla mia ricerca, non su specifiche questioni, sulle quali sarà facile constatare convergenza e divergenze, quanto da un punto di vista di conoscenze definite e quindi di problemi aperti alla ulteriore riflessione storica. Tra questi, trascurando le più antiche opere, tra cui però merita un posto speciale il lavoro di A. Dallolio, voglio ricordare i contributi più recenti di A. Aquarone, R. Composto, E. Passerin d'Entrèves, C. Pischedda, R. Romeo, A. Scirocco. Spero dunque che questo lavoro renda a ciascuno il suo, in uno spirito di discussione, un modo di porsi di fronte ai problemi della ricerca che credo di aver appreso dalla lunga amicizia con Giuseppe Talamo, consolidata nel corso di molti anni. Non posso che ringraziarlo per l'infinita pazienza con cui, da quando lo conosco, sopporta i miei continui rinvii nelle consegne, così come non posso dimenticare la discrezione con cui Emilia Morelli, alla quale avevo promesso questo mio lavoro, lo ha atteso, senza alla fine poterlo leggere. Con lei ne avevo parlato, ogni volta che un dubbio o un problema nuovo mi si affacciavano, ricevendone incoraggiamenti e apprezzamenti che mi facevano sentire più forte il suo rassegnato silenzio sui tempi della consegna. Ma devo ringraziare anche coloro che, con grande e generosa disponibilità, mi hanno aiutato, facilitando le mie ricerche. Per comprenderli tutti dovrei fare un lungo elenco che alla fine non sarebbe scevro di omissioni. Con la più parte di essi la lunga frequentazione ha costruito quasi sempre rapporti di amicizia e di stima: penso agli amici della Biblioteca di Storia Moderna e

Contemporanea *e della* Alessandrina *di Roma, del* Museo Centrale del Risorgimento di Roma *e del* Museo del Risorgimento di Milano. *Tra tutti questi amici preziosi e solerti che continuo a vedere nelle mie visite tra archivi e biblioteche, voglio ricordare solo il nome della signora Sandra Ceccarelli, che conobbi alla* Domus Mazziniana *di Pisa, ove aveva ordinato alcuni fondi, tra cui le carte Dolfi, con grande passione e perizia, messa con generosità a disposizione del ricercatore, prodiga di consigli e paziente nell'assecondare le esigenze del non residente. A distanza di tanti anni voglio esprimerle un ringraziamento riconoscente, e sono certo che, lei assente dalla* Domus, *quella prestigiosa istituzione abbia perduto molto.*

Sergio La Salvia

## TAVOLA DELLE ABBREVIAZIONI

| | | |
|---|---|---|
| API | = | *Atti del Parlamento Italiano* |
| ASR | = | *Archivio di Stato di Roma* |
| BMF | = | *Biblioteca Marucelliana, Firenze* |
| BNCR | = | *Biblioteca Nazionale Centrale Vittorio Emanuele II, Roma* |

### Carteggi di Camillo Cavour:

1) *Il Carteggio Cavour-Nigra dal 1858 al 1861* = *Cavour-Nigra*
2) *La questione romana negli anni 1860-1861* = *Questione romana*
3) *Cavour e l'Inghilterra. Carteggio con V. E. d'Azeglio* = *Cavour e l'Inghilterra*
4) *La liberazione del Mezzogiorno e la formazione del Regno d'Italia* = *Liberazione del Mezzogiorno*

| | | |
|---|---|---|
| CHIALA | = | *Lettere edite e inedite di C. Cavour, raccolte e illustrate da Luigi Chiala* |
| COPIALETTERE | = | *Copialettere di Federico Bellazzi, Museo centrale del Risorgimento, Roma* |
| DMP | = | *Domus Mazziniana, Pisa* |
| ENSG | = | *Edizione Nazionale degli Scritti di Giuseppe Garibaldi* |
| MCRR | = | *Museo Centrale del Risorgimento, Roma* |
| MRM | = | *Museo del Risorgimento, Milano* |
| SEI | = | *Scritti editi e inediti di Giuseppe Mazzini, Edizione Nazionale* |

X

# LA RIVOLUZIONE E I PARTITI

# INTRODUZIONE

«*Le rivoluzioni sono sempre fatte dalle minoranze, perché pochi e non molti sono quelli che domestica quiete, beni e vita mettono in rischio per il bene della patria: se il concetto della minoranza non corrisponde al desiderio e al bisogno della maggioranza, gli sforzi di quella diventano una ribellione, che avrà durata più o meno lunga, fasi più o meno gloriose, ma che ha sempre esito infelice; se al contrario rispondono al desiderio e a' bisogni della maggioranza (ove non sia intervento di forze esterne) finiscono sempre col trionfare, e convertirsi in legittima fortunata rivoluzione. Le rivoluzioni legittime sono quindi sempre dalle minoranze iniziate dalle maggioranze compiute; e grave errore commette tanto chi pretende togliere alle prime il merito dell'iniziativa, quanto chi pretende togliere alle seconde il merito del compimento: dirò di più che se una rivoluzione trionfante voglia escludere coloro che l'opera cominciarono, commette brutta ingratitudine; e se voglia escludere quelli che l'opera compirono, prepara la propria inevitabile rovina, perché uno Stato nuovo, per vivere e rassodarsi, non ha solamente bisogno del concorso dei magnanimi patrioti, ma anche quello di uomini capaci e autorevoli per nome, per casato, per aderenze, per fortuna*»

(**G. La Farina**, *Dell'ordinamento del regno*)

«*La storia è fatta non dalle moltitudini che disordinano senza idee o ruminano inerti la loro miseria o dalle maggioranze buone a niente, ma dalle minoranze organizzate che sanno quello che vogliono. La legittimità di queste sorge, se la loro opera riesce a vincere le difficoltà della creazione e della conservazione, e seconda che i liberi consensi, o almeno l'accettazione inerte, succedano alla rivolta o all'obbedienza imposta con la sola forza. Le minoranze che riescono a governare, vi riescono grazie a un plebiscito che si rinnova ogni giorno per il fatto stesso che nessuno le manda via*»

(**G. Salvemini**, *La rivoluzione del ricco*)

«*Nello stato rappresentativo, ai governanti si chiede di dar forma alla politica cioè di darne una rappresentazione, e poi di risponderne*»

(**G. Zagrebelsky**, *La Stampa*, 11 giugno 1994)

3

Se a quegli uomini entusiasti convenuti il 9 marzo 1862 per l'assemblea generale delle associazioni liberali italiane in Genova, presso la sala del Teatro Paganini,[1] un luogo ormai consacrato ai grandi appuntamenti del movimento popolare e democratico cittadino, qualcuno avesse predetto verso quali sconfitte il partito d'azione si andava apparecchiando, sarebbe apparso sgradito e inascoltato profeta di sciagure. Come, infatti, poteva presentarsi il futuro se non pieno di allettanti promesse? Salito al potere un governo da molti ritenuto amico, Garibaldi tornato a prendere il suo posto nelle file della democrazia, tutti aspettavano l'annuncio di prossime, gloriose imprese, e sembravano passati forse nove anni, non nove mesi, dalla morte di Cavour, quell'imprevedibile fatto che, comunque lo si voglia considerare, tanto aveva già pesato sulla vita del giovane Stato unitario, e nel processo fondativo del suo sistema politico.[2] La sinistra, attraversata allora da contrasti profondi, sembrava prendere atto delle novità e si apprestava a por fine alle lacerazioni insorte nel suo seno, culminate nell'assemblea della *Associazione dei Comitati di Provvedimento per Roma e Venezia* svoltasi il 15 dicembre del 1861. Dalle ceneri del vecchio organismo, ma senza alcun atto ufficiale che ne sancisse la morte, nasceva su nuove basi societarie l'*Associazione Emancipatrice Italiana* per dare rinnovato vigore e unità al movimento democratico e per realizzare infine il «centro elettivo» che ne rappresentasse adeguatamente le istanze su scala nazionale.[3]

Naturalmente agli stati maggiori del partito era del tutto chiaro che, dietro l'unità di facciata, l'assemblea del 9 marzo era il frutto di faticose mediazioni, alle quali ciascuna tendenza si dispose in vista di salvaguardare quanto in quel momento riteneva di prevalente interesse e nella comune consapevolezza che molti problemi di linea politica restavano insoluti, a cominciare dalla stessa po-

---

[1] Il clima dell'assemblea fu definito da *Il Diritto* del 12 marzo 1862 «severamente tranquillo», ma il tono, ufficiale e rassicurante, rispondeva alla forsennata campagna della stampa moderata che insisteva sulla esaltazione della platea. Anche *Il Movimento* del 14 marzo 1862, espresse riserve verso alcuni eccessi del dibattito, per es. per l'intervento di F. Campanella. Perciò è interessante la relazione de *La Gazzetta Ufficiale del Regno d'Italia* del 10 marzo 1862, che nel freddo stile del resoconto parlamentare dà notizia dell'ambiente, delle reazioni della sala, dei discorsi di Garibaldi e di G. B. Cuneo.

[2] Sull'opera di Cavour, ministro del nuovo Regno, oltre a Ettore Passerin d'Entrèves, *L'ultima battaglia politica di Cavour. I problemi dell'unificazione italiana*, Torino, ILTE, 1955, si veda il vol. III di Rosario Romeo, *Cavour e il suo tempo,* 3 voll., Bari, Laterza, 1969-1984.

[3] Per risolvere i contrasti sorti nell'assemblea del 15 dicembre 1861 non si votò per lo scioglimento dei *Comitati di Provvedimento*, ma per la confluenza nell'*Emancipatrice* di tutte le associazioni liberali, secondo l'appello di Garibaldi a tutti i Comitati e Club liberali apparso alla metà di febbraio 1862, ora in ENSG, *Epistolario*, Vol. VI, a cura di Sergio La Salvia, Roma, Istituto per la Storia del Risorgimento Italiano, 1983, p. 150. Perciò, specie nel Mezzogiorno, ove continuò ad esistere un *Comitato Centrale delle Provincie Meridionali*, tali organismi sopravvissero fin oltre l'estate del 1862. Anche questo appello, immaginato da Garibaldi alcuni mesi prima, era il risultato di una lunga mediazione.

sizione da assumere verso il ministero Rattazzi.[4] Così ad alcuni parve che nella nuova fase inaugurata dall'avvento di un governo cui Garibaldi, per voce comune e per quanto avrebbe fatto nei giorni immediatamente precedenti e in quelli successivi nella promozione del *Tiro Nazionale*, dava il suo appoggio, l'importante fosse che egli apparisse ancora una volta come il capo indiscusso di un partito unito e pronto a seguirlo. Ma non v'è dubbio che, tra la metà del 1861 e gli inizi del 1862, in altri settori democratici la fiducia verso la sua direzione, sulle sue capacità di dar vita ad un gruppo dirigente credibile e di costruire intorno alla sua linea i necessari motivi di convergenza, nonché sulla possibilità di poter riprendere a breve scadenza la via dell'azione, era decisamente declinata. La primavera e tutto il 1861 erano trascorsi senza che la sospensione dell'iniziativa rivoluzionaria, accettata come una pausa dolorosa, ma obbligata, potesse essere risolta;[5] anzi appariva chiaro che su questo terreno la partita era stata persa, e lo stesso Garibaldi aveva di fatto dovuto accettare quel dogma politico tenacemente sostenuto da Cavour e solennemente sanzionato davanti al primo parlamento italiano nel discorso della corona del febbraio: appartenere esclusivamente all'iniziativa del re e del suo governo la responsabilità di affidare alle armi le sorti della nazione.[6] Neppure la situazione parlamentare presentava sintomi confortanti dopo la sconfitta subita nelle elezioni del gennaio 1861 e le distinzioni emerse in modo clamoroso sulla tattica da seguire; e se a qualcuno l'ascesa di Rattazzi sembrò l'occasione per rimettere in gioco la sinistra, ai settori critici verso la direzione garibaldina era apparso subito chiaro che quel ministero si presentava come nemico della libertà d'associazione e dunque pericoloso per la prospettiva di sviluppo del partito e del movimento

[4] Tra i congressisti insorse una polemica sull'addobbo della sala, del quale, salvo un cenno de *La Nuova Europa*, non molto si parlò sui giornali. Sempre dalla *Gazzetta Ufficiale* sappiamo che, piccolo, ma significativo segnale, nel teatro Paganini dominavano colori e bandiere francesi e italiani. Ciò urtò il tradizionale filoanglismo di parte dei democratici perché smentiva la posizione antinapoleonica da essi fino ad allora seguita, alludendo alla disponibilità verso una linea di politica estera filofrancese di cui si era fatto alfiere il Rattazzi, da poco salito al potere con il viatico parigino.

[5] Il 29 ottobre 1860 Garibaldi raccomandava al re i suoi capitani e lo pregava di accogliere nel Regio Esercito i suoi commilitoni: v. ENSG, *Epistolario*, vol. V, a cura di MASSIMO DE LEONARDIS, Roma, Istituto per la Storia del Risorgimento Italiano, 1988, pp. 273-74; a questi ultimi con l'ordine del giorno dell'8 novembre 1860 dava il «rompete le righe» e l'appuntamento per altre battaglie sotto lo stesso vessillo in primavera: v. ENSG, *Scritti e discorsi politici e militari*, vol. V, Cappelli, Bologna, 1934, pp. 327-28.

[6] «Devoto all'Italia, non ho mai esitato a porre a cimento la vita e la corona, ma nessuno ha il diritto di cimentare la vita e le sorti della nazione». Come tutto il testo di questo discorso della corona per l'apertura del primo parlamento italiano, il passo fu particolarmente discusso in sede ministeriale: v. FRANCESCO COGNASSO, *Come fu compilato il discorso della Corona del 18 febbraio 1861*, in *Bollettino Storico Bibliografico Subalpino*, a. LX, n. 3-4, luglio-dicembre 1962, pp. 435-64. Il problema del monopolio della forza armata da parte dell'esercito regolare era divenuto un grande tema politico ed era stato già determinante nella crisi del ministero La Marmora - Rattazzi.

associativo nel suo complesso, problema che finalmente era stato posto in tutta la sua portata all'ordine del giorno.[7] L'elezione di un ampio gruppo dirigente, seguita al significativo sviluppo del movimento democratico, sembrò allora sufficiente a garantire l'organizzazione dai danni derivanti alla sua sottomissione ad una sola volontà, motivo costante della controversia svoltasi negli ultimi tempi al suo interno, e ad assicurare l'applicazione coerente della linea politica definita collegialmente.[8]

Gli avvenimenti successivi, culminati nello scontro di Aspromonte, resero chiara al partito l'inadeguatezza di una tal decisione e della riflessione svoltasi, che aveva lasciato in secondo piano, — veri nodi politico-teorici relativi al rapporto tra stato e nazione, tra popolo e istituzioni — alcune questioni di fondo, imposte dall'esperienza più recente e ormai non ulteriormente eludibili. Intanto finché l'azione armata, confusa con l'iniziativa insurrezionale, fosse stata assunta come l'espressione più alta della libera volontà nazionale — elemento ideale per sua natura instabile e semmai da disciplinare e consolidare intorno al modello partitico o statuale — sarebbe sempre stato possibile che un capo carismatico forzasse unilateralmente i tempi di un suo pronunciamento, trascinando i suoi seguaci nell'avventura. Né mancavano altri elementi di riflessione: il precedente della conquista militare e della perdita politica del sud avrebbe dovuto istruire i democratici sul contenuto di verità del severo monito che Cattaneo aveva rivolto a Crispi: «non basta saper prendere; è d'uopo saper tenere»;[9] il fallimento elettorale successivo renderli accorti dell'esigenza ordinativa, ormai prevalente nella pubblica opinione; la confusa fase politica, apertasi con la morte di Cavour, accentuarne l'autonoma collocazione nel sistema dei partiti quale, con tutti i suoi limiti, era quello dell'Italia post unitaria[10] per rinvigorire

[7] Gli orientamenti di Rattazzi in materia erano noti dato il precedente della legge generale di P. S. del 13 novembre 1859. Delle preoccupazioni nutrite dalla democrazia su questo atteggiamento del nuovo ministero fa fede la circolare del 15 aprile 1862 dell'*Emancipatrice,* in RENATO COMPOSTO, *I Democratici dall'Unità ad Aspromonte,* Firenze, Le Monnier, 1967, pp. 217-18.

[8] Il movimento delle *Unitarie* nella seconda metà del 1860, la costituzione del coordinamento delle società operaie scaturito dal congresso fiorentino del settembre 1861 erano segni inequivocabili in tale direzione. Al congresso del marzo 1862 anziché un *Comitato Centrale* di poche persone si elesse una *Rappresentanza Centrale* di 18 membri. Per la polemica relativa al predominio di Garibaldi, v. R. COMPOSTO, *I democratici* cit., pp. 167-73, *L'Associazione Unitaria Italiana in Genova alle Associazioni Liberali Italiane,* in particolare il punto II, C; e pp. 210-12, *Circolare N° 1* dell'*Emancipatrice* del 20 aprile 1862, in particolare alla p. 211.

[9] Cattaneo a Crispi, Lugano, 18 luglio 1860, in *Epistolario* di CARLO CATTANEO, a cura di RINALDO CADDEO, Firenze, Barbèra, vol. III: *1857-1861,* 1954, p. 371. Il corsivo è nel testo.

[10] Che si possa e si debba parlare di sistema di partiti per l'Italia post unitaria non pare dubbio a chi scrive, anche se resta il problema di capire la *forma* specifica nella quale essi si esprimono e i motivi del loro fallimento. Bisogna comunque osservare che la coscienza dei contemporanei si muove nella prospettiva di uno scontro in atto tra forze col-

il nesso tra cittadini e istituzioni e sciogliere il nodo della funzione del partito nello Stato, nella duplice prospettiva dello sviluppo dell'associazionismo e delle forme della democrazia partecipata, nonché della critica della rappresentanza, del paese legale in relazione alla effettiva e permanente espressione del paese reale.[11] Larghi settori del partito d'azione erano restati invece prigionieri dell'illusione della ripetibilità del miracolo del 1860, ed è possibile trovare qualche attenuante per questo sonno prolungato delle ragioni della Sinistra unicamente nel fatto che altri e non trascurabili attori della scena pubblica spinsero, ma con altre intenzioni, quasi al parossismo l'idea di poter ripercorrere le vie già una volta calcate con maggior successo.[12] La gloria di quell'anno mirabile si era però equamente riflessa su tutti i protagonisti: ora invece i frutti avvelenati dell'evento luttuoso consumato sulle pendici di Aspromonte in un clima di ambigue complicità erano destinati in modo fin troppo esclusivo alla parte democratica, tanto da far sorgere il dubbio che quella trappola infernale avesse forse meno a che fare con la Francia e con Roma e assai più con una strategia mirante a condizionare l'evoluzione del sistema politico e delle forze democratiche.

«Il tempo delle rivoluzioni è finito. Il tentativo infecondo di Garibaldi del 1862 avrebbe dovuto convincervene»

scrisse Crispi il 3 marzo 1864 a Gaspare Lojacono, mentre stava maturando una significativa svolta nel suo orientamento politico. Ma i suoi carteggi, già nel

lettive e organizzate; vedasi ad esempio la lettera del 24 ottobre 1861 con cui la *Società Unitaria* si rivolge alle associazioni liberali in R. COMPOSTO, *I Democratici* cit., pp. 174-76; cfr. pure l'importante contributo di FERDINANDO MANZOTTI, *La Destra storica in Emilia* in *Atti del XIV Convegno Storico Toscano*, in *Rassegna storica Toscana*, VIII (1961), f. II, pp. 167-212, ove nella dimensione regionale e con particolare riferimento alle fasi elettorali del 1861 e 1865 si mette in luce accanto al confronto programmatico e di schieramento, quello fra organizzazioni. Naturalmente, come osserva PAOLO POMBENI, *Introduzione alla storia dei partiti politici*, Bologna, Il Mulino, 1990, il problema dell'origine dei partiti investe questioni di ordine storico, giuridico e ideologico e su questi piani mi sforzerò di condurre l'analisi nelle pagine successive.

[11] È il senso dei pesanti «considerando» che aprono lo statuto dell'*Associazione Unitaria* di Genova, ora in R. COMPOSTO, *I Democratici* cit., pp. 162-64. Solo il recupero di tale problematica poteva rafforzare il sistema rappresentativo e ridimensionare la tradizionale, annosa polemica che univa al concetto stesso di partito l'idea di divisione, e quindi di debolezza, degli italiani. Lo statuto genovese è pressoché uguale a quello dell'*Unitaria* di Napoli, pubblicato su *Il Popolo d'Italia* del 18 ottobre 1860, e inserito nel volume SEI, LXVI, pp. 271-73, attribuito a Mazzini non si capisce su quali basi, fornendo un supporto alla tesi antica che riconduceva l'esperienza delle *Unitarie* nel 1861 all'influenza del Genovese.

[12] A proposito della persistenza dell'alleanza tra il re, Rattazzi e Garibaldi sono da tener presenti le autorevoli osservazioni di ADOLFO OMODEO, *Per l'interpretazione della politica di Rattazzi*, ora in *Difesa del Risorgimento*, Torino, Einaudi, 1951, p. 588, confermate da CARLO PISCHEDDA, *Cavour dopo Villafranca*, ora in *Problemi dell'unificazione italiana*, Modena, Mucchi, 1963.

1862, testimoniano la cruda valutazione di quel fatto che si fa luce negli uomini pensanti della democrazia, la coscienza che

«Usciti una volta dalla costituzione, è difficile rientrarvi».

Nel dicembre del 1862 l'allusione non doveva tanto far riferimento alle forzature procedurali con cui nel febbraio-marzo il re aveva imposto il ministero Rattazzi, quanto agli sviluppi del quadro politico nazionale al momento della crisi di quel ministero dopo il disgraziato tentativo del Generale,[13] allorché l'innalzamento del vessillo della ribellione armata fece apparire inevitabile all'opinione del paese il Regio Decreto del 20 agosto con cui venivano sciolte la *Emancipatrice* e le associazioni democratiche accusate di coinvolgimento nel moto,[14] che in realtà il partito affrontò profondamente diviso, anche se le responsabilità di esso, né poteva essere altrimenti, furono assunte e pagate collettivamente.

Alla sensibilità giuridico-costituzionale con cui Crispi guardò agli eventi fece riscontro la preoccupazione politico-militante con cui Bertani, che insieme al siciliano aveva visto con crescente ostilità l'agitazione garibaldina nei mesi precedenti Aspromonte, giudicò quel fatto che poneva fine al progetto di costruire il partito intorno al carisma del Generale, modificando in modo profondo il quadro di riferimento entro cui negli ultimi anni la democrazia aveva operato. Infatti, dopo il decisivo contributo dato alla liberazione del Mezzogiorno, essa si era accreditata come forza capace di governare i processi della rivoluzione italiana, come partito autonomo ed essenziale al progresso della causa nazionale, e tale continuava ad apparire anche attraverso il complesso processo che aveva accompagnato le ultime vicende politiche, finalmente liberata dall'immagine, che prima di allora l'aveva accompagnata, di setta minoritaria e avventuristica.[15] Ineluttabilmente dopo Aspromonte tale immagine tornava a caderle addosso, alimentando nuove diffidenze e giustificando le repressioni cui fu soggetta.

---

[13] Cfr. *Carteggi politici inediti (1860-1900)* di Francesco Crispi, *estratti dal suo archivio, ordinati e annotati* da Tommaso Palamenghi Crispi, *Aspromonte, Mentana, la "questione morale"*, Roma, L'Universelle, 1912, pp. 190 e 179. Il secondo passo è nella lettera a G. Raffaele da Torino, 3 dicembre 1862. In verità poco si è riflettuto sui germi autoritari innestati nel corpo del giovane Stato dalla crisi d'Aspromonte, non sufficientemente contrastati dagli eredi di Cavour, dai Farini e dai Minghetti, assurti allora al governo. Un utile contributo in questa direzione è il volume: *1862. La prima crisi dello stato unitario*, a cura di Gianni Di Stefano, Trapani, G. Corrao, 1966.

[14] Per alcuni aspetti del dibattito dei contemporanei e per alcune riflessioni sulle conseguenze dei fatti di Aspromonte sul movimento democratico cfr. R. Composto, *I Democratici* cit., pp. 148-56.

[15] Su ciò cfr. le puntuali considerazioni di R. Romeo, *Cavour* cit., pp. 699-715.

Sul primo aspetto, cioè sul ruolo di Garibaldi nel partito, Bertani non era il solo a nutrire da tempo dei dubbi. Ne erano partecipi molti quadri della democrazia italiana già all'indomani della conclusione infelice dello scontro politico tra moderati e democratici apertosi dopo l'ingresso dei garibaldini a Napoli, quando si era potuto misurare in tutta la sua dimensione lo scarto esistente tra gestione dell'impresa militare e della linea politica, sottomessa alla potestà dittatoria che il Generale esercitava naturalmente sul partito. Perciò non appena fu possibile por fine alle emergenze della guerra e riaprire la disputa sulla forma organizzativa più adeguata alle nuove circostanze, ciò che Bertani andava dicendo in forma privata circa l'inaffidabilià politica di Garibaldi[16] fu detto in forma pubblica da *Il Popolo d'Italia*, quasi a riassumere le discussioni sviluppatesi nei mesi precedenti nelle file democratiche.[17] Le parole del foglio napoletano furono la prima, precoce manifestazione del conflitto che per buona parte del 1861 contrappose settori democratici meridionali all'*Associazione dei Comitati di Provvedimento per Roma e Venezia*, allora in via di formazione. Riproposte nel dibattito del partito allorché la Sinistra produsse il maggiore sforzo di riflessione sulla forma e sui compiti dell'organizzazione, cioè nella fase costitutiva delle *Società Unitarie*, nell'estate del 1861,[18] divennero opinione di tutto il movimento quando furono accolte nella prima circolare diffusa dalla *Associazione Emancipatrice Italiana*.[19] Da parte sua *La Nuova Europa*, voce di uno dei gruppi più vivaci ed interessanti della Sinistra, quello toscano, fino a poco prima tra i più impegnati nel diffondere l'*Associazione dei Comitati* su scala regionale, notificò come una liberazione l'esaurirsi del progetto da cui era sorta la prima organizzazione politica nazionale democratica dell'Italia unita. Scorsi infatti pochi giorni dal congresso del marzo 1862, il giornale di Firenze pubblicava con evidenza nel titolo e nei caratteri un articolo su *I Comitati di Provvedimento*[20] nel quale si comunicava innanzi tutto che il locale Comitato aveva deciso di sciogliersi senza altro indugio, secondo la deliberazione dell'Assemblea

---

16) *Carteggi politici inediti* cit., Bertani a Crispi, 31 ottobre 1860, pp. 4-5.

17) *Il Popolo d'Italia* del 3 novembre 1860, e ripubblicato in SEI, *Politica*, LXVI, pp. 305-11. Ritengo l'articolo non sia di Mazzini, come ho motivo di dubitare dell'attribuzione allo stesso del *Programma* apparso nel primo numero del foglio napoletano. Per una discussione della questione delle attribuzioni a Mazzini di articoli del *Popolo d'Italia* cfr. la *Nota di filologia mazziniana*.

18) Nella continuità di questo dibattito va cercata la sostanziale ripresa dello statuto della *Società Unitaria* di Napoli da parte dei nuovi organismi sorti allora con lo stesso nome. Il problema è di rilevante portata critica poiché sulla base di attribuzioni mai discusse del primo statuto a Mazzini si è automaticamente ripetuto, a volte perfino senza partire dalla constatazione di una simile ripresa, che il movimento delle *Unitarie* traesse origini dall'impulso mazziniano.

19) Cfr. R. COMPOSTO, *I Democratici* cit., Circolare n° 1, Genova, 20 marzo 1862, pp. 210-12.

20) Cfr. *La Nuova Europa* del 16 marzo 1862.

genovese e per «mandare ad effetto quello che da molto tempo era ne' suoi [del Comitato] voti». Poi si tracciava un rapido, ma significativo bilancio dell'esperienza, nata «sotto l'impero di circostanze straordinarie» nel 1860, rinnovatasi allargando la propria azione, in forma di associazione, a Roma e Venezia, ma tenendosi fissa al programma di Garibaldi, e pur su queste nuove basi rivelatasi inferiore a se stessa. Onde, si osservava — e colpisce la ripresa quasi letterale delle stesse argomentazioni avanzate un anno e mezzo prima dal confratello napoletano — i *Comitati* non furono mai una vera e propria associazione:

«Riconosciuti quasi impotenti in fatto non meno che in diritto — argomentava *La Nuova Europa* — [i Comitati] sentirono il bisogno di fortificarsi con l'associazione, e così si chiamarono: si chiamarono ripetiamo, non altro, perché oltre il vizio d'origine, che rimaneva, per il modo in cui continuarono ad essere governati, e per la scarsezza del numero, restringendosi in alcuni luoghi a una sola persona, non poterono costituire mai una vera e propria associazione».[21]

Senonché con l'*Emancipatrice* tornava a prevalere il compromesso tra le diverse tendenze: in nome dell'unità del partito, Garibaldi vi riprendeva di fatto, se non di diritto, il ruolo di *deus ex machina*, e il potenziale politico dell'associazione tornava ad ordinarsi entro i consueti canoni, sia pure con una maggiore insistenza su alcune questioni programmatiche, quali il diritto di voto, il diritto di associazione, la libertà di stampa e così via.[22] Fu dunque la nascita della *Emancipatrice* un'occasione perduta per la formazione di una sinistra radicale in grado però di svolgere nel sistema politico un ruolo alternativo reale e possibile ai moderati? L'ipotesi è ammissibile, e certamente passò per la testa di Bertani,[23] che comunque la rese anche pubblica nel giugno del 1863 nella discussione svoltasi alla Camera sul diritto d'associazione, ancora conculcato a un anno di distanza dal decreto rattazziano dell'agosto del 1862, suscitando lo stupore dell'assemblea, fedelmente annotato dal solerte verbalizzatore, quando rivolse a Garibaldi, pur senza nominarlo e mantenendogli il riconoscimento di capo del partito, un rimprovero bruciante:

---

[21] *Ibidem.*

[22] In questo senso è illuminante confrontare il *Progetto di regolamento per l'unione delle Associazioni liberali democratiche italiane*, e lo *Statuto dell'Associazione Emancipatrice italiana*, come ha già fatto R. COMPOSTO, *I Democratici* cit., pp. 193-202.

[23] Non si potrebbe altrimenti spiegare il duro giudizio da lui espresso in un appunto senza data, ma scritto nel 1863 – come farebbe pensare la presa di posizione decisamente contraria alla partenza per la Polonia insorta di membri del partito d'azione – ove si legge tra l'altro: «Noi [...] non presteremo né la mano né il silenzio a nuovi atti d'indisciplina verso il nostro partito, né tenteremo un nuovo Aspromonte, fatto doloroso di rivolta contro un partito»: v. MRM, *Carte Bertani,* b. 51, pl. 32, 8.

«Se dopo tanti apprestamenti vennero i lutti di Aspromonte, io non posso dire che una cosa: che non vi ha uomo, per quanto potente di braccio, per quanto generoso di cuore, per quanto amato e seguito dal popolo, che possa riuscire in un'impresa quando prima non se la intenda col proprio partito».[24]

Per la sua cultura positivistica il medico lombardo era portato a considerare la politica un'arte che, come tale, procede ai suoi fini per tentativi: egli dunque avrebbe provato ancora a costruire l'unità del partito, che la condotta del suo capo aveva deluso e disatteso, intorno ad un progetto d'azione semilegale ed a riorganizzarne le fila in vista dell'azione sul Veneto intorno ad un *Comitato Centrale unitario segreto*.[25] Una spinta non trascurabile alla ripresa del metodo rivoluzionario veniva però anche dalle conclusioni cui sembrava approdare il dibattito parlamentare sulla libertà di associazione, promosso con l'interpellanza del 5 giugno del 1863 dopo lo scioglimento governativo della *Società democratica* di Genova, la cui fondazione era stata la prima risposta, in termini politici e organizzativi, alla crisi del movimento democratico dopo le traversie degli ultimi mesi del 1862, che riproponevano un ripensamento più radicale e collettivo dei modi fin allora seguiti per farsi partito. Gli esiti di questa prima riflessione Bertani rendeva pubblici nell'aula parlamentare citando un passo di una circolare della disciolta società, quasi appello all'opinione nazionale e alle forze rivoluzionarie: alla prima si chiedeva di prendere coscienza della necessità vitale dello sviluppo dell'associazionismo politico per la crescita liberale di tutta la società; alle seconde, di ricostruire rapidamente le condizioni della propria iniziativa, per non sottrarre alla libertà generale il contributo della propria opera. Dunque

«Se la *prima* fase della vita collettiva e rappresentativa della democrazia in Italia si chiuse violentemente col decreto del 20 agosto, una *seconda* adesso si deve iniziare coll'ammaestramento dell'esperienza politica e con quella dei tempi che corrono».[26]

[24] API, *Camera dei Deputai, Discussioni*, Sessione del 1863-1864, discorso del 19 giugno, pp. 443-48. La citazione a p. 446. Pubblicato anche in *Discorsi parlamentari* di AGOSTINO BERTANI, Roma, Tipografia della Camera, 1913, pp. 44-75.

[25] Su questa esperienza che si svolse tra la seconda metà del 1863 e la prima metà del 1864, cfr. ALFONSO SCIROCCO, *I democratici italiani da Sapri a Porta Pia*, Napoli, ESI, 1969, pp. 262-65. La corrispondenza bertaniana di questo periodo con Mazzini, Garibaldi, Guerzoni, B. Cairoli ed altri consentirebbe una più chiara focalizzazione della vicenda. Mi auguro di poterla rendere nota quanto prima.

[26] API, Sessione del 1863-1864, *Camera dei Deputati, Discussioni*. L'interpellanza Bertani sullo scioglimento dell'*Associazione della Solidarietà Democratica* di Genova fu presentata alla Camera, lui assente, il 5 giugno. Egli la illustrò il 13, cercando di chiarire all'assemblea le finalità e i criteri ispiratori della nuova associazione (*ivi*, pp. 292-95), e in

La risposta data da più parti a questo duplice appello non fu quale Bertani si sarebbe aspettata. L'assenza dal dibattito di alcuni settori democratici delineò nella Sinistra una prima crepa, divenuta frattura nel dicembre di quello stesso anno, quando tra molti equivoci egli propose ai deputati della sua parte una dimissione collettiva, protesta e sfiducia non verso l'azione parlamentare e il Parlamento, ma verso la maggioranza, i cui orientamenti mettevano a rischio la legittimità del conflitto dei partiti su un terreno extra-parlamentare. Il dibattito del giugno alla Camera segnalava dunque per il milanese una svolta illiberale, resa in apparenza non definitiva solo per l'intenzione, dichiarata da Peruzzi e ribadita da Minghetti, di un intervento più organico del governo in tempi più tranquilli per meglio definire la legislazione sulle associazioni e sulle libertà individuali.

Difficile dire fino a qual punto questa svolta fosse subita dai settori filocavouriani; sta di fatto che essa pose fine a uno scontro lungo e complesso nel quale i rapporti tra maggioranza e opposizione si vennero formalizzando ma in direzione di un sistema senza alternative. Perciò i risultati di questo scontro, corso dentro e fuori le istituzioni, furono assolutamente decisivi nella formazione dei caratteri originari del nostro sistema politico, sugli sviluppi del quale aveva già pesato l'immatura fine di Cavour.[27] I primi passi in questa direzione coincidono con la crisi del ministero La Marmora, quando nel novembre del 1859, in regime di pieni poteri, Rattazzi aveva promulgato la legge generale di Pubblica Sicurezza, intervenendo su una disciplina già regolata in regime di pieni poteri nel 1848.[28] La legge rattazziana aprì la strada alla discrezionalità dell'intervento della potestà dell'esecutivo sulle manifestazioni esterne del diritto di associazione, come le assemblee e le pubbliche dimostrazioni. Da allora il dibattito politico ruotò ininterrottamente intorno a questo tema cruciale: costituì uno dei motivi centrali del precipitarsi della crisi del ministero La Marmora;

tal contesto faceva largo riferimento ai documenti emanati dalla *Solidarietà*. Il passo citato è a p. 294. A seguito della risposta di Peruzzi, Ministro dell'Interno, il dibattito assunse grande rilevanza politico-istituzionale e Bertani, in sede di conclusione dell'ampia discussione, svolse un importante intervento.

[27] «Alle istituzioni rappresentative italiane, colla morte del gran conte, venne a mancare [...] un aiuto grandissimo pel loro svolgimento» affermò DOMENICO ZANICHELLI, *Introduzione storica allo studio del sistema parlamentare italiano,* in ID., *Studi di storia costituzionale e politica del Risorgimento italiano*, Bologna, Zanichelli, 1900, p. 197. L'opinione è del tutto condivisibile, anche se non possiamo avere su ciò il riscontro dei fatti.

[28] GAETANO ARANGIO RUIZ, *Le Associazioni e lo stato,* Napoli, presso Luigi Piezzo, 1895. Questo importante testo riassume, nelle nuove condizioni di fine secolo, di avanzata del movimento socialista, un dibattito giuridico decennale che aveva cercato di sistematizzare la dura realtà dello scontro politico. Perciò i prudenti veli della scienza a volte si distendono a coprire i problemi concreti, magari con qualche piccola omissione, come nel caso specifico, ove si ricorda che la legge del 1848 fu varata in regime di pieni poteri, tacendo che analoga sospensione delle prerogative parlamentari era in atto nel novembre del 1859, pp. 320-21.

si affacciò al momento del duro conflitto tra Cavour e Garibaldi nel marzo-aprile del 1861; tornò ad essere occasione della fine del primo ministero Ricasoli, caratterizzando poi tutta la fase politica del primo ministero Rattazzi, per imporsi, determinando la dislocazione degli schieramenti parlamentari, fin dall'avvio del ministero minghettiano,[29] che fissò gli orientamenti definitivi in materia, fino alla legge di Pubblica Sicurezza, discussa nel marzo del 1865, che si adattava al principio dell'intervento preventivo del governo e non innovava molto rispetto alla precedente del 1859.[30]

Come avrebbe indirettamente, ma autorevolmente testimoniato Minghetti stesso nella discussione del giugno del 1863 respingendo le argomentazioni polemiche di Rattazzi contro la sua politica, accompagnate dalle contraddittorie offerte di voto a favore del ministero, questo fu il delicatissimo nodo politico istituzionale intorno al quale si confrontarono la politica cavouriana e rattazziana nel 1859-'60 e poi nei mesi successivi, fino all'oggi. Egli infatti osservò che l'«ideale» sistema parlamentare esposto da Rattazzi

«andrebbe giusta al sistema dei due partiti, quello che appoggia il Ministero nei suoi atti, l'altro che recisamente lo combatta»; poi, continuava con asprezza, «questi sentimenti noi già li esprimemmo con calore quando avemmo l'onore di sedere compagni del conte Cavour; ma fra i due partiti dei partigiani del ministero e de' suoi avversari, noi ne trovammo un terzo senza principi e senza programma, [...] la cui politica fu l'astensione in tutte le grandi questioni».[31]

La lezione era semplice da intendere: sul piano storico essa testimoniava le linee d'azione lungo le quali la maggioranza cavouriana, vivo Cavour, aveva cercato di configurarsi come partito; su quello teorico coglieva lo scarto tra affermazioni di principio e comportamenti attraverso i quali la delimitazione delle identità partitiche restava tuttalpiù intenzionale, ciò che rendeva impossibile, in modo volontario o per incapacità poco importa, ogni formalizzazione del sistema rappresentativo entro lo schema bipartitico; sul piano reale infine quello stesso scarto esprimeva una prevalente attenzione al potere piuttosto che alla sua gestione regolata secondo lo schema dell'alternanza.[32] Ciascuno di questi aspetti chiariva però che intorno alle diverse opzioni rappresentate da Cavour e Rattazzi, si manifestava un confronto non solo di metodi — parlamentare e li-

---

[29] Questi aspetti della crisi italiana saranno via via chiariti. Qui vorrei solo ricordare che il dibattito del giugno era stato preceduto da altra discussione parlamentare il 30 aprile del 1863, v. API, *Camera dei Deputati, Discussioni*.

[30] G. ARANGIO RUIZ, *Le Associazioni* cit., pp. 321-23.

[31] API, *Camera dei Deputati, Discussioni*, seduta del 19 giugno 1863, p. 397.

[32] Osservava infatti Minghetti come il ministero Rattazzi, portato al potere dalla Sinistra, la combattesse poi molto di più che non l'attuale ministero (*Ibidem*).

berale quello del grande ministro, autoritario o, per dirla fuor d'ogni equivoco, centralistico e dirigistico quello dell'avvocato alessandrino —, ma di prospettive inconciliabili, nella coscienza comune che le diverse soluzioni contenevano molto di più di una maggiore o minore efficacia empirica poiché comportavano conseguenze non tutte valutabili nell'immediato, eppure decisive rispetto alla formazione di un sistema politico e di governo. D'altra parte che la risposta rattazziana non fosse priva di rischi ai fini della costruzione dell'unità morale degli italiani, di una comune cittadinanza sorgente dalla reale fusione delle diverse tradizioni regionali come dalle grandi correnti politiche compartecipi alla realizzazione dello Stato unitario, è problema che meriterebbe una particolare indagine, ben oltre la pur importante testimonianza minghettiana. Tuttavia non è possibile non rilevare i segni di questi pericoli, evidenti nell'opposizione lombarda verso i metodi di governo dell'avvocato alessandrino,[33] all'origine di una specifica «questione lombarda» destinata a ripresentarsi in momenti storici assai diversi, nonché nella successiva e non meno persistente opposizione meridionale alla politica di una Destra che si proclamava in modo più o meno enfatico erede di Cavour,[34] ma che dal conte appariva lontana, spesso incosciente del circolo vizioso, o incapace a spezzarlo, nel quale la vita nazionale andava incancrenendosi. Dopo Aspromonte questa cancrena più facilmente si rivelò nelle forme di una crisi generale della Sinistra, che vide vanificato il lungo processo organizzativo e politico attraverso il quale essa era giunta alla sua prima e sia pur approssimativa identità di partito in senso moderno. Ma un'eguale malattia aveva colpito il partito moderato; privato troppo presto della guida del «gran conte», esso non sarebbe mai riuscito a trovare una nuova unità politica, che lo rendesse qualcosa di diverso dalla somma delle consorterie da cui era composto, tantomeno a superare il dissidio con i settori rattazziani. Il venir meno della *conditio sine qua non* del funzionamento del sistema bipartitico — il costituirsi di due schieramenti definiti alternativi, ma funzionalmente complementari come forze di governo o di opposizione — produsse un effetto singolare nella

---

[33] Il giudizio dato fin dal 1860, subito dopo la crisi del ministero La Marmora-Rattazzi, dagli ambienti lombardi di orientamento cavouriano sulla cultura liberale rattazziana era molto duro: «Italiano fermo non seppe essere né ardito, né deciso. Liberale sincero, sconobbe i diritti sacrosanti della libertà, e potendo ricusò di esserne custode geloso», (v. JACOPO COMIN, *Il Parlamento e il Regno nel 1860; Schizzi e profili politici*, Milano, Libreria Sanvito, giugno 1860). Tale giudizio trovò però più larga espressione nella costante e aspra opposizione fatta da *La Perseveranza* verso l'uomo politico alessandrino. Ma sull'orientamento filocavouriano dei moderati lombardi si veda anche NICOLA RAPONI, *Politica e amministrazione in Lombardia agli esordi dell'Unità. Il programma dei moderati*, Milano, Giuffrè, 1967.

[34] ALFREDO CAPONE, *L'opposizione meridionale nell'età della Destra*, Roma, Edizioni Scientifiche e Letterarie, 1967, con cui, per alcuni aspetti, polemizza A. SCIROCCO, *Democrazia e socialismo a Napoli dopo l'Unità (1860-1878)*, Napoli, Libreria Scientifica Editrice, 1973.

14

stessa riflessione politologica dei contemporanei, che pur avevano visto maturare sotto i loro occhi la crisi del sistema dell'alternativa. Lo scontro sul modello
politico era stato però tanto duro e prolungato che bisognava avere un qual
certo coraggio militante per uscire dal coro e mettere in discussione i punti di
vista sui quali si era stabilizzato, e per chiedere ai protagonisti della rappresentazione, spesso i massimi livelli istituzionali, di rispondere della qualità del loro
spettacolo anziché rassicurare il pubblico e convincerlo della bontà di esso o
della impossibilità che si potesse recitarne uno migliore.

Dopo un decennio di supremazia moderata, l'armistizio di Villafranca, al di
là di quanto avessero saputo prevedere coloro che più lo avevano voluto, da
Vittorio Emanuele a Napoleone III, preannunciava un cambiamento profondo
nelle prospettive di sviluppo del movimento nazionale e Cavour dovette essere
tra i primi a rendersi conto che quell'atto non segnava tanto una tregua militare, ma la caduta del progetto fondato sull'idea di affidare la soluzione del problema italiano al metodo tradizionale del conflitto tra potenze.[35] Venute meno
le condizioni di una evoluzione indipendente dello scacchiere italiano, qualunque tentativo di costruire nuovi equilibri ai quali affidare il suo pacifico svolgimento si sarebbe dimostrato del tutto impraticabile; anzi, la necessità di far
fronte ai crescenti pericoli gravanti sulla sicurezza dello stesso Regno Sardo,
posto in una posizione di estrema debolezza tra la persistente minaccia austriaca, che rendeva inevitabile la dipendenza dalla Francia, e la pressione del movimento nazionale, che in simili circostanze si sarebbe presto svincolato dall'egemonia piemontese, esauriva la funzione rivoluzionaria della guerra e creava le
condizioni perché la nazione riprendesse in mano le proprie sorti.[36] A sua volta, la mobilitazione del Paese creava le condizioni del superamento del programma indipendentista e favoriva l'affermarsi di una prospettiva unitaria, storicamente rivendicata dai democratici, e tuttavia ancora contenibile sotto la direzione della monarchia e delle forze moderate ove esse avessero dato prova di
perseguirla con la dovuta energia.[37] L'imporsi di questa nuova finalità, ormai

[35] È significativa la considerazione fatta da Cavour un anno dopo quegli eventi: «la
violence avec laquelle se manifeste le sentiment unitaire est le résultat du traité de
Villafranca»: v. I Carteggi di CAMILLO CAVOUR. Il carteggio Cavour Nigra dal 1858 al 1861, a
cura della Commissione editrice, vol. IV, Bologna, Zanichelli, 1961, II ed., Cavour a
Nigra, 22 juillet 1860, p. 94; d'ora in poi Cavour - Nigra.
[36] Sono tutte osservazioni presenti nella riflessione della Sinistra e negli scritti di
Mazzini della seconda metà del 1859: La pace di Villafranca; Il da farsi; Il moto italiano e i
moderati, in SEI, Politica, vol. LXIV, e sintetizzate nella parola d'ordine «La Nazione salvi
la Nazione».
[37] Il gruppo cavouriano appare il più pronto a muoversi su questa prospettiva e non
ancora tornato al potere, Cavour il 9 gennaio scrive al Farini «Comunque sia, si riunisca o
non si riunisca il Congresso, la questione italiana è entrata in una nuova fase. Conviene
quindi che la condotta del governo si modifichi (sic)», e il dittatore di Modena, che ben intendeva, risponde: «Voi sarete il capo di un Ministero italiano soprastante ai vecchi partiti

in larga misura obbligata, sembrava creare le condizioni per la convergenza di un vasto arco di forze liberali, con l'esclusione dei clericali sulla Destra e, per ragioni diverse, dei mazziniani sulla Sinistra. Invero l'ipotesi di ricomposizione di un grande partito della libertà, tema propagandistico peraltro fortemente agitato dalla Sinistra di Rattazzi, rappresentava soltanto una faccia della medaglia, poiché nel prevalere della prospettiva unitaria si radicava una nuova dinamica politica destinata a mettere in evidenza le mutate linee di frattura lungo le quali il movimento nazionale avrebbe ben presto riproposto le sue interne scissure.

La crisi del ministero La Marmora, delineatasi già sul finire dell'estate del 1859, esauriva il periodo di transizione seguito all'armistizio di Villafranca.[38] Si apriva per la questione nazionale una nuova fase che, nel convulso procedere degli eventi, avrebbe imposto alle tendenze e ai partiti di ridislocarsi in vista dei compiti nuovi e di definirsi per specificità di metodi e intenzioni all'interno di un più vasto raggruppamento liberale, costretto a misurarsi non in tranquille aule parlamentari o in discussioni franche e prolungate, bensì nel vivo di uno scontro tra schieramenti in lotta per conquistare l'egemonia sul movimento nazionale, e nel corso di un confronto non meno acuto contro nemici esterni.[39] Ma questo e non altro era il contesto reale che, lungi dall'essere d'impedimento, esaltava invece la lotta dei partiti, come confermava in modo non teorico la forte spinta manifestatasi allora nel Paese verso forme di aggregazione politica a livello locale. Si determinò allora, sotto la spinta incontenibile delle nuove libertà, la fioritura dell'associazionismo cui il La Farina rispose richiamando tempestivamente in vita la *Società Nazionale*, così da incanalare questo moto lungo vie organizzative già sperimentate e rallentare o contenere la formazione e la diffusione di altre e concorrenti associazioni.[40] Tutto ciò rifletteva la forte

---

piemontesi»: v. *I Carteggi di* CAMILLO CAVOUR. *La liberazione del Mezzogiorno e la formazione del Regno d'Italia,* a cura della Commissione Editrice, Bologna, Zanichelli, 1954, vol. V, *Appendici,* pp. 446-48. D'ora in poi *Liberazione del Mezzogiorno.* Ancora Cavour parlava all'ambasciatore napoletano, «senza velo» del significato nazionale del suo ritorno al potere, (*ivi,* p. 76).

[38] Sulla lotta politica nel periodo che segue l'armistizio di Villafranca resta fondamentale la ricerca di C. PISCHEDDA, *Cavour dopo Villafranca,* cit., la cui analisi assume grande rilevanza ed offre preziose illuminazioni per la comprensione degli sviluppi ulteriori. Su questa fase in relazione alle posizioni rattazziane e allo sviluppo della lotta dei partiti tornerò nel capitolo III.

[39] STEFANO JACINI, *Sulle condizioni della cosa pubblica,* Firenze, G. Civelli, 1870, ora quasi integralmente ripubblicato in ID., *La riforma dello Stato e il problema regionale,* a cura di FRANCESCO TRANIELLO, Brescia, Morcelliana, 1968, pp. 72-95, fu tra i primi a cercare l'origine temporale del sistema politico italiano nel dopo Villafranca: ma nella sua analisi l'aspetto strategico-militare compreso tra il 1859-'66 prevale su quello tattico-politico, relativo agli anni 1859-'65.

[40] Le motivazioni della rinascita della società lafariniana sono nella lettera scritta dal patriota siciliano a Cavour in data 27 settembre 1859 e pubblicata in *Lettere edite e inedite*

esigenza di identità politica nella quale si manifestava la crescita democratica del paese: era il momento in cui le avanguardie si raccordavano alle masse ed insieme, nel vasto dibattito sui temi del rilancio del processo unitario e dell'unificazione, vivace specialmente in Lombardia e nell'Italia centrale, era il momento sorgivo di un nuovo moto democratico che coinvolgeva e fissava i compiti politico-organizzativi alle avanguardie della sinistra rivoluzionaria. Milano, ove nell'ottobre del 1859 per iniziativa di Giuseppe Levi e di altri patrioti di orientamento democratico sorse l'*Associazione Unitaria Italiana*, e poi Firenze, Livorno, Bologna e le Marche furono le prime a mostrare i sintomi di questa esaltante novità, e quindi per tutto un periodo questi centri ebbero un ruolo decisivo nella storia del movimento democratico nel suo farsi partito.[41] In quel dibattito, d'altronde, trovavano concreta espressione gli interrogativi che appassionavano la pubblica opinione, relativi al tipo di unità cui tendere e con quali strumenti assicurarla, o sul ruolo che sarebbe spettato alle diverse forze politiche, nonché di quali proposte esse si sarebbero fatte portatrici nella prospettiva della costruzione del nuovo Stato. Poi, tra l'ottobre e il novembre, la protesta della Lombardia contro la legislazione amministrativa rattazziana, l'esigenza del ritorno alla normalità costituzionale con la fine dei pieni poteri, nonché le questioni internazionali connesse alla pace di Zurigo e all'eventualità di una conferenza internazionale fanno esplodere l'antagonismo Cavour-Rattazzi[42] e rendo-

di CAMILLO CAVOUR, raccolte e illustrate da LUIGI CHIALA, d'ora in poi indicate solo col nome del curatore, vol. VI (1856-1861), Torino Napoli, Roux e C. editori, 1887, pp. 445-46. Sugli orientamenti della *Società Nazionale* in questa fase v. RAYMOND GREW, *A Sterner Plan for italian Unity. The Italian National Society in the Risorgimento*, Princeton New Jersey, Princeton University Press, 1963, pp. 221-60.

[41] Poco studiato, con l'eccezione della *Società Nazionale*, il fenomeno associativo che investì tumultuosamente l'Italia centro settentrionale tra il 1859-'60, spesso schiacciato tra mazzinianesimo in crisi e incipiente sviluppo socialista. Su Genova, città per la quale disponiamo degli studi di BIANCA MONTALE, si vedano alcune indicazioni più avanti; per l'Emilia e le Marche: ALBERTO DALLOLIO, *La spedizione dei Mille nelle memorie bolognesi*, Bologna, Zanichelli, 1910; su Livorno: NICOLA BADALONI, *Democratici e socialisti livornesi nell'Ottocento*, Roma, Editori Riuniti, 1966, in particolare pp. 190 sgg. Sul gruppo democratico fiorentino notizie in GILDO VALEGGIA, *Giuseppe Dolfi e la democrazia a Firenze*, Firenze, Tip. La Stella, 1913; ELIO CONTI, *Le origini del socialismo a Firenze*, Roma, Ed. Rinascita, 1950 e LUIGI MINUTI, *Il comune artigiano fiorentino della Fratellanza artigiana*, Firenze, Tip. Cooperativa, 1911. Una sintesi recente in BRUNO DI PORTO - LUCIO CECCHINI, *Storia del Patto di fratellanza*, Roma, Ed. della Voce, s.d.

[42] Per la ricostruzione complessiva dei diversi aspetti accennati cfr. R. ROMEO, *Cavour e il suo tempo* cit., vol. III, pp. 622-77. L'illustre storico sembra escludere ogni intenzione di colpo di stato dagli atteggiamenti del sovrano, attribuendo semmai a Rattazzi una tattica spregiudicata e ambigua nei rapporti verso la Sinistra democratica, già messa in atto nel 1857, come successivamente tra Aspromonte e Mentana. Ma il tema dei rapporti tra Garibaldi che, come si vedrà, sostenne più volte ipotesi di dittatura regia, il re e Rattazzi costituisce un nodo troppo centrale nella storia italiana degli anni '50 e '60 del secolo scorso per essere considerato solo in termini di ambiguità. Perciò mi pare più appropriato il severo giudizio di C. PISCHEDDA, *Cavour dopo Villafranca* cit., p. 123, sull'operato del so-

no finalmente visibile la linea di demarcazione tra diverse frazioni parlamentari, tutte saldamente collocate sul terreno nazionale.[43] Non è neppure senza significato che una tale scissione si esprima innanzitutto nel tentativo, al momento destinato a fallire, di dar vita ad una nuova associazione, ramificata nel paese, contrapposta a quella lafariniana e collegata all'opposizione parlamentare anticavouriana, intitolata prima *I Liberi Comizi* e poi divenuta *Nazione Armata*;[44] come non può essere trascurato l'accento preoccupato che risuona in ambienti moderati di fronte all'esplodere dell'associazionismo politico che oggi investiva le forze liberali e domani poteva coinvolgere quelle popolari.[45] Qui dunque, nel collegamento non solo temporale esistente tra il sorgere dello Stato nazionale come Stato costituzionale e il primo manifestarsi del partito moderno, deve essere individuata la fase germinale dei partiti politici italiani, l'entrata in gioco di forze organizzate e decise a proiettare lo scontro politico dal Parlamento nel Paese, reclamando la funzione di guida e di orientamento della pubblica opinione e confrontandosi in nome di concezioni contrapposte dell'interesse generale.[46]

vrano, il quale «uscendo dall'ortodossa neutralità costituzionale», si muove come capo di un partito, perché questo è il vero problema più che quello di scrutare le intenzioni golpiste del re. Né possono d'altra parte tacersi gli specialissimi rapporti, politici e umani, che il sovrano intratteneva con l'avvocato alessandrino, di cui è prova la lettera nella quale Vittorio Emanuele gli assicurava un'amicizia «che non finirà che con la vita»; v. *Le lettere di Vittorio Emanuele II*, raccolte da F. COGNASSO, Torino, Deputazione Subalpina di Storia Patria, 1966, vol. I, p. 544. Tale amicizia era poi tanto intima e sperimentata che il sovrano affidava a Rattazzi la custodia delle «carte [sue] […] sugli avvenimenti odierni» (*ivi,* p. 587). Ciò mi pare dia qualche risposta alla singolare segnalazione che GIUSEPPE GUERZONI, *Garibaldi*, Firenze, Barbèra, 1882, sentì il bisogno di fare nella prefazione, p. XV, dando conto della risposta ricevuta dal cavalier Promis, depositario presso la Biblioteca del re in Torino degli Archivi della Real Casa, dove secondo il solerte funzionario «moltissimo non esiste più, essendo stato sottratto, non so né dove, né da chi; ma è cosa notoria: che del 63 e 64 nulla affatto vi è, forse perché tolto o regalato: nulla vi è sulla chiamata del Generale nel 1859, e sul richiamo dalla Cattolica; poco sul resto».

[43] L'unico modo corretto di leggere l'antagonismo Cavour - Rattazzi è di ricondurlo ad una radicale diversità di opzione politica sulle grandi questioni all'ordine del giorno e innanzitutto sulle prospettive stesse di sviluppo del sistema politico e della società nazionale. Ciò non corrisponde ad un'esigenza di ordine teorico, ma al modo in cui gli ambienti cavouriani lo espongono alla pubblica opinione: e su ciò v. *L'Opinione* del 5 gennaio 1860 *I princìpi e gli uomini,* dove quanti riducono i contrasti interni al movimento liberale a fatti personali sono dichiarati vittime di una «deplorabile confusione d'idee».

[44] Sui *Liberi Comizi* e la *Nazione Armata* v. il cap. III.

[45] V. l'articolo *Associazioni politiche* in *L'Opinione* del 3 gennaio 1860, in cui si manifesta preoccupazione per lo sviluppo del fenomeno associativo che divide il partito liberale. Inoltre, richiamandosi all'esperienza inglese, ci si pronuncia contro le associazioni permanenti: «Le associazioni politiche non possono aspirare ad un'influenza efficace fuorché quando si propongono uno scopo determinato, raggiunto il quale si sciolgono e si trasformano». L'articolo si inserisce nella polemica su *La Nazione Armata* e prelude alla decisione definitiva circa la sua sorte. Nulla è però detto sulla *Società Nazionale*.

[46] Più che la verifica delle tesi avanzata or son oltre quaranta anni fa da MAURICE DUVERGER, *Les partis politiques*, Paris, Colin, 1951, sull'origine dei partiti politici qui inte-

Le sopravvenute divisioni interne al movimento liberal moderato sollecitavano una parallela evoluzione dei settori democratici per i quali diventava urgente individuare uno spazio specifico e i modi di un passaggio rapido e deciso dalle forme organizzative illegali per l'azione clandestina a nuovi modelli associativi per l'iniziativa legale su scala italiana, attraverso i quali affrontare la prossima ed inevitabile ripresa del movimento nazionale. Per la verità il problema si era imposto fin dal primo delinearsi della guerra del 1859, quando la prospettiva di una svolta storica nelle condizioni generali della lotta per la questione nazionale aveva spinto molti a mettere la sordina all'ispirazione repubblicana o più schiettamente democratica e sociale per anteporvi il motivo indipendentista e unitario, nella convinzione che dalle novità auspicate traesse stimolo un processo di riaggregazione del partito d'azione. Questa tendenza aveva trovato un nume ispiratore in Cattaneo, al quale tra la fine del 1858 e i primi mesi del 1859 si rivolsero in molti, da Macchi a Bertani, da De Boni a Medici a Simonetta, in proprio e per conto di altri, chiedendo consigli sul da farsi in previsione della prossima guerra contro l'Austria.[47] Nella stessa prospettiva si riunivano a Genova il 7 gennaio Bertani, Medici, Bixio e altri per discutere l'atteggiamento da assumere.[48] Ne scaturì la decisione di scendere in campo nella prossima guerra con la prospettiva di spingerla verso esiti unitari, e di stringersi intorno a Garibaldi, donde la polemica sostenuta da Bertani contro Mazzini, che allora cominciò a parlare dell'«apostasia» di coloro che fino ad allora avevano diviso la sua fede.[49] Tra costoro Bertani appariva il più convinto assertore della necessità dell'accordo con Cavour e i moderati nella prossima guerra, sebbene Garibaldi lo ritenesse ancora influenzato da «certe mazzinerie».[50] In realtà la posizione del medico milanese in quei frangenti ci è nota: essa appare

ressa sottolineare piuttosto i contenuti di innovazione politica che la formazione dello stato nazionale in sé conteneva, costituendo, al di là dei suoi ulteriori sviluppi, un dato inoppugnabile di progresso, ove il termine sia assunto in un ambito limitato e relativo ai caratteri specifici di formalizzazione dei rapporti sociali e politici assunti dalle società occidentali. Così, come sintomo di questo processo, è anche interessante rilevare come IDA NAZARI MICHELI, *Cavour e Garibaldi nel 1860. Cronistoria documentata,* Roma, Tipografia Cooperativa Sociale, 1911, pp. 49-53, sulla scorta dei giornali dell'epoca, documenti l'emergere di un giudizio collettivo, di una "pubblica opinione" attiva pro e contro i due schieramenti, la quale si manifesta non solo attraverso la pubblicistica, ma direttamente, con manifestazioni e banchetti.

[47] V. in C. CATTANEO, *Epistolario* cit., vol. III, le lettere del periodo, in particolare le indicazioni a Bertani nelle lettere del 24 febbraio e dell'aprile 1859, pp. 105-9 e 122-24, ma anche la polemica che l'esule di Castagnola sostenne contro il "neutralismo" dei mazziniani, pp. 133-37.

[48] *Ivi,* p. 93. CHIALA, vol. III, p. LXXXVIII, attribuisce a Bertani la stesura del documento, ivi riportato, sortito da quell'incontro.

[49] Cfr. JESSIE WHITE MARIO, *La vita e i tempi di Agostino Bertani,* Firenze, Barbèra, 1890, pp. 292-96.

[50] L'osservazione di Garibaldi è nella lettera al La Farina del 30 gennaio 1859, ora in ENSG, *Epistolario,* vol. IV, cit., pp. 6-7. Ma il CHIALA, vol. III, p. LXXXVIII, trova singo-

incerta non tanto sulla necessità di scendere in campo accanto al Piemonte, quanto insistente nel cercare di definire il ruolo della «nazione» in queste circostanze: in termini più politicamente chiari sulla necessità di un'autonoma presenza sulla scena, quindi sulla specificità dell'iniziativa, del «partito repubblicano che si potrebbe dire opportunista e indipendente», affinché il suo contributo non annegasse nel piemontesismo.[51] Anzi, occorre aggiungere per meglio illuminare anche i suoi successivi comportamenti, è proprio l'atteggiamento de «il partito Gianduja» a far sorgere in lui tali preoccupazioni, mentre già allora Cavour gli appare «al di sopra di queste miserie».[52] È comunque in questo ambito che si configura la svolta del giornale genovese *San Giorgio*, fondato da Bixio e altri nel dicembre del 1858, e dove il 24 gennaio del 1859 apparve un nuovo *Programma* in cui un gruppo di repubblicani si dichiaravano disposti a servire la causa italiana sotto le bandiere monarchiche;[53] un programma nel quale poi trovò posto significativo il punto di vista di Cattaneo, la cui riflessione dunque continuava a suscitare una vasta eco nel dibattito in corso tra gli elementi critici verso il mazzinianesimo, dai quali traggono origine le prime associazioni politiche legali della democrazia, come la *Società Nazionale per l'Indipendenza italiana*.[54] Nella guerra del 1859, peraltro, con l'impiego dei volontari nei ranghi dell'esercito, e soprattutto nel corpo dei *Cacciatori delle Alpi*, fu Cavour ad accogliere l'esigenza di questi elementi di rendere visibile il loro specifico contributo al movimento in atto, il che naturalmente corrispondeva ad una necessità della politica cavouriana, tesa a dimostrare all'Europa il carat-

lare questo giudizio, individuando in Bertani colui che «a notizia di tutti» più aveva operato per una linea politica di accordo, in coerenza, aggiungo, con le indicazioni ricevute da Cattaneo.

[51] La posizione di Bertani in questo periodo è chiarita nelle sue lettere a Cattaneo del 1° febbraio e del 13 marzo 1859, in C. CATTANEO, *Epistolario* cit., vol. III, pp. 551-55. Dalla seconda, pp. 552-53, il passo citato.

[52] *Ibidem.*

[53] Cfr. MARIO ENRICO FERRARI, *Cesare Cabella, Pietro Magenta, Jacopo Virgilio, la società "La Nazione" e i "Mille"*, Genova, Bozzi Editore, 1991, pp. 16-18. Ringrazio vivamente l'autore per la sollecita cordialità con cui mi ha consentito di prendere visione dei risultati della sua ricerca, che presenta una documentazione inedita proveniente dagli archivi familiari di J. Virgilio, C. Cabella e P. Magenta. Nel marzo del 1859 il *San Giorgio* assunse il titolo de *La Nazione,* anticipando così nel nome il movimento associativo promosso l'anno successivo.

[54] Su essa abbiamo le poche notizie di GIUSEPPE ORESTE, *Note per una storia dell'opinione pubblica in Genova, 1853-1860*, in *Genova e la spedizione dei Mille*, a cura dell'Istituto Nazionale del Risorgimento, Comitato Ligure, Roma, Canesi, 1961, vol. I, p. 110. Essa forse deve essere identificata con la società dell'*Unità Italiana* di cui parla come esempio di associazionismo effimero il La Farina in una lettera del 30 maggio 1860 al *Comitato della Società Nazionale* di Bologna e pubblicata in A. DALLOLIO, *La spedizione dei Mille* cit., p. 115. Infatti nel *Programma* del *San Giorgio* sopra ricordato si legge «il nostro programma è la guerra e l'Unità nazionale».

tere nazionale della guerra da combattersi nella pianura Padana.[55] Poi l'armistizio con l'Austria, modificando il quadro politico generale, impose un'ulteriore definizione delle linee d'azione alle componenti democratiche che avevano preso parte alla guerra sotto l'egida garibaldina e accettato forme di collaborazione con il movimento nazionale moderato, a conferma della critica del mazzinianesimo avviata ormai da diversi anni, in particolare dal 1853, quando la crisi dell'unità interna del partito d'azione si era resa evidente.[56] Ma le stesse tendenze ortodosse, che avevano mantenuto la propria indipendenza organizzativa in una continuità sostanziale della struttura clandestina, non poterono restare sorde ai mutamenti intervenuti. Mazzini tuttavia poteva sempre innalzare il suo ideale repubblicano come bandiera dietro la quale giustificare il permanere di una specifica struttura segreta, mentre in modo ben diverso e con diversa urgenza si presentava la questione per quanti avevano seguito il programma di Garibaldi, il quale era venuto a trovarsi in una posizione di assoluta preminenza nel partito come la personalità più idonea a condurlo sulla via dell'azione: la sua leale adesione al programma nazionale, la brillante partecipazione alla guerra a capo dei volontari, il ruolo giocato nelle vicende dell'Italia centrale raccoglievano intorno a lui gli uomini consapevoli della sterilità pratica cui il mazzinianesimo pareva condannato. Insieme agli allori del soldato e al flusso di simpatia popolare che già lo circondavano, Garibaldi portava alla causa dell'unità

---

[55] Sull'atteggiamento di Cavour verso la costituzione di corpi volontari al comando di Garibaldi, oltre a ciò che emerge dai contatti tra questi e il ministro tra la fine del 1858 e gli inizi '59 nei suoi carteggi con il La Farina, si veda quel che ne scrive il CHIALA, vol. III, pp. LXXXIII-XCIV. Una situazione più articolata emerge dalla lettera di Casaretto a Bixio, Torino, 17 gennaio 1859, pubblicata in COMANDO DEL CORPO DI STATO MAGGIORE, UFFICIO STORICO, *La guerra del 1859*, vol. I., *Documenti*, Roma, 1909, pp. 24-6, che è una riflessione sull'orientamento di Cavour in merito alla guerra e ai volontari, desunta da contatti e colloqui avuti dal Casaretto, deputato al Parlamento e in rapporto col gruppo democratico genovese, col presidente del consiglio.

[56] Sulla crisi del mazzinianesimo, culminata tra i fallimenti del moto milanese dei "barabba" e della spedizione di Sapri, cfr. FRANCO DELLA PERUTA, *I democratici e la rivoluzione italiana*, Milano, Feltrinelli, 1974, II ed., nonché GIUSEPPE BERTI, *I democratici e l'iniziativa meridionale nel Risorgimento*, Milano, Feltrinelli, 1962. Ricostruita la crisi dei rapporti Mazzini-De Boni come sintomo dell'aurorale aspirazione di settori democratici a dar vita ad un partito sottratto all'egemonia mazziniana, (pp. 569 sgg.), il Berti richiama l'attenzione su un giudizio pisacaniano in cui si parla ormai dell'esistenza di tre partiti nazionali: regio, repubblicano unitario e federalista (ma bisognerebbe ricordare che anche Manin e Montanelli parlano di una presenza del partito federalista ), tra i quali solo il secondo avrebbe manifestato una reale attitudine al «fare», e ciò avrebbe spinto l'eroe di Sapri ad allontanarsi dagli altri elementi della democrazia e ad accettare l'alleanza con Mazzini. In realtà, proprio dal punto di vista del significato che il Berti attribuisce alla posizione De Boni si può dedurre che il Pisacane era vittima di un'incomprensione profonda dei problemi in discussione nel partito, i quali trovavano riscontro anche nelle posizioni di altri esponenti di spicco della democrazia, come il Bertani e il Mazzoni, ma anche il Medici e Bixio. Su questa crisi del mazzinianesimo cfr. anche nota 82.

l'intelligenza e il braccio di tanti generosi militanti della libertà i quali, come avevano condiviso l'idea di appoggiare la guerra regia in funzione antiaustriaca, così ora si disponevano a seguirlo nella speranza di un'ulteriore avanzata della rivoluzione nazionale. A questi elementi, dunque, il dopo Villafranca sembrò ricco di promesse e foriero di prossime occasioni per riassumere in tempi brevi il primato nell'iniziativa nazionale e, forti del contributo dato alla guerra, mettere in crisi l'egemonia moderata. Ma intanto i loro progetti erano chiamati a misurarsi con tre questioni cruciali e tra loro concatenate, sollevate dall'imprevista evoluzione dello scenario politico.

La prima riguardava la definizione dei modi per restituire alla rivoluzione democratica il primato sulla guerra, donde l'appoggio dato a Garibaldi dapprima nella complessa vicenda politico-militare culminata nel tentativo di forzare il confine pontificio alla Cattolica e suscitare l'insurrezione nell'Umbria e nelle Marche,[57] e poi nella spedizione al Sud. Non a tutti piacque egualmente il modo con cui il Generale ebbe a condursi in occasione dei fatti dell'Emilia, e una lettera di Cattaneo a Bertani avanzava una critica, esplicita ancorché cauta, perché quel nome restava un punto di riferimento troppo importante per metterne a rischio la funzione di direzione, ma nella quale si insisteva sul pericolo di rimanere intrappolati in una politica di apparenze, che avrebbe tolto ai democratici nerbo e forza.[58] Mazzini intanto, dopo essere stato aspro oppositore dell'alleanza franco-piemontese e della guerra che ne era scaturita, aveva inteso quanto gli eventi avessero comunque modificato la situazione, e aveva allora lanciato la sua sfida alla monarchia, convinto che il raggiungimento dell'unità d'Italia, per lui realizzabile soltanto con l'iniziativa popolare, fosse di per sé incompatibile con la linea politica moderata. Respingendo ogni commistione tra rivoluzione sociale, rivoluzione politica e rivoluzione nazionale, la quale ultima soltanto costituiva per lui il compito dell'ora,[59] egli concentrava tutto il suo sforzo

---

[57] Anche questa fase politicamente fu assai confusa e a tutt'oggi non del tutto chiara. Cfr. A. SCIROCCO, *I democratici italiani da Sapri a Porta Pia* cit., in particolare pp. 29-34. Si veda pure EMILIA MORELLI, *La sinistra rivoluzionaria dopo Villafranca*, in *Atti del XLII congresso di storia del Risorgimento Italiano* cit., pp. 99-115. Cfr. il giudizio di R. ROMEO, *Cavour* cit., pp. 638-49.

[58] «Io non conosco i particolari della posizione di Garibaldi a Bologna. Ma giudicando da quel pochissimo che ne so, avrei desiderato che egli non abbandonasse per la seconda volta i giovani che gli corsero dietro, ma che rimanesse al suo posto e si facesse largo. Aveva una parte dell'esercito sua, e che per un'occasione più importante avrebbe potuto accrescere a piacimento [...] Non fidatevi troppo d'inviti e promesse. Ricordatevi del povero Pisacane e degli altri. Donde hanno La Marmora e Fanti il potere, se non dal re? Il re accontenta tutti. A Garibaldi le carezze» (Cattaneo a Bertani, Castagnola, 5 dicembre 1859, in *Epistolario* di C. CATTANEO cit., vol. III, p. 231). Questa lettera è ad evidenza la responsiva a quella di Bertani a Cattaneo, *ivi*, pp. 563-64, pubblicata con la data erronea del 30 settembre 1859, mentre la data giusta è quella del 30 novembre del 1859.

[59] Per la verità la posizione mazziniana su questo punto appare assolutamente coerente, dall'atteggiamento assunto a Milano nel 1848 al manifesto dell'8 settembre 1850 lancia-

in quell'unico obiettivo quasi fosse il punto d'appoggio di cui servirsi per rovesciare il mondo. Non è luogo per insistere sulle implicazioni di ordine dottrinario che questa concezione riveste nella visione nazionale mazziniana. Ma è evidente che nel mutar dei tempi egli non considerava l'evoluzione che, proprio sul terreno unitario, avevano subito le diverse forze politiche e larghi settori dell'opinione liberale: ora sempre più chiaramente emergeva che il dilemma fondamentale non sarebbe stato quello dell'unità, ma piuttosto dei modi, dei tempi e delle forme della sua realizzazione. Quella scelta di Mazzini dunque riduceva il ventaglio delle sue possibilità tattiche e propagandistiche, e rendeva poco credibile una posizione che, senza abbracciare in termini espliciti la parola d'ordine di Garibaldi, si proclamava disposta ad accettare la direzione monarchica del moto, spingendosi su questa strada ben oltre la lettera indirizzata al re, del settembre del 1859,[60] fino a rendersi disponibile ad un incontro segreto col monarca nel quale, ne fosse consapevole o meno, si prestava a diventare anch'egli ostaggio delle manovre del sovrano.[61] Abbagli di patriota generoso o machiavellismo a tutta prova e per di più mascherato da schietto candore? Il fatto davvero singolare, se non fosse stata già debitamente sottolineata una «certa deficienza di mentalità liberale» in lui, è che nel 1859 Mazzini potesse pensare di rivolgersi ad un re costituzionale nello stesso modo e con accenti analoghi con cui si era rivolto ad un monarca assoluto circa trent'anni prima, e nessuna attenzione prestasse a quella rappresentazione della volontà nazionale che si esprimeva nel Parlamento.[62] Tutto ciò apparteneva alle contraddizioni

to a nome del *Comitato Nazionale italiano*, dalla parola d'ordine della «bandiera neutra» lanciata a metà degli anni '50 alle posizioni assunte tra il 1859 e il 1860. Per quest'ultimo periodo si possono mettere a confronto lo scritto dell'agosto 1859 *Il da farsi,* in SEI, *Politica,* LXIV, pp. 89-97, con l'altro dell'agosto del 1860 *Il Partito d'azione e la circolare Farini,* in SEI, *Politica,* LXVI, pp. 173-83.

[60] Ora in SEI, *Politica,* LXIV, pp. 137-52.

[61] Di questi contatti parlò il Brofferio in un articolo in due puntate sul giornale d'opposizione, *Roma e Venezia* del 14 e 15 gennaio 1861 – non sul *Venezia e Roma* come si legge in SEI, *Politica,* LXIV dove è riprodotto nell'introduzione, alle pp. XIV-XX – col fine di contrapporre la politica di Cavour, ostile a qualunque accordo con i democratici, allo spirito di conciliazione tra le forze nazionali impersonato dal re. Due giorni prima, in un fondo dal titolo *La nostra repubblica,* lo stesso foglio irrideva le grida della stampa moderata che considerava repubblicano ogni nemico di Cavour, per insistere invece sugli ottimi rapporti del re con tanti nomi illustri del republicanesimo, da Garibaldi a Mazzini. Anche stavolta i mazziniani non evitarono qualche ingenuità: *L'Unità Italiana* del 21 gennaio 1861, esaltò il coraggio del *Roma e Venezia* e de *Il Diritto,* che avevano ripreso una lettera di Mazzini allo stesso Brofferio, e concesse un pubblico elogio al re, dando con soddisfazione credito alle affermazioni dell'avvocato torinese secondo il quale il sovrano apprezzava Mazzini e ne leggeva con interesse, chissà con quale!, gli scritti.

[62] Il giudizio sul liberalismo mazziniano in Luigi Salvatorelli, *Pensiero e azione del Risorgimento,* Torino, Einaudi, 1944, p. 203. È singolare, anche stilisticamente, nella reiterata invocazione al monarca, il riconoscimento, forse non confessato a se stesso, del carisma regale e della sua potenzialità ad evocare, per la virtù sacrale che da quel principio promana, le forze attive della nazione.

della dottrina; semmai stupisce di più la sua ininterrotta accusa a quanti, a cominciare dallo stesso Garibaldi, accettandone tutte le conseguenze, realizzavano nella pratica i termini del compromesso che egli offriva in via teorica alla monarchia. Fuori dal giudizio della sua coscienza, infatti, come era possibile misurare il punto critico tra osservanza della dottrina e tattica politica, tra compromesso transitorio e subordinazione alla linea moderata? Su questo elemento di profonda ambiguità continuarono ad insistere i suoi avversari, a volte persino in modo ingeneroso, rimproverandogli di non aver mai fatto veramente suo il programma *Italia e Vittorio Emanuele*; da un diverso punto di vista, le altre tendenze democratiche avrebbero potuto rivolgergli la stessa accusa, poiché Mazzini, senza rinunciare ad alleanze con esse e pur riconoscendo per tutta una fase la direzione di Garibaldi sul partito d'azione, tenne sempre viva una propria struttura organizzativa, clandestina e semisegreta.[63] Essa tuttavia, alla vigilia degli eventi del 1860, appariva largamente in crisi e isolata rispetto al complesso delle forze democratiche, tanto da essere considerata dagli ambienti moderati quale residuo del passato remoto, uno «spettro del '48».[64]

Un secondo ordine di problemi sorgeva dalla crescente conflittualità tra Cavour e Rattazzi, resa esplicita e radicale dall'esaurirsi dell'esperienza del ministero La Marmora; essa sanciva il tramonto definitivo del "connubio", alleanza su cui si era fondata la stabilità della direzione politica del Piemonte e dell'insieme del movimento moderato, che negli orientamenti di quel governo aveva trovato il suo principale punto di forza.[65] L'esaurimento di questa combinazione creava una crisi di equilibri e suscitava evidenti tensioni nelle forze politiche, spingendole alla ricerca di nuove intese. Sarebbe stato del tutto naturale

[63] Sebbene Mazzini avesse dato l'indicazione attraverso le colonne de *L'unità Italiana* di versare nelle mani di Bertani le somme raccolte in sottoscrizioni per Garibaldi (v. SEI, *Politica*, vol. LXVI, *I due programmi*, pp. 73-80), ancora nel maggio del 1860 la cassa del partito mazziniano, per quanto magra, non era unificata con quella *Centrale*, come ci fa capire una lettera di Quadrio allo Zanetti pubblicata in SILVIA PELOSI, *Della vita di Maurizio Quadrio*, Sondrio, Arti Grafiche Valtellinesi, 1922, vol. II, pp. 131-32. Il tema comunque meriterebbe altri approfondimenti, ma non sarebbe difficile dimostrare attraverso le corrispondenze con Cironi e Giannelli, che assai prima della costituzione della *Falange Sacra* Mazzini continuò a mantenere una struttura organizzativa repubblicana segreta.

[64] Cfr. *Spettri del '48. Mazzini* in *L'Opinione* del 13 gennaio 1860 in cui tra l'altro si diceva «Il mazzinianesimo in Italia è un cadavere nel quale il più potente apparato galvanico non potrebbe più produrre alcun movimento». Il foglio torinese non faceva i conti con se stesso! Tra il maggio e l'ottobre di quello stesso anno le nuove situazioni e le esigenze della propaganda antidemocratica avrebbero miracolosamente rianimato quel cadavere!

[65] Sulle preoccupazioni di alcuni settori della classe dirigente per la crisi dell'alleanza Cavour-Rattazzi, e sugli auspici di un nuovo accordo tra loro cfr. *Carteggio politico* di MICHELANGELO CASTELLI edito per cura di LUIGI CHIALA, Torino, Roux e C., 1890, richiamato in ALESSANDRO LUZIO, *Aspromonte e Mentana. Documenti storici*, Firenze, Le Monnier, 1935, pp. 28-31. Anche le voci ricorrenti di una riconciliazione vanno intese nello stesso senso.

che la Sinistra parlamentare piemontese trovasse più facilmente le vie del rapporto con le forze più radicali, ed infatti Rattazzi tessé, specialmente durante il periodo del suo ministero, una fitta trama di contatti con molti elementi dell'opposizione democratica e soprattutto un rapporto privilegiato con Garibaldi.[66] Costui però non impersonava ancora quella forza morale capace di spostare larghi settori della pubblica opinione, come sarebbe diventato durante e dopo la campagna dell'Italia meridionale, ragion per cui in questa fase l'elemento rattazziano pensò di fare affidamento sulle proprie forze e, organizzandosi come partito e stabilendo relazioni con altre frazioni parlamentari, cercò di mettere in atto quel tentativo goffo, velleitario ed effimero, ma pericolosissimo, che si sarebbe consumato intorno all'associazione della *Nazione armata*.

Il tentativo era goffo perché immaginò possibile uno spostamento ancor più accentuato a sinistra di quelle forze del centro che già guardavano incerte l'alleanza col gruppo rattazziano e per le quali il nome di Garibaldi, sebbene ancora politicamente non compromesso, non costituiva certo un motivo di tranquillità; velleitario poiché realizzato in modo da tagliar fuori le forze vive della componente garibaldina, di fatto ridotte a ratificare o smentire l'accordo cui il loro capo aveva prestato la garanzia del suo nome,[67] ma neppur sufficiente a far tacere le perplessità suscitate in diversi ambienti interni e internazionali da tutta l'operazione; effimero infine, perché la fretta con cui era stato realizzato non impedì alle forze ad esso ostili di alzare un immediato, intenso fuoco di sbarramento che nel giro di quattro giorni portò la nuova associazione dalla nascita alla morte.[68] Infine pericolosissimo questo tentativo di cui fu anima il Brofferio, ma ispiratori poco discreti l'uomo politico alessandrino e il sovrano, perché pur fallito al momento, ridette nuova energia alla parola d'ordine *Italia e Vittorio Emanuele*, agitata in precedenza dalla *Società Nazionale*, destinandola a nuovi trionfi. Essa coniugava mirabilmente l'istanza rivoluzionaria dell'unità

[66] Considerata l'importanza di questa alleanza nelle vicende successive e il ruolo centrale avuto dal Rattazzi nell'evoluzione del sistema politico italiano, resta il rammarico che il Pischedda, assorbito dalle cure dell'epistolario cavouriano, non abbia fino ad oggi mantenuto la promessa di darci «il maggior numero possibile di documenti rattazziani, editi e inediti», (v. C. PISCHEDDA, *A proposito delle carte Rattazzi*, in *Rivista Storica Italiana*, a. LXXIII (1961), pp. 133-46).

[67] Cfr. le lettere del 21 gennaio a N. Bixio e del 24 a Bertani in ENSG, *Epistolario* cit. vol. V, pp. 24-29. L'una e l'altra testimoniano i motivi di disagio diffusi nell'ambiente garibaldino. Nella seconda addirittura Garibaldi respinge un rimprovero avanzato da Bertani forse a nome di altri: «Mi dite che siete un *po' mortificati*, e non capisco il perché. Io lo sono veramente un po' dell'ultima vostra, ove m'avete diretto dei rimproveri non certamente meritati». D'altra parte la nota lettera al Medici del 5 gennaio 1860, (*ivi*, pp. 6-7), mostra chiaramente che il nucleo dirigente garibaldino era assai poco informato dei fatti torinesi, tanto che il Generale scrive di partecipare la «poco buona nuova ai nostri Bixio, Bertani, Corte ecc.».

[68] Per l'approfondimento di questi aspetti rinvio al cap. III, giacché qui la vicenda interessa soprattutto in quanto entra in quella della costruzione del partito democratico.

con quella moderata della continuità istituzionale che, incardinata sulla *persona* del sovrano, e sia pure un sovrano costituzionale, lasciava tuttavia nella penombra quel primato degli istituti parlamentari e liberali intorno ai quali la politica cavouriana aveva creato la nuova immagine del monarcato. In questo progetto il re, uscendo dal ruolo pur sempre di protagonista che gli riservava la sua funzione istituzionale, assumeva quello di tramite diretto tra autorità e nazione, e, come tale, interprete della volontà nazionale nel suo costituirsi. Al di là delle intenzioni dei suoi promotori, in essa trovava risonanza, ben oltre i casi recenti che lo avevano opposto a Cavour, l'insofferenza del re verso la prassi costituzionale da quest'ultimo imposta al Regno Sardo.[69] Nel processo conclusosi con la formazione dello Stato unitario si delineava così, fin dalle sue origini, una delicata questione che già ne ipotecava i futuri svolgimenti; e già da ora alla Sinistra rivoluzionaria si imponevano una riflessione e scelte specifiche relative alle forme politiche da privilegiare. Le istanze guerriere e unificatrici facevano prevalere in vari settori forti tentazioni accentratrici ed autoritarie,[70] ma il massimo paradosso di questa situazione consisteva nel fatto che, come a livello istituzionale attraverso il prevalere del monarca, così a livello dell'opposizione, attraverso l'imporsi della personalità di Garibaldi, le tentazioni extraparlamentari avrebbero a lungo esercitato un peso preponderante, ed in particolare proprio negli anni più immediatamente pre- e post-unitari.[71] Come aveva ben intuito il La Farina, l'opposizione irriducibile a questo programma di unità monarchica, nonostante ciò che ne dicesse la propaganda dei fogli cavouriani, non era quella di Mazzini, ma di Cattaneo e del gruppo federalista.[72] Infatti l'esule repub-

[69] La questione risulta aperta drammaticamente anche in questa fase e Cavour al momento del suo ritorno sulla scena politica si battè per la convocazione del Parlamento e la fine dei poteri speciali, (v. R. ROMEO, *Cavour* cit., pp. 657-677). D'altra parte ALBERTO CARACCIOLO, *Il Parlamento nella formazione del Regno d'Italia*, Milano, Giuffrè, 1960, ha sintetizzato il senso della discussione svoltasi allora sui poteri speciali, pp. 15-21, in un felice giudizio relativo al ruolo svolto da Cavour nella costruzione del nuovo Stato come personificazione del primato dell'istanza parlamentare (p. 20).

[70] A rappresentare il groviglio di problemi che la questione evidenzia si leggano le bellissime pagine, così ricche di pathos unitario e liberale, di E. PASSERIN D'ENTRÈVES, *L'ultima battaglia politica di Cavour* cit., pp. 27-33, in cui si discute l'eredità di Cavour, partendo da una significativa citazione di una lettera di Crispi al Favara, in cui il primo esalta la funzione assunta dal re dopo i fatti seguiti alla Convenzione di settembre come «simbolo di unità» contro il particolarismo piemontese. Il Passerin vi coglie la saldatura tra unitarismo dei moderati e dei democratici come motivo che rafforza le tendenze autoritarie e accentratrici dell'ideologia patriottica anche se trascura che una simile funzione mediatrice il re era venuto assumendola fin dal 860-'61, e proprio in funzione anticavouriana.

[71] Mi auguro che questa affermazione di cui fu primo assertore G. GUERZONI, *Partiti vecchi e nuovi nel Parlamento Italiano*, Firenze, Successori Le Monnier, 1872, pp. 21-23, e ricordata nel contesto di cui alla nota precedente dal Passerin, possa emergere più nitida alla fine di questo lavoro.

[72] Gli interventi lafariniani in questa polemica, che trasse origine dalla candidatura parlamentare di Cattaneo e Ferrari nelle elezioni del 1860, fu condotta attraverso il *Piccolo*

blicano e Garibaldi vi convergevano, l'uno tatticamente e l'altro in modo più organico, mentre il pensatore lombardo non si convinse mai della bontà di questa bandiera, verso la quale la posizione di Bertani fu invece più articolata, mantenendo egli sempre un forte rapporto con la critica cattaneana dei processi politici in atto ma, anche per l'indisponibilità del suo ispiratore di Castagnola a scendere veramente nell'agone politico, solo dopo il 1863 prese effettivamente le distanze da quel programma. Così la Sinistra italiana consumò una divaricazione di ispirazioni che non sarebbe mai stata colmata, e che pure in questi anni cruciali non emerse in modo deciso e netto di fronte all'opinione del Paese, nonostante che Cattaneo desse voce alla sua opposizione attraverso *Il Politecnico*, mentre Bertani, inadatto per sua stessa convinzione ad articolare un supporto teorico e propagandistico alla sua battaglia, avrebbe alla fine visto i suoi sforzi destinati a non produrre egemonia sulle correnti della democrazia nazionale.

Era stato proprio Cattaneo ancora una volta a differenziarsi nettamente fin dal primo profilarsi dell'alleanza tra Garibaldi, il re e Rattazzi tra il 1859-'60; egli dette prova di accortezza, evitando con ironia ed eleganza le trappole compromissorie per vincolarlo ad essa che il solito Brofferio predispose con insistenza,[73] e intanto dettava ai suoi amici indicazioni non equivoche circa il modo di comportarsi:

«Quanto mi dici di Garibaldi e Rattazzi mi fa piacere. Ciò che il Piemonte rifiuta sarà buono per noi. Garibaldi tenga amici i suoi capitani. Il Piemonte mira più ad ipotecarli che ad adoperarli. E Garibaldi tenga a bada i piemontesi».

Così aveva scritto al Bertani quando appena si intravvedevano i primi fuochi dello scontro tra cavouriani e rattazziani e iniziava a delinearsi l'asse Garibaldi-Vittorio Emanuele, per rafforzare il quale il medico milanese pensava alla pubblicazione di un giornale da intitolarsi *Il Re e Garibaldi*. Ma a fugare ogni dubbio Cattaneo aggiungeva:

«Tenete buone relazioni con Cavour in persona e non badate agli altri».[74]

*Corriere d'Italia,* e si leggono ora in *Scritti politici* di GIUSEPPE LA FARINA, raccolti e pubblicati da AUSONIO FRANCHI, Milano, Salvi, 1870, vol. II. Cfr. anche in *Epistolario* di C. CATTANEO cit., vol. III, pp. 241-42 e le varie corrispondenze relative alla sua candidatura.

[73] Le varie lettere scritte tra l'ottobre e il dicembre del 1859 da Cattaneo a Brofferio, illustrano bene il modo con cui il primo seppe evitare ogni compromissione col progetto brofferiano, anche se non rinunciò a trarne un utile immediato: v. *Epistolario* di C. CATTANEO cit., vol. III, pp. 205-40.

[74] Cfr. *ivi,* p. 199. La lettera, datata settembre-ottobre 1859, ha il tono di una nota di istruzioni, che peraltro in quel periodo Bertani sollecitava: *ivi*, pp. 562-63, Bertani a Cattaneo, Genova, 30 settembre 1859, ed espone anche il progetto di un giornale, da titolarsi *Il*

Illuminato da questi consigli forse, o per intima convinzione, il medico milanese si mosse in questa direzione e, assicura troppo asseverativamente la sua biografa, si mantenne estraneo ai «pasticci» architettati dal re, Rattazzi e Brofferio in funzione anticavouriana, accogliendo con vero favore il ritorno al potere del grande ministro.[75] Seguendo probabilmente la stessa ispirazione che nell'ottobre del 1860 lo avrebbe spinto a riproporre l'idea di un incontro tra le due personalità considerate la massima espressione della rivoluzione nazionale — l'istanza statale e politica rappresentata da Cavour e quella popolare e militare interpretata da Garibaldi —, Bertani intravede per questa via il consolidamento in senso liberale e popolare del movimento unitario.[76] In questa grande alleanza il re era chiamato a giocare la sua parte di garante istituzionale, e da questo punto di vista la parola d'ordine garibaldina *Italia e Vittorio Emanuele* poteva essere intesa a conferma del carattere pattizio dei principi costituzionali che avevano guidato il libero Piemonte, rafforzando un'interpretazione dinamica dello Statuto.

Tuttavia il medico milanese non coltivò mai l'illusione che una tale evoluzione potesse essere il frutto esclusivo dell'impulso del grande ministro; per lui, anzi, la necessità di contrastarne il primato, ribadendo la presenza attiva dell'elemento popolare nel moto unitario, discende dalla visione del conflitto tra democrazia e moderatismo in termini politici, di *linea*, rispetto alla pura e semplice riduzione di esso in termini di iniziativa militare.

Qui però si proponeva il terzo ordine di problemi, e nasceva anche in virtù dell'esperienza recente, dalla quale ormai si ricavava la lezione che le forze democratiche non potevano certo affidare le loro fortune ad alleanze, più o meno

---

*Re e Garibaldi*, il cui obiettivo sia «portare il più presto possibile Garibaldi al potere supremo e con lui fare ciò che ci rimane». Su come Bertani applicò nei mesi seguenti le direttive cattaneane cfr. Cap. I.

[75] Cfr. J. White Mario, *La vita e i tempi di Agostino Bertani* cit., pp. 305-16. Probabilmente col termine "pasticci" la Mario indica gli aspetti di intrigo che gli avvenimenti assunsero. In MRM, *Carte Bertani,* si conserva però la minuta di lettera di nomina a membro del Comitato Centrale della *Nazione Armata,* scritta da Bertani per Garibaldi e diretta a G. Pallavicino, Depretis, Sirtori e allo stesso Bertani: v. ora ENSG, *Epistolario,* vol. IV, p. 245. Sempre in MRM, *Carte Bertani*, b. 48, pl. V, 16, si trova un programma manoscritto dell'associazione. Ciò testimonierebbe che il medico milanese, allora molto vicino a Garibaldi, ebbe qualche parte nella costituzione della nuova associazione, e che il giudizio della Mario fu forse troppo drastico.

[76] Il documento più significativo in tal senso, sia perché esprime una valutazione non individuale, ma di «amici seri» tra i quali il Medici, allora vicinissimo a Bertani, sia perché nasce da un severo giudizio sul ministero Rattazzi, maturato in questo gruppo, si legge nelle *Lettere ad Antonio Panizzi di uomini illustri e di patrioti italiani (1823-1870),* pubblicate da Louis Fagan, Firenze, Barbèra, 1882: v. le lettere del 9 e del 19 gennaio 1860, pp. 409-12. Va invece rilevata la vena anticavouriana e filo rattazziana, sottile, ma evidente, che ispira le pagine della Mario su Bertani, espressione del trionfo della fondamentale lezione dell'uomo politico alessandrino nella politica della Sinistra depretisina e crispina.

possibili e produttive, con Cavour o Rattazzi, ma dovevano piuttosto porsi il problema della costruzione di uno strumento di azione politica, un'organizzazione adeguata alle circostanze.[77] D'altronde Bertani espresse ben presto i suoi timori sui pericoli di subalternità — fin troppo evidenti nell'operazione che aveva portato alla formazione de *La Nazione Armata* — fatti pesare dalla direzione garibaldina sul movimento democratico ove questa non fosse stata all'altezza dello scontro politico, che esigeva la presenza autonoma della democrazia attraverso un'organizzazione in grado di esprimerne le ragioni e darne con energia e duttilità una durevole rappresentazione. Così fin dal gennaio del 1860, tratteggiando le condizioni del momento e le prospettive della situazione, aveva scritto al Panizzi:

«Un'ultima parola: se noi non riusciamo ad associare Garibaldi agli uomini e alle vicende altamente politiche in giornata, non ne avremo che un guerrillero, al quale il potere militare e politico gerarchico non concederà mai più che qualche battaglione di volontari, o corpi provvisori, dovunque e comunque raccolti, ed avremo perduta tutta l'utilità che si può avere, e che è dannazione perdere, dal prestigio popolare, di cui gode quell'uomo».[78]

Ma Bertani per ora non coglie i segni premonitori del conflitto tra il suo disegno e l'orientamento di Garibaldi al quale, nel dicembre del 1859, si rivolge per chiedere l'assenso alla pubblicazione del giornale progettato per dare voce alle forze avanzate. La risposta di quest'ultimo:

«comunque fosse, un giornale nostro anche se non parlasse di noi, parlerebbe delle cose nostre, che non mancherebbero di oppositori, e che quindi diventerebbe giornale d'un partito, e noi non dobbiamo essere partito, ma dominare i partiti tutti», [79]

[77] Questa esigenza Cattaneo aveva da tempo indicato a Bertani. Nella lettera citata del 24 febbraio 1859, dava «licenza» di scendere in campo con la monarchia, ma intanto «*farsi amici*» tra coloro che «*si stimano e s'intendono*, senza legarsi molto le mani». Bertani rispondeva con entusiasmo di aver «inteso benissimo la [...] idea degli *amici* e la ricorderò e attiverò a tempo opportuno» (v. C. Cattaneo, *Epistolario* cit., vol. III, pp. 105-9 e 552-55). Tradotta in chiaro l'idea di Cattaneo era di sviluppare forme di collegamento politico tra gli elementi non mazziniani della democrazia. Sulla necessità di «costituire un partito non di Rattazzi, non di Cavour, ma sinceramente liberale ed italiano nella Camera» riflettevano anche altri settori della Sinistra, fallita l'esperienza della *Nazione Armata* e in relazione al dibattito in Parlamento sul trattato di Nizza e Savoia: v. Giorgio Asproni, *Diario politico 1855-1876,* vol. II (1858-1860), a cura di Bruno Josto Anedda, Carlino Sole e Tito Orrù, Milano, Giuffrè, 1976, p. 452.
[78] Cfr. *Lettere ad Antonio Panizzi* cit., lettera citata del 19 gennaio 1860, pp. 411-12.
[79] ENSG, *Epistolario* cit., vol. IV, p. 200, lettera in data Fino, 13 dicembre 1859; v. anche, p. 206, quel che scriveva al Coltelletti, suo vecchio amico e poi tra i dirigenti de *La Nazione* di Genova, in data Fino, 16 dicembre 1859: «Siamo d'accordo sul conto giornali:

negativa nello specifico della richiesta, evidenzia un problema più generale del quale egli non sa valutare la portata, anche perché gli manca qualunque verifica pratica delle ipotesi sulle quali lavora; quel rifiuto appare del tutto condivisibile e coerente con i propri progetti, rivelatore di un peculiare zelo patriottico piuttosto che del sentimento di una speciale investitura derivata al Generale dal singolare legame, le cui finalità e obiettivi non sono affatto trasparenti, con il sovrano.[80]

Alla ricerca di un metodo che consentisse l'entrata in scena dell'elemento popolare e il dispiegarsi della forza del movimento nazionale,[81] tra il 1859 e il 1860 Bertani si impegnò, in accordo col Medici ed altri, per dar vita ad una struttura legale della sinistra rivoluzionaria, concretizzando una linea la quale aveva preso contorni più precisi proprio negli ultimi tempi. Ma essa cercava di trarre dalle condizioni del presente, favorevoli all'iniziativa democratica, una risposta finalmente risolutiva agli interrogativi sorti dalla tormentata discussione apertasi nel partito d'azione dopo il 1853, quando, dalla crisi del mazzinesimo, alimentata da ulteriori, dolorose sconfitte, s'era costruita l'egemonia della *Società Nazionale* sull'opinione patriottica.[82] La guerra del 1859 e l'esperienza

io non avrò giornali, né raprisenterò (sic) partito». Il foglio era il già ricordato *Il Re e Garibaldi.*

[80] Nella successiva elaborazione del mito risorgimentale questo legame diviene secondo l'espressione di G. GUERZONI, *Garibaldi* cit., vol. II, p. 28, una felice complicità.

[81] Bertani si esprime quasi con queste stesse parole sempre nella lettera a Panizzi del 19 gennaio 1860, ripresa da J. WHITE MARIO, *La vita e i tempi di Agostino Bertani* cit., p. 315.

[82] La discussione tra la tendenza unitaria e federalista della democrazia nazionale (nota 56), mostra come già all'indomani del 1849 la polemica sull'*azione* altro non fosse che un aspetto della problematica sul partito e fin da allora la critica alla concezione mazziniana raggiunse alti livelli di coscienza di cui sono testimonianze importanti la lettera di Bertani a Cattaneo del 10 aprile 1853, pubblicata in *Epistolario* di C. CATTANEO, vol. II, pp. 501-3, e la lunga lettera di G. Mazzoni a Mazzini del settembre 1854, pubblicata in GIACOMO ADAMI, *Giuseppe Mazzoni, un maestro di libertà,* Prato, Azienda autonoma di turismo, 1979, alle pp. 226-31. L'una e l'altra, per vie diverse e concomitanti, ma in modo del tutto esplicito, pongono il problema dell'azione in riferimento ai compiti e alla funzione della direzione politica sul movimento, cioè del rapporto tra avanguardia e masse; ed ambedue traggono dall'esperienza recente la lezione che: I) l'avanguardia non può esistere solo sul piano militare e dell'azione insurrezionale; II) occorre collegare le aspirazioni del partito all'orientamento della pubblica opinione; III) bisogna rinunciare ad ogni idea di direzione dittatoria del movimento ed imporre una struttura organizzativa di tipo democratico, con gruppi dirigenti scelti, e responsabili di fronte al corpo del partito. Se è vero, come sostiene il biografo del Mazzoni, che allora gli "ortodossi" Giannelli e Cironi accusassero l'ex triunviro toscano di scivolamenti federalisti, se ne possono comprendere le ragioni, come diviene più chiaro il motivo per cui dal 1860 le strade del medico milanese e dell'avvocato toscano tornassero così fortemente a riaccostarsi. Una simile lettura dei documenti ricordati indebolisce però la tesi del Berti circa l'indisponibilità all'azione dei "federalisti" nella fase post 1853. Comunque, ancora nel 1858, Bertani ribadirà la sua linea di condotta e il suo giudizio negativo sull'attivismo mazziniano, allora con lui solidale anche il Medici: v. LEOPOLDO MARCHETTI, *Bertani,* Milano, Garzanti, 1948, pp. 61-65.

seguente avevano comportato un franco riconoscimento del programma di Garibaldi nel quale, come si sarebbe espresso di lì a poco il medico milanese, era tracciata

«la via che tutti dovevamo battere per salvare la patria».[83]

Questa via, distinta dalle tendenze e dagli orientamenti governativi, almeno così egli la considerava, obbligava la democrazia a valicare il confine che la separava pregiudizialmente dalle intenzioni patriottiche del partito moderato, in una sfida che la impegnava a radicarsi e a definire la sua immagine programmatica e la propria alterità su un terreno concreto, connesso cioè alla sua effettiva capacità di produrre occasioni di progresso del moto unitario. Insomma il confronto tra le due linee diventava più esplicito: sul piano organizzativo ciò comportava il passaggio da organismi locali alla ricerca di forme di coordinamento sul piano nazionale; sul terreno politico occorreva andare oltre la collaborazione per sviluppare forme concorrenziali con l'iniziativa moderata. Questa era anche la condizione necessaria, sebbene non sufficiente, sulla quale fondare un rapporto nuovo con la componente mazziniana,[84] e la spedizione dei Mille, occasione del rilancio clamoroso del moto nazionale, protagoniste le forze democratiche, avrebbe confermato la duplice valenza di una simile scelta.

Non si può disconoscere agli eventi del 1860, pur nella netta battuta d'arresto che alla fine Cavour avrebbe imposto alla Sinistra, prima nella soluzione della questione italiana e poi sul terreno politico ed elettorale, il carattere di una grande svolta nella vita nazionale e l'occasione di un'impetuosa crescita del movimento democratico, tale da creare le condizioni di una sua stabile presenza nella lotta politica come espressione di una potenziale alternativa che, in modi e tempi non prevedibili, poteva dar voce ad un blocco politico-sociale contrapposto a quello moderato. Questo era il risultato più rilevante scaturito dal

[83] Così Bertani a Garibaldi, 25 maggio 1860, suggerendo i termini di una dichiarazione di principio che avrebbe dovuto accompagnare la sua nomina a rappresentante unico del Generale: v. GIACOMO EMILIO CURATULO, *Garibaldi, Vittorio Emanuele, Cavour nei fasti della patria. Documenti inediti.*, Bologna, Zanichelli, 1911, p. 109.

[84] Come nel 1865 Bertani valutò con spirito unitario la scissione a destra della componente crispino-mordiniana, seguendo un approccio che trovava sostanzialmente concorde anche il Mario, e la cui probabile origine potrebbe risalire alla comune frequentazione con Cattaneo, il quale fin dal 1859 aveva posto il problema del partito senza fanatismi e nella prospettiva del «farsi amici», così per il 1860 è J. WHITE MARIO, *Agostino Bertani* cit., p. 322, a richiamare l'*animus* unitario di Bertani, e la sua aspirazione ad un'alleanza tra elemento mazziniano e garibaldino «per la fusione di tutte le forze popolari». Alla luce di ciò si spiega il riconoscimento che Mazzini, da poco rientrato in Italia, gli rivolgeva: «T'ho trovato unico che abbia *vita* e un po' [!] d'intelletto rivoluzionario», (SEI, vol. LXVIII, Mazzini a Bertani, [Genova, giugno 1860], pp. 7-9, la citazione a p. 9).

contributo non eludibile dato dalla democrazia al costituirsi dello Stato unitario. Ma le classi dirigenti fino a qual punto avrebbero potuto convivere con questa novità che ne minacciava continuamente l'investitura a governare? Fino a qual punto si sarebbero mostrate capaci di passare da una condizione di incontrastato dominio ad un'altra, nella quale l'egemonia sul paese andava continuamente verificata e conquistata? Negli anni successivi l'ulteriore sviluppo associativo del partito democratico,[85] cui certo non corrispose un'analoga chiarificazione dei suoi orientamenti teorici e politici, la crisi del moderatismo, della quale fu gran parte la prematura scomparsa di Cavour, e la crescente difficoltà a governare i processi strutturali a livello della trasformazione politica ed economica della società nazionale, avrebbero innescato nel corpo del giovane Stato pericolosi germi autoritari, nei quali soltanto i gruppi dominanti videro la possibilità di riprodursi e prosperare. Ed è singolare constatare come, nel dibattito alla Camera del novembre 1862, conclusosi con la crisi del ministero, Rattazzi a giustificazione dei suoi comportamenti, ritenuti poco ortodossi sul piano costituzionale, politico parlamentare e amministrativo da un'ampia schiera di deputati, assumesse una linea di difesa tutta puntata sulla sottolineatura della eccezionalità, congiunturale e storica, nella quale il paese si trovava, per cui il ricorso a sistemi eccezionali, tra cui il prolungato mantenimento dello stato d'assedio nelle province meridionali diventava non solo necessario, ma inevitabile. La sindrome dell'accerchiamento e della distruzione dell'unità, per cui ogni espressione della crisi politico-sociale diventava minacciosa alla sopravvivenza dello Stato sortito dagli eventi e dai sacrifici di tante generazioni diventava una linea propagandistico-politica posta a giustificare la rigidità del sistema[86] e gli equilibri di potere sui quali esso si era assestato nella sua fase originaria. In ciò d'altronde risiede l'eccezionale valenza documentaria della persistenza del tema della libertà d'associazione nel primo triennio di vita pubblica in Italia. L'impostazione rattazziana della difesa ad oltranza dell'autorità costituita portava alla negazione di tale libertà in quanto garanzia statutaria, e giuridicamente la tesi poteva pur trovare un qualche fondamento, ma egli si spingeva ben oltre suggerendo al Parlamento, che non solo nei suoi settori di Sinistra si agitava scandalizzato, l'ardita equivalenza tra libero sviluppo dell'associazionismo politico nella vita dello Stato e presenza della camorra, mafia e brigantaggio nei rispetti della vita civile.[87] Una simile impostazione assimilava il fenomeno dello sviluppo delle organizzazioni di massa attive nel paese ad un processo patologico che ne minacciava l'integrità morale e politica. Tale drammatizzazione non salvò il

[85] Una delle ultime circolari della *Emancipatrice* parlava di 500 associazioni che, nell'agosto del 1862, facevano capo alla Centrale, cfr. la circolare del 10 agosto 1862 in R. Composto, *I Democratici* cit., pp. 226-29.

[86] Cfr. API, *Camera dei Deputati, Discussioni*, seduta del 26 novembre 1862, pp. 4452-73.

[87] *Ivi*, pp. 4561-62.

ministero rattazziano dalla sfiducia parlamentare e, anche per questo, esso poté sembrare frutto avvelenato, ma estremo, di una linea politica antidemocratica. Lo stesso invece non sarebbe stato possibile pensare della discussione svoltasi sulle associazioni tra aprile e giugno dell'anno successivo.

Il Peruzzi infatti, nella foga di legittimare l'atto di scioglimento della *Solidarietà* genovese, era giunto a rivendicare una sostanziale continuità dei diversi governi verso le questioni attinenti la libertà d'associazione — «Allora io credo che come il commendatore Rattazzi sciolse la *Società Emancipatrice*, così l'avrebbe sciolta il barone Ricasoli, così per parte mia dichiaro che avrei fatto io stesso»[88] — aprendo un varco allo statista alessandrino per tentare di svincolarsi dall'isolamento in cui lo avevano cacciato le responsabilità contratte nella gestione della crisi dell'agosto 1862. Rattazzi, che in realtà mirava a soffocare in un abbraccio mortale il nuovo governo, costringendolo a confermare la posizione da lui tenuta nell'agosto del 1862 con l'emanazione del decreto di soppressione della *Emancipatrice* e, in generale, quella linea di difesa dell'ordine costituito spinta fin alla sospensione «momentanea [del]le garanzie concedute dallo statuto»,[89] si sentì tanto rassicurato dai nuovi orientamenti che aveva visto prevalere nella maggioranza da dichiarare di non tener più necessaria una legge regolatrice della libertà d'associazione, e perfin disponibile a fornire il suo voto al ministero, che in verità attaccava subito dopo su tutta la linea, partendo dalla difesa del sistema della separazione dei poteri esecutivo e legislativo, per ribadire le prerogative del primo ed evitare la parcellizzazione multipartitica del Parlamento.[90] Si è visto quale severa risposta il Rattazzi si ebbe dal Minghetti; ma accanto al giudizio sulle cause storiche del mancato svolgimento del sistema italiano in senso bipartitico, taciuti i potenti ausili istituzionali su cui quel terzo partito aveva potuto contare, già si affacciava nella ricostruzione minghettiana un'altra interpretazione dello scontro politico, alimentata dal nascente mito del-

[88] *Ivi*, seduta del 13 giugno 1863, p. 297.

[89] *Ivi*, seduta del 17 giugno 1863, p. 385. Questa affermazione Rattazzi fece a proposito del disegno di legge, preannunciato da Massari, contro il brigantaggio. Prima aveva detto: «Non dissimulo che per me crea una vera soddisfazione il vedere che oggi si rende giustizia a quel decreto [del 20 agosto 1862] che formava oggetto di acerbe censure per parte di alcuni che oggi sostengono il ministero»; ed aveva minacciosamente concluso, forte evidentemente dell'esempio dato dal suo operato, che su varie questioni, come sul sistema regionale, sulle associazioni, sul credito fondiario, il governo doveva governare con le proprie idee e se il Parlamento le approvava tanto meglio, altrimenti «egli [il governo] sa quali siano le vie a cui debba attenersi».

[90] *Ivi*, seduta del 17 giugno, p. 387. Val la pena osservare che, nel citato articolo de *L'Opinione* del 3 gennaio 1860 sulle *Associazioni politiche*, si esprimeva una netta preferenza verso forme associative di tipo non permanente proprio per evitare parcellizzazione parlamentare e per favorire lo sviluppo del sistema bipartitico. Ciò era congruente con una logica di sviluppo del sistema dei partiti su base parlamentare; senonché i mesi seguenti avrebbero modificato in modo sostanziale una simile prospettiva.

la rivoluzione italiana sorta «d(a)ll'alleanza della Monarchia colla libertà», alla quale si sottraevano «due soli partiti, esigui di numero e di forze»: gli ultrarivoluzionari e i municipalisti, cioè i nostalgici delle antiche capitali.[91] Il moto italiano si confermava come una rivoluzione conservatrice, secondo una visione già avanzata da Cavour, ed ora mitizzata dal La Farina che, parlando di «rivoluzione legale» ne proponeva una raffigurazione più articolata, ed irrigidiva in visione ideologica l'esperienza del rapporto tra *Società Nazionale* e Cavour dal 1856 in poi. Prevaleva un modello di partito i cui scopi tendevano ad assestarsi entro il vincolo dei superiori interessi dello Stato. Secondo questa concezione al governo spettava la funzione di indicare le finalità, allo strumento organizzativo quella di renderle popolari nel paese; nello stesso senso, ma con procedimento inverso, la rivoluzione, vinta la sua battaglia, si era fatta legalità, idea d'ordine, governo, grazie all'opera di un partito di «volenti» la patria che, unito nei fini, si era però diviso nei mezzi, in un permanente confronto tra gli audaci prudenti, o i «volenti il possibile», e gli improduttivi e imprudenti, o i «volenti l'impossibile». I primi erano naturalmente rappresentati da Cavour e dai suoi seguaci, i secondi dai democratici. In questo senso gli stessi clamorosi risultati del 1860, più che all'impazienza garibaldina andavano ascritti alla sagace politica del grande ministro,[92] cui poco o nulla avevano aggiunto le sollecitazioni di uomini generosi, ma imprudenti. Era uno schema storiografico destinato a grande fortuna, ma il primo a correggerne le forzature oleografiche e partigiane con amara ironia fu Bertani, che in sede di replica avrebbe ben altrimenti lasciato intendere i difficili compromessi e gli accordi sui quali nel 1860 si era precariamente costruito il rapporto coi moderati, respingendo dunque la lettura lafariniana del 1860, la quale aveva trovato un dotto supporto nel lavoro storiografico di N. Bianchi, definito opera che aveva «falsato tutto lo spirito della spedizione di Marsala». Poi, senza togliere i meriti spettanti a ciascuno, da Cavour al La Farina, da Garibaldi alla monarchia, aggiungeva con l'aria di chi poteva francamente sostenere una simile tesi, sicuro dei segreti che egli stesso conservava e che molti nell'aula potevano testimoniare o non smentire, che i documenti veri di quell'impresa era forse prematuro renderli pubblici, ma comunque

[91] API, *Camera dei Deputati, Discussioni*, seduta del 18 giugno, pp. 404-5.

[92] Oltre ai temi ricordati, l'intervento del La Farina, svolto nella seduta del 16 giugno (v. *ivi*, pp. 361-71), sostenne il principio del diritto d'associazione come diritto naturale (né poteva essere altrimenti per uno dei grandi organizzatori politici del movimento nazionale), che cedeva però all'interesse dello stato. Così spiegava l'appoggio prestato al ministero Rattazzi in nome della preoccupazione in lui prodotta dalle dichiarazione di Ricasoli del 20 febbraio 1862 in difesa della libertà di associazione, ritenute discordi dalla interpretazione dello Statuto prevalsa da sempre nel Regno Sardo. In modo indiretto il siciliano accreditava Rattazzi, per lungo tempo Ministro dell'interno del Piemonte, come il giusto interprete della normativa sul diritto d'associazione.

«dovrei aggiungere (come ebbe a dirlo lo stesso conte di Cavour) che i più importanti documenti sono quelli che non si pubblicano».[93]

Bertani dunque aveva preferito i toni responsabili per rivendicare il ruolo essenziale della democrazia nella costruzione dello Stato unitario, ma sceglieva poi quelli durissimi per una requisitoria svolta contro il ministero, ai suoi occhi in nulla diverso dal precedente, salvo che i ministri in carica, di lui amici alcuni e degni della sua stima altri, «hanno la pretesa di essere più cauti, e la lusinga di essere più popolari» dell'amministrazione rattazziana. In realtà, continuava, essi si rivelavano «ambedue eguali viola(tori) del diritto d'associazione» ed espressione di un progressivo scivolamento del paese su posizioni autoritarie, dal milanese verificate in atti recenti che avevano portato alla persecuzione di numerose società democratiche ed operaie e attraverso la ricostruzione delle diverse fasi del dibattito sulla libertà d'associazione. Da ciò egli ricavava un giudizio, riassunto nell'accusa sferzante ai suoi interlocutori parlamentari, ai moderati filocavouriani non meno che ai rattazziani, di esser agitati da una sola, identica paura: il fantasma della sovversione.[94] Ad essa, con toni che nell'aula risuonavano di certo estremistici, egli scioglieva un inno per esaltare la funzione democratica di Genova, città da sempre al centro di iniziative generose; per rivendicare come un merito la resistenza da lui opposta alla «incondizionata adesione delle province meridionali» al nuovo regno; per dirigere infine un appello ulteriore, ma senza illusioni, ai moderati a non temere il libero sviluppo delle associazioni, portatrici di rinnovate energie alla vita del nuovo Stato.[95] Il richiamo alla collaborazione esemplare tra Cavour e la *Società Nazionale*, al fervore nazionale dei *clubs* nella Francia rivoluzionaria, non esprimeva solo gli artifici di una retorica patriottica, ma illuminava la tensione radicale animatrice di un modo diverso di intendere la nazionalità, un modo che più direttamente la collegava all'idea della sovranità popolare, viva e operante non solo nel suffragio, ma nell'associazione.[96] Ed invece solo pochi giorni prima di questo dibattito la Camera aveva discusso l'interpellanza del deputato Siccoli sull'arresto di un gruppo di lavoratori del legno a Torino, in risposta alla quale Peruzzi si era

[93] *Ivi*, seduta del 19 giugno, p. 448.
[94] *Ivi,* p. 452. Bertani, medico, avvicinava ironicamente il comportamento di Peruzzi e del ministero Minghetti, e il loro «zelo della repressione per salvare la libertà», a quello dei medici salassatori che con la loro cura ammazzano il paziente.
[95] *Ivi*, pp. 453-57.
[96] Al proposito v. il documento pubblicato in *Appendice* con il titolo *Un programma politico di Bertani*. Esistono comunque distinzioni fondamentali tra le concezioni mazziniana e bertaniana dell'associazione, che qui non è possibile sviluppare e confrontare. D'altra parte tale confronto dovrebbe tener conto delle elaborazioni cattaneane al proposito, cui il medico milanese era, per più di un aspetto, consapevolmente debitore.

anche qui attestato su un'interpretazione assolutamente restrittiva delle libertà associative, facendo appello all'articolo 386 della legge di P. S. del 13 novembre 1859 che vietava ogni forma di «concerto» fra operai con finalità di sciopero.[97] Bertani non era un teorico e le tracce delle sue concezioni vanno trovate nei suoi comportamenti politici, espressione non solo delle propensioni personali, ma interne ad un filo di ragionamento che coinvolgeva un settore della Sinistra italiana alla ricerca delle vie specifiche per farsi partito all'«esterno» delle istituzioni parlamentari.[98] Tuttavia la discussione del giugno 1863 dovette rendergli ben chiaro che la strada della costruzione di un partito democratico di massa era difficilmente praticabile, ed egli ribadì la sua sfiducia quando, tra la fine del 1863 e gli inizi del 1864, propose le dimissioni collettive dei parlamentari di parte democratica e tentò, senza apprezzabili risultati e non senza elementi di confusione, di riorganizzare il partito intorno ad un organismo semilegale.[99] Se poi si considera che sulla questione della legittimità dell'azione discrezionale e preventiva dell'autorità contro la libertà d'associazione e le sue manifestazioni la Camera espresse una costante «acquiescenza» verso gli orientamenti del governo, sostenendone sempre gli interventi repressivi, si può capire come il giudizio bertaniano sui nuovi orientamenti maturati nel ceto politico dominante non fosse fuorviato da un eccesso di pessimismo.[100] Dalla stessa insistenza con cui Peruzzi e Minghetti si erano impegnati a definire, in tempi più favorevoli e più calmi, una legge sulla libertà d'associazione nella prospettiva della difesa dei diritti individuali, traspariva la ripresa di un tema che aveva tradizionalmente angustiato le forze moderate: quello dei pericoli cui può soggiacere la libertà, ove minacciata dalla "tirannia della maggioranza". Pericoli che per ora potevano essere temperati dalla convinzione del carattere largamente minoritario delle forze antiliberali, l'evocazione delle quali però faceva nascere nei ceti dominanti un istinto di reazione che tendeva a coagularsi intorno alla difesa ad oltranza del primato monarchico come potere forte in grado di bloccare ogni evoluzione in senso democratico del sistema costituzionale. Nella misura in cui nei ceti dominanti prevaleva un tale istinto, per debolezza di convin-

[97] API, *Camera dei Deputati, Discussioni*, seduta dell'11 giugno 1863, pp. 196-99. Va osservato infatti che il dettato della legge concedeva altre applicazioni poiché essa proibiva tali «concerti», ma quando tenuti «senza ragionevole causa».

[98] Siamo di fronte ad un caso classico di quella «origine extérieure des partis» di cui parla sempre M. Duverger, *Les partis politiques* cit., p. 8.

[99] Su ciò cfr. A. Scirocco, *I democratici italiani* cit., in particolare il cap. VII. Garibaldi fu tra i dimissionari, ma anche in questo caso, nonostante le illusioni che poteva farsi Bertani, seguiva una sua strada, assai diversa da quella del medico milanese.

[100] Di «acquiescenza» della Camera verso gli orientamenti governativi parla G. Arangio Ruiz, *Le Associazioni e lo stato* cit., p. 325. La conclusione del giurista è assai sconfortata, p. 327: «Egli è dolorosamente vero che si è votato sempre in Italia pel ministero o contro – non per le idee e pei principi». La legge di P. S. del 1865 nulla innovò in materia rispetto a quella del 1859.

cimenti liberali o per opportunità propagandistica, essi restavano vittime volontarie di un sistema di specchi deformanti che di volta in volta le costringeva ad ignorare, sottacere, coprire le esorbitanze, in termini di prassi costituzionale, della monarchia.[101] Ben altra grave limitazione allo sviluppo del sistema dei partiti aveva individuato la polemica minghettiana contro il terzo partito, e ben diversi il metodo e le scelte con cui Cavour aveva fronteggiato la crescente presenza democratica nello scontro politico e nella vita del paese, quando gli eventi avevano imposto all'ordine del giorno una tale questione.

Fu così che nel corso del quinquennio della prima legislatura del Parlamento italiano, la cui durata fu la manifestazione dell'estrema resistenza opposta dai seguaci del conte ai fenomeni degenerativi che già ne minacciavano la funzionalità,[102] si vennero sviluppando una tradizione parlamentare e una prassi costituzionale le quali, per più di un aspetto, segnavano una netta rottura con lo stile politico di Cavour, e in qualche modo sanzionavano il tramonto del progetto politico da lui appena abbozzato, tutto compreso nella esaltazione della prerogativa parlamentare.[103] Si era imposto un mutamento nella "costituzione

---

[101] È ben nota l'importanza della prassi costituzionale nel sistema italiano, fondato sulla tradizione costituzionale del Regno sardo, ove si era affermato il criterio della possibilità di modifiche costituzionali per via ordinaria, per consuetudine o per il prevalere di difforme interpretazione delle norme: si veda CARLO GHISALBERTI, *Storia costituzionale d'Italia. 1849-1948*, Roma-Bari, Laterza, 1974.

[102] L'idea dello scioglimento anticipato della Camera elettiva fu avanzata da Cattaneo l'indomani della morte di Cavour quale occasione di verifica della maggioranza nel Paese. Ripresa nel settembre 1861 da Bertani, che la collegò alla dimissione unilaterale dell'opposizione, divenne un autentico ricatto che la parte rattazziana, forte di un sospetto richiamo alle prerogative del re, avanzò dopo la crisi del ministero Ricasoli onde costringere i settori cavouriani ad entrare nel nuovo gabinetto o a non ostacolarne il decollo. Così se *Il Movimento* del 3 marzo 1862, nell'articolo *Crisi ministeriale,* propose l'alternativa netta tra un ministero Farini-Minghetti, avversato, e un altro Rattazzi-Depretis, auspicato, ma preceduto dallo scioglimento della Camera, *La Gazzetta del popolo* del 5 marzo 1862 lanciava avvertimenti minacciosi sulla necessità che la nuova maggioranza fosse costretta comunque a scioglierla. «Siamo costituzionali e non esautoriamo le Camere mettendo innanzi influenze estranee e compromettenti» aveva intanto scritto *L'Opinione* del 24 febbraio 1862 (cfr l'articolo *Difficoltà interne* ) svolgendo una polemica contro i fogli rattazziani sui poteri costituzionali alla quale si associò anche *Il Diritto*.

[103] Per ultimo R. ROMEO, *Cavour* cit., vol. III, pp. 885-86, sottolinea l'intenzione cavouriana di «tagliare alla radice ogni ipotesi di governo fondato sulla prerogativa regia». Consento senza riserve con questa tesi, ma la ricerca storico-giuridica non ha posto in modo chiaro e tanto meno risolto questo problema, che è invece fondamentale per ben giudicare l'evoluzione del nostro sistema politico. Così di fronte ad una opinione consolidata, nella dottrina e nelle prassi, e divenuta persino un tema di fondo della polemica antiparlamentaristica nel secolo scorso, dello svolgimento in senso liberale e parlamentare dei presupposti statutari, molti studiosi dell'opera del conte avevano insistito sulla discontinuità di questo processo, sottolineata con forza da D. ZANICHELLI, *Introduzione storica allo studio del sistema parlamentare italiano* cit., pp. 165-198, che peraltro svelava solo indirettamente i suoi bersagli polemici attraverso gli schizzi rapidi e calzanti con cui descriveva le

materiale", secondo l'espressione che un ventennio dopo la dottrina giuridica tedesca rese comune in Europa,[104] fatto di compromessi e compromissioni tra governo e opposizione, di cui l'esperienza ricasoliana e rattazziana costituirono due diverse, ma concorrenti espressioni; ancor peggio si affermò il metodo degli accordi trasversali tra settori della maggioranza e dell'opposizione. Ciò avrebbe ridotto le funzioni di indirizzo e di controllo politico del Parlamento sul governo e l'amministrazione, trasformandolo in luogo d'intrighi e di imboscate,[105] causa principale delle ricorrenti crisi ministeriali; inotre nel prevalere del ruolo degli apparati nella quotidiana amministrazione della cosa pubblica, la sua funzione rappresentativa si marginalizzava per trasformarsi piuttosto in una funzione di patronato, di gruppi, di collegi elettorali, di lobby, di interessi comunque parziali, che ben presto soffocarono l'evoluzione liberale del paese. Per conseguenza la figura del re e la funzione della monarchia, sovente garante occulta di quegli accordi ma costituzionalmente irresponsabile, si rafforzavano, per la necessità di assumere una parte attiva nello svolgimento della lotta politica fino a patrocinare le crisi ministeriali e le possibili loro soluzioni, finendo per imporsi all'opinione come sola mallevadrice della stabilità istituzionale di fronte alle "degenerazioni" della lotta politica. Nella discussione politologica che si accese sulla scia del lungo confronto parlamentare svoltosi negli anni tra il 1859-'63, chi meglio evidenziò l'anomalia che questa singolare posizione del sovrano comportava per gli sviluppi del sistema dei partiti in Italia fu il Bonghi, il quale, ricostruendo la storia recente in un altro momento drammatico della nostra vita politica, quello seguito alla crisi del secondo ministero Rattazzi, svolse al proposito fondamentali considerazioni.[106] Egli infatti, osservato che «In ogni

principali figure attive nel primo Parlamento nazionale. Il problema resta aperto ancor oggi, tanto è vero che mentre A. CARACCIOLO, *Il Parlamento* cit., osserva che l'accusa di "dittatura parlamentare" rivolta a Cavour trascura il faticoso e "politico" processo con cui il conte perviene a confermare le sue maggioranze e quindi mette in discussione l'idea di un sistema "bloccato" dalla personalità del conte, GIUSEPPE MARANINI, *Storia del potere in Italia (1848-1967)*, Firenze, Vallecchi, 1968 ha viceversa parlato di un regime parlamentare nato e sviluppatosi "sotto tutela" a seguito del proclama di Moncalieri, quasi a segnalare un limite in origine del sistema stesso. A sua volta C. GHISALBERTI, *Storia costituzionale d'Italia* cit. rilevando lo svolgimento extraparlamentare delle crisi politiche dei governi post-cavouriani ha insistito piuttosto sulla continuità tra Cavour e Destra storica.

[104] Considerati i caratteri elastici dello statuto albertino, questo mutamento fu troppo significativo per essere trascurato dalla dottrina, che infatti proprio negli anni '80 del secolo scorso avviò una serrata riflessione sul problema. Sull'influenza della cultura giuridica tedesca e sui problemi politico-giuridici connessi al concetto di costituzione materiale, cfr. G. ARANGIO RUIZ, *Legge materiale e legge formale,* in *Rassegna di Scienze Sociali e Politiche,* a. VIII (1980), f. 184, pp. 17-36.

[105] Una significativa manifestazione dello scoramento che una tale pratica parlamentare indusse anche in uomini provati da ben altre difficoltà della lotta politica può considerarsi lo scritto lafariniano del gennaio 1863, ora in *Scritti politici* di G. LA FARINA cit., vol. I, pp. 441-44.

[106] *Opere* di RUGGIERO BONGHI, vol. I, *Programmi politici e partiti,* a cura di GIOVANNI GENTILE, Milano, Mondadori, 1933. *Ivi,* pp. 13-80, il saggio, apparso per la prima volta

paese vi sono poche unità e molti zero: poiché le grosse popolazioni non si fanno altrimenti che i grossi numeri», esaltava l'opera e la funzione svolta dal Cavour nella promozione del partito moderato, dal quale, continuava, se ne distingueva un altro che fondava la sua "ragionevolezza" sul nome di Garibaldi. Costui,

«staccando dalla parte repubblicana sé medesimo ed altri seco, e gridando pure "Vittorio Emanuele ed Italia", s'immaginava che questo solo bastasse a dargli autorità di muovere lo stato a sua posta».[107]

Il partito cui allude il Bonghi, non è affatto quello che per tradizione la storiografia ha definito "partito garibaldino", ma piuttosto quel complesso intreccio demagogico-autoritario coagulatosi intorno al progetto rattazziano e del re. Lo scrittore napoletano però non poteva parlare il linguaggio chiaro che avrebbe coinvolto i nomi delle più alte cariche dello Stato e dunque lasciò intendere assai cripticamente, ma con sufficiente chiarezza per chi aveva buona intelligenza della situazione cui si riferiva, il suo giudizio. Così, osservando come quel partito considerasse il parlamento, il governo, il re come "burattini" subito si corregge, aprendo uno squarcio di verità purtroppo dura a dirsi in termini più leggibili dall'universale:

«La parola [ burattini] non paia soverchia: poiché non meriterebbe altra censura se non questa sola, che anziché burattini, i poteri dello stato sono convertiti in burattinai nelle cui mani sieno spezzate le fila con cui tutta la macchina del Governo è mossa; poiché questo è il fine cui si può solo riuscire quando si presume di potere, checché quelli gridino e gesticolino, recitare tutt'altra commedia».[108]

Questa posizione poi diventava chiarissima quando poteva lasciare la figura del re sullo sfondo e, parlando del primo ministero Rattazzi, sorto in virtù del patto con Garibaldi, ricostruire tutti i riferimenti su un gioco di silenzi e di confronto con l'alleanza tra J. Fox e lord North nel 1783. Il giudizio era allora senza mezze misure, giacché quello, come questa, ebbero breve durata e lo stesso carattere di coalizione impropria, e tuttavia

nel 1868, col titolo *I partiti politici nel Parlamento italiano.* È interessante osservare che, p. 15, la «estrema ed affannosa ambiguità» del sistema politico italiano è fatta risalire «dal 1864 in qua». Merita segnalazione anche l'epigrafe ciceroniana del saggio, che insiste su un «*occultum, intestinum, domesticum malum*» il quale «*non solum non existit, verum etiam opprimit, antequam perspicere atque explorare potueris*».

[107] *Ivi*, pp. 15 e 18. La prima citazione insiste sulla funzione della personalità nella storia.

[108] *Ivi*, pp. 18-19.

«introdusse una magagna siffatta nella vita dei partiti in Italia, che, coll'andare degli anni, non che scemare, aumentò; ed è, si può temere, prossima a soffocar-la».[109]

Anche in questo caso il giudizio non era affatto peggiore della realtà, poiché se da una parte lo scrittore napoletano continuava la sua analisi esaminando quel succedaneo che si era venuto via via sostituendo alla mancata formazione del sistema bipartitico, vale a dire il prevalere delle microdivisioni parlamentari su base regionale,[110] coglieva altresì l'altro elemento che avrebbe rischiato alla fine di «soffocare» appunto l'Italia, cioè l'imperfezione del suo sistema elettorale, aggravata da un'improvvida e improvvisata riforma a cui si era frettolosamente messo mano in occasione delle elezioni del 1865 nel tentativo di aumentare il numero degli aventi diritto al voto.[111] Era una decisione che evidenziava l'altro aspetto del "soffocamento" istituzionale prodotto nella vita pubblica dalle conclusioni del dibattito sulla libertà d'associazione, cioè l'allontanamento inesorabile di qualunque ipotesi di un progressivo allargamento del suffragio. Questo problema peraltro era ben presente nella coscienza degli uomini del partito d'azione che lo svolsero nella contrapposizione polemica, vivacissima nei primi anni post-unitari, tra voto dei plebisciti e suffragio ristretto; ma non mancò di attrarre l'attenzione di uomini di parte moderata, come Stefano Jacini, il quale parlò di un'Italia reale non corrispondente a quella legale,[112] o di costituzionalisti liberali come Luigi Palma, giunto a conclusioni ancor più

[109] *Ivi*, p. 28. Una conferma della fondatezza della tesi bonghiana e la comprensione di quanto essa fosse presente *in nuce* nelle preoccupazioni del gruppo dirigente cavouriano fin dal 1861 si potrà cogliere nel capitolo IV, ove si esaminerà l'orientamento elettorale de *L'Opinione* che diresse la sua *vis polemica* interamente contro l'appena costituito partito rattazziano.

[110] *Ivi*, pp. 48-51. Bisogna però ricordare che il problema della riforma amministrativa dello Stato era stato l'altro terreno sul quale si era fin dal 1860 caratterizzata l'opposizione rattazziana, che aveva poi costretto Cavour ad abbandonare il progetto "regionalista" noto sotto il nome Farini-Minghetti. Su questo aspetto dunque tornerò nel cap. VII; qui vorrei ricordare che ancora una volta Rattazzi, proprio nel dibattito del giugno del 1863, aveva rinnovato la sfida al governo su tre piani: quello della libertà d'associazione, della riforma amministrativa dello Stato e della legge provinciale e regionale, infine quello della riforma del credito fondiario. Sul regionalismo lo stesso Minghetti fu costretto ad ammettere che ormai si trattava di un sistema sorpassato dagli eventi: v. API, *Camera dei Deputati, Discussioni*, tornata del 17-18 giugno, p. 385.

[111] R. BONGHI, *Programmi politici e partiti* cit., p. 64. «il Ministero [...] mutò e turbò, poco prima che l'elezioni si facessero, tutto il corpo elettorale, introducendovi a un tratto, e con grande larghezza, tutti quelli che per l'applicazione della ricchezza mobile, si trovassero d'aver acquistato il censo [...] Cosicché nel 1865 l'elezioni furono poco meno che fatte da contribuenti solo possibili» e magari morosi.

[112] S. JACINI, *Sulla condizione della cosa pubblica in Italia* cit. Si vedano su ciò le osservazioni del curatore, anche in riferimento alla risonanza di tale tesi in ambienti moderati.

drastiche in merito alla funzionalità e rappresentatività del sistema parlamentare italiano.[113] Le posizioni jaciniane tendevano inoltre ad individuare le cause del mancato sviluppo del sistema politico nell'affievolimento della lotta dei partiti e nella loro scarsa differenziazione programmatica e politica dovuta al prevalere di comuni preoccupazioni unitarie, tesi che certamente va collocata nell'ambito del dibattito corso lungo tutto il decennio tra il 1860 e il 1870, le cui radici affondavano nell'esperienza politico-istituzionale maturata negli anni decisivi tra il 1859 e il 1863, la quale produsse una prima fioritura pubblicistica proprio a ridosso delle elezioni del 1865. A questo dibattito non restarono estranei gli uomini della Sinistra,[114] come il Guerzoni, o come il Bertani e il Brusco che introducevano in esso elementi di riflessione scaturenti dall'esperienza associativa del movimento democratico e della *Associazione di Comitati di Provvedimento* in particolare. Il Brusco scriveva all'indomani della liberazione del Veneto, quando la soluzione finale della questione nazionale appariva più vicina, ciò che avrebbe a suo avviso dovuto mutare il quadro dei partiti italiani. Alla realizzazione di questo auspicio però si frapponevano due gravi ostacoli: la persistente regionalizzazione dei gruppi politici, e in particolare il mancato incontro tra le *élites* del nord e del sud del paese;[115] il permanere, all'indomani della fine di ogni influenza austriaca in Italia, di «una nuova classe di per-

[113] Luigi Palma, *Del potere elettorale negli stati liberi,* Milano, Treves, 1869, pp. 441-43. Questo problema rimanda a quello della ristrettezza del ceto politico post-unitario e della sua sostanziale identità di classe, sul quale sono state scritte forse migliaia di pagine e non può quindi risolversi nello spazio di una nota, implicando riflessioni di carattere storico e teorico complesse. Sul secondo aspetto sia consentito osservare che già Tocqueville aveva ampiamente svolto il tema della aristocrazia *deracinée* e acculturata dei salotti come principale fautrice delle istanze rivoluzionarie, mentre sulla ristrettezza del ceto politico basti richiamare la riflessione di G. Mosca, che deve fungere anche da criterio metodologico nel sollecitarci innanzitutto a cercare le possibili risposte alla crisi del sistema politico all'interno del sistema stesso, evitando così di ridurre l'approccio materialistico (storico o volgare che sia) «ad una congerie di banalità» (F. Mehring). Ciò immancabilmente avviene se si trascura che: a) nella sfera politica più che le classi astratte agiscono reali blocchi sociali; b) nello scontro interno al ceto politico l'ordine reale dei problemi si capovolge, nel senso che non sono le classi a creare le proprie *élites*, ma settori di esse ad individuare i blocchi sociali su cui far leva.
[114] Per la partecipazione ad esso dei moderati: Arnaldo Salvestrini, *I moderati toscani e la classe dirigente italiana (1859-1876),* Firenze, Olschki, 1965, pp. 71-119. Per i democratici invece: A. Scirocco, *I democratici italiani* cit., pp. 298-300.
[115] Enrico Brusco, *I partiti politici in Italia*, Genova, Tip. del Commercio, 1866, pp. 7-8. Il saggio, che insiste sul ruolo fondamentale dei partiti nel sistema costituzionale, era apparso su *Il Movimento.* Per le tesi di Guerzoni v. nota 71. Vorrei poi segnalare la posizione eccentrica, ma non peregrina, di C. Cabella, esponente della Sinistra genovese e nel decennio cavouriano personalità politica non secondaria, il quale in un giudizio formulato nel 1868, attribuiva il difettoso funzionamento del sistema bipartitico, al fatto che entrambi gli schieramenti «avevano i medesimi principi di politica interna ed esterna», ma assegnava un carattere di potenziale opposizione, dunque non realmente praticabile, al pro-

sone» sulla vecchia divisa «né eletti né elettori», negando il proprio contributo al rafforzamento del partito moderato e al governo della nazione.[116] Ma individuando nel conservatorismo clericale il nuovo avversario potenziale della Sinistra egli riprendeva un vecchio tema, ora non più nella prospettiva dello scontro tra forze unitarie e legittimiste, ma in quella tra un moderatismo rafforzato e ridefinito da questo ulteriore apporto, e un «partito avanzato radicale», minoritario nel paese, ma impegnato a spezzare l'intreccio affaristico tra politica ed amministrazione, in un quadro che veniva descritto come il peggiore prodotto della pratica di governo dal 1861 in poi e con tinte tutt'affatto realistiche. Era una conclusione che da Sinistra singolarmente consonava con le posizioni del Jacini, le quali suscitarono una vasta eco nella pubblicistica coeva, ma anche nel successivo dibattito storiografico che vi trovò, specialmente in ambito cattolico, il fondamento per una teoria di un sistema politico debole, il nostro, privato della presenza di un adeguato partito conservatore per l'autoesclusione dei cattolici dalla vita pubblica.[117] Senza voler qui affrontare organicamente il problema della presenza dei cattolici nella vita nazionale, in questa tesi si evidenzia la coscienza dei motivi di divisione agenti sulla potenziale base sociale del partito conservatore, ma in nessun modo in direzione delle masse contadine, la cui collocazione politica costituiva un problema aperto sia per i moderati che per i democratici, così come avveniva sul tema egualmente rilevante del rapporto tra gruppi dirigenti del nord e del sud. In essa si manifestava piuttosto l'impossibilità di allargare il blocco moderato in direzione dei settori di piccola e media proprietà rurale, rafforzando per questa via la capacità del partito conservatore di rappresentare fasce meno ristrette delle classi proprietarie. D'altra parte che il punto di vista del moderato lombardo fosse quello qui suggerito, lo conferma indirettamente la sua proposta di riforma elettorale con elezione di secondo grado, evidente tentativo di passaggio senza traumi verso un cauto allargamento del paese legale attraverso la riconferma della primazia della possidenza,

---

gramma di Garibaldi inteso come «*andare a Roma a dispetto della Francia e ponendosi in guerra con essa*». In questo caso la politica estera, per gli ovvi condizionamenti esercitati sulla politica interna, avrebbe costituito elemento di fondo della differenziazione dei partiti. Il giudizio si legge in una lunga e importante lettera di riflessione retrospettiva che il Cabella indirizzò a J. Virgilio, Genova, 18 settembre 1868, edita da M. E. FERRARI, *Cesare Cabella, Pietro Magenta, Jacopo Virgilio, la società "La Nazione" e i "Mille"* cit., pp. 91-8.

[116] E. BRUSCO, *I partiti politici* cit., pp. 13-15. Il Brusco in realtà presenta questa tesi in positivo, cioè come se essa dovesse effettivamente realizzarsi.

[117] Troppo polemicamente laicistica la riflessione di GABRIELE PEPE e MARIO THEMELLY, *L'anticlericalismo nel Risorgimento italiano*, Manduria, Lacaita ed., 1966. Il più recente lavoro di GUIDO VERUCCI, *L'Italia laica prima e dopo l'unità*, Roma-Bari, Laterza, 1981, è senza dubbio più attento a cogliere la natura collettiva dell'anticlericalismo, nonché i processi di "laicizzazione delle masse": ma resta forse ancora da scavare sulle scansioni interne di una fenomenologia che interessò non soltanto la parte sinistra, ed espresse le paure di tutto un ceto dirigente.

dentro però un più attivo coinvolgimento di quei settori sociali tuttavia esclusi. Altro discorso sarebbe quello dell'influenza del clero sanfedista sulle masse povere delle campagne, il quale per il suo esplicito carattere "antirisorgimentale" poneva semmai la questione dei pericoli della formazione di un partito reazionario di massa. Non è improbabile che a ciò mirasse il grande brigantaggio, ma una tale minaccia era stata respinta nel corso del 1861, quando cosciente di essa, la Sinistra si rese disponibile a collaborare con Cialdini nella creazione di un argine comune delle forze nazionali. L'incapacità, o l'impossibilità del ceto dominante a dar vita ad una sia pur moderata riforma del meccanismo elettorale nel senso sopra indicato non era anch'esso un sintomo della frattura ormai consolidata tra questo ceto e il paese? e non confermava quell'appello accorato rivolto da Bertani ai moderati nell'aula parlamentare a comprendere fino in fondo il processo incoercibile di sviluppo dei movimenti di massa, inscritto negli svolgimenti della società contemporanea e possibile a governarsi solo se disciplinati e organizzati nell'associazione? e questo fallimento non era il segno dell'abbandono dei moderati del progetto liberale di Cavour, quel tentativo di governare i partiti cui il conte aveva infaticabilmente lavorato, e aveva confermato e testardamente praticato fino alla sua morte?[118]

Fu allora il declino della corretta centralità del Parlamento, del suo compito di indirizzo politico, di sostegno e di controllo dell'azione di governo — mentre dei tre ministeri succeduti a quello cavouriano nessuno cadde in virtù di una esplicita manifestazione di sfiducia parlamentare —, a bloccare lo svolgimento del sistema verso un regime dei due partiti, egualmente interessati, in vista di una possibile alternanza, alla solidità dei governi e alla netta definizione dei compiti dell'opposizione.[119] Ma nell'azione del conte quella centralità non significava prevalenza del legislativo sull'esecutivo, i cui ruoli distinti negli svol-

---

[118] L. PALMA, *L'epistolario del conte di Cavour e la scienza politica*, in *Telesio. Rivista di scienze, lettere, ed arti,* a. I (1886), f. 2, in sede di recensione dell'*Epistolario* Chiala, vol. I, parla di Cavour come di «modello il più completo, in Italia, uno dei maggiori in tutto il mondo civile, per una teoria della consolidazione e dello sviluppo delle libertà, del governo parlamentare di uno Stato monarchico rappresentativo, e della formazione di una Nazione», pp. 69-70, e richiama le audacie di quel singolare modo di praticare il *juste milieu* e a come il conte lo avesse applicato nella sua vita pubblica e «nel governo dei partiti».

[119] Il tema del comune interesse da parte della maggioranza e dell'opposizione ad un governo forte in vista dell'alternanza fu assai presente in alcuni settori dello schieramento moderato, da CARLO BONCOMPAGNI, *L'unità d'Italia e le elezioni,* Torino, Unione Tipografica Editoriale, 1861, v. in particolare il paragrafo III, intitolato appunto *Governo e opposizione,* pp. 30 sgg. (sul significato di tale opuscolo nel dibattito politico pre-elettorale tornerò), al noto lavoro di MARCO MINGHETTI, *I partiti politici e la ingerenza loro nella politica e nell'amministrazione,* Bologna, Zanichelli, 1881. Ma questo modo un po' dottrinario di riferirsi al modello britannico fu messo in secondo piano da uomini come lo Spaventa, il Jacini o il Bonghi, più interessati ad una distinzione rigorosa tra amministrazione e politica e più attenti quindi ad un esame dei limiti propri della macchina amministrativa sorta con lo Stato unitario.

gimenti della lotta politica egli mostrava di aver assai chiari, come si coglie nella notissima lettera alla contessa di Circourt del 29 dicembre del 1860.[120] Di questo testo si è spesso richiamato il valore esemplare di prova della netta propensione cavouriana verso il governo parlamentare, ma si è tralasciato il segno altrettanto chiaro che in esso si rivela del modo come Cavour intende la funzione formalizzatrice della lotta politica spettante all'istituto parlamentare, non in astratto, bensì come *rappresentazione*, nelle forme della politica, dello scontro reale, ed espressione dunque di un *esprit de politesse* nel quale si manifesta, ed egli lo dice con implicito orgoglio, l'appartenenza ad una superiore civiltà. Alla nobildonna che gli chiedeva perché dunque, dopo i clamorosi trionfi del 1860, egli non assumesse una «dictature civile», o una qualche forma di primazia personale nella conduzione della cosa pubblica, egli infatti rispondeva

«La route parlamentaire est plus longue, mais elle est plus sûre […] Les mazziniens sont moins à craindre à la Chambre que dans les clubs. L'expérience de la Lombardie me rassure. L'année dernière elle était de mauvaise humeur à l'époque des élections. Ses choix furent détestables. Cattaneo, Ferrari, Bertani furent élus à d'énormes majorités. Ces messieurs vinrent à la Chambre avec une attitude menaçante, l'injure à la bouche, presque le poing levé. Eh bien! qu'ont ils fait? Battus à la plate couture dans deux ou trois circonstances, ils ont fini par devenir tellement inoffensifs, qu'au dernier grand débat ils ont voté avec la majorité. Ne craignez rien; il en arrivera de même aux hommes du midi. L'atmosphère calme, pesante même, de Turin les calmera. Ils s'en retourneront *apprivoisés*».[121]

Poco prima, non senza accenti autocritici per aver accettato nel 1859 il regime dei pieni poteri, aveva confessato di non essersi mai sentito politicamente debole come nel momento in cui si era chiuso il Parlamento. Se a ciò si aggiungono la convinzione, più volte manifestata, circa il carattere di *unico luogo possibile* della rappresentazione del paese spettante al Parlamento stesso, senza mai nutrire dubbio sulla assoluta corrispondenza, anzi identità tra *paese legale* e *paese reale*; e l'altra affermazione — che, come si vedrà, egli e gli uomini a lui vicini continueranno a ribadire, anche nei momenti di più acuta crisi — sulla necessità della libera manifestazione dell'opposizione, concepita naturalmente nei termini di quel civile confronto che dal paese sale fino all'aula parlamentare, opposizione capace quindi di mantenersi *legale* pur nel suo radicalismo, le-

---

[120] *Cavour e l'Inghilterra*, vol. II, 2, pp. 284-85. La lettera è stata sempre richiamata per asseverare come, anche dopo i trionfi politici del 1860 Cavour rimanesse fedele alla sua impostazione parlamentare. Credo che debba invece essere meglio valutata per l'idea del ruolo parlamentare che essa contiene, uno spunto importante di teoria del sistema costituzionale.

[121] *Ibidem*. Il corsivo è mio.

gittimandosi come alternativa a livello di quella unica rappresentazione della società civilizzata che è appunto il Parlamento, si avrà allora un quadro completo di quel metodo di «governo dei partiti» che gli fu da molti attribuito.

Invece il «fantasma della sovversione» spezzò il legame tra classe politica e paese, legame che aveva funzionato tra il 1859 e il 1860. Con troppa semplicità gli studiosi hanno trascurato o eluso questo aspetto, riducendo un aspro e grande processo di costruzione nazionale a frutto di battaglie fortunate, di abilità diplomatica e di sacrifici di tutti e di compromessi tra tutti. Questo ci fu, ma ci fu insieme un consenso che, almeno nelle fasi decisive dello scontro, garantì un'ampia mobilitazione del paese, sia pure su obiettivi diversi; ma in ciò si esprimeva una positiva dinamica, preannuncio della futura battaglia politica sulla quale avrebbe potuto fiorire un reale bipartitismo. Venendo meno il quale si costruì un bipartitismo per così dire "storico", Cavour contro Mazzini, del tutto astratto e con il fine non dichiarato di dar sostegno a quella bipartizione tra i volenti il possibile e i volenti l'impossibile di cui aveva parlato il La Farina. Naturalmente ciò serviva a garantire la "regolarità" dello sviluppo politico italiano, nel quale se poi aveva finito per prevalere un senso comune di responsabilità nazionale rispetto all'interesse di partito, il tutto veniva assunto come una prova della maturità della nostra rivoluzione, quella felice istanza di un compromesso fondamentale sul quale si era saldamente impiantata la «monarchia democratica». D'altra parte la limitazione imposta allo sviluppo dei movimenti di massa in forme associative incrementò altre forme di aggregazione, in apparenza espressione della società civile, in realtà escrescenza di canali prepolitici di formalizzazione delle relazioni sociali, nei quali il ceto dirigente inteso nel senso più lato si ritrovò, ma da cui scaturirono a livello della rappresentanza, e non solo nel sud, forme di degenerazione affaristica e clientelare. In questa situazione l'istanza democratica tenderà progressivamente a rivolgersi verso altre sponde, dove peraltro già piegavano i paralleli processi che coinvolgevano la democrazia internazionale. Ma questo era il risultato di una sconfitta politica comune a tutto l'arco delle forze patriottiche, una sconfitta che aveva fatto prevalere nei settori moderati il richiamo al blocco d'ordine piuttosto dell'illuminata moderazione liberale cavouriana.[122]

---

[122] MANFRED RAUH, *Il liberalismo e il sistema politico tedesco nell'epoca guglielmina*, in *Il liberalismo in Italia e in Germania dalla rivoluzione del '48 alla prima guerra mondiale,* a cura di RUDOLF LILL e NICOLA MATTEUCCI, *Annali dell'Istituto storico italo-germanico in Trento*, 5, Bologna, Il Mulino, 1980, sull'evoluzione del movimento liberale tedesco nell'arco cronologico considerato propone un'analisi che risale alla critica weberiana del sistema bismarckiano con i suoi caratteri di «cesarismo», e comunque di mancato svolgimento del sistema parlamentare, e che sarebbe veramente non privo di interesse verificare in alcune suggestioni nell'ambito del processo evolutivo del liberalismo italiano. Un aspetto centrale di questo processo è relativo ai possibili rapporti dell'area liberale con le tendenze democratiche e il nascente movimento operaio, e al proposito osserva il Rauh che

Bertani, che per primo aveva scorto e combattuto contro tale degenerazione, accolse perciò con un sospiro di sollievo la lettera di Crispi a Mazzini con la quale il siciliano rompeva sulla destra la consegna dell'unanimismo del partito, e rendeva visibile una dialettica interna che autorizzava ormai anche i settori radicali a distinguersi sulla sinistra, ma senza assumersi la responsabilità di essere per primi venuti meno al dogma dell'unità del partito.[123] Il suo più giovane compagno di fede, Alberto Mario, si era messo già su quella strada che segnava una consapevole e netta presa di distanza da Garibaldi e Mazzini.[124] Lo aveva fatto in stretto sodalizio con il gruppo della sinistra fiorentina che aveva manifestato il suo radicalismo, quando si era differenziata a sinistra per la posizione assunta nei plebisciti, poi seguendo con entusiasmo Bertani nell'opera di costruzione di una nuova associazione, infine nel prendere atto della crisi del partito d'azione in conseguenza della sconfitta di Aspromonte.[125] La tardiva distinzione bertaniana avrebbe garantito l'esistenza di una forza radicale per continuare nel paese una battaglia minoritaria di libertà, fino a quando nuove forze politiche e sociali non fossero divenute protagoniste, ma non il sorgere di una efficace alternativa politica, morale, sociale e culturale al sistema di governo che era venuto rapidamente prevalendo e consolidandosi, un sistema dal quale, c'è da crederlo, certamente perfino Cavour, se fosse sopravvissuto, sarebbe stato travolto.[126] Bisognerà arrivare al 1865 perché finalmente, prendendo atto della impossibilità della coesione del partito e riflettendo sui compiti della opposizione parlamentare, al medico milanese sembrasse non solo possibile, ma

«Come mostra l'esempio dell'Inghilterra nella seconda metà del diciannovesimo secolo, una fruttuosa collaborazione tra liberali e movimento operaio era senz'altro possibile». Una tesi che, verificata all'inverso, impone una riflessione adeguata sulle conseguenze prodotte nell'evoluzione dei due liberalismi e dei sistemi politici, tedesco e italiano, dal venir meno della continuità o contiguità tra liberalismo e democrazia.

[123] V. la lettera di A. Bertani a F. Crispi in data 17 aprile 1865, in *Carteggi politici* di F. CRISPI cit., pp. 215-16. D'altra parte che Crispi sentisse ormai non più componibile l'equilibrio di tendenze diverse in un'unica formazione, lo testimonia quanto egli scriveva al Saffi in data di Torino, 18 febbraio 1864: «È dolorosa questa anarchia nel partito in momenti in cui esaurite le forze degli uomini di parte moderata, il paese cerca uomini intorno ai quali potesse raccogliersi e dai quali potesse essere guidato» (*ivi*, p. 196). Questa lettera è uno dei primi sintomi della prossima rottura tra Mazzini e Crispi.

[124] Sulla precoce rottura del Mario con Mazzini e Garibaldi cfr. FULVIO CONTI, *Alberto Mario e la crisi della sinistra italiana dopo Aspromonte; fra rivoluzione nazionale e rivoluzione democratica*, in *Alberto Mario e la cultura democratica italiana dell'Ottocento*, Bologna, Boni Editore, 1985, e ROBERTO BALZANI, *Il Tramonto di «La Nuova Europa» e le origini de «Il Dovere»: la polemica su J. S. Mill*, in *Archivio Trimestrale*, a. VIII (1982), f. 2, pp. 546-63.

[125] Sul vivace gruppo fiorentino negli anni immediatamente post-unitari, visto dall'angolatura biografica di colui che ne fu probabilmente la più lucida personalità politica, si veda G. ADAMI, *Giuseppe Mazzoni* cit.

[126] L'osservazione appartiene a D. ZANICHELLI, *Introduzione storica* cit., p. 193.

46

auspicabile che la Sinistra si differenziasse in due tendenze, una disponibile ad accordarsi col governo per spostarne l'azione sul terreno riformatore, l'altra non contrapposta alla prima, ma in qualche modo complementare e volta tuttavia a salvaguardare il futuro d'una più radicale alternativa politica.[127]

Quel che dunque avvenne dopo la morte del "gran conte" rese problematico l'accorpamento della galassia moderata intorno ad un'unica direzione politica, ed ebbe effetti disastrosi sulla sinistra democratica, che non seppe sottrarsi alle Scilla e Cariddi della sua assimilazione subalterna al sistema di comando o della sua apparente estraneità ad esso, reclamata attraverso una permanente propensione insurrezionale ed extraistituzionale: posizioni peraltro neppure necessariamente contrapposte, come mettono in evidenza le trattative "segrete" svoltesi tra il re e Mazzini nel 1860 e poi nuovamente tra il 1863-64 per un'azione insurrezionale sul Veneto[128] o il ruolo avuto nel 1867, nella seconda sfortunata spedizione garibaldina su Roma, proprio da Crispi, cioè da colui che aveva clamorosamente affermato la necessità di una scelta leale dentro le istituzioni.[129] Dunque il punto d'approdo cui la democrazia risorgimentale pervenne, e specialmente in occasione del generale rinnovo della Camera elettiva dell'ottobre del 1865, fu assai diverso rispetto al senso e alla direzione della riflessione avviatasi in alcuni settori del partito all'indomani dell'ingresso di Garibaldi a Napoli, quando la forza delle circostanze impose, volenti o nolenti, di mettere alla prova le proprie capacità di governo e la proposta amministrativa di cui la Sinistra si faceva portatrice, qual cauzione di un successivo, ma già prossimo

---

[127] *Dell'opposizione parlamentare. Pensieri* di A. BERTANI, Milano, Robecchi, dicembre 1865. Sul significato dello scritto bertaniano come punto d'approdo d'una evoluzione politica partita dal dopo Aspromonte si veda ALESSANDRO GALANTE GARRONE, *I radicali in Italia*, Milano, Garzanti, 1978, pp. 78-81. In ciò concorda anche A. SCIROCCO, *I democratici italiani* cit., pp. 297-305.

[128] Sui contatti segreti tra il re e Mazzini tra il 1863-'64 resta fondamentale la testimonianza di DEMETRIO DJAMILLA MULLER, *Politica segreta italiana*, Torino, Roux e Favale, 1880; vedasi anche A. SCIROCCO, *I democratici italiani* cit., pp. 260-96, che tiene conto di una documentazione più ampia.

[129] *Ivi*, pp. 410-20. L'autore, pur assumendo come centro della sua indagine il tema dell'evoluzione in senso parlamentare e istituzionale del partito d'azione e pur cogliendo nella ricostruzione dei fatti del 1867 il ruolo di Crispi, non ne evidenzia la contraddittorietà rispetto alle conclusioni sue del 1865 o anche alle sue più recenti posizioni. Ma il profilo di Crispi tra il 1861 e il 1870 resta ancora tutto da fare, e lo studio di SALVATORE MASSIMO GANCI, *Il caso Crispi*, Palermo, Palumbo, 1976, a mio avviso il più intelligente ritratto del patriota siciliano, appare per questa fase, v. il cap. III, assai sommario. Il contributo di VINCENZO G. PACIFICI, *Francesco Crispi (1861-1867). Il problema del consenso allo stato liberale*, Roma, Ed. Ateneo, 1984, resta invece su un piano descrittivo e comunque lontano dal problematizzare e dar conto adeguato delle dinamiche che investono in questi anni il movimento democratico, le quali per tanta parte agiscono su una vicenda biografica così esemplare e significativa come quella crispina.

confronto col sistema di governo dei moderati.[130] Ove essa avesse linearmente sviluppato questa problematica e conservato quindi la propria autonomia come forza di governo o di opposizione, avrebbe dovuto specificare la sua natura di partito popolare, *democratico* appunto, definendo una sua particolare struttura organizzativa e una linea politica adeguata, e caratterizzare il suo peculiare contributo alla fondazione della nuova società nazionale ricomposta e non contrapposta allo Stato appena sorto. Era poi questo il senso profondo della polemica anticavouriana e antimoderata, se era vero che le basi politiche e giuridiche del nuovo organismo statale alla lunga non rinnegabili, anche perché costituivano l'unico elemento di legittimazione dell'Italia nel contesto internazionale, affondavano nel principio di nazionalità. Le cose però andarono in modo diverso e il concreto svolgimento degli eventi, anche quelli più occasionali come la morte di Cavour, impose altre opportunità, altre scadenze e scelte discordanti. Ma da qualunque punto di vista la si voglia esaminare, la svolta messa in atto da alcuni settori della sinistra nel 1865, non favorì quell'incontro tra Stato e società, che costituì la grande occasione mancata dell'Italia unita e, in ultima istanza, la vera ragione di quel processo rivoluzionario che l'aveva costituita; neppure ampliò l'area di consenso sociale verso la classe dirigente e perciò non offrì l'opportunità di un suo allargamento reale. Né può tacersi, infine, che i protagonisti di una simile svolta furono proprio le personalità, Crispi e Mordini innanzitutto, meno impegnate nella difficile e contrastata opera di promozione e organizzazione del movimento associativo, politico e mutualistico, della democrazia, e più lontane tradizionalmente dalla natura popolare del partito. Come osservò con qualche sarcasmo Bertani, la portata della svolta si esaurì nel battezzare come ministeriabili alcuni settori dell'opposizione, e cioè nel rendere possibile la loro assimilazione nell'area del potere;[131] così si operò certamente una modificazione nei rapporti interni al ceto politico, ma non migliorò in modo significativo il rapporto tra istituzioni e società.[132] Mentre la

[130] Sull'esperienza del governo rivoluzionario nella Sicilia e nel Mezzogiorno continentale si vedano Francesco Brancato, *La dittatura garibaldina nel Mezzogiorno e in Sicilia,* Trapani, Célèbes, 1965, e A. Scirocco, *Il Mezzogiorno nella crisi dell'unificazione (1860-1861),* Napoli, SEN, 1981, II ed., pp. 35-86. È significativo il fatto che Crispi e Bertani, i quali nel 1865 si sarebbero trovati su posizioni divergenti, si erano allora mostrati tra i più sensibili ai problemi amministrativi e di governo propri della fase rivoluzionaria.

[131] V. la lettera di Bertani a Crispi del 17 aprile 1865, in *Carteggi politici inediti* cit. pp. 215-16. È interessante osservare che già nel marzo del 1862 Cattaneo individuava in Crispi e Mordini «i prossimi ministri»: v. la lettera sua a Bertani del 4 marzo in *Epistolario* di C. Cattaneo cit., vol. IV, pp. 32. Infine val la pena richiamare quanto scrisse Federico Chabod, *Storia della politica estera italiana dal 1870 al 1896,* Bari, Universale Laterza, 1965, vol. I, p. 390, a proposito di Bertani, uno dei «rari» esponenti della Sinistra che «protestassero contro l'egoismo borghese», e, per sensibilità sociale, distinto dal comune «sentire» di «Destri e Sinistri».

[132] A. Caracciolo, *Stato e società civile. Problemi dell'unificazione italiana,* Torino, Einaudi, 1960, avanzò la tesi di una debolezza storica della società civile italiana, indican-

protesta sociale cominciava a debordare in modo sempre più minaccioso dall'alveo dell'ideologia nazional-democratica, questa falliva il compito di convogliare nuova linfa alla vita delle istituzioni , come pure era avvenuto, non senza conflitti drammatici, nella liberale Inghilterra.[133)] D'altra parte se questo paese per il suo precoce sviluppo economico offrì alle teorie del capitalismo un modello astratto, "classico", si può dire lo stesso dello svolgimento dei suoi istituti rappresentativi, che costituirono un tipo altrettanto generale, cui la teoria e la pratica politica fecero riferimento senza che, concretamente, fosse dato duplicarlo in alcun'altra circostanza.[134)]

do alcuni segnali del ritardo nella modernizzazione del Paese, specie nel Meridione. Alcuni anni dopo GIAMPIERO CAROCCI (a cura di), *Il Parlamento nella storia d'Italia. Antologia storica della classe politica,* Bari, Laterza, 1964, pp. III-VII, fece del problema del Sud, giunto all'unità in virtù del moto garibaldino, l'elemento permanente di turbativa e di disorganicità della società politica, costretta a «mediazioni capillari», causa del mancato sviluppo dei partiti e specchio della fondamentale disorganicità della società civile. Infine R. ROMEO, *Cavour* cit., pp. 822-23, a conclusione di un capitolo in cui ricostruiva il processo di formazione dell'unità, tra il maggio e l'ottobre del 1860, parla delle conseguenze politiche e morali prodotte dagli avvenimenti di quell'anno straordinario sul futuro sviluppo della società nazionale, individuandovi «il nucleo originario della frattura politica e morale» che pesò nella vita dell'Italia unita anche oltre il periodo risorgimentale. I tre studiosi convergono dunque, sia pure con accenti e analisi diversificate, nel sottolineare un elemento di *frattura* come elemento originario nella costruzione del sistema politico italiano, e destinato a permanere.

[133)] Affronterò in altra sede il problema della crisi del rapporto tra nazione e operai, i cui sintomi si colgono fin dai primi anni post unitari, limitandomi per ora a rinviare all'ormai vasta bibliografia sul tema. Sulla specificità e sulla storia del movimento operaio inglese v. GEORGE DOUGLAS HOWARD COLE, *Storia del movimento operaio inglese 1789-1900,* Milano, Bonetti, 1965, vol. I., in particolare la *Parte seconda.*

[134)] Nella cultura politica italiana emergono due distinte letture del modello inglese, una di ispirazione moderata che esalta il ruolo rappresentativo dell'istituzione perlamentare; l'altra, di matrice democratica, che fa del parlamento uno degli organi di espressione della volontà nazionale, la quale però si manifesta con pari dignità in altre forme più dirette di partecipazione delle masse alla vita pubblica. Da ciò il conflitto sulla libertà di associazione che costituì uno dei grandi temi di battaglia politico costituzionale della Sinistra, trovando largo spazio sulla stampa. Per la posizione mazziniana vedasi l'opuscolo *Dei doveri dell'uomo,* in particolare il cap. su *Associazione-Progresso,* ora in SEI, *Politica,* LXIX, pp. 3-145. V. anche quanto scrive Bertani nel documento pubblicato in *Appendice* col titolo *Un programma politico di Bertani.*

CAPITOLO I

## «Farsi padroni della rivoluzione»:
## il «partito liberale d'azione» e la rivoluzione.

*«Un partito bene ordinato può nei momenti di pericolo salvare la patria, dando all'opinione pubblica un impulso uniforme»*
(**G. La Farina** a **E. Canevazzi**, Torino, 25 dicembre 1859)

*«non havvi tribunale che possa giudicare un generale vittorioso se non quello composto da persone quanto il generale stesso care alle milizie; qualunque altro tribunale, lontano dai perigli della guerra, comeché di militari, ma militari senza comando, sarà dall'esercito sprezzato e manomesso»*
(**C. Pisacane**, *Ordinamento dell'esercito italiano*)

La crisi de *La Nazione Armata* fu il primo, chiaro momento di svolta della scena politica e il segno forte del mutamento della situazione:[1] il conflitto parlamentare e d'opinione da esso originato; l'emersione di un contrasto di partiti interno allo schieramento nazionale, evidente nel dualismo tra Cavour e il ministero La Marmora-Rattazzi; le ragioni complessive di politica interna, riassunte nel nodo politico-amministrativo del rapporto e dell'adeguamento dei nuovi

---

[1] *L'Armonia* del 19 gennaio aveva annunciato il ritorno di Cavour al ministero, collegandolo ad esigenze di politica estera – Napoleone III, dopo l'uscita dell'opuscolo *Le Pape et le Congrés*, aveva bisogno di un uomo più duttile –, cogliendo in ciò un indubbio elemento nuovo intervenuto nel panorama politico europeo e nel rilancio dell'iniziativa italiana; e con ragioni di politica interna collegate alla crisi de *La Nazione Armata*, irridendo però i creduloni piemontesi che si bevevano la storia di un Cavour difensore della legalità. Ma il 22 gennaio, in un articolo su *Il conte di Cavour e la rivoluzione italiana* non poteva esimersi dal guardare con attenzione alla festosa accoglienza fatta dalla stampa piemontese al ritorno del ministero Cavour.

51

territori agli istituti della monarchia sarda; e quelle di politica internazionale, con la questione delle alleanze internazionali del nuovo regno e dei suoi rapporti particolari con Francia ed Inghilterra, tra loro in relazioni tese e reciprocamente diffidenti, erano tutte espressioni rilevanti del dischiudersi di nuovi orizzonti politici. Sarebbe dunque un grossolano errore di prospettiva storica immaginare che i colossali eventi attraverso i quali si doveva compiere e costruire il nuovo Stato, pur sul forte fondamento delle liberali istituzioni piemontesi, non dovesse implicare un profondo mutamento dello scenario e del sistema politico nel suo insieme. Il gruppo dirigente cavouriano parve consapevole di queste notività, delle nuove connessioni imposte dal passaggio a una fase diversa della politica nazionale, del superamento delle distinzioni di partito preesistenti nel Parlamento subalpino, e della necessità di ancorare il sistema politico a fondamenta nuove. E se Farini aveva preconizzato a Cavour la direzione di un «Ministero italiano soprastante ai vecchi partiti piemontesi», quest'ultimo aveva mostrato di ben immaginare fin dal primo momento del suo ritorno al potere quale potesse essere la linea d'azione di un siffatto «Ministero italiano»:

«conservatori liberali all'interno; italianissimi sino agli estremi limiti delle possibilità all'estero».[2]

Dunque che la fase di transizione apertasi dopo la brusca frenata subita dalla linea cavouriana a Villafranca, resa necessaria in attesa della ripresa del movimento nazionale, fosse ormai definitivamente conclusa,[3] era chiaro a molti fin da ora. Invece era al momento del tutto imprevedibile quale sarebbe stato il panorama dei partiti e quali assetti istituzionali sarebbero emersi alla fine di questa fase ulteriore del moto nazionale, dalla quale sarebbe dipeso in modo non marginale il futuro politico e i caratteri originari dello Stato unitario.

Per l'orgogliosa dimissione con cui, al momento dell'armistizio Cavour aveva distinto le proprie responsabilità, il suo ritorno al potere costituiva il più chiaro segnale dell'imminente ripresa dell'iniziativa nazionale, e non solo sul problema dell'annessione delle regioni centrali, sul quale il conte non aveva mancato di esprimere le proprie riserve verso gli atteggiamenti del ministero Rattazzi,[4]

---

[2] Cavour a Massimo d'Azeglio, 20 gennaio 1860, in CHIALA vol. II cit., pp. 175-76. Il passo a p. 176.

[3] Sul carattere di transizione del ministero La Marmora-Rattazzi rispetto alla linea di Cavour insisteva autorevolmente *La Perseveranza* del 24 gennaio 1861 in polemica con Rattazzi, cui rimproverava di non aver voluto tener conto di questo aspetto della sua assunzione al governo.

[4] Su ciò cfr. R. ROMEO, *Cavour e il suo tempo* cit., pp. 636-38.

ma sull'insieme del caso italiano, pervenuto ad una vera e propria svolta strategica che chiamava in causa le modalità d'azione, gli obiettivi da perseguire e la natura stessa del movimento patriottico.[5] Per il grande ministro, che in occasione della guerra aveva saputo offrire ai volontari raccolti sotto le insegne dei *Cacciatori delle Alpi* l'occasione di battersi al fianco dell'esercito sardo, a prova che la guerra contro l'Austria esprimeva la volontà più profonda e universale della nazione, il senso della svolta non era affatto un semplice passo avanti nella stessa direzione del 1859, ed era molto di più del puro e semplice passaggio da una politica indipendentista o nazionale all'iniziativa unitaria.[6] Enunciata così, sarebbe stata solo un allargamento dello stesso processo; tradotta invece in termini di visione politica essa, riconoscendo ed esaltando il ruolo dell'elemento popolare, modificava ed ampliava l'arco delle forze protagoniste, e segnava il passaggio da una linea di prevalente intesa tra potenze con l'obiettivo della guerra, ad un'altra fondata sul rapporto tra le diverse tendenze di un ampio schieramento nazionale, che trovava le proprie compatibilità intorno al raggiungimento degli obiettivi finali della rivoluzione italiana:[7] era la variante moderata dell'esigenza democratica di affidare le sorti della nazione alla nazione stessa. Proprio in questo contesto La Farina esprimeva il nuovo punto di vista a nome della *Società Nazionale* con le parole seguenti:

«Per noi tanto è insensato il dire: vogliamo liberare e unificare l'Italia senza far la guerra; quanto il dire: noi vogliamo liberarla e unificarla senza tener conto della diplomazia».[8]

---

[5] È quella che E. PASSERIN D'ENTRÈVES, *L'eredità trasmessa da Cavour alla Destra storica nel momento della unificazine dello Stato italiano*, in *Il liberalismo in Italia e in Germania dalla rivoluzione del 1848 alla prima guerra mondiale* cit., p. 382, indica come la svolta dalla politica nazionale a quella unitaria, e più avanti, p. 388, sulla scorta di von Treitschke, come il passaggio dall'iniziativa piemontese a quella dell'elemento popolare.

[6] Va notato come nell'ottobre del 1859 Cavour parli ancora al Panizzi in termini di indipendenza e al La Farina in termini di continuazione dell'opera interrotta a Villafranca: v. CHIALA, vol. III, pp. 137-39.

[7] E. PASSERIN D'ENTRÈVES, *L'eredità* cit., p. 392, ove opportunamente viene richiamata la tentazione di Cavour, nel 1856, di fronte agli esiti deludenti del congresso di Parigi, di seguire la via rivoluzionaria; come è importante l'osservazione, p. 388, sul conte che, diversamente da Rattazzi, stava per dimostrare «di essere in grado [...] di riportare nell'ambito d'una ben controllata azione parlamentare quel movimento». Importante perché questo motivo centra il senso e la superiorità, della proposta politica cavouriana nel 1860. Ma per sostenere ciò non v'è assolutamente bisogno di contrapporla all'intenzione dei democratici di pervenire all'unità con la loro iniziativa «pura da ogni compromesso» (*ibidem*), anche perché essi il *primo* lo fecero proprio con Cavour, rispetto al quale però erano del tutto privi di una teoria del rapporto stato-rivoluzione, e Bertani, forse unico in campo democratico, era cosciente di questa superiorità dell'avversario.

[8] *La Società Nazionale Italiana*, in *Scritti politici* di G. LA FARINA cit., vol. II, pp. 243-44; lo scritto apparve su *Il Piccolo Corriere* del 15 gennaio 1860.

Dunque la situazione esigeva il coordinamento, ancorché cauto, dell'azione dal basso con l'iniziativa del governo, insieme al riconoscimento della responsabilità primaria di quest'ultimo, derivatagli dalla sua natura di organismo *legale* ed espressione delle libertà parlamentari; né è da escludersi che in Cavour l'avvio di una riflessione più concreta sulla svolta da compiere nascesse da quel colloquio al quale invitava il La Farina per discutere «del passato, del presente e del futuro dell'Italia nostra», ove è facile scorgere l'intenzione di procedere ad un franco bilancio della situazione, sulla base del quale impostare appunto la nuova strategia.[9] Essa, senza dubbio, trovava uno dei punti di crisi, proprio nel suo carattere di compromesso tra diversi, ma qui risiedeva un, se non addirittura *il* motivo, nel quale si concentra la solitaria grandezza di Cavour, e alla luce del quale assume enorme rilievo prima il suo precoce pentimento per aver accettato il regime dei poteri speciali, poi la sua rigidità, lontana da quello spirito di conciliazione che pure un uomo duttile come lui avrebbe dovuto manifestare, nel perseguire come via d'uscita dalla crisi del ministero La Marmora-Rattazzi la convocazione del Parlamento e le nuove elezioni.[10] Infatti, ben oltre la volontà di imporre la sua «dittatura parlamentare», secondo una tesi più volte sostenuta, a partire dai contemporanei, egli individuava nella libera tribuna l'unica sede nella quale, grazie al pubblico confronto, potesse regolarsi e comporsi il contrasto delle forze nazionali: il metodo di pubblicità avrebbe imposto a tutti una speciale responsabilità, e la forza schiacciante del plebiscito morale che esso testimoniava avrebbe piegato l'impotente conservatorismo delle diplomazie.[11] Dunque allorché Cavour, dopo qualche incertezza, approvò la riorganizzazione della *Società Nazionale Italiana* e, a stare alla testimonianza del La

[9] Cfr. lettera al La Farina del 6 ottobre in CHIALA, vol. III, p. 139. Bisogna anche considerare che da allora il La Farina, nell'attivare i suoi per ricostituire la *Società Nazionale*, chiama in ballo l'autorità del conte.

[10] Deve essere colta l'autentica preoccupazione che, dal punto di vista della legittimità costituzionale, in Cavour suscitò la scadenza dei termini di vigenza dei poteri speciali, sui quali si fondava l'azione del ministero La Marmora-Rattazzi, e su ciò cfr. cap. III.

[11] Il tema del rapporto di Cavour con la pubblica opinione colpì gia i contemporanei e al proposito cfr. L. PALMA, *L'epistolario del conte di Cavour e la scienza politica*, in *Telesio*, a. I (1886), f. II, pp. 69-78; LIVIO MINGUZZI, *La teoria dell'opinione pubblica nello stato costituzionale*, Bologna, Zanichelli, 1887, in particolare alle pp. 70-81. Sulla fedeltà cavouriana al «metodo di pubblicità» cfr. A. CARACCIOLO, *Il parlamento nella formazione del regno d'Italia* cit., in particolare alle pp 21-2. Non trascurabile la testimonianza del segretario del conte che parla di un Cavour divertito dalle accuse di deteriore machiavellismo, convinto invece di esprimere sempre apertamente le sue idee, in *Oeuvre parlementaire du Comte de Cavour*, traduite et annotée par ISACCO ARTOM et ALBERTO BLANC, Paris, J. Hetzel, 1862, p. 3. L'Artom insiste anche sulla funzione di sovranità che Cavour affida alla pubblica opinione, pp. 26 segg. L'esistenza di una vasta letteratura sul tema, dall'Omodeo al Romeo (che ha dedicato varie pagine alla percezione di Cavour, specie dopo Villafranca, dell'*impasse* in cui veniva a trovarsi la sua politica in assenza del Parlamento), passando per le non meno pregnanti pagine del Passerin nei suoi lavori cavouriani esime

Farina, lo sollecitò a renderla più visibile e predisporla ad intervenire autonomamente nel futuro Parlamento[12] compiva un passo avanti importante nel delineare quella strategia. Essa aveva il pregio di immaginare come possibile un processo che avrebbe inevitabilmente portato alla trasformazione *qualitativa* del moto unitario in senso democratico, provocando l'allargamento delle basi sulle quali avrebbe fondato la sua stabilità il futuro Stato nazionale. Merito delle forze democratico-nazionali, e in particolare degli elementi raccoltisi intorno al nome di Garibaldi, fu invece di mettere alla prova questa strategia, convinti che la politica dei passi avanti avrebbe mutato, qualunque fossero state le intenzioni cavouriane, i rapporti di forza e i caratteri del processo unitario.

Secondo la visione originaria del conte, era però nella società lafariniana che doveva trovare un canale associativo il più ampio schieramento delle forze nazionali, in particolare tutti quegli elementi disposti a seguire la parola d'ordine di *Italia e Vittorio Emanuele*, e in questo senso la tattica seguita dalla *Società Nazionale* nella fase che va dal settembre del 1859 al giugno del 1860 è piuttosto semplice, ma del tutto rigida: massima disponibilità a collaborare con elementi e gruppi diversi, netta separazione da chi non concorda sul programma intorno al quale si definisce il compito della fase storica. Ma l'autonomia entro cui si svolge questa vasta azione di massa, comporta di fatto un appoggio condizionato all'opera governativa, il quale diventa tanto più forte quanto più limpide ne paiano l'ispirazione unitaria e l'intenzione di realizzare il programma italiano,[13] aprendo così spazi di distinzione all'iniziativa di gruppi di ispirazione diversa. Da questo punto di vista la *Società Nazionale* appare come il potenziale involucro organizzativo di un partito parlamentare e governativo, ed insieme una forza collettrice delle tensioni del paese, rivolta però a raccoglierle più intorno ad obiettivi che non su schieramenti pregiudiziali e a spendere il proprio prestigio in un'azione di sostegno al governo, oggi per l'unificazione, domani in una linea di difesa delle conquiste realizzate.[14] Secondo il nostro modo

da discorsi più analitici. Questo metodo di pubblicità sembra costituire in Cavour la divisa morale dell'uomo pubblico, ed in questo senso si veda la sua lettera al Cantù del 2 ottobre 1859, in CHIALA, vol. III, pp. 136-7.

[12] Cfr. La Farina all'avvocato V. Giusti, Torino, 5 dicembre 1860. In *Epistolario* di G. LA FARINA cit., vol. II. In questo periodo sono numerose le lettere che esaltano l'opera e lo sviluppo della Società. Sulla riorganizzazione della quale cfr. R. GREW, *A Sterner Plan for Italian Unity* cit., pp. 221-260.

[13] V. in *Scritti politici* di G. LA FARINA cit., gli scritti tra ottobre 1859-marzo 1860, in particolare programmi e circolari della società in questa fase, che durò oltre la campagna elettorale e la partenza dei Mille, fino al luglio-agosto 1860.

[14] Il venir meno della guida carismatica di Cavour metterà a nudo il limite dell'azione lafariniana, con la crisi del ruolo di struttura di sostegno a livello di massa dell'azione di governo svolto fino ad allora dalla *Società Nazionale*. La morte del La Farina, nel 1863, provocherà l'ulteriore tracollo. Su alcuni di questi motivi e con l'occhio più puntato agli aspetti politico-organizzativi che non alla crisi di rappresentatività della *Società Nazionale* dopo la morte di Cavour, v. R. GREW, *A Sterner Plan* cit., pp. 420-47.

di vedere — scriveva il La Farina in una lettera di risposta a Gaspare Stampa che prospettava forme di collaborazione della *Società Nazionale* con la *Associazione Unitaria* di Milano da poco sorta —

«la *Società Unitaria* ha commesso un errore fondamentale, pretendendo che tutti i suoi membri pensino colla mente del redattore del programma in tutte le quistioni sociali, religiose, legislative, amministrative ecc. Noi al contrario lasciamo ad ogni membro piena libertà di pensiero e di azione, e non parliamo giammai in nome della Società che per propagare e difendere il solo principio della indipendenza e unificazione colla Casa Savoia».[15]

Questa forma organizzativa di associazione non permanente, consente alla *Società Nazionale* di svolgere al meglio nel paese la propria funzione a sostegno dell'opera politica del «gran conte», forse perché in questa dimensione non ne soffoca, ma ne rafforza il genio parlamentare. Senonché il nuovo «connubio» stretto da Cavour con l'associazione lafariniana costituisce un chiaro spostamento a sinistra dell'asse della politica unitaria, e soprattutto in questa fase colloca il terreno dello scontro decisamente al di là dell'ambito parlamentare, come per altro verso attesta la decisione di chiamare Garibaldi alla presidenza della rinata associazione,[16] che così rafforza il proprio ruolo di tramite tra movimento di massa e classe politica. Dunque se in termini militari il rilancio dell'iniziativa per via insurrezionale diviene strumento della ripresa del moto nazionale, sul piano politico la dirompente entrata sulla scena del movimento di massa muta fortemente i precedenti equilibri e le vecchie pratiche della lotta parlamentare. Gli esiti dello scontro elettorale del 1860, con l'elezione alla Camera di alcuni esponenti della sinistra radicale, da Bertani a Cattaneo, ne sono la riprova sul terreno istituzionale; sul piano sociale questo stesso passaggio è reso evidente dal primo sviluppo autonomo della democrazia, organizzata come forza legale. Nel nesso tra i due piani trova ulteriore conferma la funzione di volano dei processi di modernizzazione assunta dal processo di unificazione, che con forza ineluttabile spinge il movimento politico verso la creazione di strutture associative permanenti correlate alla lotta parlamentare.[17] In questo

---

[15] *Epistolario* di G. LA FARINA, vol. II, cit., lettera da Torino, 10 novembre 1859, pp. 229-31; il passo è a p. 230.

[16] Questa decisione presa dal La Farina dopo aver sollecitato il Pallavicino, (v. *Memorie di Giorgio Pallavicino pubblicate per cura della figlia*, Torino, Roux e Frassati, 1895, vol. III, pp. 539-41), non ha alcuna relazione con la crisi prodotta dal tentativo garibaldino di forzare il confine della Cattolica, di diversi giorni successiva alla decisione lafariniana di affidare a Garibaldi la presidenza della *Società Nazionale*. Più facile pensare al tentativo di attenuare il successo della sottoscrizione de *Il Milione di Fucili* lanciata dal generale proprio nel settembre.

[17] E. PASSERIN D'ENTRÈVES, *L'eredità* cit., p. 383, ha osservato in relazione al problema militare, che la storiografia ha sottovalutato «il dissidio sempre latente [...] tra la duttile

senso è significativo che, d'ora innanzi, tutti gli attacchi più pericolosi alla politica cavouriana vengano condotti avendo di mira l'egemonia esercitata dalla *Società Nazionale* a livello di massa, così come il vero confronto con la democrazia garibaldina, rappresentata dalla direzione bertaniana, si svolga su questo stesso terreno per strappare a Cavour il controllo dell'opinione nazionale.

Dunque era il bravo La Farina a tessere le file della cospirazione, come fece inviando al conte ancora nei giorni caldi della crisi della *Nazione Armata* quel «siciliano» cui Rattazzi prima aveva fatto promessa di radunare il corpo dei *Cacciatori delle Alpi* in Sardegna per favorirne l'eventuale passaggio in Sicilia, dove stava per suscitarsi l'incendio insurrezionale, e poi aveva deluso con la motivazione che gli ambienti cavouriani ostacolavano qualunque sostegno del moto nell'isola.[18] Osservava La Farina, attento ai problemi politici suscitati dalla nuova situazione, che una tale motivazione era intesa a mettere in difficoltà le relazioni politiche con «gli uomini più infiammati e i garibaldini», un settore che ormai bisognava tenere in conto, visto l'attivo intervento da esso dispiegato nella società, ove la sua presenza era non più frutto di un pertinace spirito militante, ma di una profonda rispondenza tra i suoi programmi e le aspettative del paese. Se dunque Cavour voleva continuare a dirigere la musica, a dare «il *la*»,[19] doveva trovare il modo per stabilire un raccordo politico con questi settori, il coordinatore dei quali appare subito essere il Bertani. A lui si rivolgeva il Mario, allora collaboratore del *Pensiero e azione*, e impegnato a promuovere una propria associazione democratica, scettico sulle possibilità di un'azione comune coi monarchici; e sempre con lui era in contatto il Sirtori, che ancora intorno alla fine del 1859 lo informava sull'andamento delle cose a Milano, ove, a differenza di Torino, si andavano realizzando le condizioni per la fondazione di una *Associazione per avvisare ai mezzi di assicurare l'annessione dell'Italia centrale al Regno Sardo* nella quale confluivano forze diverse.[20]

È assai interessante osservare attraverso il confronto tra le direttive cavouriane e la loro applicazione pratica, come a livello di massa fosse eseguito lo spartito, trasposto quasi alla lettera in termini organizzativi e di programma proprio da questa associazione. Anche in questo caso il carattere transitorio della società, definito intorno all'obiettivo dell'annessione dell'Italia centrale al

apertura di Cavour nei confronti di forze nuove [...] e la tenace, quasi istintiva resistenza dei quadri arcaici». In realtà, ben oltre gli arcaismi dei quadri militari, la storiografia ha sottovalutato il più complesso «dissidio» tra Cavour e la classe politica moderata, la cui resistenza «quasi istintiva», o senza quasi, verso le forze nuove, o non assimilibili, fu alla base dell'involuzione della politica italiana dopo il giugno del 1861.

[18] *Epistolario* di G. LA FARINA cit., vol. II, p. 269, a Cavour, Torino, 3 gennaio 1860. Come è noto, il «siciliano» era Francesco Crispi.

[19] *Ivi*, Cavour a La Farina, senza luogo e data, p. 289; in CHIALA, vol. III, con la data di Leri, gennaio 1860. Con questa lettera il conte dava le sue istruzioni sulla condotta da tenere.

[20] Su ciò cfr. J. WHITE MARIO, *La vita e i tempi di Agostino Bertani* cit., pp. 305-7.

Piemonte; la sua funzione, concepita nel proposito di porre a disposizione del governo sardo e di quelli delle regioni centrali «la vigilanza e lo zelo, l'energia e la costanza di tutta la Nazione»; la volontà di perseguire il proprio fine attraverso «la Federazione di tutte le società politiche, di tutti i partiti liberali, di tutti i buoni cittadini, in una parola di tutte le forze nazionali»; infine l'appello ad applicare questo metodo unitario alla scadenza elettorale ed oltre, nelle istituzioni elettive,[21] sono tutte manifestazioni pratiche della direttiva cavouriana di attivare il paese entro una prospettiva di legalità statutaria, garantita dal versatile lavoro organizzativo del La Farina. Egli rivela un particolare interesse a stabilire reti di relazione con ambienti non tradizionalmente diretti dalla *Società Nazionale*, e in questo senso la linea di unità liberale si apre verso quei settori garibaldini e democratici dai quali, nel passato prossimo o remoto, è venuta una prova sicura del loro distaco dal mazzinianesimo. Questa apertura si realizza attraverso due forme: l'una, più immediata, volta a costruire per la vicina scadenza elettorale un ampio fronte liberale, di cui è esempio l'alleanza tra società lafariniana e l'*Associazione Unitaria Italiana* di Milano, ambedue presenti in un *Elenco delle società che si fondono in vista delle elezioni*;[22] l'altra, volta a realizzare una alleanza più organica e di medio periodo, trova gli esempi più significativi nell'associazione sirtoriana e ne *La Nazione* di Genova, sorte nello stesso arco temporale, la seconda rivolta anche al fine elettorale, che, specie a Milano aveva originato forme specifiche di raccordo. In tutte e due le città l'alleanza tra forze diverse coinvolge e si allarga a elementi provenienti dalla milizia politica, ma anche a gruppi già organizzati come espressione della società civile, portatori di un diverso grado di politicizzazione a seconda delle varietà delle esperienze istituzionali entro le quali si sono formati e hanno agito.[23]

[21] Il programma dell'associazione in *Giuseppe Sirtori. Studio* di GIOVANNI DE CASTRO, Milano, F.lli Dumolard, 1892, pp. 182-83, reca la data del 2 febbraio 1860 e le firme di Sirtori, Antonio Mosca e Achille Namias. Fu pubblicato anche sul N° 39 del 5 febbraio de *La Libertà*. R. GREW, *A Sterner Plan* cit., definisce questa società «a good example» di organizzazione parallela, che agisce entro l'orbita della *Società nazionale*, p. 233 nota. La definizione è felice, ma troppo unilaterale.

[22] Cfr. *La Libertà* N° 16 del 15 gennaio. Oltre le due suddette le altre società fuse a fini elettorali erano quelle di *Mutua educazione civile e militare*, *Popolare di Brera*, *del Commercio* (di Piazza della Scala), *Elettorale* (Piazzale delle Galline), *degli Artisti*, *Patriottica d'incoraggiamento* (del Durino), *del Giardino* (S. Paolo), *del corpo insegnante* (Liceo ginnasio S. Alessandro).

[23] L'*Associazione per l'annessione dell'Italia Centrale* è attivata dall'*Associazione Unitaria Italiana*, dall'*Associazione Elettorale*, dall'*Istituto di Mutua Educazione civile e militare*, dal *Circolo Elettorale Popolare*, dalla *Società del commercio*, dall'*Associazione di Mutuo Soccorso degli Operai*, dalla *Società patriottica d'incoraggiamento di scienze, lettere ed arti*, dal *Circolo Elettorale dell'Associazione Unitaria*. Questi organismi entrano a far parte del *Comitato Promotore* della nuova associazione, nel quale ricorrono altresì i nomi di elementi di provenienza democratica diversa, come il Piolti De Bianchi, il Sirtori, Finzi e Besana direttori della sottoscrizione *Per il milione di Fucili*, insieme a elementi più moderati come

Tutto ciò ha un enorme significato nell'evoluzione delle forze democratiche. Il ripiegamento sul fine del «farsi amici», cioè il tentativo perseguito con grande accortezza e perseveranza da Bertani per rafforzare i legami di solidarietà politica dei diversi elementi democratici, aveva fatto certamente sostanziosi progressi, ma la guerra del 1859 aveva privilegiato l'unità di direzione, manifestatasi nella diffusa accettazione dei poteri speciali, e quindi affievolito lo scontro dei partiti, impedendo alle avanguardie di emergere e farsi aperte banditrici di un proprio programma, pur nella prospettiva di una fattiva collaborazione con le forze moderate sul terreno dell'impresa nazionale. Ora l'evolversi della situazione inserisce più direttamente i nuclei d'avanguardia nel processo di politicizzazione della società civile; il rilancio del movimento popolare accresce in modo esponenziale le possibilità di render concreto il processo fondativo del partito legale della democrazia non mazziniana, e allo stesso tempo sottopone uomini e organizzazioni ad una verifica empirica delle proprie collocazioni con una tale radicalità da mettere in discussione le più provate certezze. Il confronto tra le esperienze milanesi e genovesi, mostra in modo chiaro le vie di fronte alle quali le tendenze della nuova sinistra d'azione si trovano, e nel paragone emerge netta la superiorità del metodo bertaniano, il solo che riesca per un certo periodo a costruire una organizzazione nazionale del movimento democratico.

La società milanese era sorta a ridosso del lancio della sottoscrizione garibaldina per il milione di fucili e aveva dato un forte impulso alla stessa, tanto da ottenere ampi riconoscimenti di autonomia nell'azione per la raccolta dei fondi direttamente da Garibaldi.[24] Certamente il gruppo di «amici» raccolti intorno al *San Giorgio* contava su una maggiore esperienza nella lotta politica legale, ma gli animatori dell'*Associazione Unitaria Italiana* sembravano invece disporre di mezzi economici più consistenti,[25] tanto che mentre Bertani andava cercando appoggi politici tra Garibaldi e Cattaneo per fondare un foglio che desse voce al suo gruppo, gli altri avevano fondato fin dagli ultimi giorni del 1859 un proprio organo, *La Libertà*, diretto prima dal Macchi[26] e poi dal

Luigi Castellani Fantoni, Giuseppe Gallarati e altri. V. *La Libertà*, N° 39 del 5 febbraio, che pubblica il programma e il comunicato dei promotori.

[24] MRM, O/5832, opuscolo litografato, diffuso con finalità di promozione e di bilancio delle oblazioni raccolte, con i documenti di questa attività dell'*Unitaria*.

[25] L'*Unitaria*, capostipite delle successive organizzazioni democratiche milanesi, ebbe un ruolo importante nella lotta politica ed elettorale anche negli anni seguenti. Sue notizie in questa fase in C. CATTANEO, *Epistolario* cit., vol. III (1857-1861); vedi anche GUALTIERO CASTELLINI, *Pagine garibaldine (1848-1866)*, Torino, F.lli Bocca, 1909, ma specie per il periodo precedente e successivo ad Aspromonte.

[26] Il Macchi lasciò la direzione l'11 febbraio perché «costretto a prolungata assenza». In realtà passò a Torino per collaborare col Marazio alla redazione de *Il Diritto*: v. le sue lettere a Cattaneo del marzo 1860, in UMBERTO SAFFIOTTI, *Lettere inedite di Mauro Macchi a Carlo Cattaneo*, in *Rassegna storica del Risorgimento*, a. XII (1925), f. IV, pp. 777-78.

Brusco Onnis.[27] Nella sua breve esistenza il giornale, pur in modo indiretto, fornisce una interessante testimonianza della natura associativa dell'*Unitaria* in questi suoi primi mesi, e la stessa doppia direzione cui esso soggiacque è prova di una notevole debolezza di orientamenti strategici. Macchi infatti, proprio nella fase più calda della crisi della *Nazione Armata* schierò decisamente il foglio, e quindi l'associazione, sul versante rattazziano, almeno dal punto di vista pubblico; ciò in nome di due punti specifici del programma societario: l'armamento cittadino e l'esigenza di un blando autonomismo, soprattutto degli enti locali, istanza che sembrava accolta, specie per l'importanza data alla provincia, nella riforma amministrativa di Rattazzi.[28] Ma l'*Unitaria* si schierò con intransigenza soprattutto a difesa della candidatura di Cattaneo in vista delle elezioni comunali e provinciali del febbraio e per l'elezione al Parlamento, entrando in polemica aspra con la *Società Nazionale*, pur alleata nel confronto elettorale.[29] L'insistenza su quel nome era però più un omaggio a una gloria locale che non vera adesione alle idee di fondo da esso incarnate o un impegno a tradurle in azione. L'istanza armigera, la difesa delle libertà locali e una forte accentuazione laicistica che rappresentava la Chiesa gerarchica come la maggiore nemica del progresso, erano questi gli elementi assai esteriori su cui poggiava l'appello ad una simile autorità: d'altronde al pensatore lombardo era noto che il Macchi non «e[ra] nelle [su]e intenzioni politiche».[30] L'*Associazione Unitaria* dunque, la prima di questo nome, ma assai lontana da influenze mazziniane — e ciò dovrebbe gettare qualche dubbio sulla automatica ascrizione di ogni esperienza associativa di tal indirizzo al mazzinianesimo — in controtendenza rispetto alla prevalente sensibilità autonomistica lombarda, desumeva la sua ragione sociale dalla necessità di sviluppare l'«opera della assimilazione fra le diverse provincie che sono ormai libere dallo straniero» e dal superamento delle «autonomie se-

[27] Il giornale, in ottavo grande, uscì dal 29 dicembre 1859 fino al 31 marzo del 1860. Gli ultimi numeri apparvero per dar compimento al trimestre di abbonamento più che per esigenze di continuità, venute meno con le elezioni del 25 marzo. Cattaneo aveva consigliato Bertani a stabilire un rapporto con l'*Unitaria* e fondere i due progetti editoriali, quello realizzato con l'apparizione de *La Libertà*, e quello, restato invece intenzionale, de *Il Garibaldi*: v. in *Epistolario* di C. Cattaneo, vol. III, cit., p. 230, la lettera a Bertani del 5 dicembre 1859.
[28] Cfr. al proposito il *Programma* nel N° 1 del 29 dicembre 1860, nonché i numerosi fondi attribuibili a Macchi, che però documentò il crescente malcontento lombardo verso il ministero rattazziano.
[29] La polemica si accese tra il lafariniano *Piccolo Corriere d'Italia* e vari giornali lombardi, ma anche i due torinesi *Lo Stendardo Italiano* e *Il Diritto*. Gli interventi del primo sono in *Scritti politici* di G. La Farina cit., vol. II; ma per la ricostruzione di tutta la controversia si veda pure *Epistolario* di C. Cattaneo cit., vol. III, in particolare le lettere del periodo 25 gennaio-29 marzo 1860 e le note del curatore.
[30] Il giudizio sul Macchi è in *Epistolario* di C. Cattaneo, vol. III, cit., lettera a G. Daelli del 18 novembre 1859, e si riferisce proprio all'attività giornalistica di questo scrittore, che pur chiamava Cattaneo suo maestro.

colari [...] per essere più veracemente e più potentemente italiani».[31] Ciò non
di meno la distanza tra l'*Unitaria* e il gruppo democratico genovese non risiedeva tanto nelle linee politiche eclettiche cui essa si richiamava, peraltro passi-
bili di evoluzione, come avvenne con la direzione di Brusco Onnis, più solida-
mente coerente con l'ispirazione federalista di Cattaneo e Ferrari, e per conseguenza assai critica verso Rattazzi e più attenta alla proposta cavouriana, nella
quale scorgeva i segni del modello inglese dell'autogoverno.[32] La vera differenza invece emerge nella concezione dell'organizzazione e dei suoi compiti, per
quanto di ciò è possibile cogliere: l'*Unitaria* infatti conserva le tracce evidenti
di una forma associativa ereditata dall'esperienza dei circoli accademici, tanto
da prevedere la figura del socio corrispondente, e mostra una attenzione prevalente al momento della discussione. Vincolata nell'azione ad un contesto regionale che era segno della sua specificità e motivo della sua forza, essa resta del
tutto sorda al tema dell'assimilazione in un partito nazionale, secondo la tendenza emersa un po' ovunque e individuata nella nuova scuola democratica, e
ciò limitava inesorabilmente il suo orizzonte.

Un ben diverso approccio ai compiti politici e organizzativi anima invece il
gruppo genovese che, in una città di tradizionale insediamento democratico, è
impegnato da tempo in una riflessione collettiva. Il distacco di questi elementi
dal mazzinianesimo, reso definitivo dalla tragedia di Pisacane,[33] ribadito senza
equivoci attraverso la partecipazione alla guerra del 1859, confermato dal nuovo corso che li spinge all'accordo con Cavour, mette in moto al loro interno un
processo di chiarificazione che li dispone ad assolvere un ruolo propulsivo nella formazione del nuovo partito nazionale della democrazia liberale, cui alcuni
di loro, in specie Bertani, pensano da tempo. Per le condizioni obiettive dello
sviluppo dei processi politico-associativi, anche questo gruppo, sul piano della
pratica organizzativa, doveva passare per una fase di larghe alleanze con forze
provenienti da altre esperienze. La crisi della Cattolica, risoltasi in una copertura sostanziale dei fatti e delle responsabilità regie, e poi il più grave scontro della *Nazione Armata* crearono le condizioni per un fallimento precoce di questa
evoluzione, sicché quanto Bertani scriveva intorno al «difficile» compito di
metter d'accordo Cavour e Garibaldi aveva carattere non teorico o astratto,

---

[31] *Programma della sezione provinciale dell'Associazione Unitaria Italiana in
Abbiategrasso per avvisare alla elezione politica del proprio collegio*, nel N° 48 del 15 febbraio. Concetti simili sono comunque nel *Programma* apparso nel primo numero.
[32] Si vedano in particolare gli articoli *La Lombardia nel Parlamento*, pubblicato a
puntate dal N° 64 del 3 marzo; *Gli elettori e i deputati*, apparso sempre a puntate dal N°
73 del 12 marzo; *Organizzazione dello Stato* nel N° 92 del 31 marzo. Si veda infine l'articolo lettera *Alla Società Unitaria Italiana in Milano* firmato da Pietro Maestri, collaboratore
de *Il Politecnico*.
[33] Questa tragedia della democrazia italiana era stata direttamente vissuta dagli elementi genovesi, come chiarisce Bertani in una lettera a Cattaneo del 1° febbraio 1859
(*Epistolario* di C. Cattaneo cit., vol. III, pp. 551-52).

tanto che toccò proprio a lui e ai compagni salvaguardare le potenzialità dell'alleanza da cui sarebbe nata la spedizione del maggio. Infatti a prestar fede alle parole del La Farina, la compromissione di Garibaldi con gli intrighi rattazziani e regi fu tanto grave, e soprattutto gettava così cattiva luce sulle sue posizioni, da spingere Medici e Bixio a distinguere le responsabilità proprie da quelle del loro capo,[34] atteggiamento ben diverso da quello assunto dalla *Società Unitaria*, che appoggiò l'operazione di marca regia, forse per prevalente responsabilità del Macchi, aggiungendo scandalo allo scandalo degli ambienti moderati.[35]

Una simile decisione comunque non fu senza importanza per un personaggio attento ai comportamenti come il conte di Cavour, che poteva ricavarne la prova, tanto più significativa in tempi non sospetti e certo insidiosi, quando lo scontro con Garibaldi era agli inizi,[36] dell'autonomia di giudizio politico di quegli uomini, e appena tornato al potere incontrava Nino Bixio, emissario del gruppo genovese, con il quale si doleva ancora per il pessimo comportamento del Generale in occasione della recente crisi, e tuttavia era già in grado di misurarne con realismo «l'influenza [...] somma nel presente stato del paese».[37] Il giudizio cavouriano e quello dei democratici genovesi collimava in pieno, anche se quel nome era necessario soprattutto a questi ultimi per rafforzare la loro penetrazione tra l'elemento popolare, presso il quale a loro volta avrebbero contribuito a renderlo vieppiù amato.[38] Intanto mentre l'attenzione delle diplomazie appariva tutta rivolta alla definizione delle procedure per l'annessione delle regioni centrali al Regno Sardo, in Italia si sviluppa un ampio, ma ancor trattenuto dibattito sulle condizioni di Napoli e della Sicilia, e tra il febbraio e il marzo, sotto l'incalzare della scadenza elettorale e del processo annessionistico delle regioni centrali, sale la temperatura politica del paese che segue con crescente partecipazione i sintomi del moto d'opposizione nel sud e nell'isola, e

---

[34] V. in *Epistolario* di G. LA FARINA cit., vol. II, pp. 275-76 la lettera circolare ai presidenti dei Comitati delle Romagne, in data Torino, 7 gennaio 1860, nella quale era detto che «gli stessi amici più intimi di Garibaldi, come M[edici] e B[ixio], scrissero a Cavour, protestando che si staccavano dal loro Generale, caduto in mano di gente» sconsiderata. Le sigle possono sciogliersi in base alla lettera del Castelli a Farini pubblicata in CHIALA, vol. VI, p. 429.

[35] *Ivi*, lettera di La Farina a D. Morchio, Torino, 1 gennaio 1860, pp. 264-66.

[36] Sulla parte principalissima svolta da Bertani nel 1859 per l'accordo tra Cavour e Garibaldi si veda CHIALA, vol. III, p. LXXXVIII, nota. Lo stesso, in vol. IV, pp. XCII-XCIII, fissa l'insorgere del contrasto Bertani-Cavour a questo periodo e ne individua la causa nella questione di Nizza e Savoia, che peggiorava i rapporti con Garibaldi, e più in generale nella non disponibilità del conte all'accordo, onde la decisione bertaniana di agire solo per via rivoluzionaria.

[37] *Epistolario* di NINO BIXIO, a cura di E. MORELLI, Roma, Istituto per la Storia del Risorgimento Italiano, vol. I, 1939, pp. 321-22.

[38] *Ivi*, Bixio a Garibaldi del 12 febbraio 1860. La confusione del testo, proveniente da copia, lascia tuttavia ben intendere che nei contatti organizzativi veniva avanzato il nome di Garibaldi.

si orienta sempre più decisamente in senso unitario. L'emigrazione veneta e romana, organizzate in *Comitati d'emigrazione* attivi in diverse città,[39] e quella siciliana che dà vita a Genova ad un proprio *Comitato degli esuli*,[40] testimoniano lo spirito di riscatto che muove il paese, in attesa di eventi risolutivi. Il La Farina dichiara la forza della sua organizzazione in alcune città della Sicilia fin dalla fine del 1859, e in questi mesi stabilisce i suoi primi contatti a Napoli con settori della società dell'*Ordine*, che si affiliano alla *Società Nazionale*.[41] Cavour, a prova dell'attenzione che presta ai processi in atto nelle organizzazioni sorte nell'ambito dei gruppi dei «liberali d'azione», aveva stabilito, forse durante il suo viaggio a Milano del febbraio del 1860, contatti diretti con i dirigenti della sottoscrizione per il *Milione di fucili*, cui era riuscito a «donner une application raisonnable et non subversive».[42] Ai primi d'aprile inoltre, quasi prendendo atto dell'ampiezza del movimento e valendosi della collaborazione discreta del vice prefetto Magenta, favorisce l'attivazione in Genova del *Comitato di soccorso all'emigrazione italiana*, perché operasse come centro di raccolta degli elementi che confluivano nella città in vista di prossimi eventi nel Mezzogiorno.[43]

[39] Il *Comitato dell'Emigrazione Veneta*, centrale a Milano sotto la direzione di G. B. Giustiniani, P. Correr, G. F. Bettio, R. Brenna, L. Fortis istituì comitati filiali in Torino, Brescia, Modena Ferrara. Il Consiglio Comunale milanese mise a sua disposizione, fin dalla prima istituzione, la somma di Lire 1500 mensili. (*La Libertà*, N° 1 del 29 dicembre 1859).

[40] Di esso era presidente il conte M. Amari, poi nominato da Garibaldi suo rappresentante presso Vittorio Emanuele, Napoleone III e la regina Vittoria. Cugino del più noto storico dei Vespri era figura approvata da Cavour il quale, secondo LUIGI CESARE BOLLEA, *Una silloge di lettere del Risorgimento (1839-1873)*, Torino, Bocca, 1919, pp. 262-63, avrebbe scritto la minuta delle lettere con cui Garibaldi lo accreditava presso quei sovrani. Comunque, prima e dopo il giugno, l'Amari fu veicolo di confusione e di indebolimento per Bertani.

[41] V. in *Epistolario* di G. LA FARINA cit., la lettera a G. Vergara del 25 marzo 1860, pp. 304-6. La I. NAZARI MICHELI, *Cavour e Garibaldi* cit., pp. 55-70, dà un saggio dell'attenzione rivolta dalla stampa al moto meridionale. Infine le corrispondenze di Garibaldi dopo il colloquio col re del gennaio 1860, (v. ENSG, *Epistolario*, vol. V, cit.), lasciano trasparire la fiduciosa attesa di eventi.

[42] L'espressione cavouriana, del febbraio 1860, in CHIALA, vol. IV, p. XCV, è desunta da lettera definita inedita, ma nel volume non pubblicata. Il passo fu poi ripreso da J. WHITE MARIO, *La vita e i tempi di Agostino Bertani* cit., p. 326, che lo citava a spiegazione del conflitto sorto di lì a poco tra la direzione del *Milione di Fucili* e i bertaniani *Comitati di Soccorso a Garibaldi*.

[43] I. NAZARI MICHELI, *Cavour e Garibaldi* cit., pp. 69-71, parla della collaborazione tra elementi bertaniani e il vice governatore di Genova Magenta, che nell'aprile, d'intesa con Cavour, fondò nella città un *Comitato di soccorso all'emigrazione italiana* col segreto scopo di dare un punto di riferimento agli emigrati accorrenti, ivi attratti dagli avvenimenti di Sicilia. Si veda al proposito quanto scrive Cavour al principe Eugenio, 5 aprile 1860: «Veuillez diriger à Gênes déserteurs Romains; on les enrôlera», in *Liberazione del Mezzogiorno* cit., vol. I, p. 40. I successivi rapporti tra il Magenta e la *Cassa Centrale*, documentati in MRM, *Carte Bertani*, appaiono corretti e cordiali anche nei momenti di più acuto conflitto. Ancora la Nazari, p. 69, in nota, accenna alla distruzione dell'importante

Naturalmente la democrazia genovese non era seconda ad alcuno, e se a Milano la sottoscrizione per il *Milione di Fucili* trovava un più vasto terreno d'azione rivolgendo il suo appello ai municipi e l'*Unitaria* svolgeva la sua opera, Bertani da parte sua tesse legami con Napoli e con il governo, mantenendo i contatti con Caprera ove a metà febbraio invia il Mignogna, latore di riservate notizie sulle trattative con le autorità e sulla preparazione di armi e navi per una eventuale spedizione in Sicilia. Poi sollecita il Pilo, cui fanno capo le file della cospirazione siciliana, a saggiare direttamente l'intenzione di Garibaldi a favore dell'isola, ottenendone una risposta che fissa due precise condizioni all'impresa: che il programma sia *Italia e Vittorio Emanuele*; che l'azione subisca un rinvio perché meglio sia possibile dimostrare al Paese il fallimento «delle mene di questi dottrinari».[44] A tutte queste energie la *Società Nazionale* offre ancora un primo punto di riferimento politico e organizzativo; ma a Genova la novità della situazione, la potenza con cui si esprime la spinta unitaria, la crisi di linea che ormai ha chiaramente investito le tendenze rivoluzionarie, rendono la società lafariniana inadatta ad accogliere nel suo seno un simile, composito fermento, onde il ricorso a nuove tendenze associative raccolte intorno a *La Nazione*, nella quale si fondono i diversi schieramenti.[45] Della sua costituzione

archivio personale del Magenta per mano dello stesso, depositario delle segrete intese con Cavour che, tra l'altro, lo aveva fortemente difeso come governatore della Savoia contro le intenzioni rattazziane di sostituirlo. L'autrice esprimeva i suoi dubbi sulla effettiva scomparsa di quelle carte ed ora M. E. FERRARI, *Cesare Cabella, Pietro Magenta, Jacopo Virgilio, la società «La Nazione» e i «Mille»* cit., ne presenta alcune ed accenna all'esistenza presso i discendenti del Magenta di un più ricco materiale. C'è da augurarsi di poterne avere presto piena disponibilità.

[44] Cfr. ENSG, *Epistolario*, vol. V, cit., p. 39 e p. 48, Garibaldi a Bertani, Caprera, 20 febbraio 1860, e l'altra a Rosolino Pilo, Caprera 15 marzo 1860. Per comprendere l'importanza di questa seconda lettera bisogna tener presente che il Pilo aveva fatta balenare l'idea di avanzare la parola d'ordine *Unità e Libertà*, e che i «dottrinari» sono Cavour e il nuovo ministero. Inoltre il Generale rispose al Pilo dopo venti giorni e forse un tale ritardo non fu solo frutto di riflessione, ma anche della ricerca di autorevoli consigli, se si presta fede a G. GUERZONI, *Garibaldi* cit., che dice della piena collaborazione esistente tra il re e Garibaldi nella fase preparatoria della spedizione. Cfr. anche J. WHITE MARIO, *La vita e i tempi di Agostino Bertani* cit., p. 323. La documentazione in MRM, *Carte Bertani*, b. 49, pl. XIII, fa risalire allo stesso periodo l'avvio di rapporti sistematici del milanese con Napoli, in particolare attraverso Mileti, Libertini e Lazzaro.

[45] Per G. ORESTE, *Note per una storia dell'opinione pubblica in Genova* cit., *La Nazione* nacque dalla convergenza di elementi lafariniani e settori definiti genericamente «mazziniani». La nuova società (*ivi*, pp. 114-15), pubblicò il giornale *L'Elettore politico*. R. GREW, *A Sterner Plan* cit., p. 265 nota, informa che esso fu pagato dalle associazioni costituenti il *Comitato Elettorale liberale* di Genova, mentre la *Società Nazionale* utilizzò il titolo anche per un bollettino apparso a Pavia e a Milano, con cui svolse la campagna elettorale. I. NAZARI MICHELI, *Cavour e Garibaldi* cit., pp. 58-9, la dice sorta a febbraio del 1860, in seguito al ritorno di Cavour al potere e per riunire le frazioni liberali in vista delle elezioni e, a mio avviso erroneamente, la ritiene manovrata da Mazzini. Il padre dell'autrice, G. Nazari, fu membro della direzione dell'associazione genovese. Più precisa BIANCA

*Il Movimento*, foglio vicino alla sinistra parlamentare, dette l'annuncio con un certo ritardo e soltanto a pochi giorni dalle elezioni,[46] forse perché il Cabella la costrinse ad una stasi di attività, che dovette essere però assai meno totale di quanto egli lasciò intendere e soprattutto più complessa nelle motivazioni,[47] comunque superata man mano che i democratici ne assunsero più decisamente la direzione.

Sorta per contrastare nelle prossime elezioni le tendenze antiunitarie in una città in cui la penetrazione della società lafariniana non era rilevante,[48] ma dove la crisi del mazzinianesimo aveva prodotto i maggiori effetti nel liberare forze patriottiche non disposte a lasciarsi semplicemente rimorchiare dall'iniziativa governativa, la nuova associazione nasce sulla base di un trasparente concorso di gruppi diversi, compresi i «repubblicani», di cui v'è larga presenza tra i primi fondatori,[49] i cavouriani, l'esclusione dei quali, come si era già sperimentato, produceva effetti contrari a quell'unità che si voleva perseguire, e gli elementi provenienti dalle file della sinistra parlamentare. A Genova l'iniziativa di dar vita al coordinamento di queste tendenze fu presa da Jacopo Virgilio,[50] al-

MONTALE, *Nel clima dei Mille: aspetti della preparazione spirituale all'impresa*, in *Genova*, 1960, n. 1, che in base ad uno statuto manoscritto conservato presso l'*Archivio dell'Istituto mazziniano* di Genova, e da lei pubblicato per la mostra commemorativa *Genova mazziniana e garibaldina*, Genova, Saga, 1960, ne ha fissato la data di nascita in Genova il 1° febbraio 1860. In MRM, *Carte Bertani*, b. 10, pl. X, 8, si legge uno statuto a stampa che reca però la data 1859.

[46] B. MONTALE, *Antonio Mosto, battaglie e cospirazioni mazziniane (1848-1870)*, Pisa, Nistri-Lischi, 1966, p. 51.

[47] La scelta di «lasciar dormire» l'associazione suscitò malumori già nel 1860, dai quali il Cabella si difese in una lettera del 18 settembre 1868. Ad esempio il 15 marzo il Virgilio insiste presso di lui perché vi fosse un'assemblea per votare un indirizzo di saluto alle regioni annesse: v. M. E. FERRARI, *Cesare Cabella* cit., p. 51. Nella corrispondenza da Genova con cui *Il Diritto* del 7 agosto dava notizia della ripresa di attività dell'associazione e dell'elezione di Garibaldi alla presidenza, si auspicava che la nuova direzione fosse più attiva della vecchia. Ma la svolta in questa direzione si delineò già alla fine di aprile, quando *La Nazione* si estese oltre la Liguria.

[48] Sulla società lafariniana a Genova tra la fine del 1859 e gli inizi del 1860 si veda R. GREW, *A Sterner Plan* cit., pp. 236-37, che rileva le difficoltà di ordine politico e organizzativo incontrate in questa città.

[49] Al nucleo fondatore fa riferimento B. MONTALE, *Antonio Mosto* cit., p. 51, che indica in 130 i primi aderenti, «in buona parte mazziniani o almeno repubblicani». Pare più giusta la seconda definizione, specie se l'assenza dei mazziniani «più rigorosamente intransigenti» si considera non casuale; inoltre in questa fase l'etichetta di «repubblicano» ha un significato alquanto generico. R. GREW, *A Sterner Plan* cit., p. 237, sulla scorta di una lettera di J. Virgilio, indicato come «the founder» della nuova società, conta invece 73 soci fondatori.

[50] Credo identificare in lui il «V...intrigante, che cerca protezione per suo padre (cattivo magistrato), ed impieghi per lui e per i suoi amici» di cui parla il La Farina in una lettera al genovese G. Vergara, 18 febbraio 1860, in *Epistolario* di G. LA FARINA cit., vol. II, p. 297.

lora giovane avvocato in relazione con gli ambienti politici locali e centrali della *Società Nazionale* e dell'*Unione Liberale*, ai quali aveva comunicato le sue preoccupate valutazioni sulla situazione cittadina e della Liguria, dove i liberali erano divisi e poco partecipi alla vita delle istituzioni rappresentative.[51] Agli inizi di gennaio la situazione appariva ancora confusa e le informazioni di Asproni, desunte però da fonti genovesi, davano i «liberali indipendenti», cioè i bertaniani, senza direzione e dunque i veri destinatari dell'iniziativa del Virgilio, ritornato allora da Torino, portando con sé

«un buono di 15/m. franchi per fondare un giornale cavouriano intitolato *Il Garibaldi* sotto le ispirazioni dell'*Unione Liberale*».[52]

Comunque l'*Unione Liberale* di Torino, che allora viveva una delicata fase dopo lo scivolone sull'alleanza con i rattazziani ed era ancora sotto la presidenza del Mamiani, sembrò rinunciare all'idea di dar vita ad un comitato elettorale locale ove si concentrassero le correnti liberali genovesi, riconoscendo quello già sorto e limitandosi all'auspicio che questo organismo si collegasse col centro torinese.[53] Intanto il La Farina non mancò di attivare i suoi contatti, dirigendosi

[51] Il Virgilio mandò alla direzione della *Società Nazionale*, cui era affiliato dal momento della sua riorganizzazione, aderendovi poi per tutto il 1860, e dell'*Unione liberale*, in nome della quale invece agì per la fondazione della nuova società genovese, i suoi rapporti sulla situazione politica cittadina, v. M. E. FERRARI, *Cesare Cabella* cit., p. 79, le lettere di risposta del Buscalione e dello Zerboglio, in data 12 gennaio 1860. L'adesione del giovane avvocato alla società lafariniana è messa in dubbio da R. GREW, *A Sterner Plan* cit., p. 237 nota, ove si accenna agli sforzi compiuti dal La Farina per farlo segretario del Comitato genovese, tralasciati a metà febbraio. Ma il Ferrari pubblica, p. 78, la lettera con cui La Farina lo affilia. I temi della riflessione virgiliana sono riassunti nella lettera al Cabella del 20 gennaio 1860, nella quale tornava ad insistere sulla necessità di dar vita ad una società che riunisse i liberali, ne mandasse in Parlamento il maggior numero, si occupasse in particolare della situazione regionale per ottenere dagli elettori una più ampia partecipazione al voto per rafforzare le istituzioni liberali (*ivi*, pp. 49-50). Il Virgilio continuò certamente ad inviare a Torino suoi rapporti sulla situazione politica genovese, come si evince dalle lettere a lui dirette dalla segreteria dell'*Unione Liberale* il 1° e il 9 marzo (*ivi*, p. 83). Il Ferrari in varie pubblicazioni ha illustrato parti significative dell'archivio Virgilio, che risulta in amichevoli rapporti col Rattazzi, dal quale nel dicembre del 1860 fu invitato a collaborare a *La Monarchia Nazionale*, nuovo organo della Sinistra parlamentare.
[52] G. ASPRONI, *Diario politico 1855-1876* cit., vol. II: *1858-1860*, p. 403. Ai primi di gennaio era al potere il Rattazzi e la somma sarebbe potuta venire anche da quella parte. Peraltro La Farina, come si è visto, non aveva una grande opinione del giovane. Ma se di fonte cavouriana, la somma deve finanziare *L'elettore politico* (v. nota 44), anche se ai primi del 1860 l'idea bertaniana de *Il Garibaldi* permaneva. Lo stato della documentazione non risolve le ulteriori difficoltà interpretative.
[53] M. E. FERRARI, *Cesare Cabella* cit., pp. 79-80, lettera dell'avvocato Zerboglio a J. Virgilio del 12 gennaio 1860. Lo Zerboglio era segretario dell'*Unione*. La trascrizione di questa lettera è guasta in due punti.

in particolare al Cabella, uomo di grande prestigio e integrità, schierato nelle file della sinistra parlamentare subalpina, ma non confuso coi rattazziani, e perciò rispettato dallo stesso Cavour che pure lo aveva avuto avversario.[54] A lui il siciliano rivolge l'invito ad aderire alla *Società Nazionale*, per il carattere aperto dell'associazione che univa «nei medesimi Comitati uomini moderatissimi e ardentissimi», e per l'autonomia che essa poteva vantare rispetto al governo, appoggiato solo in quanto portatore di una linea nazionale.[55] L'intenzione vera della lettera doveva essere altra, più precisamente quella di offrire al deputato genovese una prova ostensibile, e non fine a se stessa, della stima di cui era onorato anche da parte di uomini di diversa milizia, favorendo per questa via un rapporto di collaborazione con una figura di prestigio, che sarebbe stato bene tenersi amica.[56] Fu probabilmente da queste manovre che venne la spinta alla fondazione del *Comitato Centrale liberale* cui aderirono membri della *Società Nazionale*, dell'imprenditoria cittadina organizzata nel *Circolo Commerciale*,[57] il *Comitato della Regia Marina*, il *Comitato Sanitario*, l'*Associazione dei Capitani marittimi* e gli elementi democratici raccolti ne *La Nazione*.[58] La tattica unitaria, messa in atto a Milano, si applica anche a Genova, ed anche qui il procedimento porta a mettere insieme spezzoni organizzati della società civile ed organismi di tipo più schiettamente politico. Ne deriva uno schieramento rappresentativo e largo col quale far fronte ad una scadenza ritenuta decisiva, per il segnale che avrebbe dato all'opinione europea della profonda sintonia tra il paese e la sua classe dirigente, raccolta in un Parlamento abilitato a parlare come un consesso italiano e a nome di quella parte della nazione ancora separata.

[54] Cavour «aveva il desiderio grandissimo di associarmi alla sua azione» dice, p. 93, lo stesso Cabella in una lettera al Virgilio del settembre del 1868, pubblicata *ivi*, pp. 91-4, ove rifà la storia de *La Nazione* e delle sue relazioni politiche con Cavour e Rattazzi, il primo da lui stimato «al di sopra» del secondo. Cfr. le corrispondenze Cabella con Cavour e Rattazzi in ENRICO RIDELLA, *La vita e i tempi di Cesare Cabella*, Genova, Soc. Ligure di Storia Patria, 1923, pp. 331-7. Lo scritto del Ridella, a tutt'oggi l'unico profilo del parlamentare genovese, appare ormai inadeguato a dar luce a questo eccezionale, anche se secondario personaggio politico.

[55] In *Epistolario* di G. LA FARINA, vol. II, cit., lettera del 5 febbraio 1860, pp. 291-92.

[56] Questa linea, ribadita nella lettera a D. Morchio, *ivi*, pp. 290-91, cui nella stessa data inviava la missiva al Cabella col compito di rimetterla al destinatario, confermava quella generale adottata dalla *Società Nazionale*: v. la *Lettera circolare del Presidente della Società Nazionale Italiana ai Presidenti dei Comitati delle Provincie libere*, in data 3 febbraio 1860, in *Scritti politici* di G. LA FARINA cit., vol. II, pp. 256-58.

[57] Legato al *Corriere Mercantile* esso aveva avuto ed avrebbe continuato ad avere un peso notevole nella vita pubblica cittadina.

[58] La composizione risulta dalla lettera del 12 marzo 1860 con cui il *Comitato Centrale liberale* offrì la candidatura al Cabella, in M. E. FERRARI, *Cesare Cabella* cit., p. 50. Nello stesso tempo fu definita la candidatura Bixio al collegio di Cicagna: v. in *Epistolario* di NINO BIXIO cit., vol. I, pp. 325-26, la lettera di ringraziamento in data 18 marzo, da cui si evince che il giornale *L'elettore politico* aveva da poco iniziato le pubblicazioni, essendo al momento apparso il n° 5.

Questo schieramento affrontò con successo le elezioni comunali e provinciali, ma le politiche segnarono i primi, inevitabili contrasti, in una situazione che un po' ovunque mise in risalto una diversità di comportamenti tra impegni presi nella presentazione dei candidati e appoggi effettivamente dati alla loro riuscita. Così a Genova Bixio fu contrapposto al Cabella, mentre i cavouriani non rinunciarono ad osteggiare gli elementi filorattazziani, come il Ricci e il Pareto;[59] in Lombardia invece la polemica elettorale ruotò intorno al nome di Cattaneo, che pure era stato candidato dall'unitario *Comitato Elettorale*.[60] Ma all'inizio dell'anno lo spirito di collaborazione perdurava vigoroso e al Cabella, ritenuto colui che l'opinione pubblica genovese individuava come il capo «del partito liberale d'azione», il Virgilio rivolgeva l'invito ad assumere la direzione di una associazione al fine di assicurare in essa, «segua o no la traccia dell'Unione Liberale», l'unità dei liberali.[61] Qualche anno dopo, in una eccezionalmente nitida ricostruzione del clima e delle preoccupazioni che avevano accompagnato la nascita de *La Nazione*, il Cabella attribuiva la responsabilità di tale decisione a se stesso e al Virgilio, per il quale egli rievocava quegli eventi anche alla luce dei successivi contrasti tra loro:

«Ricorderete che voi foste quello che mi proponeste di fondar questa società e farmene presidente. Io ignorava allora l'amicizia che vi legava a Magenta[62] [...]. Questa amicizia, la deferenza di Magenta, le lettere che in quel torno mi pervennero da La Farina, capo della società nazionale, ed altre molte circostanze più minute, mi fecero credere allora che fosse stato un mezzo di gettarmi inconsapevolmente nel partito governativo, e di vincolarmi talmente al medesimo da non potermene

---

[59] Sulle elezioni del 1860 cfr. R. Romeo, *Cavour* cit., pp. 687-90. E. Ridella, *La vita e i tempi di Cesare Cabella* cit., p. 331, confonde la situazione del 1860 con quella del 1861, e attribuisce alla candidatura Bixio il sostegno dei cavouriani; ciò non fu, e ne fa fede la mancata elezione, riuscita l'anno successivo, certo per le glorie conquistate nella campagna del sud, ma anche per l'aiuto governativo. Per il Cabella comunque questo fu l'ultimo mandato, e nell'esclusione successiva una gran parte ebbe la sfiducia maturata verso di lui dagli ambienti rattazziani. Nella citata lettera del 18 settembre 1868 egli scriveva «se v'è uomo politico che m'abbia guardato con più gelosia, che mi abbia desiderato fuori dalla vita politica [...] questi è Rattazzi. Ho dovuto sorridere quando qualcuno mi fece rattazziano»: v. M. E. Ferrari, *Cesare Cabella* cit., p. 97. L'Asproni nel suo *Diario politico* cit., p. 421, e sulla testimonianza di E. Celesia, ritiene il Cabella, sotto la maschera «liberale», tra i «più operosi iniettatori» del verbo cavouriano in Genova.

[60] Gli interventi lafariniani contro Cattaneo pubblicati da *Il Piccolo Corriere d'Italia* sono ora in *Scritti politici* di G. La Farina. Nella controversia, che si intrecciò con la polemica sulla cessione di Nizza e Savoia e, più in generale, sulla politica cavouriana intervennero diversi giornali milanesi, oltre ai torinesi *Lo Stendardo Italiano* e *Il Diritto*. Sul versante cattaneano il dibattito, come detto, è ampiamente ricostruito in *Epistolario* di C. Cattaneo, vol. III, cit.

[61] M. E. Ferrari, *Cesare Cabella* cit., lettera del 20 gennaio 1860, pp. 49-50.

[62] Il Magenta era per via di moglie cugino acquisito di secondo grado del Virgilio. Vedasi *ivi*, p. 37.

poi più con onore ritirare [...] Ho risoluto perciò di lasciar dormire quel corpo che d'altronde non mi pareva punto desideroso di vegliare: aspettando la prima occasione per dar la mia dimissione: occasione che non tardò a venire e pose al mio posto Bertani».[63]

Se dunque nel suo concepimento *La Nazione* molto dipese dall'iniziativa del giovane Virgilio, altrettanto fu debitrice alle garanzie di patriottismo che il nome del più maturo Cabella offriva a tutti, ed in particolare al gruppo democratico raccolto intorno a Bertani, che addirittura di lì a poco ne avrebbe avanzato la candidatura come possibile elemento di mediazione nel contrasto tra movimento garibaldino e la direzione della *Società Nazionale*.[64] Ma sta di fatto che la nuova società non sarebbe mai sorta se nel gruppo lafariniano non si fosse superata la pregiudiziale verso la collaborazione con i settori ex repubblicani, o ancora repubblicani,[65] e se, di pari passo, in consistenti settori democratici non fosse maturata l'esigenza di un maggior radicamento nello scontro politico in atto per non restare ancora una volta nell'impossibilità di influenzare il corso delle cose mentre si delineavano grandi svolte, e dunque costretti a giocare un mero ruolo di supplenza, come nel 1859.[66] Il suo programma sociale, espresso nel trinomio *Indipendenza, Unità, Libertà*, e riassunto nella parola d'ordine *Italia! Italia!*,[67] si mostrava assai più conciliabile con le aspirazioni di quanti venivano dalle file del repubblicanesimo, ed era comunque lontano dalle tentazioni dittatorie che avevano segnato il sorgere de *La Nazione Armata*, aprendosi perfino a prospettive di ridefinizione del ruolo costituzionale del monarca, senza sottrarsi alla lealtà nei suoi confronti, ma a tutto vantaggio di quel rivendicato

[63] *Ivi*, pp. 91-98, lettera del 18 settembre 1868, Cabella a J. Virgilio. Il passo citato a p. 94.

[64] Cfr. la lettera di L. Tanari a C. Casarini, Torino, 25 maggio 1860, in A. DALLOLIO, *La spedizione dei Mille nelle memorie bolognesi* cit., pp. 279-81.

[65] Nei momenti che precedono la crisi del luglio-agosto 1860, quando si approssima la fase decisiva, La Farina rivendicherà la distinzione tra repubblicanesimo e mazzinianesimo posta a base della politica seguita da tempo dalla *Società Nazionale*, v. negli *Scritti politici* di G. LA FARINA cit., vol. II, l'articolo *Politica mazziniana*, del 29 luglio 1860, p. 315.

[66] Ispirazione che è facile cogliere, pur nel tono brioso ed eroico, nell'articolo *I Cacciatori delle Alpi nel 1859 e loro feriti e loro morti*, apparso in *Il Politecnico*, f. III, marzo 1860 come prima parte di un lavoro mai concluso, al quale Bertani aveva iniziato a lavorare, sollecitato da Cattaneo, sul finire del 1859 e completato, almeno per la parte pubblicata, agli inizi di febbraio 1860.

[67] In A. DALLOLIO, *La spedizione dei Mille* cit., pp. 33-43, lo statuto de *La Nazione* di Bologna, che ripropone quello della consorella genovese, con varianti per la località (Bologna per Genova). Il trinomio si legge all'articolo 2, con accanto il nome di *Vittorio Emanuele*, il tutto ripreso poi nel timbro sociale.

«massimo sviluppo degli ordini costituzionali sotto il Regno di *Vittorio Emanuele II*».[68]

Simili finalità, ne fossero consapevoli o meno i soci fondatori, non potevano concepirsi come compiti limitati, in senso temporale e politico; ed il carattere permanente del nuovo sodalizio ancor più emergeva dalla sua proiezione in ambito nazionale, con l'apertura delle sue file ai «cittadini di tutte le provincie d'Italia», e con l'impegno a «promuovere la creazione di centri aderenti nelle altre città d'Italia e specialmente nella Liguria».[69] Altro motivo statutario significativo, soprattutto in una città come Genova ove già si assiste a una vivace partecipazione dell'elemento popolare alla vita pubblica, è l'alto contributo mensile pagato dai soci, pari «a lire nuove una»,[70] segno che *La Nazione*, almeno nella sua fase di origine, non ha i caratteri di una società popolare, né aspira ad organizzare i gruppi sociali medio-bassi. Essa invece, e questo aspetto la rende interessante come fenomeno associativo, appare piuttosto un punto di raccolta di quadri dirigenti che provengono da milizie diverse e allo stesso tempo costituisce il punto di passaggio tra due forme di organizzazione della sinistra democratica, come si può osservare dalla evoluzione della società stessa. Tra la sua nascita, a Genova, e la sua diffusione nazionale, segnata dalla creazione della consorella bolognese, è infatti possibile cogliere piccoli, ma non trascurabili cambiamenti: sul terreno politico il sodalizio filiale bolognese, la cui nascita cade al 13 maggio, cioè a spedizione garibaldina partita e allorché giungono le prime notizie del suo felice approdo sulle spiagge di Sicilia, sorge in un clima di frattura tra forze da cui l'esperienza madre era stata promossa.[71] Sul piano organizzativo lo statuto bolognese modifica gli organismi dirigenti, sostituendo ad un Consiglio di Presidenza da cui la società «è retta» — e del quale nulla si diceva nel caso genovese circa i modi della sua formazione, il che però

---

[68] *Ivi*, pp. 442-3: *La Gazzetta del popolo dell'Emilia* accusa la società di abbandonare il motto di Garibaldi *Italia e Vittorio Emanuele*; la *Protesta* del comitato dirigente bolognese precisa che la parola d'ordine «Italia! Italia!» tratta dal programma «originale spedìtoci da Genova», riprende i termini dell'articolo 2: «Conseguire cioè la indipendenza, la unità, la libertà e massimo sviluppo degli ordini costituzionali sotto il regno di Vittorio Emanuele, senza aiuto e patronato di stranieri e senza che s'aspetti il domani o il lento maturare dei tempi, ma colle forze morali e materiali dei soli italiani ed afferrando l'opportunità della circostanza».

[69] *Ivi*, p. 339, articoli 3 e 5. Creare altri centri spettava però solo al Consiglio di Presidenza.

[70] *Ivi*, p. 340.

[71] Per i problemi sorti dalla creazione e sviluppo de *La Nazione* nelle Romagne v. *ivi*, pp. 97-121. Scarsa attenzione vi dedica Isabella Zanni Rosiello, *Aspetti del movimento democratico bolognese (1859-1870)*, in *Bollettino del Museo del Risorgimento di Bologna*, a. VI (1961).

fa pensare ad una sua designazione extra assembleare e quindi mediante accordo tra varie componenti —, un Consiglio di Direzione scelto, per numero e composizione, dalla riunione plenaria dei soci. Dunque lo statuto genovese definisce meglio le funzioni di un organo di direzione centralizzata e la specifica responsabilità del gruppo dirigente, quello bolognese invece ha più evidenti connessioni con la natura democratica dell'organismo da cui sorge, e configura nella piccola dimensione associativa l'ideale di eguaglianza politica, una testa un voto, che connota per principio il contributo della forze di matrice democratica alla evoluzione dello stato liberale.

I tempi di fondazione de *La Nazione* genovese coincidevano in modo perfetto con la riflessione dei settori democratici che nel 1859 si erano schierati a fianco dell'iniziativa piemontese in funzione antiaustriaca, i quali ora cercavano di mettere insieme Cavour e Garibaldi. Probabilmente era questo il crocevia nel quale le strade di Bertani e del conte potevano incontrarsi. L'intervento presso il *Milione di Fucili*, il colloquio e gli impegni presi con Bixio, l'incontro col Medici che è conquistato dalla sua politica,[72] la sua ombra, così fortemente stagliata su tutta l'operazione che porta alla nascita de *La Nazione*, e poi l'attiva e discreta azione svolta dal Magenta a Genova d'intesa con i democratici sono tutte conferme della svolta di indirizzi della politica di Cavour, della quale si può discutere la finalità, non la realtà. Questa linea di intesa non è comunque concepita solo in relazione alle imminenti scadenze elettorali, ma per tutta una fase la cui durata per ora non può essere prevista e tuttavia seguita nei fatti almeno fino al luglio-agosto del 1860. Essa naturalmente poteva realizzarsi solo in due modi: percorrendo la via, troppo rischiosa dal punto di vista diplomatico e assai difficile da quello politico, visti i rapporti intercorrenti tra il re e Garibaldi, dell'alleanza palese e dichiarata; ovvero seguire l'altra, più accessibile, del tacito accordo che, per essere produttiva per entrambi i contraenti, doveva innanzitutto aprire spazi al movimento nazionale e costruire un tessuto unitario nel Paese atto a favorire la convergenza dei grandi agenti morali incarnati da ciascuno, onde raggiungere i risultati comuni, ma senza smarrire le rispettive peculiarità. Era poi questo il senso dell'accorato richiamo alla politica del conte che Bertani aveva fatto risuonare nel dibattito parlamentare del giugno del 1863, di quella netta affermazione, fatta con la certezza che non potesse essere smentita, circa i documenti «veramente importanti» che non si pubblicano, poiché gli accordi veri e strategici riposano non su atti sottoscritti, ma su un interesse comune, anche se diverso, dei contraenti a realizzarli. Ma se questo è il senso delle cose, allora tutti i processi di riaggregazione in atto nel più vasto schieramento liberale debbono collocarsi entro questo nuovo quadro politico,

---

[72] A questo colloquio, dal quale il Medici uscì trasformato, allude la J. WHITE MARIO, *La vita e i tempi di Agostino Bertani* cit., p. 318, che vi aggiunge un forte e moralistico giudizio nei confronti dell'eroe del Vascello.

in cui il permanere di reciproche diffidenze testimonia la difficoltà del ritrovamento di un punto di equilibrio definito, tanto più che i contatti e i conflitti seguono spesso itinerari tutt'altro che logici o prevedibili. Le vicende de *La Nazione* e della sinistra genovese diventano essenziali per verificare i caratteri e l'evoluzione della tattica del movimento democratico, ma anche del settore cavouriano, tenendo altresì presente che nel concreto svolgersi degli eventi le posizioni personali e di gruppi erano destinate a rivelarsi estremamente mobili, né le scelte tattiche potevano far aggio sulla concretezza e sull'imprevedibile varietà e vastità dei problemi.

La situazione cominciò ad entrare in movimento nell'aprile quando si fecero più incerte le prospettive e gli equilibri ancor più delicati: l'appassionata discussione sulla cessione di Nizza e Savoia, le notizie sulla sollevazione siciliana, l'ardore crescente dell'opinione nazionale coincisero con il ritorno di Garibaldi a Torino, e fu quasi il segnale che i tempi delle decisioni erano arrivati. Di fronte a questa crisi primaverile l'azione bertaniana ha modo di dispiegarsi in tutta l'ampiezza della propria ispirazione e rivelarsi nella molteplicità dei piani d'intervento, nelle varianti cui si sottopone in relazione all'evoluzione delle circostanze. Essa si riassume nell'obiettivo di dar vita alle condizioni minime di un ingresso non subalterno della democrazia nella politica istituzionale, mantenere l'iniziativa e il ruolo di avanguardia della nazione al movimento popolare. In altri termini ciò rende preminente il fine di promuovere il partito della democrazia continuando ad operare senza esclusivismi a forme organizzative specifiche di collaborazione tra le diverse tendenze liberali, a costruire le condizioni per ulteriori successi del movimento patriottico, a consolidare l'espansione delle forze democratiche, e far maturare le contraddizioni in cui versa la componente moderata, mentre in realtà incombono gli elementi della divisione all'interno del gruppo di uomini a lui più vicini. Di questa tattica si possono cogliere i caratteri nel modo con cui, proprio nell'aprile, Bertani cerca di realizzare le condizioni di una ripresa del moto rivoluzionario, caratteri che, al solito, egli esplicita con Cattaneo, riassunti in una breve, ma succcosa indicazione:

«Sono *certo* che con la nostra forza e decisione facciamo capitolare il governo».[73]

La prospettiva di Bertani dunque tende a rendere permanente il conflitto con la parte moderata, ma lo situa entro una comune cornice nazionale e liberale, fino al punto di combinare strettamente lo sviluppo del partito democratico col movimento di massa e quindi col processo di avanzamento del moto uni-

[73] Bertani a Cattaneo, Genova, 30 aprile 1860, in C. CATTANEO, *Epistolario* cit., vol. III, pp. 567-8.

tario, per creare fin d'ora le potenzialità di un'alternativa politica al governo moderato. Sotto questo aspetto il problema preminente diventa quello di assicurarsi una direzione politica autorevole e riconosciuta, che Garibaldi sembra poter assolvere soltanto sul versante militare, onde l'insistenza del medico milanese, in sintonia con il De Boni, affinché in occasione della discussione sul trattato con la Francia Cattaneo scenda in Parlamento per assumere la guida del partito,[74] ricevendone però una risposta negativa di cui è difficile valutare il peso sul fallimento finale del suo disegno. L'esule di Castagnola non mancò di far sentire la sua opinione sulla delicata questione di Nizza e della Savoia, ed ancora una volta la sua presa di posizione lo confermava come il massimo ispiratore di una linea di critica al moderatismo, ma su posizioni autonome e non riconducibile alla impostazione mazziniana, né a quella impersonata da Garibaldi.[75] Per altri aspetti invece l'operato bertaniano è tutto rivolto a tessere una tela che permetta di presentare sostanzialmente unito il fronte liberale su due essenziali esigenze: quella di un intervento attivo nello svolgimento della crisi siciliana,[76] e l'altra rivolta ad assicurare a Garibaldi la direzione militare del movimento.[77] Questo obiettivo, irrinunciabile ai fini della riuscita del suo

[74] *Ibidem*: «Tu dovresti allora farti capo, come ti vogliono, degli uomini che sperano redimere il paese dalla soggezione di Napoleone». Sulla posizione del De Boni *ivi*, De Boni a Cattaneo, Zurigo 2 aprile 1860, p. 324.

[75] Pubblicato nel fascicolo 46, vol. IX, aprile 1860 de *Il Politecnico*, l'articolo *Savoia e Nizza* sotto vari aspetti fu assai frainteso, poiché alcuni crudi giudizi, che a volte paiono pregiudizi, sull'operato cavouriano sono fondati su un ragionamento che non mette in discussione, nelle condizioni date, la cessione dei due territori alla Francia, ma la questione della mancata creazione di un forte armamento della nazione in grado di tener testa alla eventualità di una crisi dell'alleanza francese. D'altra parte Cattaneo polemizzava anche con i mazziniani e quei democratici ignari del fatto che «il voto che ha dato la Toscana e l'Emilia al Piemonte, involge inevitabilmente il voto che dà Nizza e Savoia alla Francia», e coglieva, sia pur in senso negativo, la novità di una decisione che metteva ormai apertamente in discussione i confini e gli equilibri interni della Penisola È però ipotizzabile che Cavour rivolgesse la sua attenzione su un altro aspetto, cioè sulla denuncia del trattato come una alienazione territoriale che «legittima […] un principio di conquista». Il conte infatti respinse implicitamente questa tesi in Parlamento, sostenendo la cessione di Nizza come un accordo tra stati, fatto in nome del diritto nazionale e quindi come una rottura con la logica del Congresso di Vienna.

[76] A. DALLOLIO, *La spedizione dei Mille* cit., p. 48, sulle corrispondenze del Finali afferma che Bertani fu «il vero promotore» della spedizione, che l'impresa fu pensata come un tutto unico, comprendente anche l'azione nel Pontificio, ed infine che in virtù dell'opera bertaniana, La Farina perse consenso in Emilia. Suscita perciò stupore che molta storiografia abbia continuato ad ignorare il contributo del milanese alla spedizione, smarrito le specificità della sua posizione, ridotto il significato del suo contributo a sudditanza ideologica a Mazzini, ad infatuazione per l'impresa nello Stato Pontificio, negandone perfino, contro l'evidenza dei fatti, l'impegno politico ed organizzativo per le successive spedizioni. Tale la posizione di ATTILIO DEPOLI, *Bertani, Mazzini, Cavour e i soccorsi a Garibaldi*, in *Genova e la spedizione dei Mille* cit., vol. II, pp. 359-494.

[77] Cfr. J. WHITE MARIO, *La vita e i tempi di Agostino Bertani* cit., p. 339. È noto che Cavour aveva invece sondato il Ribotti.

disegno, Bertani lo accompagna ad una serie di gesti unitari tendenti ad assicurare il carattere consensuale di tale designazione, proponendo prima al Generale, che vi aderì, un'alleanza tra esuli siciliani, *Società Nazionale* e settori garibaldini;[78] il 30 aprile espose sempre a Garibaldi un piano per avere armi, denari e mezzi, affidandone la realizzazione ad uomini capaci, ma rappresentativi di tendenze diverse, riunite in associazione il cui Comitato direttivo, presieduto dal Generale, doveva comporsi da Sirtori, Pallavicino, Depretis, e lui stesso;[79] infine sollecitò l'appoggio dei capi dei diversi Comitati patriottici per favorire la partenza della spedizione.[80] Cavour veniva a trovarsi, prima di quanto avesse previsto, in gravi difficoltà, perché era facile immaginare le conseguenze che il trattato con la Francia avrebbe prodotto sulla pubblica opinione, se ad esso non fossero seguiti passi avanti significativi sulla via dello sviluppo del moto nazionale.[81] Ciò rendeva pericoloso, oltre che vano, ogni tentativo di contrastare la decisione di Garibaldi di gettarsi al soccorso del moto siciliano;[82] se il conte l'aveva fatto non era stato certo perché temesse il radicalismo del nizzardo, quanto perché cosciente del pericolo cui andava incontro affidando la direzione dell'iniziativa militare a chi considerava ormai senza alcun dubbio uomo di Rattazzi.[83] Comunque al di là della polemica, sollevata non solo in area democratica sulle ambiguità e sulla scarsa sensibilità di Cavour verso le tensioni del sentimento nazionale, avesse egli osteggiato, favorito o soltanto non ostaco-

[78] Cfr. in ENSG, *Epistolario*, vol. V, cit., p. 69, il breve biglietto a Bertani del 19 aprile.

[79] GIUSEPPE MARALDI, *La spedizione dei Mille e l'opera di A. Bertani*, in *Atti della R. Accademia di Scienze, Lettere ed Arti di Palermo*, vol. I, s. IV (1940), parte II, pp. 327-28.

[80] G. GUERZONI, *Garibaldi* cit., vol. II, p. 34. Si è già ricordata la collaborazione con il Magenta, cui vanno aggiunti i contatti mantenuti fino all'ultimo con Cavour (il colloquio Sirtori-Cavour è del 2 maggio), che in questo clima poteva difficilmente negare il suo appoggio.

[81] Risolta la questione delle province centrali nel febbraio-marzo 1860, subito si delineò la grave crisi provocata dal trattato con la Francia per la cessione di Nizza e Savoia, su cui cfr. cap. III.

[82] R. ROMEO, *Cavour* cit. pp. 692-3, ritiene che il conte avesse rinviato la discussione del trattato a dopo la partenza di Garibaldi per attenuare lo scontro parlamentare. Va inoltre ricordato che nel luglio Cavour giustificò la sua debole reazione alla partenza di Garibaldi con le difficoltà connesse alla gestione del trattato sulla cessione di Nizza e Savoia: v. *Cavour-Nigra* cit., vol. IV, dispaccio Cavour a Nigra del 22 juillet 1860, in particolare p. 94.

[83] Il giudizio di Cavour sul Garibaldi «politico» è manifestato a Farini, a commento dei suffragi ricevuti dalla candidatura del Generale: «Le elezioni di Torino provano la forza degli opponenti. Garibaldi ebbe 31 voti e Robaudi 10. Ecco le forze dei Rattazziani, ditelo al Re», in *Liberazione del Mezzogiorno* cit., vol. V, Cavour a Farini, s. d. (ma 6 o 7 maggio), p. 480. Dell'alleanza tra Garibaldi e Rattazzi si parlava negli ambienti politico diplomatici, e se ne trovano cenni nella corrispondenza dell'ambasciatore napoletano a Torino, (*ivi*, pp. 78 e 83), un mormorio sfruttato dal conte per rafforzare la sua immagine di garante della moderazione.

lato la spedizione dei Mille, non v'è dubbio che non poteva bloccarla con la forza, a rischio di veder debordare il moto nazionale in direzione rivoluzionaria;[84] né, una volta salpata, poteva auspicarne la disfatta, perché allo stesso modo ciò avrebbe impresso una brusca frenata al movimento unitario, tale da mettere a rischio i risultati fin allora raggiunti, i sacrifici sostenuti e le ragioni stesse della politica da lui fin lì interpretata.[85] Consapevole dei pericoli aggiuntivi gravanti sull'impresa in gestazione, già di per sé incerta e difficile, ove si avessero a sovrapporvi le insidie di uno scontro a Torino con i suoi avversari politici, che ebbe modo di valutare in tutta la loro rozza animosità nella dura controversia esplosa a Firenze tra lui e il re, Cavour pensò reiteratamente all'ipotesi di una sua dimissione per far posto a un ministero che, pur perseguendo la sua politica, fosse meno di lui esposto alla preconcetta ostilità del monarca.[86] D'altra parte egli era ben lungi dal potersi appellare alla collaborazione dei settori democratici; gli attacchi subiti da parte di Cattaneo sulla questione di Nizza e Savoia, non erano il miglior viatico per il futuro; ma più del velleitarismo di certe tesi politiche lo dovevano preoccupare i rischi di alleanza organica tra democratici e rattazziani, che restavano il più compatto ed esperto gruppo di opposizione parlamentare, e come tale l'unico in grado di esercitare una forte attrazione su altre forze di opposizione.[87] Ma Bertani per il momento insiste nel ribadire le sue intenzioni unitarie: eletto alla Camera, fa la professione di fede più altamente pubblica delle intenzioni e della latitudine politica del suo agire, chiede di interpellare il governo sulla situazione della Sicilia, e lo fa con un'aria

[84] R. ROMEO, *Cavour* cit., pp. 699-706. *Ivi*, nota p. 703, si cita la testimonianza coeva di Sirtori, che conferma la dichiarazione resa in seguito alla Camera il 10 giugno 1863, del colloquio in cui Cavour, prima della sua partenza, promise l'aiuto governativo alla spedizione.

[85] Non si capisce la scelta «rivoluzionaria» fatta da Cavour in questa fase e confermata nel maggio, né può intendersi il suo *revirement* ottobrino, senza tener conto di ciò. Peraltro il solito ambasciatore napoletano a Torino colse la delicatezza della situazione in cui il governo sardo venne a trovarsi quando scriveva che «Cavour è di cattivo umore ed irresoluto [...] Onde sortire dall'attuale stato, Cavour dovrà decidersi *o per politica più conservatrice o per qualche dimostrazione simpatica a favore del partito progressista*», in *Liberazione del Mezzogiorno*, vol. V, cit., dispaccio riservatissimo da Torino, 2 maggio 1860, p. 84. Il corsivo è mio.

[86] Di «rozzezza» parlò lo stesso Cavour in occasione del duro conflitto che nell'aprile lo oppose al re, in una lettera al Farini da Firenze, 17 aprile [1860]: v. *Liberazione del Mezzogiorno* cit., vol. V, p. 471. Per la ricostruzione di questo momento politico v. cap. III.

[87] Cattaneo nel decidere se recarsi in Parlamento per la discussione del trattato con la Francia, si informò dal Macchi sul comportamento del gruppo rattazziano, (v. lettere del 10 aprile e del 7 maggio 1860 in *Epistolario* di C. CATTANEO cit., vol. III, pp. 324-5 e 340-1), parendogli decisivo per l'esito della discussione. Una prima, non voluta polemica con i cavouriani nacque sulla stampa per la publicazione di una sua lettera privata con salaci giudizi sul ministro (*ivi*, pp. 263-5).

in apparenza ingenua e moderata dalla quale traspare una sottile operazione politica, messa in evidenza dai timori di un gioco delle parti per far risaltare «l'influenza salutare del grande Parlamento Italiano», di cui subito parla l'ambasciatore napoletano a Torino.[88] Nel modo quasi divertito con cui Cavour rispose per respingerla potrebbe leggersi tra le righe la conferma di quella maliziosa interpretazione, tanto più che il medico milanese l'indomani svolgeva il suo intervento e ripeteva quasi testualmente in questa occasione le parole direttegli da Garibaldi nel dicembre del 1859 sulla opportunità di non rendersi strumento di partito; ma riferendole a sé, alla sua azione e al programma da lui seguito dava al conte l'esplicita promessa che egli avrebbe mantenuto l'iniziativa garibaldina al di fuori di quelle divisioni tra cavouriani e rattazziani fattesi di nuovo allora tanto rumorose.[89] Mentre in Parlamento si svolgeva questo confronto sottile, ricco di messaggi trasversali, la sera del 13 aprile, a Genova, *La Nazione* si riuniva in assemblea plenaria per deliberare sulle cose da farsi a favore del movimento nell'isola. L'incontro, presieduto da Garibaldi che vi recava la sua parola di lode, equivalente a un atto di solidarietà verso la società e i fini patriottici inscritti nel suo programma,[90] ebbe grande significato, e segnò il risvegliarsi dell'associazione dallo stato di torpore cui pareva destinata a causa dei timori del suo presidente. In quella seduta si decise di rivolgere un appello ai cittadini a sostegno del moto in Sicilia e perché con le loro offerte soccorressero il *Comitato degli esuli siciliani;*[91] poco dopo fu promossa una massiccia agitazione a favore dell'invio di volontari, visibile segno del prevalere all'inter-

88) V. *Liberazione del Mezzogiorno* cit., vol. V, p. 79, «riservatissima» del 14 aprile 1860.

89) L'intervento di Bertani, forse consapevole delle contraddizioni implicite nella difesa a oltranza dei confini tradizionali, per lo stile, i contenuti e il tono, sembrò sdrammatizzare l'aspro confronto sul trattato con la Francia: v. API, *Camera dei Deputati, Discussioni,* Sessione del 1860, sedute del 12, 13 e 14 aprile. La J. WHITE MARIO, *La vita e i tempi di Agostino Bertani* cit., in parte riporta l'intervento del milanese, pp. 335-6, ma poiché i suoi giudizi sono segnati da una robusta vena anticavouriana lo interpreta invece in senso conflittuale. *Il Diritto* del 16 aprile, *Diario Interno. Cose di Sicilia,* apprezzando le cose dette da Bertani, osservò che Cavour «riconobbe che erano giuste le osservazioni del deputato Bertani, non dissimulando la sua simpatia verso la causa che si agita in Sicilia». Bertani si espresse ancora in termini di fedeltà al programma di Garibaldi e contro i partiti nella lettera al Macchi del 24 maggio 1860, in *Il Diritto* del 29 maggio 1860 e in A. DALLOLIO, *La spedizione dei Mille* cit., pp. 290-5, ma allora era scoppiato il contrasto sulle finalità del moto, ed era sorta una specifica struttura garibaldina.

90) ALFREDO COMANDINI, *L'Italia nei cento anni,* Milano Vallardi, 1908-1911, vol. III, alla data.

91) *Il Diritto* del 16 aprile dà notizie della riunione, riprese dalla *Gazzetta di Genova* del 14. L'assemblea demandò al consiglio di presidenza la nomina di una commissione di 5 membri per raccogliere soccorsi per la Sicilia, nella quale furono designati Garibaldi a presidente, S. Castagnola, L. Pareto, L. Coltelletti ed E. Celesia. Per difficoltà di varia natura quei nomi furono poi sostituiti da Brusco Onorio (*recte* Enrico), Carbonelli V., Bozzo P., Mosto A., Canzio S. e Virgilio segretario. Forse è la prima idea della *Cassa Centrale.* Il

no della sua direzione della componente radicale;[92] infine si decise una svolta organizzativa, facendo di Genova il centro di collegamento dei nuovi nuclei sociali, promossi in varie città d'Italia.[93] Cominciava così a delinearsi una struttura politica non locale della democrazia organizzata in grado di promuovere forme di agitazione legale, di influenzare lo svolgimento degli eventi e gli orientamenti del governo.

Alla faticosa semina dell'aprile seguì la raccolta del maggio con la «capitolazione» governativa e la spedizione dei Mille che esalta il prestigio de *La Nazione* e dell'insieme delle forze democratiche. Per la prima volta dal 1848, anche se in un contesto internazionale profondamente diverso, si presenta una situazione di tipo rivoluzionario nella quale le forze della rivoluzione assumono in modo così deciso la testa del movimento. Come in un vortice, il successo ottenuto da Bertani con la partenza dei volontari, trascinava con sé vecchi equilibri e certezze mettendo a rischio, dopo oltre un decennio, l'indiscussa egemonia esercitata fino ad allora dai moderati. Spinte ad abbracciare la prospettiva unitaria queste forze dovevano misurarsi con la Sinistra in un confronto aperto sul terreno dell'iniziativa nazionale,[94] dandole legittimità

22 aprile col titolo un po' polemico *Buone intenzioni* il foglio di Torino afferma che il consiglio di presidenza della società ha deliberato una pubblica protesta «contro le arti con le quali venne estorto il voto di annessione[nell'Italia Centrale], e di presentare un indirizzo al governo del re a prendere un'attitudine più deliberata negli affari di Sicilia»

[92] A. COMANDINI, *L'Italia nei cento anni* cit., confonde i nomi della Commissione per i soccorsi all'insurrezione nel sud, composta come detto alla nota precedente, con quelli della nuova direzione, eletta con ampio mandato il 7 aprile e della quale, facevano parte oltre al Cabella presidente, il Pareto, Ricci, De Negri, Federici, Brusco, Carcassi, Casa, Casareto, Bozzano, Bixio, Bertani, Zuccoli, e F. Fontana: v. B. MONTALE, *Antonio Mosto* cit., p. 52. *Ibidem*, si accenna come novità a «qualche simpatia» mostrata da *Il Movimento* verso *La Nazione*.

[93] Oltre che a Sarzana, dove fu animata per tutto il 1860 da E. Ravani, varie lettere del quale sono in MRM, *Carte Bertani*, e a Lerici, ove fu costituita da C. Mosconi, cfr. E. M. FERRARI, *Cesare Cabella* cit., p. 86, *La Nazione* si diffuse in altri centri della Liguria, della Toscana e dell'Emilia, *ivi*, lettera di E. Brusco a C. Cabella, 21 maggio [1860], p. 52, e precisamente a Pisa, Faenza, Bologna, ove secondo A. COMANDINI, *L'Italia nei cento anni* cit., sorse rispettivamente il 1° maggio, il 27 aprile e il 13 maggio, Ferrara, Forlì e Ravenna. Su *La Nazione* di Bologna abbiamo l'ampia documentazione di A. DALLOLIO *La spedizione dei Mille* cit. Il Virgilio da parte sua cercò subito, ma senza risultati, di allargare il raggio d'azione della società verso la Lombardia: v. la sua corrispondenza col Piolti de' Bianchi, pubblicata da E. M. FERRARI, *I corrispondenti lombardi e veneti di Jacopo Virgilio*, Milano, F. Angeli, 1988, *Quaderni di storia in Lombardia*, pp. 146-52. Come per le precedenti e successive organizzazioni della democrazia, anche nel caso de *La Nazione* si cercò di dar vita a comitati fuori d'Italia: v. la lettera di A. Piaggio a C. Cabella, Montevideo, 31 maggio 1860, in E. M. FERRARI, *Cesare Cabella* cit., p. 54.

[94] V. il dispaccio di Cavour al Nigra del 4 luglio, ove dà conto della sua politica perché sia riportata all'imperatore del quale si vuole captare la benevolenza, ma dove si parla dell'inarrestabile crescita del sentimento unitario, che si può contrastare solo a patto di non lasciare a Garibaldi «le monopole de l'idée unitaire» (*Cavour-Nigra* cit., vol. IV, pp. 54-5).

dal punto di vista politico e morale e scuotendo le tranquille convinzioni di ordinato progresso attraverso cui avevano rassicurato l'opinione patriottica, avviata a riplasmare a propria immagine e somiglianza il complesso universo politico-ideologico di legittimazione dello Stato. Questa opinione costituiva la vera, nuova forza dirigente del paese, ed essa ora sembrava emanciparsi dalla tutela moderata e piemontese in virtù dell'apparire sulla scena politica di due possibili vie per raggiungere un medesimo fine. Preminente interesse della democrazia era quello di consolidare gli elementi di questa crisi di egemonia, ma ciò bisognava fare sapendo cogliere il clima nuovo insorto, quella sensibilità particolare manifestata verso le politiche delle parti in campo affinché non indebolissero la mobilitazione del paese, che certo sarebbe scemata ove le rispettive iniziative fossero apparse segnale di divisione, atto partigiano e non ulteriore avanzata del processo unitario.[95] Era il segno più clamoroso del clima particolare provocato dall'iniziativa democratica nel Sud: l'individuazione di un fine comune, «nazionale», obbliga il governo a cospirare con i rivoluzionari, i benemeriti «rompicollo» che, forzando le incrostazioni formalistiche delle diplomazie, non potevano però più giocare la carta della distruzione totale del vecchio ordine, già profondamente intaccato dal 1859, quando aveva cominciato a delinearsene un altro, parziale quanto si vuole, ma certo innovativo. Qui stava l'attuale, grande tema tattico cui la situazione obbligava entrambi gli schieramenti, imponendo loro una forzata collaborazione che tuttavia non poteva fare aggio sulle ragioni permanenti dei diversi interessi e della diversa visione del processo unitario di cui ciascuno era portatore. Ognuno a suo modo, Cavour e Bertani avrebbero mostrato di saper valutare le novità intervenute e la complessità delnodo che erano chiamati a dirimere.[96]

[95] Siamo di fronte ad una di quelle manifestazioni forti del sentimento popolare, sulle quali si fonda la possibilità di costruire, o di « inventare», come è stato felicemente detto, la tradizione: v. ERIC J. HOBSBAWM-TERENCE RANGER (a cura di), *L'invenzione della tradizione*, Torino, Einaudi, 1987.

[96] Con la solita lucidità analitica, Cavour ci conferma un processo unitario nel quale il conflitto tra forze cooperanti al movimento, lungi dall'attenuarsi, si approfondisce. Infatti quando ha ormai deciso di riprendere l'iniziativa scrive al Nigra, Turin, le 12 juillet 1860, della necessità di «s'attacher à prevenir les consequences fatales d'un antagonisme entre les principales forces vives du pays, *qu'il n'existe pas de moyens de faire cesser*»: in *Cavour-Nigra*, vol. IV, cit., p. 71. Mio il corsivo. Bertani, nove anni dopo quegli eventi, in *L'epistolario di Giuseppe La Farina. Ire politiche d'oltretomba raccolte da* A. BERTANI, Firenze, G. Polizzi, 1869, p. 63, a proposito delle divergenze sue con Medici e La Farina circa gli obiettivi da dare all'impresa, scrisse che «quelle divergenze furono le avvisaglie della lotta politica che doveva fin d'allora dividere Medici e La Farina dal campo in cui io mi trovavo con Garibaldi; *lotta politica che Garibaldi, partendo, m'avea fatto credere di voler seguitare e poscia abbandonò, rendendo inevitabile la vittoria di Cavour*». Sempre mio il corsivo.

Salpando dallo scoglio di Quarto verso la Sicilia Garibaldi aveva lasciato ad alcuni suoi amici l'incarico di coordinare uomini, mezzi e iniziative a sostegno dell'impresa cui si accingeva, e insieme un'indicazione rivelatrice dei suoi fini ultimi e non equivoca circa i modi di dare il maggior sostegno alla sua azione:

«Che l'insurrezione siciliana, non solo in Sicilia bisogna ajutarla, ma nell'Umbria, nelle Marche, nella Sabina, nel Napoletano ecc., ove dovunque vi sono dei nemici da combattere. Io non consigliai il motto [*sic*] della Sicilia; ma alle mani quei nostri fratelli, ho creduto obligo d'ajutarli».[97]

Sul primo punto, quello del coinvolgimento dello Stato Pontificio nell'azione rivoluzionaria, bisogna riconoscere con molta nettezza che non sembrano esserci reali divergenze neppure col governo, cui è ben noto il mandato di Garibaldi ai suoi, e non lo discute tanto nel merito quanto nella opportunità rispetto alle contingenze, mentre della soluzione pratica del problema tutti discutevano con tutti: nel maggio Bertani ne ha fatto oggetto di trattativa con La Farina e Medici, poi con i circoli emiliani della *Società Nazionale* e, informandone Garibaldi, con lo stesso Cavour,[98] che al momento resiste all'idea perché spera in un ritiro dei Francesi da Roma e cerca di assecondare tale prospettiva con una condotta prudente;[99] in realtà solo Mazzini, ed è un segno del suo isolamento, immagina e si preoccupa ancora di mantenere il segreto sull'iniziativa al centro.[100] Sostenere dunque che Medici e La Farina volessero limitare l'azione di Garibaldi alla sola Sicilia è una forzatura di Bertani, fondata sulla reticen-

[97] ENSG, *Epistolario* cit., vol. V, Garibaldi a Bertani, Genova, 5 maggio 1860, p. 92. Rispetto alle analoghe lettere rimesse a Medici, a Finzi e Besana e ad altri quella a Bertani, che tra l'altro affermava il principio che le insurrezioni si aiutano e non si impongono dall'esterno, è l'unica a formalizzare un legato politico-programmatico fondato su due punti: raccogliere uomini e mezzi per sviluppare ovunque l'iniziativa italiana, sotto la divisa «*Italia e Vittorio Emanuele*». Il poscritto imponeva di render nota la missiva quattro giorni dopo la partenza. Ciò fu fatto. Garibaldi confermò l'iniziativa nel centro Italia in altra a Bertani del 13 maggio: «Medici dovrebbe occuparsi del Pontificio», ma il passo fu omesso da *Il Diritto*, che la pubblicò il 4 giugno forse in occasione della prossima partenza della seconda spedizione (ENSG, *Epistolario*, vol. V, cit., pp. 101-2).

[98] G. E. CURATULO, *Garibaldi, Vittorio Emanuele, Cavour* cit., le lettere di Bertani a Garibaldi di questo periodo e fino alla metà di giugno. Per l'iniziativa verso i comitati emiliani della *Società Nazionale* resta fondamentale il contributo di A. DALLOLIO. Fin dal 7 maggio La Farina scriveva ad un suo amico: «Siamo d'accordo con Garibaldi di preferire l'invio di armi e munizioni all'invio di gente», in *Epistolario* di G. LA FARINA cit., vol. II, p. 315, affermazione che si ripete.

[99] Cavour a Ricasoli, Torino, 3 giugno 1860, in *Liberazione del Mezzogiorno* cit., vol. I, pp. 162-3. Il conte aveva avuto informazioni in tal senso dal Pantaleoni: v. in *Carteggi di Camillo Cavour. La questione romana negli anni 1860-1861*, Bologna, Zanichelli, 1961, vol. I, pp. 18-20, le relazioni del 15 e 30 maggio 1860. D'ora in poi *Questione romana*.

[100] SEI, *Epistolario*, vol. LXIV, a Mosto, Nicotera e Savi a Palermo, [Genova], 19 giugno 1860, pp. 82-6.

za dei due, che nel rendere pubbliche le istruzioni di Garibaldi censurarono il passo relativo all'azione nel Pontificio: il nodo della contesa riguardava le relazioni tra condotta governativa e iniziativa rivoluzionaria, tra mobilitazione del paese e suo controllo. In questo senso le polemiche sorte furono schermaglia propagandistica, un classico motivo di facciata che, come spesso avviene, era rivolto a schierare l'opinione su una delle due opzioni contrapposte.[101] Intanto Cavour cominciava ad interrogarsi su come procedere,[102] e aveva per il momento definito una linea di condotta in grado di mantenere il rapporto con il movimento, collaborando con le forze disposte a non compromettere il governo di fronte all'opinione internazionale:

«Purché le apparenze si salvino, secondiamo gli amici del generale non mazziniani. Fra questi il più pericoloso è Bertani che mira a suscitare ovunque torbidi e creare difficoltà in tutte le parti d'Italia».[103]

Il riferimento al «suscitare *ovunque* torbidi e creare difficoltà» non è solo un riconoscimento dell'esteso lavoro svolto dal medico milanese; esso richiama l'attenzione su un modo di operare che affida alle masse una funzione dinamica nei processi politici, ma segna insieme i limiti fin dove è possibile spingere la collaborazione, con la netta esclusione di Mazzini, simbolo dell'eversione,[104] e

[101] La controversia ripete in piccola scala, secondo un evidente modello agitatorio, l'altra, sorta in area mazziniana e rattazziana più che negli ambienti di Bertani, circa l'atteggiamento di Cavour verso la partenza della spedizione da Quarto, su cui valgono per me le considerazioni di R. ROMEO, *Cavour* cit. pp. 699-709, mentre il saggio di DENIS MACK SMITH, *Cavour e Garibaldi nel 1860*, Torino, Einaudi, 1958, edizione inglese 1954, conserva interesse come documento del permanere del filogaribaldinismo nell'opinione inglese, e di una particolare fase del dibattito storico-politico italiano a metà degli anni Cinquanta.

[102] Agli inizi di giugno il conte aveva fatto un'*avance* diplomatica troppo significativa per essere trascurata, e aveva scritto al Nigra dicendosi consapevole degli svantaggi più che dei vantaggi inerenti all'annessione di un'isola lontana, ma ciò era sempre un passo «pour l'unification définitive de l'Italie», aggiungendo subito «Veuillez sonder le terrain et me dire si je dois aller à toute vapeur ou enrayer la locomotive» (*Cavour-Nigra*, vol. IV, cit., p. 3).

[103] Cavour a Ricasoli del 3 giugno 1860, in *Liberazione del Mezzogiorno* cit., vol. I, pp. 62-3. Commentando il recente voto della Camera aggiungeva poi: «Il voto dà forza al governo. Ce ne serviremo per combattere risolutamente i partiti estremi all'interno e seguire in Italia e fuori una politica ardita» Il motivo antiestremistico è fondamentale e non strumentale nella linea di Cavour che tra il luglio e l'agosto dipinge il fosco quadro di un paese unificato per opera di Garibaldi, ove la monarchia come principio fondativo d'un modello politico e sociale è ridotta ad apparenza e il re «n'est plus aux yeux de la grande majorité des Italiens que l'ami de Garibaldi» (v. Cavour a Nigra, Turin, 1er août 1860, in *Cavour-Nigra* cit., vol. IV, p. 122).

[104] Mazzini accenna al clima persecutorio verso di lui e considera «un miracolo», che in simili circostanze Bertani resista e collabori: v. SEI, *Epistolario*, vol. LXVIII, to C. Stansfeld, [Genoa], June 8th, 1860, p. 29. La campagna antimazziniana divenne più acuta nell'agosto, ma su ciò cfr. *infra*.

l'appello alla vigilanza contro il pericolo di «torbidi», cioè contro il prevalere dell'istanza rivoluzionaria su quella nazionale. Sarebbe pretesa singolare presumere nel conte un'impostazione del problema italiano estranea ai canoni di una visione conservatrice e statuale del processo di unificazione nazionale, ma non si può ignorare che egli radicò la sua azione ad alcuni valori comuni, per esempio quando cercò di definire le condizioni entro cui sentiva l'obbligo di dar la mano all'azione di Garibaldi,[105] o stabilendo il limite supremo, «la guerra civile», oltre il quale la lotta al partito avverso sarebbe stata devastante per tutti.[106]

Bertani a sua volta, fece dei rapporti col governo e, più in generale, con i settori monarchici dello schieramento unitario il punto dirimente della propria linea, che scaturiva dal programma affidatogli da Garibaldi: liberazione dell'Italia, senza esplicito riferimento al Veneto, da realizzarsi col concorso e con la mobilitazione delle forze nazionali e popolari. Consapevole che questi rapporti avrebbero segnato il discrimine intorno al quale si sarebbe definita l'identità democratica e si sarebbero divise le sue componenti, egli assunse un'attitudine politica che escludendo l'opposizione pregiudiziale in nome dei contrapposti principi cercava l'accordo sul terreno dei fatti, come fatti erano la spedizione del 5 maggio e quelle successive di Medici e Cosenz, e l'altra, sempre sul punto di realizzarsi e mai partita, verso gli Stati Romani.[107] La posizione bertaniana, e in tal senso il medico milanese l'avrebbe chiarita di lì a poco, poteva riassumersi dunque nella piena disponibilità a collaborare con tutti, compreso il governo, ma sulla base della riconoscibile autonomia del programma garibaldino e di quanti si sarebbero raccolti intorno ad esso. Ma la speciale relazione di Garibaldi con il re, che giocava nella vicenda una propria partita tesa più o meno a coinvolgere nei suoi disegni le diverse correnti democratiche,[108] avrebbe

---

[105]  Bisognava appoggiare Garibaldi finché non avesse cercato di trascinare il Regno in un conflitto con la Francia e avesse mantenuto il suo programma di unità monarchica. Cfr. il dispaccio al Nigra del 9 agosto 1860, in *Cavour-Nigra*, vol. IV, cit., p. 145.

[106]  In due diverse prospettive Cavour prende in esame questo limite: nel dispaccio del 27 juin 1860 al Villamarina parla delle condizioni necessarie per un'alleanza tra Napoli e Torino, e precisa: «Une politique qui admettrait dans son programme la guerre civile, serait incompatible avec la nôtre», p. 43; poi nel settembre per motivare l'intervento nel Pontificio come risultato d'una necessità inderogabile dopo fatto ogni sforzo per precedere Garibaldi a Napoli: «J'ai poussé l'audace jusq'au point où elle pouvait aller sans courir le risque de voir éclater la guerre civile», p. 202: v. *Cavour-Nigra* cit., vol. IV. È ovvio che una tale preoccupazione ha senso solo e soltanto in una prospettiva liberale.

[107]  Le spedizioni Medici e Cosenz gravarono sul governo. Bertani lo ammise senza veli nel dibattito parlamentare del giugno 1863, e G. Visconti Venosta, testimone oculare, parla della partenza di Medici da Genova con tre vapori acquistati con fondi governativi e scortati dalle flotte inglese e sarda: v. RENZO SERTOLI SALIS, *Fra le quinte del Risorgimento in Valtellina*, in *Bollettino della Società Storica Valtellinese*, n° 25 del 1972. Su quest'ultima spedizione cfr. anche i vari documenti in *Liberazione del Mezzoggiorno* cit., vol. I.

[108]  Anche Bertani fu toccato dalla tattica avvolgente del sovrano, secondo il quale il milanese ebbe una cospicua dotazione: v. *Le lettere di Vittorio Emanuele II raccolte da F.*

fatto pesare sull'insieme di quella prospettiva ulteriori, imprevedibili difficoltà. La scelta di autonomia operata da Bertani sembrò per un breve periodo metterlo al riparo dai contraccolpi di quel legame, che col passar dei mesi si sarebbe invece rivelato micidiale ai fini della realizzabilità del suo programma. Rimasti acerbi i frutti dell'amplissima mobilitazione promossa tra il gennaio e l'ottobre del 1860, egli comprese che il punto di debolezza della sua linea era costituito dalla mancata trasformazione di Garibaldi da capo militare in *leader* politico, un processo sul quale, proprio all'inizio di quell'anno, aveva affidato le aspettative di un ingresso a pieno titolo della democrazia sulla scena della grande politica.[109] Comunque, intorno alla proposta bertaniana comincia ad articolarsi l'evoluzione del movimento democratico: quella proposta costituiva senza dubbio motivo più che sufficiente per segnare «la divisione d'un partito in due», come avrebbe osservato il Medici, principale esponente di quella tendenza azionista svoltasi dalla critica del mazzinianesimo a posizioni filocavouriane.[110] Se la frattura con l'eroe del Vascello esplose a ridosso della partenza dei Mille, lasciando una traccia profonda nell'evoluzione della sinistra democratica, sopravvisse invece alle passioni dei tempi la tesi che il medico milanese fosse ostaggio di Mazzini, trascurando sia gli aspetti generali di linea che avevano da tempo diviso i due esponenti democratici, sia i continui motivi di polemica che accompagnarono i loro rapporti nel corso del 1860, sia infine, ed è più grave, i dati di fatto, giacché il primo non consentì alle reiterate e pressanti insistenze dell'altro di promuovere comunque l'iniziativa nello Stato romano.[111] In realtà è alla luce di questo duplice contrasto che il Bertani si afferma come il massimo esponente di una tendenza specifica del movimento democratico destinata ad entrare in conflitto con le componenti filogovernative sulla questione dell'autonomia del partito dalla linea del governo, e differenziata dal mazzinianesimo per una per-

COGNASSO cit., vol. I, a W. De Rohan del 27 giugno 1860. J. WHITE MARIO, *La vita e i tempi di Agostino Bertani* cit., p. 352 nota, nega tale dotazione. In MRM, b. 11, pl. XII, II, 90/3, Pianciani a Bertani da Torino 22 giugno 1860 informa che Brofferio si fa promotore di un incontro riservato tra il re e il dirigente della *Cassa*; al re Bertani ricorrerà nella crisi di fine luglio.

[109] Alle preoccupazioni espresse a gennaio a Panizzi sulla necessità di trasformare Garibaldi da *guerrillero* in capo politico fa riscontro il bilancio di ottobre, da cui emerge il giudizio su un capo inaffidabile: v. Bertani a Crispi, 31 ottobre 1860, in *Carteggi politici inediti (1860-1900)* di FRANCESCO CRISPI, cit., pp. 4-5.

[110] L'osservazione è successiva allo svolgimento dei fatti e collocata in una riflessione complesssiva sui rapporti Medici-Bertani tra il 1860 e il 1861: v. GIULIO DEL BONO, *Giacomo Medici del Vascello*, Milano, Zucchi, 1936, p. 78. Meno significativi i motivi della biografia personale cui allude J. WHITE MARIO, *La vita e i tempi di Agostino Bertani*, cit., p. 318.

[111] Nella lettera alla Stansfeld, [Genoa], May 27th 1860, in SEI, *Epistolario* cit., vol. LXVII, pp. 339-52, per tanti aspetti meritevole di un commento testuale, Mazzini definì Bertani «una conquista recente». Su Bertani e il suo tentativo di delineare in questa fase una terza via tra Mazzini e Cavour preservando nell'alleanza con i settori monarchici le istanze radicali della Sinistra: v. A. GALANTE GARRONE, *I radicali in Italia* cit., pp. 32-41.

cezione ormai netta della profonda diversità d'ispirazione su questioni decisive connesse alla collocazione, prospettiva programmatica, ruolo e natura del partito.[112] L'attenzione da lui rivolta all'insediamento sociale del partito, la concezione non puramente militare e gerarchica di esso, la sua comprensione del carattere complesso del confronto in atto con i settori moderati dell'opinione liberale, sono tutti motivi attraverso i quali si evidenzia il maturare di una idea nuova dell'organizzazione politica, fattivamente critica nei confronti della tradizione mazziniana e democratica che, col tempo e per la prolungata abitudine alla clandestinità, aveva smarrito l'attenzione per il nesso tra iniziativa politica, istanza programmatica ed esigenza organizzativa, disperdendo la pur decisiva lezione del Mazzini pre quarantottesco in una pratica semplificatrice, per la quale il problema della definizione della identità si era ridotto alla riaffermazione dottrinaria e alla ricerca spasmodica del primato dell'azione.[113] La novità della posizione bertaniana innanzitutto si esprime nella scelta netta della legalità come quadro di riferimento, accettando il confronto sul piano parlamentare; assume l'istanza rappresentativa dell'elemento popolare, ma non rinuncia alla pressione extraparlamentare,[114] affidata non a sporadiche esplosioni insurrezionali, ma a iniziative di massa che l'organizzazione tende a dirigere e canalizzare; si ispira piuttosto al modello della *Società Nazionale*, articolato attraverso comitati locali coordinati da un centro e da un giornale, non alle forme rigidamente gerarchiche del mazzinianesimo. In questo contesto l'unità di direzione rivendicata dal medico milanese non risponde a esigenze militari o di segretezza cospirativa, ancor meno a proteggere riservate trafile della trama insurrezionale, svolgentesi ormai sotto gli occhi di tutti, ma alle particolari dinamiche

---

[112] A. GALANTE GARRONE, *I radicali in Italia* cit., ha insistito sull'impegno bertaniano per la costruzione di «una forza politica organizzata». Comunque il conflitto a sinistra, già in questi anni, non può ridursi al tradizionale dualismo Garibaldi-Mazzini, limitando il contributo del gruppo federalista-radicale alle intemperanze oratorie di Ferrari e alla riflessione «teorica» di Cattaneo. Nell'ambito di una rilettura della pubblicistica nota, il problema è stato posto da LUCIANO COPPINI, *Agostino Bertani l'organizzatore delle società democratiche (1861-1863)*, in *Bollettino della Domus Mazziniana*, a. XXXV (1989), n. 1, pp. 5-29.

[113] Sul contributo mazziniano alla riflessione teorica sull'organizzazione avanti il 1848 cfr. F. DELLA PERUTA, *Mazzini e i rivoluzionari italiani. Il «partito d'azione» (1830-1845)* cit.; per gli anni successivi cfr. G. BERTI, *I Democratici e l'iniziativa meridionale nel Risorgimento* cit.; ulteriori indicazioni bibliografiche in MAURIZIO RIDOLFI, *Alle origini del PRI. Sulle strutture organizzative del movimento repubblicano dopo l'unità*, in *Archivio Trimestrale*, a. X (1984), f. 1-2, pp. 113-38. Il mutar di prospettiva in questo ambito è segnalato dall'abbandono del modello mazziniano cui subentra in Mazzoni, Bertani ed altri, il riferimento al modello della democrazia spagnola.

[114] D. ZANICHELLI, *Introduzione storica allo studio del sistema parlamentare italiano* cit., tracciando rapidi profili dei membri cospicui del primo Parlamento italiano, parlò, p. 182, di un Bertani «la cui aspirazione mai realizzata, fu quella di capitanare un partito radicale, repubblicano nelle tendenze, legale nella forma, che andasse al governo quando il crepuscolo dei *placidi tramonti* della monarchia si fosse presentato sull'orizzonte italiano».

del confronto tra i partiti, nel quale alla disponibilità tattica per un'alleanza tra forze nazionali deve corrispondere la capacità di mantenere fermi gli obiettivi che ciascuna confida al movimento in atto. E poiché l'esigenza di un partito centralizzato, fortemente dipendente dal carisma del suo capo permane per tutta una fase, Bertani una volta perduta la fiducia in Garibaldi e sentendosi inadeguato a interpretare una proposta politico-sociale complessiva, non rispondendo per il momento a questa esigenza il riferimento puro e semplice ai valori evocati dal principio nazionale, tornerà all'idea di costruire un consenso popolare intorno a Cattaneo, che continuò a respingere le sue offerte.[115] L'esigenza di un *leader* che riassuma una linea è caratteristica dei movimenti politici, non solo popolari, ma evidenzia la difficoltà per molti democratici provenienti dalle vecchie battaglie o per i giovani maturati alla politica nella situazione del momento di intendere il senso della proposta bertaniana volta a organizzare la democrazia come forza autonoma. Gli stessi quadri a lui più vicini restano disorientati da una tattica, accentuatasi nel giugno-luglio, che muove alla ricerca di momenti d'incontro con le autorità e tuttavia mira a mantenere inalterata la libertà di movimento del partito.[116] Il tentativo di Bertani comunque rese evidente la possibilità di un'altra via rispetto a quella rappresentata da Mazzini e da Garibaldi, una terza soluzione secondo la quale la democrazia italiana, sottratta al ruolo minoritario di testimonianza per l'impulso fondamentale dato alla liberazione del Mezzogiorno, inserita in modo stabile nella dimensione di una conflittualità politica di nuovo tipo, avrebbe potuto progressivamente assumere rilievo per la sua configurazione non settaria, ma di partito, per la sua capacità di proposta, non per la sua volontà d'azione, e avrebbe potuto dar vita alle condizioni istituzionali di un confronto tra partiti. Sarebbe stata la vera rivoluzione italiana, oltre qualunque innovazione costituzionale, ma non si realizzò. Alle classi medie post-unitarie fu trasmessa una cultura politica basata sul mito di un Risorgimento coi suoi eroi, ciascuno espressione di un aspetto della rivoluzione nazionale e idealmente uniti oltre le pericolose divisioni di partito.[117] Cavour e Bertani furono invece tra i fautori di queste divisioni: la loro opera si sarebbe rivelata in larga misura eccentrica rispetto alla costruzione del mito. Di ciò peraltro, ciascuno per la propria parte, pagò il conto.

[115] V. in *Epistolario* di C. Cattaneo cit., vol. III, le generose e discrete proposte, dopo quelle dell'aprile 1860, avanzate nella seconda metà del 1861 a Cattaneo affinché scenda stabilmente nel campo parlamentare, liberato dalle preoccupazioni per le proprie finanze, pp. 512 e 534-5.

[116] V. le lettere di Montecchi a Fiorenzi del maggio-luglio in Ettore Montecchi, *Mattia Montecchi nel Risorgimento italiano*, Roma, Istituto Nazionale per la Storia del Risorgimento Italiano, 1932, *Epistolario*, pp. 130-57, ed i carteggi tra Bertani e i suoi incaricati nella trattativa con il governo, come il Regnoli e il Bargoni, in Angelo Bargoni, *Il Risorgimento italiano. Memorie di Angelo Bargoni(1829-1901)*, Milano, Hoepli, 1911, pp. 103-20.

[117] D. Zanichelli, *Introduzione storica* cit., p. 161, in un saggio di carattere «scientifico» considera il mancato sviluppo dei partiti un'alterazione del sistema parlamentare, cau-

Nella prudente attenzione, se non nel silenzio, con cui la stampa seguì la partenza e lo sbarco dei Mille in Sicilia non è facile ritrovare la traccia di quella scarica elettrica da cui il Paese fu attraversato al primo diffondersi di incerte notizie su quanto maturava tra Genova e la Sicilia,[118] ma la vasta rete associativa sviluppatasi nei mesi precedenti a livello locale e non priva di momenti di centralizzazione, aveva atteso con grande trepidazione il segnale del rilancio dell'iniziativa unitaria. In quest'opera di collegamento e di attivazione delle energie patriottiche svolgevano un ruolo centrale organismi quali il *Fondo per il milione di Fucili*,[119] la *Società Nazionale*, da Bertani riavvicinata a Garibaldi per favorire l'unità d'intenti intorno all'obiettivo di portare aiuto alla Sicilia,[120] e la centrale genovese de *La Nazione*. Un simile equilibrio di forze evidenziava però una contraddizione tra la direzione militare del moto rivoluzionario, in mano ai democratici, e l'influenza prevalente esercitata dai settori moderati sull'opinione nazionale e sulla mobilitazione popolare, un contrasto che per Bertani anda-

sata dalla speciale funzione da essi assolta nel complesso processo formativo dell'unità nazionale; ma in una conferenza pubblica, intervento di natura più «popolare», *Riformisti e moderati nella storia costituzionale d'Italia, ivi*, pp. 103-34, fa invece l'esaltazione di un Risorgimento senza estremismi, concorde, senza partiti, rimpianti solo dagli interpreti dottrinari del sistema rappresentativo. Cavour cercò di dare, sul versante conservatore, il suo contributo alla fuoriuscita dalla fase parlamentare subalpina, e questa fu la vera posta della sua «ultima battaglia politica». In questo senso pur condividendo molti giudizi specifici, mi pare che la valutazione di C. GHISALBERTI, *Storia costituzionale d'Italia* cit., pp. 87-108, sul contributo della Destra alla fondazione del sistema politico costituzionale sottostimi le dimensioni della lotta politica e le sue conseguenze sull'evoluzione complessiva del sistema, e insista eccessivamente sull'impossibilità di alternative interne al gruppo dirigente moderato. Sommariamente si potrebbe dire che, almeno per la prima legislatura, le tesi di un Minghetti, di uno Spaventa o di un Bonghi esprimessero una critica severa allo stato di cose prevalente.

[118] L'8 maggio *Il Movimento*, che esce la sera, pubblica la lettera di commiato di Garibaldi a Bertani, seguito il 9 da *Il Diritto*, che avverte di averla ricevuta direttamente dal medico milanese. Le prime notizie sullo sbarco a Marsala arrivano alla metà del mese, ma ormai già funzionano a pieno ritmo i centri di raccolta dei volontari, assaltati dai giovani desiderosi di unirsi all'impresa: v. lettera di F. Migliavacca a Bertani pubblicata da A. LUZIO, *Il milione di fucili e la spedizione dei Mille*, in *Garibaldi, Cavour, Verdi*, Torino, Bocca, 1924, p. 116.

[119] Sul *Fondo per il milione di Fucili* si veda la corrispondenza tra Garibaldi, Finzi e Besana tra fine del 1859 e prima metà del 1860 in ENSG, *Epistolario*, voll. IV e V citt., *passim*. Il carattere semiufficiale assunto dal *Fondo* generò confusione nelle associazioni democratiche, anticipando alcuni problemi dell'organizzazione garibaldina divenuti più evidenti dopo il 1860: v. Garibaldi all'*Associazione Unitaria Italiana* di Milano, 13 novembre 1859, vol. IV, pp. 241-42.

[120] Sull'opera della *Società Nazionale* per la spedizione garibaldina, tema rilevante nella successiva polemica: v. gli *Scritti* e l'*Epistolario* di G. LA FARINA; cfr. pure A. DALLOLIO *La spedizione dei Mille* cit., nonché R. GREW, *A Sterner Plan* cit., pp. 312-41. La società lafariniana nel novembre del 1859, al momento della sua ricostituzione, contava circa 8000 aderenti: v. GIUSEPPE BIUNDI, *Di Giuseppe La Farina e del Risorgimento italiano dal 1815 al 1893*, Torino-Palermo, C. Clusen, 1893, vol. I, p. 433.

va subito sanato, pena la pericolosa paralisi e il fallimento del programma affermato dall'iniziativa del 5 maggio. La decisione bertaniana di promuovere la *Cassa Centrale di Soccorso a Garibaldi* e i *Comitati di Soccorso*, matura nello stesso arco di giorni, se non di ore, nel quale si diffondono nel Paese le prime notizie sullo sbarco dei Mille a Marsala, e si collega direttamente alla fase di sviluppo e di diffusione de *La Nazione* al di fuori di Genova.[121] Se di questa sono subito chiari i legami di solidarietà politica con la centrale genovese, meno chiari sono invece gli scopi e le finalità dei due nuovi organismi, nati entrambi il 15 maggio. È indubbio che dal punto di vista immediato essi avevano compiti di raccolta e di centralizzazione delle energie a sostegno dell'iniziativa nel Mezzogiorno e non sappiamo se il governo avesse già ceduto o si apprestasse a farlo, di fronte alla rigidità con cui Bertani trattò la questione del diritto dei garibaldini a procedere autonomamente nell'opera di soccorso alla spedizione.[122] Comunque sia, qui c'è un altro punto di svolta nel lungo processo attraverso il quale la democrazia italiana, emergendo come forza propulsiva del movimento unitario, conquista spazi di iniziativa politica e mette in crisi la direzione della *Società Nazionale* sull'opinione patriottica.[123] Raggiunto il primo obiettivo dell'impresa, insediata la bandiera della rivoluzione in Sicilia, la sua ulteriore avanzata si affida da un lato al valore dei combattenti, ma in misura non piccola all'esigenza di non isolarla dall'opinione liberale e nazionale, come era capitato per la spedizione di Pisacane, e sarebbe accaduto per quella d'Aspromonte.[124] Il 15 maggio perciò Bertani lanciò alla stampa,[125] alle filiali della *Società Nazionale*[126] e a singoli,[127] il suo appello a far confluire i sussidi per l'impresa

---

[121] A. DALLOLIO, *La spedizione dei Mille* cit., pp. 147-50, e poi nella documentazione relativa, pp. 337-55, ritiene che *La Nazione* di Bologna e i *Comitati di Provvedimento*, abbiano una origine unica, lasciando intendere che gli uni siano una filiazione dell'altra. In realtà si tratta di due fatti distinti.

[122] CHIALA, vol. IV, pp. CCLXII-LXIII, il quale afferma che nella difficoltà a convincere Bertani dell'impossibilità dell'azione nello Stato Romano, si decise di lasciargli facoltà di raccogliere mezzi direttamente, ma vigilando su di lui.

[123] A. DALLOLIO, *La spedizione dei Mille* cit., p. 47, lettera di Finali a Simonetti del 5 maggio 1860: l'influenza politica del La Farina «è minata, ed altre influenze sorgono a fianco della *Società Nazionale*».

[124] Cfr. nota 96. È nel contesto della analisi sui caratteri della «lotta politica» da lui promossa che Bertani, nel suo opuscolo antilafariniano, contrappone l'avventura aspromontana al grande evento del 1860.

[125] *Il Diritto* del 17 maggio pubblica la circolare Bertani sulla fondazione della *Cassa*, fa appello alla stampa perché dia spazio alla notizia, come avvenne, e prende posizione a suo favore quale unico rappresentante di Garibaldi. Analoga comunicazione Bertani inviò a *Il Corriere Cremonese*: v. *Memorie di Angelo Bargoni* cit., lettera a Bargoni del 18 maggio 1860, p. 103.

[126] Per l'iniziativa bertaniana verso le filiali emiliano-romagnole della società lafariniana cfr. A. DALLOLIO, *La spedizione dei Mille* cit., pp. 97-103.

[127] Cfr. lettere di Dolfi a Mordini del 18 maggio in E. PASSERIN D'ENTRÈVES, *L'ultima battaglia politica di Cavour. Appendice* cit., pp. 347-8, e Bertani a Bargoni, stes-

di Garibaldi alla *Cassa*, segnando l'atto ufficiale di nascita della nuova rete organizzativa, proposta come interprete autentica della volontà del Generale. Le «istruzioni sul da farsi di fronte all'agitazione dei lafariniani» sono però caute, per evitare precoci motivi di conflitto con altre organizzazioni, non forzare la situazione, e non presentarsi alla pubblica opinione come partito esclusivo.

«Non credo inopportuno farvi conoscere che io persevero nel proposito di mantenere viva concorrenza ai raccoglitori del *denaro d'Italia*, ma, salvi tutti i riguardi, non voglio si sospetti che si tenda a manifesta scissione, mentre nessuno la vuole.»

egli scrive ai suoi amici.[128] D'altra parte, in senso cronologico, non era stato lui il primo responsabile della frattura, poiché il La Farina all'indomani della partenza di Garibaldi aveva diffuso ai comitati locali della *Società Nazionale* una circolare nella quale si accentravano il controllo e la raccolta di tutti i sussidi all'impresa, in ciò concorde col *Fondo per il milione di Fucili*,[129] passato però decisamente sotto il controllo governativo.[130] Ma questa situazione non era accettabile, poiché se in occasione della spedizione «il governo lasciò fare»,[131] condizionato dalla forza dell'elemento popolare, rimettere esclusivamente il con-

---

sa data, in *Memorie di Angelo Bargoni* cit., p. 103. In termini analoghi Bertani scrisse anche a Cadolini.

[128] *Ibidem*.

[129] Le notizie sulla controversia per il controllo dei fondi provenienti da sottoscrizioni in nota a SEI, *Epistolario*, vol. LXVII, pp. 334-6. Ciò corregge la valutazione di A. DALLOLIO, *La spedizione dei Mille* cit., pp. 98-101, che nell'avvio della polemica attribuisce primaria responsabilità a Bertani per la circolare del 15 maggio, rivolta ai comitati della *Società Nazionale*, ove dava avviso del costituirsi della *Cassa Centrale* e richiamava ad essa i fondi raccolti. Prima v'era stata la designazione di un comitato per la raccolta dei fondi costituito da L. Tanari, Malenchini, G. B. Bottero e Agostino Plutino, cassiere E. Buscalione: (v. G. BIUNDI, *Di Giuseppe La Farina* cit., vol. II, p. 33), alla promozione del quale, secondo la documentazione del Dallolio, La Farina cominciò a lavorare tra fine aprile e inizio maggio.

[130] A. LUZIO, *Il fondo* cit., p. 110, osserva che Cavour in due occasioni poteva porre fine all'azione del *Fondo*, preferendo invece incrementarlo con il concorso dei municipi alla sottoscrizione. Ma sappiamo che il conte aveva addomesticato l'istituzione garibaldina. Le lettere di Garibaldi però provano esser noti a lui e Bertani i termini dell'accordo tra i direttori del *Fondo* e il governo, forse volti a utilizzare i mezzi per iniziative particolari, armamento della guardia nazionale ecc.: v. ENSG, *Epistolario*, vol. V, cit., il poscritto alla lettera del 20 febbraio a Bertani; con la stessa data la lettera a Finzi e Besana, pp. 39-40, quelle agli stessi e a Bertani del 15 marzo, pp. 45-7. J. WHITE MARIO, *La vita e i tempi di Agostino Bertani* cit., pp. 326-7, indica il contrasto del *Fondo* con Bertani del marzo 1860 nel mancato sostegno alla spedizione Pilo.

[131] Così Bertani, in un appunto sul retro di una lettera del Marazio che chiedeva notizie sul contegno governativo verso la spedizione: v. A. LUZIO, *Il milione di fucili* cit., p. 132.

trollo dei soccorsi nelle sue mani significava affidargli il futuro, riconoscergli l'esclusiva nella agitazione e nella propaganda, abbandonare ogni ipotesi di presenza autonoma e visibile del partito democratico, porre a rischio il successo dell'impresa. Garibaldi doveva contare su forze interamente sue per non restare ostaggio delle manovre governative, questo era il problema vero che spinse il medico milanese sulla via della rottura con il La Farina, non potendosi cercare ad essa motivi contingenti, relativi al controllo dei flussi delle sottoscrizioni, rimasti sempre limitati rispetto alle esigenze, inadeguati a fronteggiare le spese delle spedizioni al sud e nello Stato Pontificio;[132] né tra organizzazioni diverse esistevano incompatibilità a collaborare su questo terreno,[133] tantomeno quelle cui pensava Mazzini quando ricordava a Bertani

«Ci separiamo tu ed io da Lafarina e C. perché vogliamo andare a Napoli attraverso l'Umbria e le Marche».[134]


Infatti troppe testimonianze provano senza possibile dubbio che almeno Bertani sapeva benissimo non essere questo il nodo della contesa col La Farina; né si può trascurare che lui stesso, in pieno Parlamento, pochissimi anni dopo rinviò la memoria dei molti testimoni presenti in quell'aula in modo linguisticamente non limpido, ma politicamente chiaro, ai termini dei compromessi passati:

«si combinava allora *fino ad un certo punto* tra governo e rivoluzione per potere, *d'intesa*, forzare poi la mano al governo medesimo e tentare un più pronto scioglimento di quella grande questione».[135]

[132] Avverso il governo a iniziative al centro fino a quando i francesi non avessero ritirato le truppe, (v. la lettera di Medici a Bertani dopo il colloquio con Cavour a metà maggio, in A. Luzio, *Le spedizioni Medici-Cosenz*, in *Garibaldi, Cavour, Verdi* cit., p. 169, la *Cassa Centrale* non disponeva di risorse. Le cifre raccolte da essa, secondo i rilievi de *L'Opinione* del 27 gennaio 1861 a *Il resoconto Bertani*, si aggirava sulle 750 mila lire, ben lontane dai costi dell'impresa meridionale. Onde era facile rivendicare il contributo finanziario governativo.

[133] Era, secondo il Finali che ne scriveva al Casarini, la tesi di Medici e del La Farina: «Medici è in perfetto accordo con il La Farina: egli non trova ragione perché cotesti comitati ed altri rifiutino di far capo alla Società Nazionale». La lettera è del 17 maggio, e quindi i comitati di cui si parla sono quelli di *Provvedimento*, sul punto di essere fondati dopo la creazione della *Cassa*. La lettera, parzialmente, in A. Dallolio *La spedizione dei Mille* cit., p. 98.

[134] Mazzini a Bertani, [Genova.. giugno 1860], SEI, *Epistolario*, vol. LXVIII, cit., p. 68.

[135] API, *Camera dei Deputati, Discussioni*, Sessione del 1863, tornata del 19 giugno, pp. 445. I corsivi sono miei. È una conferma del piano accennato a Cattaneo il 30 aprile, solo che qui sembrerebbe che anche la «capitolazione» del governo sia parte dell'intesa.

Bertani mira a scalzare l'influenza universale della società lafariniana, cercando di conquistare alla sua causa i militanti più decisi e impazienti: la creazione della *Cassa* risponde a questo scopo in quanto offre a quei settori un riferimento organizzativo ai fini militari e un modello di iniziativa tutta al servizio dell'eroe che nei campi di battaglia della Sicilia incarna lo spirito di libertà degli Italiani.[136] La nuova struttura e i comitati, la cui istituzione locale dipendeva dalla nomina diretta e personale di collettori di denaro da parte di Bertani,[137] non configura un impianto associativo con finalità politiche, rendendo credibile l'intento di un confronto coi moderati sul solo terreno dell'opera di solidarietà verso i volontari, per esercitare nel paese una funzione di stimolo più che di contrapposizione. Inoltre non esiste rapporto diretto di affiliazione alla *Cassa* da parte dei *Comitati*: la prima costituisce per ora solo il centro a cui confluiscono gli uomini, i soccorsi e i mezzi raccolti per Garibaldi; i secondi sono organismi autonomi operanti su base locale, e dunque non collegati tra loro.[138] Ma la situazione evolve quando Bertani comincia ad immaginare un organismo più complesso, una struttura più definita, come si coglie nell'invito rivolto agli «operosi patriotti» a dar vita ad un *Comitato di Provvedimento*, i cui prevalenti compiti politico-militari, rimasti fin allo scioglimento dei *Comitati* stessi,[139] erano così definiti:

«a) di raccogliere le forze nelle provincie assegnatevi per far fronte a tutte le spese di allestimento di tre battaglioni per ora; b) di provvedere gli oggetti richiesti come indispensabili per la mobilizzazione dei tre battaglioni già decretati; c) di provvedere ai depositi delle armi, alla confezione e deposito di munizioni nei luoghi i più opportuni e vigilati dai nostri presso i confini; d) di coordinare i movimenti della milizia e vigilare perché le cose si compiano colla maggiore tranquillità e regolarità possibile; e) infine di mettersi d'accordo cogl'individui che la vostra prudenza sceglierà come opportuni per coadiuvare alla nostra brava impresa, sicché il paese e

---

[136] Lo stesso A. DALLOLIO (*La spedizione dei Mille* cit., pp. 123-7), riconosce la presa dell'azione bertaniana in settori della *Società Nazionale* sensibili al richiamo politico di Garibaldi.

[137] I documenti sull'istituzione dei *Comitati* in MRM, *Carte Bertani*, b. 15, pl.XXIV. Cfr. anche le lettere di Mazzini del periodo, in particolare al Marangoni del 24 maggio 1860, in SEI, *Epistolario*, vol. LXVII, p. 329, cui va accostata l'altra senza data a Bertani, pp. 366-7. In certi casi il mandato copriva la responsabilità per un'area regionale: v. la citata lettera di Dolfi a Mordini, Firenze, 28 maggio 1860.

[138] A prova della varietà di situazioni cfr. *Il Comitato di Soccorso alla Sicilia costituito in Cremona al 1860. Frammenti inediti o poco noti raccolti e pubblicati* da GENNARO BUONANNO, Firenze, Landi, 1890. Esso risulterebbe fondato il 1° maggio 1860 da uomini di fede democratica come Cadolini, ed elementi moderati. Nel giugno invia fondi alla *Cassa* bertaniana.

[139] La natura militare dei *Comitati* è ribadita nella circolare Bertani del 15 luglio pubblicata in A. DALLOLIO, *La spedizione dei Mille* cit., pp. 343-6.

le diverse classi che lo compongono non l'avversino nel principio, ed iniziato da noi, lo [*sic*] secondino poi coi loro mezzi, col voto, alla solidarietà nella riuscita».[140]

Il carattere di organizzazione rivolta all'agitazione di massa dei *Comitati* appare evidente nell'ultimo comma che invita ad allargare al massimo i contatti con «il paese», e per comprendere appieno questa indicazione si deve considerare che Bertani confida l'iniziativa politica piuttosto a *La Nazione* dove prevalgono ora nettamente gli uomini della Sinistra, e in questi frangenti appare ovviamente meno attiva, essendo lo sforzo di tutti concentrato nel sostegno alla spedizione.

Nei giorni cruciali della sua fondazione la *Cassa Centrale di Soccorso a Garibaldi*, nella cui intestazione si riassumeva il tema polemico della burrascosa trattativa svoltasi nella prima metà di maggio coi lafariniani, accusati di voler limitare l'aiuto alle sole operazioni in Sicilia, Mazzini rientrava a Genova e subito cercava il contatto con Bertani,[141] per il quale costituì un nuovo problema e un ulteriore, inevitabile motivo di conflitto. Il vecchio capo democratico, che non sembra credere molto alla possibilità di allargare il fronte unitario, si presenta mandando in giro ai suoi la perentoria indicazione della estensione immediata dell'insurrezione al Centro,[142] cosa sulla quale di per sé il medico milanese non avrebbe forse mosso obiezioni di principio, e insieme aspira subito a rafforzare il proprio controllo sulle avanguardie.[143] In realtà il grande movimento unitario aveva origini assai diverse da come l'esule le immaginava; proprio per ciò gli elementi della *Società Nazionale* non rinunciano ad esercitare su Bertani una forte pressione politica, pronti a continuare la collaborazione, ma decisi a porre una netta e chiara delimitazione verso i settori mazziniani.[144] Ma se non fosse stato sollevato dai lafariniani, il problema di definire una linea di

[140] Bertani a Fiorenzi e Martinati in Bologna. Genova, 19 maggio 1860, in MRM, *Carte Bertani*, b. 11, pl. XII, 15. La lettera segue di due giorni l'annuncio sui giornali della fondazione della *Cassa*. *Ivi*, i documenti sul sorgere di altri *Comitati di Provvedimento*, come quello di Parma. Evidentemente l'indicazione del numero di battaglioni da allestire è relativa al compito locale del comitato.

[141] Mazzini a Bertani, [Genova, 9 maggio 1860], in SEI, *Epistolario*, vol. LXVII, p. 271.

[142] *Ivi*, le lettere a C. Tubino, G. Grilenzoni, e a G. Valenti, del 7 e 9 maggio, pp. 266-70.

[143] Cfr. lettera al Marangoni del 13 maggio, in cui pure indica Bertani come destinatario delle somme raccolte, nel passo in cui scrive «Se riescite a fondare i sotto comitati date loro il nome della *Nazione*; e portateli in contatto col Comitato della *Nazione* di Parma». Ciò credo non fosse solo per ragioni geografiche, ma perché il parmense era diretto dal Pontoli, considerato a lui vicino. Cfr. anche le coeve lettere al Giannelli e al Grilenzoni, nonché allo stesso Bertani.

[144] V. in A. DALLOLIO, *La spedizione dei Mille* cit., la circolare di C. Casarini ai *Comitati* emiliano-romagnoli del 18 maggio, in cui si avanzano accuse a Bertani «di non seguire il nostro programma», e le richieste esplicite rivolte a lui dal Bruschi e dal Tanari nel corso delle trattative per fondere *Cassa Centrale* e comitati lafariniani, di rendere chiara la distinzione da Mazzini, per il quale cfr. in SEI, *Epistolario*, vol. LXVII, le tracce di

demarcazione verso Mazzini si sarebbe imposto comunque, e con tutta evidenza il medico milanese non poteva risolverlo, sebbene il rapporto si presentasse
tutt'altro che facile da gestire, in una clamorosa rottura. L'esperienza del 1859,
maturata dai settori democratici operanti in Italia, aveva approfondito il solco
tra questi gruppi e la tradizione mazziniana, da cui peraltro Bertani non era mai
stato conquistato, li aveva resi più attenti ai veri orientamenti del paese e più
adatti a comprendere il senso della politica cavouriana. D'altra parte le posizioni dei due esponenti della Sinistra seguivano, e non da oggi, rotte asssai diverse
e collidevano nella valutazione della necessità di dare al partito una definizione
programmatica che rendesse più visibili e attivi, anche sul terreno dell'organizzazione, i principi di democrazia che lo ispiravano, senza bruciare nella continua ricerca dell'azione esemplare quanto veniva faticosamente accumulato sul
piano dell'influenza nella pubblica opinione. Il genovese a sua volta diffidava
del dirigente della *Cassa Centrale*, mostrando malumore per le blandizie con
cui questo era circuito dagli esponenti della *Società Nazionale*, preoccupazione
sulla possibilità di controllo effettivo delle di lui decisioni,[145] benché in quello
stesso periodo egli giungesse fino a vantarsi di esserne «l'Egeria».[146] Intorno ai
temi dell'organizzazione del partito dunque si evidenzia una divergenza tattica
di fondo cui, nei mesi a venire, dovrà ricondursi l'azione rispettiva di Bertani e
Mazzini. In tal senso nulla è più esemplare dell'analisi delle cause che portaro-
no all'iniziale ma seria lacerazione tra loro, delineatasi nella prima metà di giugno intorno allo sbocco da dare al lavoro svolto fin allora.

Dopo l'istituzione della *Cassa* alcune conseguenze erano inevitabili e innanzi
tutto diventava quanto mai necessario offrire le opportune garanzie politiche e
di rapppresentatività a coloro che facevano affluire i fondi ad essa, anziché agli
altri organismi.[147] A partire da tale necessità Bertani decide un ulteriore passo
sulla via della costituzione di una vera e propria struttura politica interamente
sua che, considerate le finalità militari verso cui è incanalata la mobilitazione di
massa e la scarsa presa che i comitati de *La Nazione* sembrano incontrare fuori
Genova,[148] egli pensa di costruire per così dire dall'alto, istituendo un *Comitato*

queste pressioni sul medico milanese in alcune lettere a lui del genovese, nelle quali ci si
accorda sui modi per far apparire una scissione tra loro: v. pp. 323 e 375-6.

[145] *Ivi*, p. 345, la lettera citata a Carolina Stansfeld, [Genoa], May 27th 1860, specie
dove accusa Bertani di debolezza e di subire pressioni di «Conti, Marchesi, Principi e personaggi ufficiali», rivelatrice del giudizio mazziniano su Bertani in questa fase.

[146] *Ivi*, vol. LXVIII, Mazzini to C. Stansfeld, [Genoa], June 4th, 1860, p. 13.

[147] Il problema emerse a proposito di finanziamenti inglesi che, per intervento di
Saffi, allora a Londra, dovevano essere rimessi a Bertani. Il romagnolo sollecitò Bertani a
creare un *Comitato Nazionale* espressione della linea di Garibaldi, cui il milanese rispose
dichiarando di aver proposto al Generale l'istituzione di un *Comitato Centrale*: v. MRM,
*Carte Bertani*, b. 48, pl. VI, 184, Saffi ed altri a Bertani, Londra, 18 maggio 1860, e b. 11,
pl. XII,II, 75, 2, Bertani ai fratelli Fabbricotti a Londra, s.l. e s. d., ma scritta tra fine maggio, inizi giugno come risposta alla lettera saffiana.

[148] A. DALLOLIO, *La spedizione dei Mille* cit., pp. 101-3.

*Centrale* che assuma funzioni di organismo direttivo delle forze raccolte intorno al programma di Garibaldi. La lettera al Macchi del 24 maggio diventa allora testimonianza importante delle coordinate tattiche del nuovo passaggio, ancor più chiare se letta in relazione all'appello pressante rivolto a Garibaldi il giorno successivo.[149] L'una e l'altro infatti tendono a definire i caratteri della fase storica e i compiti del partito, primo fra tutti quello di attuare il programma reso manifesto dall'iniziativa del 5 maggio, cioè a dire

«svegliare la nazione, farla conscia della propria forza, farla iniziatrice del proprio riscatto, additarla e spingerla sull'esempio della Sicilia».

In queste parole rivolte da Bertani a Mauro Macchi, allora collaboratore del foglio torinese *Il Diritto*, sono proposti i termini dell'alternativa della rivoluzione italiana, un'alternativa di metodi che già nel 1848, nelle pianure lombarde, aveva distinto moderati e democratici: iniziativa popolare contro quella regia. Ora però non evocava un'antitesi di principi, ma l'evoluzione necessaria delle condizioni della lotta, e l'ammissione del ruolo giocato dalla politica cavouriana si spingeva al punto di riconoscere, pur tra tante distinzioni, i benefici di una politica che

«se ci fermò a Villafranca, se ci tolse Nizza e Savoia, se ci lascia incerti e tementi per nuove province aggregate e quasi disarmati per difenderci dal poderoso nemico che ci guata per ispiccare il salto, pure ha grandemente migliorate le nostre condizioni».[150]

Il contrasto tra «il programma dell'anno passato» e quello di «quest'anno» si sarebbe espresso in un aspro scontro politico per l'egemonia sull'opinione nazionale che, sempre nella stessa lettera al Macchi, Bertani spiegava, ma senza particolare enfasi o drammatizzazioni, come conflitto tra due associazioni.[151] In ciò è presente l'abissale differenza tra questa politica e quella di Mazzini, che sempre negli stessi giorni contrappone Cavour a Garibaldi: espressione il primo di una «scuola di materialisti idolatri», il secondo l'interprete della fede po-

---

[149] G. E. CURATULO, *Garibaldi, Vittorio Emanuele* cit., pp. 108-9, Bertani a Garibaldi, Genova, 25 maggio 1860.

[150] La lettera di Bertani a Macchi del 24 maggio 1860, fu resa pubblica su *Il Diritto* del 29 maggio, e può leggersi ora in A. DALLOLIO, *La spedizione dei Mille* cit., pp. 290-4. Dalla sua pubblicazione hanno inizio le accuse a Bertani di essere sotto l'influenza di Mazzini.

[151] Bertani polemizza con il La Farina e con un modo di discussione che trasforma il disaccordo in calunnia, ed afferma: «Concordia non vuol dire soggezione», ribadendo la sua autonomia e presentando il contrasto come espressione di «due opinioni, due tendenze, due propositi differenti», originati dalla «istituzione dei Comitati pei soccorsi in

polare.[152] La lettera di Bertani del 24 maggio tuttavia fu interpretata dai delegati alla trattativa per conto della società lafariniana come un gesto di rottura, mentre essa sembra ancora tenere alla necessità di fissare saldamente l'accordo tra i due schieramenti al programma garibaldino, del quale egli rivendica «l'esclusività come depositario»,[153] da ciò dipendendo, in ultima istanza, la sua autorità politica. Il fatto è che questo era vero soltanto potenzialmente e comunque a lui non dovevano affatto sfuggire gli elementi di ambiguità del mandato ricevuto il 5 maggio. È perciò in questa situazione che egli sente la necessità di precisare in una lunga ed importante lettera al Generale i suoi comportamenti e la linea cui si ispira, chiedendogli in modo perentorio un mandato unico di rappresentanza politica che lo metta al riparo da ogni maliziosa o nemica contestazione e gli permetta di affrontare in modo deciso, un «tagliar corto» egli scrive, i contrasti delineatisi con quell'ala garibaldina che tendeva a concepire l'accordo con il governo come un'abdicazione, e non un incontro tra forze politiche di pari dignità. Il medico milanese sollecita il Generale a valutare attentamente quanto gli scrive: lo conferma nella sua piena adesione al programma «vostro» da cui non intende deviare neppure «d'un capello»; rivendica a suo merito «di aver preparato il paese in modo ne possiate disporre fin d'ora» a seguire un tal programma; lo informa infine della guerra fattagli, e chiede di essere indicato solo depositario del programma scritto nei fatti da Garibaldi dopo Villafranca, suggerendo in questo senso i termini di una lettera di investitura. Anche qui dunque l'accento cade proprio sul «programma di Garibaldi», nel quale egli concentrava il carattere innovativo della fase politica; allo stesso modo nella lettera al Macchi aveva precisato di non voler rivendicare l'esclusiva per raccogliere fondi, ma un'investitura particolare solo «come depositario del programma di Garibaldi e perciò l'ho diffuso e lo diffonderò quanto per me si possa». Analogamente aveva messo in guardia la direzione del *Fondo per il milione di Fucili* sull'alleanza realizzata col *Comitato Centrale* della *Società Nazionale*, legittima se volta all'invio di aiuti in Sicilia, politicamente indebita se volta a rappre-

Sicilia» (*ivi*, pp. 290-1). R. Romeo, *Cavour* cit., p. 726, ha ben colto il senso ultimo del conflitto tra le due associazioni, il quale «in buona parte coincideva con la battaglia fra i vari settori politici per l'egemonia sul movimento nazionale».

[152] SEI, *Politica*, vol. LXVI, *Risurrezione*, pp. 65-9, nonché *I due programmi*, pp. 73-80.

[153] La lettera al Macchi fu resa nota all'indomani della riunione torinese tra Bertani, Medici e Cosenz, forse Malenchini, il Tanari, V. Caldesi, M. Montecchi, e fece fallire l'accordo che sembrava raggiunto tra *Società Nazionale* e rappresentanti di Garibaldi. Il Tanari in questa circostanza ci attesta «per *cosa positiva* che Garibaldi corrisponde di continuo con Bertani, e che questo gli [a Bertani] dà una gran forza»: v. A. Dallolio, *La spedizione dei Mille* cit., pp. 112-3 e 275-97.

sentare il programma garibaldino. Insomma il tema della costruzione del partito si salda direttamente, attraverso la definizione del proprio programma, alla questione dei rapporti con il governo, alla linea politica: il medico milanese ritiene ancora possibile far «capitolare» Cavour con un'iniziativa che, incalzandolo nel paese sul terreno dell'agitazione del motivo unitario — ecco la funzione del partito[154] — e forte dell'esempio trascinatore ispirato dal 5 maggio — ecco la direzione di Garibaldi sul movimento — obblighi il ministro a subirne le finalità, tese alla costituzione dell'Italia dalle Alpi alla Sicilia, Roma compresa. Si potrebbe superficialmente osservare che tutto ciò richiama assai da vicino l'impostazione mazziniana, ma non è affatto così perché quel che cambia sono tre cose di somma importanza: le relazioni, dialettiche, ma proficue, con il governo; la coscienza del fatto che le dinamiche di tali relazioni dipendono dai rapporti di forza; la coscienza che questi si decidono sulla base degli orientamenti prevalenti nel paese, cui un partito deve saper dare rappresentanza. Questo calcolo si fonda sulle potenzialità rivoluzionarie, delle quali l'opinione patriottica stava dando prove profonde, tanto da trascinare oltre le righe delle proprie funzioni istituzionali e della loro tradizione politica uomini di intemerata fede conservatrice.[155] Ora il segno tangibile di una svolta in questa direzione, tale da modificare i rapporti di forza, non può che venire da una radicalizzazione della *Società Nazionale*. Il progetto presentato da Bertani a seguito del deliberato della riunione di Torino del 28 maggio a Tanari, Caldesi e Montecchi tiene allora aperti i contatti con essa ma ha l'obiettivo ambizioso di una sua «riforma» che favorisca un ricambio nel suo gruppo dirigente, spostandone su posizioni più radicali il programma e superando il rapporto di dipendenza dal governo. Soprattutto in esso si avanza la proposta di una fusione di tutte le forze nazionali in una nuova struttura unitaria basata su comitati locali diretti da «gli elementi più distinti» dei due schieramenti, lafariniani e garibaldini, con la presenza caratterizzante di «un militare», onde realizzare la spedizione nelle Marche e nell'Umbria, senza puntare per ora sullo scioglimento della questione di Roma.[156] Tenuto nel debito conto che il Medici deve ancora partire ed al momento è ancora aperta la destinazione della sua spedizione, appare chiaro che il milanese torna a privilegiare il terreno dei fatti, in grado di spostare l'opinione

[154] *Ibidem*, Bertani lo dice quasi in termini espliciti quando risponde a quanti paventano il crescere indisciplinato del movimento, che va invece assecondato e «disciplinato».

[155] Cavour a Nigra, Turin le 4 juillet, «Les hommes les plus calmes, le plus modérés, les plus conservateurs sont devenus unitaires» e fa i nomi del principe di Carignano, di Ricasoli, Cassinis: v. *Cavour - Nigra*, vol. IV, cit., p. 54. Pur scontando una dose di esagerazione diplomatica, considerato il senso e gli obiettivi di questa lettera al Nigra, non può però trascurarsi neppure il contenuto di verità della testimonianza.

[156] J. WHITE MARIO, *La vita e i tempi di Agostino Bertani* cit., pp. 380-1; il programma segnò il punto di massima vicinanza tra le due organizzazioni. «Dopo tanti sudori ci è riuscito finalmente di indurre Bertani a formulare un progetto che faccia sparire il dualismo

e far compiere passi avanti al movimento. La linea che Bertani, consapevole dello spessore della contesa e degli interrogativi cui deve rispondere l'azione, indica alla parte democratica, ebbe esito negativo non perché estremistica o ritenuta inammissibile dai comitati della *Società Nazionale*,[157] ai quali offre fin la possibilità di considerare l'unità eventualmente raggiunta un fatto temporaneo, ma per ragioni dipendenti dagli orientamenti del governo, in quei frangenti per nulla propenso a favorire nuove iniziative insurrezionali, tanto meno sull'onda di un movimento sostenuto dalla solidale concordia tra tutte le tendenze dello schièramento nazionale. Ma ciò che perdeva sul terreno della realizzazione la proposta bertaniana guadagnava su quello della propaganda: essa trovò una eco profonda proprio tra i patrioti attivi nei comitati dei due partiti in Toscana e in Emilia.[158] Questa volta il La Farina non assecondò le aspettative dei gruppi patriottici, e la decisione di rigettare quella proposta indusse il seme del dubbio sulle intenzioni del governo di Torino e della *Società Nazionale*. Di questo sbandamento si fece interprete il Casarini, uno dei capi del comitato emiliano, che nella reazione dei marchigiani coglieva il preoccupante annuncio di dolorose scissioni cui si andava incontro, ove si fosse constatato

«che le accuse di quel partito cui fino ad ora [i comitati marchigiani] hanno rifiutato di aderire, non erano infondate».[159]

Nel tentativo di rompere l'accerchiamento dell'ampio schieramento critico verso la prudenza governativa e la gestione lafariniana del movimento di massa, Cavour pensa anche di ristabilire, senza successo, il rapporto con i rattazziani. La Farina non può motivare la pausa del moto nazionale con le preoccupazioni

che si è formato. *Tanari parla oggi con La Farina* e spero che egli trovi il progetto ragionevole», scriveva M. Montecchi a F. Fiorenzi, Torino, 29 maggio 1860, in E. MONTECCHI, *Mattia Montecchi* cit., p. 139.

[157] La documentazione di A. DALLOLIO, *La spedizione dei Mille* cit., in particolare pp. 275-383, mostra in modo inequivoco che l'accordo era auspicato caldamente anche dai lafariniani. *Ivi*, alle pp. 423-6, la memoria di Stanzani del 1899 su questi fatti, fa risalire la formazione del *Comitato di Provvedimento* emiliano addirittura all'aprile. In MRM, *Carte Bertani*, b. 11, pl. XII, II, 21/1-7, un gruppo di documenti dell'aprile maggio sulla preparazione dell'azione nelle Marche.

[158] Cfr. E. MONTECCHI, *Mattia Montecchi* cit., pp. 137-9, Montecchi a F. Fiorenzi, Torino, 22 maggio 1860, ma tutta la corrispondenza tra i due in questo periodo evidenzia che l'accordo tra bertaniani e lafariniani è in stretta relazione con l'azione attraverso le regioni centrali, per collegarla al moto in Sicilia.

[159] Casarini a La Farina, Bologna, 31 maggio 1860; gli elementi delle Marche al momento avevano prestato orecchio alle preoccupazioni governative, diffidenti sulla effettiva volontà di Torino di estendere l'iniziativa nazionale nella loro regione: v. A. DALLOLIO, *La spedizione dei Mille* cit., pp. 193-6.

suscitate dalla situazione internazionale[160] perché fin allora l'agitazione è stata condotta in nome del diritto italiano a risolvere con le proprie forze i problemi della Penisola, né può respingere la proposta di Bertani sulla debole base di una valutazione difforme circa i tempi di realizzazione dei comuni obiettivi, tempi che, peraltro, era inopportuno specificare in quel momento, rafforzando la diffusa sensazione che vi fosse più di una intenzione di abbandonare il programma nazionale. Il patriota siciliano, di fronte a queste difficoltà e dopo un colloquio con Tanari, che lo aggiornò sull'accordo raggiunto, preferì evitare di dover prendere apertamente posizione e decise di partire per la Sicilia dove, qualunque cosa si voglia sostenere circa la missione affidatagli da Cavour presso Garibaldi, egli non andava certo «per fare del turismo e comporre opere letterarie».[161] Ma le istruzioni che pure lasciò, poiché ad esse faceva riferimento il Buscalione, e il loro senso, per quanto generico, non consentivano dubbi sulla ripulsa della proposta bertaniana,[162] che comunque aveva scoperto le contraddizioni della *Società Nazionale*, legittimando la decisione di procedere alla costituzione di un'organizzazione contrapposta che poteva fare appello all'unità degli elementi nazionali, costruita attraverso un processo dal basso. Ad essa si impegnarono gli uomini della Sinistra, e Mordini, allora in stretti rapporti col dirigente della *Cassa Centrale*, poteva segnalare al Dolfi i compiti che scaturivano dalle decisioni prese centralmente e che ormai sarebbe stata necessità tradurre in atto:

«Quando si tratterà di costituire società politiche in Toscana sarà bene che tu faccia, potendo, tu stesso, una corsa nelle principali città, ma attenti bene che gli elementi che entreranno nei Comitati siano di specchiata fede e probità. Se no il male sarà più grosso del bene.

Ho visto Bertani in questi giorni, si è tentato un accomodamento fra la società del La Farina e gli amici di Garibaldi, ma La Farina ha mandato a monte tutto con molta caparbietà e contro il consiglio di uomini molto influenti nella società stessa.

---

[160] Sugli aspetti internazionali della crisi cfr. in *Liberazione del Mezzogiorno* cit., vol. I, i dispacci di Cavour tra fine maggio e inizi giugno. Sui rapporti con Rattazzi in questo periodo cfr. cap. III.

[161] Così R. ROMEO, *Cavour* cit., p. 786, a proposito dell'opera di Mazzini a Napoli nel settembre. Il Romeo annette molta importanza alla cacciata di La Farina nel peggioramento dei rapporti Garibaldi-Cavour. Seppure i modi di un tale atto furono assai inurbani, esso era solo un episodio del conflitto in atto. D'altronde lo stesso Cavour (v. *Liberazione del Mezzogiorno* cit., vol. I, p. 163), scriveva il 17 giugno 1860 a Ricasoli che il compito del La Farina era di «ordinare un governo regolare» a Palermo, e non si vede come ciò potesse avvenire senza conflitti.

[162] Buscalione al Casarini, Torino, 9 giugno 1860, scriveva «Giusta i concerti presi da La Farina con Simonetti» di raccogliere le somme stanziate «dai nostri Comitati romagnoli per la Sicilia». Cfr. A. DALLOLIO, *La spedizione dei Mille* cit., p. 384. In chiaro significava: nessuna confusione tra comitati nostri e gli altri, e fondi *solo* per la Sicilia.

Del resto la contrarietà del La Farina si capisce perché si tratterebbe di rinunciare alla Presidenza».[163]


La nuova associazione cui Bertani pensava di dar vita doveva assumere il nome de *L'Unità* e in essa dovevano confluire «gli elementi buoni» della *Società Nazionale* e de *La Nazione*, uniti intorno al programma di Garibaldi.[164] Alcuni giorni dopo, la partenza di Medici per la Sicilia faceva tramontare, almeno per il momento, la possibilità di una iniziativa nello Stato Pontificio. Questo fatto cambiava sensibilmente i termini della questione organizzativa, e al milanese non restò che sospendere il lavoro per la fondazione della nuova società[165] e promuovere sollecitamente l'istituzione dei *Comitati di Provvedimento* i quali, dopo la prima fase costitutiva, interrotta in questi giorni, ebbero nuovo sviluppo, e agli inizi di luglio sorsero in diverse località e furono posti più direttamente sotto l'egida della *Cassa*. Le loro corrispondenze, segno orgoglioso di distinzione, recavano nell'intestazione la scritta «Fondato dal dott. Agostino Bertani».[166] Per il quale questo fu il momento più alto e proficuo nell'impegno di infaticabile organizzatore politico, e di ciò scriveva a Cattaneo con malcelato orgoglio:

«Tu conosci il programma di Garibaldi al quale io ho dato forza e partito. Per ora basti. Cammin facendo andremo dove sapremo».[167]


[163] Mordini a Dolfi, [s.l.], 30 maggio 1860, in E. PASSERIN D'ENTRÈVES, *L'ultima battaglia* cit., p. 349. Le difficoltà incontrate dalla tattica bertaniana sono espresse da Dolfi nella missiva, quando scriveva: «io con La Farina non ci era mai stato, non ci sono; né ci sarò; noi siamo arrivati al punto che bisogna prendere una posizione netta» (*ivi*, p. 348).

[164] FRANCESCA FALASCHI, *Francesco Fiorenzi*, in *Atti del XVII congresso di Storia del Risorgimento* pubblicati in *Rassegna Storica del Risorgimento*, a. XVII, f. IV, p. 236, Bertani a Fiorenzi, 4 giugno 1860. La minuta in MRM, *Carte Bertani*, b. 15, pl. XXIV, 3; *ivi*, 4, 5, le lettere inviate all'Aglebert e a G. C. Mattioli, ove si precisa il nome della nuova società.

[165] V. lettera del 10 giugno al Fiorenzi in F. FALASCHI, *Francesco Fiorenzi* cit., p. 237.

[166] Molte di queste corrispondenze, specie dei comitati dell'Emilia e della Romagna, in MRM, *Carte Bertani*, b. 15, pl. XXIV. In ASR, *Carte Pianciani*, b. 66, f.III, copia dell'atto fondativo del *Comitato* fiorentino in data 25 luglio 1860, nel quale esso si impegna a raccogliere fondi per Garibaldi e per la sua impresa, a promuovere altri comitati in Toscana ed a procedere in tutto «d'accordo col dott. Agostino Bertani, unico e legittimo rappresentante del Generale Giuseppe Garibaldi», riconoscimento franco del ruolo direttivo del medico milanese.

[167] *Epistolario* di C. CATTANEO cit., vol. III, p. 357, Bertani a Cattaneo, Genova, 4 giugno 1860. Il passo bertaniano è stato spesso letto, in ultimo dal Romeo, come espressione di incertezza sulle finalità. Mi pare invece da intendersi in senso più letterale come incertezza circa il punto cui il processo rivoluzionario sarebbe potuto pervenire.

Quando Bertani avviò l'operazione di unificare i comitati de *La Nazione* e della *Società Nazionale* si trovò a fonteggiare insieme alle resistenze, in verità non troppo significative, delle organizzazioni preesistenti,[168] le corpose obiezioni di Mazzini, che mise in discussione perfino l'opportunità di lavorare al progetto:

«Non è tempo adesso di impianti *nuovi*; vi sono già troppe organizzazioni o disorganizzazioni l'impiantar nuove cose non fa che aumentare l'anarchia. Bisogna cavare il maggior partito da ciò che esiste [...] Gioviamoci del consiglio della *Nazione*, confortiamoli, diamo istruzioni: ma non tentiamo d'impiantare una terza faccenda».[169]

V'è nelle parole dell'esule come la preoccupazione di trovarsi di fronte a novità non controllabili, al rischio di perdere il rapporto con un mondo che emerge e cerca nuovi riferimenti politico-organizzativi, nuovi capi, nuovi obiettivi. Ma a ciò si unisce una febbre di azione che, in un rigurgito romantico fortemente percepibile per tutto questo periodo, lo spinge ancora una volta a privilegiare il «fare» oltre ogni compito; la divergente impostazione si esprime allora con accenti netti, lapidari:

«E ora senti ancora:
Amico, noi non abbiamo ad organizzare il partito; abbiamo *da fare*».[170]

La fiamma patriottica accesa dall'impresa garibaldina risvegliava in lui una delle non rare esplosioni d'entusiasmo che lo accompagnavano nelle fasi di ascesa rivoluzionaria, seguite da cupi giudizi sull'immaturità del paese. Nell'intensità con cui Mazzini proietta tutto se stesso verso *l'agire* — «Non andrò in nessun luogo, né farò nulla che non sia azione» scrive alla Stansfeld in una lunga lettera nella quale esprime, pieno d'amarezza, il suo punto di vista sugli avvenimenti[171] — si può cogliere la misura attuale d'un contrasto politico che aveva radici antiche nella storia della democrazia italiana. Ciò che ora lo rende più drammatico e umano è l'emergere di un disagio personale, forse mai così profondamente vissuto, nei confronti delle dinamiche nuove indotte nella lotta politica dalla crisi acuta e complessa attraversata dal movimento naziona-

---

[168] V. la circolare del 1° luglio 1860 *Ai Comitati di Provvedimento di Parma, Bologna e Firenze*, in MRM, *Carte Bertani*, b. 11, pl. XII, II, 86.

[169] V. la lettera di Mazzini ad A. Bertani, [Genova, giugno 1860], in SEI, *Epistolario*, vol. LXVIII, pp. 7-8.

[170] *Ibidem.*

[171] *Ivi*, [Genoa], June 19th, 1860, pp. 77-82. Il passo a p. 80.

le. Ora veramente le rigide coerenze delle dottrine dovevano cedere alla realtà di giorno in giorno mutevole, ad essa i progetti elaborati dovevano venire adeguati o corretti e magari abbandonati per esser riaccolti in un momento successivo: lo spirito era trascinato in una vorticosa altalena di speranze e delusioni, nella quale l'uomo di fede non riconosceva certo l'ambiente ideale. «Mi sento un esule con tutti i suoi inutili spasimi» confessava ancora in uno dei ricorrenti attimi di sconforto alla sua Carolina,[172] e ad un'altra amica inglese aveva scritto parole nelle quali sembra riflettersi la dolorosa coscienza della fine d'una fase storica, che trascina con sé la conclusione della propria esperienza politica:

«Bramo l'azione per amore dell'Italia; ma attraverso e al di là dell'azione — posto che io le sopravviva — vedo con desiderio Londra e un angoletto, vicino a Carolina, in cui poter scribacchiare un libro e spegnersi tranquillamente».[173]


Quando l'attesa di eventi decisivi si fa più estenuante, l'epistolario mazziniano rispecchia le inquietudini di un'anima, specialmente ove intuisca una sensibilità femminile disponibile ad accoglierne le confessioni; ma anche allorché svolge le sue riflessioni politiche con chi, come lui, è nella lotta, la speranza che si compia l'impossibile si mescola con il senso doloroso d'una prossima uscita di scena:

«Se le circostanze non s'affacciano — se la monarchia accetta ogni cosa — se si pone in urto con l'Impero che non vuole l'unità - mi pare un passo importante compito. Solamente io, come individuo me ne andrò in Inghilterra, lanciando in un libro il mio grido *viva la Repubblica*».[174]


È la dialettica tra individuo e comunità che fa da sfondo alla rinuncia dell'eroe carlyliano, giunto al sacrificio di se stesso. Sarà allora la storia, l'epos tramandato, *un libro*, ove risuonerà una voce a scuotere l'avvenire, a eternare l'estrema tensione d'una volontà proiettata a lasciare il segno indelebile della propria opera in un *fatto* che resista all'oblio, al nulla. Coronato il sogno di una vita, percepita congiunta e riassunta in quest'ultimo ufficio, lo spirito stanco e non arreso di un combattente può acchetarsi nella contemplazione delle luci baluginanti di un occaso. È un atteggiamento mentale e pratico tutt'altro che disponibile a valutare le ragioni dell'altro, a mantenere aperte le vie del confronto con esigenze diverse; ed è anche questa componente psicologica a spie-

---

[172] *Ivi*, [Genoa], June 10th 1860, pp. 35-41. Il passo a p. 41.
[173] *Ivi*, [Genoa], June 8th 1860, pp. 25-27. La citazione a p. 27.
[174] *Ivi*, [Genova], 21 giugno 1860, Mazzini a G. Mazzoni, pp. 88-91. Il passo a p. 91.

gare perché Mazzini non fu interessato ad altro tema se non a quello dell'iniziativa insurrezionale e meno che mai alle questioni di organizzazione e di linea sorte nella situazione nuova e dai fatti in svolgimento. Quando nel settembre il problema si impose per forza propria ed egli vi prestò maggiore attenzione, era in realtà ormai troppo tardi per raddrizzare il corso degli eventi a favore della Sinistra. Ora l'ampia mobilitazione delle coscienze offre un'occasione unica per centuplicare la forza di un messaggio che sembra trovare finalmente la sintonia con gli umori profondi della nazione.

«Che altri cianci e gridi ciò che vuole, ma per me Pippo intese, intende e intenderà sempre il Paese»,

scriveva con entusiasmo Adriano Lemmi da Costantinopoli a Giuseppe Dassi annunciandogli la sua prossima partenza per la Toscana dopo che gran parte della comunità italiana di quella capitale era già salpata alla volta di Malta per poi raggiungere la Sicilia.[175] La predicazione mazziniana par dunque trovare nuova forza nell'elevare a linea politica la spontanea tendenza all'azione dei giovani volontari accorsi a Genova da ogni parte d'Italia per unirsi a Garibaldi e anelanti a nuove imprese, e nell'assegnare una causa non contingente alla tensione che attraversa il paese e coinvolge anche frange dell'esercito, investito da un'ondata di diserzioni contro le quali anche la *Cassa Centrale* è costretta ad impegnarsi.[176] Ma in ciò si esprime una logica elementare, se non addirittura semplicistica, che presuppone come dato indiscutibile il permanere di quella tensione attivistica anche oltre le circostanze da cui è suscitata, le attribuisce una volontà radicale che non sempre possiede,[177] confonde l'avanguardia con

---

[175] BMF, CG CCCXXII, 4, A. Lemmi a [G. Dassi], Costantinopoli, 3 luglio 1860. Al Lemmi si era diretto Mazzini il 13 giugno, mettendolo a parte dei suoi progetti.

[176] Garibaldi da Quarto lanciò all'esercito, ove erano ancora numerosi i volontari, un appello alla disciplina: v. *Il Diritto* del 10 maggio; Bertani ribadì più volte la direttiva: v. i vari documenti editi da G. MARALDI, *La spedizione dei Mille e l'opera di A. Bertani* cit., pp. 462 sgg., ai quali A. DEPOLI, *Bertani, Mazzini, Cavour* cit., p. 372, non presta la dovuta attenzione. Ciò rende più facile confondere le posizioni di Bertani e Mazzini.

[177] Cfr. MRM, *Carte Bertani*, che mostrano grande varietà di motivazioni nell'arruolamento dei volontari. G. C. Mattioli testimonia l'inopportunità e l'impossibilità di impedire ai gruppi emiliani del partito d'azione raccolti per la spedizione nel Pontificio, di seguire al momento dell'invasione delle Marche le direttive della *Società Nazionale*: v. *Garibaldi e Cavour. Lettera di FRANCESCO DOMENICO GUERRAZZI con appendice e note*, Genova, Ponthemier, 1860, pp. 53-4. Si veda pure in *Carteggi di Bettino Ricasoli*, a cura di MARIO NOBILI e SERGIO CAMERANI, vol. XIV, (1 luglio-10 settembre 1860) Roma, Istituto Storico Italiano per l'Età Moderna e Contemporanea, 1962, pp. 78-83, la relazione del prefetto di Pisa a Ricasoli, Pisa, 19 luglio 1860, (denuncia infiltrazioni di volontari «mazziniani» nei «comitati buoni»), e quella di L. Vitri, allo stesso, 4 agosto 1860, che segnala lo stretto controllo della fede politica, cui sono sottoposti volontari, e ufficiali in specie, reclutati per la divisone di Castel Pucci, pp. 148-9.

il popolo mazzinianamente inteso, ignora la profonda evoluzione subita dalla coscienza popolare nell'ultimo biennio, sottovaluta le misure, politiche o militari, che gli avversari potrebbero assumere, come se, anche per essi, l'unica possibilità fosse di assecondare sempre e comunque l'insurrezione. Mazzini scambia gli effetti con le cause, e percorre con un anno di ritardo le strade già battute dagli «amici» del *San Giorgio*!

«O la Monarchia è disposta ad accettare l'Unità immediatamente, e nessuna forza umana può, per ora, impedirla. O nol farà, e avremo allora un'opportunità di cose migliori che non abbiamo oggi, che non avremo astraendoci.

In queste idee Bertani concorda. Quando cesserà di concordare, mi separerò. Il fatto dell'insurrezione popolare trascinerà lui ed anche Garibaldi più in là che non presentono in oggi. Ma se mai m'illudessi, farò io, col popolo insorto ciò che potrò [...]. Mettere in moto il popolo: trascinar con quello, se le circostanze si fanno diverse, Garibaldi, Bertani e tutti; è questo il mio scopo».[178]

In una simile visione da apocalisse popolare, in cui ancora una volta quel popolo che era chiamato a compiere «i fatti» doveva allo stesso tempo essere educato da essi e finché la viva forza degli eventi sembrava dar ragione ad una simile linea non era facile trovare il terreno di un confronto reale. Consapevoli i due di quanto li divideva, Mazzini riconosceva in Bertani un interlocutore, anzi l'unico esponente di una linea energica e rivoluzionaria all'interno dello schieramento garibaldino, e ciò comportava l'ammissione di una base d'intesa tra loro, a partire dal reciproco riconoscimento della necessità di allargare la rivoluzione oltre la Sicilia. Perciò era controproducente rendere pubbliche o enfatizzare le persistenti divergenze su due modi d'intendere la situazione e di considerare le priorità cui il partito doveva far fronte.[179] Ma il genovese fallì completamente l'obiettivo di trascinare Bertani sulla sua linea, ed è un fatto incontestabile che quest'ultimo non consentì mai alle reiterate richieste del primo di promuovere comunque l'iniziativa nello Stato Pontificio. Le loro relazioni furono sempre attraversate da sotterranei contrasti e sospetti, rivelatori di una in-

---

[178] A G. Mazzoni, [Genova] 21 giugno [1860], in SEI, *Epistolario*, LXVIII, pp. 88-91. La citazione a p. 90. La tattica di Mazzini, come emerge in questa importante lettera, rivela tutto intero il suo spontaneismo rivoluzionario, fondato sull'idea del costante riprodursi della rivoluzione. Ed è la speranza di produrre un'accelerazione della rivoluzione che lo spinge anche ad unificare le due testate *Pensiero e Azione* e *L'Unità italiana*: v. *ivi*, pp. 48-9, in nota.

[179] Per misurare le diverse prospettive tra i due: v. SEI, *Appendice*, vol. IV, le lettere a Mario, [Lugano, aprile 1860], pp. 96-8, e a un ignoto Fratello, [Genova], 10 giugno 1860, ove Mazzini dà istruzioni divergenti rispetto alla linea della *Cassa*, non tenendo conto della sua azione, anzi consigliando la creazione in Lombardia di un'organizzazione su due livelli, di cui uno segreto.

comprensione di fondo, destinata di quando in quando a venire apertamente in superficie.

«Non ho intenzioni repubblicane. Non tendo che all'Unità. Il grido *viva la Repubblica* mi parrebbe in questo periodo una vera colpa [...]. Non tendo a strapparti l'azione su piccola scala, non tendo a *sostituire i miei* ; non tendo a rubarti i fucili, a farti macchina, a mistificare te e gli altri; in verità sei ingiusto»

scrive con intenti rassicuranti Mazzini a Bertani dopo la discussione sui problemi di partito dell'inizio di giugno e in risposta ad accuse di evidente gravità.[180] Ma egli sapeva bene di dire solo una parte di vero, ed una chiara riprova del suo modo di procedere, non scevro dai deteriori tatticismi, sempre rimproverati agli altri,[181] lo si ritrova proprio in ciò che scriveva al Mazzoni negli stessi giorni in cui cercava di tranquillizzare il medico milanese. Non c'è da menar scandalo per la «doppiezza» mazziniana: la lotta politica spingeva gruppi affini o avversi ora a scontrarsi, ora a incrociarsi, ora ad allearsi nell'intento di far prevalere la propria linea. Ma mentre cerca di convincere Bertani delle sue intenzioni collaborative egli in realtà comincia ad abbozzare un piano insurrezionale di vasto respiro del quale accennava tra i primi ad Adriano Lemmi, suo antico seguace

«Or non v'è soltanto Sicilia, v'è l'Italia, Napoli, poi Venezia. Ricordàtelo a quei che credono resa Palermo tutto finito.
Inoltre ho disegni miei d'azione che riporrebbero in onore, per l'ardire e l'importanza, il Partito».[182]

È evidente che il partito cui pensa corrisponda piuttosto alla propria frazione, avanguardia suscitatrice mai realmente sciolta nel più vasto corpo della democrazia organizzata, e chiamata ora ad accendere il fuoco «della guerra delle nazionalità» per ridisegnare il volto dell'Europa:

«Se Serbi, Greci, e Moldo-Valacchi potessero intendersi per insorgere — se l'Ungheria agisse simultaneamente — se noi, ottenuto il regno di Nap[oli] movessimo al Veneto - l'Europa sarebbe rifatta da capo a fondo».[183]

---

[180] SEI, *Epistolario*, vol. LXVIII, [Genova, giugno 1860], pp. 67-9. Il passo alle pp. 67-8.
[181] G. BERTI, *I democratici e l'iniziativa meridionale* cit., *passim*, ha colto in Mazzini il consumato politico che in fatto di manovre metteva in riga tutta la Sinistra.
[182] SEI, *Epistolario*, vol. LXVIII, [Genova], 17 giugno 1860, pp. 73-5; la citazione a p. 74.
[183] *Ivi*, p. 75.

Era questo il progetto ardito e importante delineato al suo corrispondente, sia pure nelle forme riservate e sommarie di una comunicazione «per posta», presumendo tanto di sé da immaginare di trascinare tutta la Sinistra, a partire dallo stesso Garibaldi, ritenuto comunque la spada necessaria ad ogni iniziativa militare, in una galoppata entusiasmante dal sud dell'Italia verso l'altra sponda dell'Adriatico dove l'incendio avrebbe assunto così vaste proporzioni. L'idea visionaria della politica è speculare alla concezione mistica della rivoluzione: infatti lo scenario evocato non svela la sua natura altamente improbabile nella sequela di «se» sui quali è costituito — e d'altra parte in questo periodo Mazzini sembra procedere spesso nei suoi ragionamenti secondo questo schema ipotetico — ma nell'assoluta assenza di elementi di analisi delle condizioni oggettive e soggettive che intercorrono tra l'enunciazione dell'ipotesi e la sua realizzabilità, o nella totale separazione tra questi due momenti.[184] In verità proprio allora la congiuntura internazionale rendeva assai poco probabile una simile evoluzione. Come tra il novembre e il gennaio successivi avrebbe constatato Cavour,[185] la crisi siriana, la fase rivoluzionaria vissuta dalla Russia, la crescente debolezza politico-militare dell'Austria, minata dall'espansione in area germanica del programma piccolo tedesco, e le persistenti conflittualità anglo-francesi, unite alle emergenti tensioni franco-prussiane, ispiravano a tutti i gabinetti d'Europa un'avversione totale verso un possibile sommovimento che dall'area italiana si estendesse ad altri scacchieri, convinti della precarietà degli equilibri complessivi e della impossibilità, una volta vulnerati, a ricomporli con metodi pacifici.

Che Mazzini cercasse un suo spazio all'interno della Sinistra era pienamente legittimo; che egli tenesse intatta la sua fede nell'idea-mito della rivoluzione, in cui confluivano i principi dell'iniziativa popolare e della missione italiana,[186] era parte intima della sua dottrina; ma che ancora, come spesso gli era accaduto, considerasse posizioni e orientamenti delle altre componenti del partito quali intralci da rimuovere o, peggio ancora, come ingenuità, questo diventava ormai un segno imperdonabile di miopia politica, tanto più grave in quanto egli

    [184] ANGELO TAMBORRA, *Mazzini e l'Europa orientale*, in *Mazzini e il Mazzinianesimo, Atti del XLIV Congresso di Storia del Risorgimento italiano* (Genova 24-28 settembre 1972), Roma, Istituto per la storia del Risorgimento Italiano, 1974, pp. 287-300, ha colto in modo assai perspicace il nesso tra concezione mazziniana della guerra nazionale come guerra per bande, ripresa dalla dottrina polacca e più in generale presente nel pensiero rivoluzionario e nazionale del sec. XIX, e concezione fideistica della rivoluzione, mettendo in luce l'incomprensione mazziniana delle peculiarità della questione nazionale nel mondo slavo balcanico, l'intrico irresolubile di etnie e l'intreccio non meno complesso tra problema nazionale e struttura sociale.

    [185] Sulla politica cavouriana verso i Balcani v. A. TAMBORRA, *Cavour e i Balcani*, Torino, ILTE, 1958, in particolare per questo periodo i capitoli III e IV.

    [186] Nel dicembre 1859, nella prima parte di *Passato, presente e avvenire possibile*, pp. 219-81, in SEI, *Politica*, vol. LXIV, p. 220, riassume il senso di mezzo secolo di lotte nell'affermazione netta: «La questione Italiana è dunque questione di Rivoluzione».

intende il carattere supremo del duello tra moderati e democratici. Bertani certo restava ancora vincolato alla direzione di Garibaldi, ma come immaginare una iniziativa dal Centro verso il Sud sconfessata dal duce dei Mille? Mazzini aveva ragione da vendere quando sottolineava che «In politica insurrezionale, il momento è tutto»,[187] ma quali dovevano essere i parametri, certamente non solo militari, sui quali misurare quel momento?[188] Né forse Bertani era rimasto del tutto insensibile a certe sollecitazioni se proprio in coincidenza con le insistenze mazziniane e in relazione al fallimento dei contatti con Cavour, del quale il Macchi portava qualche responsabilità,[189] e gli elementi lafariniani, aveva scritto al Fiorenzi di sospendere ogni iniziativa volta a fondare una nuova associazione per accelerare invece i preparativi dell'invasione delle Marche. Se la questione del «momento» si esamina poi nella sua vera dimensione, apparirà chiaro come essa non potesse in nessun caso assumere un valore così rilevante da impedire a Mazzini una più aperta solidarietà *politica* verso il milanese, che non ammise mai, neppure per ipotesi, di limitare l'iniziativa del 1860 alla sola Sicilia.[190] La spedizione per il Pontificio non poteva certo partire nel maggio, prima che la presenza garibaldina in Sicilia fosse consolidata, create le condizioni economiche ed organizzative per la sua riuscita,[191] risolto il conflitto interno allo schieramento democratico con la partenza del Medici, e valutate le possibili reazioni del governo, particolarmente incerte fino alla metà di giugno.[192] Proprio allora da Garibaldi venne un'indicazione precisa per l'«armonizzazione» dell'iniziativa dal sud con quella dal centro[193] e, fosse direttiva

[187] SEI, *Epistolario*, vol. LXVIII, Mazzini a Bertani, [Genova, giugno 1860], p. 68.
[188] Per alcune considerazioni contestuali sul rapporto tra situazione politica ed iniziativa militare secondo Mazzini cfr. la lettera a Bertani [Genova, giugno 1860], *ivi*, pp. 59-62.
[189] Sul ruolo del Macchi nella trattativa con Cavour cfr.il carteggio Bertani, Regnoli, Macchi, Bargoni in *Memorie di A. Bargoni* cit., pp. 102-21.
[190] *Dell'andamento delle cose d'Italia. Rivelazioni, memorie, riflessioni del colonnello* LUIGI PIANCIANI, Milano, Ed. del Politecnico, 1860, pp. 92-100, descrive Bertani fidente negli orientamenti dell'opinione pubblica e nella fattibilità della spedizione romana. Il Pianciani, allora collaboratore di Bertani, ne conferma così la diversità di metodo rispetto a Mazzini.
[191] Cfr. MCRR, *Carte Garibaldi*, b. 924, 68, 1, lettera di Bertani a Garibaldi, Genova, 4 maggio 1860, nella quale, fatta una panoramica delle somme impiegate: «Io non ho che *miseria* in cassa, perché non ho incassato alcun denaro in fuori di quelli a voi noti. Da Milano nessun denaro». Le note insistenze verso il Medici affinché capitanasse l'azione nel Pontificio, e il loro fallimento furono anche originate dalle esauste finanze bertaniane.
[192] G. E. CURATULO, *Garibaldi, Vittorio Emanuele* cit., p. 118, Bertani a Garibaldi, Genova 17 giugno 1860, ove tra l'altro, si parla dell'alterno orientamento governativo e di un possibile riavvicinamento di Cavour dopo la rottura avvenuta all'inizio di quel mese e si aggiunge «Io vorrei mettere per condizione la libera e consentita invasione del territorio pontificio».
[193] Lo testimonia lo stesso Mazzini a G. Marangoni, [Genova...giugno 1860], in SEI, *Epistolario*, vol. LXVIII, cit., p. 129.

proveniente effettivamente da Palermo o soltanto un modo per tenere a bada le impazienze mazziniane, di fatto la questione poneva il problema cruciale relativo a chi dovesse avere la direzione del movimento, nessuno dubitando che se si poteva mettere in discussione la condotta politica del Generale, non si potesse però contrastare o rompere l'unità di comando militare.

Intanto altri conflitti laceravano la democrazia italiana e mettevano rudemente alla prova proprio quei settori che negli anni precedenti avevano sostenuto la polemica contro il mazzinianesimo: l'imprevedibile novità della situazione chiariva ai Bertani, ai Medici, ai Bixio, ai Cosenz e a tanti altri, ben al di là di ogni discussione sui principi e nel vivo di un'esperienza invero eccezionale, le loro vere intenzioni. Con troppo parziale discernimento un uomo addentro alla storia e alle recenti vicende della democrazia, il Medici, rimproverava Bertani di ostacolare l'unità «di tutti i partiti liberali» a sostegno di Garibaldi. Ignorando

«per qual motivo il partito mazziniano e l'avanzato del Bertani lavorino invece in senso di dissolvere»[194]

egli non poteva comunque considerare le due posizioni come un'unica tendenza e, nell'incapacità a comprenderne la diversa ispirazione, rivelava la sua visione del partito, cui spettava un ruolo di supplenza dell'iniziativa del governo. Qual senso poteva avere infatti da questo punto di vista rivendicare l'autonomia dei comitati garibaldini e dare visibilità all'azione di un gruppo politico distinto dal mazzinianesimo? Altra attenzione all'effettiva ispirazione di Bertani testimonia il Finzi che, pur trovandosi in aperto contrasto con le posizioni del promotore della *Cassa Centrale*, ma forse perché meno «politico» e in certo modo meno malizioso, e più disponibile a comprendere le ragioni altrui, così le riferiva:

«Fedele alla nostra divisa di agire sempre con consiglio amico a questo governo italiano, ebbimo comuni pensamenti col colonnello Medici [...]; dovemmo però discostarci da Bertani non già negli intenti e nei mezzi, bensì nel modo di applicarli: noi vogliamo trarre dal governo italiano il maggior aiuto possibile, associandolo ai nostri divisamenti e spingendolo senza posa; temprando però la nostra condotta per modo da non recargli degli imbarazzi che lo paralizzino.

Bertani non acconsente in questa veduta; s'inspira da se stesso e si atteggia, se non ostile al governo, almeno come governo non vi fosse o non dovesse esservi».[195]

---

[194] Medici a Garibaldi, Genova, 25 maggio 1860, in G. E. CURATULO, *Garibaldi, Vittorio Emanuele* cit., p. 103.

[195] *Ivi*, p. 105, G. Finzi a Garibaldi del 9 giugno 1860.

Qui, tanto più schiettamente quanto meno consapevolmente, è indicato il senso ultimo dell'azione del medico milanese: il suo agire ispirandosi da se stesso e «come governo non vi fosse» riassume il principio di autonomia che lo guida. Consapevole del grande apporto di popolarità che l'iniziativa di Garibaldi arreca alla causa democratica egli tende piuttosto a far apparire Cavour e i moderati sì al seguito del movimento nazionale, ma *al seguito* appunto e non alla testa, ciò che poteva avvenire soltanto fin dove gli obiettivi della rivoluzione restassero fissati dalla rivoluzione stessa e non, per così dire, prefissati dal governo. In questa ossessione che lo spinge continuamente a precisare la propria autonomia, ad accentuare il motivo di fondo che ostacola una franca collaborazione tra entità diverse — «Il governo mi ripulse. Non vuole trattare col rappresentante Garibaldi ma solo col governativo» annota in risposta ad una lettera del Regnoli che gli rimprovera troppa tiepidezza nella trattativa con le autorità[196] — egli rivela, sia pur in modo indiretto, di concepire l'obiettivo dell'unità non come la fine dello scontro politico, piuttosto come l'inizio di una nuova e più avanzata fase. Posizione senza dubbbio ardita, ma propria di un *leader* rivoluzionario impegnato a strappare alla parte avversa la direzione del moto, da cui dipendeva non solo il presente, ma il futuro, aperto a chi oggi avesse mostrato l'audacia di «farsi padrone della rivoluzione».[197] La posta in palio era tutta qui, e non era piccola; ma essa poteva guadagnarsi soltanto a condizione che la democrazia, spogliandosi di ogni approssimazione attivistica e da forme di compromesso deteriore con l'uno o l'altro settore monarchico avesse saputo mantenere fermi i propri fini, subordinando a sé, fin dove possibile, l'iniziativa del governo sul piano militare, ma soprattutto erodendone le basi di consenso che lo rendevano forte presso l'opinione pubblica nazionale. D'altronde al medico milanese questa linea sembrava discendere direttamente da Garibaldi, i cui comportamenti egli di certo non equivocava intenzionalmente,[198] e dai quali eran scaturiti e sarebbero ancora derivati risultati significativi. Se accadeva allora che l'entusiasmo per le vittorie garibaldine confortasse allo stesso modo Mazzini, secondo il quale la valenza pedagogica dei «fatti compiti», intesi come azioni esemplari, era di gran lunga superiore a qualunque risultato ottenuto con mezzi meno diretti,[199] e il compassato realismo di quanti vedevano in

[196] Cfr. *Memorie di Angelo Bargoni* cit., p. 118. Vedi anche le considerazioni con cui sviluppa questo appunto nella lettera al Bargoni del 25 giugno 1860, pp. 118-20.
[197] Annotazione di Bertani a una lettera inviatagli da Bargoni il 20 giugno 1860, *ivi*, p. 111.
[198] Cfr. la lettera di Coltelletti a Garibaldi, Genova, 31 maggio 1860, *ivi*, p. 107. Il Coltelletti era allora membro del comitato della società *La Nazione* di Genova ed amico antico del Generale, cui scriveva «Bertani ed io ci occupiamo di mandare ad effetto le vostre istruzioni. Medici non si comprende. Non ci lasciate privi di lettere per carità».
[199] Tema classico in Mazzini, torna ad assumere fin dai primi mesi del 1860 una certa ripetitività, anche in relazione alla polemica contro la diplomatizzazione moderata; per esem-

esse tutto il peso del soccorso governativo, ciò dipendeva dal fatto che la differenza strategica tra il genovese e i settori filocavouriani della Sinistra poteva compendiarsi nella fede illimitata del primo nella autoriproduzione della spirale rivoluzionaria, contro la convinzione dei secondi che, ad un certo punto, sarebbe stato comunque necessario fare i conti con le regole della diplomazia ed affidare l'avvenire del movimento nazionale al governo. La vera divergenza tra loro si riduceva nel voler l'uno coinvolgere nel moto il regno di Napoli attraverso l'insurrezione dello Stato Pontificio, e gli altri mantenere l'iniziativa militare nelle mani di Garibaldi come unico garante del concorso governativo all'impresa, concordi entrambi sul fatto che il ruolo delle forze democratiche si esaurisse nel promuovere l'*azione*. L'estremo tentativo di comporre le crescenti lacerazioni dello schieramento garibaldino sembra affidato dunque alla proposta che il Cosenz avanza in una lettera a Garibaldi, portata in Sicilia dal Medici, che vi recava la sua personale testimonianza sul dibattito nel partito.[200] Ma ambedue le tendenze paiono lontane dal comprendere la necessità incombente di verificare, oggi per domani, la solidità dei legami con il paese e la pubblica opinione,[201] le condizioni dell'unità del partito o l'individuazione, infine, di possibili alternative da cui avrebbe potuto trar giovamento appena la fase militare fosse giunta al suo traguardo con la totale liberazione della penisola, comunque quando i problemi della politica fossero tornati a prevalere su quelli della guerra. Questa disattenzione, alla fine, è espressione di una insensibilità sociale profonda e certo di diversa natura, poiché il primato del fine nazionale in Medici e nei suoi amici nasceva da una sostanziale convinzione che quello fosse l'unico obiettivo del movimento, ed in ciò, si può dire, essi avevano preceduto Cavour sulla strada dell'identificazione del limite nazionale della rivoluzione italiana. Invece a Mazzini era chiara la parzialità del fine, ma essa rifluiva entro una costruzione dommatico-teologica che avocava il momento sociale come risultato dello sviluppo progressivo dell'umanità, nell'affermazione finale del binomio *Dio e Popolo*. La sensibilità scientifica del «dottor Agostino Bertani» era sicuramente poco attratta da questo edificio immaginoso, e certo intendeva più prosaicamente contribuire alla costruzione dei momenti e degli strumenti della partecipazione del popolo alla lotta nazionale, passo essenziale verso un sistema di libertà che garantisse l'effettiva emancipazione politica del popolo stesso.

---

pio v. in SEI, *Politica*, vol. LXIV, *Ha chi vuole*, p. 313: «Nella sfera delle idee le grandi rivoluzioni hanno a iniziatori gli individui; nella sfera dei *fatti, i popoli*». Il corsivo è testuale.

[200] Cosenz a Garibaldi, Genova, 9 giugno 1860: «Non sarebbe meglio riunire tutti gli sforzi in Sicilia e da quella base partire per la conquista o rivoluzione della terraferma?»; v. in G. E. CURATULO, *Garibaldi, Vittorio Emanuele* cit., p. 105.

[201] Problema che Bertani affronta già nel 1859 cercando di dar voce alla propria linea con un suo organo. Nel 1860 poi tratta con A. Levy, editore del foglio ginevrino l'*Espérance*, la possibilità di farlo portavoce delle posizioni garibaldine G. ORESTE, *Note per una storia* cit., *Appendice*, pp. 244-7.

La crisi attraversata dalla *Società Nazionale* tra gli inizi di giugno e la metà di agosto, pagata al prezzo di una scissione, dimostrava l'esistenza di spazi entro i quali un'associazione politica di orientamento più radicale avrebbe potuto agire ed affermarsi.[202] La nascita nei centri piccoli o grandi di comitati e società ispirati all'azione della *Cassa*, indipendenti o collegati a essa, centuplicava la forza di penetrazione della propaganda democratica, in una capillare divulgazione del messaggio patriottico e per la raccolta delle avanguardie da inviare al campo della guerra liberatrice; si sviluppava un'articolata rete di relazioni personali e sociali che offriva occasione per un confronto tra tendenze organizzate;[203] la vastità della mobilitazione creava le condizioni per una svolta negli orientamenti del Paese e dava vigore al movimento democratico le cui ragioni, sia pure per motivi di polemica, trovavano più facilmente le vie della grande stampa politica e d'informazione, con alcuni organi di prestigio, come *Il Movimento* di Genova e *Il Diritto* di Torino, che offrivano il loro appoggio.[204] Erano risultati di rilievo che, bisogna riconoscerlo, poggiavano su fragili basi, per gran parte eredità di antiche e nuove debolezze: le divisioni recenti e quelle del passato, le scarse risorse di quadri, la prolungata assuefazione ai metodi del lavoro clandestino, le scarse disponibilità finanziarie, una linea politica che non aveva avuto modo né tempo di misurarsi in un dibattito più ampio. Ma a tutto ciò si univa un altro, imprevisto, motivo di instabilità: la condotta di Garibaldi; Bertani era di fatto prigioniero di un meccanismo che ormai non controllava più. La mancata replica da Palermo alla sua lettera del 25 maggio, nella quale aveva chiesto l'investitura di unico rappresentante del Generale, faceva pesare sul suo lavoro l'alea di una sconfessione, delegittimante l'opera della *Cassa Centrale* e l'organizzazione dei *Comitati di Provvedimento*. Questa condizione gli imponeva un limite grave di autonomia, che minacciava in origine tutto il lavoro da lui fin lì svolto e, si deve riconoscerlo, qui si confermava la sordità di molti settori democratici verso il problema dell'organizzazione e del partito.

---

[202] Sulla crisi della *Società Nazionale*, rimasta acefala dopo la partenza di La Farina: v. lettera di Bargoni a Bertani del 20 giugno 1860 in *Memorie di Angelo Bargoni* cit., pp. 110-11. Per R. Grew, *A Sterner Plan* cit., ciò non disorganizzò il sostegno al moto garibaldino, neppure in Emilia e Romagna, pp. 326-34. Più complessa invece la situazione a livello di quadri: infatti l'espulsione di La Farina dalla Sicilia (v. pp. 344-52), culminò nella scissione dei comitati emiliano-romagnoli.

[203] Fanno ora capo alla *Cassa Centrale* l'*Unitaria* di Milano, che ha creato nel suo seno un *Comitato di Provvedimento* ed assicura una intensa azione in Lombardia, *La Nazione* i cui comitati agiscono in varie località sotto la direzione bertaniana, i *Comitati di Provvedimento*, sorti da poco. All'assemblea del 9 settembre partecipano le tre strutture, ma solo i rappresentanti dei *Comitati* sottoscrissero la protesta contro *L'Opinione* per l'accusa di cattiva amministrazione rivolta alla *Cassa Centrale*: v. cap. II.

[204] Per verificare quanta parte del dibattito politico fosse condizionata dalla presenza della *Cassa Centrale* basterà controllare i fondi de *L'Opinione* tra le metà di maggio e agosto. *Il Diritto*, diretto dal Marazio, e *Il Movimento*, allora diretto dal Barrili, fiancheggiarono da vicino l'azione bertaniana.

Fin tanto che l'attenzione di tutti era calamitata dalla questione della Sicilia, dalla necessità di assicurare alla spedizione dei Mille le essenziali solidarietà, Bertani restava un rappresentante di Garibaldi col quale bisognava collaborare. Ma le iniziative da lui prese e i conflitti innescati fin dalla seconda settimana di maggio lo configuravano come un irriducibile avversario della linea moderata, anzi «il più pericoloso» come aveva subito ben intuito Cavour, che iniziò allora quella «battaglia bertaniana»[205] cui legava una parte non secondaria del suo progetto. Anche in questo caso le finalità assegnate dal conte e dal dirigente della *Cassa Centrale* al movimento del 1860 non erano strategicamente incompatibili e, se mai lo fossero state a maggio, così non era agli inizi di giugno, come si desume dagli scenari che il primo disegnava ad un autorevole interlocutore, il Ricasoli:

«Una volta che la bandiera italiana sventola a Taranto, l'Italia è fatta, il potere temporale è morto, la presenza degli Austriaci a Venezia affatto impossibile. Ma in qual modo queste necessarie conseguenze dell'indicato fatto si verificheranno, ecco ciò che io non saprei ora determinare».[206]


Che non si trattasse di ipotesi accademiche lo dimostra quanto allo stesso aveva scritto nei giorni precedenti, in particolare il 17 giugno, preannunciandogli una eventuale chiamata a Torino quando fosse presa «una risoluzione definitiva» su Napoli e la Sicilia.[207] Ma tra Cavour e Bertani c'erano anche le differenze, e ben rilevanti, e riguardavano i tempi, i modi e il diverso ruolo che l'una o l'altra forza riservava a se stessa nella rivoluzione, da cui discendevano i compiti da ciascuna confidati alla rivoluzione stessa. Sul carattere non transitorio del contrasto, si è visto, Bertani non nutriva dubbi e il conte, da parte sua, aveva avuto modo di verificare rapidamente l'irriducibilità delle prospettive di azione del milanese alla propria direzione. Lo scontro politico era dunque inevitabile ed esplose agli inizi di agosto, ma già alla fine di maggio cominciò la campagna, preannuncio della più rumorosa dell'ottobre, per delegittimare Bertani, accusato di leggerezza nell'amministrazione dei fondi della *Cassa*.[208]

---

[205] L'espressione è di Gualterio in una lettera a Cavour del 24 agosto 1860, in cui si congratula per l'esito vittorioso, grazie al quale «si è in tempo riparato ad un danno certo e ad un pericolo più grande ancora. Il governo è tornato padrone del movimento»: v. *Liberazione del Mezzogiorno*, vol. II, cit., p. 141.

[206] Cavour a Ricasoli, Torino 27 giugno 1860, in *Liberazione del Mezzogiorno* cit., vol. I, p. 252.

[207] *Ivi*, p. 210, dopo aver indicato nell'annessione l'unica via per risolvere la questione di Napoli.

[208] Cfr. J. WHITE MARIO, *La vita e i tempi di Agostino Bertani* cit., p. 378. Le accuse cui Bertani deve rispondere sono: «1° D'aver io promosso la spedizione Zambianchi; 2° di aver favorite le diserzioni; 3° di sviare i fondi raccolti; 4° di agire più nell'interesse di un partito che in quello dell'intera nazione».

Cavour cerca di approfittare anche dell'ambiguo mandato affidato da Garibaldi al milanese e, dopo la nomina da Palermo di Michele Amari a rappresentante del Governo Provvisorio siciliano presso Vittorio Emanuele II,[209] si sottrae all'incontro promosso da Regnoli e Bargoni, onde discutere direttamente con il dirigente democratico la fattibilità dell'iniziativa al Centro.[210] Poi inoltra tramite il Persano una formale protesta al Generale poiché, nella mancanza di istruzioni in cui ha lasciato l'Amari, Bertani continua a fregiarsi della sua rappresentanza;[211] in realtà i riconoscimenti che arrivavano al milanese circa la sua funzione vicaria erano tutt'altro che rassicuranti.[212] Si tratta naturalmente di schermaglie polemiche, volte più a ribadire le distinzioni che ad altro, poiché fin quando non fossero intervenuti fatti tali da rassicurare l'opinione nazionale circa la reale intenzione del governo a non permanere in attitudine passiva rispetto agli eventi dell'Italia meridionale, la posizione cavouriana non sarebbe gran che migliorata, e la crisi della *Società Nazionale* non si sarebbe composta. È infatti in questi settori, e non solo negli ambienti bertaniani, che viene alimentato il dubbio circa le vere intenzioni del governo e in questo senso G. B. Jonni carteggia con la *Cassa*, disponibile a seguirne le direttive,[213] il Ginevri-Blasi rompe precocemente i rapporti con la società lafariniana, cui si rifiuta di rimettere le somme raccolte,[214] mentre il Montecchi, poco prima di un viaggio a Londra su incarico del governo, esprime le sue perplessità sull'ottimismo delle autorità, cui non corrispondono atti energici ed adeguati.[215] Sintomi di questa incertezza, in molti casi divenuta impazienza, emergevano tra gli emigrati umbro-marchigiani che, tardivamente, si erano costituiti in comitato a Firenze.[216] Alcuni dei suoi

[209] Cfr. ENSG, *Epistolario*, vol. V, cit., pp. 130-31, Palermo, 14 giugno 1860,

[210] V. in *Memorie di Angelo Bargoni* cit., il duro commento di Bertani nella lettera a Bargoni del 25 giugno, pp. 118-20.

[211] MRM, *Carte Bertani*, b.11, pl. XII, 95, Persano a Garibaldi, a bordo della *Maria Adelaide*, 1 luglio 1860. Che la sollecitazione alla protesta venisse da Cavour lo conferma quel che l'ammiraglio scrive in data 2 luglio al Ministro: v. *Liberazione del Mezzogiorno* cit., vol. I, pp. 268-9.

[212] Cfr. ENSG, *Epistolario*, vol. V, cit., p. 128, a Bertani, Palermo, 10 giugno 1860 scrive «Io vi dò pieni poteri di rappresentarmi». Il biglietto di poche righe e privo di qualunque indicazione politica è di dubbio valore. La vicenda del credito di 50 milioni, prima autorizzato e poi annullato, ed altre, mostrano quanto poco Bertani potesse fidarsi di quella dichiarazione.

[213] In MRM, varie lettere di Jonni, che appare il più radicale del gruppo da cui originò il *Comitato umbro-marchigiano*, a Bertani e Mercantini. In b. 14, pl. XI, 62 lettera a lui di Bertani, che lo sollecita a dar vita ad un *Comitato di Provvedimento*.

[214] MRM, *Carte Bertani*, b. 38, pl. CLVII, 75, Ginevri Blasi a Bertani, Rimini, 30 maggio 1860, lo informa della decisione di inviare le sottoscrizioni raccolte a lui anziché alla *Società Nazionale*.

[215] E. MONTECCHI, *Mattia Montecchi* cit., p. 140-2, M. Montecchi a F. Fiorenzi del 4 giugno.

[216] Notizie sul *Comitato umbro-marchigiano* di Bologna in A. DALLOLIO, *La spedizione dei Mille* cit., pp. 181-231, che lo considera legato alla società lafariniana, pur non trascu-

elementi più decisi si erano rivolti subito a Bertani,[217] e alla fine di maggio, forse senza formale scissione dal comitato fiorentino, ne costituirono un altro a Bologna[218] che da giugno, e nei mesi successivi, tenne un rapporto stretto col dirigente della *Cassa*, tale da spingerlo a qualche asprezza nelle trattative con Cavour, forse perché convinto di riuscire a promuovere l'azione al centro proprio grazie a questa trafila senza dover ricorrere all'aiuto governativo.[219] Ma le vicende relative al *Comitato Umbro-Marchigiano* chiariscono esemplarmente la temperie di quella fase politica, nella quale la scesa in campo di generazioni nuove e gruppi fin allora appartati rende al tutto obsolete le antiche distinzioni e impegna le avanguardie in un lavoro di ricostruzione delle identità politiche, minuto, faticoso, fatto di piccoli passi e piccoli successi, su cui però avrebbe potuto fondarsi un diverso futuro che, in termini di organizzazione del sistema politico, avrebbe dovuto riconoscere il contributo di chi, pur da versanti divisi, aveva partecipato alla fondazione del nuovo Stato. Questo comitato, tra i molti allora sorti, se a maggio nutre dubbi sulle intenzioni del governo non intende però agire fuori della sua approvazione; a giugno, continuando e aggravandosi questi motivi di sfiducia, si rivolge sempre più decisamente alla collaborazione con la sinistra e allorché il Bertani lo invita a schierarsi con più decisione e a compiere passi ulteriori sulla via dell'azione,[220] respinge la prima richiesta, ma fa un passo avanti sulla seconda, dichiarandosi ora disposto ad agire purché il

randone la stretta relazione con gli ambienti bertaniani. Poco attento però alle sue posizioni tra maggio, giugno-luglio e agosto, spiega il non mazzinianesimo del *Comitato di Provvedimento* di Bologna e la collaborazione di esso con ambienti più moderati, con una rottura con il Bertani, che non vi fu. L. Pianciani, *Dell'andamento* cit., pp. 66-72, parla, sia pure in modo generico dei comitati d'emigrazione, ed esprime un giudizio negativo sulla loro disponibilità all'azione, in particolare su quello fiorentino, diretto da Pompeo di Campello. Lo stesso comitato il 15 agosto diffuse una circolare ora in *Liberazione del Mezzogiorno* cit., vol. II, p. 159, con l'appello all'insurrezione voluta da Garibaldi e sostenuta dai volontari, sembrando allora a Gualterio un covo ultrarivoluzionario.

[217] Fiorenzi, incontra a Genova il 4 maggio Bertani e Garibaldi e riceve dalla viva voce di quest'ultimo l'ordine di sollevare le Marche non appena si fosse saputo del suo arrivo in Sicilia: v. F. Falaschi, *Francesco Fiorenzi* cit., p. 236; L. Ferretti, altro dirigente del comitato, si recava a Genova per colloqui, presentato il 12 maggio a Bertani dal Mattioli: v. MRM, *Carte Bertani*, b. 12, pl. XXIV, 36.

[218] *Ivi*, b. 48, pl. VI, 6 e 13, due lettere di G. Borelli a Bertani. La prima, del 19 maggio, lo avvisa del suo passaggio a Bologna con Martinati, Jonni e Fiorenzi, per costituire un altro comitato. In quella stessa data Bertani dava indicazioni a Martinati e Fiorenzi di costituire un *Comitato di Provvedimento* nelle Romagne, v. MRM, *Carte Bertani*, b. 11, pl. XII, 15. Minuta autografa e senza firma.

[219] I carteggi di Bertani con Fiorenzi e altri membri del *Comitato umbro-marchigiano*, e i membri del *Comitato di Provvedimento* di Bologna, integrati dalla documentazione in A. Dallolio, *La spedizione dei Mille* cit., illustrano minutamente il vasto progetto insurrezionale. Bertani però a questo punto pensava ancora di poter dare il Cosenz come capo al movimento.

[220] Si è visto come Bertani considerasse Fiorenzi un interlocutore privilegiato nella prospettiva della costruzione della nuova e più ampia organizzazione progettata.

governo non sia apertamente ostile;[221] a luglio poi la crisi della *Società Nazionale* favorisce il suo ruolo di cerniera, mentre la ripresa dell'azione cavouriana lo riconquista a posizioni filogovernative, aperte al naturale riconoscimento dell'opera svolta da associazioni diversamente orientate, ma cooperanti «in nobile gara».[222]

A giugno però Cavour non era ancora in grado di contrapporre all'iniziativa e all'energia di Bertani una prospettiva credibile. D'altra parte gli strumenti che un governo poteva usare erano assai diversi da quelli messi in campo da un partito, e in ciò si confermava il significato della sua alleanza con la *Società Nazionale*, che al momento il ministero non poteva soccorrere, se non sul piano materiale. Bertani sapeva anche che una parte della disponibilità alla trattativa mostrata dal governo era dovuta alle difficoltà entro le quali esso si dibatteva, tra l'istinto a dar sostegno al moto nazionale e le prudenze diplomatiche cui doveva sottostare, con un danno di immagine agli occhi dell'opinione nazionale che il trattato con la Francia incrementava. Tuttavia questa condizione non era destinata a durare in eterno e nella prima metà di luglio, il governo intensificò l'agitazione politico-militare, considerata da Pianciani come l'estremo tentativo di soggiogare la rivoluzione secondo un disegno che prevedeva l'annessione immediata della Sicilia e la promozione di una rivoluzione nel Napoletano controllata dall'alto e sotto la guida degli elementi moderati. Questo piano comportava l'utilizzazione dei volontari nello Stato Pontificio per un'iniziativa che avrebbe dovuto offrire occasione all'intervento dell'esercito regio il quale, una volta in movimento, sarebbe avanzato fino a Napoli congiungendo nord e sud del Paese.[223] Insomma si sarebbe trattato di creare una apparente situazione di massima espansione rivoluzionaria e di massima instabilità nella quale l'intervento risolutivo dell'esercito sardo come elemento di moderazione e di stabilizzazione sarebbe parso agli occhi delle diplomazie e dei conservatori non solo giustificato, ma meritorio. Se il piano fosse stato questo, e non mancano i riscontri, bisogna dire che Cavour doveva avere una grande fiducia nella sua capacità di tenere sotto controllo le forze del movimento nazionale in circostanze che certamente si sarebbero presentate assai rischiose. In realtà si trattava piuttosto di un primo tentativo di definire una tattica che restituisse al governo la parte di protagonista nella partita aperta dalla partenza della spedizione garibaldina; tattica che, dando fin da ora per scontata l'incapacità della monarchia

---

[221] V. la risposta e le quattro condizioni finali poste dal comitato alla richiesta di Bertani di invadere le Marche in A. DALLOLIO, *La spedizione dei Mille* cit., pp. 202-3. Una copia in MRM, *Carte Bertani*, b. 14, pl. XXI, 56.

[222] Così si esprimeva il *Comitato Umbro-marchigiano* in un appello di ringraziamento a quello *di Provvedimento* del dicembre 1860, pubblicato in A. DALLOLIO, *La spedizione dei Mille* cit., pp. 419-20.

[223] *Dell'andamento* cit., pp. 118-21. L'ipotesi, per il ruolo giocato da Pianciani in quei momenti e per i riscontri fattuali, appare qualcosa di più di una interpretazione personale.

borbonica di controllare lo sviluppo degli eventi, saggiava un piano, suggerito con particolare calore da Ricasoli, di un'azione temeraria per prevenire la conquista di Napoli da parte di Garibaldi.[224] Proprio allora deflagrò in modo rumoroso il caso La Farina, espulso dalla Sicilia come un volgare malfattore.[225] Non fu la rudezza dei costumi palermitani a colpire in negativo il conte, al quale la decisione doveva apparire né inaspettata, né immotivata. In quel complesso gioco di messaggi in cui si svolge lo scontro politico, Cavour poteva facilmente supporre che la linea di La Farina, da lui per altro approvata, di non farsi coinvolgere nella gestione garibaldina dell'isola, solo in astratto poteva apparire corretta,[226] configurando comunque un rifiuto di collaborazione e lealtà al moto rivoluzionario. Quel contegno destabilizzava il governo siciliano, sottoposto a interventi intriganti, che portavano pericolosamente lo scontro politico, legittimo nel resto d'Italia, nel cuore della rivoluzione. Se questa alta ragione politica non fosse stata sufficiente — e certo prima ancora che essa si delineasse — a Garibaldi erano arrivate robuste sollecitazioni da parte di Bertani attraverso Mordini e Mario, che raggiunsero la Sicilia negli stessi giorni del presidente della *Società Nazionale*, portatori di informazioni recenti sulla crisi attraversata dalle relazioni tra garibaldini e cavouriani.[227] Dunque l'espulsione di La Farina suscita qualche meraviglia solo per il ritardo con cui fu presa, ad oltre un mese dal suo arrivo a Palermo; ma per Cavour costituì conferma ulteriore delle difficoltà che lo attendevano sul fronte interno, e soprattutto che l'unità dei liberali intorno al comune fine nazionale era tema d'agitazione propagandistica, ben

[224] I dispacci al Nigra del 4 e 12 juillet, in *Cavour-Nigra* cit., vol. IV, pp. 53-8 e 70-3 chiariscono la sfiducia di Cavour verso la monarchia napoletana. Il 29 giugno aveva inviato all'Azeglio le istruzioni al Villamarina, presentate come tentativo estremo di contribuire alla riconciliazione del Borbone col suo popolo, aggiungendo «Cette entreprise cependent me semble désespéré»: v. *Cavour e l'Inghilterra. Carteggio con V.E. d'Azeglio*, a cura della Commissione Editrice, vol. II, Bologna, Zanichelli, 1961, p. 87. *L'Opinione* dell'8 e del 13 luglio, in due articoli *Che cosa dobbiamo fare?* e *Fiducia*, dava pubblica voce allo scetticismo del gruppo cavouriano per l'evoluzione liberale del regno borbonico.

[225] R. ROMEO, *Cavour* cit., pp. 723-8, e R. GREW, *A Sterner Plan* cit., pp. 342-7.

[226] V. *Liberazione del Mezzogiorno* cit., vol. I, i rapporti di giugno di La Farina a Cavour, e il suo giudizio sulla linea del primo nella lettera a Ricasoli del 17 giugno. Cfr. anche la rapida, ma significativa valutazione di Crispi sull'espulsione di La Farina, che avrebbe «abusato» dell'opera di conciliazione del governo dittatorio, B. MONTALE, *Lettere di Francesco Crispi e Luigi Orlando* in *Bollettino della Domus Mazziniana*, a. VI (1960), 2, p. 43. Considerato il successivo comportamento tenuto col Cordova (v. R. ROMEO, *Cavour* cit., p. 751), si potrebbe ammettere un'autocritica del conte.

[227] I due erano andati in Sicilia dopo la prima decade di giugno per volontà di Bertani, benedetti da Cattaneo: v. *Epistolario* di C. CATTANEO cit., vol. III, pp. 357-9, lettera a J. e A. Mario del 9 giugno, ma, specie il secondo, contro la volontà di Mazzini: v. SEI, *Epistolario*, LXVII, pp. 35-41, to Caroline Stansfeld, [Genoa], June 10th 1860. G. ASPRONI, *Diario politico* cit., p. 474, riporta notizie contro La Farina giunte a Bertani da Palermo, probabilmente attraverso Mordini.

113

difficilmente trasferibile in linea politica.[228] Bertani ormai non sembra pensarla diversamente. Con insistenza quasi maniacale ha continuato a chiedere a Garibaldi un riconoscimento esclusivo e precise indicazioni sull'azione al Centro,[229] ma in assenza di ordini adeguati non smette di tessere la sua tela, che anzi proprio in questo periodo subisce una chiara svolta su almeno tre problemi: i rapporti con i lafariniani, lo spostamento progressivo dell'asse dello scontro politico verso le regioni meridionali, l'accentuarsi di un atteggiamento anticavouriano, puntato a mettere in crisi il ministero. Sul primo di essi, con tutta evidenza, la partenza per la Sicilia e poi soprattutto l'espulsione del La Farina offre una troppo ghiotta occasione per non ricavarne tutto il sugo, e nella fattispecie Bertani dà immediate indicazioni ai comitati emiliano-romagnoli di procedere decisamente verso la fusione con i settori lafariniani che la palese crisi di direzione della loro associazione tende a radicalizzare.[230] La forza vigorosa del partito alla testa di un vasto arco di forze lo spinge a scrivere a Garibaldi:

«Io ho costituito Comitati di *Provvedimento* a Bologna per le Romagne, a Parma per i Ducati, a Firenze e Livorno per la Toscana, ed agiscono energicamente e bene ed impongono al Paese. Mediante questi io sono padrone di migliaia di uomini [...]. Anche il comitato dell'*Ordine* a Napoli chiede armi, che non ho disponibili per essi. *Ma se volete* dò fuoco alla miccia».[231]

Nello stesso momento egli è conscio che i termini del confronto con i moderati stanno modificandosi e quella forza messa orgogliosamente in campo rischia di rimanere pura esposizione di potenza senza conseguenze. Il tema dell'i-

[228] Ha ben notato A. OMODEO, *Per l'interpretazione della politica di Rattazzi*, ora in ID., *Difesa del Risorgimento* cit., in polemica con la posizione filorattaziana del Luzio, che il politico alessandrino aveva preso le distanze dal governo nella difficile fase della prima metà di luglio, quando da più parti si levano voci preoccupate sul dualismo tra Garibaldi e Cavour, pp. 578-80, confermate dall'espulsione del La Farina. In tale contesto il conte analizza col Nigra la situazione di antagonismo tra le «forze vive» del Paese e le conseguenze politiche che ne derivano: v. il rapporto citato del 12 luglio, p. 71. Vedi anche cap. III.

[229] V. le lettere di giugno-luglio di Bertani a Garibaldi in G. E. CURATULO, *Garibaldi, Vittorio Emanuele* cit., pp. 108-12 e da J. WHITE MARIO, *La vita e i tempi di Agostino Bertani* cit., in particolare il capitolo XIV.

[230] Sostanzialmente confermata la ricostruzione di A. DALLOLIO, *La spedizione dei Mille* cit., pp. 131-40. I. ZANNI ROSIELLO, *Aspetti del movimento democratico* cit., aggiunge al quadro alcune notizie sulla crisi sociale a Bologna.

[231] MCRR, *Carte Garibaldi*, b. 924, 68, 3, Genova, 15 luglio 1860. Conferma gli intrighi segnalati da Garibaldi (cfr. ENSG, *Epistolario*, vol. V, cit., p. 157), su un tal Gallino che offre denari da parte di Farini e dice: «Il Ministero offre roba. Tanto meglio. Trecchi non capisce nulla di politica. Türr meno ancora. A che prò andare ad inchinarsi a Cavour e mettersi ai piedi suoi?».

niziativa meridionale diviene perciò più urgente in due prospettive: quello di costruire in Sicilia una credibile macchina amministrativa, per dar risalto, pur in situazione rivoluzionaria, all'alternativa di governo rappresentata dalla sinistra. Questo aspetto della questione si delinea abbastanza precocemente, agli inizi di giugno, e l'invio di Mario e Mordini in Sicilia va letto certamente in questa chiave,[232] ma ancor meglio si chiarisce nel mese successivo, quando ormai si fanno più netti i caratteri della nuova fase, più pressanti i compiti, non più dilazionabili le scadenze. È allora, a conferma di una riflessione non solitaria sulla linea politica, che Cattaneo insiste con Crispi sulla necessità di «saper tenere» quanto si è conquistato e invita a pensare anche «alla *produzione*», al modo di accrescere le ricchezze dello Stato attraverso l'azione di governo;[233] più tardi, alla vigilia dei colloqui genovesi col Farini, il De Boni proponeva «ai suoi amici di partire per Napoli e là fomentare la rivoluzione come unica via di salute».[234] Ma qualche giorno prima lo stesso Bertani aveva scritto a Garibaldi:

«Radunate intorno a voi, ma *chiamateli* gli uomini più eminenti d'Italia. Allora sarete invincibile in guerra e in pace. È questo un vostro e un nostro supremo bisogno. Soprattutto nella prossima eventualità di Napoli».[235]

Senonché nell'immediato quel che modificava più decisamente le prospettive era l'altro aspetto della questione meridionale, cioè il riattivarsi dell'iniziativa moderata con il pericolo di un'azione al centro promossa dal governo, contro cui l'unica risposta era definire rapidamente tempi e modalità del moto garibaldino nelle regioni centrali. Perciò il 14 luglio Bertani, inviando il Sacchi presso Garibaldi, auspicava di riaverlo subito indietro con istruzioni adeguate e con l'incarico di guidare la spedizione «per lo Stato Pontificio»; ma aggiungeva

«Gli affari urgono [...] Se voi ci dite una parola per lo Stato Pontificio noi *preveniamo l'invasione di Farini e C.ia*. Pensatevi e risolvete».[236]

232) V. le lettere di Bertani a Garibaldi agli inizi di giugno in G. E. CURATULO, *Garibaldi, Vittorio Emanuele* cit. pp. 116-7.
233) La lettera è inviata in Sicilia passando per Genova, ove Bertani è invitato a prenderne visione: v. *Epistolario* di C. CATTANEO cit., vol. III, pp. 371-3.
234) Cfr. G. ASPRONI, *Diario politico* cit., vol. II, p. 498, dove è anche un riferimento alle vivaci discussioni genovesi di quei giorni.
235) MCRR, *Carte Garibaldi*, b. 924, 68, 6. La conclusione di questa lettera insiste sulla forza del movimento da lui organizzato e sul fatto che «Ricasoli lo appoggia in contrarietà con Cavour. Morandi il generale sarà probabilmente con noi». In altra lettera del 19 luglio, *ivi*, b. 924, 68, 4 tra l'altro Bertani scriveva «Cattaneo Carlo vi offre i suoi servizi. Sarebbe gran cosa riunire intorno a voi tutte le sommità italiane».
236) *Ivi*, b. 924, 68, 2. Corsivo mio. Nel *Post Scriptum* si legge: «Avvisatemi in tempo del quando io debba cessare di rappresentarvi per non essere prevenuto dal glorioso dispetto cavouriano, il quale dice che a giorni finirà *l'imbroglio Bertani*». Corsivo testuale.

Egli dunque invia al sud un preciso messaggio che inequivocabilmente segnala l'intenzione governativa di prendere in mano l'impresa unitaria. C'è un nesso evidente tra questa prima scoperta della ripresa di iniziativa moderata che punta a rilanciare l'azione militare nelle regioni centrali e il prefigurare nuovi scenari dell'iniziativa democratica e rivoluzionaria nel Mezzogiorno. Era un ritorno alle illusioni meridionaliste del decennio precedente? Forse, ma esse ora apparivano altrimenti fondate sulla vastità del moto in atto, sulla sua prestigiosa direzione e su un più solido rapporto tra democrazia meridionale e settentrionale.

In quegli stessi giorni Bertani coglie subito il brusco cambiamento degli umori torinesi: le autorità revocano le autorizzazioni concesse e ostacolano il formarsi di nuovi convogli di volontari. [237] Era stato Cavour a decidere e, attraverso il Magenta, comunicare alla *Cassa* il nuovo indirizzo governativo nei rapporti con Garibaldi e la rappresentanza genovese, con l'unica riserva di tornare su tali decisioni ove il Depretis, partito per Palermo, avesse ristabilito l'accordo tra il Generale e il ministero «che non si lascerà rimorchiare da nessuno».[238] Intanto se ad oltre due mesi dalla partenza della prima spedizione il silenzio tenuto dal Generale sul moto nell'Italia centrale rimaneva ambiguo, i segnali da lui inviati in questi giorni furono eloquenti. Riannodando il «complotto» col re che lo aveva messo sull'avviso affinché non si fidasse d'altri che di lui e non partisse verso Napoli senza averglielo prima comunicato per non vanificare i progetti insieme definiti,[239] e trascurando invece ogni concerto col centro di Genova, Garibaldi coordina le mosse future e l'attacco allo Stato Pontificio con il sovrano. A lui, in una lettera che per molti aspetti segue un ragionamento

[237] MCRR, *Carte Garibaldi*, b. 924, 68, 4, Bertani a Garibaldi, Genova, 19 luglio 1860.

[238] V. *Liberazione del Mezzogiorno* cit., vol. I, p. 349. Il foglio segue un telegramma del 10 luglio che si legge in CHIALA, vol. VI, 569. A Ricasoli il 18 luglio Cavour scrive: «Non è giunto il tempo di romperla con Garibaldi, solo si deve cessare di somministrargli nuovi mezzi d'azione»: v. *Carteggi Ricasoli* cit., vol. XIV, p. 69. Senza cadere in retoriche risorgimentiste, il colloquio Farini-Bertani in agosto e il modo in cui fu preparato il passaggio di Garibaldi sul continente potrebbero far leggere tutta la vicenda in modo diverso. Sebbene allo stato non esiste documento su cui fondare una diversa interpretazione, il problema è posto anche da R. ROMEO, *Cavour* cit., vol. III, pp. 742-3, che insiste sulla tesi, condivisibile, di un Cavour a conoscenza della lettera non ufficiale, inviata dal re a Garibaldi il 22 luglio sul passaggio nelle Calabrie, per incoraggiarlo all'impresa contro il testo della lettera ufficiale. Ricordata la testimonianza di Farini, che accenna alla vicenda come ad uno «stratagemma», il Romeo trascura il carattere di duplicità della politica cavouriana, originata dall'esigenza di garantirsi dai pericoli interni e internazionali di isolamento. FABIO ISMAN, in alcuni articoli pubblicati in *Il Messaggero* del maggio-giugno 1993 sui fondi dell'*Archivio Reale di Cascais* giunti in Italia, riferisce di aver visto la copia di mano di Cavour di questa seconda lettera del re a Garibaldi.

[239] V. *Le lettere di Vittorio Emanuele II* cit., p. 611. Il re dà istruzioni per il presente, poi indica i possibili scenari di un conflitto internazionale che coinvolga l'Austria per l'anno venturo.

tanto lineare e inconsueto da poter entrare a pieno titolo fra quelle «prefabbricate» per speciali circostanze,[240] da un lato raccomanda di non precipitare il moto negli Stati del Papa, considerate le difficoltà politiche dell'impresa, e dall'altro indica alla direzione di essa il brigadiere Brignone contro i Ribotti e Mezzacapo dei quali si parlava a Palermo, ma i cui nomi in verità circolavano anche fra Genova e Torino.[241] Una tale scelta viene confermata nella stessa data anche al Fiorenzi insieme con l'indicazione che l'insurrezione sarebbe dovuta iniziare non appena avvenuto il passaggio delle forze garibaldine sul continente.[242] Invero la *Cassa Centrale* non pensava ad alcuno di quei nominativi, meno ancora al Brignone, per il comando della spedizione nelle Marche, ma quella singolare scelta, una volta resa pubblica, assumeva un carattere di sfiducia verso l'operato del centro bertaniano, e ne ridimensionava drasticamente la funzione nell'eventualità dell'impresa. Il nome del Brignone, cosa anch'essa singolare, giunse prima al Bertani che ai *Comitati di Provvedimento* di Bologna e Firenze, i più interessati e coinvolti nella preparazione del moto perché in relazione diretta col *Comitato d'emigrazione*, e per i quali il suggerimento del Generale risultava del tutto imprevisto.[243] Al medico milanese invece quella novità doveva apparire chiara e imponeva di prendere atto della fine del progetto a cui sin dalle origini aveva lavorato instancabilmente: dare all'iniziativa al Centro un carattere di continuità col moto del maggio. Attenuando i toni polemici per evitare che le conseguenze di così brusca rivelazione fossero ancor più gravi, il 19 luglio osservava:

«Il Brignone, rispettabilissimo per tutti i riguardi, non può secondare il carattere insurrezionale rappresentando troppo il governo Piemontese ed essendo ancora in servizio; falserebbe il carattere nazionale spontaneo, la vostra stessa intrapresa».[244]

[240] La «fabbrica» doveva essere a Torino. Garibaldi si riferisce a colloqui con l'Amari che gli reca una lettera del re. Il nome del Brignone entra nell'affare con la missione Trecchi da Palermo a Torino: v. dispaccio Persano a Cavour del 2 luglio, che lo segnala come un possibile commissario regio, ben accetto al Generale: in *Liberazione del Mezzogiorno* cit., vol. I, pp. 268-9.

[241] ENSG, *Epistolario* cit., vol. V, pp. 166-7. Il nome del Ribotti in particolare era stato avanzato nelle trattative tra Bargoni e il governo e suggerito da Bertani a Garibaldi.

[242] *Ivi*, p. 163

[243] Cfr. lettera di Stanzani a Bertani, Bologna 24 luglio 1860 e l'altra di Dolfi a Bertani, Firenze, 25 [luglio 1860], in MRM, *Carte Bertani*, b. 36, pl. CL, 52, e b. 40, pl. CLXII, 89. D'altra parte L. PIANCIANI, *Dell'andamento* cit., p. 112, afferma aver già Bertani diramato ai *Comitati* locali l'ordine di rivolgersi a Pianciani come al capo designato per la spedizione.

[244] MCRR, *Carte Garibaldi*, b. 924, 68, 4, vedila in *Appendice*. Il Brignone vigilava il confine toscano con l'Umbria e il suo nome era il più compromettente per il governo. Bertani però insiste sui *Comitati* : «Pensate al continente; io penserò a offrirvi qualche punto d'appoggio a Napoli, Salerno e gli Abruzzi».

Qualche giorno dopo torna ad insiste sulla necessità di avere risposte precise circa la spedizione nello Stato Pontificio, ma sente di dover fornire al suo capo anche garanzie di tipo certamente più politico per il successo di quell'azione

«Voi non mi rispondete circa la spedizione Pontificia. Vi comprendo. Parlai con Brusco. *State sicuro* che non faremo a caso, e che il vostro nome non sarà malmenato — e verrà fuori ancor più glorioso».[245]

Forse questa esigenza di garanzie sorgeva anche dall'intreccio frenetico di incontri svoltisi in quei giorni a vari livelli e con diversi protagonisti, culminati nei colloqui genovesi tra Farini e Bertani.[246] La stampa sembra offrire a tutto questo lavoro una discreta copertura con la laconicità delle informazioni fornite,[247] segno che in questo momento, tra gli ultimi giorni di luglio e la prima metà di agosto, le silenti decisioni politiche tornano a prevalere sulle rumorose azioni militari. Ora però Bertani si trova in una situazione nuova, non solo per la forza che è in grado di dispiegare nella partita, ma perché è mutata la sua collocazione entro la scena della politica: egli infatti è entrato in contatto «al di fuori del ministero» con il sovrano,[248] e nella sua corrispondenza con Garibaldi accentua i toni anticavouriani, insistendo sulla possibilità che una coerente azione al Sud riesca a dare il colpo decisivo e provocare la crisi del governo.

«Continuate, rinforzate la guerra a Cavour. Egli cadrà. Se sostituiste un democratico al conte Amari avvicinerebbe la caduta»

scrive il 22 luglio. Ma le lettere del periodo insistono sul motivo, né mancano di dar rapido conto di quanto intercorre col re, come ad esempio la decisione di inviare in Sicilia il Depretis al posto del Valerio, giudicata «una sconfitta di

[245] *Ivi*, b. 924, 68, 5. Bertani a Garibaldi, Genova 22 luglio 1860.
[246] L. PIANCIANI, *Dell'andamento* cit., pp. 114-8, si diffonde molto sui contatti tra *Comitato* genovese e governo prima dell'incontro Farini-Bertani.
[247] Notizia degli incontri genovesi tra Farini e Bertani e sulla chiamata a Torino di Ricasoli in *Il Diritto* e *L'Opinione* del 1° e 3 agosto. Silenzio invece su altri e non meno importanti, ma riservati incontri. Senza commento la nota de *L'Opinione* del 4 sul rientro del barone a Firenze.
[248] Macchi ne dava assicurazione a Bargoni: v. G. E. CURATULO, *Garibaldi, Vittorio Emanuele* cit., p. 125. La tesi di J. WHITE MARIO, *La vita e i tempi di Agostino Bertani* cit., p. 352, sull'assenza di rapporti tra Bertani e il re è del tutto infondata e fa parte del sistema di coperture dell'azione sovrana messa in atto da tutta la storiografia ottocentesca, alla quale si adeguò anche quella di parte democratica.

Cavour» che irato e sbuffante, secondo la divertita relazione che attribuisce allo stesso sovrano, affronta in consiglio dei ministri le discussioni su Garibaldi.[249]

Comunque per il conte la situazione cominciava a farsi delicata, ed era ormai giunto il momento della «risoluzione definitiva», come conferma la chiamata a Torino del Ricasoli per discutere le delicate questioni all'ordine del giorno. Egli poi, impegnato in trattative con Francia e Inghilterra, esprimeva al Nigra l'auspicio di poter trattenere ancora qualche tempo i volontari oltre il Faro, ma la vittoria di Milazzo aveva ormai aperto ai garibaldini le porte per Messina e la Calabria.[250] I tempi stringevano, né era più possibile continuare nella politica dei rinvii: anche Garibaldi era deciso a non tollerarne altri.[251] I temporeggiamenti di Cavour hanno due motivazioni: la prima, di ostacolare l'ingresso del Generale nella capitale del regno borbonico e addirittura precederlo; l'altra, di dover ancora sciogliere le ultime resistenze a livello internazionale, ed è interessante notare come il "diplomatizzatore" del Risorgimento trovasse per l'occasione accenti di compatimento verso la diplomazia che «parait destinée à s'intéresser surtout aux mauvaises causes».[252] Ma agli inizi d'agosto i colloqui tra Farini e Bertani sanzionarono in via definitiva la svolta subita dalla questione nazionale; dopo non fu più possibile nutrire dubbi su tre ordini di problemi: il rapido passaggio di Garibaldi sul Continente; l'assunzione da parte del governo dell'iniziativa nei territori del papa, anche se per qualche giorno si mantenne un certo riserbo al proposito;[253] infine la decisione dei tempi, per necessità brevi e strettamente connessi all'andamento delle vicende napoletane,

[249] Si vedano in particolare le lettere già citate in MCRR, *Carte Garibaldi*, b. 924, 68, 2, 4, 6.

[250] V. *Cavour-Nigra* cit., vol. IV, p. 100, Cavour a Nigra, 23 juillet 1860. Ma il 28 luglio, dopo Milazzo, scrive a Persano: «Dopo sì splendida vittoria io non vedo come gli [a Garibaldi] si potrebbe impedire di passare sul continente».

[251] ENSG, *Epistolario* cit., vol. V, in particolare le lettere al re del 27 e 30 luglio e, in questa ultima data, quelle a Ricasoli e Bertani, ai quali fra l'altro chiedeva di dare avvio al moto nelle Marche e nell'Umbria. La lettera a Vittorio Emanuele, *ivi* pubblicata, p. 205 con la data del 10 agosto, appare una manipolazione di quella del 27 luglio.

[252] V. *Cavour e l'Inghilterra* cit., vol. II, p. 100, ma anche le altre corrispondenze col d'Azeglio del luglio. Cfr. pure *Cavour-Nigra* cit., vol. IV, pp. 122-4, dispaccio a Nigra del 1er août 1860, ove rianimato dal Nisco sulla possibilità di prevenire Garibaldi a Napoli, chiarisce le contingenze che lo spingono a ritardarne lo sbarco in Calabria. Nisco però, in un telegramma a Ricasoli del 2 settembre, è diventato per Cavour «un imbécile»: v. *Carteggi Ricasoli* cit., vol. XIV, p. 311.

[253] Del prossimo intervento delle truppe piemontesi nello Stato Romano la stampa parlò solo dopo la partenza di Bertani da Genova. Cavour ne dà un criptico, ma ufficiale annuncio all'Azeglio nel dispaccio del 25 luglio, sollecitandolo a verificare appoggio o tolleranza dell'Inghilterra verso una politica audace del Piemonte: v. *Cavour e l'Inghilterra*, vol. II, cit., pp. 108-9. Vedasi pure la relazione di D. Pantaleoni a Cavour del 24 luglio, che riflette assai lucidamente sullo sviluppo accelerato del moto nazionale, appena rallentato dalla costituzione a Napoli e tuttavia in balia dell'iniziativa garibaldina se essa non venisse fermata nello Stato Romano, in *Questione Romana* cit., vol. I, pp. 28-31.

per la ripresa dell'iniziativa militare da parte delle forze governative, da cui sarebbe scaturito il chiarimento definitivo dei rapporti tra Cavour e la Sinistra e insieme l'arresto momentaneo del disegno anticavouriano nutrito da quei settori patrocinati in prima fila dal re. Ma se è facile cogliere il senso generale delle convulse trattative di quei giorni di fine di luglio-inizi di agosto, più complicato è invece definirne gli aspetti specifici, proprio perché le finalità di esse appaiono complicate da un intreccio polidirezionale nel quale la limpidità del rapporto governo-garibaldini è in realtà intorbidita dall'intervento di un «terzo partito» che consente spazi di iniziativa anche a posizioni più particolari come quelle del Ricasoli.[254] La posizione cavouriana emerge ben delineata nella lettera con la quale Farini comunica a Depretis la linea e le prossime mosse del governo, che prevedeva tra l'altro la decisa assunzione dell'iniziativa al Centro dopo «fatta la mutazione a Napoli», ma «senza metter tempo di mezzo».[255] Per realizzare un simile piano occorreva tener sotto controllo le iniziative genovesi, cioè del gruppo bertaniano, e toscane, cioè dei volontari là raccolti, sui quali Ricasoli manteneva influenza in virtù dell'accordo col Dolfi;[256] insomma il ministero aveva una necessità assoluta che nessun imprevisto intervenisse a modificare l'*iter* stabilito per lo scioglimento della questione nazionale, e non c'è dubbio che la tensione al proposito era talmente alta e tanto scoperti i nervi del governo da far apparire a certi esponenti del gruppo cavouriano come pericolosi sovversivi perfino i cautissimi membri del *Comitato dell'emigrazione umbro-marchigiana* di Firenze.[257] Da qui sembrano partire le insidie dei diversi settori anticavouriani rispetto ai quali, non meno che sul terreno internazionale,

[254] R. ROMEO, *Cavour* cit., distingue le posizioni del re e di Ricasoli e osserva che il secondo, tornato a Firenze dopo il colloquio del 30 luglio con il conte, continuò a mantenere contatti ambigui con la Sinistra, anche perché voleva estendere il movimento fino a Roma (pp. 756-9); il re invece avrebbe avuto posizioni sostanzialmente identiche a Cavour su tutte le grandi questioni. Ma il giudizio è troppo generoso verso il sovrano. Per il mio punto di vista v. Cap. III.

[255] In *Liberazione del Mezzogiorno* cit., vol. I, dispaccio del 28 luglio 1860, pp. 402-3. Su questo tema, in termini analoghi si esprime il Gualterio con il Ricasoli il 25 luglio riferendo direttive di Cavour: «Quando le cose napoletane saranno finite verrà la volta delle romane»: v. *Carteggi Ricasoli*, vol. XIV, cit. p. 108.

[256] Noti e variamente valutati i rapporti tra Ricasoli e Dolfi, ma la personalità del leader popolare fiorentino meriterebbe un'indagine ben più approfondita e aggiornata di quella condotta da GILDO VALEGGIA, *Giuseppe Dolfi e la democrazia in Firenze negli anni 1859 e 1860* cit.

[257] Gualterio a Cavour, Cortona, 28 luglio 1860, parla del sostanziale fallimento dei tentativi del comitato bertaniano di Genova e assicura che malgrado il «minor senno» del comitato dell'emigrazione di Firenze, i gruppi patriottici all'interno dell'Umbria garantiscono piena fedeltà al governo (in *Liberazione del Mezzogiorno* cit., vol. I, p. 403-4). Cfr. anche nota 217.

il conte deve giocare senza avere «le spalle del tutto coperte»,[258] tanto meno ora che essi appaiono molto attivi. Il 28 luglio il re, all'insaputa di Cavour, invia il suo aiutante di campo, generale Saint Front, dal Brignone,[259] forse per sondare la possibilità di utilizzarlo nel senso discusso con Garibaldi. Sempre al Saint Front, nello stesso giorno, si rivolge Bertani, per sollecitarlo a sostenere presso il sovrano le ragioni della spedizione nell'Italia centrale.[260] Il giorno successivo invece il medico milanese invia al re per conoscerne più direttamente le intenzioni un suo emissario, il Pianciani,[261] ma anche questo colloquio, non privo di asperità, non ottenne i risultati sperati.[262] Il fallimento della missione Saint Front forse ridimensiona le intenzioni regie, e nei giorni successivi Vittorio Emanuele ribadì in più occasioni la sua indisponibilità a dar appoggio a qualunque movimento insurrezionale al Centro.[263] Pianciani intanto, che doveva aver avuto da Bertani un mandato ampio, spese il soggiorno torinese in diversi contatti con ambienti ministeriali, dando seguito ad una prassi fatta di continui scambi di punti di vista tra la *Cassa Centrale* e il governo.[264] Ma questa volta, in condizioni ben diverse rispetto a due mesi prima, sarebbe stato quest'ultimo a imporre un accordo al partito d'azione inviando a Genova il Farini. Cavour non potendo seguire la via dello scontro con la *Cassa*, né poten-

[258] Questa circostanza Cavour segnala al Nigra il 1° agosto, mentre tenta l'espediente estremo per precedere Garibaldi a Napoli, e la riferisce soprattutto alle possibili reazioni dei rattazziani e del re: v. *Cavour-Nigra* cit., vol. IV, p. 125. Nigra consiglia, ma Cavour ricusa, la convocazione del Parlamento: v. *ivi*, pp. 134-6 e 144-6.

[259] V. *Liberazione del Mezzogiorno* cit., vol. I, pp. 409-10, lettera del 29 luglio del principe Eugenio a Cavour ove si protesta per la missione Saint Front in Toscana, della quale non è stato messo a giorno e la risposta del conte, del 30, anche lui lasciato all'oscuro, pp. 418-9.

[260] MRM, *Carte Bertani*, b. 17, pl. XXVII bis, 3. Sul retro la risposta negativa del generale che sostiene la necessità di un rinvio. Si veda pure, *ivi*, b. 47, IV, 28, le informazioni che Bertani dà allo stesso sempre il 28 luglio, sul piano e le forze del moto.

[261] V. Bertani a Pianciani, 29 luglio 1860, in MRM, *Carte Bertani*, b. 14, pl. XXI, 28.

[262] Cfr. *Le lettere di Vittorio Emanuele* cit., vol. I, p. 620. Secondo il re il patriota umbro lo accusò di diserzione dalla causa. L. PIANCIANI, *Dell'andamento* cit., nulla disse di quell'incontro, che pur ebbe luogo, sebbene Mazzini, che con tutta evidenza continuava a non conoscere gli uomini, si attendesse da quest'opera grandi rivelazioni sulla doppia condotta del sovrano in pubblico e in privato: v. la sua lettera alla Stansfeld del 12 settembre 1860, in SEI, *Epistolario*, LXX, pp. 69-70.

[263] Si veda in *Le lettere di Vittorio Emanuele* cit., vol. I, lettera a Trecchi dell'1 o 2 agosto, ove invita a esporre a Bertani che l'unica soluzione per i volontari, in ciò concorde anche Ricasoli, era di avviarli in Sicilia e senza armi. La stessa affermazione nella lettera di E. Bensa a Bertani del 30 luglio, ove è riferito un colloquio col re: v. MRM, *Carte Bertani*, b. 17, pl. XXVII, 1 e 3.

[264] Di essi riferiscono i protagonisti di parte democratica, quali L. PIANCIANI, *Dell'andamento* cit., pp. 117-35, che nella vicenda ebbe parte rilevante; G. MAZZINI, SEI, *Epistolario*, voll. LXVIII e LXX, in particolare nelle lettere alla Stansfeld, nonché lo stesso Bertani, che dette al proposito evidenti suggerimenti alla stampa d'opposizione e a *Il Diritto* in particolare.

do far affidamento sulla compattezza dello schieramento che avrebbe dovuto sostenerlo, preferì la strada più diretta e meno scontata della trattativa con gli avversari.

L'incontro genovese si svolge negli stessi giorni in cui il ministero sembra aver accettato il fatto che lo scrollone finale al regno di Napoli venga dato a partire dal sud, cioè dai volontari, e poiché è difficile dar credito ad un Cavour pronto a lanciarsi contro l'Austria per bilanciare a Venezia le vittorie garibaldine di Palermo e Milazzo, pare evidente che il passo del dispaccio al Nigra del 1° agosto, ove si paventano le gravi conseguenze di una liberazione di Napoli da parte di Garibaldi,[265] vada letto proprio nel senso di dare questa eventualità come compresa nei propri piani, mettendo diplomaticamente sull'avviso Parigi che una volta consumatosi tale evento bisognerà affrettarsi a strappare il movimento nazionale dalle mani della rivoluzione rossa. Insomma siamo quasi al preavviso dell'azione regia nell'Italia centrale. Le connessioni della linea cavouriana non sono però temporali quanto indicative di una stretta unità operativa dei diversi piani, diplomatico e internazionale,[266] di politica interna e militare, che sono poi quelli sui quali il conte tradizionalmente agisce. Ma erano molti gli esponenti moderati, tra i quali lo stesso Ricasoli, che pur non si risparmiava nel mantenere aperti i canali di comunicazione con la parte democratica attraverso stretti rapporti col Dolfi, ad interpretare l'incontro genovese come un cedimento quasi la trattativa «avesse più l'apparenza di parlamentare che di comandare»;[267] ad una linea d'ordine, non consapevole della complessa situazione che doveva essere dipanata, ciò poteva apparire atto di debolezza da parte dell'autorità. Tuttavia fatte salve le apparenze soprattutto ad uso interno, il governo concepiva la trattativa genovese in termini piuttosto netti e finalizzata

[265] V. *Cavour-Nigra*, vol. IV, cit., p. 123.

[266] Agli inizi di agosto la stampa diffonde la lettera di Napoleone III al Persigny, datata 19 luglio. *L'Opinione* la commenta il 2 agosto, *La Gazzetta Ufficiale del Regno* la traduce integralmente il 3. In essa l'imperatore ribadisce le sue intenzioni di accordo con l'Inghilterra sulla questione orientale, rimessa in movimento dalla crisi siriaca, e sullo scacchiere italiano. Per questo aspetto Parigi considera l'accordo con Londra come garanzia del non intervento delle potenze occidentali in Italia, ma indica la preferenza per una soluzione garibaldina della questione di Napoli; cfr. anche *Liberazione del Mezzogiorno*, vol. II, cit., pp. 47-8, Cavour a Villamarina, 9 août 1860. Sarebbe utile conoscere meglio il ruolo giocato da Cavour nell'evoluzione della posizione imperiale, si veda per esempio come egli suggerisca al Nigra un intervento per favorire l'allentamento dei sospetti ginevrini sulla politica francese in *Cavour-Nigra*, vol. IV, cit., pp. 132-3. Per l'Europa questa evoluzione segna l'allineamento senza riserve della Francia sulla posizione antiborbonica dell'Inghilterra. Un quadro della situazione internazionale dal punto di vista del gruppo cavouriano nella lettera di T. Corsi a Ricasoli del 7 agosto 1860, in *Carteggi Ricasoli*, vol. XIV, cit., pp. 163-5; un rapido schizzo ne dà Cavour nella lettera a G.B. Cassinis del 16 agosto 1860, in *Liberazione del Mezzogiorno*, vol. II, cit., pp. 90-1.

[267] Gualterio a Ricasoli, Cortona 8 agosto 1860, in *Carteggi Ricasoli*, vol. XIV, cit., pp. 175-6.

nell'immediato a far cessare l'attività della *Cassa Centrale* e impedire la spedizione nel Pontificio.[268] Su queste basi però era difficile evitare un conflitto aperto con i democratici e se Cavour era voluto passare attraverso una trattativa, lo aveva fatto perché non poteva ignorare il prestigio di Garibaldi, in nome del quale pur sempre agiva il centro genovese, e dopo aver considerati gli stretti rapporti del liberatore della Sicilia con il sovrano. Se egli dunque, da fine conoscitore delle regole della politica, sapeva che nel momento in cui tirava la corda non poteva lasciare all'avversario come unica alternativa quella di impiccarvisi, a sua volta Bertani cercò di giocare la propria parte, intendendo già qual conto fare del sostegno del suo Generale e delineando una via che non si configurasse come cedimento all'imposizione altrui, ma apparisse piuttosto fatta in nome delle necessità belliche liberamente valutate da Garibaldi stesso, in un momento in cui le prospettive d'azione del movimento nazionale potevano ampliarsi con il passaggio delle camicie rosse in Calabria. V'era cioè nella sua scelta il senso di una svolta che egli era venuto da tempo apparecchiando e che in realtà, dal suo punto di vista, non chiudeva affatto la partita, ma apriva una nuova mano, giocata nel sud ed avente per posta Roma e Venezia.[269] Infatti sarebbe altrimenti inspiegabile non tanto l'accordo, quanto il fatto che ad esso Bertani giungeva con la coscienza assolutamente netta di poter trovare una base di consenso con il governo e dare a Garibaldi, prima ancora di incontrare il Farini, l'arrivederci a Napoli, evidente preannuncio della sua partenza per il sud.[270] Indubbiamente gli argomenti propagandistici di entrambi i contendenti non aiutano a chiarire su quale latitudine di problemi e in quali termini effettivi l'accordo fosse stato trattato e raggiunto. Farini annunciava trionfante e con le stesse parole a Cavour e a Ricasoli la conclusione della trattativa genovese come se essa avesse segnato la fine dell'ufficio della *Cassa Centrale*,[271] e non solo ciò non si verificò, ma egli doveva ammettere che non tutti i problemi erano stati risolti, tanto da lasciare

[268] *Ivi*, p. 134, Farini a Ricasoli, Genova 1 agosto 1860, avvisa del passaggio di Mazzini a Firenze e informa sui colloqui con Bertani, al quale ha dato tempo fino all'indomani perché «ou il se mette avec nous, ou je séquestre toutes les armes que je trouve». A notizia del governo l'inizio dell'azione dei volontari nel territorio pontificio era stabilia al 4 agosto: *ivi*, Cavour a Ricasoli, Torino, 31 luglio 1860, p. 172. R. ROMEO, *Cavour* cit., p. 757, ha ricordato la decisione presa dal governo nel consiglio del 1° agosto di usare «ogni possibile mezzo costituzionale» per porre fine all'esistenza di uno stato nello stato. Era una dichiarazione di guerra, contenuta però entro limiti politico costituzionali precisi, alla *Cassa Centrale*.

[269] Cfr. capitolo II.

[270] V. la lettera a Garibaldi del 31 luglio 1860 in *Appendice*.

[271] V. il telegramma a Ricasoli del 2 agosto 1860, in *Carteggi Ricasoli* cit., vol. XIV, p. 138, e l'altro a Cavour, stessa data, in *Liberazione del Mezzogiorno* cit., vol. II, p. 5. Naturalmente a seconda dell'informazione su cui si basava l'uno e l'altro, quelle parole potevano assumere significati notevolmente diversi.

«Borromeo à surveiller l'exécution des promesses que Bertani m'a donné par écrit». [272]

Il medico milanese ne diffuse l'interpretazione secondo la quale il governo consentiva alla partenza per mare dei volontari già organizzati per la spedizione nel Pontificio, purché non salpassero dallo stesso porto e soprattutto dirigessero verso la Sicilia prima di riprendere eventualmente il largo verso altre mete, un ordine configurabile come uno scarico di responsabilità più che come divieto. [273] In realtà bisogna riconoscere che attraverso i colloqui genovesi si configurò una vera e propria trattativa, anche se per gettare qualche luce sui reciproci impegni assunti dalle parti con la sottoscrizione di quella che Pianciani definisce una «convenzione», — e non si può trascurare il diverso valore delle espressioni di Farini che configurano solo obblighi unilaterali del medico milanese[274] — non resta che affidarsi all'esame dei successivi svolgimenti delle relazioni tra governo e opposizione democratica. D'altra parte molte cose sembrarono continuare come per il passato: il re non rinunciò a tessere la sua ambigua trama direttamente con Garibaldi,[275] Bertani nulla chiarì circa il carattere volontario o contrattato della sua partenza da Genova e comunque mise in atto un singolare stratagemma sui cui fini non è facile pronunciarsi, ma che sembra diretto a dar l'impressione di non volere abbandonare la spedizione nello Stato Pontificio.[276] Il governo poi non bloccò la partenza dei volontari già pronti per

[272] *Ibidem*. Il testo pone l'accento su garanzie scritte, che però non conosciamo.

[273] Questa versione è accreditata da L. PIANCIANI, *Dell'andamento* cit., pp. 130-1, e da Mazzini in una lunga lettera a Caroline Stansfeld, [Genoa], August 4th, 1860, non priva di accenti polemici e di sospetti verso Bertani, in SEI, *Epistolario*, vol. LXVIII, pp. 268-74. Ma su questa ipotesi aveva espresso grande scetticismo: cfr. *ivi*, [Genova, luglio 1860], pp. 257. La lettera sembra scritta a trattativa in atto, e dunque anche in questo caso va datata agli inizi di agosto.

[274] Cfr. L. PIANCIANI, *Dell'andamento* cit., p. 131, secondo il quale alcuni elementi della Sinistra si illudevano sul patriottismo del Farini; il ministro poi avrebbe accennato alla dimissione del gabinetto se, in caso di mancato accordo, il re non avesse aderito alla richiesta di misure estreme contro il Comitato di Genova.

[275] *Le lettere di Vittorio Emanuele* cit., p. 614, il re invia a Garibaldi un messaggio verbale, affidato sempre al Trecchi che lo appunta sul retro di un telegramma datato 5 agosto, informandolo che quando Garibaldi sarà a Napoli lui andrà nell'Umbria e nelle Marche. Lo invita a lasciar fuggire Francesco II. Vittorio Emanuele oltre a poter contare su numerose complicità tra gli uomini che seguivano l'affare napoletano, aveva certamente dalla sua il Villamarina che, scriveva Cavour, «me répète sur tous les tons qu'une révolution sans Garibaldi est impossible» a Napoli, v. lettera al Principe Eugenio, 6 août 1860, in *Liberazione del Mezzogiorno* cit., vol. II, p. 17.

[276] Per coincidenza la lettera di Garibaldi a Bertani, del 30 luglio 1860, ora in ENSG, *Epistolario* cit., vol. V, p. 190, giunse inspiegabilmente a Genova dopo l'8 agosto quando Bertani era già partito per la Sicilia, motivando il viaggio con la necessità di ricevere istruzioni precise da Garibaldi. Una lettera con analogo contenuto inviata a Ricasoli giunse al

l'azione — era la spedizione che si sarebbe concentrata a Golfo Aranci — ma li spinse verso la Sicilia, mostrando di far propria l'idea della continuazione dell'azione garibaldina oltre il Faro,[277] visto che nel momento in cui reclamava l'annessione immediata dell'isola al regno sardo non poteva realisticamente sostenere che bisognassero altri uomini per la sua liberazione. Anche la *Cassa* abbandonata dalla direzione di Bertani con la copertura di una missione urgente presso Garibaldi, continuò a funzionare,[278] vivendo un momento di difficoltà e quasi di «sonno» ed accettando, o subendo, il punto di vista del governo, che ne riteneva esauriti i compiti, come di fatto era facile pensare una volta accettato il divieto alla spedizione nel territorio romano. Va però rilevato che lo stesso Farini garantiva a Pianciani essere il governo costituzionale convinto che «l'opposizione ci deve essere»,[279] e ciò limitava ancor più il significato dell'atto di sospensione della *Cassa*, già reso consensuale e non impositivo. Inoltre ove si consideri che dall'interno del gruppo dirigente moderato, vicino ad esso e soprattutto dall'estero, dal potente alleato francese, provenivano spinte fortissime per interventi extra-legali volti a ridurre le libertà costituzionali,[280] la posizione del governo apparirà ancor meno illiberale. Essa fu mantenuta anche allorché, proseguendo i tentativi insurrezionali di gruppi ed elementi residui,[281] da

---

barone soltanto il 19 agosto, cioè quando era in atto un ulteriore tentativo di realizzare la spedizione nell'Umbria.

[277] Per Cavour il governo fu costretto a questa concessione da Bertani, ma lo dice in modo da far intendere che essa non gli costò molto: v. *Cavour-Nigra*, vol. IV, cit., p. 138, Turin, 5 août 1860.

[278] Non è inutile richiamare la stretta dipendenza dei *Comitati* personalmente da Bertani in nome di Garibaldi. Comunque egli, assentandosi per «alcuni giorni», affidò la direzione della sua organizzazione al Macchi, al Brambilla e al Brusco, con una lettera pubblicata in *Il Diritto* del 10 agosto, mentre l'amministrazione era interamente rimessa nelle mani dell'Antongina.

[279] L. PIANCIANI, *Dell'andamento* cit., p. 135. Sugli aspetti contraddittori della politica del governo si vedano le due lettere del 14 e del 23 agosto 1860 del Valerio, allora governatore di Como, al Castelli. Nella prima lamenta di non aver ricevuto la circolare in forma ufficiale, né istruzioni particolari in merito; nella seconda informa che il governo continua a dare biglietti ferroviari di favore a chi si reca a Genova per arruolarsi: v. *Carteggio politico* di M. A. CASTELLI cit., vol. I *(1847-1864)*, pp. 313-16.

[280] Fanti sollecita apertamente Cavour a sciogliere i *Comitati* bertaniani che mettono in crisi la disciplina dell'esercito: v. *Liberazione del Mezzogiorno* cit., vol. II, pp. 21-2, Fanti a Cavour, Torino, 5 agosto 1860; tra i moderati penso soprattutto a Ricasoli, sul cui autoritarismo o filocesarismo cfr. le osservazioni, al solito puntuali, di C. PISCHEDDA, *Appunti ricasoliani*, ora in *Problemi dell'unificazione italiana* cit, pp. 299-315; il Nigra ci offre un'importantissima testimonianza quando scrive a Cavour che l'imperatore non è contrario all'unità italiana, ma «Il dit toujours qu'il nous manque le Dictateur capable de diriger avec l'énergie nécessaire le mouvement»: v. *Cavour-Nigra*, vol. IV, cit., Nigra a Cavour, Paris, le 26 août 1860, p. 182.

[281] Di tutti questi tentativi è larga testimonianza nelle corrispondenze tra il Gualterio da un lato e Ricasoli e Cavour dall'altro. Proprio a quest'ultimo però il patriota umbro, in data 13 agosto, osservava che «l'azione dei Comitati [è] paralizzata facilmente dalla sola misura presa con Bertani»: v. *Liberazione del Mezzogiorno* cit., vol. II, pp. 77-78.

Pianciani a Nicotera a Martinati ed al *Comitato di Provvedimento* fiorentino, sarebbero state ampiamente giustificate più severe decisioni. Onde risalta la diversità di concezione e pratica politica tra Cavour e Rattazzi che, per un disegno di diversa ispirazione, ben altrimenti agì nel 1862. Bisogna certo anche considerare che la prima risposta del paese agli accordi genovesi non faceva prevedere un indebolimento risolutivo dell'organizzazione bertaniana: proprio allora infatti i comitati emiliano-romagnoli della *Società Nazionale* subivano un'importante scissione a sinistra che sembrava rendere ragione e compensare gli sforzi fin allora compiuti da Bertani per non perdere il contatto politico con questi settori. La risposta del La Farina agli scissionisti fu naturalmente assai rigida, ma in Emilia, come nel resto d'Italia, la vera forza della sua risposta dipese dal fatto che essa lasciava sempre più chiaramente intravedere l'imminenza di un'azione militare del governo di Torino, ormai pronto a riassumere la funzione di guida del moto nazionale e di garante del suo ordinato sviluppo. È questa la base sulla quale Cavour stringe le fila dei suoi sostenitori, ricostruisce il rapporto con i settori dell'opinione nazionale trascinati su posizioni filogaribaldine perché avevano scorto nell'iniziativa democratica una più netta continuità con gli eventi del 1859; su questo fondamento La Farina contrasta le pericolose tendenze centrifughe emerse nella sua associazione, e mentre viene diffusa la circolare Farini avvia su *Il Piccolo Corriere* un'aperta campagna propagandistica che preannuncia la prossima guerra, anche se soltanto alla fine d'agosto potrà precisare in una comunicazione riservata ai suoi *Comitati* la data e gli obiettivi, l'Umbria e le Marche, della scesa in campo del Regio Esercito.[282] Cavour così ripagava ad usura i mesi di penitenza cui aveva costretto la società lafariniana con la sua politica di resistenza all'iniziativa democratica.

Egli infatti non aveva mai affrontato il conflitto con i democratici in termini esclusivamente militari: nello sforzo di orientamento della pubblica opinione da lui dispiegato, soprattutto grazie all'opera della società lafariniana, emerge tutta la dinamica duttilità della sua posizione, che non si propone come una pura e semplice riaffermazione del primato dell'autorità legale, secondo una linea in larga misura emergente nelle posizioni ricasoliane. Ma quelli non eran tempi normali, bensì il momento culminante di una crisi prolungata durata almeno un biennio, se pur non si voleva riallacciare alle lotte quarantottesche, ed era necessario cogliere in essa con spirito costruttivo la drammaticità dei problemi che pretendevano un'immancabile soluzione, ricostruendo l'egemonia sulla pubblica opinione. Da essa bisognava ottenere un attestato di fiducia attraverso il quale l'operato del governo uscisse rilegittimato di fronte al paese,

---

[282] Sulle resistenze lafariniane alle tendenze filobertaniane dei *Comitati* romagnoli della *Società Nazionale* e sulla campagna del *Piccolo Corriere*, oltre all'*Epistolario* e agli *Scritti* del La Farina, cit.: cfr. i lavori del Dallolio ed in particolare R. Grew, *A Sterner Plan* cit., pp. 373-5.

onde la necessità di presentarsi al suo giudizio non imponendogli una lacerante alternativa tra obbedienza e ribellione, ma una scelta tra due possibilità di raggiungere i fini per i quali il movimento nazionale lottava da due anni. Era un problema politico e teorico assai rilevante, ma in quei frangenti, non sembri paradossale, Cavour aveva condotto a buon fine l'apprendistato di *leader* popolare in un confronto politico nel quale aveva ampiamente dimostrato di avere la capacità, la volontà e il polso per «regolare» i partiti, non solo quelli parlamentari, ma quelle più moderne espressioni alimentate dai sistemi rappresentativi, costituite dai partiti e movimenti di massa. In una lettera di risposta non formale ai *Comitati* romagnoli della società lafariniana restati fedeli al governo, colui che il senso comune storiografico definì «il grande tessitore», apparente omaggio alle sue virtù mediatrici cui tuttavia è negata ogni sensibilità verso i valori fondativi della nazione, propri della cultura risorgimentale, darà una testimonianza diretta di qual natura sia il nesso, attivo nella sua ispirazione, tra edificazione della nuova realtà statuale e i valori *politici* della nazionalità svolti in un quadro di riferimento liberale o secondo il sistema rappresentativo.

«Sentirsi sorretto dalla unanime volontà popolare è per un governo nazionale acquistar la certezza della propria esistenza e la coscienza della propria forza»

egli esordisce, introducendo un complesso ragionamento che sul tema del nesso governo-paese coniuga legalità e rivoluzione e si poggia sul netto riconoscimento del primo come

«un portato della pubblica opinione che ha mezzi legali per spingerlo e per moderarlo a seconda della volontà nazionale».

Onde non v'è rivoluzione fino a che non v'è rottura tra governo e l'opinione, ed esso sia attento alla sua voce. Ma quando una tal osmosi non sia totale, quando il governo e il paese non fossero d'accordo sui mezzi, si badi sui mezzi e non sui fini, il che non può essere evidentemente neppur ipotizzabile, allora la stessa necessità delle cose obbliga il secondo, in virtù del carattere legale dell'autorità, a dar fiducia ad essa.

«Meritare questa fiducia è lo scopo supremo di ogni Ministero, *il quale non potrebbe godere di alcuna morale autorità* se fosse costretto di provare ad ogni istante che egli non ne è divenuto indegno».

Il punto chiave è ovviamente nel richiamo al carattere morale, cioè consensuale, dell'autorità esercitata, sempre in via transitoria; perciò le forze popolari, «che impropriamente si chiamano la rivoluzione», e il dettaglio esplicativo impone un ampio orizzonte problematico, perdono la loro efficacia stimolatrice quando da ausilio potente all'operato di un simile governo ad esso si contrappongono.[283] La rivoluzione è il governo parlamentare. Cavour torna ad insistere sul carattere di rivoluzione politica del moto italiano, rispetto alla quale anche la diversa natura sociale delle forze garibaldine non può assumere una collocazione alternativa, conflittuale. Ma egli non rinuncia a chiudere la sua riflessione con un riferimento ai problemi specifici del momento per ribadire ulteriormente, in una fase come quella dell'agosto, in cui il moto nazionale si trova di fronte ad un bivio, l'intento dell'autorità legale di mantenersi padrona della rivoluzione contenendo il movimento popolare sotto la propria direzione.

Se Bertani non subisce, forse intende i vari terreni sui quali si viene svolgendo il confronto con Cavour, che può vincere nel paese battaglie perse a Napoli o in Sicilia: perciò lui non si lascia trascinare a gesti clamorosi di rottura, come sono quelli che gli ispira Mazzini, e preferisce rinviare lo scontro politico risolutivo a quando il fronte rivoluzionario, liberato un regno, potrà porre sotto gli occhi della nazione un diverso modello di governo capace di assecondarne la volontà, di rappresentarla più ampiamente, di convogliarne il consenso verso l'opzione democratica. Ad agosto aveva ancora senso scommettere su questa ipotesi e, per rendere meno avventuroso l'azzardo, nello stesso giorno in cui scrive a Garibaldi il suo arrivederci a Napoli egli torna a rivolgere un pressante appello a Carlo Cattaneo perché senza ulteriori indugi si affretti a raggiungerlo, raccogliendo colà le forze migliori in grado di proporre una prima, concreta risposta all'esigenza della rivoluzione di farsi stato.[284] La forza delle cose, per usare una espressione significativamente cara a Cavour, veniva dunque imponendosi a tutti, e li spingeva a giocare l'ultima mano della partita, iniziata il 5 maggio del 1860, a Napoli, dove intorno alla capacità effettiva di soddisfare questa esigenza sul terreno amministrativo, il partito d'azione avrebbe alla fine dovuto dimostare la sua alterità, anche se l'esperienza siciliana aveva già reso evidenti le debolezze intrinseche al gruppo dirigente garibaldino.

[283] Cavour a Camillo Casarini, Torino, 18 agosto 1860, in Chiala, vol. III, pp. 338-9. Il corsivo è mio. Cavour espone i principi fondamentali della dialettica tra partiti e istituzioni parlamentari, entro uno schema funzionale riferito al modello del bipartitismo.
[284] MRM, *Carte Bertani*, b. 34, pl. CXXXV, 73, s. l. [Genova], Bertani a Cattaneo, 31 luglio 1860.

## CAPITOLO II

## «Danari» e politica: dalla Cassa Centrale all'Associazione dei Comitati di Provvedimento per Roma e Venezia (agosto 1860-gennaio 1861).

*«Danari per la Cassa*
*Danari pei Comitati di Provvedimento.*
*Danari per la stampa del paese ed estera.*
*Danari per qualche nostro agente»*

(**Bertani** a **Garibaldi**, Torino 4 ottobre 1860)

Convinto ciascuno per parte sua dell'inutilità di un loro incontro, sul finire di giugno Bertani e Cavour avevano lasciato cadere la possibilità di un contatto diretto tra loro. Se ora uno degli esponenti più in vista del governo, il ministro dell'Interno Farini, si recava a Genova per abboccarsi con il principale dirigente della *Cassa Centrale,* pur sempre un privato cittadino, almeno in quella veste, non era ipotizzabile pensare che i termini generali della trattativa non fossero stati discussi prima e si dovessero piuttosto mettere a punto i particolari. D'altra parte quei termini generali erano stati già sobriamente comunicati a Garibaldi

«Conto che voi scendiate sul Continente. Noi faremo il nostro dovere. L'accordo qui è compatibile»,

che, tradotto in chiaro, significava la fine di qualsiasi resistenza governativa al passaggio dei volontari nel regno di Napoli, e un terreno di transazione «qui», cioè un accordo tra ministero e la *Cassa* genovese.[1] Per il governo, prossimo a

---

[1] MCRR, *Carte Garibaldi*, b. 924, 68, 11, Bertani a Garibaldi, Genova, 30 luglio 1860.

129

riprendere l'iniziativa, la neutralizzazione di questo organismo non doveva passare attraverso uno scontro diretto, che poteva costituire al più un'estrema e non auspicabile risorsa.[2] Né la Sinistra da parte sua poteva opporre alle richieste delle autorità un numero infinito di risposte, tanto più che doveva tenerle coerenti con le linee seguite in passato. Anch'essa dunque si trovava preclusa la via dello scontro, che lo stesso Mazzini, pur ammettendola in via di principio, in preda forse all'esasperazione dell'ora, sapeva avrebbe comportato la «morte del nostro partito». La sola minaccia di innalzare il vessillo della guerra civile era, se non scelta estrema e disperata, semplice atto agitatorio; dunque uno spettro senza conseguenze, certo, ma evocatore di per sé di un dramma incommensurabile che avrebbe isolato il partito d'azione.[3] Un'altra via, e alcuni l'avevano seguita da tempo, sarebbe consistita nella pura e semplice accettazione della direzione governativa, ma dal momento in cui aveva fondato la *Cassa*, questa non poteva essere la scelta di Bertani. Fedele all'ispirazione originaria di «farsi padrone della rivoluzione» egli, dopo i colloqui con Farini, non avrebbe cambiato le sue finalità, ma se aveva trattato da aprile a giugno per acquisire l'iniziativa alla direzione democratica, ora lo stesso obiettivo bisognava perseguirlo tenendo conto di ciò che da allora era mutato, e di ciò che era destinato ancora ad evolvere. I moderati imponevano un accordo che li rilanciava come forza dirigente del moto unitario, presentandosi di fronte all'opinione pubblica tanto fermi nel difendere le prerogative della legalità quanto instancabili nel sostenere le ragioni del cambiamento, ma il partito d'azione nel suo insieme, e la *Cassa* in particolare, confermavano il proprio ruolo dualistico e, se non fossero usciti dalla legalità, avrebbero assunto quello di vittime soggiacenti a un atto arbitrario mentre offrivano l'estremo contributo al riscatto italiano.[4] La parte della vittima oggi poteva tornar buona domani, in caso di difficoltà del piano cavouriano o anche di sua trionfale riuscita; inoltre questo transitorio ripiegamento non infirmava gli auspici di vittoria su cui si poteva sperare finché fosse stata possibile affidarsi all'entusiasmo popolare che l'avanzata garibaldina al sud avrebbe riacceso, riproponendo l'alternativa radicale tra le due grandi op-

[2] Farini a Cavour, Gênes, 1er août «Je ferai tout mon possible pour arranger les choses sans scandale», in *Liberazione del Mezzogiorno*, cit., vol. II, p. 1. A Ricasoli aveva presentato un'alternativa più netta.
[3] Nel corso della trattativa con Farini, Mazzini suggerisce a Bertani la linea della resistenza armata, ma per trattare dopo il primo colpo, perché non si vuole guerra fratricida, e farsi scortare in Sicilia. Sciogliendosi la legione toscana, spera di poterla utilizzare per un estremo tentativo in Umbria, vuol resistere, ma scrive alla E. A. Venturi: se Nicotera risponde sarà «la morte del nostro partito» (SEI, *Epistolario*, vol. LXVIII, p. 257 e pp. 323-4).
[4] V. *Il Diritto* dell'8 agosto 1860, *Schiarimenti* ; la *Cassa* sospende la spedizione non per debolezza, ma per responsabilità, come prova di forza morale, contro quella materiale del governo. I suoi dirigenti «non esitarono a far questo grave sacrificio, piuttosto che romperla col governo di Vittorio Emanuele, piuttosto che essere causa indiretta di civili dissidi e deplorabili scandali». Il 10, cfr. *D'alcuni giudizi*, delineava a condizioni e momenti diversi il rinvio della resa dei conti tra moderatismo e democrazia

zioni del movimento italiano.[5] Lo svolgimento dei fatti avrebbe dimostrato che per questo aspetto Bertani si faceva delle illusioni.

La rinuncia alla spedizione al Centro, sia pure nell'aspettativa di riprender la marcia verso Roma in condizioni diverse, doveva creare contraccolpi notevoli nei rapporti fra le diverse tendenze del partito; subire una brusca frenata e per imposizione di un «Giuda», era duro da sopportare.[6] L'Unità Italiana, allora edita a Genova, salutò l'arrivo di Farini aprendo il fuoco con violenza inusitata contro Bertani che si apprestava a riceverlo, pubblicando in prima pagina un articolo, Paese e Governo, la cui paternità risaliva a Mazzini,[7] nel quale, dopo un lungo richiamo ai principi, si mettevano bruscamente le carte in tavola, e si lanciava l'accusa più bruciante per un rivoluzionario, quella di non distinguere tra

«il metodo dei riformatori [e] quello dei rivoluzionari»,

il primo disposto ad ammettere un'evoluzione graduale del programma unitario, il secondo che la negava; questi disincantati sugli orientamenti governativi, quelli illusi da una politica governativa dalla quale

«è inutile sperare un moto generoso, uno di quegli atti vigorosamente iniziatori che salvano e fondano le nazioni».[8]

Certo Bertani non era abbagliato a tal punto, ma l'accordo col Farini era più una necessità che una scelta, e continuava una complessa partita politica che mal si adeguava al desiderio d'azione da cui Mazzini era mosso. Contrastare l'intenzione governativa attraverso la mobilitazione del paese, era più facile a dirsi che a farsi, e semmai il paese non si fosse identificato col governo, come baldamente riteneva l'esule repubblicano, bisognava non lasciarlo «libero nei suoi moti», ma dirigerlo verso finalità definite, verso strade i cui sbocchi fossero visibili, e soprattutto eccitarne le avanguardie dalle quali dipendeva l'orientamento dell'opinione generale. Bertani dunque muove da una diversa valuta-

---

[5] Cfr. Carteggi di Bettino Ricasoli cit., vol. XIV, F. Gualterio a B. Ricasoli, Cortona, 14 agosto 1860, p. 205 notava, all'indomani della circolare Farini che, gli umori del paese sarebbero ancora soggiaciuti «all'intrigo bertaniano». Lo stesso, in una lettera del 6 agosto a Cavour, osservava che la notizia dello sbarco di Garibaldi in Calabria avrebbe riacceso gli spiriti e richiesto energia per dirigerli: v. Liberazione del Mezzogiorno cit., vol. II, p. 23.

[6] Con questo epiteto Mazzini si riferiva al Farini: v. in SEI, Epistolario, LXVIII, Mazzini a Bertani, [Genova....luglio 1860], pp. 245-6.

[7] Ora in SEI, Politica, vol. LXVI, pp. 145-52.

[8] Ivi, le citazioni alla p. 148 e 151.

zione dei fatti: egli affida alla polemica giornalistica il chiarimento delle motivazioni che lo hanno spinto a sottoscrivere l'accordo col governo, ed intanto attiva quelle strutture politiche di massa su cui può contare, alle quali spetta interpretare le tendenze del paese. Presente ancora Farini a Genova egli convoca per la sera del 3 l'assemblea de *La Nazione*[9] che, riunitasi numerosa e appassionata, prende importanti decisioni: l'invio a Garibaldi di un indirizzo, approvato in una successiva assemblea, sul quale si leggevano parole inequivoche:

«Voi faceste, o Generale un primo passo da gigante; fate come il Nettuno Omerico, il secondo, indi il terzo, che deve condurvi sulla sacra roccia del Campidoglio. Di là gridate all'Italia: sorgi a signora di te stessa contro ogni straniero; rinnova alla luce dell'eterno vero religione e costumi, ritorna maestra d'arti civili alle genti sorelle; e la vostra virtù non riposi se non quando l'Alpi del Tirolo e della Venezia sian nostre, e Roma impronti col suggello inviolabile il patto della libertà e dell' unità dell'Italia».[10]

Oltre ciò si deliberò di erigere presso lo scoglio di Quarto con i proventi di un'apposita sottoscrizione un monumento nazionale all'impresa dei Mille e convocare un comizio popolare, un *meeting* come allora si diceva con parola inglese, prova della mobilitazione da suscitarsi nel paese.[11] Dunque, l'indirizzo de *La Nazione* andava oltre i termini dell'accordo che si trattava con Farini e additava un nuovo scenario all'iniziativa popolare, reso chiaro nel saluto caloroso rivolto dall'assemblea a Saffi quale vivente espressione dello spirito del triumvirato romano. Due giorni dopo Bertani lo ribadiva dirigendo ai volontari l'appello ad attendere pazienti gli ordini «che io sono andato a prendere» da Garibaldi, poiché se non primi a iniziare la lotta «voi siete chiamati adesso a proseguire *altrove* le battaglie e le glorie».[12] Il proclama ebbe un forte impatto nell'esercito, e il Fanti, preoccupato della disciplina militare specie dei volontari in servizio nell'esercito regolare, dei quali venivano da più parti segnalate numerose diserzioni, chiedeva a Cavour energici interventi e lo scioglimento dei

[9] Non dunque, come indicato da alcuni, il 4. Il verbale della riunione a firma di C. Cabella, del 3 agosto, in MRM, *Carte Bertani*, b. 65, pl. XXI, 36. Altri documenti su questa evoluzione dell'associazione genovese *ivi*, b. 11, pl. XII, 51/4-6. Bertani, in vista del suo prossimo viaggio, chiamò alla vicepresidenza anche il Brusco.
[10] Il testo in *L'Unità Italiana* il 16 agosto. Il ritardo nella pubblicazione dipese dal fatto che l'assemblea incaricò l'ufficio centrale di redigerlo e lo approvò in via definitiva solo il 7 agosto. Fu diffuso anche al sud da *Il Garibaldi* del 21 agosto.
[11] *L'Unità Italiana* del 4 agosto. La nota è riportata anche in SEI, LXVIII, pp. 278-9. Meno ricca di notizie la comunicazione, apparsa tardivamente su *Il Diritto* dell'8.
[12] Pubblicato in *Il Diritto* del 5 agosto 1860, ma reca la data del 4. Copia senza data, in ASR, *Carte Pianciani*, b. 67, 2. Il corsivo è mio.

comitati bertaniani,[13] la cui azione è un crescendo. In giorni in cui «ogni indugio che si frapponga al moto nazionale verso l'intento dell'unità lascia il tempo ad ingerenza straniera», Bertani, dopo mobilitata la democrazia genovese, cerca di chiudere il lungo contrasto col La Farina staccando dal corpo della *Società nazionale* gli elementi disposti a rompere con la vecchia politica, ai quali però garantisce per la soluzione della questione romana uno statuto speciale.[14] Il 4 lancia il suo appello ai volontari e nello stesso tempo mette a punto i contatti con i comitati romagnoli per un piano d'azione nelle Marche e nell'Umbria la cui esecuzione è prevista intorno alla metà del mese.[15] Il *meeting* previsto per il 5 invece è sospeso, e la probabile causa di ciò va ricercata nel massiccio sopravvenire di forza militare, inviata a Genova per porre definitivamente sotto tutela la *Cassa Centrale* e assicurare l'esecuzione dei patti stabiliti. Questo fallimento irrita ulteriormente Mazzini,[16] che comincia a sospettare dei comportamenti del milanese, e fa circolare la voce di un Bertani «in perfetto accordo col governo»,[17] fino ad avanzare la banale calunnia che il povero medico volesse farsi affidare da Garibaldi il comando della spedizione.[18] In lui si fa strada la convinzione che l'esperienza collaborativa avviata per preparare il moto nelle regioni centrali sia ormai consumata: il milanese lo aveva lasciato ai margini della trat-

[13] V. *Liberazione del Mezzogiorno* cit., vol. II, pp. 23-4.

[14] Sulla crisi della *Società Nazionale* tra luglio ed agosto, cfr. R. GREW, *A Sterner Plan* cit., pp. 368-72; A. DALLOLIO, *La spedizione dei Mille* cit., pp. 375-83. *Ivi*, pp. 332-5, lettera di Bertani a Stanzani, già in *Il Diritto* del 3 agosto *Al presidente del Comitato Nazionale delle Romagne*. Il passo a p. 332.

[15] A. DALLOLIO, *La spedizione dei Mille* cit., pp. 391-2. Cfr. anche Gualterio a Cavour sui pressanti ordini inviati ai comitati umbri da Bertani in *Liberazione del Mezzogiorno* cit., vol. II, pp. 10-11.

[16] SEI, *Epistolario*, vol. LXVIII, pp. 278-280, Mazzini a Saffi, [Genova, agosto 1860], forse scritta la sera del 5 agosto. L'evidente irritazione gli fa trascurare quanto dice il giorno prima a C. Stansfeld, cioè che il governo ha preso contromisure, inviando un battaglione di bersaglieri e prevedendo «a certe condizioni», l'arresto di Bertani. Saffi, testimone a una parte dei colloqui col Farini, raccolse i primi dubbi del maestro per i comportamenti del medico milanese.

[17] Lettera a E. A. Venturi, [Genoa, August], 6th [1860]: «ora Bertani è in perfetto accordo col Governo, non so cosa intende fare con noi. Sono quattro giorni che non ci vediamo», in SEI, *Epistolario*, LXVIII, p. 276; *ivi*, anche a Crispi, pp. 318-9, e a Dolfi circa l'affannosa ricerca di mezzi finanziari. Il tema dell'accordo col governo assume risalto, come motivo polemico, anche nelle divisioni interne all'organizzazione bertaniana: v. la lettera di Brusco ad Antongina del 31 agosto 1861, in MRM, *Carte Bertani*, b. 33, pl. CXXXIV, 52. Va tenuto conto che i due erano tra i più stretti collaboratori di Bertani.

[18] L. PIANCIANI, *Dell'andamento delle cose d'Italia* cit., p. 148, difese Bertani dall'accusa, nascondendone l'autore, Mazzini, dietro un discreto «taluno». In ASR, *Carte Pianciani*, bb. 15, 29 e 67 lettere di Daelli e Macchi sull'edizione dell'opera. Ne darò conto in altra sede, ma segnalo la lettera, b. 29, di Macchi a Pianciani, s. l. e d., che accompagna l'invio dei documenti della divisone Nicotera e un foglio di Bertani in copia «che mi sembra un *Promemoria* delle intelligenze prese tra Bertani e Torino». Il promemoria, forse un sunto dei punti discussi con Farini non si trova *ivi*, né in b. 67, 2, dove sono copie dei documenti dati in appendice da Pianciani, fra cui la lettera di Garibaldi del 30 luglio.

tativa vera e propria con le autorità,[19] poco aveva seguito i suoi suggerimeni circa il da farsi una volta sottoscritto l'accordo con Farini;[20] partendo da Genova, non gli aveva dato alcuna indicazione circa le sue intenzioni prossime, oltre quelle rese di pubblica ragione, né messo a disposizione alcuna somma con cui far fronte alle necessità dei sei mila volontari, raccolti poi al Golfo Aranci, e dei due mila acquartierati a Castel Pucci sotto il comando di Nicotera.[21] D'altronde anche sul piano personale il contrasto doveva aver raggiunto livelli assai aspri come ci testimonia il passaggio di una lettera di Mazzini a Bertani, nella quale il genovese si trovò a difendersi dall'accusa di vivere tra le nuvole.[22] In realtà è anche probabile che l'esule vedesse giusto sui comportamenti dell'altro,[23] ma egli anziché chiamare in causa ragioni di ordine morale o di scarso rivoluzionarismo avrebbe dovuto considerare con più attenzione i motivi ricorrenti di profondo dissenso sui quali fino ad allora aveva troppo sorvolato. Ed infatti non potevano aversi dubbi sul divieto assoluto fatto da Farini a qualsiasi tentativo nello Stato romano: questo fu il vero nodo della discussione ed è in cambio della sofferta adesione a quest'ordine che Bertani fu autorizzato ad inviare in Sicilia i volontari già pronti per l'operazione nei territori pontifici. Ma faceva parte dell'accordo anche la sua partenza per la Sicilia e la non disponibilità del governo a tollerare ulteriori agitazioni della *Cassa*,[24] ed allora parrà meno contraddittoria la condotta del milanese ove essa non venga collocata entro una intenzione, che nelle condizioni date appariva veramente un azzardo, di forzare comunque il patto sottoscritto. Non a Genova e neppure al Golfo

[19] V. in SEI, *Epistolario*, LXVIII, pp. 268-74 e p. 277: a C. Stansfeld [Genoa] 4th august, ove avanza la sua versione, ed esprime rammarico per aver lasciato «una supremazia» a Bertani; il 6, ai fratelli Botta, si dice «totalmente» estraneo a quanto avviene a Genova.

[20] Proprio in questi giorni, il senso di impotenza lo spinge a scrivere «Mi pento amaramente di essere venuto da Londra»: *ivi*, a N. Mignogna, [Genova, agosto 1860], pp. 266-67.

[21] Tutta la corrispondenza mazziniana del periodo risuona di tali lamentele. Oltre 20 anni dopo, A. SAFFI, *Cenni biografici e storici a proemio del testo*, in *Scritti editi e inediti* di G. MAZZINI, Forlì, Tip. Democratica, 1884, vol. XI, poi in A. SAFFI, *Ricordi e scritti*, per cura del Municipio di Forlì, vol. VI, Firenze, Barbera, 1901, p. 107, non poté ignorare l'acutezza del contrasto, e ne parlò per primo, ma tentando di ridurne la portata.

[22] Una delle ultime lettere di Mazzini a Bertani, [Genova, luglio 1860], *ivi*, pp. 247-48, lascia scorgere il dissenso tra i due, le resistenze alle richieste di Mazzini; un cenno criptico, ma eloquente, mostra l'opinione nutrita dal primo sull'altro: «Ora eccoti ciò che sarebbe il mio ultimatum se tu, da amico, mi concedi esame, e non mi coli a fondo senza riserva, come un tuo *Alinea concernente me nelle nuvole etc.*, *indicherebbe*». Il corsivo è mio.

[23] I dubbi di Mazzini dopo qualche tempo, furono attribuiti a «*errore* d'intelletto» in Bertani: v. lettera al Sacchi, [Firenze, agosto 1860], SEI, vol. LXX, p. 5.

[24] È quanto emerge dalle informazioni fornite da Farini a Cavour (v. *Liberazione del Mezzogiorno* cit., vol. II, pp. 1-5), e che il conte comunica al Nigra in *Il carteggio Cavour Nigra dal 1858 al 1861* cit., vol. IV, pp. 133-4, Cavour à Nigra, Tourin le 4 août 1860.

Aranci sarebbe stato utile farlo; e bisogna poi tener conto che dell'invasione prossima dell'Umbria e delle Marche da parte delle forze regolari si era di certo discusso. Allora bisognava piuttosto rafforzare il contingente agli ordini di Garibaldi per tentare la vera azione di ulteriore trascinamento del governo: quella che avrebbe dovuto mirare a Roma. Ecco perché assume rilievo l'estrema agitazione dei bertaniani agli inizi d'agosto, che resta il sintomo più corposo dei nuovi obiettivi politici definiti dal gruppo dirigente della *Cassa*. Insomma ancora una volta la guerra tra bertaniani e cavouriani continuava a svolgersi con i mezzi della politica, e per far ciò era necessario da parte di entrambi un accordo di fondo, di quelli non scritti, e stabilire quale interesse medio superiore si potesse individuare tra le disposizioni di ciascuno. D'altra parte quel che Bertani scrive ai suoi uomini più fidati rafforza una simile lettura: così il 7 agosto, dopo averlo chiamato a Genova, affida al Mattioli istruzioni verbali riservate,[25] le stesse probabilmente date in quei giorni a Dolfi, anch'egli venuto per due volte a Genova per incontrarsi direttamente con lui. Sono questi comitati, quelli toscani ed emiliano-romagnoli, i più legati alla linea di Bertani, a dare a Mazzini una netta risposta negativa quando lì si rivolge per chiedere appoggio, nel tentativo di riguadagnare la guida del partito democratico.[26] Avrebbe felicemente osservato lo Stanzani, altro esponente dei comitati romagnoli, segnando la linea di scansione non solo tra il comitato bolognese e Mazzini, ma tra due tendenze: la contraddizione della linea mazziniana sta nel fatto che essa è disposta a seguire l'iniziativa regia in nome della «religione della Unità Nazionale», ma pretende di dettare ad essa il programma,[27] mentre,

«Chi per coscienza crede non poter innalzare completamente questo grido e questa bandiera [Italia e Vittorio Emanuele], segua gli altri, ma non inizi».[28]

---

[25] «La mia andata a Garibaldi voi sapete qual fine abbia», scrive Bertani a Mattioli il 7 agosto, parlando poi della necessità di un'azione simultanea, per sottolineare il suo perfetto accordo con i «colleghi e amici» toscani, che senza la spedizione di mare nulla possono; comunque insisterà con loro «per distoglierneli e metterli sull'avviso». Poi lo informa delle procure lasciate per la direzione della *Cassa*: v. A. Dallolio, *La spedizione dei Mille* cit., pp. 166-7. Cfr. pure la lettera in data 10 agosto che l'Aglebert scrive all'intendente di Bologna, *ivi*, pp. 169-70, con intenzioni tutt'altro che antigovernative.

[26] La lettera di Mazzini a Stanzani del 21 agosto, in SEI, vol. LXVIII, pp. 337-42; la cui risposta, anche per i colleghi del locale comitato, in A. Dallolio, *La spedizione dei Mille* cit., pp. 209-11.

[27] Sulla linea mazziniana cfr. gli scritti del maggio-luglio 1860 in SEI, *Politica*, vol. LXVI, pp. 73-141, su ciascuno dei quali andrebbe condotto un esame contestuale in questa sede impossibile a farsi. Si noti tra essi, *I repubblicani e l'Italia*, ove è evidente che la sua polemica si volge anche all'interno dello schieramento democratico per dare ragione della sua condotta.

[28] A. Dallolio, *La spedizione dei Mille* cit., p. 210. Non si capisce su che base l'autore a p. 211, intende la lettera come una presa di distanze anche da Bertani.

Intanto la voce che Bertani era stato costretto all'accordo per mancanza di ordini sufficientemente chiari ed espliciti da Palermo, tanto da apprestarsi a partire per assumerli, sollevava per la prima volta all'interno del partito il dubbio sui comportamenti di Garibaldi; emergevano espliciti accenti di sfiducia ch'egli fosse capace di indicare alla Sinistra una via salutare.[29] La vicenda rendeva più evidente il mancato raccordo tra la linea politica espressa dalla struttura organizzativa sorta per impulso di Bertani nell'Italia centro settentrionale e la sua direzione nominale, riferita alla volontà del Generale. Con la partenza del medico milanese il problema si fece più grave e provocò insicurezze supplementari nell'ufficio centrale, privo ormai di risorse e di un'autorevole guida.[30] A questa situazione si cercò di ovviare mandando missioni al Sud per avere le richieste istruzioni, che tuttavia continuavano a non ricevere adeguate risposte.[31] A maggior ragione gli ultimi avvenimenti misero in luce l'impossibilità di qualunque iniziativa nell'assoluta carenza di mezzi finanziari, assicurati solo in minima parte dalla mobilitazione del paese.[32] Ma dal punto di vista dei futuri sviluppi della organizzazione questa esperienza, confermata dai problemi di ordine politico che si sarebbero posti a Napoli tra settembre e ottobre, peserà nel dibattito della Sinistra. Sullo sfondo di queste vicende infatti era possibile intravvedere l'altro nodo che la democrazia avrebbe dovuto sciogliere, la contraddizione di un movimento rivoluzionario di natura popolare il cui massimo esponente e interprete non sarebbe mai stato né un Cromwell, né un Washington o un Napoleone e neppure, come vagheggiò Bertani nella prima metà del 1860, quella potenza democratica in grado di gravare e rovesciare gli eventi con il peso immenso di una popolarità rinvigorita dal prestigio che le sarebbe derivato dalla liberazione di mezza Italia e di nove milioni di italiani. Vincolato a

[29] V. *Liberazione del Mezzogiorno* cit., vol. II, F. Gualterio a Cavour, Cortona, 18 agosto 1860, informa sulla misssione Martinati a Garibaldi «per ottenere un altro foglio di poteri per Bertani»; negli ambienti fiorentini «si lament(a)no gravemente della condotta di Garibaldi, dicendo che è del parere dell'ultimo che gli parla», p. 105.

[30] MRM, *Carte Bertani*, b. 11, pl. XII, 106; soprattutto b. 13, pl. XVI, ove sono diverse carte riguardanti la situazione dei comitati locali e di quello genovese. Qui, 89, lettera con cui l'Antongina chiede a Bellazzi di sospendere le ordinazioni per mancanza di risorse. Ai fratelli Botta di Livorno, Mazzini il 21 agosto scrive «a Genova [...] l'agenzia [...] è tuttora, finanziariamente parlando, in una condizione tristissima», (v. SEI, *Epistolario*, vol. LXVIII, 335), e Gualterio il 24 agosto, si congratula con Cavour per la vittoria ottenuta nella «battaglia bertaniana» e aggiunge «Sarà agevole ore spegnere i capi ridotti senza soldati e senza cassa», (v. *Liberazione del Mezzogiorno* cit., vol. II, pp. 141-2).

[31] A Bertani, seguì Martinati, con il quale Mazzini mandò una richiesta d'aiuto a Garibaldi: v. SEI, *Epistolario*, vol. LXVIII, p. 322, Tra le molte seguì poi quella ufficiale dei *Comitati di Provvedimento,* partita il 13 settembre per decisione dell'assemblea del 9, cfr. *infra.*

[32] In questo senso aveva perfettamente ragione Cavour di rivendicare di fronte a Ricasoli il contibuto essenziale dato alla rivoluzione del 1860: v. *Liberazione del Mezzogiorno* cit., vol. II, p. 117. A. DALLOLIO, *La spedizione dei Mille* cit., ha documentato il gran limite dell'organizzazione del moto marchigiano nella mancanza di denaro, pp. 169-73.

questa direzione il partito d'azione era di necessità destinato ad agire entro limiti oggettivamente e soggettivamente predeterminati, racchiusi nella «formula magica» *Italia e Vittorio Emanuele* che in verità nel 1860 nessuno effettivamente contestò, e nella quale stava anche il segreto del suo clamoroso rilancio. Il limite del partito non fu di aver accettato questo compromesso, inevitabile per realizzare l'unità nazionale, quanto di non aver saputo mettere a frutto le possibilità nuove per continuare la sua battaglia di liberazione, cui poteva accingersi più forte, proprio in virtù del ruolo avuto nella fondazione della nuova Italia.

La svolta di agosto comunque segnò una prima battuta di arresto della fase democratica della rivoluzione e le autorità si apprestavano a rendere nota la svolta con un atto inequivoco di politica interna autorevolmente assunto: la circolare Farini.[33] Prima di allora però *L'Opinione,* discreta nel corso dei colloqui, dette pubblicamente il preannuncio della svolta con parole che parafrasavano la circolare e in particolare sottolineando che le autorità non erano più disposte a tollerare iniziative militari incontrollate promosse da un centro che assumeva i caratteri di uno Stato nello Stato.[34] L'immediata risposta de *Il Diritto* denunciava le contraddizioni dell'azione governativa che ora proibiva quanto aveva ammesso il 5 maggio, ed allargando il terreno della controversia ribadiva il carattere dell'impresa verso il Centro, non rivolta contro Roma, e quindi non avventuristica, priva di intenti ostili verso la Francia, approvata da Garibaldi, promossa con lo stesso programma della prima spedizione e infine ormai in tutto pronta per andare al suo fine. Ma l'insistenza maggiore era sul pericolo di un pernicioso dualismo tra volontà nazionale e governo.[35] L'avviarsi della polemica giornalistica tra i due portavoce del partito cavouriano e rattazziano, evidenzia i ritardi politico-organizzativi del gruppo bertaniano che, in una situazione in cui la funzione propagandistica della stampa tende a rafforzarsi, non dispone di un proprio organo, anche se in questa fase collaborano a *Il Diritto* uomini vicini a Bertani, come Macchi e Bargoni.[36] Il fatto poi che il tema pole-

[33] Sicuramente prevista dal governo fin dall'avvio delle trattative con Bertani; l'8 comunque Farini la preannunciava a Magenta, subito che i volontari fossero salpati da Genova: v. M. E. FERRARI, *Cesare Cabella* cit., pp. 64-5.
[34] V. *L'Opinione* del 7 agosto.
[35] V. il citato articolo *Schiarimenti* in *Il Diritto* dell'8 agosto.
[36] Sulla linea politica de *Il Diritto* fino al 1859 cfr. F. DELLA PERUTA, *Il giornalismo dal 1847 all'Unità*, in *La stampa italiana del Risorgimento*, vol. II della *Storia della stampa italiana* a cura di VALERIO CASTRONOVO e NICOLA TRANFAGLIA, Roma-Bari, Laterza, 1979, pp. 495-8. Nel 1860 sotto la direzione di Annibale Marazio il giornale fu organo del partito rattazziano, riportandone le principali posizioni politiche, ma dopo il maggio si fece molto attento all'opera della *Cassa*, cfr. cap. III, anche per la collaborazione di alcuni esponenti vicini a Bertani. Sul rapporto tra rattazziani e garibaldini che Crispi aveva cercato di promuovere, v. F. CRISPI, *I Mille. Documenti dell'Archivio Crispi* ordinati da T. PALAMENGHI CRISPI, Milano, Treves, 1927, pp. 238-9. Sull'evoluzione del foglio torinese negli ultimi mesi del 1860 cfr. cap. III.

mico sembra riassumersi nel conflitto tra le personalità che si contendono la scena, Garibaldi e Cavour, fa apparire la parte rattazziana più nettamente schierata su posizioni antigovernative, e che si riproponga la pericolosa minaccia della costruzione dell'unità liberale in funzione anticavouriana.[37] In realtà l'alternativa tra i due capi del movimento nazionale diviene, nella nuova fase politica, tema propagandistico dominante, che riassume con i mezzi della comunicazione tipografica e chirografica la permanente oralità di massa, la quale ricorre alla semplificazione personificante per orientarsi oltre la linearità narrativa della cronaca registrata dalla stampa, per restituire unità allo svolgimento delle vicende collettive.[38] Personaggi di una storia per definizione collettiva perché *nazionale* Garibaldi e Cavour interpretano due percorsi verso la piena affermazione della volontà della nazione, quello che fa appello all'entusiasmo popolare e l'altro che ricorre al compromesso politico e diplomatico; il primo identificato per definizione con Garibaldi, il secondo che assume le sembianze del conte. Come di solito avviene, non si trattava solo di propaganda, ma di una più o meno vaga tendenza politica: gli avversari del ministro, in una commistione mai del tutto chiarita tra istanze democratiche e spinte bonapartistico-plebiscitarie, ispirarono spesso la loro opposizione a questo motivo, animando una esasperazione del contrasto in termini *leaderistici* a copertura di una vena demagogica incapace di dare risposte in termini di avanzata reale del movimento popolare. La moderna spregiudicatezza dell'agire cavouriano restava però inaccessibile ad una lettura così semplificata che coglieva solo l'aspetto istituzionale e direi formale di una ispirazione che nel segreto conciliabolo dei gabinetti introduceva la presenza dirompente della pubblica opinione, e nella finezza della schermaglia diplomatica o di procedura parlamentare non perdeva mai di vista gli orientamenti del paese. D'altra parte anche i seguaci di Cavour, dalla metà d'agosto, agitarono sulla stampa la polemica contro Mazzini, rivolgendo ad ogni opposizione di sinistra l'epiteto di mazziniano, sinonimo di incendiario e perturbatore dell'ordine sociale,[39] contro i rischi di una egemonia repubblicana che, tutto sommato, si rivela un falso allarme per alimentare le paure di pericolo rosso, le quali appaiono, se verificate, del tutto infondate.[40]

[37] V. il *Carteggio del* Diritto, corrispondenza da Genova apparsa il 7 agosto con la data del 3, e le notizie dell'assemblea tenutasi «ieri», cioè il 2, per ricostituire *La Nazione* cui augura di «procedere in una via franca e spedita, più che non fu per il passato, e raunando in tutta Italia tutto l'elemento che ha fede nella libertà potrà giovare non poco alla causa che or si combatte nel sud».

[38] Utilizzo alcune suggestioni di WALTER J. ONG, *Oralità e scrittura*, Bologna, Il Mulino, 1986, in particolare pp. 197-217.

[39] Nel suo scritto *Né apostati né ribelli*, in SEI, *Politica*, vol. LXVI, pp. 233-42, l'esule denunciò per primo tale campagna che aveva un indubbio significato di riassicurazione verso i ceti dominanti.

[40] V. i rapporti del 2 e del 10 settembre di T. Annibaldi Biscossi, prefetto di Livorno, città rossa, a Ricasoli, ove si ammette che i volontari di Nicotera difficilmente obbedireb-

Da questo punto di vista la famosa circolare Farini, letta nel suo contesto, sembra anch'essa, tutto malgrado, una prova di moderazione e comunque un atto congruente con le decisioni assunte dal gruppo dirigente cavouriano ai primi di agosto negli incontri con Bertani. Essa infatti non metteva in discussione il diritto d'associazione in quanto tale e prendeva le mosse da una aperta dichiarazione di simpatia verso l'iniziativa garibaldina in Sicilia che, come presso tutti i popoli liberi e a maggior ragione in Italia, aveva suscitato entusiasmo ed una generosa gara di solidarietà. Giunta ora l'isola a poter liberamente esprimere la propria volontà, auspicata favorevole alla pronta annessione all'Italia, il governo, custode delle prerogative del re e del Parlamento, doveva riaffermare il suo ruolo moderatore del moto nazionale, dichiarando la propria indisponibilità a tollerare ulteriormente gli

«ingerimenti illegittimi nelle cose di stato di chi non ha le costituzionali e le morali responsabilità che esso [il governo] ha gravissime verso la Corona, il Parlamento e la nazione. Altrimenti potrebbe avvenire che, per consiglio e opera di chi non ha mandato né responsabilità pubblica, lo Stato venisse a pericolo e la fortuna d'Italia sinistrasse».[41]

Solo a questo punto la circolare esprimeva un divieto assoluto, ma affidato in prima istanza alla capacità dissuasiva della pubblica opinione, verso iniziative inconsiderate di «violenza a Governi vicini», per concludere significativamente con un appello al «leale concorso di tutte le parti» per il bene della patria. Insomma la circolare rispondeva anzitutto alla necessità del gruppo dirigente cavouriano di rendere visibile la svolta in atto negli orientamenti del governo, chiarire con un gesto autorevole il significato dei colloqui tra Bertani e Farini, indicando senza equivoci la fine dell'attitudine connivente delle autorità di fronte alle iniziative «spontanee» del moto italiano, poste sotto controllo nel momento in cui si accingeva a giocarsi in proprio la partita, ma dando così la prova indiretta della impossibilità di impedire ciò che non era in sua facoltà, cioè l'eventuale attacco di Garibaldi alla terraferma.[42] La nuova linea sulla quale ci si attestava non comportava, né realisticamente lo poteva, la repressione

bero all'eventuale decisione del loro comandante di scontrarsi con le forze governative e si smentisce decisamente la voce che essi avessero intenzione di innalzare una «bandiera rossa»: v. *Carteggi di Bettino Ricasoli* cit., vol. XIV, pp. 315-22 e 366-8.

[41] Pubblicata su *La Gazzetta Ufficiale del Regno* di lunedì 13 agosto con questa data, si legge anche in appendice a L. PIANCIANI, *Dell' andamento* cit. Il passo a p. 312.

[42] V. *L'Opinione* del 14 agosto 1860, *Circolare del ministero dell'interno*, ove il commento alla circolare è nel senso che di seguito espongo, specificando che essa andava «riguardata come un'esposizione ufficiale del ministero, come un programma politico svolto dinnanzi alla nazione e all'Europa».

delle forze solidali con la rivoluzione meridionale, ma il loro disciplinamento, realizzato peraltro in una situazione in cui continuavano i tentativi della parte democratica di mettere alla prova le vere intenzioni governative.[43] A questi motivi ne va infine aggiunto un altro, dato dall'emergere in forma massiccia del fenomeno delle diserzioni tra gli elementi volontari militanti nelle file dell'esercito i quali, in una situazione di incertezza per il loro futuro nei ranghi regolari, erano sempre più attratti dalle prospettive di un prolungato impegno militare verso cui il paese poteva essere trascinato dalle conclamate e prossime imprese del generale Garibaldi. Il grido d'allarme contro i pericoli di sfaldamento della compattezza dell'istituzione militare era risuonato fin nella trattativa e Farini ne doveva aver discusso con Bertani,[44] il cui proclama ai volontari Fanti aveva indicato come pericoloso alla disciplina. Il dirigente della *Cassa* aveva stabilito contatti con Cattaneo per ingaggiare volontari svizzeri ed insieme mettere a punto un piano di reclutamento e di organizzazione di corpi da compensare perfino con la concessione di terre,[45] il che apriva un ulteriore aspetto del problema. Tale idea infatti non metteva in discusssione il modello di organizzazione militare, non sosteneva più soltanto la superiorità teorica dell'armamento nazionale, ma immaginava una struttura militare volontaria stabilmente antagonistica a quella regolare. Allora *Il Diritto* avviò una vivace polemica a favore del sistema dei volontari esaltando il modello inglese che forniva al re ottimi battaglioni di fucilieri, in numero adeguato e a basso costo,[46] e in un caldo articolo del 9 agosto arditamente paragonava questa milizia a nuovi crociati mossi da una causa più santa di quella predicata da Pietro Eremita, la causa nazionale.[47] Le preoccupazioni delle autorità su una materia tanto delicata, specie in quella fase, erano esposte da *L'Opinione*, intervenuta il 10 agosto con un articolo nel quale ricordava l'appello alla disciplina lanciato nel maggio ai soldati da Garibaldi e denunciava come falso italiano chi attentava all'integrità dell'armata.[48] Tutta la questione peraltro aveva anche una specifica dimensione sociale,

[43] V. in *Liberazione del Mezzogiorno* cit., vol. II, nonché in *Carteggi di Bettino Ricasoli* cit., vol. XIV, la corrispondenza di Gualterio con Cavour e Ricasoli e quella tra Torino e Firenze, di cui si è già segnalata l'importanza, le quali rendono chiaro il nesso tra la pubblicazione della circolare Farini e la continuità dei tentativi insurrezionali. Sarebbe del tutto esorbitante rispetto al mio assunto ricostruire questo aspetto.

[44] V. *Liberazione del Mezzogiorno* cit., vol. II, p. 5, telegramma Farini a Cavour del 2 août.

[45] *Epistolario* di C. CATTANEO cit., vol. III, le lettere a Bertani e alla *Cassa Centrale* del 27 luglio, pp. 374-6. In MRM, *Carte Bertani*, b. 19, pl. XXXVIII, 2, 3, 4, carte relative a tale progetto.

[46] V. in *Il Diritto* del 1° e del 6 agosto l'articolo *Armamento Nazionale*, e la nota, sempre sul numero del 1°, sul processo per diserzione, svoltosi a Brescia, contro 28 volontari che volevano andare in Sicilia.

[47] V. l'articolo *I Volontari*. Sono espressioni della mistica nazionale su cui cfr. cap. V.

[48] V. l'articolo *Non toccate l'esercito*.

poiché i volontari, provenienti in larga misura dall'emigrazione romana e veneta, spesso avevano ricostruito un loro *status* come soldati,[49] e solo l'approssimazione politica di Ricasoli poteva pensare un tal problema risolvibile, anziché aggravato, quando il governo sarebbe stato esso stesso il Garibaldi cui rivolgersi, ed avesse cioè preso decisamente l'iniziativa della guerra.[50] Ma il già ricordato articolo de *L'Opinione* sulla circolare Farini, metteva in rilievo questo aspetto della iniziativa del governo e ribadiva l'urgenza di adeguate decisioni poiché «La prudenza consiglia ad adottare per tempo provvedimenti che eventualità prossime o lontane possono richiedere [...], e che non si devono trascurare», documentandoci l'attenzione con cui il gruppo cavouriano segue sin da ora un aspetto, che col tempo era destinato a crescere enormemente d'importanza.[51] Farini aveva già emanato una circolare sulla *Guardia Nazionale,* era tornato sull'argomento con l'atto del 13 agosto, cui sarebbe seguita una nuova e specifica presa di posizione il 20.[52] Alcuni giorni dopo *L'Opinione* interveniva anch'essa sul tema dell'armamento nazionale e prendendo lo spunto dagli ultimi interventi de *Il Politecnico*, in particolare dalla violenta *Prefazione* anticavouriana al IX volume, chiariva il quadro di riferimento dell'ampia discussione insorta, e lamentava, singolare e indiretto riconoscimento del ruolo interlocutorio che più utilmente certe tesi avrebbero potuto svolgere, l'assenza di Cattaneo dal dibattito parlamentare del maggio-giugno, nel quale il governo aveva definito i suoi orientamenti.[53] In ciò v'era un richiamo profondo, perché la crisi dell'armata al momento appariva come il risultato delle ambiguità del governo e della riottosità del partito d'azione ad accetterne gli ordini, ma in realtà esprimeva già nella forma più vistosa il dualismo irrisolto che accompagnava la formazione dello Stato nazionale.[54] Poteva leggersi in quel richiamo del foglio torinese l'indicazione ri-

[49]  Poco considerata la natura sociale del problema dei volontari, la cui presenza mantenne una centralità fino ad Aspromonte ed oltre, cfr. S. LA SALVIA, *Regolari e volontari: i momenti dell'incontro e dello scontro*, in *Garibaldi condottiero. Storia, teoria, prassi*, a cura di F. MAZZONIS, Milano, F. Angeli, 1984, pp. 353-421. Sul volontariato veneto cfr. SERGIO CELLA, *I garibaldini veneti nel 1860*, in *Ateneo Veneto*, a. CLIII (1962), f. I, e ID. *L'emigrazione politica veneta tra il 1859 e il 1860, ivi*, a. II n.s. (1964), f. 2, consultati in estratto.

[50]  V. Ricasoli a Corsi, Firenze, 9-10 agosto 1860, in *Carteggi di Bettino Ricasoli*, vol. XIV, cit., pp. 181-5, ma anche le lettere a Cavour del 15 e del 21 agosto.

[51]  Quando venne al pettine la decisione sulla sorte dei volontari e sull'eventuale loro organizzazione in *Guardia Nazionale*, il problema sarebbe infatti diventato, uno dei nodi centrali dello scontro politico, cfr. cap. VII.

[52]  V. *La circolare* cit., in *L'Opinione* del 14 agosto. La circolare del 20 dava ai governatori disposizioni per aprire fino al 15 ottobre i registri d'iscrizione alla *Guardia Nazionale*, cfr. *Gazzetta Ufficiale del Regno* del 20 agosto 1860.

[53]  *Le critiche del sig. Cattaneo*, che il 25 agosto, da Milano, scriveva alla moglie «L'ultima mia prefazione nell'ultimo numero del *Politecnico* è un'occasione di conflitto tra i giornalisti»: v. *Epistolario* di C. CATTANEO, vol. III, cit., p. 382.

[54]  PIERO PIERI, *Le forze armate nell'età della Destra*, Milano, Giuffrè, 1962, p. 55, considerò il successivo scioglimento dei volontari «un errore politico non lieve», giudizio che

volta a tutte le forze partecipi al grande sforzo unitario a trovare un luogo di confronto, potenzialmente in grado di risolvere o di restringere l'area di un tale dualismo? Forse è legger troppo nelle parole del giornale del Dina, ma il fatto è che esse coincidevano con la presentazione alla Camera della proposta Farini sulla riforma amministrativa dello Stato in senso regionalistico, e Cattaneo in quei giorni a Milano, aveva la strana sensazione che tutta l'Italia fosse all'improvviso diventata federalista.[55] Ma forse era solo una coincidenza.

Le prime reazioni dei democratici contro la circolare Farini assunsero un tono non meno moderato della circolare stessa ed *Il Diritto* finse perfino di ignorare che l'oggetto principale del divieto riguardasse l'azione nello Stato Pontificio, insistendo invece sul perdurante bisogno dei sussidi in uomini e mezzi da parte di Garibaldi per portare a compimento il moto siciliano e per l'avanzata nel Napoletano. Onde il provvedimento gettava ombre sulla volontà del ministero di porsi alla testa del Paese, sia pur come «la mano invisibile che tutto guida senza mai scoprirsi», sottovalutava gli effetti moltiplicativi della mobilitazione patriottica, prossima a riaccendersi con la ripresa dell'iniziativa garibaldina, dava realtà al timore che il governo, incapace di coglierne le pulsioni di fondo, finisse per mettersi contro la nazione.[56] La moderazione era anche segno delle difficoltà dell'opposizione, nella delicata fase di passaggio vissuta dall'organizzazione democratica tra la partenza di Bertani, l'8 agosto, la campagna governativa contro i *Comitati* garibaldini, volta a impedire il reclutamento dei volontari e a mettere in mora l'attività della *Cassa Centrale*,[57] affidata dal medico milanese alle cure di Macchi, Brusco e Brambilla per l'aspetto politico e per quello finanziario e amministrativo all'Antongina,[58] e la pubblicazione della

sembra inadeguato a intendere la drammatica portata del problema. È singolare che questa valutazione sia ripresa poi da R. ROMEO, *Cavour* cit., p. 865, che pure tanto bene ha illustrato l'incubo del conte di veder nascere il nuovo stato bicefalo.

[55] V. *Epistolario* di C. CATTANEO cit., vol. III, le lettere alla moglie dell'agosto 1860. La maggior attenzione degli ambienti cavouriani verso le posizioni cattaneane potevano proprio dipendere dal fatto che esse erano tutt'altro che isolate nella Lombardia.

[56] *La circolare Farini*, in *Il Diritto* del 15 agosto 1860.

[57] Alcuni documenti di *Comitati* locali su interventi repressivi della polizia e difficoltà varie per il reclutamento in MRM, *Carte Bertani*, b. 19, pl. XXXIX, 2, 3, 4, 7,10, 12. Farini inviò al Borromeo disposizioni rigide sul dopo Bertani, invitandolo a comunicare al Macchi «che non si metta a far proclami, a dar ordini, ad arruolar soldati, a preparar spedizioni, ad adunar armi e munizioni»; inoltre il governo avrebbe riconosciuto rappresentante di Garibaldi solo l'Amari. V. *Liberazione del Mezzogiorno* cit., vol. II, p. 16, dispaccio s. d., ma fra il 3 e l'8 agosto.

[58] V. la lettera diretta a Macchi, Brusco e Brambilla in *Il Diritto* del 9 agosto. L'Antongina si ritirò un mese dopo, non potendo oltre sacrificare i suoi affari. Brambilla e Antongina provenivano dall'esperienza della *Società Unitaria* di Milano. Sul Macchi, importante figura, anche se minore, del movimento democratico, oltre a GIUSEPPE RICCIARDI, *Biografia di Mauro Macchi*, Milano, Battezzati, 1882, cfr. F. DELLA PERUTA, *Mauro Macchi e la democrazia italiana (1850-1857)*, in *Mauro Macchi nel centenario della morte. Atti del*

circolare Farini. La crisi assumeva soprattutto il carattere di un grave tracollo finanziario[59] da cui di lì a poco i moderati avrebbero tratto spunto per denunciare il dissesto e l'allegra gestione di quell'organismo, riprendendo così la campagna contro Bertani, contraltare a quella contro il La Farina sviluppata dalla sinistra nei mesi precedenti.[60] L'attacco ai *Comitati,* al loro dirigente e alla loro attività, le difficoltà incontrate nell'organizzare un'adeguata risposta, indicavano l'evolversi dei rapporti di forza tra partiti e accompagnavano la svolta in atto nella pubblica opinione che ora si riavvicinava alla *Società Nazionale,* prossima a riacquistare il suo prestigio grazie al supporto insurrezionale offerto alla invasione delle regioni centrali,[61] dove il moto ebbe peraltro un andamento diverso. Nelle Marche infatti, dove l'associazione lafariniana poteva contare su un forte insediamento,[62] i *Comitati* bertaniani subirono la sua egemonia, e l'insorgenza popolare accompagnò un po' ovunque l'intervento dell'esercito; in Umbria invece lo scontro tra schieramenti fu assai duro, tanto da imbrigliare l'apporto popolare all'azione militare,[63] alla quale peraltro non era necessario se non per testimoniare all'Europa liberale l'entusiasmo con cui le popolazioni accoglievano, o preparavano, l'avvento dell'esercito liberatore.[64] L'accresciuto

*Convegno di Studi su Mauro Macchi ed Aurelio Saffi*, pubblicati nel *Bollettino della Domus Mazziniana*, a. XXVII (1981), 2. *Ivi*, si veda anche l'interessante intervento di B. MONTALE, che aggiunge altre notizie sul Macchi fra il 1850 e il 1860, da cui emerge un suo stretto rapporto con gli ambienti genovesi e con organi di stampa legati a Rattazzi.

[59] Il 18 agosto Mazzini scriveva ai fratelli Botta: «l'agenzia è tuttora finanziariamente parlando, in una condizione tristissima», p. 335; alcuni giorni prima, a Genova, s'era sentito rivolgere da Dolfi una richiesta di denaro per far fronte a un impegno che Bertani e la *Cassa* non potevano assolvere, p. 280, in SEI, *Epistolario*, vol. LXVIII.

[60] La campagna antibertaniana, ripresa negando ogni riconoscimento al Macchi, continuò con varie e nemmeno velate accuse sollevate sulla stampa e proseguì a Napoli con l'invio dell'Augier, inviato da Cavour presso Garibaldi per mettere Bertani in cattiva luce: v. *Liberazione del Mezzogiorno* cit., vol. II, F. Astengo a Cavour, Napoli, 9 settembre 1860, p. 269. La stampa governativa cominciò subito a diffondere l'immagine del segretario della Dittatura a Napoli come il cattivo consigliere del Generale.

[61] Cfr. R. GREW, *A Sterner Plan* cit., pp. 370-5.

[62] TULLIA ZAMPETTI BIOCCA, *La Società Nazionale nella Marca. Studi e documenti*, Ascoli Piceno, G. Cesari editore, 1911.

[63] Il coordinamento dell'azione nelle Marche aveva sede a Bologna e nelle Romagne, mentre per l'Umbria era a Firenze. Il Dolfi guidava le fila democratiche e il Gualterio le forze moderate. Costui riteneva il Comitato d'emigrazione di Firenze, che il 15 agosto aveva diffuso una circolare per l'insurrezione umbra, voluta da Garibaldi e sostenuta da invio di volontari, influenzato da Dolfi e Pianciani (in *La Liberazione del Mezzogiorno* cit., vol. II, p. 159). Cfr. anche le corrispondenze del Gualterio tra fine agosto inizi settembre con Cavour e Ricasoli, rispettivamente *ivi*, e in *Carteggi Ricasoli*, vol. XIV, cit. Il 31 agosto Ricasoli informava Farini che l'ordine di insurrezione «senza mazziniani» per l'8 settembre era partito per l'Umbria, p. 296. V. *Liberazione del Mezzogiorno* cit., vol. II, p. 270, Cavour a Fanti, 10 settembre 1860 e la risposta di Fanti, poco ottimistica sul moto umbro, in nota. Sempre di Fanti analogo giudizio in *Carteggi Ricasoli* cit., vol. XIV, p. 359.

[64] «Per noi basterà che alcuni paesi, alcune delle piccole città delle Marche e dell'Umbria si sollevino colla bandiera dell'annessione alla Monarchia costituzionale di

ruolo dell'esercito regolare rimpiazza quanto il moto viene perdendo in termini di partecipazione di massa: è il segno del tramonto della fase democratica della rivoluzione nazionale, colto con pittoresca immagine da Farini, il più attivo e impegnato esponente del gruppo dirigente cavouriano in questa fase:

«Abbiamo ripigliato le briglie; il paese ce ne loda. Ora bisogna montare a cavallo»[65]

e precipitarsi a scapicollo verso il sud per regolare la partita in via definitiva.

La partenza di Bertani intanto aveva costretto Mazzini a ripensare il suo impegno organizzativo e la sua linea politica in una situazione per lui non facile. Le sue corrispondenze con la Stansfeld dell'ultimo periodo genovese e del primo fiorentino mostrano quale incertezza guidi le sue decisioni, sospese tra notizie che non arrivano, speranze che non cedono, denari che mancano.[66] A Genova, nei giorni delle trattative con Farini, si era sentito privo di speranze, un uomo sballottato in un mare in tempesta, e la salvezza doveva essergli apparsa molto lontana se rivolgeva a Bertani pesanti rimproveri per esser venuto meno agli impegni assunti.[67] Ormai, senza un punto di riferimento essenziale, come era stato per lui il medico milanese, e delle informazioni necessarie, vedeva «Le cose proced[ere] verso una direzione finora ignota»;[68] si era trasferito a Firenze per esser più prossimo ai volontari di Castel Pucci, questa estrema risorsa per poter finalmente avviare l'iniziativa insurrezionale al Centro, ma l'increscioso incidente che oppose l'aristocratico barone Nicotera, capo dei volontari democratici, ai suoi uomini complicò ulteriormente la sua situazione, già tanto difficile, dovendo le sue aspirazioni commisurarsi alle resistenze «sia del Governo sia dei Comitati».[69] Mentre la stampa moderata alimentava un'intensa

Vittorio Emanuele. Non si propongono fazioni eroiche, ma piccoli fatti» aveva scritto il Farini al Ricasoli il 26 agosto 1860, mentre si procedeva agli ultimi adempimenti politici in vista dell'invasione delle Marche: v. *Carteggi Ricasoli*, vol. XIV, cit., p. 269.

[65] Il disarmo dei volontari toscani e la fine del pericolo di un ritorno nell'Italia centrale dei volontari raccolti al Golfo Aranci segnò la svolta definitiva nell'orientamento del paese. Alle parole di Gualterio che il 24 agosto si felicitava con Cavour per la vittoria sui bertaniani fanno riscontro queste di Farini a Ricasoli, scritte il 26, prima dell'incontro di Chambery con Napoleone (in *Carteggi di Bettino Ricasoli*, vol. XIV, cit., p. 269).

[66] Aveva conservato 30.000 franchi «contro il volere di Bertani», SEI, *Epistolario*, vol. LXVIII, p. 328), ma li aveva «anticipati al comitato fiorentino»: v. in MARIA GRAZIA ACRINI INNOCENTI, *I rapporti tra Mazzini e Cironi dal 1857 al 1862*, in *Bollettino della Domus Mazziniana*, a. XXI (1975), 2 pp. 204-95, la lettera del 23 agosto 1860, p. 274.

[67] To Caroline Stansfeld, [Genoa], august 4th, 1860 (SEI, *Epistolario*, vol. LXVIII, pp. 268-74).

[68] Alla stessa, [Genoa], august 8th, 1860, *ivi*, pp. 286-89.

[69] Alla stessa, [Florence], august 18th, 1860, *ivi*, p. 328-34. Nicotera picchiò un volontario, e sollevò aspra protesta tra i suoi. Da questo momento non poteva più essere capo della spedizione umbra, checché pensasse Mazzini che pur stigmatizzava il carattere «molto violento e con la cattiva abitudine di esser manesco coi suoi volontari» del barone.

campagna per isolarlo, agitando i fantasmi della rivoluzione sociale, per la verità non minacciata da alcuno, egli pensò bene di ribadire le sue posizioni circa il carattere esclusivamente nazionale del moto italiano e insieme rivendicare il proprio contributo a questa causa con l'articolo *Il partito d'azione e la circolare Farini* apparso su *L'Unità Italiana*.[70] Il ritardo della risposta mazziniana alla circolare governativa va considerato proprio entro il clima di indecisione nel quale in quei giorni l'esule viveva, una situazione in cui aveva cercato di abbozzare soluzioni a più problemi. Si era rivolto a Crispi e Garibaldi alla ricerca di mezzi finanziari; era rimasto in attesa dell'esito del viaggio siciliano di Bertani per vedere quale piega prendessero gli eventi; aveva cercato il contatto diretto con elementi bertaniani nella speranza di poterli coinvolgere nei suoi disegni,[71] ed ormai, dopo aver per due mesi accettato di lavorare «perché il lavoro frutti a bandiera non mia, [...] celato, dietro cortina come fossi un colpevole e traditor del paese, per non mettere divisioni e paure»,[72] cominciava a pensare che fosse il caso di «lasciare indietro ogni cosa, ogni proposta d'altri, e pensare a noi».[73] Quell'articolo era perciò il primo intervento mirato a ridefinire la linea della componente mazziniana e, rivoluzionariamente, ciò avveniva nel vivo dei problemi posti dalla lotta di quei giorni e attraverso un bilancio delle esperienze trascorse. Ma a partire da quell'articolo la polemica contro Mazzini assunse maggior virulenza, anche perché il genovese compì un errore grossolano che ne accentuò l'isolamento, facilitando oltre misura il compito ai suoi avversari, non disposti a farsi sfuggire l'occasione. Da quello scritto infatti *L'Opinione* prese pretesto per denunciare con vigore il

«nuovo, tristo elemento [...] introdotto nel movimento nazionale [...che] volle rientrare nell'arena col pretesto di prestare appoggio a Garibaldi, ma con l'intendimento di accerchiarlo e dominarlo».[74]


Non soddisfatto dalla riaffermata accettazione del programma di Garibaldi, dei fini esclusivamente nazionali posti al movimento, dalla subordinazione non settaria degli interessi di partito a quelli del paese, dalla disposizione a tener conto delle preoccupazioni del governo, accettando l'esclusione di Roma dal campo d'azione, cose tutte ripetute nell'articolo apparso su *L'Unità*, il foglio filogovernativo, trascurando perfin di censurare il pesante linguaggio usato verso

[70] Sul numero del 23 agosto, ora in SEI, *Politica*, vol. LXVI, pp. 173-83.
[71] V. in SEI, *Epistolario*, LXVIII, le lettere a Crispi e a Garibaldi del 15 agosto, pp. 318 e 322; agli amici di Livorno, del 16 agosto, p. 327; allo Stanzani, del 21, pp. 337-42.
[72] A P. Cironi, [Genova], 16 giugno 1860, in M. G. ACRINI INNOCENTI, *I rapporti tra Mazzini e Cironi* cit., p. 271.
[73] V. in SEI, *Epistolario*, LXVIII, ai fratelli Botta, 21 agosto, pp. 335-36.
[74] V. *La spedizione nello Stato Romano*, in *L'Opinione* del 26 agosto 1860.

gli avversari, definiti anti-italiani, atei, succubi di Napoleone, piemontesisti e via anatemizzando, volle soprattutto cogliere un motivo che nelle argomentazioni mazziniane era centrale, ma sfumato, e tale tuttavia da avere un suo peso nel giudizio politico sulla tanto discusssa circolare Farini. L'esule infatti denunciò lo specifico carattere antimazziniano di quell'atto, rivendicando a se stesso, ai suoi correligionari il ruolo di guida e di promozione della spedizione negli Stati Romani, valutazioni sulle quali *L'Opinione* si dichiarò interessatamente concorde. L'autorevole ricostruzione dei fatti metteva Bertani e quanti altri avevano contribuito ad organizzare quel moto nella parte di inconsapevoli strumenti degli altrui disegni e smentiva con l'autorità di tanta testimonianza tutte le argomentazioni sostenute dagli avversari del governo, che il giornale del Dina aveva dunque buon gioco a lodare per la previdenza dimostrata nel dare pubblicità alla presa di posizione del ministro dell'Interno Farini e alla sua circolare del 13 agosto. Allo stesso tempo poteva con maggior forza rinnovare l'appello a tener ferma, sulla linea tracciata dalla circolare contestata, la distinzione tra Garibaldi e Mazzini, tra la lealtà generosa del duce dei Mille e le subdole manovre dell'incallito cospiratore.[75] D'altra parte l'articolo de *L'Unità,* il cui autore era ben noto ai contemporanei, era subito apparso a Cavour come un pericoloso segnale che rafforzava la resistenza dei volontari raccolti a Castel Pucci sotto gli ordini di Nicotera, e alimentava in lui la convinzione che quegli uomini fossero destinati comunque ad un'azione negli Stati Romani.[76] Va anche rilevato che in quei giorni i rapporti interni alla Sinistra erano piuttosto tesi, poiché se v'era accordo sulla necessità di rispondere all'attacco governativo sviluppando l'iniziativa di massa, con proteste, pubbliche assemblee, *meetings*, petizioni ecc., meno scontata appariva la valutazione dei tempi opportuni per realizzare simili pressioni, sicché Mazzini dieci giorni dopo la sua partenza per Firenze stava ancora cercando di promuovere il *meeting* popolare di Genova, sospeso il 5 agosto anche per i dissensi fatti balenare da Bertani, che per primo aveva avanzato l'esigenza di quell'iniziativa.[77] L'attacco de *L'Opinione* toccava dunque corde cui settori della sinistra erano sensibili e spingeva molti potenziali alleati di Mazzini a prendere le distanze da lui, come non senza imbarazzo fu costretto a fare l'organo dell'opposizione costituzionale, tirato in ballo pesantemente in una controreplica del giornale cavouriano,[78] per difendere il medico lombardo dall'accusa di essere inconsapevole strumento di Mazzini. Specificando che esso non fungeva da organo di Bertani, *Il Diritto* osservava

[75] *Ibidem.*

[76] V. *Liberazione del Mezzogiorno* cit., vol. II, p. 137, Cavour a Ricasoli, 26 août 1860.

[77] Cavour a Nigra il 23 août, dà notizie importanti sugli sviluppi della lotta politica interna e tra l'altro scrive «on nous menace d'un grand meeting républicain à Gênes»; cfr. *Cavour-Nigra*, vol. IV, p. 177. Il comizio comunque non risulta essersi svolto.

[78] V. *La risposta del* Diritto, in *L'Opinione* del 29 agosto 1860, che rivolgeva l'invito aperto al foglio democratico a combattere l'influenza di Mazzini sul movimento nazionale.

che non era lecito confondere ciò che doveva restare distinto, ma per il governo questo era sempre un buon risultato poiché l'opposizione, lungi dall'apparire una massa compatta e univocamente rivolta a provocare la crisi del gabinetto, si mostrava in realtà differenziata, se non divisa, e portatrice di istanze diverse, di partito. Sulla questione di merito *Il Diritto* ribadiva che nella lettera del 30 luglio a Bertani – giunta tardiva a destinazione – Garibaldi si era espresso a favore della spedizione, onde l'appoggio che aveva dato a quell'impresa restava un sostegno confermato a Garibaldi, garante col re della volontà della nazione di costituirsi, anche contro il Ministero.[79] In sostanza, ancora una volta il nome di Mazzini era avanzato con l'intenzione di segnalare un limite, un'alterità non riconducibile ai valori prevalenti nel movimento nazionale, anche se nell'occasione egli aveva fatto un favore clamoroso ai suoi avversari. Comunque prima della sua partenza per Napoli, ove sarebbe giunto il 17 settembre, la riflessione avviata da lui sull'onda delle delusioni genovesi sarebbe approdata ad alcuni risultati esposti nello scritto dal titolo significativo di *Nuove norme per il partito d'azione*, apparso agli inizi di settembre a Livorno, nel quale egli insisteva sulle novità intervenute e sulla necessità di un rapido aggiornamento della tattica democratica:

« L'emancipazione del regno, l'ingresso dei regi nell'Umbria e nelle Marche, e il grido unanime che or mandano le popolazioni dei due terzi d'Italia, mutò condizioni e iniziano chiaramente un nuovo stadio dell'attività del Partito d'Azione».[80]

Avviata ad esaurimento la fase militare, il conflitto tra democratici e moderati assumeva più netti e prevalenti connotati politici, e sarebbe stato caratterizzato dall'antagonismo irriducibile tra il liberatore di un regno e Cavour; antagonismo i cui termini estremi però sfuggivano a Mazzini, pur critico sagace della subordinazione di Garibaldi alla tattica regia.[81]

[79] V. ne *Il Diritto* del 1° settembre 1860 l'articolo L'Opinione, *Mazzini e Bertani*.

[80] V. SEI, *Politica*, vol. LXVI, p. 243. A. SAFFI, *Ricordi e scritti* cit., p. 110, riprenderà questo giudizio quasi con le stesse parole: il fallito tentativo di spedizione al centro, l'ingresso di Garibaldi a Napoli, l'annuncio della spedizione regia al centro «mutarono aspetto alla situazione: la quale assunse da quel momento carattere eminentemente politico». Mazzini si riferisce a questa circolare nella lettera del 9 ottobre 1860 a Giannelli (SEI, *Epistolario*, LXX, p. 141). Sulla diffusione del testo a Livorno nella prima decade di settembre informa *Il Diritto* che ripubblicò lo scritto il 29 dicembre 1860, accusato di filomazziniano da *L'Opinione*. Su questa singolare ripresa delle *Nuove norme* cfr. cap. III.

[81] A C. Stansfeld, [Florence], August 24th, 1860, in SEI, *Epistolario*, LXVIII, p. 34: «V'è tra Cavour e Garibaldi un crescente antagonismo che può portar lontano»: cfr. pure *Garibaldi e il Ministero*, in SEI, *Politica*, LXVI, pp. 187-93, e la petizione *Ai ministri, ivi*, pp. 197-9.

Se però dopo il trentennale contributo di intelligenza e di sangue, quando l'obiettivo dell'unità appariva più vicino, il suo nome e il programma repubblicano continuavano ad evocare radicali rivolgimenti sociali, questo era un buon punto di partenza per riflettere schiettamente sulla dimensione «di classe» della lotta politica e, nella fattispecie, sul tradimento della classe media, principale destinataria della campagna animosa alimentata contro i suoi titoli di combattente nazionale.[82] La sua propaganda si orientò allora con più decisione verso gli operai, fino ad identificare in essi l'«elemento sociale nuovo» della rivoluzione italiana, che doveva altresì affidarsi ai soldati, l'iniziativa in mezzo ai quali risponde a più antiche regole di tecnica insurrezionale.[83] Ma la questione operaia diventava strategica nella fase a venire, una volta realizzata l'unità, anche se, al momento, Mazzini non ha ancora risolto il rapporto tra

«l'idea *morale* e l'idea *economica*; la Patria libera e il miglioramento necessario delle loro [degli operai] condizioni»,[84]

tra lotta politica e lotta economica. Questo dilemma, destinato a riproporsi nei mesi successivi, lo porta a sostenere sul piano organizzativo due ipotesi di associazionismo operaio, rispondenti alla duplicità della problematica: la prima avanzata proprio nelle *Nuove norme,* che restano il punto di riferimento fondamentale per avvicinarsi alla sua tattica di ora. Qui indica l'obiettivo della costituzione di un'organizzazione autonoma del mondo del lavoro, fondata su comitati locali in contatto fra loro per promuovere un'assemblea generale di delegati, da cui scaturisca una *Commissione Direttiva* nazionale in vista della creazione di una «grande e pubblica» *Lega del Popolo*

---

[82] V. SEI, *Epistolario,* LXX, pp. 26-34, Mazzini a C. Stansfeld, [Florence], September 1st 1860, lamenta «la guerra di calunnie» che gli fa la stampa del ministero, «calunnie contro la bandiera della repubblica rossa e contro la mia ambizione, calunnie cui ha prestato fede una gran parte della classe media [...] e metà della borghesia è contro di me». La citazione a p. 27.

[83] «[...] elemento nuovo sul quale ogni Rivoluzione deve appoggiarsi» definisce gli operai in *Nuove norme,* in SEI, *Politica,* LXVI, p. 247; nella lettera a G. Dirani, [Firenze], 5 settembre 1860, usa termini simili «ogni grande Rivoluzione che si compie, s'appoggia sempre sopra un elemento sociale nuovo; ed il vostro è quello» (v. SEI, *Politica,* LXX, p. 43). Qui affiora la concezione interclassista di Mazzini e una idea degli operai come «elemento [...] vergine di false dottrine» e perciò più sensibile al messaggio della nuova fede.

[84] V. *Nuove norme* in SEI, *Politica,* vol. LXVI, pp. 247-8. Da N. Rosselli a G. Manacorda, dal Romano allo Scirocco, la letteratura sulle origini del movimento operaio italiano, nel quale ormai nessuno più disconosce o sottovaluta l'importanza di Mazzini e del mazzinianesimo, è vastissima. Affronterò in altra sede e in modo organico il rapporto tra movimento operaio e coscienza nazionale negli anni cruciali della formazione dello Stato unitario.

«che ne [degli operai] promuova le aspirazioni, i diritti, i bisogni morali, sociali, politici».[85]


La seconda invece, più calibrata sulla necessità di impegnare l'elemento popolare nella battaglia nazionale, è espressa nella lunga lettera al Dirani, capo operaio forlivese, in cui ipotizza la creazione di un nucleo operaio di tre elementi, interno ai comitati democratici localmente esistenti e costituito come coordinamento specifico per appoggiare «in tutto quel che fa di bene» il comitato stesso, ma rappresentandovi soprattutto l'istanza della classe operaia; tale nucleo è perciò collegato direttamente col centro esterno repubblicano, con l'obiettivo finale, anche in questo caso, di dar vita ad una

«grande, unitaria Lega del Popolo che possa dire collettivamente le proprie ragioni».[86]

Accanto a questa, che costituisce indubitabilmente una delle intuizioni più feconde di futuro, la riflessione mazziniana si sofferma su un altro grande tema che nei mesi seguenti sarà al centro della lotta politica: la questione di Roma. Se si può ragionevolmente nutrir dubbio sulle effettive intenzioni di Mazzini di tener fede all'impostazione che escludeva dalle operazioni nei territori pontifici ogni intervento su Roma, di fatto, nei mesi precedenti, questo problema era restato in qualche modo tra parentesi, e non certo nei suoi aspetti di dottrina, ma in quelli più concreti di iniziativa politica. Era il prezzo pagato dai democratici in termini di «realismo» politico, mentre il loro maggior impegno era rivolto all'Italia meridionale. Bertani, nei suoi ultimi atti genovesi, aveva riaperto la partita su questo terreno; ora Mazzini cercava di ricostruire la «trafila» con gli elementi interni alla città allo scopo evidente di riattivare l'organizzazione cospirativa in vista dell'azione che, al momento, immaginava prossima. Egli dà mandato a Francesco Zannoni per ristabilire questo contatto e gli affida un appello per i popolani romani nel quale li sollecita a riprendere la strada interrotta dalla forza nel 1849, ispirati all'esempio della Sicilia e al programma di Garibaldi.[87] Era il primo passo: egli, che pensa ancora tutta la tattica riducibile al solito «allargare per ogni dove l'insurrezione», giunto a Firenze il 13 d'agosto,[88]


[85] *Ibidem.* Come si vede siamo vicini alla proposta di un *labour party* italiano.
[86] Così nella citata lettera al Dirani, in particolare cfr. pp. 45-6.
[87] SEI, *Epistolario*, vol. LXVIII, pp. 343-5, a F. Zannoni, [Firenze], 21 agosto 1860 e l'altra agli amici romani, stessa data. Lo Zannoni era un membro del *Comitato di Soccorso* spezzino: comunque non è certo se lui fosse proprio l'inviato mazziniano o un intermediario.
[88] Aveva scritto a E. A. Venturi l'11 agosto «lunedì, se non succedono guai, sarò a Firenze»: cfr. *ivi*, p. 361; il primo lunedì sarebbe stato appunto il 13.

alcuni giorni dopo lascia intendere alla Giorgina Saffi che la sua presenza in quella città era solo una breve tappa in vista di Napoli, dove ha urgenza di andare

«non foss'altro per la *chance* d'una marcia su Roma».[89]

La permanenza nell'ex capitale borbonica lo avrebbe poi convinto a mutare obiettivo per rivolgersi alla liberazione della Venezia, ma intanto aveva compiuto il primo passo sulla via dell'azione per Roma. In un momento di intensa rielaborazione in cui la complessa situazione lo fa essere «incerto d'ogni cosa e di [sé]», egli si rivolge anche a una riflessione più immediata sui temi specificamente organizzativi di fase, sui quali si muove tra impulsi contraddittori, tra l'esame dei fatti, che paiono spingerlo al riconoscimento della necessità di un'«opposizione legale e potente», e il sentimento vivo della esperienza recente che invece lo porta, fors'anche non pienamente consapevole, a riproporre una via di isolamento in vista di possibili fatti decisivi. Questa incertezza sulle prospettive si riflette nella indicazione di una doppia «serie di doveri» per il militante, da lui esposti nelle *Nuove norme,* quelli «del presente» e «dell'avvenire», in esecuzione dei quali da un lato cerca di spingere il *Comitato* parmigiano a promuovere un'assemblea nazionale di rappresentanti le diverse strutture organizzative del movimento democratico, *Comitati di provvedimento*, circoli de *La Nazione,* la milanese *Società Unitaria,* per lanciare un appello al paese e coordinarne l'agitazione; dall'altro si propone di rafforzare l'organizzazione repubblicana, insistendo in particolare sulla necessità di disporre di una propria cassa che la renda indipendente sul piano operativo, quasi fosse l'elemento risolutore rispetto alle eventualità di insurrezione.[90] Questa duplicità di livelli sui quali si svolge l'azione del genovese, uno entro il contesto organizzativo della democrazia, a tener viva l'agitazione di massa, l'altro nell'ambito specifico dell'avanguardia, selezionata in vista di compiti più radicali, rende del tutto conseguente l'adesione alla riunione dei *Comitati*, associazioni, individui, convocata da Macchi a nome della *Cassa Centrale* per il 9 settembre a Genova per ribadire fedeltà al programma di Garibaldi «espresso nella lettera al Dr. Bertani»,[91]

[89] V. SEI, *Epistolario*, vol. LXX, p. 22, a G. Saffi, [Firenze, agosto] 1860. Per il cenno alla partenza di Martinati e perché scritta di domenica la lettera dovrebbe essere del 19 agosto.

[90] Lettera a L. Ferrari, [Firenze], 29 agosto 1860, *ivi*, pp. 11-5, ove sostiene: «se invece di dovere, per difetto di fondi nostri, rimanere dipendenti per l'esecuzione del concetto, da Bertani, oggi saremmo trionfanti nello Stato Romano», p. 14.

[91] L'allusione è alla lettera di Garibaldi a Bertani del 5 maggio. Il 1° settembre il Macchi diffuse una circolare riservata ai *Comitati*, il cui testo si legge in A. DALLOLIO, *La spedizione dei Mille* cit., pp. 351-4. Un cenno rapido della riunione in *Il Diritto* del 13 set-

mentre circolavano già le notizie del trionfale ingresso del Dittatore in Napoli. Inoltre l'incontro avveniva in forse non fortuita coincidenza con l'inizio previsto dell'invasione regia delle Marche, presentata dai democratici come iniziativa volta ad arrestare il passo a Garibaldi.[92] Dunque era facile prevedere un prossimo inasprimento del contrasto tra Garibaldi e Cavour. Peraltro la riunione del 9 settembre si inseriva in una fase di rilancio della *Cassa Centrale*, ancora una volta sostenuta da *Il Diritto* ma tale da richiamare subito la vigilanza delle autorità genovesi che, per la penna del Magenta, denunciavano l'avvio di una campagna antigovernativa promossa dai «membri mazziniani» del «Comitato Bertani», i quali avevano iniziato ad inviare a Napoli

«menzogneri rapporti nei quali si accusa il governo di impedire la spedizione di uomini in Sicilia e di denegare al comitato i mezzi pecuniari per sopperire alle spese. Costoro inseguono probabilmente la parola d'ordine mandata da Mazzini, tendono evidentemente a sollevare in Garibaldi la diffidenza verso il Ministero per quindi indurlo a mutare programma».[93]

Dunque anche da questo versante appariva chiaro che l'iniziativa genovese mirava al rilancio dell'organizzazione del partito democratico, ma era strettamente legata alla ripresa del conflitto politico coi moderati, ormai prossimo a riesplodere con forza nel Paese.

L'ordine del giorno della riunione, fissato nella prospettiva di ridar vigore all'opera di solidarietà con il liberatore del Mezzogiorno, era perciò proposto nei termini seguenti:

tembre. Anche in seguito se ne fornirono solo notizie essenziali, finché Guerrazzi non provocò la pubblicazione del verbale, ma per l'occasione la circolare del Macchi non fu resa nota. Mazzini la ricevette dopo il 5 e rispose l'8: v. la sua lettera a Macchi nella quale si diceva «Ho la tua del 5», pubblicata con la sola indicazione del giorno in G. RICCIARDI, *Biografia di Mauro Macchi* cit., pp. 30-2, e in SEI, *Epistolario*, vol. LXVIII, pp. 284-7, con la data erronea di [Genova], 8 [agosto 1860] da correggersi in [Firenze] 8 [settembre 1860], sulla base di cenni ad eventi avvenuti dopo l'8 agosto, come l'incontro Farini-Napoleone, e della documentazione relativa a quella riunione in MRM, *Carte Bertani*, b. 14, pl. XX, 3. Cfr. anche la nota 99.

[92] *Il Diritto* il 13 settembre parla dell'incontro, della partenza per Napoli della delegazione composta da Pontoli, Manzini e Maluccelli, tutti dei *Comitati* emiliani, e della relazione di Macchi. Se l'assemblea si svolse il giorno previsto per l'invasione delle Marche, la nota fu pubblicata in quello dell'effettivo avvio della campagna.

[93] V. in *Liberazione del Mezzogiorno* cit., vol. V, p. 487, P. Magenta a L. C. Farini, Genova, li 2 settembre 1860. Il pericoloso «membro mazziniano» segnalato era il Brusco, e par strano che, come capitò a molti, il solerte Magenta confonda Enrico Brusco e Vincenzo Brusco Onnis. Del suo rapporto però è più interessante il suggerimento dato di infiltrare nel comitato persona meno ostile al governo, come il rilievo che il Brusco «e gli altri suoi amici» eludano il tramite di Macchi e Depretis, per rivolgersi direttamente a Garibaldi.

«Determinare in qual modo si possa più efficacemente continuare nell'opera di soccorsi a Garibaldi per ottenere libera ed una la patria, nelle circostanze presenti»,[94]

e richiamava il compimento del moto nazionale e del programma del 5 maggio, nel riferimento al quale vi era un discreto cenno agli altri obiettivi, anzitutto Roma e Venezia, ritenuti alla portata del movimento nazionale, se non fossero prevalse l'opera di imbrigliamento dei comitati garibaldini, perseguito dalla circolare Farini, e la divisione delle forze patriottiche.[95]

L'organizzazione di Mazzini non era certo numerosa e decisiva,[96] ma la sua fiducia verso quella bertaniana ancora non del tutto ristabilita,[97] anche se le ragioni per superare ogni incertezza erano molte. Bisognava riprendere l'azione di massa, intensificare l'opposizione al governo, dar segni che la componente non militare del movimento democratico era stata colpita, ma viveva e accompagnava non solo con speranza la ripresa della avanzata garibaldina al sud. Passato in meno di venti giorni da Reggio di Calabria a Napoli, ove entrò il 7 settembre, Garibaldi mostrò con l'evidenza apodittica dei fatti il venir meno delle funzioni storiche dello Stato borbonico e l'interno sgretolamento del Regno, onde l'esigenza di tempestive decisioni cui da un lato Cavour, dall'altro Bertani affidavano in quei frangenti il successo delle rispettive strategie. Cavour poteva rispondere per sé, e la rapida discesa in campagna dell'esercito sarà la riprova dell'applicazione pratica di tale esigenza. Bertani invece non poteva rispondere per Garibaldi, e Mazzini, da parte sua, non s'era mai fatto illusioni sulla possibilità di esser inteso sul piano politico dal nizzardo; ma se voleva mettere in piedi un fronte di resistenza all'offensiva moderata doveva ancora una volta tentare di coordinarsi alle sparse membra e alle diverse anime del movimento democratico.[98]

[94] A. DALLOLIO, *La spedizione dei Mille* cit., pp. 352-3.

[95] Sono temi presenti nel citato articolo de *Il Diritto* del 13 settembre.

[96] Cenni alla debolezza dell'organizzazione mazziniana, anche ove esisteva un tradizionale nucleo, nella lettera ai fratelli Botta, cui aveva scritto il 26 settembre «Organizzate quetamente tra i pochi buoni»; il 3 ottobre a Giannelli, lo invita a non rallentare l'impegno «Anche in 12 come dite»: v. SEI, *Epistolario*, vol. LXX, pp. 111 e 143.

[97] Che i rancori verso Bertani fossero tutt'altro che sopiti, lo mostra una lettera al Sacchi dell'agosto, subito prima o subito dopo la partenza di Martinati per la Sicilia (*ivi*, p. 5). A Crispi, il 2 settembre, dopo il deludente ritorno di Martinati da Palermo ribadiva la sua deplorazione «per l'abbandono in cui fummo lasciati da Bertani», e nella stessa data ai fratelli Botta: L'Agenzia Bertani è la nostra rovina» (*ivi*, pp. 39 e 37).

[98] Per la lettera di L. Ferrari del 29 agosto v. *ivi*, pp. 11-5; per quella al Macchi dell'8 settembre, vedi nota 92. La lettera a Dolfi, [Firenze settembre 1860], in SEI, vol. LXX, p. 70, in cui Mazzini lo invita ad appoggiare De Boni e Macchi, è quella che accompagna l'altra per Macchi, dove egli dice: «Credo che D[olfi] ti rechi questa», e cripta il nome di

Alla riunione, tenutasi presso la casa del marchese Carega e che segnò una svolta e un rilancio della *Cassa* genovese dopo la crisi politico-finanziaria da cui era stata investita nel mese precedente, partecipò una significativa rappresentanza dell'associazionismo liberal-democratico: esponenti di vari *Comitati di Soccorso a Garibaldi,* ma non tutti i nati dalla mobilitazione del maggio,[99] membri de *La Nazione,* dell'*Unione liberale* e del *Comitato d'emigrazione veneto.*[100] Svoltosi in un contesto meno eccezionale, l'incontro avrebbe di certo rappresentato un momento memorabile nelle vicende della costruzione del partito della democrazia nazionale, avrebbe dovuto costituire una classica occasione di bilancio delle esperienze fatte e del lavoro compiuto, nonché di riflessione sulle prospettive dell'azione futura. In entrambi i sensi, essa offriva materia a un ripensamento non occasionale, per più versi bisognoso di ulteriori approfondimenti e che quindi, non sarebbe stato possibile esaurire in quella sede, anche perché le contingenze evolvevano in ben altra direzione. L'ingresso di Garibaldi a Napoli e l'avvio della campagna militare nelle Marche e nell'Umbria aprivano l'ultima e decisiva mano della partita nella quale si erano sempre più trovati di fronte Cavour da una parte e il Generale, e i suoi sostenitori dall'altra. Quando alla metà d'ottobre parve momentaneamente conclusa, la sconfitta della parte democratica e lo sbandamento che ne seguì, fecero apparire l'incontro settembrino quasi l'eclissi della *Cassa,* la cui funzione positiva fu possibile recuperare solo più tardi, con la ripresa di un progetto, finalmente esplicito, di costruzione del partito. D'altra parte Bertani aveva fatto troppo conto sul fatto che tutto si sarebbe vinto o perso a Napoli, dove non a caso in quei giorni di settembre, e prima, si erano portati i quadri più noti della democrazia, e il 17 settembre sarebbe giunto lo stesso Mazzini.

La relazione con cui Macchi aprì l'assemblea del 9 settembre ebbe una netta impostazione anticavouriana, e subito *Il Diritto,* alzando persino i toni, ne dilatò il motivo centrale nella denuncia dei gravi freni posti dal governo all'azione

Dolfi perché l'intercettazione ne avrebbe messo in luce la residenza. Dunque anche questa lettera al Dolfi andrebbe anticipata all'8-9 settembre. Il comitato fiorentino, che aveva deciso di farsi rappresentare a Genova dal De Boni, latore di uno scritto che ne esponeva le posizioni, non partecipò all'assemblea. Il 12 Dolfi e Martinati si scusavano con Macchi del mancato arrivo di De Boni chiedendo informazioni sulla riunione: v. MRM, *Carte Bertani,* b. 15, pl. XX, 2 e 10. La lettera di Mazzini, se pervenne a Macchi, fu per altra via.

[99] Come ammise il Macchi, la riunione era stata anzitutto pensata per raccogliere il parere sulla situazione dei *Comitati* garibaldini: v. il verbale in *Garibaldi e Cavour,* Genova, Tip. L. Ponthenier e C., 1860, p. 49. Il manoscritto senza varianti significative, è in MRM, *Carte Bertani,* b. 50, pl. XXVI, 36. Diverse le assenze, specie dal Piemonte e dalla Lombardia, tranne Milano, rappresentata da C. Foldi.

[100] Della composita partecipazione parlò per primo il Guerrazzi nella sua lettera su *L'Unità Italiana* del 24 settembre dal titolo *Il Ministero e l'opposizione,* ripubblicata insieme alle istruzioni da lui stesso dettate alla delegazione inviata a Napoli, in *Garibaldi e Cavour* cit, che ci conferma questo aspetto. Guerrazzi era delegato dal Comitato di Livorno: v. MRM, *Carte Bertani,* b. 15, pl. XX, 9, G. Gherardi al *Comitato Centrale.*

solidale dei *Comitati* verso l'opera liberatrice di Garibaldi.[101] Essa ribadiva il giudizio sull'attitudine del governo verso l'opera nazionale promossa dal moto del 5 di maggio: «lasciò fare» la prima spedizione, ma con il segreto proposito di un suo cattivo esito; contribuì alle successive di Medici e Cosenz, ma per imprimere il suo marchio sull'opera eroica dei volontari; ostacolò invece in mille modi la spedizione al Centro, che ora direttamente eseguiva per costituire una muraglia contro Garibaldi, mentre manteneva mille vincoli al libero dispiegarsi dell'opera di soccorso di cui pure in quei frangenti l'Esercito Meridionale poteva avere estremo bisogno. Di fronte a tutto ciò sorgeva la necessità di consultare i *Comitati* e intanto inviare a Napoli una delegazione dell'assemblea per ricevere istruzioni dal Generale.[102] Senza averne piena coscienza, e *di fatto*, l'assemblea diventava il momento fondante di un organismo politico democratico: politico, perché poneva al centro della sua azione non più soltanto il fine della raccolta dei soccorsi, ma il giudizio e il confronto con il governo; democratico perché, pur rinviando la decisione definitiva alle istruzioni di Garibaldi da Napoli, i *Comitati di Provvedimento* diventavano le strutture locali di una associazione non più limitata al ruolo di comitato di soccorso, ma organo base di un movimento chiamato a esprimersi sulle scelte da compiersi.[103] Lo svolgimento della vivace discussione e l'ampio ventaglio di posizioni che vi si espressero non tardarono a mettere in luce un'altra trasformazione subìta dai *Comitati,* anche in questo caso dovuta più a cause empiriche che a scelte consapevoli: l'importanza di questi organismi come luogo d'incontro di tendenze diverse, stava venendo meno e, nella misura in cui essi si politicizzavano, imponevano posizioni nette. Oggi, a differenza del maggio, stare con Garibaldi significava stare *contro* il governo.[104] La varietà dei partecipanti all'incontro rendeva la riservatezza,

[101] V. *Il Diritto* del 10 settembre che, ripresa indirettamente la relazione, osservava poi: «Non è nostro compito di assumere qui la difesa dei vari Comitati sparsi nello stato a raccogliere ed organare volontari in aiuto a Garibaldi, sui quali si vorrebbero far cadere indegni sospetti. Essi non hanno bisogno di scendere a indecorose giustificazioni».

[102] V. *Garibaldi e Cavour* cit., la relazione Macchi alle pp. 35-44.

[103] *Ivi*. La relazione e alcuni interventi ammettono che i rapporti col governo continuarono prima e dopo la circolare Farini, quando iniziano le difficoltà del *Comitato* genovese a far fronte ai propri compiti. Pur facendolo passare per giudizio del governo ad uso dei gonzi, della circolare si parla anche come di un modo di tenere a bada la diplomazia. A Torino, in agosto, furono inviate due missioni, una del maggiore Tosetto, con lettera del ministero palermitano che chiedeva soccorso di volontari; e l'altra, il cui contenuto non è chiarito, del Mojon. I rapporti continuarono attraverso il Magenta, cui con discrezione si allude a p. 41, per chiedere al governo un prestito, negato, di cento mila franchi.

[104] *Ivi*. Sull'ipotesi di riprendere le relazioni col governo si accese la discussione. A favore si pronunciò in un primo momento il presidente della seduta, V. Ricci; poi nacque uno scontro tra Campanella e Nazari, rappresentante de *La Nazione*, al quale tra l'altro venne osservato il carattere di esterno rispetto ai *Comitati*. Macchi ribadì di aver invitato esponenti di un largo fronte, ma le decisioni andavano prese tra rappresentanti di Garibaldi, onde insorse il Celesia, esponente del *Comitato d'emigrazione* (*ivi*, pp. 49-52).

cui forse si aspirava, un pio desiderio, e subito la stampa governativa lanciò una serie di illazioni interpretative,[105] verso le quali la risposta della *Cassa*, ed ovviamente de *Il Diritto*, apparvero in certo modo ondeggianti. Forse ciò dipese dalla rapidità sconcertante con cui Cavour portò a termine il suo piano. L'assemblea dei *Comitati* infatti, si tenne quando il conte, informato dell'agitarsi del centro genovese e di altre manovre in corso, aveva già messo alle strette il re, in condizioni di dover respingere le sue dimissioni formali.[106] Inoltre, appena nota la lettera con cui Garibaldi confermava al Brusco la sua inconciliabilità con il Ministero,[107] preceduta e seguita da una serie di atti ostili verso il governo di Torino, divenne ancor più chiaro che la sede istituzionalmente propria e politicamente opportuna a dirimere la controversia sarebbe stata il Parlamento, convocato da Cavour il 16 settembre.[108] Certamente questa decisione, nella memoria della sconfitta subita all'inizio dell'anno e della schiacciante maggioranza conseguita dal Ministero nell'ultima votazione parlamentare di luglio, disponeva i suoi avversari torinesi ad un atteggiamento più cauto, che l'evoluzione rapida delle posizioni de *Il Diritto* testimonia con chiarezza. Dopo l'intervento polemico del 10 settembre, il giornale tornò sull'argomento per dar conto della relazione di Macchi, sottolineando le responsabilità del Ministero e la vocazione conciliatrice dei *Comitati*, che invocavano l'unione di tuttte le forze per far barriera ai nemici d'Italia, e ne illustrò la decisione di inviare una delegazione a Napoli per informare il Generale della situazione politica e sollecitarne adeguate istruzioni.[109] Il giorno successivo pubblicò invece la *Protesta* votata dall'assemblea contro *L'Opinione*, che aveva attaccato la gestione della *Cassa Centrale* e l'aveva invitata a render conto della sua amministrazione e dello sperpero delle somme raccolte.[110] La convocazione del Parlamento però dovette modificare certi orientamenti, intanto perché le forze politiche, e prima di

Il Ramorino, attivo e antico membro della democrazia genovese, pose invece, inascoltato, l'esigenza di verificare i rapporti tra Garibaldi e *Comitato* e che la delegazione da inviare a Napoli chiedesse «ciò che [Garibaldi] vorrà fare entrato che sia a Napoli», p. 61. Dei contrasti nell'assemblea v'è una traccia in I. Nazari Micheli, *Cavour e Garibaldi nel 1860* cit., pp. 160-1.

[105] V. *Garibaldi e Cavour* cit., p. 33: una breve nota motiva la pubblicazione tardiva del verbale con la necessità insorta di ristabilire la verità dopo «le tante cose contro l'adunanza» del 9 dette dalla «stampa governativa».

[106] Cfr. cap. III.

[107] ENSG, *Epistolario* cit., vol. V, a Brusco, Napoli, 14 settembre 1860, pp. 241-2.

[108] R. Romeo, *Cavour* cit., pp. 798-801. Vedi anche *infra*.

[109] V. la corrispondenza da Genova in *Il Diritto* del 13 settembre, che dà anche la notizia della partenza per Napoli lo stesso giorno della prevista delegazione. Brusco e Macchi la muniscono di una lettera per Garibaldi, da Genova, 13 settembre 1860 (in MRM, *Carte Bertani*, b. 48, pl. V/3°, 87), che insiste sulla polemica contro Cavour e sulla necessità di ricevere nuovi ordini per i *Comitati*.

[110] V. *L'Opinione* del 3 settembre 1860. La protesta in *Il Diritto* del 14; il giorno dopo su *L'Unità Italiana*. L'attacco a Bertani segnò la ripresa della campagna contro di lui.

tutti i rattazziani, erano costretti a cercare una nuova collocazione e a riprendere le distanze dall'estrema Sinistra,[111] naturalmente ormai non più identificabile solo con i Brofferio, Guerrazzi *et similia*. *Il Diritto* così passò dall'astiosa denuncia della volontà del governo di rafforzarsi, alimentando gli odi civili col mettere il Parlamento contro Garibaldi ed ottenere un voto di fiducia, alla più ponderata richiesta di un accordo tra le due forze della rivoluzione italiana in modo da evitare al paese pericolose lacerazioni,[112] e *L'Unità Italiana* agì anch'essa con grande e insolita cautela, augurandosi che la convocazione della Camera non fosse nello spirito di una sua contrapposizione alla rivoluzione, impersonata da Garibaldi. In seguito lanciò un improbabile appello all'iniziativa legale di massa, onde la nazione mostrasse la propria solidarietà al suo massimo rappresentante e facesse sentire la sua voce con petizioni, pubbliche riunioni e manifestazioni varie.[113] Improbabile non in sé, anzi questa posizione era il primo segno della ricerca di una risposta più articolata alla politica moderata; improbabile perché non si capiva bene a quali forze ci si rivolgesse, chi avrebbe potuto promuovere una tale agitazione legale del paese, considerato che la Sinistra, tutta proiettata nell'opera di sostegno alla campagna nell'Italia meridionale, non disponeva di canali sufficientemente vasti per sviluppare nel paese un simile moto di propaganda. Né forze ispirate a principi liberali potevano credibilmente sostenere che un organo per definizione rappresentativo della nazione, il Parlamento, si potesse ritenere inadatto, e inopportuna la sua convocazione, a definire gli indirizzi fondamentali del Paese. Certo, si poteva mettere in discussione la sua rappresentatività reale per via del suffragio ristretto che lo eleggeva, e non di meno gli uomini del partito d'azione non potevano disconoscere l'idea di legalità e di Stato rappresentativo e costituzionale che in esso viveva. Così la tattica di Cavour aveva, oltre tuttto, il merito di evidenziare il vicolo cieco nel quale l'opposizione democratica si era cacciata.

Vi fu anche un'altra prova delle cautele con cui l'opposizione rattazziana aveva cominciato a muoversi dopo che i reiterati tentativi di spingere il re a liberarsi del suo ministro erano venuti progressivamente perdendo di morden-

---

[111] Secondo il *Diario* di G. Asproni, vol. II, cit., p. 545, «Bottero, che scrive sul *Diritto* ci ha confidato che Rattazzi si è ricomposto col conte Cavour, e che il *Diritto* abbassò la bandiera di moderata opposizione» anche perché è l'unico a poter difendere il ruolo di Torino, capitale del futuro regno. Questo tema che appare qui, verrà riproposto anche da *La Civiltà Cattolica* in una corrispondenza da Torino del gennaio 1861, vol. 44, p. 374, sulle elezioni. La riconciliazione tra Cavour e Rattazzi fu più apparente che reale; per l'evoluzione del giornale rattazziano il cambiamento di linea è riferibile al mutato quadro politico, e da assegnarsi alla metà di ottobre: v. cap. III.

[112] V. rispettivamente i numeri del 22 e del 24 settembre 1860.

[113] V. i numeri del 17 e 20 settembre 1860, in questo ultimo in particolare l'articolo *Che fare?*

te.[114] Infatti la prudenza de *Il Diritto* e di Macchi il quale, mentre la stampa moderata chiedeva informazioni sui lavori e sui deliberati del 9 settembre, continuava a tacere, fu considerata da Guerrazzi del tutto fuor di luogo, e preferendo la guerra dichiarata inviò a *L'Unità Italiana* una lunga lettera con una prima, diretta informazione, e con le sue considerazioni sull'assemblea, svoltasi per notificare a tutti i militanti democratici l'aspra guerra fatta dal Ministero a Garibaldi e alla *Cassa* che lo rappresentava.[115] Lo scrittore ultraradicale, ma non disdegnoso frequentatore della reggia, era stato incaricato dall'assemblea a procedere d'intesa con la direzione centrale alla stesura del promemoria che la delegazione inviata a Napoli avrebbe dovuto illustrare a Garibaldi, e si era espresso in senso anticavouriano, respingendo con durezza qualsiasi possibilità di accordo con Cavour, tra comitati e governo, cui semmai contrapponeva l'idea di un incontro diretto tra legalità e rivoluzione, cioè tra il re e la democrazia. Ma la sua presa di posizione, precisava il Guerrazzi nel chiedere ospitalità a *L'Unità*, era stata respinta da *Il Diritto*, giornale col quale solitamente collaborava e che, per l'occasione, gli aveva notificato di non gradire più i suoi articoli.[116] Ad evitare una ripresa dei malevoli commenti, il Macchi allora decise di pubblicare il verbale della riunione, dandone notizia al pubblico nella stessa occasione in cui inviava a *Il Diritto* la risposta del Generale alla delegazione dell'assemblea, della quale precisava i caratteri e limiti nel modo seguente:

«Caro Direttore,
In vista dei nuovi casi creati in Italia dall'intervento dell'esercito subalpino nelle Romagne, il *Comitato Centrale di Genova* sentì il bisogno e il dovere di raccogliere a consiglio i rappresentanti di tutti i *Comitati di Soccorso a Garibaldi*; e nell'adunanza qui tenutasi la sera del 9 corrente, venne unanimamente deliberato di inviare al dittatore una deputazione, appunto per chiedergli *se ed in qual modo noi dovessimo continuare l'opera da lui affidataci*».[117]

In verità se Guerrazzi l'aveva buttata troppo in politica, Macchi riduceva di molto il significato della riunione che costituiva atto straordinario, giacché come non se ne erano tenute prima, non se ne sarebbero tenute poi, fino a quella

---

[114] R. ROMEO, *Cavour* cit., p. 800, ove è opportunamente richiamata anche la vittoria di Castelfidardo del 18 settembre, che conferiva maggior forza a Cavour nel trattare con Garibaldi, ma anche col re e coi rattazziani. Si veda pure il cap. III.

[115] Si veda in *L'Unità Italiana* del 24 settembre 1860 l'articolo *Il Ministero e l'opposizione* cui è unito il testo delle istruzioni dettate per la delegazione inviata presso Garibaldi.

[116] V. *Garibaldi e Cavour* cit., pp. 3-18; il *Promemoria* per la delegazione alle pp. 19-32.

[117] V. *Il Diritto* del 27 settembre 1860. L'opuscolo *Garibaldi e Cavour* uscì agli inizi di ottobre: *Il Diritto* lo annunciò il 7.

del tutto particolare del 4 gennaio; ed anche a voler dar credito alla intenzione di continuità con il primitivo legato di Garibaldi ai *Comitati* è evidente che nelle nuove condizioni tutto mutava di significato, né a caso la gravità dello scontro che si profilava era sintetizzato dallo stesso Macchi in termini ben più crudi nell'ambito di una privata corrispondenza.[118]

I motivi di inquietudine che all'inizio del mese il governo nutrì di fronte alla ripresa dei *Comitati* si collegavano strettamente alla situazione dell'Italia meridionale dove, in relazione al passaggio di Garibaldi sul continente, si era sviluppato nelle province un processo insurrezionale che facilitò la marcia dei garibaldini verso Napoli. Le dimensioni di questo movimento sembravano compensare la brusca frenata subita dall'iniziativa al Centro e offrire l'occasione di puntualizzare i compiti della *Cassa* e dei *Comitati* dipendenti, non potendosi escludere la ripresa dell'invio di volontari per gli imprevedibili sviluppi della campagna militare. Sul piano finanziario la vita della centrale genovese era adesso connessa al contributo sostanzioso proveniente da Palermo e, in particolare, alla somma di «circa mezzo milione» trasmessa proprio in quei giorni da Depretis a Genova in esecuzione di ordini di Garibaldi che, con tutta evidenza, andava incontro alle richieste di Bertani,[119] interessato alla ripresa della *Cassa* da lui creata per farne strumento di agitazione e di aggregazione dei democratici settentrionali e meridionali. Finalmente si profilava un collegamento organico tra l'azione rivoluzionaria al sud e l'iniziativa anticavouriana nel resto del paese. Ma perché Napoli e il Sud diventassero i punti di forza da cui attaccare l'egemonia moderata e il disegno complessivo che ne ispirava la concezione dello Stato e del processo unitario, era indispensabile realizzare due condizioni: la prima, era di mettere a prova la capacità di governo del partito democratico; rendere chiaro al Sud, ma rivolgendosi a tutto il paese, l'alterità del sistema amministrativo e di gestione della cosa pubblica, sapendo che una classe di governo non si improvvisa. Era un motivo caro a Bertani, sul quale si conferma la non marginale presenza della componente cattaneana per tutta la fase storica del 1860: proprio in quei giorni infatti, su suo consiglio, Cattaneo era chiamato a Napoli dal Dittatore.[120] In questa stessa direzione, l'esperienza della segrete-

---

[118] V. Macchi a Cattaneo, Genova, 26 settembre 1860, «Cavour ci sfida ormai a guerra aperta. Siamo pronti a tutto», in *Epistolario* di C. CATTANEO, vol. III, cit., p. 574.

[119] V. Depretis a Garibaldi, 1° settembre 1860, in I. NAZARI MICHELI *Cavour e Garibaldi nel 1860* cit., pp. 153-6. «Alle spese d'armamento già fatte ed agli impegni di ogni natura, si è fatto fronte regolarmente; si è provisto ai bisogni del Comitato di Genova, dove ho mandato circa mezzo milione», p. 153. Bertani, conoscendo gli insoluti problemi lasciati a Genova, assicurava i suoi dell'attenzione prestata alla questione (v. MRM, *Carte Bertani*, b. 47, pl. IV/3°, 32), e inviò attraverso il Brusco, intorno al 20 agosto, la somma di centomila franchi: v. *ivi*, b.18, pl. XXX, 17, G. Brambilla a Macchi, Palermo, 21 agosto 1860.

[120] Bertani e Crispi a giugno chiesero a Cattaneo di recarsi a Palermo: v. *Epistolario* di C. CATTANEO, vol. III, cit., p. 369; a p. 569 documenti della chiamata a Napoli. In *Diario*

ria della dittatura, di cui il medico milanese fu gran parte, espresse il tentativo di fondare un'esperienza di governo democratico di tipo giacobino, ma senza gli aspetti estremi del Terrore, che originasse sul piano amministrativo e sociale una netta discontinuità con il vecchio regime.[121] L'altra condizione, che in qualche misura giustificava la rinuncia e surrogava il metodo del Terrore come risposta ai bisogni estremi della patria, era quella di stabilire a Napoli la potente retrovia della guerra nazionale, aprendo di lì il processo che avrebbe portato l'Italia alla meta finale, Roma. Anche su questo Bertani e la sua associazione si erano costantemente impegnati, difendendo con energia il significato politico della spedizione Zambianchi, un membro della quale, Francesco Pianca, era rimasto sui luoghi per raccogliere informazioni per la *Cassa*;[122] lavorando al moto umbro-marchigiano e rilanciando al momento della sua partenza da Genova l'iniziativa verso Roma, dove alla fine di agosto inviò un emissario per ristabilire i contatti con l'opposizione interna;[123] infine, come lui stesso testimonia, insistendo con Garibaldi, appena entrato a Napoli, affinché inviasse al più presto, anche in previsione del movimento del Regio Esercito al Centro, una spedizione al comando del Cadolini sulle coste dello Stato Romano, per stabilire una testa di ponte a Terracina per la marcia verso Roma. Questa idea non fu messa in atto,[124] e nell'insieme la linea di Bertani fu presto in crisi. Ma al momento, l'ingresso del medico milanese nella capitale a fianco del Dittatore, il ruolo di suo segretario, fu agli occhi di tutti il segno di una sintonia politica profonda, confermata nei giorni successivi, nei quali parve prevalere l'idea di proseguire la marcia fino al Campidoglio, senza intendere i consigli di Torino. Garibaldi

di G. ASPRONI, vol. II, cit., p. 530 una versione di come essa maturò. L'incarico di accompagnare Cattaneo da Lugano a Genova e imbarcarlo per Napoli fu dato da Bertani a Macchi: si veda Macchi a Cattaneo, Genova, 15 settembre 1860, in U. SAFFIOTTI, *Lettere inedite di Mauro Macchi a Carlo Cattaneo* cit., p. 67. Altre lettere sulla missione di Macchi in ASR, *Carte Pianciani*, G. 29, f. 1.

[121] Par questo il senso dell'appunto bertaniano, scritto di certo dopo conclusa l'esperienza della segreteria: «Dovevano esistere i Ministeri senza Ministri. Era un'assurdità la responsabilità ministeriale con una Dittatura. Garibaldi mancò al convenuto», in I. NAZARI MICHELI, *Cavour e Garibaldi nel 1860* cit., p. 159; l'autografo in MRM, b. 15, pl. XXIII, 4. Il giudizio di A. SCIROCCO, *Il Mezzogiorno nella crisi dell'unificazione (1860-1861)*, Napoli, Soc. Editrice Napoletana, 1981, II ed., specie ai capitoli II e III, avanza però un'altra lettura.

[122] V. le corrispondenze in MRM, *Carte Bertani*, b. 67, pl. XXVI, 118; 119; 125; 126; 127; 134; 135. A fine giugno e luglio il Pianca fu nell'Italia Meridionale. Nel 1861 sarà di nuovo nelle regioni centrali e al confine toscano per un tentativo di spedizione, poi fallita.

[123] Gualterio a Cavour, Cortona, 25 agosto, in *Liberazione del Mezzogiorno* cit., vol. II, p. 157. I dispacci informano sulla situazione del movimento bertaniano nell'Italia centrale.

[124] Bertani lo sostenne alla Camera: v. API, *Camera dei Deputati, Discussioni*, seduta del 19 giugno 1863, p. 446. Aggiunse che ebbe l'adesione di Garibaldi, ma di non sapere perché la spedizione non vi fu. I tanti membri dello Stato Maggiore garibaldino in aula nulla replicarono.

respinse due volte la richiesta di annessione della Sicilia, avanzata da Depretis; accolse con entusiasmo la notizia che il Regio Esercito era sul punto di passare il confine delle Marche, resagli dal Villamarina, ma lo mise in guardia perché la mossa non assumesse il carattere improprio di offrire protezione al papa, stante la sua ferma intenzione di por fine al potere temporale e alla presenza della Francia in Italia; poi ribadì le sue decisioni in una serie di colloqui con esponenti cavouriani, suscitando le più grandi preoccupazioni negli interlocutori;[125] infine chiamò a Napoli Cattaneo. Insomma tutto sembrava andare secondo gli auspici di Bertani, ma il Persano in un rapporto a Cavour dell'11 settembre giudicava «l'influenza di Bertani e di Mario presso il Dittatore alquanto diminuita», ed è difficile immaginare le cause di tale declino, sembrando eccessivi gli entusiasmi di Astengo verso l'opera antibertaniana svolta dall'Augier.[126] Potrebbe allora ritenersi causa di questa svolta il contatto ristabilito tra Garibaldi e il re: infatti i tempi coincidono con il ritorno di Trecchi a Napoli e con la formulazione e l'invio a Vittorio Emanuele di due lettere, portate poi a Torino dallo stesso Trecchi, nelle quali si chiedeva al sovrano di liberarsi del ministero cavouriano, segnando così il vigoroso rilancio della campagna contro Cavour, dalle forze a lui ostili sospesa o attenuata tra l'agosto e la prima decade di settembre. Ma questa volta l'intermediario del re era accompagnato dal Brambilla, uno dei collaboratori più stretti di Bertani e forse proprio da lui imposto come scorta.[127] In questo caso più facile sarebbe spiegare una certa reazione del Generale, infastidito anche dal fatto di sentirsi sotto tutela, ciò che poco si confaceva al liberatore d'un regno. D'altra parte la lettera con cui il milanese rassegnò le sue dimissioni dalla segreteria della dittatura — una decisione che certissimamente ebbe una prevalente motivazione politica nelle delusioni che il comportamento

---

[125] V. i dispacci di Villamarina, Persano, Astengo tra il 6 e l'11 settembre in *Liberazione del Mezzogiorno* cit., vol. II, che insistono su due aspetti: la volontà del dittatore di arrivare a Roma; l'influenza funesta che Bertani, in un caso anche Mario, hanno su lui.

[126] *Ivi*, pp. 268-70, Astengo a Cavour, Napoli 9 settembre 1860. Bertani s'era certo fatto nemici tra gli antichi compagni, ma i suoi frequenti scambi d'informazioni con Garibaldi rendono difficile immaginare che contro di lui si potesse dirigere «l'odio di tutti quelli che circondano il Dittatore». La missione Augier fu il primo atto della nuova campagna contro Bertani, incrinandone le relazioni col Dittatore. Sarebbe continuata con l'accusa di aver dato ordine al Tripoti di opporsi con la forza all'ingresso dell'esercito nel regno di Napoli (v. *Liberazione del Mezzogiorno* cit., vol. III, p. 209). Il culmine fu raggiunto tra la fine di ottobre e gli inizi di novembre con le accuse di sottrazione di fondi della *Cassa Centrale* e del tesoro di Sicilia e di Napoli mossegli dal Bianchi Giovini su *L'Unione*. Il motivo ebbe ampio spazio nella campagna elettorale del gennaio 1861, anche perché Bertani portò per le lunghe l'elaborazione del suo resoconto.

[127] Le lettere di Garibaldi al re dell'11 settembre, in ENSG, *Epistolario* cit., vol. V, pp. 237-9. La prima segnala l'invio del Brambilla insieme a Trecchi nel *Post Scriptum*. Forse è proprio su questa base che J. White Mario, *La vita e i tempi di Agostino Bertani* cit., p. 475, sentì il bisogno di precisare che non era «nell'indole di Bertani [...] tentare pressioni». La White in quei giorni era a Napoli col marito, e molto addentro alle cose che si conducevano agli alti livelli del gruppo dirigente garibaldino.

di Garibaldi provocò in lui[128] — fa trasparire nei toni duri una frattura radicale anche sul piano delle relazioni personali, mai più del tutto ricucita.[129] Forse un'analoga durezza egli aveva manifestato con il Medici, dopo lo scontro che li oppose tra il maggio e il giugno di quell'anno: ma con questo, fino ad allora, si era illuso di costruire una linea politica comune; a quello invece aveva affidato un compito decisivo e unico, quindi il peso della sconfitta della sua ipotesi era molto più pesante da sopportare. In quei momenti poi non poteva neppure opporsi apertamente a Garibaldi per non indebolirne l'autorità e per non correre il rischio di isolare se stesso dalla opinione democratica.[130] Ma le sue dimissioni segnarono la fine del suo originario progetto di costruire un nuovo partito della democrazia nazionale intorno alla figura di Garibaldi, rivelatosi politicamente troppo inferiore alle attese. Da allora non perse occasione per esprimere la diversità delle sue posizioni e sopportò malvolentieri la direzione garibaldina, considerata d'intralcio allo sviluppo del movimento, pur sapendo che sarebbe stata impresa quasi disperata liberarsi dall'ingombrante presenza di quel personaggio.

La delegazione dei *Comitati*, formata dal Pontoli, dal Maluccelli e dal Manzini, esponenti dei più autorevoli centri emiliano-romagnoli, giunse a Napoli, il 14 settembre e fu ricevuta dal dittatore solo dopo alcuni giorni, malgrado si affidasse alla protezione di Bertani, premurosa guida e scolta a tal rappresentanza presso il Generale,[131] cui si doveva inoltrare la richiesta di rinnovare il suo mandato ai *Comitati* stessi. Senonché, fosse o no casuale, quando i tre inviati da Genova furono ricevuti, i rapporti tra il «segretario» e il Dittatore si erano ormai logorati, e il primo non poteva allora far pesare il suo ascendente nelle decisioni del secondo; anzi proprio in quei giorni egli cominciava a pensare alla opportunità di dare le sue dimissioni, decisione sofferta fino al punto di creargli qualche difficoltà con Cattaneo.[132] Dunque l'attesa risposta, strappata

---

[128] E. MONTECCHI, *Mattia Montecchi* cit., *Epistolario*, pp. 157-8. V. la lettera a Fiorenzi, Torino, 3 ottobre 1860, ove si giudica in modo duro Bertani per l'ordine al Tripoti di sbarrar la via all'esercito regio nel Regno di Napoli, e si attribuiscono le dimissioni a un aspro scontro con Bixio, presente Garibaldi. Ma questo era il punto di vista degli ambienti ufficiali torinesi e il Montecchi era impiegato al ministero dell'Interno, ove forse si manipolò il famoso «ordine»: v. *Liberazione del Mezzogiorno* cit., vol. III, pp. 174 e 209 e nota.

[129] Bertani a Garibaldi, Napoli, 25 settembre 1860, in G. E. CURATULO, *Garibaldi, Vittorio Emanuele, Cavour* cit., p. 389: «Io consumo così il mio qualsiasi nome e le mie poche forze inutilmente e che spero di poter spendere più tardi, a miglior vantaggio del paese».

[130] Bertani a Cattaneo, Torino, 5 ottobre 1860, chiese un intervento presso il Generale per ripararsi dall'accusa «che io falsai Garibaldi e che mi voltò l'occhio. Sarebbe uno sconoscente abbandono»: v. *Epistolario* di C. CATTANEO, vol. III, cit., pp. 418-9, nota.

[131] J. WHITE MARIO, *La vita e i tempi di Agostino Bertani* cit., pp. 477-8, pubblica su questo incontro una pagina del diario Bertani, e una lettera alla Marchesa Cambiaso sul suo ritiro dalla segreteria.

[132] *Ibidem*, riporta la discussione del 20 settembre in casa Mario, presenti Cattaneo e Mazzini, ove il medico milanese manifestò l'intenzione di dimettersi. Per l'incomprensio-

alla fine dalla delegazione, seppure piena di lodi, di riconoscimenti e di incitamenti, non fu quale si aspettava, perché ancora interlocutoria rispetto alla definizione delle scadenze imminenti e soprattutto senza indicazioni sulla prossima iniziativa del partito; anzi il riferimento netto al programma del 5 maggio indicava chiaramente come Garibaldi non fosse disposto al momento ad estendere il suo patronato sui *Comitati* oltre gli eventi che si collegavano alla loro origine, e restava fermo a riconoscerne l'azione entro i limiti della loro prima costituzione.[133] Mentre Bertani maturava la decisione di abbandonare Napoli poteva aver previsto una simile risposta, ma la conferma di essa, e la convinzione di aver subìto una sconfitta irreparabile della sua linea, lo spinsero, ancora fresco l'inchiostro sulla sua lettera di dimissioni, a scrivere a Macchi un breve biglietto che aveva il tono amaro e ultimativo di chi doveva fare i conti con la fine di una speranza a lungo coltivata.[134] Così si apprestò a partire per Torino, incerto se, passando per Genova, vi si sarebbe soffermato, tanto scarso entusiasmo ormai sentiva verso gli affari della *Cassa Centrale* che era stato il suo orgoglio di organizzatore politico. Garibaldi gli confidò una lettera che doveva essere un viatico per far tacere le voci sulla rottura intervenuta tra loro, o forse per rinfocolarle.[135] Anche Macchi col primo di ottobre lasciava il suo posto a Genova per recarsi a Torino a riprendere l'impegno parlamentare e giornalistico ne *Il Diritto*, e di ciò dava notizia al pubblico e ai *Comitati* con la stampa e le circolari: a sostituirlo era chiamato Federico Bellazzi.[136] Così quest'uomo mediocre si trovò a capo dei *Comitati di Provvedimento*, ove rimase, balzato dalla oscurità alla scena pubblica, fino all'assemblea del 15 dicembre 1861. In quei quindici mesi egli seppe suscitare verso di sé più inimicizia che stima, al punto che il Giannelli lo additò co-

ne tra Bertani e Cattaneo, cui la Mario fa un sobrio cenno, si veda la lettera di Cattaneo a Bertani, Napoli, 12 ottobre 1860, in *Epistolario* di C. CATTANEO, vol. III, cit., pp. 418-9.

[133] La lettera di Garibaldi di Napoli, 21 settembre 1860, ai *Comitati di Soccorso*, ora in ENSG, *Scritti politici e militari*, vol. I, pp. 306-7, fu pubblicata in *Il Diritto* del 27 settembre 1860 e dunque conosciuta dal pubblico in tale data.

[134] MCRR, 316, 14, a Macchi, 25 settembre 1860: «Sbarazzami la casa da ogni ufficio e ufficiale. Paga chi devi, ringrazia chi devi [...] ma pianta lì tutto per ora e preparate i conti». Quel «per ora» è limpida conferma che Bertani, come si desumeva anche dalla lettera di dimissioni a Garibaldi, non fu mai sfiorato dall'idea di un definitivo abbandono della lotta. Se in questa fase si allontanò fu per avere un periodo di riposo, ma soprattutto per mantenere defilata la sua organizzazione dalla corrente di ostilità sorta contro di lui, di cui il *Diario* di G. ASPRONI, vol. II, cit., p. 543, parla in termini netti.

[135] ENSG, *Epistolario*, vol. V, cit., p. 249, a Bertani, Napoli 29 settembre 1860. La lettera, ripresa da copia manoscritta, appare sospetta per il tono, perché diretta al *Colonnello Agostino Bertani, Segretario*, entrambi titoli contestati da Garibaldi al milanese, che nel suo intervento alla Camera parlò in modo da suscitare i malumori di tanti garibaldofili. Poiché l'accusa massima rivoltagli era stata di aver «falsato» il Generale, non è da escludersi che vi fosse chi avesse interesse a confermarla.

[136] V. *L'Unità Italiana* del 1° ottobre, lettera da Torino, 1° ottobre 1860. Copia in DMP, *Carte Dolfi*. *Il Diritto* ora pubblica meno regolarmente gli atti della *Cassa*.

me spia di Rattazzi.[137] Rimasto sempre un esecutore e un funzionario, mai in grado di elevarsi a qualunque livello di autonomia, la sua stessa carriera all'interno dell'organizzazione garibaldina fu piuttosto la conseguenza di particolari circostanze che non di suoi meriti: infatti la sua ascesa iniziò solo quando Bertani, Macchi, l'Antongina, il Brambilla si erano via via allontanati. Analogamente, eletto all'assemblea del 4 gennaio nel *Comitato Centrale* dell'*Associazione dei Comitati di Provvedimento,* ne divenne il dirigente solo in seguito al fallimento del disegno concepito da Bertani, che avrebbe dato le sue dimissioni prima delle elezioni del gennaio 1861. Unendovi le sue, Bellazzi fece forse l'unico gesto coraggioso della sua vita di funzionario, ma gli sarebbe stato difficile ignorare quanto la sua investitura come dirigente, e quanto fin allora da lui realizzato, fosse dipeso dalla fiducia e dal consiglio del medico milanese. Inoltre, rimanendo al suo posto per il disbrigo della ordinaria amministrazione, egli diminuì l'impatto politico del gesto di Bertani, che avrebbe potuto portare alla rapida chiusura di quell'esperienza, lasciandosi aperta la possibilità di un ripensamento, puntualmente verificatosi su richiesta di Garibaldi.[138] Nuova investitura, nuova vita: da ora l'opera di Bellazzi fu totalmente e acriticamente fedele alle indicazioni del Generale ma, consapevole dei propri limiti, e fu la sua sola virtù, supplì con l'umiltà, rivolgendosi senza imbarazzi ora all'una ora all'altra personalità eminente con la quale si trovava in rapporto per ragioni d'ufficio.[139] Privo dunque d'una più esperta guida che gli indicasse gli obiettivi politici da perseguire egli operò alla direzione dell'associazione con intenti puramente conservativi, ma ciò non lo risparmiò dai duri giudizi di amici e avversari, cui apparve sempre uomo dai mille intrighi, sia nel senso del garbuglio che dell'imbroglio, sebbene essi avessero il torto di non discernere tra la mediocrità del personaggio con cui avevano a che fare e quanto pure era riuscito a realizzare col suo costante impegno e per la spinta oggettiva delle cose.[140] Si badi però: questo profilo del personaggio sarebbe parso a molti realistico sul finire

[137] ANDREA GIANNELLI, *Due gite clandestine a Roma*, Prato, Tipografia A. Lici, 1886, p. 107, nota. L'ardente repubblicano vuole accreditarlo come diario coevo agli eventi, ma tante e così marchiane sono le incongruenze che, senza dubbio, deve ritenersi assai più tardo.

[138] Su questi aspetti cfr. il cap. V.

[139] In fasi diverse chiese a Mazzini, Martinati e Pianciani un progetto di statuto; a Cattaneo si rivolse per un appello elettorale e poi per il programma della seconda serie del giornale *Roma e Venezia* apparso il 1° gennaio 1862.

[140] Su lui cfr. BRUNO DI PORTO, *F.B.*, in *Dizionario Biografico degli Italiani*, vol. VII, 1965, che poco aggiunge alle notizie dei biografi ottocenteschi quali PIETRO DAL CANTO e ALESSANDRO PASCOLATO, ma il personaggio non ha lasciato grandi tracce. Di qualche interesse la sua opera *Prigioni e prigionieri nel Regno d'Italia*, Firenze, Barbèra, 1866, tema cui, insieme a quello sull'abolizione della pena di morte, dedicò la sua attività parlamentare, anche qui sollevando accuse e riserve. Dalle sue carte risulta una frequentazione di Pisacane, che lui stesso ridimensiona ad alcune lezioni di matematica ricevute dall'eroe di Sapri.

del 1861, e di questa sua diffusa cattiva fama lo avvertì in una lettera un suo amico,[141] ma non sarebbe stato invece condiviso tra la fine del 1860 e la prima metà del 1861, quando Bertani gli esprimeva apprezzamento per l'opera svolta, anche se discretamente lo consigliava ad intendersela con Macchi sugli affari politici, e gli rilasciava ampia procura a dirigere la *Cassa*,[142] e Mazzini carteggiava affabilmente con lui e lo definiva «buono, operoso, amico del vero», scrivendone a Garibaldi in termini elogiativi.[143] Dunque l'ultra garibaldinismo da cui Bellazzi fu colpito a metà del 1861 non fu vizio congenito, ma conseguenza delle vicende della *Associazione dei Comitati* e dal tentativo di difendere insieme a una linea politica, il proprio ruolo e, perché no? il proprio impiego. Ma questo motivo consente di riflettere sulla solidità della struttura creata da Bertani, una solidità si badi, che si dimostrò tanto vitale da costituire il luogo di formazione di tutta una generazione dei quadri politici democratici nel successivo decennio.[144] Ciò fu in parte frutto del lavoro del medico milanese, ma in parte non meno decisiva dipese dall'oggettiva tendenza delle forze emergenti alla politica, di orientamento e di matrice popolare e democratica, a collegarsi, consolidarsi e riconoscersi in una linea affidata ad un principio di stabilità che, per sua natura, doveva essere l'organizzazione. L'enorme rilievo assunto in questa fase dalla figura di Garibaldi costituì l'elemento carismatico che assicurava i militanti e il paese della direzione presa dal movimento; ciò che Bertani aveva creato e Bellazzi gestiva era la gestione ordinaria di quell'entusiasmo, consolidato negli affari correnti, nella normalità di una struttura organizzativa. A ben vedere questo schema corrispondeva in tutto a quello messo in atto dalla *Società Nazionale* nel suo rapporto con Cavour, entro l'orbita del quale essa aveva prodotto i suoi frutti migliori ed era di certo destinata a ridefinirsi, se il conte fosse vissuto tanto a lungo da divenire il *leader* di un partito moderato. Bertani e La Farina erano i grandi propagandisti dei due partiti, Bellazzi e Buscalione i capi dei rispettivi apparati, cioè di quelle intelaiature organizzative lungo le quali le decisioni dei capi prendevano la forma di linea politica quotidiana.[145] Naturalmente Garibaldi non era Cavour, ed è persin difficile immaginare quanto la linea politica che egli interpretava di fronte al partito e al paese fosse effettivamente la sua: da ciò l'enorme peso del ruolo di Bertani e la non

---

[141] Barrili a Bellazzi, Genova, 29 aprile 1862; lo avvisa della guerra fattagli nel partito da «governativi e demagoghi» e dagli «emancipatori», che si servono di Garibaldi ai loro fini, e parlano di lui come «quell'imbroglione di Bellazzi» (in MCRR, 253, 57, 12).

[142] V. in *Appendice*.

[143] SEI, *Epistolario*, vol. LXX, Mazzini a Bellazzi, 1 dicembre 1860, p. 212, ma anche Mazzini a Garibaldi, [Genova] 2 dicembre 1860, in SEI, *Appendice*, IV, pp. 128.

[144] Le organizzazioni del movimento democratico, nel decennio postunitario e nelle varie associazioni (*Comitati di Provvedimento, Unitaria, Emancipatrice, Comitato Centrale Unitario, Associazione Elettorale*, ecc.), mantengono a livello centrale e locale sempre gli stessi personaggi, e ciò significa che si è selezionato un ceto politico.

[145] Sulla forma e la struttura del partito bertaniano cfr. cap. V.

meno decisiva funzione inquinante, ne fosse il re consapevole o meno, ciò poco importa, che in questa dimensione svolse il monarca con l'influenza che esercitò sul capo simbolico dell'opposizione. Questo dato introduceva nella potenziale struttura del partito una istanza eteronoma non sottoponibile ad alcun controllo democratico in quanto non formalizzata; ma la forza d'attrazione che essa era in grado di esercitare provocava un elemento stravolgente di tutto il *sistema partito,* ne guastava la *forma* nel punto più sensibile e delicato, riverberandosi negativamente sulla evoluzione del sistema parlamentare in senso bipartitico. Comunque tra il settembre e l'ottobre del 1860 un «caso Bellazzi» non esisteva: ben altri, e ben altrimenti gravi, erano i problemi che Bertani, e quanti pensavano a rafforzare i *Comitati* e trasformarli in associazione per riavviare l'opera di coordinamento del partito, dovevano affrontare e cercar di risolvere. Se il più urgente riguardava i tempi brevi che, come spesso avviene, sono legati alle immediate scadenze dell'attualità politica, ora caratterizzata dalla decisione cavouriana di convocare il Parlamento, il più drammatico era invece posto da una questione relativa ai tempi lunghi, anzi permanenti della vita delle organizzazioni politiche, quella finanziaria, anche perché la gestione dalla *Cassa* rischiava di travolgere in origine tutta l'organizzazione privandola d'ogni credibilità. In nome di questa urgenza, ma con lo sguardo rivolto ben oltre le esigenze immediate Bertani aveva subito ripreso la via faticosa delle relazioni con Garibaldi, che in qualche misura era responsabile morale dei debiti cumulati dalla *Cassa.*

«Danari per la Cassa.
Danari pei Comitati di Provvedimento.
Danari per la stampa del paese ed estera.
Danari per qualche nostro agente»

martellava. La *Cassa* era il passato e il presente, tutto il resto era il futuro, quei «tempi meno felici per noi, che si avanzano di galoppo» e contro i quali era necessario garantirsi almeno la possibilità di mantenere aperte vie di comunicazione meno fragili e provvisorie con l'opinione pubblica.[146] L'insistenza su simili necessità in una fase nella quale si coglievano gli aspetti recessivi del movimento rivoluzionario mette in luce già di per sé le diversità di metodo tra Bertani e Mazzini, anch'egli alla continua ricerca di denaro ma sempre in prospettiva di estendere l'iniziativa insurrezionale. Intanto l'ex canonico Asproni, da uomo esperto del secolo, forse per la sua passata pratica con l'eternità, si dannava l'anima per la dabbenaggine dei suoi compagni di questa fede singola-

---

[146] Bertani a Garibaldi, Torino 4 ottobre 1860, in G. E. CURATULO, *Garibaldi, Vittorio Emanuele* cit., p. 390.

re, per la propagazione della quale in tutti quei mesi si erano fatti scrupolo ad utilizzare il tesoro del Regno di Napoli, e sembrava risollevarsi un po' solo quando, per le informazioni che gli faceva giungere Bertani, vedeva prender corpo un progetto editoriale che poteva almeno assicurare una presenza del partito nei punti nevralgici del paese.[147] Ora, avendo fatto della questione dei finanziamenti per far vivere i *Comitati* e rilanciarne l'azione su più vasta base quasi la ragione esclusiva del suo carteggio con Garibaldi, prima da Napoli nel settembre, poi da Genova e da Miasino, il medico milanese dovette alla fine ricevere qualcosa di più consistente dei finanziamenti necessarii ad un puro e semplice ripiano del *deficit* della *Cassa* genovese. Così toccò a lui l'onere di essere punto di riferimento finanziario ogni qual volta si presentassero esigenze di denaro per qualche iniziativa della Sinistra.[148] Ciò dette obiettiva forza alle violente denunce dei moderati, alle «accuse infamanti» che egli si fosse appropriato di forti somme della amministrazione della *Cassa Centrale* e di quella di Napoli e di Sicilia, alle quali rispose una campagna promossa dai *Comitati* di cui si fece eco la stampa democratica.[149] Fu risarcimento troppo parziale all'offesa che, lo notò la sua prima biografa, egli non cancellò mai dal suo animo. Senonché anche questa campagna contro Bertani fu solo una parziale espressione della crescente tensione insorta tra gli schieramenti contrapposti e dei nuovi problemi politici di fronte ai quali si trovò il movimento garibaldino. Mai però, come in questa fase, Garibaldi dette prova di scarsa attitudine a guidare il partito, incapace persino a difenderlo dagli attacchi più volgari, che poi minavano a fondo la sua stessa credibilità politica.[150] In questa crisi di direzione del partito democratico, che in realtà era anche crisi di prospettive, Cavour, ormai abbastanza forte e coperto su vari fronti grazie ai successi sin lì conseguiti, si apprestava a porre di fronte al Parlamento, in tutta la sua estensione, il contra-

---

[147] G. Asproni, *Diario* cit., vol. II, pp. 545 e 579. Sull'acquisto de *Il Diritto* cfr. cap. III.

[148] In C. Cattaneo, *Epistolario*, vol. III, cit., il curatore, p. 578, nota che Bertani, della cui probità personale non dubita, nel 1860 e successivamente gestì fondi molto superiori alle sue disponibilità. Infatti comprò *Il Diritto*, la tipografia per *La Nuova Europa*, sostenne *Il Popolo d'Italia* e *Il Precursore*, nonché molti altri giornali democratici (v. cap. III). Inoltre parte delle risorse per l'avvio del *Comitato Centrale di Provvedimento* vennero da lui. Il carteggio con Cattaneo, pubblicato in parte dal Caddeo dimostra che la cassa del partito fu nelle sue mani e dall'esule di Castagnola ebbe vari consigli su come impiegarla al meglio. Preciserò altrove con contributi specifici, il modo in cui, nel corso degli anni, la amministrò.

[149] *Il Diritto*, *Il Popolo d'Italia*, *L'Unità Italiana* pubblicarono tra fine ottobre e novembre le proteste di *Comitati* e associazioni democratiche contro le calunnie a Bertani.

[150] «Mais on voit que c'est moins qu'un enfant en politique», scriveva d'Azeglio a Cavour, il 1° ottobre 1860, riassumendo così l'evoluzione della opinione pubblica inglese verso Garibaldi. Cfr. *Cavour e l'Inghilterra* cit., vol. II, p. 139. Col passar dei giorni tra gli uomini della democrazia, da Mazzini a Bertani, da Asproni a De Boni si impose un analogo giudizio sulle capacità politiche del Generale.

sto tra lui e Garibaldi o, più che con questo, con quelle forze che di quel nome si facevano usbergo.[151]

Se l'impegno che Bertani profondeva in quei giorni per trovare risorse per la stampa e per dar vita ad un Centro che raccogliesse le forze democratiche oltre la prospettiva insurrezionale, intorno a una linea di opposizione costituzionale, aveva senso, non v'è dubbio che il suo discorso del 9 ottobre alla Camera fosse un modo di trarre le conseguenze di quanto era divenuto sempre più chiaro dalla metà di settembre ad allora. E se è vero che quel discorso suscitò polemiche, ciò fu soprattutto a Napoli e probabilmente in quelle persone che, vicine a Garibaldi, avevano già mostrato in più di una occasione la loro avversione al medico milanese, tornato a farsi banditore di un incontro tra Garibaldi e Cavour.[152] È comunque significativo che in coerenza con quanto scritto in precedenza, *L'Unità Italiana* assumesse una posizione tutto sommato di apprezzamento delle condotte di Bertani, il quale aveva vanificato le speranze dei più fanatici amici del ministero di «spingere la Camera ad un voto *ab irato*», sebbene osservasse che l'appello alla concordia si sarebbe presto rivelato un pio desiderio.[153] Ma era una cosa su cui non si faceva illusioni neppure Bertani, il quale in una lettera a Crispi spiegava le ragioni del suo discorso, provocato dalle circostanze concrete dello svolgimento della discussione parlamentare che aveva indotto in lui un ripensamento di fondo circa la tattica da seguire.[154] Ed era anche solo apparente la sua concordanza con le posizioni assunte dalla sinistra rattazziana, cui *Il Diritto* dava ancora voce. Certo di fronte all'attacco spregiudicato e penetrante degli avversari occorreva innanzitutto limitare i danni, fino ad avanzare la proposta di una tregua, e questo era il senso della convergente richiesta di accordo tra Cavour e Garibaldi dei due diversi settori della opposizione. Naturalmente la maggioranza non sarebbe stata tanto ingenua da accettarla, ma Bertani non sarebbe stato così generoso da affidarsi solo a questa speranza. Infatti nella stessa lettera al Crispi, in un poscritto che diventa la spia illuminante di tutta una trama di riflessioni in cui si collocava la sua azione in quei frangenti, così esortava l'amico:

«Vediamo di stringerci in una associazione con unico centro attivo, raccogliamo fondi e teniamoci pronti. Scrivimi in proposito».[155]

[151] Il senso politico di questa decisione di Cavour è chiaramente espresso nelle lettere da lui spedite a d'Azeglio, sul finire di settembre: v. *ivi*, p. 126-27, Cavour a d'Azeglio, 22 septembre 1860 e pp. 128-29, lo stesso allo stesso, Turin, 24 septembre 1860.

[152] V. in G. E. CURATULO, *Garibaldi, Vittorio Emanuele* cit., p. 392, Bertani a Garibaldi, Miasino, 9 novembre 1860, che spiega la posizione assunta in Parlamento.

[153] V. *L'Unità Italiana* del 13 ottobre 1860, ed in particolare la sua corrispondenza da Torino, che dedicava un ampio commento alla discussione parlamentare.

[154] *Carteggi politici inediti (1860-1900)* di F. CRISPI cit., Bertani a Crispi, Miasino sopra Orta, 31 ottobre 1860, pp. 4-5.

[155] *Ibidem*.

Letto senza pregiudizi e nel suo contesto il discorso di Bertani del 9 ottobre, rappresentava non soltanto l'ammissione della impossibilità per la Sinistra di attardarsi ancora sull'idea della iniziativa rivoluzionaria permanente; sarebbe stata tra l'altro un'imperdonabile prova di sordità rispetto alle esplicite dichiarazioni di Cavour. Perciò proprio nell'improbabile appello all'incontro tra Garibaldi e il grande ministro poteva intravvedersi, certo accanto all'illusione che fosse ancora possibile condividere una parte della strada da percorrere per portare a compimento il moto nazionale, la presa d'atto dell'avvio di una fase in cui la riconfermata egemonia moderata rendesse necessario adeguare il partito alle condizioni della lotta legale, espressa al più alto livello dalla dinamica parlamentare. Questa intuizione aveva in sé elementi di ambiguità, ma segnava una svolta fondamentale nella evoluzione del pensiero e della politica democratici.[156] Anzi in quel discorso si ritrova una delle più schiette ispirazioni della cultura politica bertaniana, l'esigenza che la rivoluzione fosse sempre capace di rifluire verso forme politiche legali e allo stesso tempo fosse in grado di rinnovarle dando rappresentanza al paese reale, che restava pur sempre il valore di riferimento della legittimità del Parlamento. V'era dunque un legame non strumentale, ma profondo, tra questo intervento parlamentare ed il coevo impegno di dar vita ad una forza capace di intersecare lotta di massa e iniziativa legale, dunque diversa da quella organizzata dai moderati, per la sua capacità di dar voce alle istanze dei ceti popolari che dal 1848 in poi si erano rivelati parte non secondaria del movimento nazionale e nerbo del volontariato garibaldino.[157] Che poi il discorso di Bertani non fosse considerato ovunque un errore e un insuccesso lo prova anche un notevole articolo apparso su *Il Diritto* del 22 otto-

---

[156] Questa interpretazione è di A. SCIROCCO, *I Democratici da Sapri a Porta Pia* cit., pp. 77-8. *Ivi* sono pure ricostruiti interventi e posizioni degli uomini della Sinistra nella seduta parlamentare, pp. 75-8. Si tratta di una linea che nel 1863, a proposito dell'«eresia» di A. Mario, Mazzini definirà «Girondinismo», cfr. la lettera a Campanella del 9 febbraio 1863, in SEI, *Epistolario*, LXXIV, p. 19.

[157] Dal movimento popolare del 1848-49 al fenomeno del volontarismo nel 1859-60 allo sviluppo dell'associazionismo popolare in questo periodo e dopo l'Unità, matura un ceto popolare urbano di media, piccola e piccolissima borghesia che avendo partecipato al movimento nazionale, reclama rappresentanza sul piano politico. Sul problema cfr. B. MONTALE, *I democratici genovesi alla vigilia del '59. Note per un'indagine di carattere sociale*, in *Bollettino della Domus Mazziniana*, a. XXV, f. 1, gennaio-giugno 1979, e DONATO COSIMATO, *Il movimento democratico in provincia di Salerno* in *Atti del convegno su democrazia e mazzinianesimo nel Mezzogiorno (1831-1872)*, in *Cahiers internationals d'histoire économique et sociale*, a. V (1975), pp. 178-97. Si vedano anche le puntuali notazioni di F. DELLA PERUTA, *Democratici italiani e democratici tedeschi di fronte all'unità d'Italia (1859-1861)*, in *Annali Feltrinelli*, 1960, pp. 11-120, a proposito dello spostamento della propaganda mazziniana dalle classi medie a quelle popolari urbane dopo il 1853. Molti elementi anche nella ormai ampia bibliografia sul movimento democratico locale; cfr. anche il saggio di PASQUALE VILLANI, *Gruppi sociali e classe dirigente all'indomani dell'Unità* in *Storia d'Italia*, *Annali*, 1, Torino, Einaudi, 1978, pp. 881-980.

bre, a commento della discussione parlamentare testé conclusa e del discorso tenuto per l'occasione da Cavour. Il voto della Camera, scriveva il foglio torinese, lungi dal presentarsi come un voto a favore del ministero era piuttosto un consenso al programma esposto, che «divenne per così esprimerci, *un compromesso* tra Governo e Nazione. Il compromesso va scrupolosamente tenuto: questa è la condizione della sua durata». Con esso la volontà nazionale, senza fare sconti, accettava l'idea di una sosta nel moto unitario purché non venisse meno l'energia atta a prepararne la piena realizzazione. Augurandosi poi che il ministero non avesse assunto impegni al di là di quanto potesse effettivamente realizzare, continuava:

«Ma se la politica del Governo del Re deve mirare a Roma e Venezia, l'amministrazione deve proporsi di dare al nuovo stato un ordinamento stabile e conforme alle tradizioni, agli interessi, ai bisogni, alle aspirazioni del popolo italiano».

Questa necessità diveniva urgentissima per la parte del paese dataci dal genio militare di Garibaldi, la quale poteva esserci mantenuta solo in virtù dell'opera di «qualche mente supremamente ordinatrice». In tal senso una riforma stabile delle strutture amministrative del regno poteva perfin far aggio sulla liberazione di Roma e Venezia, città che, quando sarebbe stato il tempo, si sarebbero potute facilmente inserire nel nuovo ordinamento.[158]

Questa discussione, l'attenzione nuova manifestata verso i problemi della fase politica, la stessa attenuazione dei toni pregiudizialmente polemici, erano certo conseguenze dello scompiglio gettato nelle file dell'opposizione dall'iniziativa cavouriana che mentre portava direttamente di fronte al paese la controversia sulla sorte dell'Italia meridionale, metteva a nudo impietosamente l'impreparazione del partito d'azione a confrontarsi coi moderati. Pur tuttavia non si può dire che all'interno del partito non fossero venute indicazioni e richiami sul mutarsi del quadro politico. Mazzini stesso non era sfuggito al problema, e intorno ad esso si era concentrata la riflessione delle diverse componenti democratiche nella riunione dei *Comitati* svoltasi il 9 settembre. Ma fu solo in ottobre che si poté misurare in concreto tutto il significato del fallimento della missione inviata da quella assemblea a Garibaldi, che aveva continuato a mostrarsi sordo alle esigenze di raccordo tra l'iniziativa militare al sud e quella politica al nord, così come avrebbe continuato a nutrire profonda diffidenza verso qualsivoglia azione presentata come di «partito». Qui non c'entra affatto la magnanimità del combattente, perché di ben altro si tratta, e cioè di una vera e propria

---

[158] V. ne *Il Diritto* del 22 ottobre 1860, l'articolo *Governo e Nazione*. Anche se in questa fase la trattativa tra Bertani e la proprietà de *Il Diritto* sta avviandosi a conclusione, attribuisco l'ispirazione di questo articolo alla componente rattazziana.

incapacità di comprendere il piano politico come quello *in ultima istanza* decisivo, il che comportava un'implicita ammissione di dipendenza del proprio ruolo dall'impulso politico militare originante dalla monarchia. L'esperienza dimostrava, con la convicente forza dei dati empirici, che Garibaldi rimaneva un *guerrillero*, incapace di adeguarsi «agli uomini e alle vicende altamente politiche in giornata». Dunque era la fine di un progetto, aggravata però dal fatto che, fintanto non fosse stato sciolto il nodo della linea impersonata dalla direzione di Garibaldi, il partito restava imprigionato ad un ruolo subalterno. Non era difficile immaginare che i tempi avrebbero contribuito a mettere in luce questa contraddizione tra il partito e il suo *leader,* una situazione della quale non era solo Mazzini ad essere deluso; ma la risposta al problema poteva avvenire lungo due linee: la prima, assai complessa, specie nelle condizioni ambigue in cui la lotta politica in Italia si sarebbe sviluppata, di costruire un'altra direzione al movimento, ed essa sembrò essere la scelta di Bertani. L'altra, quella di Crispi, era di sviluppare fino alle estreme conseguenze, i motivi di assimilazione del partito allo stile politico imposto dalle forze dominanti, salvando la legittimità dell'istanza rivoluzionaria e di quella gerarchica, impersonata dal monarca, confuse nel mito della *monarchia democratica,* largamente accreditata fin dagli ultimi mesi del 1860, specie nella Sinistra meridionale.

Tra il settembre e l'ottobre comunque le continue sollecitazioni di singoli *Comitati* che chiedevano a Garibaldi istruzioni sul da farsi restarono senza riscontro;[159] inascoltato pure l'indirizzo della *Società Unitaria* di Milano che incitava a cercare nuove vie per giungere a Roma e Venezia,[160] come fu sostanzialmente elusiva la risposta alla lettera con cui Bellazzi, il 12 ottobre, cercò di ricevere un nuovo e più ampio mandato che rilegittimasse la sua direzione e l'azione dei *Comitati,* i quali, scrisse al Generale, «potrebbero propriamente denominarsi Comitati militari». Ma ora, privi di direttive e inerti anche su questo piano, se ne sarebbe preferita la naturale dissoluzione per volere del loro patrono alla paralisi o allo scioglimento dell'autorità;[161] Bellazzi, e chi lo consiglia,[162] sembrano prevedere lo scacco che attende i *Comitati,* impreparati a

[159] V. Mazzini ai fratelli Botta, Napoli, 3 ottobre 1860, in SEI, *Epistolario,* LXX, pp. 144-5 dove dopo aver descritto in termini neri la situazione — «affondiamo nella crisi» — aggiungeva: «E intanto è impossibile fargli ascoltare le giuste lagnanze di voi e d'altri comitati».

[160] L'appello dell'*Unitaria* di Milano è riportato in *L'Unità Italiana* del 22 settembre 1860.

[161] Nella lettera i *Comitati* costituiti fino ad allora sono indicati in quaranta. Cfr. *Circolare* del 13 ottobre 1860, a p. 7 dell'opuscolo *Circolari alla Associazione dei Comitati di Provvedimento Preside Garibaldi. Comitato Centrale Genova,* Genova, Lavagnino, 1861. Copia dell'opuscolo in BNCR, segnata *Misc. Capponi 291, 11* e altre due in ASR, *Carte Pianciani;* esso raccoglie le circolari della gestione bellazziana, fino al novembre 1861, e non al giugno, come indicato in frontespizio. D'ora in poi *Circolari.*

[162] Che Bellazzi ora fosse solo a dirigere la *Cassa* lo scrive lui stesso nella citata lettera del 12 ottobre. Ma il carteggio con Bertani, in MCRR, chiarisce chi fosse il suo consigliere.

svolgere opera di informazione e formazione della pubblica opinione, a contrastare l'assalto di Cavour, e la circolare diramata dal centro genovese — in coincidenza con l'avvio del dibattito parlamentare per sollecitarli a promuovere «nei luoghi di loro residenza» petizioni al Parlamento a sostegno del programma di Garibaldi — riconosce che

«Forse non pochi Comitati si troveranno nella impossibilità di ottenere numerose petizioni di tale natura. Sarà un male di più, ma l'aver tentato di conseguire tali petizioni sarà un fatto innanzi alla storia».[163]

Questa prima iniziativa chiarisce però anche il senso della seconda, presa con la lettera del 12 ottobre a Garibaldi, nella quale, per ottenere indicazioni impegnative, si avanzava in termini stringenti un'alternativa irrisolvibile: se egli volesse ricevere altri volontari per proseguire l'iniziativa militare, oppure se volesse sciogliere i suoi *Comitati.* Nel momento in cui il Regio Esercito si approssimava ai confini del Regno di Napoli la prima ipotesi avrebbe assunto un chiaro carattere di confronto col governo; il secondo caso suggeriva una dolce eutanasia dell'organizzazione garibaldina, e un troppo clamoroso cedimento alle pressioni dell'autorità. Come tal dilemma configurasse in realtà il tentativo di ottenere un atto di reinvestitura che avrebbe permesso ai *Comitati* «di rinascere a vita novella», lo spiega, sia pur in modo allusivo, lo stesso Bellazzi nel suo rapporto di attività letto alla assemblea del 4 gennaio, da cui invece emergeva insoddisfazione per la risposta allora ricevuta. Infatti, per usare gli eufemismi di Bellazzi, il Generale «non rispondeva come era necessario alla sopra indicata domanda», e al Brambilla, latore presso di lui delle richieste della *Cassa Centrale,* replicò in modo da rimettere alla valutazione di Genova l'utilità di ulteriori, eventuali invii di volontari, spediti perciò sul finire di ottobre in circa duecento sotto il comando di un garibaldino *sui generis* come il Castellini.[164] Nulla invece si diceva circa il futuro della *Cassa,* salvo un paternalistico invito a supportare le amarezze di cui «ci furono sempre larghi gli avversari».[165] Tuttavia, spiegò

---

[163] *Circolari* cit., p. 5. Questa, del 3 ottobre, è la prima inviata e firmata da Bellazzi. Anche in TOMMASO PEDIO, *L'attività del movimento garibaldino nel biennio 1861-1862 attraverso le Circolari dell'Associazione dei Comitati di Provvedimento,* in *Rassegna Storica del Risorgimento,* a. XLI (1954), f. II-III, pp. 507-41. Il più recente saggio di ID., *I Comitati di Provvedimento e i contrasti tra mazziniani e garibaldini nel biennio 1861-62,* in *Atti del Convegno su Democrazia e Mazzinianesimo nel Mezzogiorno (1832-1872),* in *Cahiers Internationaux d'histoire économique et sociale,* 1975, V, pp. 144-77, non presenta novità.

[164] G. CASTELLINI, *Pagine garibaldine* cit., pp. 341-2, Bellazzi a Castellini, Genova, 29 ottobre 1860.

[165] ENSG, *Epistolario,* vol. V, cit., p. 267, Garibaldi a Brambilla, Napoli, 19 ottobre 1860.

con orgoglio il Bellazzi, anche nell'incertezza sul da farsi, il *Comitato Centrale* non si ritrasse:

«Finché quell'ordine [di scioglimento] non fu dato, e da questo ufficio comunicato ai singoli Comitati, durante *il tempo della incertezza,* qui si diede opera a far sì che il Generale e il Pubblico avessero argomento di sapere questo ufficio non credere finita la sua missione di spedire uomini sul campo della lotta. Però, non potendo esso occuparsi come innanzi, per mutata vicenda di cose, nel provvedere a numerose spedizioni di volontari, volse le sue cure a quanto i [volontari] già spediti poteva interessare. Di qui il continuo, paziente carteggio con tutti i capi dell'esercito garibaldino, con tutte le Autorità del Governo Dittatoriale e con Garibaldi stesso»,

con il risultato di raccogliere i dati per la compilazione di una Statistica Generale Storica dei Volontari, che si sarebbe dovuta concretizzare nella pubblicazione di un volume, e di un Archivio Storico Garibaldino. Con questi materiali si volevano quasi creare i registri cui fosse affidata la memoria della gloriosa impresa iniziata a Marsala e ai quali ricorrere nei casi di nuove, patriottiche imprese.

«Né fu meno provvido consiglio l'invito dei Comitati di far entrare nel loro seno i più distinti fra i militi garibaldini, come anche quello di non perdere d'occhio i volontari ritornati ai focolari [...] In tal guisa si credé rianimare la vita di Comitati già costituiti; questi a buon diritto si possono considerare come centri intorno a cui convergono come raggi e si raggruppano come forze tutti gli elementi i quali risentono l'influenza del movimento nazionale italiano svolgentesi con ripetizione di rediviva virtù antica personificata nel solitario di Caprera».[166]

Dunque vi fu «un tempo della incertezza» per la prolungata mancanza «di chiare e precise istruzioni», come Bellazzi si esprimeva con Carlo Cattaneo, al quale con l'evidente intenzione di esercitare per suo mezzo una pressione sul Dittatore, inviava anche un messo che lo avrebbe dovuto mettere a giorno sulla situazione in cui versava la *Cassa Centrale.*[167] Quel tempo durò per tutto l'otto-

---

[166] *Rapporto di F. Bellazzi* all'assemblea del 4 gennaio 1861 in *Resoconto dell'adunanza generale dei rappresentanti i Comitati di Provvedimento ed altri Comitati ed Associazioni aderenti e collaboratori della Cassa Centrale tenutasi in Genova il 4 gennaio 1861,* Genova, L. Lavagnino, 1861. La citazione è alle pp. 34-35, il corsivo è mio. Il *Rapporto* di Bellazzi e le *Circolari,* cit. sono i documenti di base per conoscere l'attività della *Cassa Centrale* e dei *Comitati di Provvedimento* tra ottobre e dicembre 1860.

[167] C. CATTANEO, *Epistolario* cit., vol. III, p. 575, Bellazzi a Cattaneo, Genova, 15 ottobre 1860. Questa lettera fu consegnata a mano insieme ad altre per i ministri della Guerra, Marina e Finanze di Napoli. I volontari che passavano al sud erano adesso soprattutto disertori veneti dell'esercito austriaco.

bre e ciò malgrado il lavoro a Genova continuò. Già decisamente orientata a porsi qual centro intorno a cui avrebbero dovuto aggregarsi le forze nazionali, la *Cassa* era limitata nella sua azione dal fatto che una più visibile iniziativa le avrebbe sollevato contro l'accusa di agire fuori dall'approvazione del suo promotore, ma quando da Caserta venne finalmente l'indirizzo ai *Comitati di Provvedimento* con l'invito a non sciogliersi e orientare il lavoro a Roma e Venezia, tutto divenne più semplice. Allora fu possibile riprendere l'agitazione pubblica,[168] che consentì di allargare l'influenza e il numero dei Comitati, collegandoli anche all'azione delle società operaie, promuovere le società del tiro, avviare alcune iniziative preliminari in previsione di quella difficile scadenza elettorale del gennaio 1861, da cui sarebbe uscito il primo Parlamento d'Italia.[169] A ciò bisogna aggiungere una notevole propaganda svolta con la diffusione di opuscoli e sui giornali democratici, ove tornano ad apparire regolari informazioni sulla vita dei *Comitati,* e si intensifica la campagna di solidarietà a Bertani «primo compagno di Garibaldi»,[170] contro le accuse dei moderati. L'indirizzo del 6 novembre legittima, ma non spiega la sùbita, vasta e molteplice mobilitazione promossa da Bellazzi e ispirata da Bertani, conseguenza di decisioni assunte autonomamente dal gruppo dirigente della *Cassa Centrale* il quale, a non disperdere l'esperienza dei *Comitati,* aveva considerato l'ipotesi di dover fare a meno del patronato di Garibaldi.[171] Bertani aveva già scritto al

[168] In forma di lettera con la data del 6 novembre in ENSG, vol. V, cit., p. 278. In T. Pedio, *L'attività* cit., pp. 518-9, con la data erronea del gennaio 1861. L'indirizzo apparve unito a una comunicazione circolare del seguente tenore: «Producete la seguente lettera a chi accusa i Comitati di Provvedimento di agire senza il consenso di Garibaldi», cui *Il Popolo d'Italia* del 10 novembre 1860, *Il Diritto* e *L'Unità Italiana* del 17 e 18 unirono importanti commenti politici. In queste date furono dunque conosciuti. *L'Unità* il 15 riprodusse anche l'articolo dell'8 novembre *I Comitati di Provvedimento*, scritto da Mazzini e ora in SEI, vol. LXVI, pp. 315-18 riportato da *Il Popolo d'Italia*.

[169] V. il *Rapporto* di F. Bellazzi, in *Resoconto* cit., p. 36.

[170] La campagna pro Bertani fu avviata da una Circolare della *Cassa Centrale* del 28 ottobre contro l'articolo del Bianchi Giovini che su *L'Unione* attaccava Garibaldi e Bertani. Oltre la protesta della *Cassa* essa riportava l'articolo del Giovini, e dava indicazione di render noti i documenti sulla stampa locale: v. *Circolari* cit., pp. 8-12. *Il Diritto* li pubblicò il 30 ottobre, *L'Unità* il 31. La *Cassa* stampò e diffuse a sue spese vari opuscoli di Brofferio, quali *Onore ai garibaldini*, il *Garibaldi o Cavour*? che in breve tempo raggiunse le 25 mila copie, una parte di *I miei tempi*, col titolo *Una visita nell'Italia Centrale*, diffuso a Parma, cfr. Pontoli a Bellazzi, Parma, 29 dicembre 1860, MRM, *Carte Bertani*, b. 18, pl. XXXV, 5. Di altro opuscolo, *Garibaldi o Farini*, diffuso dal Comitato modenese e forse da esso stampato, dà notizia L. Manzini a Bellazzi: v. Modena, 19 dicembre 1860, in MRM, *Carte Bertani*, b. 18, pl. XXXV, 13.

[171] Circolare del 15 novembre 1860, in *Circolari* cit., p. 14, cfr. in *Appendice*. Essa si spiega con la tarda ricezione dell'indirizzo originale di Garibaldi, come fa pensare la lettera di Crispi a Bellazzi del 30 novembre [1860] in cui si dice che il Generale ha risposto ai *Comitati* con lettera del 6 novembre pubblicata su tutti i giornali. «Se ella crede che un'altra ne sia necessaria, vedrò d'ottenerla» aggiunge poi. La lettera è in MCRR, 253, 73, 1.

Saffi, allora a Napoli, quale fosse il progetto, anzi il complesso di iniziative che riteneva necessarie per la ripresa del partito

«Io ho in mente appena sbozzati tre progetti che non sembranmi ineseguibili né inopportuni» — egli scriveva. — «Il primo di riunire in un'associazione politica compatta i *50 Comitati di Provvedimento* da me istituiti e possibilmente i componenti le diverse società *La Nazione* ed i briccioli della *Società Unitaria* di Milano. Di stringere poi lega offensiva difensiva coll'associazione di costì. Di fare possibilmente una sola cassa. Di dare alla mia associazione per organo *Il Dovere*,[172] di tenerla viva con stampati a mo' di circolari, di contrapporla insomma in tutto e per tutto alla *Società Nazionale* e chiamarla *Associazione Unitaria di soccorso a Garibaldi per l'impresa della Venezia*».[173]

La congruenza tra circolari diffuse in quei giorni da Bellazzi e i «progetti» bertaniani, in particolare sulla necessità di mantenere operante «un centro d'azione» a Genova e di attivare la raccolta di dati per la statistica dei volontari garibaldini,[174] sono testimonianza di un'opera che non nasce estemporaneamente da quel prezioso, ma tardivo riconoscimento del Dittatore. Pur tuttavia l'indirizzo del 6 novembre costituì un punto di svolta nelle vicende del movimento democratico che di lì a due mesi si sarebbe riaggregato intorno all'*Associazione dei Comitati di Provvedimento per Roma e Venezia*. La parte che Mazzini giocò effettivamente nella trasformazione dei *Comitati di Provvedimento* in associazione non fu del tutto marginale, ma restò assai al di sotto di quel che una certa tradizione ritenne, supponendo senza alcuna prova una relazione di causa ed effetto tra il colloquio da lui avuto con Garibaldi il 5 novembre e l'indirizzo di quest'ultimo ai Comitati che porta la data del 6.[175] D'altra parte in nessun caso

---

[172] Val forse la pena di richiamare l'attenzione sul fatto che Bertani pensa fin da ora, e in una prospettiva di farne organo della sua associazione, ad un simile foglio; ciò modifica quanto si vien ripetendo sulla sua nascita, che come è noto fu di molto successiva.

[173] In A. SCIROCCO, *I democratici* cit., pp. 494-6, Miasino, 5 novembre 1860. Il passo a p. 494.

[174] V. le circolari dell'8 del 15 novembre in *Circolari* cit., pp. 13-4; nella seconda si avanza la proposta di un incontro tra i rappresentanti di tutti i Comitati, invitati a indirizzarsi a Garibaldi perché dia nuove istruzioni. Sulla statistica dei volontari, affidata a P. G. Zai, e le sue disgraziate vicende editoriali v. *Relazione storica dell'opera* La statistica storica-biografica dell'Esercito Meridionale, Udine, Tip. Bardusco, 1883.

[175] G. ASPRONI, *Diario* cit., p. 568 data l'incontro Mazzini-Garibaldi al 3 novembre e il primo, nell'immediata ricostruzione del colloquio parla genericamente de «l'altra sera» nella lettera a C. Stansfeld dell'8 novembre 1860, in SEI, *Epistolario*, LXX, pp. 183-84, e solo in seguito, il 24 novembre a Giannelli e il 29 [a Bellazzi?], *ivi*, p. 206, precisa la data a «il 5 di questo mese». Il destinatario dell'ultima lettera è indicato in forma dubitativa, ma a mio avviso essa non fu diretta a Bellazzi per due motivi: a) Mazzini non si sarebbe rivolto a lui, definendo la *Cassa* «agenzia Bertani», modo sprezzante e usato da avversari e non

può ritenersi probante la versione di quel colloquio data dallo stesso Mazzini alla Stansfeld: costei era la stessa donna a cui aveva scritto in toni molto romantici, voler con lei sola vedere lo spettacolo magnifico del golfo, ed ella aveva certo una parte speciale nel suo cuore, onde si spiega e si giustifica quel tono di ispirato autocompiacimento che si riverbera nelle sue parole, quasi a far intendere che il futuro d'Italia era nelle mani di un sì grande eroe, come Garibaldi, e di un interlocutore che in verità doveva apparire non a quello inferiore.[176] Se poi si dovesse valutare il contenuto politico di quella lettera al di là dei motivi personali, non si può trascurare che l'insistenza con cui Mazzini tornò sul tema del primato dell'azione sul Veneto, sia con Garibaldi che con altri corrispondenti, mostra quanto poco fosse egli stesso sicuro di aver ottenuto risultati definitivi nel colloquio di Caserta.[177] Chi poteva aver svolto una parte di rilievo nel convincere il Generale a questa scelta, tra l'altro essendogli stato accanto proprio in quei giorni, precedenti il ritorno a Caprera, era invece Crispi, allora molto vicino a Bertani, del quale aveva accolto, e forse nel suo intimo condiviso, gli sfoghi circa il comportamento politico del Dittatore. E sempre Bertani sembrava allora d'accordo con Mazzini, giacché, considerando le sue parole al Saffi, egli riteneva la liberazione di Venezia il prossimo obiettivo del movimento nazionale e in questa direzione pensava di indirizzare le finalità e i compiti della costituenda associazione la quale, si noterà, doveva avere nel suo titolo l'indicazione e la qualificazione di *Unitaria*. L'elezione di Roma o Venezia come obiettivo prioritario del movimento nazionale non era poi scelta senza conseguenze, ma questione strettamente connessa al sistema di alleanze su cui ruotavano, tra Francia e Inghilterra, gli equilibri politici dello scacchiere italiano, per cui tale scelta diventava determinante nel definire gli schieramenti interni della democrazia. Inoltre prima e dopo l'indirizzo del 6 novembre erano apparsi su *Il Popolo d'Italia*, segno del dibattito in atto nella democrazia meridionale, due interventi relativi alla questione se fosse opportuno o no dar vita a una associazione dei *Comitati di Provvedimento*.[178] La presa di posizione netta a favo-

---

da amici, ed esprimendo i giudizi che in essa si leggono; b) il tono della missiva pare rivolto ad un gregario e non a persona che, bene o male, assolveva in quel momento una funzione dirigente nella *Cassa*. Perciò la suppongo inviata a qualche esponente locale a lui più legato. La lettera di Crispi a Bellazzi, citata nella nota 172, fa pensare ad un intervento di Crispi presso il Dittatore per ottenere la direttiva del 6.

[176] I rapporti fra Mazzini e la dama inglese sono noti, comunque ad averne qualche segno cfr. le lettere che egli le inviò in questi stessi mesi, in particolare *ivi*, pp. 77-81 quella scrittale non appena arrivato a Napoli, o l'altra del 10 ottobre, pp. 146-50.

[177] *Ivi*, a Garibaldi a Caprera, novembre 1860, pp. 187-90 e allo stesso, Londra, 8 gennaio 1861, pp. 271-5. A Giannelli, [Napoli], 24 novembre, pp. 194-95 scriveva poi, pur ribadendo che con Garibaldi era d'accordo su tutto: «Le sue [di Garibaldi] idee sono tutte per Roma» e continuava a parlare delle cose decise, senza fare alcun cenno ai Comitati.

[178] Gli articoli del 3 e dell'8 novembre di cui si discute nella *Nota di filologia mazziniana*. V. anche cap. VI.

re di un centro unico di coordinamento di tutto il movimento democratico fu ciò che Mazzini aveva fatto e poteva fare per la buona riuscita dell'operazione che portò alla fondazione dell'*Associazione dei Comitati di Provvedimento per Roma e Venezia*, ed essa fu tanto più meritoria nel momento in cui a Napoli emergeva un problema rilevante, una difficoltà che andava ben al di là del momento e si opponeva al sorgere di un centro associativo nazionale: la resistenza degli elementi meridionali a sciogliersi nel più vasto corpo del partito, una volta riconquistato il rapporto con il paese. Tale difficoltà né lui né Bertani avevano previsto. Credere però che l'idea esposta da Bertani a Saffi, dar vita ad una associazione *unitaria* del movimento democratico, coincidesse con le conclusioni cui Mazzini era pervenuto tra settembre e ottobre, sarebbe farsi fuorviare dalle apparenze, trascurando le differenze tra le due linee. Infatti per quest'ultimo i *Comitati* dovevano sì costituire una struttura coordinata del partito su scala nazionale, ma questa funzione egli la collocava nella logica della creazione di un serbatoio di energie dal quale attingere gli elementi più specificamente repubblicani. Essi erano la forma associativa di massa, il nodo cui si raccordava l'insieme delle forze della democrazia nazionale e da cui partiva l'impulso della lotta politica e della agitazione quotidiane. Ma era la struttura selezionata che doveva da un lato operare per dirigere il più vasto cerchio di forze popolari, e dall'altro formar il nerbo disponibile per l'iniziativa repubblicana. Prima dunque di dettare il programma politico per la *Falange Sacra,* sulla costituzione a due gradi del partito d'azione,[179] Mazzini praticava nei fatti tale direttiva, che affidava agli elementi più fedeli.

«L'agitazione pubblica dovrebbe rifarsi per Venezia e Roma, come fu pel Sud. E nello stesso tempo l'organizzazione dei repubblicani. Abbiamo diritto di numerarci e tenerci d'occhio»

scriveva a Piero Cironi nel dicembre del 1860[180] e non diverse direttive aveva dato a Giannelli già nell'ottobre dello stesso anno. Questa situazione, nello sviluppo dell'organizzazione dei *Comitati*, comporterà perfino alcuni paradossi, quali l'esistenza di due organismi in conflitto tra loro nella stessa città, come sarà per Livorno.[181] Il tema specifico del partito offre dunque una volta di più

---

[179] Sulla *Falange Sacra* v. B. MONTALE, *Antonio Mosto* cit., in particolare pp. 95 sgg.; cfr. pure NANDO SEVI, *Intorno all'organizzazione delle «Falange Sacra»*, in *Rassegna Storica del Risorgimento*, a. LIX (1972), f. III, pp. 360-97, nonché SILVIO POZZAN, *La mazziniana «Falange Sacra»*, in *Il pensiero mazziniano*, a. XXXII (1977), 2.

[180] V. in M. G. ACRINI INNOCENTI, *I rapporti tra Mazzini e Cironi* cit., a Cironi, 28 ottobre 1860, p. 281. Secondo G. ASPRONI, *Diario* cit., pp. 556-7, alla metà di ottobre Mazzini stava per lasciare Napoli, e «organizzava una vasta società segreta con Cassa e Regolamenti».

[181] Cfr. cap. V.

un elemento di demarcazione tra diverse ispirazioni che continuano ad agitare la magmatica vicenda della democrazia nazionale. In questa fase poi le differenti opzioni sono talmente evidenti da imporsi, per così dire, per forza propria. Bertani infatti si muove secondo una esigenza che diviene in lui perfino ossessiva: costruire un'associazione contrapposta «in tutto e per tutto» alla *Società Nazionale*. Questa scelta appare tutt'altro che occasionale: si riallaccia alla fase più alta della sua battaglia del maggio-giugno 1860; è indicata al Saffi agli inizi di novembre e sarà ancora ribadita in due occasioni tra il febbraio e il marzo del 1861, quando l'*Associazione dei Comitati di Provvedimento* gli sembra ormai avviata lungo un binario morto. In questi termini scriverà al Dassi, suo collaboratore nella segreteria della dittatura e rimasto a Napoli, dove aveva avviato una proficua attività di affari e una meno appariscente attività politica che tuttavia, specie in questo primo periodo, lo vede ancora tra i protagonisti dello sforzo associativo del movimento democratico e operaio della città.[182] A lui quindi delinea nei termini seguenti i compiti organizzativi che egli vorrebbe realizzati dall'*Associazione dei Comitati*

«I Comitati di Provvedimento dovrebbero farsi promotori d'ogni buona idea e istituzione liberale. Pure pensare a diffondere l'idea ed organizzare l'espressione del volere popolare per il suffragio universale. Dovrebbero attendere a fondare tiri al bersaglio. Dovrebbero infine *intendersi* rapidamente, frequentemente fra di essi mediante la stampa sia sotto forma di giornale che con foglietti a mano. Infine dobbiamo ordinarci e farci forti e capaci di riuscire come i Comitati della Società Nazionale».[183]

Infine questo problema ritorna a fine di ottobre 1861, nell'appello con cui l'*Associazione Unitaria Italiana* di Genova rivolge alle associazioni liberali italiane l'appello a un «vincolo comune» che unisca società politiche, operaie e ogni

---

[182] Di Giuseppe Dassi poco si sa, ma fu personaggio di rilievo nelle vicende della democrazia meridionale, e negli anni del governo della Sinistra fu un grande procacciatore d'affari. Nelle elezioni suppletive del 7 aprile 1861 fu eletto per il collegio di Atripalda, ma la sua elezione annullata per ragioni di impiego. Dopo di che non concorse più alla deputazione. Mazziniano almeno dagli anni successivi al 1848, quando dalla natia Lombardia fu costretto all'esilio in Francia e in Inghilterra e poi in Oriente, fu a contatto con A. Lemmi ed ebbe un lungo rapporto epistolare con Mazzini. Purtroppo il suo archivio, una volta alla BMF, è stato smembrato e ciò rende difficile ricostruirne la biografia. Comunque sono conservate parte delle lettere a lui inviate da Mazzini, mentre risulta che la *Domus Mazziniana* di Pisa abbia di recente acquisito altre lettere a lui di Mazzini. Scarse notizie su di lui in ERSILIO MICHEL, *Esuli italiani in Egitto*, Pisa, Domus Mazziniana, 1958.

[183] Bertani a Dassi, Genova, 9 marzo 1861, in BMF, CG, XCI, 7. Il 21 febbraio gli aveva comunicato l'abbandono della direzione dei *Comitati* per far sbollire le ire personali e aggiungeva «Questa istituzione deve diffondersi in tutta Italia per contrapporsi a quella della Società Nazionale» (*ivi*, CG, XCI, 5).

altra espressione organizzata a livello locale del movimento democratico per fronteggiare l'opera deleteria di quella

«sola vasta e già provetta Associazione [che] porta regolarmente la parola ai suoi adepti e mette capo al Governo di cui è emanazione e strumento».[184]

Senonché la singolare insistenza con cui Bertani, nel bene e nel male, propone il modello della *Società Nazionale* si fonda sul fraintendimento delle ragioni per cui essa aveva raggiunto forza e prestigio, e in questo senso il richiamo a una tale esperienza serve più ad evidenziare un problema acutamente sentito che non una proposta di soluzione. Ed il problema è quello dell'organizzazione della Sinistra, la comprensione dello specifico valore positivo che, nella sua battaglia, la democrazia può ottenere nel darsi un centro «intorno a cui convergono come raggi e si raggruppano come forze tutti gli elementi i quali risentono l'influenza del movimento nazionale».[185] Ciò spiega la pervicacia con cui Bertani e i suoi successori alla direzione della *Cassa* avevano difeso le ragioni della continuità di quel progetto organizzativo anche nella situazione di prolungata crisi vissuta tra l'agosto e il settembre, giunta al punto critico nell'ottobre e risolta in modo positivo a novembre con l'indirizzo a non sciogliersi rimesso ai *Comitati* da Garibaldi. Intanto una lettera di Crispi ordinava, su mandato del Generale, la sospensione dell'invio dei volontari al sud.[186] Ma la soluzione era giunta sul filo dei giorni in cui l'impresa dell'Italia meridionale attingeva al suo ultimo esito con il ritorno del Dittatore nella sua Caprera, a prova del clima difficile in cui la decisione di confermare il mandato al centro genovese fu presa. Non v'è dubbio che il prevalere della preoccupazione organizzativa comportasse anche errori di valutazione da parte dei dirigenti della *Cassa*: ad esempio non era difficile cogliere i sintomi dell'incomprensione dei processi diversi entro i quali maturavano le esperienze dei centri locali; Bertani accentuava l'esigenza di una «associazione politica compatta», mentre l'esperienza della *Società Nazionale* valorizzava le specificità, sia pur entro un indirizzo programmatico generale definito. L'idea del «partito cosmo» per dar ordine e unità al variegato

[184] Naturalmente si tratta della *Società Nazionale*, definita «*un veneficio nazionale*». Cito l'appello da R. COMPOSTO, *I democratici dall'Unità ad Aspromonte* cit., p. 175.

[185] Così Bellazzi spiega l'opera sua in *Resoconto* cit., p. 35.

[186] Nel *Resoconto* cit., p. 34, Bellazzi dice che i *Comitati* continuarono l'invio di volontari «fino al giorno in cui Crispi d'ordine del Generale Dittatore scrisse essere tempo che [...] fosse sospeso». La lettera del 10 novembre 1860 con cui Crispi trasmise questo ordine si conserva in MCRR, 253, 73, 2. Vi si legge poi: «Alla vostra del 1° rispondo che il Generale è pronto ad accorrere laddove si presenta l'occasione di combattere il nemico comune. In conseguenza sarà sempre utile dalla parte vostra ogni atto che tenga vivo il sentimento di dovere della difesa nazionale sulle rive del Po». A questa lettera fa riferimento la circolare di Bellazzi in data del 12 novembre: v. in *Circolari* cit., p. 13.

mondo associativo popolare era così prevalente nel milanese da farlo incorrere nel rimprovero di Cattaneo, che alla vigilia del congresso dell'*Emancipatrice* gli avrebbe fatto osservare:

«Se tu volevi seguire il mio avvertimento e non legare le sorti di tutte le società ad una sola, dovevi fare una società di *propaganda* e non una società di *rappresentanza*. Dovevi lavorare alla base della piramide non alla punta».[187]

In altri termini, più di una unità di linea, la nuova associazione meglio avrebbe dovuto rappresentare un'unità di programma, in grado dunque di giovarsi delle particolari fasi di sviluppo del movimento associativo nelle singole località. Perciò l'esule di Castagnola poteva facilmente prevedere il fallimento incombente su questo ulteriore tentativo, soprattutto sul terreno della capacità sociale, collettiva, di esercitare un controllo di linea politica, finché la sua «rappresentanza», comunque la si volesse mettere, restava nelle mani di chi aveva fin troppo condizionato le vicende e la formazione stessa dell'*Associazione dei Comitati di Provvedimento per Roma e Venezia*, cioè di Garibaldi.

L'attività dispiegata da Bellazzi tra l'ottobre e il dicembre nella campagna di difesa di Bertani, oggetto delle feroci accuse di malversazione da parte della stampa moderata, e nell'evadere le residue pratiche della *Cassa*,[188] appariva dunque per più aspetti già rivolta alla costituzione di un nuovo organismo. La prima circolare, da lui diffusa il 3 ottobre, che sollecitava i *Comitati* a inviare le loro petizioni in Parlamento, riunito in quei giorni, per sostenere il programma di Garibaldi, era un segno di quanto il gruppo dirigente della *Cassa* e Bertani,[189] si mostrassero sensibili verso il ruolo svolto dalle istituzioni nella battaglia politica, pur diffidenti della reale rappresentatività del voto, visti i meccanismi censitari che lo limitavano. Era il sintomo di una prima riflessione sulla sconfitta del sud. Così il medico milanese, non appena tornato da Napoli, aveva suggerito a Bellazzi di orientare l'azione dei *Comitati* verso i compiti futuri, e in particolare ad attrezzarsi per fronteggiare due grandi finalità: acquisire, promuovere, e incrementare una rete di giornali in grado di garantire al partito una diffusa presenza propagandistica a livello locale su tutte le questioni di rilevanza nazionale; sviluppare l'iniziativa elettorale e costituire, ovunque possi-

---

[187] V. *Epistolario* di C. Cattaneo, raccolto e annotato da R. Caddeo, vol. IV, Firenze, Barbèra, 1956, p. 28. Cfr. anche come R. Composto, *I democratici* cit., pp. 82-3, discute questo intervento cattaneano.

[188] Il 14 novembre *Il Diritto* pubblicò una dichiarazione di Bellazzi rivolta ai creditori della *Cassa Centrale*, invitandoli a rivolgersi a lui per le necessarie pratiche di pagamento.

[189] Sul ruolo del Parlamento nel pensiero di Bertani cfr. Virginio Paolo Gastaldi, *Agostino Bertani e la democrazia repubblicana. Lettere a Carlo Mileti*, Milano, Giuffrè, 1979, pp. 26-8.

bile, comitati elettorali per sostenere candidati democratici con la mobilitazione dei trenta mila giovani già impegnati nell'Esercito meridionale e rispediti a casa dal governo.[190] Infatti se il primo invito ai *Comitati* a prepararsi alla lotta elettorale era contenuto nella circolare del 27 di novembre,[191] nella lettera scritta da Bellazzi a De Boni il 18 ottobre già si trova un segno preciso delle aspettative con cui, specie in rapporto alla situazione del Mezzogiorno, si guardava alle prossime elezioni e alla riuscita di deputati garibaldini.[192] La circolare del 27 novembre, oltre alle indicazioni elettorali, accennava la vicina convocazione, tra il 15 e il 20 dicembre del 1860, dei rappresentanti i *Comitati,* data poi differita probabilmente nella speranza che all'incontro potesse partecipare lo stesso Garibaldi,[193] ma soprattutto perché la redazione del bilancio della *Cassa* bertaniana, che costituiva la ragione occasionale dell'assemblea, richiese tempi più lunghi dei previsti.[194] Quella circolare era stata poi seguita, il 3 e il 4 dicembre, dalla spedizione a tutti gli affiliati di istruzioni con le quali erano sollecitati a promuovere o fondare circoli elettorali.[195] Ma forse Bellazzi non aveva ancora finito di inviarli ai *Comitati,* quando apparve sulla stampa con la data del primo dicembre il brano di una lettera di Garibaldi, presentato come proclama agli Italiani, subito definito da Bertani «vanissimo»,[196] che ridimensionava di fatto la presenza del partito nell'agone elettorale. Questo appello agli Italiani perché si stringessero intorno a Vittorio Emanuele «solo e indispensabile all'Italia», dava nuova prova della incerta fede del «romito di Caprera» nel Parlamento: l'ambiguo *patronage* da lui dato all'idea della supremazia regia come sistema dittatorio, sia detto con la coscienza del peculiare carattere assunto dal concetto di dittatura, implicava comunque l'idea di una sospensione delle guarentigie costituzionali.[197] Egli inoltre smentiva le prospettive elettorali della democrazia

[190] Ad essi Bertani rivolse un appello nel suo discorso congressuale: v. *Resoconto*, p. 17.

[191] V. *Circolari* cit., circolare del 27 novembre, p. 15. Si tratta di un invito ai *Comitati* ad attivarsi «1) Per tener sempre vivo lo spirito pubblico; 2) Per radunare nuove forze per la prossima primavera; 3) Per prepararci alla lotta elettorale, sostenerla energicamente, e vincerla».

[192] BMF, CG, LXXXVII; lo avvisa dell'arrivo a Napoli di E. Celesia «che ho motivo di credere non amico ai Comitati Garibaldini, né ai deputati futuri quali noi vorremmo».

[193] «Se tu hai scritto già a Caprera pei Comitati, attendi risposta prima della convocazione. Che giorno crederesti si possa? Io verrei per quel dì» (Bertani a Bellazzi, Miasino, 24 novembre 1860. In MCRR, 254, 63, 3).

[194] V. *Resoconto* cit. La relazione amministrativa di Bertani, che subito in avvio spiega le ragioni del ritardo nell'elaborazione del documento, alle pp. 18-30. Per il contributo di Cattaneo ad essa cfr. *Epistolario* di C. CATTANEO cit., vol. III, pp. 579-80, e pp. 434-5, a Cattaneo, Genova, 9 dicembre, e la responsiva da Castagnola, 11 dicembre 1860.

[195] V. *Circolari* cit., pp. 18-9.

[196] Così nella sopra citata lettera di Bertani a Cattaneo, Genova 9 dicembre 1860.

[197] Garibaldi a F. Bellazzi, Caprera, 1 dicembre 1860, in ENSG, *Epistolario*, vol. V, cit., pp. 286-7. Sull'idea di dittatura in Garibaldi si è molto discusso, ma mi piace ricordare un

là dove invitava a preoccuparsi solo dei mezzi per offrire al re mezzo milione di soldati nel prossimo «campo di marzo» senza curarsi di chi avrebbe governato il paese, fosse stato Cavour o Cattaneo.[198)] Nella lettera insomma Garibaldi sosteneva la sua visione dei *Comitati*, che egli non voleva trasformati in associazione permanente, ma limitati alla raccolta di mezzi e materiali per essere pronti a seguire in primavera il re nelle nuove battaglie, tornando così ad opporsi all'idea dell'organizzazione della democrazia in partito. Una impostazione simile però appariva ormai poco convincente e scarsamente praticabile perfino a Guerrazzi, pur non alieno dall'attribuire al sovrano un preminente ruolo nella rivoluzione italiana, il quale in una lettera al Bellazzi osservava:

«Mi sembra che il Generale Garibaldi non si faccia idea esatta delle cose; anzi è evidente. Come puossi chiamare intorno a V[ittorio] E[manuele] la gioventù italiana se il Cavour e i suoi ministri la respingono? Come avere credito su questa linea noi altri se il Cavour e C. dicono con atti solenni che proruppero nelle Marche e a Napoli per liberare la Monarchia dallo elemento impuro, e questo elemento impuro sono il Garibaldi e i suoi? Come raccogliere armati per primavera se gli mandano via a vituperio adesso? [...] Garibaldi prima di vincere altre battaglie in campo, importa ne guadagni una in Parlamento. Adesso lo scopo in cui vorrebbe mantenere i Comitati non ha valore».[199)]

vecchio saggio di CARLO TIVARONI, *Garibaldi e la dottrina della dittatura*, in *Rivista Storica del Risorgimento italiano*, a. II (1897), f. 7-8, che ben coglieva il nesso tra la presenza di questo tema e la vicinanza politica tra Garibaldi e Vittorio Emanuele, osservando, in tempi in cui l'antiparlamentarismo si era già corposamente manifestato nella vita del nuovo Stato, che «In Italia abbiamo avuto [...] in momenti eccezionali, ora la dittatura [pieni poteri] di Vittorio Emanuele, ed ora quella di Garibaldi [...] e quando per un istante divennero formali anziché morali, [furono] tutte e due tutt'altro che felici». Sull'idea di dittatura nel pensiero politico ottocentesco v. SALVO MASTELLONE, *Il problema della dittatura in Francia nella prima metà dell'Ottocento* in *Il pensiero politico*, a. I (1968), f. 3, pp. 386-407, e CARLO VETTER, *Mazzini e la dittatura risorgimentale*, in *Il Risorgimento*, a. XLVI (1994), f. 1, pp. 1-45, con un'appendice su Garibaldi e la dittatura nella repubblica romana.

[198)] Il brano nel quale Garibaldi sostiene non curarsi «se il Ministero si chiami Cavour o Cattaneo (preferibile però il secondo)», sollevò una controversia sulla paternità della frase tra parentesi, alla quale poco aggiunge ENSG, vol. V, cit., che dice la lettera autografa solo nella firma, senza segnalare problemi sulla formulazione del passo in questione. G. E. CURATULO, *Garibaldi, Vittorio Emanuele* cit., tra le pp. 312-3, pubblica un *facsimile* autografo di questo solo passo, che sembrerebbe indirizzo autonomo, e non parte di lettera. Come tale ha anche un suo titolo, ma non la data. I giornali del tempo comunque diffusero solo il passo dato dal Curatulo.

[199)] MCRR, 268, 4, 1, F. D. Guerrazzi a F. Bellazzi, Genova, 4 dicembre 1860. In una successiva del 23 dicembre allo stesso, il Guerrazzi osservava ancora essere del tutto prevedibile che gli avversari della lettera del 1° dicembre ne mettessero in luce le implicazioni incostituzionali. Da qui la sfiducia sui risultati elettorali in considerazione delle lacune della democrazia, «in ispece se il Generale non ci sovviene»; cfr. MCRR, 268, 4, 2.

Se, nei mesi precedenti, alle sollecitazioni dei suoi comitati Garibaldi aveva opposto spesso il silenzio, ora, incosciente o incurante del danno che recava loro, li smentiva clamorosamente. La posizione di Bellazzi nella circostanza cominciava ad apparire ambigua, ma è ancora possibile attribuirne la causa alla modesta levatura del personaggio incapace a limitare i comportamenti del suo capo. La corrispondenza col Generale in questi giorni è una sequela di contraddizioni; il 4 dicembre scriveva a Caprera che nella lettera del 1°

«trovava decisamente tracciata la via da percorrere dai Comitati succursali di questa Cassa Centrale agenti esclusivamente a nome di Lei. Il suo programma sarà quello dei Comitati Garibaldini»

e tuttavia, aggiungeva subito, sarebbe stato meglio, d'ora in poi, mantenere segrete le istruzioni, tentativo un po' goffo per evitare che i contrasti fossero resi pubblici, riaffermando l'intenzione di operare per l'elezione di deputati garibaldini.[200] Tale riservatezza aveva usato il giorno successivo inviando ai *Comitati* il testo del Generale, con l'avvertenza che «rimanesse come atto segreto».[201] Il giorno dopo invece doveva accettare l'inevitabile e, reso noto dall'*Unione*, giornale promotore della campagna contro Bertani, il disgraziato proclama del primo dicembre, scriveva a Caprera che ne avrebbe diffuse duemila copie.[202] Il 7 poi, inviando al Generale la lettera di Guerrazzi, lo assicurava:

«L'affissione del nobile suo programma ha fatto buon effetto in Genova; domani lo diffonderò in buon numero di copie ai cinquantatré Comitati».[203]

Contemporaneamente doveva affrettarsi, tanto buone ne erano state le conseguenze, ad inviare ai comitati una circolare nella quale, pur in modo contorto, spiegava che alla pubblicazione dell'ormai troppo noto testo era stato costretto dalla volontà di Garibaldi, mentre lui restava favorevole a mantenere atti, documenti e corrispondenze d'ufficio riservati «almeno per un certo tempo». Ad evitare poi che la diversità di atteggiamenti tra Garibaldi e l'organizzazione fosse utilizzata per una campagna contro i *Comitati* e a minacciarli «nella loro esistenza», mettendo in dubbio la loro legittimità ad agire come depositari e interpreti del programma garibaldino, Bellazzi si diceva disposto a rendere

---

[200] MCRR, 48, 4, 6; cfr. *Appendice*.
[201] V. *Circolari* cit., pp. 18-9, la circolare del 3 dicembre 1860.
[202] MCRR, 48, 4, 7.
[203] MCRR, 48, 4, 8. La propaganda con manifesti affissi agli angoli e nei punti di passaggio delle città era ormai in uso. La lettera a cui si fa riferimento è quella del 1° dicembre.

nota la lettera «della quale vi ho mandato copia».[204] Restava comunque il fatto
che, se la linea esposta nel proclama del primo dicembre poteva sembrare una
posizione estemporanea, l'impegno elettorale costituì invece il compito principale cui si rivolse la solerzia della *Cassa* e Bellazzi, forse per ottenere da
Garibaldi un pronunciamento esplicito e non revocabile, aveva tentato di coinvolgere persino Cattaneo nella stesura di un appello elettorale da emanarsi sotto la responsabilità del Generale, un'incombenza che l'esule luganese declinò.[205] Il solerte dirigente della *Cassa* pensò pure a quello che, in termini di
propaganda, doveva essere il centro del messaggio politico trasmesso dal partito agli elettori, cioè la necessità di eleggere un Parlamento di uomini liberi ed
indipendenti dalla volontà del governo. Sembrò allora a molti che questo motivo trovasse la sua espressione massima, in negativo, in quei deputati che avevano votato a favore del trattato di cessione di Nizza e Savoia alla Francia:[206] prese così corpo la polemica contro i «229» che con quel voto, s'erano mostrati fedeli ai loro padroni, Cavour e Napoleone III, non alla patria. Si pensò anche ad
una iniziativa, una lista di proscrizione, come l'avrebbe definita la stampa moderata e, come al solito, Bellazzi presentò l'idea a Caprera per avere un parere e
l'autorizzazione a procedere:

«Come già le scrissi, invitai tutti i Comitati garibaldini ad agire energicamente
onde si abbia un Parlamento veramente italiano e non devoto a signoria forestiera; i
Comitati corrispondono benissimo all'invito, ma perché la loro azione sia veramente efficace, e si abbiano deputati che non vendano un'altra Nizza, urge, o Generale,
una vostra calda parola d'incitamento di questo Ufficio Centrale che la diffonderà
ai comitati succursali. Ecco quanto ho ideato in proposito e che sottopongo alla vostra approvazione. Farei stampare con tre colonne distinte i nomi degli attuali deputati. La prima colonna porterebbe in testa: Deputati venditori di Nizza. La seconda: Deputati che non vollero vendere Nizza. La terza: Deputati che si astennero
dal voto pro o contro il progetto della vendita di Nizza. Le dette tre colonne dovrebbero avere a cappello un pensiero da lei espresso e firmato. Il pensiero potreb-

---

[204] MCRR, 48, 4, 8b, ora in *Appendice*. La lettera da rendere eventualmente nota è
sempre quella del 1° dicembre.

[205] V. *Epistolario* di C. Cattaneo, vol. III, cit., p. 438. A Bellazzi, Lugano, 23 dicembre 1860. Questi da parte sua, aveva scritto a Garibaldi il 18 dicembre: «Cattaneo, di cui le
mando gli affettuosi saluti, le manderà forse uno schema di appello agli elettori italiani onde si ottenga un Parlamento non facile a vendere il Paese a brani a brani»: cfr. MCRR, 42,
2, 28. Dunque il Caddeo ha letto male la lettera come risposta negativa ad un'offerta di
candidatura per Genova, come pure un passo della risposta di Cattaneo. Infatti P. Dal
Canto, che pubblicò già la lettera in questione, legge, a proposito delle idee di Garibaldi
«che *non* sono le mie» (corsivo mio); lettura corretta come mi conferma la Commissione
che sta curando una nuova edizione dell'epistolario cattaneano.

[206] Su questo grande tema del dibattito parlamentare nel 1860: v. A. Caracciolo, *Il
Parlamento nella formazione del regno d'Italia* cit., pp. 21-9 e, per la documentazione relativa, pp. 109-44. Vedasi pure cap. III.

be essere per esempio il seguente: Agli elettori italiani perché sia attuato il mio programma è necessario che il Parlamento italiano sia composto di uomini pronti a morire piuttosto che cedere un palmo della patria terra. Io ricordandomi i nomi dei deputati che votarono la cessione di Nizza, vi ricordo pure che quel grave errore politico non deve essere assolutamente ripetuto, però vi eccito ad escludere quei nomi dalle urne elettorali etc., etc.».[207]

Anche questa lettera non ebbe risposta, ma il tema dei «229» era destinato a tornare d'attualità nell'assemblea del 4 gennaio, e soprattutto dopo, quando sarebbe venuta alla luce la divergenza tra l'orientamento di Garibaldi e dei suoi seguaci. Al momento Bellazzi non si lasciò scoraggiare dalle risposte mancate e dalle difficoltà che incontrava l'opera di trasformazione della *Cassa* in organismo elettorale centrale e con immutato entusiasmo l'11 dicembre invitava i *Comitati* a rimettere al suo ufficio

«nota dei nomi di quei cittadini, che per devozione alla Patria, fermezza di principi, per indipendenza di carattere, meritano di essere proposti candidati al futuro Parlamento. Dalle singole note che si spediranno all'Ufficio di questa Cassa Centrale, si formerà una lista complessiva da sottoporsi al giudizio del generale Garibaldi. Questi verrà eccitato a raccomandare con calde parole agli elettori italiani quelle elezioni che saranno di suo genio. Ognuno comprende l'importanza di tale pratica».[208]

Così si immaginava di poter giungere all'assemblea generale di gennaio con una lista di nomi sufficientemente vasta e rappresentativa di quella parte della nazione forgiata nei suoi ideali patriottici nel vivo delle battaglie garibaldine. Realizzare un simile compito era a suo modo una battaglia, oltre che una necessità imposta dal sistema elettorale uninominale sardo, allora esteso a tutto il paese.[209] Ma soprattutto esso avrebbe costituito un enorme passo avanti nella costruzione del partito su base nazionale, rafforzando, sia pur attraverso l'avallo carismatico del Generale, la funzione politica del centro genovese sull'insieme del movimento democratico.

[207] MCRR, 42, 2, 26; in data Genova, 15 dicembre.
[208] V. *Circolari* cit., p. 24, circolare dell'11 dicembre 1860.
[209] Si votava con la legge elettorale 20 novembre 1859, dopo aver proceduto all'adeguamento dei collegi elettorali alla nuova dimensione dello Stato unitario, al rapporto di un deputato per cinquantamila abitanti. Per l'articolato della legge si veda *Le grandi leggi elettorali italiane (1848-1993)*, a cura di MARIO D'ADDIO, CARLO GHISALBERTI, FULCO LANCHESTER, GUGLIELMO NEGRI, FRANCESCO PERFETTI, FRANCESCA SOFIA, LUCA TENTONI, Roma, Colombo, 1994. Sulle elezioni del 27 gennaio-3 febbraio 1861 v. cap. IV.

Intanto il 25 di dicembre partì per Caprera una delegazione onde presentare e illustrare a Garibaldi il rapporto di Bertani sulla gestione della *Cassa*,[210] ed insieme definire gli ultimi accordi sui lavori dell'assemblea del 4 gennaio, precisando le condizioni della partecipazione ad essa dello stesso Garibaldi. La delegazione rientrò a Genova agli inizi di gennaio portando la sommaria approvazione del rapporto amministrativo, ma anche alcuni documenti che dovettero sollevare grande sconcerto tra i dirigenti dei *Comitati*, e tra l'altro una lista di candidati alle elezioni per i quali il Generale chiedeva il voto. Sul piano del metodo, per il modo con cui era stata compilata, per i nomi che la componevano, era cosa profondamente diversa da ciò che Bellazzi aveva proposto nell'avviare il coordinamento della campagna elettorale, chiedendo ai *Comitati* un primo elenco di nomi

«veramente devoti all'Italia Una e principalmente quegli che al valore dimostrato sotto la [...] gloriosa bandiera uniscono anche l'idoneità di essere deputati».[211]


Il metodo proposto da Bellazzi ribadiva la funzione leaderistica di Garibaldi, ma realizzava insieme la centralizzazione del lavoro elettorale, dava alle candidature sorte in sede locale un doppio riconoscimento, l'approvazione del Generale e l'appoggio del partito che, portatore del programma di lui, agitava un progetto politico di respiro nazionale. La lista venuta da Caprera rispondeva solo alla prima di queste caratteristiche e poteva realizzare la seconda solo se vi fosse stata piena consonanza tra linea politica del capo e l'organizzazione; in condizioni diverse confermava solo l'«irresponsabilità» della direzione garibaldina, senza rafforzare la direzione centrale del partito, né arginare i particolarismi. Ma proprio rispetto alla linea politica, la lista presentava un assortimento di personaggi tanto diversi tra loro da rendere difficile individuare il criterio di compilazione, salvo quello dell'amicizia dei nominati con Garibaldi e... Rattazzi! In una varietà che poteva sembrare del tutto occasionale, ai nomi illustri del movimento democratico si univano numerose nullità, mentre l'assenza di esponenti provati della milizia garibaldina, era compensata dalla inclusione

---

[210] La delegazione era composta da persone che potevano facilitare questo compito, come il Brambilla, tra i principali collaboratori di Bertani, e partecipante alla stesura del resoconto, d'intesa con Cattaneo; Enrico Osio, ragioniere, che ne era stato il probabile estensore materiale, specie per gli aspetti contabili; infine Giacomo Damele, uno dei principali consiglieri di Bertani in quel periodo. Solo quest'ultimo però assunse la piena responsabilità per l'amministrazione fino al 24 dicembre, Bellazzi invece ebbe quella gestionale e perciò tenne all'assemblea una rapporto sull'attività svolta. L'invio della delegazione fu annunciato a Caprera fin dal 22 dicembre, (v. MCRR, 42, 2, 29), con un rapporto informativo in cui, tra varie cose comunicate, si chiedeva l'approvazione della prossima assemblea dei Comitati, approvazione che in realtà non giunse mai.
[211] Così Bellazzi a Garibaldi, Genova, 4 dicembre 1860, in MCRR, 48, 4, 6.

di deputati del gruppo dei «229».[212] Né era questa la sola novità, perché una seconda lettera riproponeva la vecchia avversione a qualsiasi trasformazione in senso più politico o partitico dell'associazione.

«Io desidero l'opera concorde di tutti i comitati italiani per condurre al gran riscatto [...] Nella sacra via che si segue [...] desidero che scomparisca ogni indizio di partito».[213]

Questa linea mirante a ribadire l'antica natura dei *Comitati* quali organismi militari trovava conferma nel terzo documento con cui si nominava Bixio a presiedere la prossima assemblea.[214] Invece costui che, come rappresentante di Garibaldi nella trattativa con il governo per istituire una *Società del Tiro Nazionale* era ben addentro ai contatti diversi mantenuti dal Generale con Torino, declinò l'offerta. Ma mentre tramontava l'idea di affidare all'eroe di Marsala il comando della *Guardia Nazionale* e si contrattava invece per la nuova e meno impegnativa istituzione, che poteva sempre costituire onorevole collocazione, restava in tutto il suo sinistro significato la designazione di una personalità estranea all'impegno politico militante, un personaggio tra i meno sensibili ormai all'idea del «partito» concepito da Bertani.[215] Infine, quasi definitiva presa di distanze dall'operato del comitato genovese, il Generale rinunciava alla candidatura parlamentare, privando così l'organizzazione del suo più prestigioso esponente e *leader* naturale; una prova del suo appartarsi dal confronto politico che, se ne rafforzava l'immagine di capo militare al servizio esclusivo

[212] V. la lista in *Appendice*, allegata alla circolare del 6 gennaio, e definita confidenziale. Il giorno precedente, Bellazzi aveva scritto a Garibaldi, chiedendo ulteriori spiegazioni «prima di venire al consiglio di pubblicare le lettere» inviate al congresso del 4 gennaio: v. *Appendice*. Nella stessa chiedeva l'inserimento nella lista di Macchi e Bargoni, ben noti a Garibaldi e certamente conosciuti nel movimento garibaldino.

[213] ENSG, vol. V, cit., pp. 290-1. Per evidenti ragioni di opportunità, questa lettera fu allora resa nota solo parzialmente.

[214] Il rifiuto di Bixio va inteso, oltre la sua lettera del 4 gennaio a Bertani, come una presa di distanza dai *Comitati* e non solo come atto di adesione alla linea di Garibaldi. Infatti il 14 gennaio Bixio rifiutò il loro appoggio alla sua candidatura al collegio di Sarzana. Al Türr poi il 18 gennaio scriveva di non sentirsi adatto a lotte di partiti, e lo stesso ribadì al Sacchi il 21, ritenendosi buono solo per le armi e per la marina. Ma poi accettò senza dubbi il mandato parlamentare: v. *Epistolario* di N. Bixio cit., vol. II, pp. 5-7.

[215] La lettera, diretta a Bertani in data 4 dicembre 1860 [*recte* gennaio 1861] con cui Nino Bixio rifiutò la carica di presidente dell'Assemblea, dopo averla in un primo momento accettata è in *Epistolario* di N. Bixio cit., vol. II, p. 2. Se poi effettivamente, secondo la testimoninanza di Montecchi ricordata alla nota 129, Bixio era stato all'origine del conflitto tra Garibaldi e Bertani a Napoli, la sua designazione assumeva un carattere ancor più provocatorio nei confronti dell'opera del medico milanese.

della patria,[216)] vanificava in un colpo solo tutti gli sforzi fin allora messi in atto da Bellazzi e dalla *Cassa* per coordinare il moto elettorale.

L'assemblea dei *Comitati,* finalmente apertasi il 4 gennaio, conosceva bene l'insieme dei problemi che ostacolavano lo sviluppo del giovane corpo della democrazia nazionale. Uno di essi poteva cogliersi a colpo d'occhio tra i delegati, perché tra i cinquanta organismi là rappresentati mancava qualsiasi esponente del Mezzogiorno, dove, malgrado gli sforzi fatti fin allora, non v'era stato modo di attivare un solo *Comitato di Provvedimento.* Il fatto di svolgersi presso il privato domicilio del marchese Carega, lo stesso che aveva ospitato l'altra del 9 settembre, impedì sul momento i commenti malevoli degli avversari, rendendo difficile alla stampa moderata di averne informazioni dirette. Ma l'adunanza aveva dei limiti precisi nei suoi poteri deliberanti essendo tutti coscienti del compromesso raggiunto nella lunga trattativa con Garibaldi, il quale, ad evidenza, poneva le sue condizioni per accettare la presidenza della assemblea e dell'organismo che da essa sarebbe sorto. Alla fine comunque si tenne ferma la decisione di promuovere una associazione permanente, non più semplice comitato, si introdusse nel nome il riferimento a Venezia, ma anche a Roma, e soprattutto, individuando i compiti prevalenti nel portare a compimento il programma unitario senza fissare scadenze, a primavera o in altro momento, si introduceva un elemento più propriamente politico. Se Garibaldi non aveva accolto con entusiasmo la convocazione di quella istanza congressuale negò anche la sua trasparente adesione all'operato del gruppo dirigente genovese, e Bertani non evitò di farlo rilevare con garbo in un rapido cenno alle «poche e benevoli righe» ricevute in risposta e ringraziamento delle sue fatiche. Infatti il rapporto inviato da Genova sulla attività e la gestione della *Cassa,* per il quale, oltre la ratifica dell'assemblea dei *Comitati,* occorreva la preliminare approvazione di Garibaldi in quanto quell'organismo aveva agito esclusivamente su suo mandato, fu accolto a Caprera con evidente freddezza, a conferma del distacco con cui si guardava all'opera del medico milanese e alla prossima assemblea; e se i messaggi da lì pervenuti, con i quali ci si esprimeva sul futuro dell'associazione, comparvero negli atti in edizione opportunamente castigata, i lavori si aprirono con la loro lettura creando nelle file dei delegati una palpabile tensione. Resta da valutare su quali basi Garibaldi coltivasse l'idea di poter disporre davvero di una struttura militare, o di supporto ad iniziative militari, nel caso, già a quel momento più che probabile, di rinvio dell'azione sul Veneto e quando il governo aveva ben fatto intendere di non tollerare organismi militari autonomi e comunque al di fuori del proprio controllo. Ma questo è altro discorso, che tuttavia trovò conferma nella perquisizione, per l'occasione destinata a non suscitare reazioni clamorose, condotta dall'autorità militare nella sede della

---

[216)] La lettera con la quale Garibaldi rinunciava alla candidatura, rimessa a Bellazzi sempre con la data del 29 dicembre, è ora in ENSG, *Epistolario*, vol. V, cit., pp. 289-90.

*Cassa* in cerca di prove di arruolamenti illegali.[217] L'assemblea, convocata per approvare l'operato di Bertani alla *Cassa Centrale* e replicare ai pesanti attacchi portati alla sua gestione[218] con un atto solenne che doveva far noto alla pubblica opinione e ai comitati filiali quanto fin allora compiuto, s'aprì con la presentazione del rendiconto,[219] già approvato dal Generale, e quindi accolto per acclamazione dell'assemblea.[220] Toccò poi a Bellazzi svolgere il rapporto sull'attività dei *Comitati* dall'ottobre in poi, cioè sotto la sua gestione, e infine iniziò la vera e propria riflessione politica, introdotta da una relazione di Bertani la quale ebbe il merito di galvanizzare l'assemblea che, dopo le lettere di Garibaldi, rischiava di smarrirsi. Forte delle posizioni sostenute nel dibattito parlamentare di ottobre, abile a volgere in senso antagonistico il messaggio politico di conciliazione emergente dall'appello del Generale, Bertani osservò innanzitutto la continuità tra il programma di oggi e quello del 5 maggio, rimasto incompiuto per avverso concorso di circostanze e di uomini ed obbligato a una sosta più o meno lunga a seconda del prevalere dell'una o dell'altra politica. Come esso fu iniziato, il 5 maggio, con il concorso di tutti, così ora Garibaldi aveva ragione nel chiedere che fosse compiuto col concorso di tutti: re e popolo, esercito e volontari

«le due forze maggiori d'Italia, s'apprestino all'ultima lotta, al finale riscatto [...] Né fia chi contrasti la potente unione armata di popolo e di Re. Eppure, ve lo disse Garibaldi, o signori, Noi siamo la Nazione; ma v'ha fatalmente un partito che si è posto tra noi e la meta del programma nostro. Questo partito teme la nazione in armi, più che non confidi nei suoi trionfi ed è sommesso alla oscillante volontà di àrbitri non nostri».[221]

L'appello di Garibaldi dunque restava utile nella prospettiva della prossima lotta, ove Bertani rivendicava il ruolo di avanguardia dei *Comitati*, cui spettava «l'ufficio da bersagliere nella guerra nazionale», mentre in attesa di eventi riso-

---

[217] *Il Movimento*, 3 gennaio 1861, riporta senza commento un comunicato di Bellazzi del giorno precedente.

[218] Ne *Il Diritto*, 9 novembre 1860, lettera di Bellazzi alla direzione del giornale in data 7 novembre; sempre in *Il Diritto* del 20 novembre altra lettera dello stesso, con la conferma che il resoconto di Bertani sarebbe apparso al più presto, smentendo le voci che andavano sostenendo non sarebbe stato mai pubblicato.

[219] V. *Resoconto* cit., p. 7. Presidente V. Ricci, Bellazzi svolse le operazioni preliminari e di verifica dei poteri, e fu definito l'ordine dei lavori.

[220] *Ivi*, p. 39. Prudente, il Brambilla dette dell'applauso un'interpretazione che pose Bertani al riparo da contestazioni, interpretandolo come segno che l'assemblea ritenesse «cosa disdicevole» sindacare ciò che aveva la piena approvazione di Garibaldi. Tuttavia l'applauso era anche la prova che i delegati volevano passare ad altre questioni.

[221] *Ivi*, p. 13.

lutivi, il conflitto dei partiti diventava essenziale per rendere più o meno rapida la ripresa del movimento. Onde la conclusione: rilanciare, nelle nuove condizioni, la battaglia di sempre, contrapponendo

«Ai validi mezzi di che dispone quel partito, l'associazione e la stampa, oltre il potere [...] associazione e volere; e coi mezzi che la legge ci consente facciamo in modo che la vittoria resti colla nazione. E col beneplacito immenso di trentamila garibaldini, che quel partito ebbe la felice ispirazione di pagare perché vadino a casa a fare la propaganda in suo danno, facciamo sì che le prossime elezioni ci diano uomini indipendenti e forti propugnatori dei diritti popolari e dei supremi destini d'Italia [...] Voi, o signori, primi e forti alla prova nella volontà di riescire, diffondete l'istituzione dei Comitati, createne a dovizia di pari a voi nella solerzia e nella intelligenza, finché ogni terra d'Italia abbia il suo Comitato di Provvedimento e ne senta il caldo influsso».[222]

Ancora una volta Bertani ripropone la sua fede nella trinità che lo guida: *organizzare* la *nazione* per la *rivoluzione,* che in lui è, sì, indipendenza ed unità dell'Italia, ma anche riforma, mediante la legalità, dei suoi istituti. Forse nella sua concezione c'era qualche illusione, ma certo ora non gli sfuggiva che la sua strada si snodava lungo tracciati diversi rispetto a quelli di Garibaldi. Egli sentiva forte il peso della popolarità di quel nome, ma il suo intervento intanto restituì significato politico all'assemblea, rivendicando in una difesa appassionata del suo operato amministrativo e politico alla direzione della *Cassa,* quanto fino allora i *Comitati* avevano realizzato per «il maggior sviluppo del programma di Garibaldi», e rilanciando l'idea originaria della loro funzione, che proseguiva oggi attraverso l'impegno e il successo da ottenersi alle prossime elezioni.

Il dibattito che seguì ruotò intorno ai due problemi centrali posti dall'intervento di Bertani: la trasformazione dei *Comitati di Provvedimento* in associazione permanente e la loro partecipazione alle elezioni. In entrambe le questioni era sottesa una sfida ai moderati sul terreno della legalità, e subito il Guerrazzi richiamò i presenti a valutare i pericoli di reazione governativa, connessi alla prima delle due.[223] Il Macchi, che dal punto di vista politico era già distante da Bertani, ma non poteva non sostenerne il tentativo di trascinare il movimento su posizioni legali, ribadì che l'azione dei *Comitati* poggiava sul terreno costituzionale della libertà d'associazione. Essi non si proponevano di marciare su Roma e Venezia adesso, perché ciò li avrebbe posti sotto la sanzione della legge, ma intendevano provvedere *da ora* con la loro opera alle future necessità,

---

[222] *Ivi*, p. 17. Dai carteggi coi comitati corrispondenti della *Cassa Centrale* (in MRM, *Carte Bertani*, bb. 11-13) emerge l'attività del movimento e la sua ampiezza.
[223] *Ivi*, pp. 40-1. Dietro tale questione si agitava quella della libertà d'associazione. Cavour in realtà non la mise mai in discussione.

che erano di vario tipo, politiche, morali, finanziarie. L'eventuale responsabilità della «violazione formale della costituzione» sarebbe dunque caduta sul governo ove conculcasse il diritto d'associazione garantito dallo Statuto.[224] L'argomento guerrazziano fu ripreso da Brofferio che lo spiegò non come inteso a mettere in questione l'opportunità di dar vita ad una associazione permanente della democrazia, ma come un richiamo a valutare le difficoltà che il governo avrebbe posto. Poi, attribuendo a Cavour sinistre intenzioni, si espresse anch'egli per un'opposizione costituzionale.[225] Una volta reso chiaro, anche per un ulteriore intervento di Guerrazzi, che non esisteva disaccordo sulla prospettiva di dar vita ad una associazione permanente, la questione fu rapidamente risolta, accettando l'idea avanzata dallo scrittore livornese di creare fin dalla fondazione del nuovo sodalizio una consulta legale composta da deputati e giusperiti col compito di vigilare e difendere il *Comitato Centrale* e quelli locali dalle eventuali soperchierie del governo e dalle sue possibili esorbitanze dalla via della legalità.[226] Infine si discusse delle prossime elezioni, tema posto da Bellazzi come se la decisione su esso fosse in certa misura scontata e non reversibile e senza troppo preoccuparsi delle reazioni dei presenti, specificamente chiamati dall'ordine del giorno a pronunciarsi sul problema. Ma era anche un modo di ricordare a tutti, e dunque implicita critica ai dubbi tardivi di chi, come Garibaldi, adesso si tirava fuori da questa battaglia, che essa era stata preannunciata e agitata da tempo dal Comitato uscente, almeno da quando, superate le più urgenti difficoltà, si era cominciato a riflettere sui limiti dell'azione precedente.

«Ampliata la sfera d'azione dei Comitati, e aumentato il loro numero, sottratti alla abitudine del silenzio contro le calunnie, fatti accorti che un potere inesorabile preponderava a danno del programma di Garibaldi perché esisteva un Parlamento troppo facile ad accostarsi alla signoria forestiera piuttosto che seguire la volontà del popolo italiano, era naturale che i Comitati seriamente avvisassero ai mezzi preventivi per ottenere un nuovo Parlamento meno ligio ai potenti e volente ad ogni costo il bene della patria. Anche a ciò si provide».[227]

La discussione sulle elezioni però si concentrò soprattutto sulla questione delle lotta ad oltranza da condursi alle candidature dei cosiddetti «229», cioè di coloro che avevano votato a favore del trattato franco-piemontese su Nizza e Savoia. Il problema attirò tanto l'attenzione dei congressisti da richiedere una specifica integrazione del documento programmatico finale, che sintetizzava in

224) *Ivi*, pp. 41-3.
225) *Ivi*, pp. 43-6.
226) *Ivi*, pp. 46-8.
227) *Ivi*, p. 38.

tre punti i prossimi obiettivi dell'organizzazione: il primo, che impegnava i *Comitati* ad appoggiare candidature di elementi indipendenti, fautori del programma di Garibaldi, fu approvato dopo lunga discussione sui «229» e solo dopo essere stato emendato su proposta di Guerrazzi, con l'esplicita aggiunta «esclusi pertanto i 229 che votarono lo smembramento d'Italia col trattato 24 marzo 1860».[228] Il secondo e il terzo punto invece furono rapidamente accolti con voto unanime, prevedendo di

«II) Diffondere nel Popolo la coscienza delle proprie forze, e il sentimento del dovere di valersene per conseguire la libertà ed unità italiana; III) Raccogliere tutte le volontà e tutte le forze operose dell'Italia, acciocché si trovino ordinate e pronte per il giorno dell'azione».[229]


L'ultima, difficile questione discussa, fu quella relativa alla scelta del nuovo gruppo dirigente. V'era il grave problema della dimissione di Bertani, motivata con esigenze di salute e di riposo, ma che certamente dipendeva dalla convinzione di non godere più la piena fiducia di Garibaldi. Anche il Brambilla, per parte sua, aveva deciso irrevocabilmente di tornare ai suoi affari. Noto già il rifiuto di Bixio ad accettare la rappresentanza del Generale, dopo ampia discussione furono elette cinque persone: Bellazzi, Bertani, Brusco, Macchi e Mosto, quest'ultimo come miglior garante, nell'eventuale conferma della negativa del Bixio, di fronte al Generale stesso.[230]

Il congresso dei *Comitati* aveva assolto, bene o male, ai suoi compiti; anzi più bene che male, tanto da convincere Bertani, il quale aveva concluso il suo intervento congedandosi dai militanti e dichiarando la sua intenzione di far ritorno alla vita privata, a riprendere il suo posto nel gruppo dirigente appena rieletto. Forse accettando l'incarico il medico milanese pensò, o poté illudersi per un momento, che l'investitura democratica dei rappresentanti del partito avrebbe potuto conferirgli più forza nella battaglia per realizzare quel progetto politico che aveva così ostinatamente perseguito?[231] In fondo l'assemblea si chiudeva dimostrando nei suoi comportamenti un certo radicalismo se all'invito del presidente ad acclamare all'Italia e a Vittorio Emanuele essa rispose col grido di «Viva Garibaldi, Viva la Nazione». Ma fu un'illusione di breve durata. L'8 gennaio infatti Bertani inviava a Caprera un amaro biglietto, scritto quasi per tacitare le prevedibili resistenze su certi aspetti dei deliberati genovesi, colà inol-

---

[228] *Ivi*, pp. 50-6. Con questo emendamento fu approvato all'unanimità.
[229] *Ivi*, p. 56.
[230] Era quanto diceva Macchi, *ivi*, p. 57.
[231] Bertani rifiutò reiteratamente l'investitura dell'assemblea, la cui insistenza fu per lui un attestato di stima di cui non poté non tener conto. L'assemblea infatti ammise perfi-

trati con una delegazione che doveva accogliere gli ordini ulteriori di Garibaldi e innanzitutto la sua accettazione della Presidenza della nuova Associazione

«Io son deciso di ritirarmi dal Comitato Centrale testé formato, la mia logora salute non mi permette quelle fatiche per ora.
Non ho insistito nell'Assemblea dei Comitati nella mia rinuncia per convenienza, ma le darò non appena tornino gli amici di costì.
[.....]
Ho voluto firmare però il primo atto di questo Comitato perché esso racchiude tutte le proposte e le speranze mie dell'oggi per il trionfo del nostro programma unitario e liberale»[232]

Chi inopinatamente, ma a ben vedere neppur troppo, coglieva il senso della battaglia bertaniana fu il foglio filogovernativo *L'Opinione* che due giorni dopo la chiusura dei lavori dell'assemblea dei *Comitati* e senza però fare riferimento a quel consesso, commentava dal suo punto di vista alcuni documenti di Garibaldi, discussi in quella sede.[233] Se il programma di Garibaldi si fosse limitato alla rivendicazione della completa unità, esso non presentava alcuna differenza con quello del governo, e l'alternativa tra un Garibaldi che auspicava la liberazione della Venezia per mano italiana e coi volontari, contro Cavour che avrebbe voluto l'aiuto straniero era del tutto irrealistica: su quel terreno non erano a farsi esclusioni, perciò tanto più valevano gli appelli alla concordia, pur mentre permaneva una diversa valutazione circa i tempi dell'impresa. E con accenti non nuovi per quanti conoscevano gli orientamenti di Cavour, il foglio torinese concludeva:

«Restringendo in poche parole le nostre considerazioni rispetto alla lettera del Generale Garibaldi, siamo lieti di poter rendere palesi l'uniformità di vedute e di tendenze dell'opinione liberale. Non ci soffermeremo sull'accusa mossa ai suoi antagonisti di essere un partito, perché potremmo con eguali ragioni rispondere che anche i suoi costituiscono un partito. Nella cerchia delle libertà costituzionali i partiti sono inevitabili; ma rispetto alla patria indipendenza ed unità non v'hanno partiti; v'ha la Nazione obbediente alla voce del suo re».

no, come per Garibaldi, la designazione da parte sua di un sostituto di fiducia, nell'eventualità si assentasse per i motivi di salute, invocati per rifiutare la nomina (*ivi*, pp. 56-7).
[232] MRM, *Carte Bertani*, 47, 4, 38. V. in *Appendice*.
[233] *L'Opinione* del 7 gennaio 1861, cfr. *Il programma di Garibaldi*, discuteva le due lettere del 29 dicembre a Bellazzi, la prima che rinunciava alla candidatura parlamentare, la seconda che, si ricorderà, era appello a raccogliersi intorno al re, a far tacere le divisioni di partito, perché «I nostri avversari sono un partito [...] noi siamo la Nazione».

L'intervento del paludato foglio ministeriale insomma avvertiva che non poteva costruirsi alcuna linea politica sulla base di una contrapposizione puramente retorica sul tema della «patria indipendenza», sul quale c'era l'unità di tutti i liberali. La perseguiva Garibaldi, l'aveva indicata Bertani all'assemblea genovese partendo dalle sollecitazioni in questo senso del Generale, la voleva Cavour.[234] Ma non era nelle prospettive di Garibaldi, mentre lo era in quelle di Bertani che nella stessa adunanza aveva ribadito l'impegno elettorale del movimento democratico, come lo era in quelle del gruppo dirigente cavouriano, la convinzione «che nella cerchia delle libertà costituzionali i partiti sono inevitabili». Il problema dunque era di definire i veri confini degli schieramenti e, in questo senso, se il foglio torinese non faceva cenno all'assemblea dei *Comitati di Provvedimento,* ciò dipendeva dalla consapevolezza che da essi, oltre all'opposizione verso il ministero, non erano da attendersi pericoli seri. Più sensibile invece il giornale del Dina forse doveva esserlo verso l'eventualità di una scomposta agitazione azionistica a favore dell'iniziativa militare, prospettiva entro la quale si sarebbe fatta meno remota la possibilità del costituirsi di un asse politico ed elettorale tra settori della sinistra garibaldina e, magari sotto la benevola protezione del re, il *Terzo partito.* Le osservazioni de *L'Opinione* intorno a *Il programma di Garibaldi* erano solo la più politica e autorevole manifestazione dell'attacco concentrico cui, ancor prima di mutarsi in associazione, l'organizzazione dei *Comitati* fu sottoposta dalla stampa filo-governativa, mirante a colpirla a morte nel suo punto di forza, ma, ahimé!, di debolezza, vale a dire la sua rappresentanza della linea di Garibaldi. Il problema in verità esisteva da tempo, ma si era enormemente aggravato nel momento in cui Bertani e il gruppo dirigente raccolto intorno alla *Cassa* avevano deciso il passaggio da un organismo transitorio a una struttura permanente, dalla «lega» delle forze per appoggiare e soccorrere l'opera di Garibaldi alla centralizzazione tipica di un partito volto a realizzare il proprio «programma», come si accingeva a fare la nuova *Associazione,* per naturale ed inevitabile evoluzione del potenziale che la democrazia aveva raccolto intorno a sé nel 1860. Ma le divisioni interne al partito democratico di fronte al problema di come sfruttare al meglio l'enorme contributo dato alla edificazione della nuova Italia proponevano almeno quattro diverse ipotesi organizzative: quella del gruppo napoletano, di Mazzini, di Bertani e della sua componente e infine quella di Garibaldi. Il moltiplicarsi della tendenza non sarebbe stato un caso di troppa grazia ove si consideri che bisognava costruire un partito nazionale partendo dal dato incontrovertibile di un incontro

<hr />

[234] A conferma che il foglio torinese non mentiva si potrebbe ricordare ciò che Cavour scrisse al re nella fase calda della lotta antigaribaldina a Napoli, il 27 ottobre del 1860, ma di fronte al pericolo di un attacco austriaco sul Po: «Si nous sommes attaqués, il est de toute nécessité que V. M. revienne sur le champ, en amenant avec Elle Fanti, Garibaldi, et voir même Cialdini» (in *Liberazione del Mezzogiorno* cit., vol. III, p. 198).

tra esperienze politiche, storie personali, provenienze a volte profondamente diverse, in uno sforzo organizzativo del quale era partecipe il cospiratore del 1830, il combattente della Repubblica romana o il giovane entusiasta, conquistato dagli ultimi avvenimenti.[235] Ma l'ipotesi sostenuta da Bertani era destinata al fallimento fino a che non fosse chiarito il ruolo di colui che pur restava il capo riconosciuto di tutto il movimento, e che per forza di cose e per la natura del patto associativo era dotato d'un potere di iniziativa, d'interdizione e di veto in virtù del quale subordinava la vita complessiva dell'organizzazione alle sue deliberazioni. Era un equivoco che non si sarebbe sciolto facilmente, specie agli occhi del più vasto corpo del partito; le dimissioni del medico milanese dal *Comitato Centrale* non ebbero per tutti lo stesso significato, sebbene le prove della incompatibilità tra le due linee, la sua e quella di Garibaldi, fossero tali e tante nel breve periodo tra la fine di dicembre del 1860 e il gennaio del 1861, che avrebbero dovuto togliere ogni dubbio.

Il *Comitato Centrale* infatti, riunitosi nella stessa giornata del 4, valutò facilmente il danno derivante all'organizzazione dalla diffusione di quella singolare lista elettorale rimessa da Garibaldi e subito decise doversi chiarire la questione attraverso la delegazione partita l'8 gennaio per Caprera.[236] Nel frattempo Bellazzi il 6 diffuse una circolare che sollevava il problema delle elezioni secondo il deliberato assembleare, dando al proposito varie indicazioni, e ad essa allegava la lista dei candidati proposti dal Generale, unendovi la raccomandazione di tenerla strettamente riservata, in apparente contraddizione con lo scopo per cui era stata concepita.[237] L'*Associazione dei Comitati* si vedeva di nuovo obbligata a ricorrere alla riservatezza, e se i fenomeni contingenti hanno una qualche concatenazione con gli sviluppi più generali, non si può non osservare che un tal criterio manteneva bacilli pericolosi nel corpo della democrazia, ne frenava l'evoluzione verso forme politiche moderne, rafforzava la naturale propensione di tanti suoi quadri verso un modello associativo di tipo cospirativo al quale, per vari motivi, connessi alle loro storie individuali, restavano malgrado tutto legati. Un guasto di tal natura non era valutabile nei tempi brevi, ma era di immediata evidenza che quell'iniziativa segnava la fine del disegno di centralizzare le candidature e promuovere una lista di partito su base nazionale.

---

[235] Per una ricostruzione del sostrato ideologico della democrazia italiana, in assenza di ricerche più sistematiche, volte a chiarire il «punto di vista» o la «visione del mondo» di questa area politico-ideologica, v. CLARA M. LOVETT, *The Democratic Movement in Italy, 1830-1876*, Cambridge, Massachusetts, Harvard University Press, 1982.

[236] Il *Comitato Centrale* si riunì il 4, subito dopo l'assemblea, e votò una mozione (*Resoconto* cit., p. 59), in cui si decideva di inviare in autorevole missione a Caprera E. Brusco e A. Mosto. Il verbale della seduta fu steso alcuni giorni dopo da Bellazzi e inviato anche ai *Comitati* sotto forma di circolare. Vedilo ora in *Appendice*.

[237] Nessun cenno all'esistenza della lista fece l'assemblea del 4, stando al *Resoconto* cit. La circolare del 6 con cui la si inviava ai *Comitati*, dava comunque varie indicazioni in materia di elezioni.

Bisognava prendere atto del fallimento e pertanto, nella circolare con cui rimetteva ad essi la lista garibaldina, il *Comitato Centrale* suggeriva a quelli locali di farne un buon uso, evitando di duplicare le candidature e di selezionarle secondo le possibilità di successo nei singoli collegi essendo chiaro che la direzione centrale abbandonava il suo primitivo disegno. Perciò dichiarava

«Essere liberi i Comitati di proporre qualunque altro individuo, che a loro giudizio, quantunque per avventura non compreso nell'unita lista mandata da Garibaldi, si sceglierà come più accetto, perché più favorevole alle circostanze locali».[238]

Subito dopo, in attesa delle risposte da Caprera, che giunsero solo il 17 gennaio,[239] una nuova circolare ai comitati locali li sollecitava a diffondere la lista dei «229» e a pubblicarla sui giornali cittadini, dando così inizio alla campagna elettorale con un atto di netta opposizione al governo, contro il quale si chiedeva una manifestazione di sfiducia del paese da esprimersi con il voto.[240] Il tema non aveva avuto un grande rilievo fino ad allora; era stato sollevato da *Il Popolo d'Italia*, che l'aveva inserito in una specie di decalogo per l'elettore seguace del programma di Garibaldi;[241] era poi tornato attuale all'assemblea dei *Comitati di Provvedimento*. Ora *Il Diritto* del 14 gennaio riprendeva l'argomento in un articolo che non sposava in pieno la campagna in atto, anche se al momento, si badi, esso era diretto dal Macchi, membro del *Comitato Centrale* e tra i protagonisti della riunione genovese del 4.

«Noi non fummo promotori, ma ben possiamo essere sostenitori di questa misura»

scriveva il giornale, che la proponeva non come una sanzione punitiva per mettere sotto accusa un voto dato in mala fede, ma piuttosto quale

«protesta del Paese contro il Ministero che portò a tal punto».[242]

---

238) V. l'ultimo punto della circolare del 6 gennaio in *Appendice*.

239) La data del ritorno è precisata in *Resoconto* cit., p. 59. Essa recò la lettera di accettazione della presidenza da parte di Garibaldi, in data 13 gennaio, cfr. ENSG, *Epistolario* cit., vol. VI, pp. 8-9. Singolare coincidenza, nei giorni in cui Mosto e Brusco erano a Caprera vi fu anche il Türr, che i giornali dissero in visita per conto di Cavour, più probabilmente latore di istruzioni del re sulle vicende dell'Esercito meridionale allora in discussione.

240) V. la circolare del 13 gennaio 1861 in *Circolari* cit., p. 41.

241) *Il Popolo d'Italia* del 29 dicembre 1860, *Consigli agli elettori che seguono il programma di Garibaldi*.

242) *Il Diritto* del 14 gennaio. *Diario interno.*

Ma *L'Opinione* non apprezzò la moderazione e rispose bruscamente e a stretto giro di giornale: quei deputati condannati all'ostracismo da una minoranza intollerante erano l'espressione della politica che aveva retto il paese, «rendendo possibile il costituirsi di uno stato di 22 milioni di uomini». Cosa faceva pensare a quella minoranza, incapace di proporre alternative quando il governo, nel dibattito parlamentare dell'ottobre si era fatto «interprete applaudito di tutta la Nazione» grazie all'unità e alla forza di quei «229», che a pochi mesi da quel voto il paese avesse cambiato il suo orientamento?[243] Come si vede il giornale del Dina nulla concedeva ai suoi avversari, tanto meno lasciava passare la loro presunzione di essere interpreti autentici della nazione; e a ribadire l'importanza che annetteva a tale questione, oltre che nell'articolo di fondo la riprendeva in quello più specifico sulle elezioni per ribadire l'accusa di esclusivismo settario verso chi, con quella campagna voleva depauperare il Parlamento dei suoi più esperti esponenti.[244] *Il Diritto* cercò di non gettare olio sul fuoco della polemica, facendo trasparire donde nascesse la sua moderazione, stante che

«avessimo sott'occhio da qualche giorno una lista di amici di Garibaldi, che Garibaldi stesso dettava, considerandoli come sempre affezionati al suo programma e comprendendovi alcuni nomi che appartengono ai 229».[245]

Chi batteva la grancassa era il *Roma e Venezia*, apparso da pochi giorni e tenuto a battesimo da quel Mangiafuoco rivoluzionario che rispondeva al nome di Brofferio il quale, secondo le indicazioni di Bellazzi, pubblicava a tutta pagina l'elenco dei «229», introdotto da una nota in cui si ricordava la decisione assunta al proposito dall'assemblea del 4 gennaio.

«Il Comitato di Provvedimento [...] avendo stabilito di escludere dalla elezione i deputati che nella infausta vendita di Nizza e Savoia si resero complici col voto dello smembramento dell'Italia, è necessario che gli elettori democratici abbiano sott'occhio la lista di tutti costoro. Noi ne diamo pertanto la dolorosa litania e l'andremo di tratto in tratto pubblicando, acciocché i loro nomi stiano bene impressi nella mente degli italiani che per loro colpa perdettero la difesa delle Alpi e si videro tolta Nizza, e si vedono minacciati di altre annessioni alla Francia che uccidono la nazionalità italiana».[246]

---

[243] *L'Opinione* del 16 gennaio, *La conciliazione.*
[244] Ivi, *Le elezioni.*
[245] *Il Diritto* del 17 gennaio 1861, *Ancora i 229.*
[246] *Roma e Venezia* del 15 gennaio 1861, *Elezioni — I duecentoventinove.*

Perfino *L'Unità Italiana* non s'era spinta tanto avanti, limitandosi a trattare il problema non come questione imposta da un partito, ma come esempio negativo di servizio alla nazione, contrapposto a quello dei Mille: come dire disfattisti contro edificatori.[247] Invece lo spavaldo tribuno sarebbe giunto fin a bacchettare un foglio amico come *Il Diritto,* presentando la campagna contro i «229» come la ripulsa di un«atto immorale» consumato a danno della patria e, secondo il suo costume, trasferendola dal terreno politico su quello più melmoso del giudizio personale, che pur si voleva evitare.[248] Brofferio però non poté mantener fede alla promessa di riproporre di tanto in tanto la lista, perché alla fine dové aderire, sia pure in sordina, alla presa di distanze del Generale da quella campagna.[249]

«È nostro debito dichiarare che il Generale Garibaldi nell'approvare le deliberazioni dell'Assemblea aggiunge a voce ai nostri inviati che egli, condannando il voto dei 229, non si pronunciava esplicitamente per la loro esclusione dal Parlamento, ricordando alcuni fra essi sulla cui fede patriottica spera tuttavia per l'avvenire»

era costretto a scrivere ai comitati filiali il povero Bellazzi.[250] Questa nota verbale era ancora ignota ai più e già *La Gazzetta del Popolo* volgeva accuse pesanti contro l'*Associazione dei Comitati*, prendendo di mira la circolare del 6 gennaio e la lista riservata di candidati ad essa allegata e annunciando un colpo giornalistico con la prossima pubblicazione di documenti che avrebbe dimostrato il singolare modo tenuto dal *Comitato Centrale* nel realizzare gli ordini di Garibaldi.[251] Intanto il confronto tra queste direttive e la campagna svolta dal centro genovese consentiva due «osservazioni»

«La prima si è che Garibaldi ha dichiarato per lettere che furono stampate di astenersi dalle elezioni. La seconda osservazione si è che non possiamo comprendere come si dirami confidenzialmente la nota di nomi che quel Comitato propone, nomi di Garibaldi. Per nostro conto i candidati che abbiamo proposto [...] lo furo-

---

[247] *L'Unità Italiana* del 18 gennaio 1861, *I duecentoventinove.*

[248] *Roma e Venezia* del 18 gennaio 1861, *I 229.*

[249] *Roma e Venezia* del 22 gennaio 1861, che pubblica la lettera con cui Garibaldi accetta la presidenza dell'*Associazione*; in una nota ad essa riportava la dichiarazione verbale del Generale sui 229, resa nota da Bellazzi.

[250] V. in *Circolari* cit., pp. 44-5, la lettera *Alle redazioni dei giornali non avversari* del 18 gennaio. La dichiarazione verbale di Garibaldi, qui non apparsa, fu inviata come circolare ai *Comitati*: v. *Copialettere di Federico Bellazzi*, in MCRR, vol. 524, 365. D'ora in poi *Copialettere*. Il testo è anche in *Resoconti* cit., p. 60.

[251] *La Gazzetta del Popolo* del 17 gennaio, *I «229»*. Il foglio popolare sostiene la tesi che l'*Associazione dei Comitati* non rappresenta le posizioni di Garibaldi.

no palesemente e ad alta voce, perché s'intende, non avevamo come avrà il Comitato Bertani, motivo a segreto».

Era un sospetto velenoso che veniva avanzato, ma poiché la polemica coincise per di più con la smentita data da Garibaldi alla campagna contro i «229», ecco allora *La Gazzetta del Popolo* precisare quel sospetto con una accusa più circostanziata che definiva la circolare del 6 gennaio come

«gli ordini di Mazzini emanati nel noto manifesto»,[252]

cioè nelle *Nuove norme per il partito d'azione*, attribuite a Mazzini e allora ripubblicate da *Il Diritto*.[253] Infatti era proprio il singolare ricorso allo strumento della dichiarazione verbale imposta da Garibaldi a Bellazzi per render noto che lui non aderiva alla campagna per l'esclusione dei «229» dal Parlamento «ricordando alcuni fra di loro, pella cui fede patriottica spera ancora per l'avvenire», a rendere evidente forma e sostanza del non facile compromesso contrattato tra il Generale e la delegazione del *Comitato Centrale*. Non a caso *La Gazzetta del Popolo*, trionfante, poteva presentare la seconda puntata della storia dei rapporti tra i *Comitati di Provedimento* e il loro presidente riportando, illuminata dalla surriferita dichiarazione, proprio la parte del resoconto dell'assemblea di gennaio relativa alla discussione della proposta guerrazziana sui «229».[254] Insomma sarebbe stato veramente un andar oltre il limite se, dopo la complessa discussione assembleare, Garibaldi l'avesse resa nulla con una sua firma. Il pasticcio in cui complessivamente veniva a trovarsi il movimento democratico e non la sola direzione dei *Comitati* apparve chiaro anche ai mazziniani, e *L'Unità Italiana,* tornando sull'argomento, si mostrò piuttosto imbarazzata nel rimproverare lo scarso entusiasmo con cui quella battaglia contro i «229» era stata condotta.[255] D'altra parte non era possibile ignorare che la lettera con cui Garibaldi accettava la presidenza della associazione era assai formale sul piano dell'accettazione della linea politica, tanto da far propri esplicitamente i tre articoli programmatici definiti dall'assemblea del 4 gennaio, salvo a smentirli con una dichiarazione verbale, quella sui «229», nella parte più significativa. Ma l'insistenza sulla necessità di preparare armi ed armati per la

---

[252] *Ivi*, 19 gennaio 1860, *Documenti Litografati*. Il titolo alludeva al fatto che le circolari del *Comitato Centrale* erano appunto litografate.

[253] Su questa singolare iniziativa del foglio democratico cfr. cap. III.

[254] *La Gazzetta del Popolo*, 22 gennaio 1861, *Documenti Litografati*. Allora il *Resoconto* non era stato ancora pubblicato integralmente. Il *Roma e Venezia* del 20 gennaio cercava di sminuire lo smacco delle rivelazioni, sostenendo trattarsi di documenti non riservati.

[255] *L'Unità Italiana* del 23 gennaio 1861, *Si o no*. Cercava poi di giustificare in modo goffo le deliberazioni di Garibaldi osservando che egli non era infallibile e che forse tale sua scelta non voleva apparire dettata da sentimenti vendicativi.

prossima primavera ribadiva il permanere di elementi di equivoco nel rapporto tra lui e i *Comitati*, pei quali tornava a prevedere compiti prioritari di natura militare, raccogliere intorno al re un milione di uomini,[256] onde la sua insistenza sul nome di N. Bixio come presidente vicario, che però si sottrasse anche a questa incombenza.[257] Si può certo discutere della opinione di Garibaldi circa i tempi della iniziativa militare per il Veneto; tra l'altro allora non era il solo a sperare nella prossima ripresa del movimento rivoluzionario ungherese, cui forniva un aiuto per vie non del tutto chiare,[258] ma che avevano nel Türr un punto di riferimento fondamentale. Emerge però in modo fin troppo evidente nei comportamenti di Garibaldi una certa ambiguità, che si palesa non tanto nella coscienza delle diverse finalità attribuite ai Comitati: si può ammettere senza scandalo che non tutti i suoi seguaci concepissero fedeltà all'«antico programma» nel senso di «vincolare sempre più il popolo a Vittorio Emanuele», né fossero disposti a subire una direzione «dittatoriale» dei *Comitati*. L'ambiguità però diviene patente nel momento in cui accetta i deliberati assembleari e in realtà vuole imporre un ricambio radicale del gruppo dirigente centrale,[259] eletto dall'assemblea con procedure democratiche e dunque non passibile di giubilazione, magari con i metodi dittatorii che propone a Bixio di usare per normalizzare l'organizzazione sulla propria visione.[260] Garibaldi aspira a presentarsi come un *leader* irresponsabile che non risponde della sua linea politica al partito, bensì gli contrappone il suo carisma di fronte alla pubblica opinione, e neppure ad essa risponde, poiché egli sfugge le verifiche del voto. Nello stesso tempo la sua direzione rappresenta per il partito una scorciatoia per legittimarsi senza fare i conti con definite scelte politiche, ma in virtù dei legami speciali intrattenuti con il monarca. Sarà proprio questa la strada che Garibaldi avrebbe scelto, seguito di lì a poco anche da Bellazzi, ormai liberato da ogni vincolo dalle dimissioni con cui Bertani aveva risolto quel conflitto, convinto che la guerra tra i due centri di direzione del partito, quello morale e quello effettivo, non poteva durare più a lungo. Ma era il preannuncio della fine di ogni autonomia del progetto associativo immaginato dai settori della democrazia non mazziniana, secondo il quale il nuovo organismo si sarebbe dovuto svilup-

[256] V. il giudizio di Mazzini a Bellazzi, [Londra], 24 gennaio 1861, in SEI, *Epistolario*, vol. LXX, p. 314.

[257] ENSG, *Epistolario*, vol. VI, cit., a N. Bixio, Caprera, 15 gennaio 1861, pp. 9-11. Il rifiuto di Bixio doveva aver a che fare con la sua candidatura sostenuta dai cavouriani. I rapporti Bixio-Garibaldi furono assai stretti nello scorcio del 1860 e inizi del 1861.

[258] Nella citata lettera del 13 gennaio al *Comitato Centrale* egli precisava, e forse la smentita gli era stata richiesta, che «*per ora*» non aveva promosso arruolamenti.

[259] Nella citata lettera a N. Bixio del 15 gennaio, in ENSG, *Episcolario*, vol. VI, cit. pp. 9-11, fa i nomi di B. Cairoli – al quale scrive anche nello stesso senso e nella stessa data, cfr. pp. 12-3 – di A. Sacchi, di G. B. Casareto, di G.B. Cuneo come i nuovi dirigenti dei *Comitati*.

[260] *Ibidem*.

pare come specifica forma di organizzazione politica volta a ordinare ed educare il movimento popolare per inserirlo come elemento fondativo e non subalterno nel nuovo organismo statale.

Le scelte di Garibaldi facevano sorgere seri dubbi nei suoi seguaci, nei quali diffondevano un senso di confusione e di smarrimento, indebolendo più di quanto già non lo fosse, la loro mobilitazione elettorale. Benedetto Cairoli, uomo di limpidi sentimenti garibaldini, osservava tutta la paradossale contraddittorietà della situazione in cui si trovava il partito:

«Non v'ha [...] indizio di agitazione elettorale; in Lombardia i liberali dormono, mentre il governatore tacitamente si prepara con tutti i mezzi di corruzione e di raggiro, di cui dispone. Lode al Comitato di Genova, che si accinge ad incalzare il partito liberale; a me l'inerzia sembra quasi come la diserzione. Sta bene agire anche nel campo delle elezioni colla potente influenza di Garibaldi — ma, a dir vero, non trovo la nota dei candidati quale si attendeva; anzi una strana miscela di nomi, e temo che il ridicolo non comprometta il risultato. Posto il dogma (ed è giusto) di tutti quelli che votarono la cessione di Nizza, a che proporre Camozzi? Camozzi è ottimo, ma reo col cuore; ma premettere un principio come assioma di moralità politica nella designazione dei candidati, eppoi derogarvi con eccezioni, è controsenso. Perché il nome di Malenchini e di altri ultra ministeriali? e quello di Camous segretario intimo di Montezemolo? Perché infine l'omissione di altri meritamente stimati, di uomini che danno a garanzia tutta una vita di virtù e di sacrifici, come Acerbi, Majocchi, Griziotti, Maccabruni, e d'una splendida capacità come Ferrari? Per me credo che sarebbe male diffondere la lista tal quale è ora. Ella, o il nostro Bertani, potrebbero mandarla al Generale Garibaldi per qualche modificazione».[261]

Bertani, cui era chiaro il bivio nel quale certe scelte cacciavano i *Comitati*, o subordinati al loro capo o in clamorosa rotta di collisione con lui, esprimeva tutto lo scoramento che quell'alternativa produceva tra le file democratiche:

«Quanto alle elezioni per quanto s'agiti un piccolo nucleo di garibaldini e soci non credo che otterremo gran che. Tutti i proposti di Garibaldi in una povera lista che mandò, salvo poche eccezioni, sono col Ministero. E questo tenta di assicurarsi l'appoggio di tutti i generali garibaldini per influire sul Generale, staccarlo da noi e poi definirci come meglio gli piacerà e mandarci al diavolo fors'anche prima dei no-

---

[261] B. Cairoli a Bellazzi, Pavia, 11 gennaio [1861], in MCRR, 336, 2, 1. All'Acerbi il 16 gennaio ribadiva il giudizio sulla lista: «Mi sorprese la strana miscela dei nomi, dei quali alcuni basterebbero a gettare il ridicolo sulla proposta, altri a meritarci l'accusa di controsenso» (RENATO GIUSTI, *Giovanni Acerbi intendente dei Mille*, in *Studi Garibaldini*, a. II (1951), n° 4, p. 127).

stri umani destini. Io penso al Canton Ticino con una certa vaghezza di riposo. E
[...] appena che abbia finito ciò che debbo ancora scrivere fuggirò per qualche
tempo dove nessuno mi ritrovi».[262]

Infatti come rispondere alle domande di Cairoli, spiegare che le difficoltà
dell'iniziativa elettorale garibaldina erano frutto del ruolo contraddittorio svolto dalla direzione centrale, costretta da tempo a mille capriole dal rapporto imprevedibile e confuso con colui che deteneva il principio di legittimazione del
partito?[263] Bellazzi invero, pratico di quanto era passato nei rapporti tra il centro genovese e Garibaldi nel luglio-agosto del 1860, aveva forse intuito come
sarebbe finita, e senza tralasciare l'impegno elettorale, nella lettera dell'8 gennaio con cui accompagnava la delegazione inviata dal *Comitato Centrale* al
Generale s'era proposto con discrezione quale esecutore di un progetto diverso
da quello *politico-militare* fino ad allora perseguito,[264] e nei giorni successivi
orientò l'organizzazione in senso «militare-politico»,[265] sollecitandola a promuovere ovunque la costituzione dei tiri nazionali.[266] Ma intanto l'*Associazione
dei Comitati* aveva visto spuntarsi ad una ad una le armi propagandistiche di
cui poteva disporre. *Il Diritto,* con un intervento pacato e autorevole cercò di
smorzare la polemica sulla lista dei candidati inviata da Garibaldi e sull'altra
dei «229», con la ridda di nomi che, secondo alcuni, ricorrevano nell'uno e nel-
l'altro elenco, precisando essere solo due quelli presenti in entrambe le note:
Vincenzo Malenchini e Gabrio Camozzi.[267] Il guasto però era fatto: oltre l'epi-

---

[262] *Ivi*, p. 126, Bertani a G. Acerbi, Genova, 15 gennaio 1861.

[263] Bellazzi l'11 dicembre aveva chiesto a Garibaldi «due righe agli elettori italiani
perché scelgano buoni deputati» e di fare alcuni nomi per la deputazione, cfr. MCRR, 48,
4, 10; il 18 rinnovava la richiesta, *ivi*, 42, 2, 28, reiterata il 28 dicembre, *ivi*, 42, 2, 29. La lista pervenuta il 3 gennaio a Genova era alfine la risposta.

[264] A Garibaldi, Genova, 8 gennaio 1861: «Se crede, si attenderà esclusivamente a
promuovere volontari, armi, abbigliamento, a norma del suo programma»: v. *Appendice*.
Inviata con la missione Brusco-Mosto, allegati un ristretto verbale dell'assemblea del 4 che
si legge in *L'Unità Italiana* dell'8 gennaio; quello del *Comitato Centrale*, riunitosi sempre il
4, e le corrispondenze di Bellazzi dal 4 gennaio in poi.

[265] Bellazzi a Garibaldi, Genova, 22 gennaio 1861, ora in *Appendice*.

[266] V. la circolare del 29 gennaio 1861, in *Appendice*. In tale data però le dimissioni di
Bertani erano state già formalizzate.

[267] *Il Diritto* del 22 gennaio 1861 riprende con lode un articolo de *Il Pungolo*.
Comunque il 20 gennaio Bellazzi aveva inviato ai direttori dei giornali amici la preghiera
di rispondere in modo «che sarà per dettarvi la vostra coscienza» alla pubblicazione delle
circolari dei *Comitati* da parte de *La Gazzetta del Popolo*. L'elenco dei giornali amici in
questo caso comprende, oltre a *Il Diritto*, il *Roma e Venezia*, *La Monarchia Nazionale*,
*L'Unità Italiana*, *Il Proletario* di Lodi, *L'Italia degli Italiani* di Arezzo (*recte* Livorno),
*L'Artigiano* di Modena, *Il Precursore* di Palermo, *Il Corriere del Popolo* di Bologna,
*L'indipendente*, *Il Popolo d'Italia* e il *Roma e Venezia* di Napoli, *L'Osservatore* di Tortona,
*Il Movimento* di Genova. V. *Copialettere*, 526, 381.

sodio in sé era venuto alla luce con tanto clamore un contrasto profondo tra Garibaldi e la direzione genovese, non ininfluente ai fini del risultato elettorale più che modesto raccolto dalla Democrazia, soprattutto nel centro e nel nord del Paese.[268] Il partito democratico scontava un *deficit* elevato di credibilità politica ed in larga misura ciò era imputabile alla direzione di Garibaldi, la posizione del quale non era affatto chiaro fino a qual punto coincidesse con quella dei *Comitati*. Qui era il problema, non nella debolezza o addirittura nell'assenza di un discorso programmatico proprio, forse immaturo per diventare proposta di governo, ma non per costruire un'opposizione legale sufficientemente forte da fondare le possibilità di un'alternativa futura. I democratici infatti si presentavano agli elettori con un insieme di critiche all'operato del governo e di proposte per una diversa direzione politico-amministrativa della cosa pubblica che configuravano i tratti di uno specifico impegno programmatico: dal discorso sul sistema elettorale, all'organizzazione militare e all'esercito di mestiere, alla richiesta di più larghe autonomie comunali; dalla polemica sul «piemontesismo», inteso come trasferimento di norme e istituti nati nella dimensione dello Stato regionale ad una realtà fattasi nazionale, a cui perciò stavano ormai stretti, alla denuncia delle condizioni miserabili che un governo insensibile imponeva alla maggioranza della nazione, alla richiesta di una politica economica a sostegno del lavoro nazionale che favorisse lo sviluppo del tenore di vita delle classi più povere e più numerose.[269] Lo stesso appello galvanizzante alla liberazione di Roma e Venezia, voluto nell'intestazione della nuova società rimandava in realtà a una serie di suggestioni volte ad esaltare il protagonismo dell'elemento popolare e non era dunque esauribile nella specifica dimensione dell'iniziativa patriottica. Ma occorre anche smitizzare l'idea di programma, concetto tecnocratico-razionalistico secondo il quale l'insieme di un corpo elettorale fa le sue scelte decidendo su varie e diverse priorità di «cose da fare», e non sulla base di un senso politico suo proprio che lo orienta ora verso l'una ora verso l'altra tendenza in relazione al modo con cui percepisce le necessità del paese e le risposte globali che, in una fase data, configurano l'una o l'altra

---

[268] Sui problemi specifici delle elezioni al sud v. cap. VI.

[269] Qui si configura un'alternativa fondamentale di schieramenti, poco evidente finché i democratici più che nel loro essere partito sono studiati come personalità più o meno eterodosse rispetto *al partito* per antonomasia, quello mazziniano. Questo piano sociale peraltro unifica la proposta della Sinistra al nord e al sud del paese e si fonda su una linea antiliberista e d'intervento statale a favore del lavoro nazionale chiesta dalle società operaie fin dal congresso di Milano dell'ottobre 1860, rinnovata nel marzo 1861, culminata nell'appello della *Consociazione Operaia Genovese* del 17 luglio 1861: v. B. MONTALE, *La confederazione operaia genovese e il movimento mazziniano a Genova dal 1864 al 1892*, Pisa, Domus Mazziniana, 1960. L'appello fu raccolto dalle società milanesi, e rilanciato su scala nazionale con l'invio al re a Torino, il 1° settembre, di una deputazione operaia, che non fu ricevuta e rinviata al Ministero dei Lavori Pubblici: v. *L'Unità Italiana* del 19 settembre 1861, *Supplemento* al n° 256.

identità politica.[270] In una campagna elettorale svolta all'insegna della contrapposizione delle personalità, Garibaldi restava l'eroe, ma i suoi atti lo confermavano un politico dilettante, gettando discredito sulla capacità di governo di tutto il partito. Ciò spiega il rapido spostarsi dell'opinione dall'entusiasmo verso l'avventurosa impresa garibaldina ad una più cauta attenzione ai temi della sicurezza e della pace europea ed interna sui quali Cavour, unitamente alla marcia verso Napoli delle forze regolari, aveva fatto affidamento per scalzare l'egemonia rivoluzionaria. Allora come ora, gli elettori non si appassionavano al dibattito sui programmi, che costituiscono la cifra di comunicazione tra politici, ma alle grandi sintesi propagandistiche ed ideali compendiate nelle parole d'ordine che diventano subito popolari: Cavour o Garibaldi appunto; continuare la rivoluzione o concluderla; la nazione armata e l'appello al volontariato o l'affidamento della difesa del paese e dei valori sociali dominanti all'esercito regolare. In questo senso Garibaldi restava essenziale alla Sinistra, cui offriva la possibilità di contatto con le correnti profonde di opinione nazionale, al prezzo del costante proporsi di elementi di divisione interna che oggi ne deludevano le speranze elettorali, e l'avrebbero coinvolta domani in imprese avventurose. Garibaldi non volle seguire mai i suoi sulla strada della costruzione del partito e nel perché di questo suo rifiuto è contenuta una parte non secondaria delle difficoltà ad illuminare appieno i lati oscuri di questa fase critica della vicenda italiana. Che egli avesse un'altra idea del ruolo dei *Comitati di Provvedimento* non è il caso di sottolineare ancora, ma la domanda cruciale, alla quale non è possibile dare risposta definitiva riguarda il perché volle mantenere ad essi una delega ambigua, limitandoli in un ambito esclusivamente militare e, a ben pensare, potenzialmente eversivo, appena attenuato da quel richiamo al carisma regio, per altro verso contraddittorio rispetto ai valori di riferimento del movimento democratico. Il problema non può essere risolto con il discorso sul gruppo dirigente bertaniano, che certo non godeva la sua fiducia, ma poteva essere sostituito, come egli tentò di fare con la proposta a suo vicario di Nino Bixio. Questi, non accettando la carica, mostrò di aver inteso la natura di partito assunta dai *Comitati*,[271] e si staccò dallo schieramento che comunque non era più il suo, mentre continuava ad avvicinarsi alla sinistra rattazziana.[272]

[270] Sugli aspetti «programmatici» del movimento democratico, ricostruiti secondo un percorso prosopografico che esamina un gruppo di esponenti democratici v. C. M. Lovett, *The Democratic Movement* cit. Sul rapporto tra programma e politica un'intelligente analisi nell'ambito della cultura politologica italiana dell'Ottocento è in D. Zanichelli, *Studi politici e storici* cit. Si vedano in particolare i primi saggi.

[271] V. in *Epistolario* di N. Bixio, vol. II, cit., pp. 5-7 le lettere di Bixio rispettivamente a Türr, Genova, 18 gennaio 1861 e a Gaetano Sacchi, Genova, 21, gennaio 1861.

[272] *Ivi*, Genova, 14 gennaio 1861, a Bellazzi, p. 4; candidato a Sarzana, respinge l'appoggio dei *Comitati*. Bellazzi, in data 14 gennaio 1861, gli aveva chiesto di decidere tra i collegi di Sarzana e Quarto, *ivi*, p. 5, e in *Copialettere*, 526, 219.

D'altronde proprio in occasione della campagna elettorale del 1861 entrò in gioco in forma ufficiale e definita il *Terzo partito* che si mostrò, per quanto è dato conoscere, non privo di un suo dinamismo, proponendo un paese conciliato intorno alla monarchia, oltre il conflitto tra democratici e moderati,[273] espresso nel dualismo tra Garibaldi e Cavour.

[273] Il tema della «conciliazione» rafforza la polemica contro i partiti e accentua il ruolo della monarchia. Sui rapporti di Garibaldi con essa ha molto insistito, sottolineandone discretamente le ambiguità, E. MORELLI, *Garibaldi nel processo unitario*, in *Giuseppe Garibaldi e il suo mito. Atti del LI Congresso di Storia del Risorgimento Italiano*, (Genova, 10-13 ottobre 1882), Roma, Istituto per la Storia del Risorgimento Italiano, 1984. Questi rapporti, nati con Carlo Alberto, si rafforzarono dopo il 1848-49 per la mediazione di L. Valerio. Negli anni successivi questa funzione è sempre svolta da uomini molto legati a Rattazzi.

CAPITOLO III

## Dalla Sinistra parlamentare alle origini del Terzo Partito: Garibaldi e Rattazzi.

*«È l'adesione ai princìpi che costituisce il partito: ma il partito non ha corpo, anima vita e forza se non è rappresentato, se non ha dei capi, degli uomini superiori nei quali si personifichino quei principi e di cui siano la consacrazione»*
(**I princìpi e gli uomini**, in *L'Opinione* del 5 gennaio 1860)

*«L'opposizione si dee proporre non solo un cambiamento di persone ma di politica, non solo la vittoria dei propri capi, ma dei propri principi»*
(**La risposta de Il Diritto**, in *L'Opinione* del 28 luglio 1860)

È singolare fosse proprio *Il Diritto*, passato da poco di mano, a dar enfasi alla notizia della prossima uscita di un nuovo organo rattazziano, significativamente intitolato *La Monarchia Nazionale*, attraverso una circolare che, annunciandone la pubblicazione, costituì uno dei primi atti formali di questo raggruppamento nella rivendicazione della sua autonomia di partito.[1] La singolarità riguarda gli aspetti politici e quelli specificamente giornalistici della vicenda, poiché il vecchio e glorioso foglio torinese, a lungo porta parola della Sinistra parlamentare, non aveva perduto questa connotazione anche dopo il 3 novembre del 1860 quando, con una dichiarazione, A. Marazio dette avviso del suo ritiro dalla testata. Ad essa seguì un altro chiaro comunicato:

---

[1] Del foglio rattazziano esistono raccolte molto lacunose per il 1861 e il 1863, che fu assai probabilmente l'anno della sua fine, rispettivamente presso la *Biblioteca Civica* e la *Biblioteca del Museo del Risorgimento di Torino*. Comunque esso ebbe un posto centrale nel dibattito pubblicistico e le sue posizioni sono a volte ricostruibili indirettamente.

«La nuova direzione intende di propugnare gli stessi principi e di attenersi strettamente all'istesso programma pubblicato sin dall'origine di questo periodico».[2]

La nuova direzione, seguita al cambio di proprietà, volle così rassicurare i lettori tradizionali del giornale circa la continuità della linea politica:[3] averne affidato la gestione a Mauro Macchi, che la tenne fino al 2 aprile 1861 quando gli subentrò il Bargoni,[4] doveva dunque costituire una garanzia in tal senso. Il Macchi infatti vantava un lungo rapporto di collaborazione con *Il Diritto*, interrotto per il breve periodo in cui era stato responsabile de *La Libertà* di Milano, e durante i due mesi in cui era subentrato a Bertani alla direzione della *Cassa Centrale*;[5] inoltre, da tempo amico del Marazio e formatosi in una lunga milizia nelle file del giornalismo di matrice rattazziana,[6] una volta tornato nella capitale agli inizi di ottobre, chiamatovi dai suoi doveri parlamentari, diventava il naturale gestore della fase di passaggio del foglio per traghettarlo senza scosse, insieme al massimo numero dei suoi lettori, su una sponda diversa. Vi era poi chi vigilava affinché l'acquisto, fatto da «un deputato dell'opposizione per un prezzo inaudito nei fasti della stampa italiana», fosse effettivamente una vittoria del giornalismo libero, la conferma di una voce di opposizione e indipendente dal ministero.[7] Bertani, dietro le quinte vero fautore dell'iniziativa,[8] concepì que-

---

[2] *Il Diritto* del 3 novembre 1860. L'intenzione di continuità è appena stemperata dal richiamo alle sue più lontane «origini». Sulla linea politica del giornale, da sempre espressione della Sinistra parlamentare subalpina cfr. F. DELLA PERUTA, *Il giornalismo dal 1847 all'Unità* cit. pp. 496-9.

[3] «Il Diritto è nostro. Sarà lentissima la sua evoluzione per non perdere lo spaccio di settemila esemplari quotidiani», così Bertani a Saffi, Miasino, 5 novembre 1860, in A. SCIROCCO, *I Democratici da Sapri a Porta Pia* cit., p. 494.

[4] *Il Diritto* del 2 aprile 1861 pubblica il programma bargoniano col titolo *La nostra opposizione*. G. RICCIARDI, *Biografia di Mauro Macchi* cit., p. 7, parla della vasta opera giornalistica del Macchi, che ebbe «non piccola parte» nel foglio torinese, e ne «ebbe alcun tempo la direzione». Ciò fu, appunto, tra novembre del 1860 e aprile del 1861.

[5] Sulla collaborazione del Macchi a *Il Diritto* nel marzo-luglio 1860, cfr. U. SAFFIOTTI, *Le lettere inedite di Mauro Macchi a Carlo Cattaneo* cit., pp. 721-801, in particolare quelle: Torino, 11 marzo e 14 maggio 1860, pp. 777-85.

[6] V. in *Mauro Macchi nel centenario della morte. Atti del Convegno di Studi su Mauro Macchi ed Aurelio Saffi* cit., l'intervento di B. Montale sulla relazione Della Peruta. L'ipotesi della Montale sulla milizia rattazziana di Macchi trova conferma nel fatto che egli fu in predicato per la direzione de *Lo Stendardo Italiano*, poi affidata a Brofferio, mentre Macchi andò a *La Libertà*, organo della *Società Unitaria*.

[7] V. *L'Unità Italiana* del 31 ottobre 1860 che riprende voci apparse su *La Gazzetta di Torino* e *Il Pungolo* e difende l'operazione: l'alto prezzo pagato era un trionfo della libera stampa, e della linea indipendente seguita fin allora dal giornale, onde il suo valore commerciale. Indicati per acquirente il deputato G. A. Sanna e la cifra pagata vicino a 80.000 franchi il foglio mazziniano teneva quel nome garante della posizione politica de *Il Diritto*. Ancora il 5 novembre, notizia ripresa da *L'Armonia*, *L'Unità* definiva in 72.000 franchi il costo dell'acquisto.

[8] *Il Diario politico* di G. ASPRONI cit., vol. II (*1855-1860*), p. 546, informa che fin dagli inizi di ottobre Bertani aveva dato incarico a G. A. Sanna di trattare col Marazio l'acquisto

206

st'atto come un primo passo nella creazione di una catena di giornali collegati organicamente al partito e, chiusa l'operazione de *Il Diritto*, ribadì il suo disegno editoriale, che prevedeva la fondazione di un nuovo foglio a Milano, da intitolarsi *Il Dovere* e poi il sostegno o la istituzione di nuove testate nelle principali città, Firenze[9] e Bologna,[10] o rivolte a settori sociali emergenti nello scontro politico, quali gli studenti e gli operai. In questo senso la sua iniziativa si incontrò con quella del Brofferio che a Torino fu mallevadore a un nucleo di universitari nel dar vita a *L'Ateneo, giornale degli studenti italiani*, peraltro entrato rapidamente in crisi per le divisioni interne al gruppo promotore.[11] Grazie al contributo finanziario di Bertani e seguendo le direttive organizzative di Bellazzi si pensò allora di mettere a frutto l'esperienza e le energie de *L'Ateneo* e fondare una nuova testata, *Roma e Venezia* che, per un breve periodo, si immaginò perfino potesse divenire l'organo ufficiale dell'*Associazione dei Comitati di Provvedimento per Roma e Venezia*.[12] La crisi del *Comitato Centrale* eletto dall'assemblea del 4 gennaio fece cadere quest'ultima ipotesi, non il progetto impegnativo e vasto concepito dal medico milanese per la stampa democratica, tanto che lo continuò, d'intesa con Daelli e Cattaneo, anche dopo la sua dimissione dal *Comitato Centrale* dell'associazione. Questo disegno, che realizzato avrebbe dato al partito una più forte coesione, fallito nei suoi specifici obiettivi, consentì comunque a Bertani di continuare il suo impegno di organizzatore politico, culminato poi nel movimento delle *Società Unitarie*.[13]

de *Il Diritto*, per il quale s'erano chiesti 100.000 franchi. Il deputato sardo scriveva poi il 7 novembre all'ex canonico di aver chiuso l'affare (p. 567). Poiché i soldi provenivano dal fondo costituito da Bertani durante la dittatura a Napoli, questi considerò sempre Garibaldi come il vero proprietario de *Il Diritto*.

[9] Nella citata lettera al Saffi del 5 novembre, Bertani si dice ancora impegnato ad organizzare *Il Dovere*, ma accusa difficoltà nel trovare le persone adatte: «È cosa un po' ardua il trovare redattori, ma non dispero». Poi aggiunge: «Mancherebbe Firenze e ne scriverò al Dolfi e misurerò le mie forze per non far subito fiasco». È questo il primo cenno dell'intenzione di dar vita a Firenze ad un giornale democratico, poi realizzata con la fondazione de *La Nuova Europa*, sulla quale cfr. R. COMPOSTO, *Sulle origini de «La Nuova Europa»*, in *Rassegna Storica Toscana*, a. X (1966), f. II, pp 201-17.

[10] V. GIOVANNI MAIOLI, *Rinaldo Andreini e il «Corriere del Popolo» (1860-1862). Importante biografia dell'Andreini scritta dall'amico Filippo Stanzani*, in *Studi Romagnoli*, a. VI (1955), pp. 91-102. In MCRR, *Copialettere*, 526 e 527, numerose missive all'Andreini sugli affari del giornale, specie sul problema dei finanziamenti. Anche in questo caso il foglio, apparso il 2 dicembre del 1860, era più spinto de *Il Corriere dell'Emilia*, diretto dal Cuzzocrea e finanziato da Gioacchino Pepoli, rattazziano.

[11] V. la lettera del 12 dicembre 1860 di Brofferio a Guerrazzi, e alcune notizie su *L'Ateneo* in F. MARTINI, *Due dell'estrema*, Firenze, Le Monnier, 1920, pp. 99-103.

[12] Cfr. S. LA SALVIA, *Primo contributo alla storia dell'editoria e del giornalismo democratico nell'età della Destra. Di Brofferio giornalista e di Bertani finanziatore: il* Roma e Venezia, in *Rassegna Storica del Risorgimento*, a. LXXXIII (1996), f. II, pp. 163-79.

[13] Sul movimento delle *Unitarie* cfr. cap. VII. Bertani ricominciò a pensare al coordinamento della stampa democratica fin dagli ultimi mesi del 1860 e ne discusse con

Dunque l'acquisizione de *Il Diritto* si inseriva in quel progetto; invece da parte rattazziana la dismissione della testata corrispondeva alla presa d'atto del nuovo clima politico, che obbligava a rendere più netta la distinzione tra forze sin allora contigue, identificatesi di fatto nell'azione anticavouriana. Invero il chiarimento era urgente soprattutto per *Il Diritto* che, come giornale, era stato alfiere nel 1860 della linea della «conciliazione» tra i partiti la quale assunse un significato singolare nella propaganda rattazziana, diventando sempre più, dopo le elezioni del marzo, l'occasione per denunciare la responsabilità e incapacità di Cavour ad assicurarla, soprattutto verso i settori democratici e garibaldini. Così, specie dopo la partenza dei Mille da Quarto, Garibaldi divenne l'interprete delle aspirazioni di un paese generoso, pronto al sacrificio, raccolto intorno al suo re, e frustrato da una politica diplomatica che era la versione estera di un approccio politico aristocratico ai problemi della politica interna. Comunque subito dopo la partenza dei volontari, *Il Diritto* era stato messo a disposizione della *Cassa Centrale* e il suo direttore, Annibale Marazio, assunse l'impegno di pubblicare con regolarità atti e notizie sulla attività dei *Comitati* garibaldini. Lo stesso Marazio ne istituì uno presso la redazione del giornale, raccogliendo a Torino, città renitente al fascino dell'eroe nizzardo, materiali, mezzi e uomini, fatti affluire al centro genovese.[14] Poi nei giorni difficili seguiti alle restrizioni imposte dalla circolare Farini, il quotidiano svolse un delicato compito di orientamento dell'opinione pubblica, amplificando le posizioni dei *Comitati di Provvedimento*, le cui denunce degli ostacoli frapposti dal governo all'opera di soccorso a Garibaldi erano la miglior prova della linea «conciliatrice» di Rattazzi, che attribuiva al ministero la responsabilità di lavorare a dividere il movimento nazionale. Per la schiera dei suoi lettori questa articolata difesa della posizione garibaldina assumeva, con il passar del tempo, il senso di una subordinazione del giornale al «programma di Garibaldi». Senonché concluso il dibattito parlamentare dell'ottobre 1860, il dualismo Garibaldi-Cavour sembrò risolversi a favore del secondo, rendendo ancor più necessario avvicinarsi alle prossime battaglie, in particolare quelle elettorali, senza legami troppo stretti e pericolosi con i democratici, dai quali il *terzo partito*, malgrado tutto non disposto a rinunciare alla sua identità borghese e filomonarchica, doveva distinguersi nettamente.

---

Cattaneo, legando l'iniziativa ad un'ambiziosa ipotesi di riorganizzazione del partito: sul progetto v. in *Epistolario* di C. CATTANEO, vol. III, cit., pp. 477-9, la lettera a Daelli del 2 aprile 1861 e la relativa nota. Altri documenti su questo progetto, di cui darò conto in altra sede, in MCRR e in ASR, *Carte Pianciani*.

[14] MRM, *Carte Bertani.*, b. 20, pl. XLI, 23, A. Marazio a Bertani, Torino 8 maggio 1860. Per i rapporti con la *Cassa Centrale* cfr. *ivi*, b. 12, pl. XIV, 76. Probabilmente queste benemerenze lo resero noto tra i comitati, e L. Manzini, dirigente di quello modenese, lo candidò alle elezioni, quando parve possibile definire una lista nazionale, secondo i criteri di Bellazzi (*ivi*, b. 18, pl. XXXV, 13b).

La nascita de *La Monarchia Nazionale* fu annunciata al pubblico da una circolare del 23 dicembre del 1860. Tuttavia nel breve intervallo tra l'abbandono dell'antica e l'apparizione della nuova testata il problema di mantenere il rapporto con i proprio seguaci costituì una necessità cui il *Terzo partito*, che veniva lentamente configurandosi, rispose tenendo vivo il legame col vecchio organo. È però del tutto evidente che l'idea di dar vita al nuovo non era balenata in dicembre e risaliva almeno ai giorni precedenti o subito successivi al dibattito parlamentare ottobrino, come prova la richiesta fatta allora da Rattazzi al Cabella di collocare in Genova le azioni di un giornale di prossima pubblicazione.[15] La successiva lotta politica consentì ancora una forte ambiguità tra le posizioni dei garibaldini e dei rattazziani, finché nel dicembre del 1860 *Il Diritto*, che sin allora aveva tanto efficacemente mantenuto una sostanziale continuità di indirizzo, incappò in una sequela di infortuni e scivolate in senso mazziniano troppo grossolani per essere casuali. Eppure in quel periodo il nuovo direttore, in un saggio su *I due partiti* apparso a puntate e nel quale tracciava il profilo delle forze in conflitto, moderati e democratici, s'era espresso in termini non equivoci:

«Il partito democratico del quale favelliamo noi non è il partito mazziniano, col quale, se ebbe comune l'aspirazione alla libertà e all'indipendenza d'Italia, non sempre ebbe comuni i mezzi per arrivarci».[16]

Invece il 9 dicembre il giornale pubblicò le tre petizioni per Roma, apparse sulla stampa d'ispirazione mazziniana,[17] introdotte da una breve nota che ne dava una lettura in senso non agitatorio, innalzando una palinodia alla pubblica opinione, divinità già esaltata da utopisti e repubblicani come potenza eversiva, ma ormai fattasi pacifica misura della civiltà e dunque resasi irresistibile. Quelle petizioni, sottoscritte da un milione di firme, sarebbero divenute

---

[15] E. RIDELLA, *La vita e i tempi di Cesare Cabella* cit., p. 341, cita in nota una lettera del 28 ottobre 1860 del Rattazzi al Cabella con questa richiesta. La decisione di Rattazzi di fondare un nuovo organo e gli approcci bertaniani per acquistare *Il Diritto* temporalmente coincidono.

[16] *I due partiti* apparve a puntate dal 30 novembre 1860 al 7 gennaio 1861. L'articolo conclusivo riassumeva gli argomenti e rilanciava l'alternativa dell'ora: Garibaldi o Cavour. Per ragioni di contenuto e perché il saggio è una specie di lunga dichiarazione programmatica, va attribuito al Macchi, da Asproni giudicato un dottrinario. Il passo citato è nell'articolo del 5 dicembre.

[17] In vero Bellazzi, corretto l'inizio della petizione a Napoleone III, aveva diffuso le *Proteste* il 6 dicembre, accompagnate da una circolare a tutti i *Comitati*: v. *Circolari*, cit., pp. 20-24.

un plebiscito cui nessuna forza sarebbe stata in grado di opporsi.[18] Insomma queste parole riecheggiano le concezioni positivistiche del progresso della ragione, compagno a quello della società, esposte da Macchi nelle sue opere filosofico-politiche,[19] ma in termini politici non possono non richiamare la linea di Mazzini. In seguito *Il Diritto* riprese alcune circolari dell'*Associazione Unitaria* di Napoli, altro pericoloso e noto ricettacolo di idee estremistiche,[20] mentre montavano le accuse della stampa moderata, da cui il giornale era costretto a difendersi, mantenendo ancora un tono compassato e in certo modo costruttivo.[21] Ma lo svarione più clamoroso, su cui subito si avventarono gli avversari, fu la pubblicazione col titolo *Programma Nazionale*, dell'indirizzo attribuito a Mazzini e da tempo noto come *Nuove norme per il partito d'azione*. Anche in questo caso il giornale si muoveva in modo ambiguo: una breve introduzione del solito Macchi informava che lo scritto proveniva da Livorno, dunque non era farina del proprio sacco, e accolto «di grand'animo», senza precisare se si dovesse intendere con gioia o per generosità. Nel merito poi, si censurava quel *Programma*, sostenitore di una linea di partito quando tutte le forze nazionali erano chiamate ad agire concordi per il bene superiore della patria, ma si assolveva questo errore del *partito d'azione* adducendo le generose intenzioni che animavano quanti erano giustamente preoccupati delle sorti di Roma e Venezia.[22] La dichiarazione scatenò ancor più l'ira de *L'Opinione* che vi colse una prova manifesta di cripto-mazzinianesimo, costringendo il Macchi ad una ritrattazione affrettata in cui quell'articolo si diceva pubblicato solo come «documento».[23] A prova di quanto questa difesa fosse segno d'imbarazzo, il foglio del Dina riprese il preambolo macchiano, screditando ancor più l'avversario; ma non v'è dubbio che *Il Diritto* sembrava aver fatto di tutto per farsi cogliere con le mani nel sacco ed ora, oltre a subire l'irrisione del giornale cavouriano, si vide anche bacchettato da *L'Unità Italiana* che lo richiamò a una maggior coerenza.[24] L'attacco più forte, oltre quello de *La Gazzetta del Popolo*, profetizzante sciagure ai seguaci dell'idea mazziniana,[25] venne da *La Perseveranza*, che

---

[18] V. sotto il titolo *L'opinione pubblica*. Le petizioni sono ora in SEI, *Politica*, vol. LXV, pp. 355-61; hanno la data del 28 novembre. Per l'attribuzione dei tre indirizzi si veda la *Nota di filologia mazziniana*.

[19] V. in *Mauro Macchi nel centenario della morte* cit., la relazione di F. Della Peruta, *Mauro Macchi e la democrazia italiana (1850-1857)*, che ben delinea gli elementi del sincretismo ideologico macchiano, di matrice positivista.

[20] *Il Diritto* del 20 dicembre sotto il titolo *Associazione Unitaria*.

[21] V. ne *Il Diritto* del 28 dicembre 1860, un nuovo articolo dal titolo *Opinione pubblica*.

[22] *Il Diritto* del 29 dicembre.

[23] *Il Diritto* del 31 dicembre 1860.

[24] *L'Unità Italiana* del 3 gennaio 1861; da parte sua *L'Opinione* il 4 gennaio ripubblicava l'introduzione del Macchi e chiuse la polemica chiamando a giudizio i lettori.

[25] V. *Guai a voi giovinetti! Guai a voi operai!* in *Gazzetta del Popolo* del 3 gennaio 1861.

con malizia mise in relazione l'apparizione di quel «programma violento» con la riunione del 4 di gennaio.[26] Chi invece, pur disponendo di strumenti conoscitivi più raffinati di quelli offerti dalla polemica giornalistica, mostrò di accreditare l'accesso filo-mazziniano del vecchio foglio torinese fu l'Artom che, informava il Massari della comparsa del nuovo organo del *Terzo partito* con queste parole:

«Saprai che l'alba di domani vedrà sorgere un nuovo giornale dell'opposizione: la *Monarchia Nazionale*. Rattazzi (rappresentato da Capriolo), Depretis, Pepoli ed (a quanto dicono) Ricasoli,[27] ne sono i padrini. Vogliono staccarsi dal *Diritto* che prese troppo apertamente le difese di Bertani e di Mordini e che ha il torto (questo, s'intende, non è il solo) di lasciare che tratto tratto il nome di Mazzini faccia capolino nelle colonne del diario. Il nuovo giornale combatterà la repubblica, ma sosterrà Garibaldi, cercherà di rovesciare se non tutti i ministri, alcuni dei membri del Ministero, insomma girerà nel manico sinché il suo capo di partito possa ridiventar ministro. Dicono che Berti ne sia il direttore; ma questi lo nega; altri parla di Zagnoni, ed infine del celebre Marazio».[28]

Ingenue nel giudicare le cause della nascita del nuovo giornale, le parole del segretario di Cavour, specie alla luce della successiva esperienza, paiono invece profetiche nel prevedere la tattica parlamentare seguita dai rattazziani, mentre le polemiche della stampa fecero presto conoscere il responsabile del nuovo giornale nel «celebre Marazio». Appena uscito dal più antico organo della Sinistra parlamentare, l'ex direttore si ebbe allora da *Il Diritto* un regalo che è difficile immaginare come frutto di inesperienza giornalistica, invero troppo manifesta per non sollevar dubbi, sembrando piuttosto un'altra prova delle compromissioni su cui ancora si regolavano i rapporti tra *Terzo partito* ed alcuni esponenti garibaldini. Infatti il Macchi, in un polemico articolo di fine anno, lanciava la stravagante accusa contro ignoti di aver sottratto all'amministrazione de *Il Diritto* i nominativi degli abbonati, cui era stata recapitata una circolare annunciante l'uscita della *Monarchia Nazionale*.[29] Ma nella foga polemica

---

[26] V. *La Perseveranza* del 30 dicembre 1860, per la quale scopo del *Programma* era far propaganda repubblicana tra operai e soldati. Rispetto al piano finanziario lì accennato diceva che i denari raccolti si sarebbero serbati per la «circostanza suprema», da svelarsi nella riunione dei delegati dei comitati. «Programma violento», ribadiva in un intervento del 3 gennaio 1861.

[27] Poiché nulla conferma la partecipazione del barone di ferro al sodalizio, le parole dell'Artom rivelano come negli ambienti cavouriani venisse intesa la posizione del Ricasoli.

[28] *Liberazione del Mezzogiorno* cit., vol. IV, p. 153, I. Artom a G. Massari, 31 dicembre 1860.

[29] La stravaganza era nel fingere di ignorare l'autore del «trafugamento», ché tranquillamente, se non consensualmente, il Marazio di certo aveva tratto copia degli abbonati de *Il Diritto*.

con cui attaccava l'atto sleale egli, inopportunamente, metteva sotto gli occhi di tutti i lettori una notizia fin allora nota a pochi, dando pubblicità alla circolare che annunciava la comparsa di un nuovo organo di quel partito che, sia pur in modo meno ufficiale, la sua testata aveva fino ad allora rappresentato.

«Signore,
un *partito politico* costituito per gran parte da membri del Parlamento, e che nello scorso decennio ebbe a fare prova efficace del vivo affetto alla causa di nazionalità e di libertà italiana, venne a pensiero di pubblicare un giornale per concorrere con esso e con tutte le sue forze al compiuto e sollecito ordinamento d'Italia. Il giornale è quotidiano — esce dal primo gennaio col titolo *Monarchia Nazionale*. Convinta l'Amministrazione che la nuova pubblicazione abbia l'appoggio della S.V. ha l'onore di professarle i sensi di stima e considerazione».[30]

Tre cose colpiscono in questa dichiarazione: l'affermazione dell'esistenza di un *partito* che rivendicava una lunga presenza sulla scena politica piemontese, e in realtà nell'ultimo anno aveva piuttosto teso a distinguersi pur restando interno ad un più largo schieramento liberale. Riprendeva così il progetto tentato con *I Liberi Comizi* e solo in parte presente nel tentativo de *La Nazione Armata*, ma nelle nuove condizioni questo *partito* trovava alla sua sinistra l'organizzazione bertaniana. La seconda riguarda la rivendicazione orgogliosa della decennale opera politico-parlamentare del partito, la quale ha un netto sapore anticavouriano laddove sottintende il non esclusivo merito dell'uomo di Leri nei risultati ottenuti dalla politica nazionale nell'ultimo periodo. La terza, e forse la più importante, è la rapida, ma precisa indicazione del tema programmatico dominante cui la forza «nuova» si sarebbe ispirata, quel «compiuto e sollecito ordinamento d'Italia», che era stato uno dei grandi motivi di distinzione dalla linea cavouriana nella fase del ministero La Marmora-Rattazzi, e da Cavour ricollocato al centro del dibattito politico appena tornato al potere, nel gennaio del 1860.
D'altronde, nella scarsezza di documenti o scritti di Rattazzi sui quali fondare una conoscenza più diretta dell'orientamento politico e della composizione del *terzo partito*,[31] s'impone con un peso probatorio ineludibile e destinato a restare inscritto nel patrimonio genetico del nuovo Stato nazionale, lo sforzo gi-

[30] *Il Diritto* del 31 dicembre 1860. Il documento è tra i pochi di cui si può disporre per conoscere in modo diretto gli orientamenti del *Terzo partito* in questa fase preelettorale.
[31] L'osservazione è di C. PISCHEDDA, *Cavour dopo Villafranca* cit., p. 112 in relazione alle difficoltà di cogliere le linee politiche di Rattazzi sul tema delle annessioni delle regioni centrali, ma può estendersi a diversi aspetti della politica dell'avvocato alessandrino e del partito da lui diretto. Senza impegnare l'autorità dell'illustre studioso per quanto sosterrò, vorrei richiamarne la linea interpretativa, su cui convergo, in particolare su tre or-

gantesco messo in atto dal politico alessandrino per dotare il nuovo regno di un quadro giuridico amministrativo unificante, un'opera che subì una forte accelerazione tra l'ottobre e il novembre del 1859.[32] Da essa emerge un chiaro disegno politico che si raccorda al modello statuale francese, considerato nei prevalenti aspetti centralizzatori e per il ruolo che vi assume il principio di eguaglianza giuridica,[33] nonché per la funzione svolta dal Parlamento[34] e, in particolare, per il carattere di nuovo patto che il rapporto plebiscitario tra il capo, nel nostro caso automaticamente impersonato dal re, e la nazione, costituisce ai fini della fondazione di un superiore equilibrio, fonte di una moderna legittimazione del potere di fronte alle masse.[35] Considerati gli orientamenti prevalenti a corte e negli ambienti vicini a Rattazzi, è poi molto probabile che tal modello

dini di questioni: il rapporto di dipendenza di Rattazzi dal sovrano; il carattere extra costituzionale rappresentato dalla discesa del re nell'agone politico, il che modifica in modo radicale le regole del gioco. Infine il carattere ripetitivo che assumono le crisi tra il 1859-1860-1861-1862, la prima delle quali Cavour affronta e risolve «senza poter fruire delle armi di cui disponeva e disporrà in altre occasioni consimili», in particolare il Parlamento e l'ultima delle quali fu quella che, morto il grande ministro, dette luogo al tragico evento di Aspromonte.

[32] Con i decreti sull'amministrazione finanziaria, giudiziaria, postale, sulla pubblica istruzione, per l'istituzione della Corte dei Conti, il riordino del Consiglio di Stato, la giurisdizione del contenzioso amministrativo, tanto per indicare alcuni terreni di intervento, oltre le leggi sulle circoscrizioni provinciali e comunali del 23 ottobre, sull'amministrazione di Pubblica Sicurezza, sul riordino dell'amministrazione centrale e della contabilità dello Stato del 13 novembre, sulle miniere e cave, sulle opere pie e la legge elettorale del 20 novembre.

[33] Il problema si manifestò nel conflitto sulla riforma della legge elettorale, suscitando in Cavour nuovi risentimenti verso Rattazzi, guadagnatosi a buon mercato la fama di liberale alle sue spalle: v. la lettera al Castelli del 23 ottobre 1859. A pochi giorni dalla pubblicazione della legge, il 17 novembre, il conte scrive al Rattazzi di ritenere essenziale solo la questione del numero dei deputati: v. CHIALA cit., vol. VI, p. 467, e vol. III, pp. 152-3. Cfr. il giudizio di C. PISCHEDDA *Cavour dopo Villafranca* cit., p. 125, e R. ROMEO, *Cavour e il suo tempo* cit., p. 639.

[34] Il nesso tra scelte amministrative e ruolo delle istituzioni parlamentari era nella coscienza e nella dottrina dei contemporanei del tutto chiaro, cfr. CLAUDIO PAVONE, *Amministrazione centrale e amministrazione periferica da Rattazzi a Ricasoli (1859-1866)*, Milano, Giuffrè, 1964, pp. 3-5.

[35] C. PISCHEDDA *Cavour dopo Villafranca* cit., ritiene a giusto titolo che i sostenitori della prerogativa regia hanno in mente l'esperienza dei pieni poteri, versione italiana del cesarismo, che in quegli anni riscosse un'attenzione più intensa che non si creda. Esemplare la posizione dei toscani, con Ricasoli che incita Cavour nel luglio del 1860 ad un «*colpo di stato* alla maniera di Napoleone» (*Carteggi di Bettino Ricasoli* cit., vol. XIV, p. 124). Noto il giudizio di Cavour su Garibaldi che sogna una dittatura popolare, a tali pericoli fa riferimento anche l'intervento di Boncompagni alla Camera sul trattato con la Francia, polemica che ha di mira Garibaldi e l'opposizione rattazziana: v. API, *Discussioni, Camera dei Deputati*, sessione del 1860, tornata del 27 maggio, p. 361. Attenti al problema anche Bertani e Cattaneo: v. *Epistolario* di C. CATTANEO cit., vol. III, pp. 582-4, su *Napoleonismo e Piemontesismo*, ove si legge: «Il piemontesismo avendo necessità del

fosse misurato nella prospettiva di un regno padano,[36] legata a soluzioni di tipo federativo del problema italiano.[37] Meno dubbi, malgrado le varie motivazioni date alla nomina a governatori di Valerio e Depretis,[38] sembrano esistere sul fatto che la riorganizzazione amministrativa immaginata da Rattazzi, per il risalto dato alla figura del governatore, autentico delegato del ministro a livello locale, implicasse l'affidamento di tale responsabilità ad elementi eminentemente selezionati dalla carriera politica più che provenienti da quella burocratica.[39] Allo stesso modo non par dubbio che in questo sistema, secondo il quale il pae-

regime militare nel Mezzodì non può preservarsi dal militarismo nel settentrione [...] Al Napoleonismo si resiste solo con la libertà; la libertà può vivere solo nella federazione», p. 584. V. pure GIUSEPPE LAZZARO, *Il Cesarismo*, Napoli, Tip. dei Classici Italiani, 1862. Su questi aspetti cfr. FULVIO DE GIORGI, *Scienze umane e concetto storico: il cesarismo*, in *Nuova Rivista Storica*, a. LXVIII (1984), f. III-IV, pp. 323-54. Obbligato il rinvio ad ARNALDO MOMIGLIANO, *Le origini del «Cesarismo»*, in *Terzo contributo alla storia degli studi classici*, Roma, Ed. di Storia e Letteratura, l966, pp. 2097-109.
[36] C. PISCHEDDA *Cavour dopo Villafranca* cit., pp. 104-21; ciò fu spesso rimproverato a Rattazzi nei mesi successivi dalla stampa, e in specie da *La Gazzetta del popolo* (cfr. *Diversi consigli* del 5 dicembre 1860 che invita il governo a disfarsi presto della legislazione del 1859, opera di Ministri non credenti all'unità). Anche il Beolchi, tra i protagonisti dei *Liberi Comizi*, accusa di ciò il Brofferio, che si sa quanto fosse vicino al re e a Rattazzi in questo momento. La testimonianza, in *Le carte di Giovanni Lanza* a cura di CESARE MARIA DE VECCHI DI VAL CISMON, Torino, Deputazione Subalpina di Storia Patria, 1936, vol. II (1858-1864), pp. 159-61, non in tutto attendibile, assume in questo maggiore rilievo in quanto con tutta evidenza tende ad avvalorare voci ormai molto diffuse.
[37] Prospetterebbe che spiegherebbe l'interesse di Cattaneo per le posizioni di Rattazzi tra il 1859-60 e in occasione del dibattito parlamentare su Nizza e Savoia: v. *Epistolario* di C. CATTANEO cit., vol. III, in particolare la lettera a Macchi del 7 maggio 1860.
[38] Poiché la carica li rendeva ineleggibili il *Diario* di G. ASPRONI cit., considera la nomina di Valerio e Depretis un modo per allontanar dal Parlamento due elementi di freno per la Sinistra. La tesi però ha origine nelle complicate manovre interne al gruppo. La scelta sembra invece volta a garantirsi l'appoggio lombardo nelle future elezioni, e la circolare di Rattazzi, in *Gazzetta Piemontese* del 27 luglio, faceva esplicito appello agli ufficiali di governo delle province prive di istituzioni rappresentative, ad «anticipare sul momento» in cui le avrebbero avute e «di conoscere per conformarvisi, secondo la ragione pubblica il consentirà, il voto delle popolazioni loro affidate, circondandosi a questo fine degli uomini pei lumi, pella moralità e per altre qualità sono tenuti e come i rappresentanti naturali delle contrade». La formula, ambigua per necessità, è invito a conoscere le urgenze di quelle province, ma anche a costruire forme di controllo del voto. In tal senso la tesi di D. Mack Smith, contestata da C. PISCHEDDA *Cavour dopo Villafranca* cit., pp. 176-83, e da R. ROMEO, *Cavour* cit., p. 669, ha elementi di vero. Cavour però, consapevole del problema, faceva opposizione non a *quelle* nomine, ma al *criterio della nomina di politici*, e altri nomi di prefetti chiamati da Rattazzi, come il Torelli o il Villamarina, non erano certo tali da rassicurarlo.
[39] Per ANGELO PORRO, *Il prefetto e l'amministrazione periferica in Italia*, Milano, Giuffrè, 1972, p. 96, il sistema di Rattazzi è accentratore sul piano politico e decentratore su quello amministrativo, secondo una linea avanzata da lui fin dal 1854. Questo rende più comprensibile la scelta dei governatori politici, e spiega il senso della prima critica all'opera sua rivoltagli all'uscita dal ministero degli Interni, nel febbraio 1858, da Cavour,

se è governato da un ministero responsabile di fronte al re, e da governatori in specie di vice ministri operanti su ambiti territoriali, ma direttamente collegati al centro, il Parlamento avrebbe visto certamente ridotta la funzione di indirizzo e controllo, divenendo tutt'al più il luogo di parata ove il governo avrebbe fatto le sue dichiarazioni d'intenti e dove avrebbero trovato rappresentanza gli interessi corporati dei diversi governatorati, o province come si definivano nel contesto della riorganizzazione amministrativa rattazziana, dei gruppi sociali e della società civile: insomma un Parlamento con più società civile e meno politica.[40] Paradossalmente in ciò v'era anche lo specifico interesse della burocrazia, meglio garantita nel proprio ruolo e nella propria potenza da una maggiore stabilità del sistema di comando,[41] e dunque in grado di svolgere più vigorosamente la propria azione esecutiva e di controllo pubblico che nel corso degli anni avrebbe ridimensionato il potere della possidenza e dei notabili. Trova qui la sua radice quel singolare carattere borghese e antiaristocratico attribuito dalla pubblicistica coeva al *Terzo partito* e alla politica rattazziana, qui origina la sua capacità di dar voce al ceto medio e popolare urbano fieramente avverso alle preponderanze aristocratiche, in sommo grado rappresentate da Cavour. Analizzerà bene tutto ciò un esponente di questa aristocrazia, osservatore attento della trasformazione in atto nella nuova Italia, il quale colse il limite dell'alleanza con Cavour, su cui aveva lungamente puntato una simile borghesia, pronta però a romperla sul terreno delle «inclinazioni» del conte «per l'autogoverno», cioè al momento di decidere a chi sarebbe spettato il potere a livello locale:

«il ceto medio, raggruppato nella Camera d'allora dal *Centro sinistro*, col quale il conte di Cavour spartiva il potere, ed il partito popolare di cui era interprete la *Gazzetta del popolo*, mentre davano un valido appoggio alla politica estera ed ai provvedimenti finanziari del celebre ministro, risentivano ancora troppo viva la reazione contro i privilegi e la supremazia del clero e della nobiltà ai tempi dell'assolu-

che osservò l'«esagerazione del sistema parlamentare», prodotta dall'esautoramento degli intendenti, con la creazione nelle province di un'oligarchia sotto il controllo dei deputati ministeriali (CHIALA, vol. VI, p. 184).

[40] A. PORRO *Il prefetto e l'amministrazione periferica in Italia* cit., pp. 99-104, situa le radici per così dire di «sinistra» o «popolari» di questa concezione, che non a caso ha suscitato le simpatie di uno schietto pensatore antiliberale come G. Miglio, entro una matrice culturale benthamiana, in realtà più supposta che conosciuta, non disponendo di elementi fondativi per una attendibile biografia di Rattazzi. Cavour colse questo dato della riforma rattazziana, e lo espose sul versante dell'organizzazione del sistema di espressione degli interessi locali nella lettera a G. B. Oytana, 6 dicembre 1859, in CHIALA, vol. III, cit., pp. 156-7, sul tema della riforma delle Camere di Commercio, consigliando in modo drastico di rinviare la definizione della nuova normativa al Parlamento futuro.

[41] La legislazione rattazziana vanta molti provvedimenti sulla pubblica amministrazione tra cui quelli sulle amministrazioni dei diversi ministeri, la legge del 6 novembre n° 3714 sugli stipendi di funzionari e impiegati, e del 13 novembre n° 3725 sul riordino generale dell'amministrazione.

tismo. Sospettavano e diffidavano della libertà 'd'insegnamento, non ne potendo escludere il clero: il decentramento ridestava tutti i loro pregiudizi ed i loro rancori, perché non si sarebbe evidentemente effettuato senza attribuire una certa qual preminenza alla proprietà fondiaria nell'amministrazione delle campagne. Infine la burocrazia era ad un tempo un campo trincerato, un provento principale ed in certo modo, ...*una grande industria delle classi medie ed inferiori* [...] Orbene, chi ardirebbe asserire che il Cavour avrebbe, in quel Parlamento, avuto chi surrogare a quegli ausiliari della sua politica nazionale, se gli avesse sagrificati alle proprie inclinazioni per l'autogoverno?».[42]

Ma un classico esponente di questa «borghesia di toga», intesa a rappresentare valori democratici agitando forti passioni antinobiliari, disposta a utilizzare senza andar troppo per il sottile la prerogativa regia per ridimensionare l'influenza dell'odiata classe aristocratica, dimostrava quali diversità di accenti sottendesse il termine di libertà

«Promoverà il Cavour la libertà? Io non lo credo [...] perché ho studiato l'uomo nei suoi scritti, nei suoi atti, e nelle sue aderenze. A parte la politica estera, dove spero vorrà meritarsi la fama che gode, nella interna mi pare uomo a uso patrizio inglese e anche più stretto».[43]

Il grande merito e il ruolo storico di Rattazzi fu quello di far emergere sul terreno politico questo conflitto «di classe», di portare alla luce le irrisolte contraddizioni dell'alleanza tra forze liberali, tacitate fino ad allora dalla necessità

---

[42] C. ALFIERI, *Le idee liberali nel Parlamento italiano. Ricordi timori e voti*, Firenze, Barbèra, 1868, p. 28. Il corsivo è mio. Il passo anche in A. AQUARONE, *Accentramento e prefetti nei primi anni dell'Unità*, ora in *Alla ricerca dell'Italia liberale*, Napoli, Guida, 1972, p. 172. Il rapporto tra autonomie locali e possidenza, mutuato sul principio dell'autogoverno inglese è un classico del pensiero liberal moderato, e sta al centro del successo incontrato dal saggio di S. JACINI, *La proprietà fondiaria e le popolazioni agricole in Lombardia*, Milano-Verona, Civelli e C, 1856, II ed., la cui esaltazione delle autonomie costituì la base teorica della opposizione lombarda alle leggi rattazziane. Le considerazioni dell'Alfieri, nipote di Cavour, si riferiscono al decennio cavouriano; si veda anche FILIPPO RONCHI, *Antonio Mordini e le basi sociali del «Terzo Partito»*, in *Clio*, a. XXII (1986), f. 3, inferiore però a quel che promette.

[43] Guerrazzi a Brofferio, Genova [22?] febbraio 1861, in F. MARTINI, *Due dell'estrema* cit., pp. 55-7. Il passo a p. 56. Inopinatamente riprese da A. LUZIO, *Aspromonte e Mentana* cit., pp. 69-70, meritano d'esser citate le affermazioni di Cavour sul liberalismo e la moderazione rattazziane. Cavour parla di Rattazzi tendente naturalmente verso destra, un assolutista per istinto, sempre schierato all'interno del gabinetto sulle posizioni meno liberali; e un'altra in cui ancora il conte osserva che l'Hudson, a differenza di altri diplomatici, non trova Rattazzi radicale, ma poco liberale.

prevalente di assicurare al Regno Sardo l'indipendenza e allargarne i margini di azione in relazione alla congiuntura internazionale post-quarantottesca. Ora la crisi esplode su un terreno che, per sua natura, non ammette mediazioni: la costruzione del nuovo Stato svela il carattere inadeguato del vecchio compromesso tra i partiti fondato sul «connubio», e impone un nuovo fondamento costituente, un nuovo progetto di Stato, un ripensamento dei sistemi di governo e dei sistemi amministrativi nel loro insieme. Rattazzi lo disse apertamente nella circolare della fine di luglio del 1859, ove si individuava il principale compito del nuovo governo nella riforma dell'amministrazione pubblica,[44] resa urgente dall'ampliamento del regno. Lo confermò nel commento alla stessa circolare, proposta come il «programma del nuovo Ministero», *Il Diritto* che, polemico, ne ribadiva lo spirito anti cavouriano e la considerava un atto d'accusa verso il conte per un duplice fallimento: nella amministrazione dello Stato e nell'applicazione delle franchigie statutarie, ove la sua politica era giudicata «deplorabile»; sulla via dell'indipendenza, dove la sua abilità non aveva saputo evitare il «prevedibile» errore che a Villafranca aveva dimezzato le concepite speranze.[45] Tuttavia nel biennio 1859-61 l'esigenza della riforma amministrativa, come si vedrà anche nelle successive prese di posizione di Cavour, chiarisce la collocazione delle forze politiche rispetto alla possibile evoluzione del problema italiano: infatti dar priorità ad essa equivale ad ammettere una sosta nello svolgimento della questione nazionale, ed è perciò cosa notevolmente diversa avanzarne l'esigenza nel luglio-agosto del 1859, o nell'aprile e poi nell'ottobre del 1860, tre momenti che ovviamente coinvolgono opzioni e prospettive differenti. Da questo punto di vista allora il profondo logoramento dei rapporti interpersonali, connessi o meno alla vicenda della Rosina, le stesse differenti valutazioni degli sviluppi dell'azione ministeriale in relazione alle questioni dell'annessione dell'Italia centrale, paiono elementi di contorno di una frattura ben altrimenti drammatica ed insanabile, perché ormai era chiaro a tutti i protagonisti quali fossero realmente le loro parti rispetto al progetto fondativo di un nuovo Stato.

Ma anche in questa prospettiva sarebbe difficile negare la prolungata disponibilità di Cavour a prestare, se richiesto, il consiglio e l'opera sua al governo

---

[44] La circolare è in *La Gazzetta Piemontese* del 27 luglio. In essa si afferma la formale continuità del nuovo ministero con il «Consiglio della Corona», cioè il governo, precedente, si insiste sulle prerogative regie, si pone la necessità di una riforma amministrativa in senso centralizzatore, «forza dei grandi stati moderni», non «a scapito dell'energia che si svolge naturalmente nella cerchia comunale e provinciale». Nulla invece si dice sui problemi dell'Italia centrale, ma si fa appello all'orgoglio di casta dei funzionari di un governo che vuol essere «di tutto il paese e non [...] di un partito», il che non è secondo il sistema parlamentare, ove il governo esprime una maggioranza politica. Il commento di Asproni alla circolare conferma l'accento posto sulla riforma amministativa, ma coglie come condizione per la pace, la rinuncia alla Toscana, Modena e Legazioni. Conclude secco «Gran tradimento deve nascondersi sotto tante belle parole» (*Diario* di G. ASPRONI, vol. II, cit., p. 230).

[45] L'articolo del 1° agosto è anche in CHIALA, vol. III, pp. CCLXXV-LVIII.

che, dopo Villafranca, e sempre in regime di «poteri speciali» del re, era succeduto al suo, con La Marmora alla Presidenza del Consiglio e Rattazzi ministro degli Interni. Questa disponibilità il conte mantenne almeno fino al novembre del 1859, fino cioè a quando vi fu una legittimità formale al mantenimento di quel regime transitorio, anche se non gli sfuggiva l'intrinseca debolezza, sul piano della linea politica e su quello delle personalità che lo componevano, del ministero in carica[46]. Va infatti considerato che la fine dei pieni poteri, giunti a scadenza con la firma della pace di Zurigo, cambiava profondamente il quadro istituzionale, e rendeva ancor più grave la raffica di provvedimenti legislativi, emanati senza il conforto delle Camere e in una situazione che ne sottolineava il carattere di atti di imposizione e tali da sollevare per questo le risentite proteste della stampa, compresa quella cattolica.[47] Ciò malgrado il conte si mostrò rigido solo su tre questioni relative a delicati principi di ordine istituzionale e costituzionale, rivelatrici della profonda diversità d'ispirazione e foriere del futuro, inevitabile conflitto: in materia di riforma della legge elettorale, sulla limitazione del numero dei parlamentari, per non mettere a rischio la funzionalità della Camera con una decisione che fosse premio a vanità locali; sulla riforma amministrativa, pronunziandosi contro la nomina a governatori di elementi politici;[48] infine sulla questione di fondo della necessità di ristabilire prontamente la normalità costituzionale, con la riconvocazione del Parlamento o con l'indi-

[46] La tesi di un Cavour in attesa del logorio del governo Rattazzi e disinteressato a collaborare, confutata già dal Pischedda e dal Romeo, non ha rilievo storiografico poiché sposta l'analisi sul terreno del giudizio morale. Il conte ove richiesto cooperò, tacque quando capì di non esser utile o apprezzato, accettò l'incarico al congresso internazionale per dedizione al paese, sopportò la guerra fattagli. Il suo giudizio sui successori era chiaro: «Rattazzi è un mulo stupido; ma come se lasciasse il timone dello Stato, si attaccherebbero al carro pecore e castrati conviene conservarlo con tutti i suoi difetti» (CHIALA, vol. III, p. 150, Cavour a La Farina, 14 novembre [recte 15 dicembre] 1860). A tale data considerava ancora utile la permanenza di Rattazzi al ministero.

[47] V. L'Armonia della religione colla civiltà (d'ora in poi L'Armonia) del 22 novembre 1859. Il giorno dopo l'articolo Il Ministero si burla del paese denuncia «la valanga di leggi da cui siamo inondati». Il 13 dicembre chiede l'abolizione dei pieni poteri. Anche La Gazzetta del Popolo dalla metà di novembre condusse una dura campagna contro il ministero, accusato di atti incostituzionali, perché la fine dei pieni poteri non consentiva di legiferare senza supporto parlamentare e i decreti annunciati su La Gazzetta Piemontese con la data del 20 novembre, ultimo giorno dei pieni poteri, sarebbero entrati in vigore solo con la successiva pubblicazione.

[48] Due dei tre temi, quello della riforma della legge elettorale e della nomina di governatori politici, sono posti nella lettera a Rattazzi del 17 novembre, assai formale, ma che lascia intendere la concitazione nell'ironica allusione all'incertezza della sua rielezione a deputato. Qui la nomina dei governatori solo tra gli uomini politici è giudicata talmente dannosa che: «...ove venga eletto deputato, farò ogni sforzo per farla condannare dalla Camera». Corsivo mio. (CHIALA, vol. III, pp. 152-3). La lettera sembra il segno di una rottura politica, maturata sul terzo punto: la convocazione del Parlamento.

zione di nuove elezioni.[49] D'altra parte è in relazione a questa prospettiva della fine dei pieni poteri che si intensificano le manovre sovrane, debitamente coadiuvate del ministero. Giunto a Torino in ottobre per i lavori della commissione parlamentare per la riforma elettorale, a Cavour non potevano sfuggire le iniziative rattazziane messe in atto per organizzarsi in vista delle elezioni che, prima o poi, avrebbero dovuto pur svolgersi.[50] Tale prospettiva divenne più attuale dalla seconda metà di novembre quando, fallita nell'Italia centrale l'ampia iniziativa (o scampato il pericolo, come parve ai cavouriani) imperniata su Garibaldi, ed esaurita la fase dei pieni poteri, il ricorso, in alternativa, alle urne o al vecchio Parlamento, diveniva inevitabile.[51]

In realtà il tentativo per più aspetti sconsiderato promosso al Centro dal re e da Rattazzi fu solo la prima prova, e il primo segno dell'intrinseca debolezza del piano regio per mettere fuori gioco Cavour. Infatti, tra questo e il successivo, culminato nella costituzione de *La Nazione Armata*, cambiano solo gli scenari: le regioni centrali nel primo caso, Torino e il Parlamento nel secondo, ma identiche restano le finalità, identici i protagonisti. Innanzi tutto Garibaldi, che sin dal 18 luglio, fresco di nomina il nuovo governo, lancia l'appello al sovrano a mantenere «la sacra parola» mentre «la Nazione vi invoca ancora come suo vindice e suo duce».[52] Al momento però i rapporti tra Garibaldi e il re passano ancora attraverso Valerio prima che il Brofferio, in quei mesi quasi plenipotenziario di Rattazzi nel tessere relazioni con gruppi, movimenti, personalità della Sinistra,[53] prenda decisamente in mano la trama che si estende fino ai mazzi-

[49] Problema centrale nella crisi del ministero rattazziano, fu svolto da Cavour in modo indiretto, ma forte, nella lettera all'Oytana, Leri 20 novembre, *ivi*, pp. 154-5, ove sottolinea la necessità di restituire al legislativo le funzioni ordinarie e di controllo sui bilanci consuntivo del 1859 e di previsione per il 1860.

[50] Per la posizione del conte sulle elezioni e sulla prolungata discussione svoltasi dopo Villafranca sul problema della fine dei pieni poteri v. R. ROMEO, *Cavour* cit., pp. 657-8, con un rinvio a A. CARACCIOLO, *Il Parlamento nella storia d'Italia* cit.

[51] Credo sia questo il senso della frase richiamata da C. PISCHEDDA *Cavour dopo Villafranca* cit., p. 135, sfuggita a Rattazzi nel colloquio con Hudson e Vittorio Emanuele del 7 novembre, «quando la Camera si riunirà vedremo se Cavour sarà tanto forte da avere un partito e da governare». Onde l'ironia di Cavour con Rattazzi, nella citata lettera del 17 novembre, con quel «ove venga eletto deputato», v. nota 48.

[52] Cfr. ENSG, *Epistolario* cit., vol. IV, pp. 97-8. Il curatore avverte che proviene da una minuta di Bertani.

[53] Costui aveva scritto al Guerrazzi, invitandolo ad un abboccamento con Rattazzi: «Ho fisso in mente di condurre Rattazzi a generose deliberazioni; e vi riuscirò circondandolo delle più elette intelligenze d'Italia» (F. MARTINI, *Due dell'estrema*, cit, p. 20). In tale impresa, secondo il CHIALA, vol. III, p. CCLXXVIII, Brofferio era impegnato fin dall'avvio del ministero Rattazzi, e insieme al Valerio. Ciò aveva peraltro subito preoccupato Cavour.

niani.[54] Essa mira a rannodare l'azione in Toscana, centrata su Guerrazzi,[55] e nelle Romagne, dove ha per principale protagonista Garibaldi.[56] Gli obiettivi di questo composito fronte restano assai diversi e paiono al momento convergere intorno all'idea del sovrano e del suo ministro di rafforzare la direttrice veneta dell'iniziativa nazionale. Cosa non insignificante per capire ove tenesse il punto di sutura tra forze così varie. Avrebbe scritto infatti *L'Opinione*, avendo per orizzonte la prossima lotta dei partiti del nuovo Parlamento italiano a circa un anno di distanza, e in polemica retrospettiva con *La Monarchia Nazionale* sul tema della cessione di Nizza e Savoia, che a tale cessione l'Imperatore non aveva rinunciato dopo Villafranca, ma ne aveva solo sospeso la richiesta, inevitabile nel caso si fosse imposta la direttrice veneta, come nell'altro, del prevalere di quella toscana e verso le regioni centrali, ma con la grande differenza che:

«unita la Venezia si sarebbe fatto solo un Regno d'Italia settentrionale, unita la Toscana si sarebbe costituito il Regno d'Italia, al quale non sarebbe ritardata ad aggiungersi la Venezia» e concludeva «Tutti gli atti del ministero Rattazzi attestano che egli poteva ben desiderare l'unione della Toscana, ma non la sperava; lo prova-

---

[54] Non sopravvaluterei la lettera di Mazzini a Rattazzi, cui il primo fa cenno in una sua a P. Cironi, [Firenze], 19 agosto [1859], in SEI, vol. LXIII, p. 337, richiamata da A. LUZIO, *Aspromonte* cit., p. 73. Essa risponde a una richiesta di istruzioni, avanzata dal pratese, forse attivato dalla visita e dai contatti col Brofferio, in quei giorni in missione in Toscana. Dal contesto sembrerebbe che Mazzini, secondo la sua solita linea, si dica disposto ad accordi anche col diavolo in prospettiva rivoluzionaria, e dunque il riferimento a Rattazzi, certo non trascurabile, indica solo una sua disponibilità. Invece ci sono note attraverso il Brofferio le trattative per un incontro tra Vittorio Emanuele e Mazzini nel dicembre del 1859, consenziente Rattazzi.

[55] Guerrazzi incontrò il re e Rattazzi il 25 ottobre per accordarsi con loro. Il toscano però lamentò che a tale visita non fosse dato rilievo sulla stampa piemontese, mentre ciò poteva accreditarlo in Toscana, onde lui stesso informò la stampa provocando qualche problema (F. MARTINI, *Due dell'estrema* cit., pp. 42-4), si vedano pure le lettere sue a Brofferio del 27 e 28 ottobre, pp. 22-6.

[56] TOMMASO CASINI, *Garibaldi nell'Emilia nel 1859*, in *Archivio Emiliano del Risorgimento Nazionale*, a. I (1907), f. 2, pp. 274-357. Il 22 agosto Garibaldi vide a Parma il Brofferio, che accenna a gravi decisioni prese nel colloquio, p. 297. Il passaggio di Garibaldi nell'Italia centrale è ricostruito alle pp. 275-8 sulla base delle sue *Memorie*, ma sfuggono alcune cose, poiché tra la richiesta di dimissione al re, dell'1 agosto, in ENSG, *Epistolario*, vol. IV, cit., pp. 107-8, e i primi contatti con V. Ricasoli e Malenchini, egli incontrò Montanelli e Valerio, cfr. le lettere al re e a Mordini del 27 luglio, *ivi*, p. 102, ove scrive «Io già diedi la mia adesione al Montanelli circa le vostre idee». In data 21 luglio poi Garibaldi chiede al Valerio di insistere presso il re per il rinvio di alcuni volontari toscani, già combattenti in Lombardia, nella loro regione, «Secondo il concertato tra te e Montanelli». G. ASPRONI, *Diario* cit., vol. II, al 24 luglio riporta un colloquio col Medici, scoraggiato e sul punto di tornare in America; invece Garibaldi «non dispera mai», ed è in attesa di prossimi impegni. Infine secondo il Carrano, accreditato dal CHIALA, vol. III, p. CCLVII, prima della sua partenza per il centro Garibaldi avrebbe fatto una visita al campo del sovrano, ma le date indicate richiederebbero qualche correzione.

no la sua politica estera, i suoi provvedimenti amministrativi e perfino le sue disposizioni per l'aula della Camera».[57]

In questa luce si spiega la confuenza delle forze autonomistiche toscane[58] che però possono mobilitare i gruppi democratici solo intorno al tema antimoderato dell'espulsione di Ricasoli dal governo fiorentino,[59] nell'ipotesi dell'avvento di un ministero Fanti, sostenuto da Guerrazzi.[60] In Emilia invece la surroga del Cipriani con il Farini, considerato compatibile col progetto regio,[61] almeno nella versione che Garibaldi accredita, mira ad avviare un moto che dal centro si diriga verso il sud.[62] Ora, pur tenendo conto della specifica situazione

[57] Cfr. *La politica* della Monarchia Nazionale, in *L'Opinione* del 9 febbraio 1861. Ovviamente il foglio del Dina vedeva nella politica di Cavour quella che mirava al secondo obiettivo.

[58] Sui fini autonomistici di Montanelli non hanno dubbi C. Asproni, *Diario* cit., vol. II, p. 237 e l'ambasciatore francese a Firenze, che li illustra con chiarezza: v. in *Le relazioni diplomatiche tra la Francia e il Granducato di Toscana*, a cura di A. Saitta, vol. III, p. 227 e pp. 231-4, i rapporti del 27 juillet e del 3 août 1859. V. pure in MCRR, 516, 705, 5 lettera del toscano a Fabrizi del 31 luglio 1859.

[59] Cfr. A. Salvestrini, *I moderati toscani* cit. Ma nel 1859 sono ancora forti le distinzioni tra sostenitori della «Toscanina» e unitari. Tra i primi certamente Capponi, e in questo senso va inteso il riferimento a lui nella lettera di Guerrazzi a Brofferio del 28 ottobre, in F. Martini, *Due dell'estrema* cit., p. 25. Pur considerato che dopo Villafranca non tutti pensano all'evoluzione in senso unitario dell'Italia centrale, va osservato che i personaggi reclutati dai rattazziani, da Montanelli a Guerrazzi, da Malenchini a Brofferio, sono fautori dell'autonomia toscana. Diverso il caso di Garibaldi, ma di lui risponde il re, ai cui ordini peraltro egli si pose formalmente appena assunto il suo incarico (ENSG, *Epistolario*, vol. IV, cit. pp. 121-2).

[60] L'ipotesi emerge nelle lettere al Brofferio di ottobre-novembre, in F. Martini, *Due dell'estrema* cit., p. 23. Il quadro dell'azione svolta da lui in Toscana si ha in Luca Toschi, *L'epistolario di F. D. Guerrazzi con il catalogo delle lettere edite e inedite*, Firenze, Olschki, 1978.

[61] Garibaldi si fidava di Farini e lo propose al posto del Cipriani per Bologna, cfr. T. Casini *Garibaldi nell'Emilia* cit., p. 335; difficile il rapporto col Fanti che, giunto a metà settembre a togliergli il comando, firmò l'ambiguo o. d. g. del 19 ottobre che dislocava le truppe sul piede di guerra alla Cattolica. Certe posizioni di uomini vicini a Cavour si spiegano in due modi: 1) alle pressioni del re è difficile resistere, se non coperti da un'autorità in grado di contrastarle. Sarà uno dei problemi posti dall'inattesa morte del conte; 2) questo vuol mostrare alla diplomazia un paese più avanti dei suoi governanti, cfr. Chiala, III, pp. 130-1 e 140-4 a Dabormida, 24 settembre, e a Panizzi, 24 ottobre, ove discute il futuro congresso europeo e parla della presenza di «uomini superlativi» in Romagna. Sulla cui situazione in quei frangenti cfr. I. Zanni Rosiello, *L'unificazione politica e amministrativa nelle «provincie dell'Emilia» (1859-60)*, Milano, Giuffrè, 1965, con precise notazioni sull'egemonia di Farini e Minghetti sul locale movimento moderato.

[62] In due colloqui con Asproni a Genova, appena tornato dall'Emilia, Garibaldi sostenne che questi fossero i suoi obiettivi (*Diario* di G. Asproni cit., vol. II, pp. 357-9 e 362-5). Così anche T. Casini *Garibaldi nell'Emilia* cit. Garibaldi poi il 2 ottobre affidò alla

della Toscana, che in realtà aggiunge difficoltà supplementari a quelle già frapposte dalla diplomazia specialmente francese, all'annessione al Regno Sardo delle regioni centrali, questi diversi obiettivi restano intrinsecamente contraddittori tra loro: infatti è difficile immaginare l'allargamento della rivoluzione nazionale con la mobilitazione popolare e nello stesso tempo pensare di prolungare il regime particolare di questa regione. Al momento tale contraddizione viene fatta passare agli occhi della parte democratica come una sospensione del processo annessionistico al centro per concentrarvi le forze capaci di rilanciare l'iniziativa verso le Marche, l'Umbria ed oltre[63]: Anche in questa versione restava da spiegare per qual motivo Rattazzi e il sovrano avrebbero dovuto partecipare alla congiura che dava la direzione dell'iniziativa nazionale in mani altrui? per poca perspicacia il primo e per amicizia verso l'eroe popolare il secondo? Potrebbe pur credersi se non vi fossero troppi elementi ad indicare il coinvolgimento dei mazziniani nella trama, di cui i massimi vertici del regno sardo erano del tutto consapevoli.[64] Dopo la chiamata del Fanti al comando dell'Esercito della Lega, nomina per la quale Garibaldi aveva manifestato il suo disappunto,[65] la battaglia politica per l'Italia centrale si spostò a Torino intorno alle questioni del lento trasferimento in Romagna dei volontari già arruolati nei *Cacciatori delle Alpi*, per rafforzare il peso reale di colui che li aveva guidati sui campi di Lombardia[66] e per creare le condizioni per evitare ogni responsabilità piemontese in una eventuale azione al centro. In questo caso la via seguita appariva addirittura grottesca, tentandosi invano di accreditare, dopo un colloquio di quattro ore svoltosi a Torino tra il re e Garibaldi, una divergenza di

Schwartz «una missione molto delicata» a Messina: v. ENSG, *Epistolario*, vol. IV, cit., p. 151. Asproni riporta una indiretta e singolare testimonianza per la quale il movimento per il Centro prese le mosse dal complotto filoitaliano di due reggimenti francesi cui il re avrebbe dato il suo beneplacito (*Diario*, p. 377).

[63] La tesi, già sostenuta dalla J. WHITE MARIO e da A. SAFFI, è ripresa da T. CASINI *Garibaldi nell'Emilia* cit., p. 300.

[64] Tra settembre e dicembre le relazioni ai più alti livelli con Mazzini accesero i dubbi francesi su Rattazzi: v. R. ROMEO, *Cavour* cit., pp. 335 e 643.

[65] V. ENSG, *Epistolario*, vol. IV, cit., a Farini, dal Quartier Generale in Modena, 29 agosto 1859, p. 128. In vero trattasi di protesta per la nomina del Mezzacapo a Tenente generale, ma egli scrive polemico e allusivo «Io mi contenterò del terzo rango e l'avvenire dirà perché Garibaldi si contenta di servire».

[66] *Ivi*, le lettere del periodo, in particolare del 12 agosto a N. Paggi e a G. Sacchi, p. 118, allo stesso del 26 settembre, p. 145, e le diverse al Fanti. Importante anche quella a Vittorio Emanuele del 7 ottobre, che rivela un forte contrasto col Fanti, forse all'origine della missione Saint Front presso di lui, cfr. T. CASINI *Garibaldi nell'Emilia* cit., pp. 329-30. Il controllo della forza armata, osservava il Finali in una lettera (*ivi*, p. 327), faceva di Garibaldi il vero padrone delle Romagne. Qualche atto eccessivo per un militare sotto l'autorità di un governo legittimo, anche se rivoluzionario, egli l'aveva già compiuto, per esempio col proclama ai municipi del 19 ottobre, p. 322.

opinioni tra i due.[67] Da quel colloquio, che non poteva, né si voleva restasse riservato, uscì la decisione di sollecitare le dimissioni del Fanti, sicché apparisse la non responsabilità del sovrano rispetto agli eventuali colpi di testa di Garibaldi.[68] La risposta di Cavour a questa iniziativa fu assai ferma e si articolò su due piani: il primo, quello ufficiale, implicava l'avvertenza al governo, che certo non ne aveva bisogno, dei pericoli incombenti, ma probabilmente serviva per lasciar traccia del passo compiuto e delle responsabilità sollecitate e peraltro chiaramente individuate.[69] L'altro, che disarticolò l'operazione e costrinse alla fine il re ad intervenire per fermarla,[70] fu quello di agire a Bologna, isolando il Generale rispetto alle correnti di opinione liberale rappresentate dal La Farina,[71] convincerlo dell'impossibilità del suo tentativo e costringerlo alle dimissioni.[72] Questo piano puntava sulla responsabilizzazione delle assemblee

[67] Garibaldi scriveva al re il 1° novembre: «Se V. M. manda fucili li farò pagare co' denari della sottoscrizione», alludendo a quella per il milione di fucili, promossa il 21 settembre, con lettera al Valerio, e perfezionata poi con il contributo operativo del Besana e del Finzi. Il lavoro per la sottoscrizione si giovò subito dell'*Associazione Unitaria* di Milano: v. MRM, op. 5832, nonché ENSG, *Epistolario*, vol. IV, cit., rispettivamente alle pp. 142-3 e 181-2.

[68] *Le lettere di Vittorio Emanuele II* cit., vol. I, Vittorio Emanuele a Fanti, Torino, 29 ottobre 1859. Ciò anticipava la tattica seguita con maggior fortuna nel 1860 al momento del passaggio dei Mille in Calabria.

[69] «Se questo[la dimissione Fanti] si compie ritengo che ogni cosa è perduta e che la responsabilità del disastro ricadrà sul re e sui suoi ministri», Cavour a La Marmora, Torino, 30 ottobre 1859, in CHIALA, vol. III, p. 145. Non credo tanto casuale la venuta del conte a Torino «Giunto a Torino per comprare cavalli sento ecc.», così scrive.

[70] La revoca degli ordini dati a Torino dal re a Garibaldi fu forse portata a Bologna da Solaroli, poi presente agli incontri del 12 novembre tra esponenti emiliani, più La Farina e Minghetti: v. la sua relazione al re in *Liberazione del Mezzogiorno* cit., vol. V, *Appendici*, pp. 245-7. Da essa apprendiamo che l'intrigo continuava, ed oltre al Solaroli in veste ufficiale, il re aveva inviato il Trecchi. Cfr. anche T. CASINI *Garibaldi nell'Emilia* cit., pp. 341-2. Il CHIALA, vol. III, pp. CCLX-LXI, sulla scorta del Guerzoni, cita l'intervento di Rattazzi che contro Cavour, favorevole all'immediata dimissione del Generale, lo richiamò a Torino a colloquio col re, svoltosi però dopo l'abbandono delle Romagne.

[71] Chiamato da Farini per frenare i settori ascritti alla *Società Nazionale* e premere su Garibaldi, che ne era presidente da metà ottobre, il La Farina ricostruì i fatti, in *Il Piccolo Corriere* del 22 novembre (*Scritti politici* di G. LA FARINA cit., vol. I, pp. 221-2), in modo pittoresco per non riaprire la piaga, né irritare Garibaldi, restato alla presidenza della società. Lo scritto spiacque a Fanti che non capì l'intento di coprire il sovrano senza contrapporsi a Garibaldi, e su ciò cfr. *Epistolario* di G. LA FARINA cit., vol. II, pp. 243-5. R. GREW, *A Sterner Plan* cit., ricostruisce la fase, pp. 222-9, e coglie il disagio di La Farina per l'opera di governo, incerta e contorta, di Rattazzi che indeboliva l'azione mediatrice tra le varie anime del movimento liberale, svolta dalla sua associazione. V. in questo senso CHIALA, vol. III, pp. CCCIV-CCCV, la lettera di La Farina a N.N. a Milano.

[72] In relazione con Cavour, Minghetti fu il principale esecutore di questo piano: v. il suo ruolo in I. ZANNI ROSIELLO, *L'unificazione* cit., pp. 153-61. Il suo *Diario* in CHIALA, vol. VI, pp. 453-5, mostra le idee del gruppo cavouriano sull'Italia centrale, le quali escludono in modo categorico azioni nelle Marche, salvo il caso della insurrezione «militare» di Ancona.

degli ex Stati centrali,[73] alle quali sarebbe spettato respingere le dimissioni di Fanti, al contrario di quanto pensava Garibaldi, che continuava ad appellarsi alla dittatura regia.[74] Intanto la sostituzione del Farini al Cipriani mentre unificava di fatto in un sol colpo Modena, Parma e l'Emilia, portava al governo di questa regione un uomo energico in grado di affrontare senza timori le minace insurrezionali di Garibaldi.[75] La decisione e la rudezza dell'intervento di Cavour meritano di essere considerate anche sotto un ulteriore aspetto, poiché se il suo realismo politico gli faceva ben giudicare la pericolosità della iniziativa nelle Marche dal punto di vista della situazione internazionale,[76] non gli sfuggiva il rischio che quella azione faceva correre al progresso delle libere istituzioni.[77] Infatti i cavouriani non escludevano in assoluto di oltrepassare il

[73] La gravità dei deliberati cui esse furono chiamate è testimoniata dal fatto che la prima riunione dell'assemblea bolognese, del 6 novembre, si tenne a porte chiuse e senza verbale: v. *Gli Archivi dei Governi Provvisori e straordinari, 1859-1861*, vol. II, a cura di I. ZANNI ROSIELLO: *gli Archivi dei Governi Provvisori delle Romagne nel 1859*, Roma, Pubblicazioni degli Archivi di Stato, 1961. La notizia fu data anche da *L'Armonia* del 9 novembre 1859, portata a prova delle difficoltà incontrate dai governi usurpatori.

[74] ENSG, *Epistolario*, vol. IV, cit., a Vittorio Emanuele, p. 180. Non so su quali basi il curatore l'abbia attribuito alla seconda metà d'ottobre. Di fronte alla lettera del re del 29 ottobre Fanti aveva presentato le dimissioni, e Minghetti non riuscì a fargliele ritirare. Pensò allora che i voti unanimi dell'assemblea toscana e dell'Emilia fossero in grado di rimuoverlo dalla sua posizione: v. T. CASINI *Garibaldi nell'Emilia* cit., p. 334. Sul coinvolgimento toscano nella vicenda, cfr. la lettera di Guerrazzi a Brofferio, Genova, 9 novembre 1859, in F. MARTINI, *Due dell'estrema* cit., pp. 27-9.

[75] Farini si mostrò doppiamente risoluto: nel riappropriarsi del primato della responsabilità della autorità politica, con l'invio di immediati contrordini ai comandi rispetto a quelli di Garibaldi (CHIALA, vol. III, p. CCXL); e col respingere le minacce dello stesso di provocare un sollevamento popolare: v. T. CASINI *Garibaldi nell'Emilia* cit., pp. 344-5. Alla fermezza mostrata in questi frangenti si lega la riconoscenza di Cavour per Farini (v. la sua lettera del 12 marzo 1860 a Farini in *Liberazione del Mezzogiorno*, vol. V, cit., pp. 466-7). Sul ruolo di Farini in Emilia cfr. E. PASSERIN D'ENTRÈVES, *Piemonte e Romagna nel 1859-60*, ora in *La formazione dello Stato Unitario* a cura di NICOLA RAPONI, Roma, Istituto per la Storia del Risorgimento Italiano, 1993, pp. 80-94.

[76] Su ciò insistono i diari minghettiani citati. Da ricordare anche il precipitoso rientro del Solaroli da Parigi, latore delle decisioni delle diplomazie inglese e francese, preoccupate per un moto nell'Italia centrale che coinvolgesse Garibaldi e Mazzini v. CHIALA, vol. III, p. CCLX.

[77] Il *Diario* di G. ASPRONI cit., p. 343, 6 novembre, riporta una conversazione con Deideri che gli dà le ultime nuove di Garibaldi, ma egli ne ricava l'impressione che si pensi ad una dittatura militare. Gli aspetti di intrigo con cui una parte dell'opinione pubblica visse quelle vicende ci è testimoniata anche da *L'Armonia*, che il 3 novembre segnala i fischi con cui Sineo (recatosi a Parigi alla fine di luglio) fu accolto dal congresso operaio cui tenne un discorso che inneggiava alla Francia e a Villafranca per aver conservato Nizza e Savoia al Regno Sardo. Cavour tenne fermo il giudizio sui pericoli dell'esperienza rattazziana, avvenuta in regime di pieni poteri. Aspromonte e Mentana, concluse ambedue con una netta involuzione e con gravi lesioni dell'ordine costituzionale, gettano altra luce sui fini del re e di Rattazzi.

confine pontificio, pur immaginando che col solo entusiasmo del sentimento nazionale e l'avversione delle grandi potenze non si sarebbe andati lontano. Peraltro era possibile accettare una fase transitoria prima dell'unione dell'Italia centrale al Piemonte solo se fosse stato chiaro all'«Europa che noi ci atteniamo a questo partito solo per salvare l'ordine, e per impedire alla rivoluzione di avanzarsi».[78] Ma il fatto che Vittorio Emanuele avesse avvisato Parigi del possibile movimento al centro e cercato di ottenerne il consenso all'ingresso delle truppe nelle regioni centrali per ristabilirvi l'ordine,[79] getta una luce sinistra sui calcoli torinesi. Infatti, questo era il punto, una azione militare avrebbe reso inevitabile la conferma al re dei poteri speciali, mentre il paese si sarebbe ritrovato in una situazione eccezionale, sicuramente in una bufera internazionale dagli esiti incerti, tale da sconsigliare il superamento di quella misura.[80] La risposta di Parigi, che ritenne ammissibile l'ingresso delle truppe previa solenne dichiarazione di non voler pregiudicare con tale atto le decisioni del futuro congresso internazionale, spogliò il disegno regio di ogni copertura patriottica lasciando spazio solo alla repressione. Seguire tale strada equivaleva a inimicarsi il paese, senza ottener risultati sul piano internazionale; insistere sulla strada abbozzata a Torino con Garibaldi equivaleva ormai ad un suicidio politico o, come aveva detto Cavour, a un'avventura.[81]

Lo scontro svoltosi tra la fine dell'estate e l'autunno del 1859 delineò comunque gli schieramenti rimasti sostanzialmente invariati per tutta la fase politica di ripresa del movimento unitario. Infatti solo quando esso avesse raggiunto i suoi fini poteva dar origine a nuove tensioni interne ai due grandi schieramenti in cui si divideva, ed avviare un ulteriore processo di assestamento delle forze politiche intorno agli obiettivi che si sarebbero successivamente imposti, se la imprevista scomparsa di Cavour non avesse irrigidito gli equilibri politico-parlamentari. Lo schieramento cavouriano poteva affrontare le prossime batta-

---

[78] CHIALA, vol. VI, p. 475. Trattasi di estratto del *Diario* minghettiano.

[79] R. ROMEO, *Cavour* cit., pp. 645-6.

[80] Il giorno 13 novembre, giunti vari e inequivoci segni dell'ostilità imperiale a movimenti verso il centro, il Pallavicino dà al re il consiglio, poi respinto, di «uscir d'impaccio mediante un *coup de tête* di Garibaldi». (*Memorie* di GIORGIO PALLAVICINO, pubblicate per cura della figlia, vol. III, Torino, Roux e Frassati, 1895, p. 546). In una lettera a Garibaldi del gennaio 1860, pp. 559-60, il colpo di testa verrà spiegato come l'idea, nutrita dal re, di spingere il Generale verso il sud. Dunque il pensiero di un *coup de tête* circolava, ma non chiare ne erano le finalità. Il 13 ottobre *L'Opinione* polemizzò poi con *Il Corriere mercantile* di Genova che invita il governo a riunire il Parlamento per prorogare i pieni poteri. Il Parlamento, sostiene il foglio del Dina, se facesse ciò oltrepasserebbe i limiti del suo mandato.

[81] Garibaldi attenuò la sua rigidità solo quando l'11 novembre l'arrivo del Trecchi gli chiarì la posizione imperiale, espressa in un telegramma cui accenna T. CASINI, *Garibaldi nell'Emilia* cit., p. 341. Come insinua il CHIALA, vol. III, p. CCLIX, dai colloqui del 29 ottobre era uscito convinto dei favori del re, e di interpretarne le vere intenzioni. Vedi anche R. ROMEO, *Cavour* cit., pp. 645-6.

glie forte dell'appoggio del La Farina e della *Società Nazionale*,[82] degli elementi liberali emiliano-romagnoli e lombardi — questi ultimi in forte conflitto con l'opera legislativa del ministero rattazziano — nonché della diplomazia occidentale che ormai doveva aver ben capito come il conte fosse l'unico interlocutore valido per avviare a positivi sbocchi la crisi italiana.[83] Dalla parte di Rattazzi invece erano schierate le due più consistenti potenze simboliche del paese, il monarcato e Garibaldi, interprete del principio popolare e nazionale, cui si aggiungeva la forza della sinistra subalpina, caratterizzata da tratti regionalistici piemontesizzanti. Ne sortiva una singolare miscela dinastico-demagogica segnata da tratti localistici, agenti in modo diverso nei settori filomonarchici e in quelli popolari, la cui possibilità di fondersi in partito si legava di necessità alla condivisione di un carisma, naturalmente proposto dal re e rafforzato dal consenso di Garibaldi, il suo primo amico, un luogo comune dell'agiografia filosabauda. Questo particolare sostrato ideologico-politico incrementava le tendenze centraliste in una visione in cui l'autorità dello stato, la disciplina dell'esercito, l'unità di principio della monarchia conferivano ai grandi apparati una funzione di comando che li costituiva come riferimenti intorno ai quali modellare l'identità della nazione.[84] Ma, specie nella fase dinamica e fondativa dello stato nazionale, questo aggregato non aveva ancora forza di attrazione, almeno finché i settori aristocratico-liberali vi avessero contrapposto un progetto costituzionale che salvaguardasse il loro ruolo sociale e nel contempo fosse capace di accompagnare il moto progressivo dei tempi, additato dalle nazioni avanzate dell'Europa come un'inevitabile via. Questo aveva mostrato l'esperienza recente, e avrebbe confermato quella successiva de *La Nazione Armata*: a quelle *élites* che tendevano a riconoscersi nella linea cavouriana non piaceva proprio quella cosa che in Europa non si era vista mai, come si espresse il generale Solaroli in un drammatico colloquio con Vittorio Emanuele, quando si trattò di richiamare l'odiato Cavour, cioè quel colore bonapartista poco rassicurante di

---

[82] Ricostituendo la *Società Nazionale* il La Farina aveva voluto il consenso di Rattazzi, ma ciò era nella natura stessa della sua associazione che intendeva operare con il governo. Inoltre egli pensava allora di mantenere l'accordo tra tutte le forze liberali: v. R. GREW, *A Sterner Plan* cit., pp. 225-6.

[83] Cfr. C. PISCHEDDA *Cavour dopo Villafranca* cit., pp. 113-5, sul contrasto tra l'Inghilterra, che spinge per l'iniziativa al centro, e il ministero che segue l'orientamento del re favorevole all'acquisto del Veneto. Nei giorni della crisi la stampa internazionale diffuse la dichiarazione dell'11 novembre del ministro degli Esteri inglese all'ambasciatore a Vienna: l'Inghilterra si dichiarava avversa a ogni iniziativa contro l'integrità degli Stati Romani. R. ROMEO, *Cavour* cit., pp. 645-6: a Parigi non si dà credito al re, che presta ascolto «aux conseils» di qualunque demagogo.

[84] Per un approccio ad alcune problematiche sul ruolo degli apparati pubblici si veda I. ZANNI ROSIELLO, *Gli apparati statali dall'Unità al fascismo*, Bologna, Il Mulino, 1976.

cui si tingeva il progetto rattazziano, di «un principe che si metta a capo dei ri-voluzionari».[85]

Nel novembre del 1859 la coincidenza temporale di una serie di eventi indi-ca più di tanti discorsi le relazioni intrinseche tra essi: la crisi della Romagna iniziò con la lettera di Vittorio Emanuele a Fanti; alcuni giorni dopo Rattazzi, presente ad un colloquio dell'Hudson con il re, osserva:

«quando la Camera si riunirà vedremo se Cavour sarà forte da avere un partito e da governare».[86]

Egli parla ormai come il vero *leader* del ministero, nella prospettiva di una svolta di indirizzi prontamente accolta e sostenuta da *Il Diritto*, che auspica la costruzione dell'unità del partito liberale intorno al monarca e all'idea di Stato delineata da una riforma amministrativa tanto liberale qual è giudicata quella rattazziana.[87] Contemporaneamente si avvia a scioglimento la crisi romagnola e il 13 l'Asproni, a Genova, è chiamato d'urgenza da un telegramma a Torino dove si reca il giorno successivo. Brofferio lo convoca per le ore 20 ad una riunione nello studio di Sineo, cui partecipano oltre a G. A. Sanna, i deputati Brofferio, Valerio, Beolchi, Cotta Ramusino, l'avvocato Gazzera, assente Depretis occu-pato alla Camera.[88] Il giorno 15 Garibaldi si allontana da Bologna e il 17 Rattazzi si vede inviare la sfida di Cavour, nella lettera in cui dichiara che «ove venga eletto deputato» porterebbe nel nuovo Parlamento la sua opposizione ai provvedimenti rattazziani. Insomma la caduta del tentativo garibaldino in Emilia spinge in modo più stringente i rattazziani a prendere in considerazione la ne-

[85] GIUSEPPE MASSARI, *Diario dalle cento voci*, a cura di E. MORELLI, Bologna, Cappelli, 1959, p. 462. Il passo è riportato anche da A. LUZIO, *Aspromonte* cit., p. 96.

[86] *Ivi*, p. 410. Il passo è anche in C. PISCHEDDA *Cavour dopo Villafranca* cit., p. 135.

[87] *Il Diritto* dell'8 novembre, citato anche in una prospettiva in parte diversa da E. PASSERIN D'ENTRÈVES, *La politica del Piemonte tra Villafranca e i plebisciti del marzo del '60*, ora in *La formazione dello Stato* cit. p. 99.

[88] *Diario* di G. ASPRONI, vol. II, cit., pp. 346-7. All'incontro Brofferio fa senza misteri il nome di Rattazzi, messo al corrente dell'iniziativa, ma defilato in quanto ministro dell'Interno. Sineo e Brofferio ebbero mandato di preparare il progetto di statuto, si di-scusse il nome della nuova società, se fornirla di un proprio giornale o poggiarla invece a *Il Diritto*. A successivi incontri, documentati dall'Asproni, parteciparono in vari momenti i deputati Quaglia, M. Farina, G.B. Michelini, Macchi, Mellana, Majno, Parola, Buttini, Villa, Annoni, Chiavarina, Interdonato, Pistone, E. Celesia, L. Pareto, V. Ricci, L. Valerio, Depretis, Sineo, Beolchi. Fin da ora si avviò il lavoro per staccare Garibaldi dalla *Società Nazionale* e porlo alla testa del nuovo sodalizio (*ivi*, pp. 362-6). Su questa fase del conflit-to tra Cavour e Rattazzi cfr. C. PISCHEDDA, *Cavour dopo Villafranca* cit., pp. 133-57, cui in larga misura si rifà R. ROMEO, *Cavour* cit., pp. 653-62. Mi paiono del tutto fuori discussio-ne le responsabilità di Rattazzi, mente dell'operazione, e Asproni testimonia vari incontri svoltisi al ministero, specie per legare con gli elementi genovesi e di Milano.

cessità di una resa dei conti elettorale con il «partito» di Cavour, se egli lo avrà, e intanto ad affrettare i tempi per dar vita al proprio: i *Liberi Comizi*, nome assunto dalla nuova società, furono anzitutto espressione di questa volontà. La nuova sfida di Rattazzi a Cavour sembra assai meno pericolosa del confronto precedente, anzitutto perché coinvolge lo scenario internazionale in modo meno diretto e poi perché, come osserverà il conte, si riduce alla «trasformazione di Garibaldi in agente elettorale».[89] Anche nel caso dei *Comizi*, l'esempio della *Società Nazionale* assolve la funzione di grande modello di riferimento ma permane all'interno del gruppo fondatore una irrisolta tensione tra chi li ritiene strumento organizzativo della Sinistra, quindi proietta il lavoro di reclutamento in questa direzione,[90] e chi invece assegna loro la priorità di allargare i rapporti verso il Centro per mettere in crisi l'egemonia parlamentare cavouriana.[91] Le due ipotesi comportano anche diverse concezioni circa i modi di costruire il partito, essendo la prima componente interessata alla formazione di un'autentica associazione che canalizzi le energie del paese, con aperture verso il movimento mutualistico operaio di cui Macchi è parte non secondaria. L'altra invece, rappresentata da Depretis, Valerio e Sineo, si orienta verso la costituzione di un forte raggruppamento parlamentare, anche in vista della definizione di un programma comune con il Centro da assumere come fondamento del nuovo partito nell'eventualità delle elezioni. I primi, spendendo senza economia il nome di Rattazzi, e quindi del re, come grandi riferimenti politici dell'associazione, attuano la solita tecnica del contatto con personalità locali, sollecitate a creare i *Comizi* nei diversi centri.[92] I secondi privilegiano la creazione di un nu-

---

[89] *Liberazione del Mezzogiorno*, vol. V, cit., Cavour a Farini, 3 [gennaio] 1860, p. 443.

[90] Di questa tendenza i corifei sono Asproni e Brofferio che si rivolge a vari esponenti della Sinistra, anche a nome di Rattazzi, cfr. *Introduzione*; vedi anche l'*Epistolario* di C. CATTANEO, vol. III, cit., nonché il carteggio Guerrazzi-Brofferio in F. MARTINI, *Due dell'estrema* cit.

[91] V. il *Diario* di G. ASPRONI, vol. II, cit. p. 349, e l'opuscolo anonimo, ma *ivi* attribuito a Sineo, *I Partiti al Parlamento, 1859-1860*, Torino, Tipografia del Commercio, 1860, ove si legge: «La Sinistra intendeva farsi [...] non uno dei partiti liberali, ma tutto quanto il partito liberale; e sporgeva la mano, e non faceva altrui invito di venire a sé, ma ella stessa andava verso gli uomini dei *due centri* della Camera e i loro amici in paese, per *far tutti centro e accordo nelle idee del Governo*, che fermamente proponevasi di fondare la libertà e costituire la Nazione», p. 7, corsivo mio. Edito tra aprile-maggio, l'opuscolo segue *La Sinistra Parlamentare 1848-1860. Chi fummo e chi siamo*, uscito nel febbraio-marzo di quell'anno per gli stessi tipi.

[92] «Sembra finalmente che sia venuto il tempo di costituire fortemente il partito democratico italiano, e di avere una vera sinistra parlamentare», scrive il 22 novembre Sineo al Cabella e lo invita a un incontro a Torino (E. RIDELLA, *La vita e i tempi di Cesare Cabella*, p. 277). A Genova il massimo attivista dell'associazione fu però il Celesia. Pochi giorni prima, il 18 novembre, Brofferio scriveva a Guerrazzi per aver sostegno in Toscana, ove l'associazione non ebbe alcuna presa: «Sappiate che ho ideato di dar base ad una Società politica che dalla Capitale si dirami in tutte le città dello Stato per sostenere la causa della democrazia nella persona di Rattazzi, con che si liberi poco a poco dei compagni suoi per circondarsi di altri che amino la libertà e l'Italia» (F. MARTINI, *Due dell'estrema* cit., p. 34).

cleo parlamentare che, in caso di convocazione della Camera, metta in difficoltà Cavour, e intanto lavori alla definizione delle candidature elettorali. I contrasti tra i promotori ritardano notevolmente la pubblicazione degli statuti e la definizione della Commissione o *Comizio Centrale*, due decisioni intervenute a un mese circa dai primi incontri.[93] La nomina di Brofferio alla presidenza della società lascerebbe intendere il prevalere degli elementi estremi, se il Beolchi non parlasse di questa «malaugurata elezione» come «di un mistero che il tempo schiarirà», e addirittura non collegasse a questa nomina le prime defezioni di alcuni deputati del Centro e la decisione di dar vita ad un altro organismo.[94] Questo poi sarebbe stato il terreno sul quale tra dicembre e gennaio si sarebbe svolta la battaglia tra Cavour e Rattazzi per la conquista della maggioranza parlamentare e della palude centrista raccolta intorno al *Comitato parlamentare dell'Unione liberale*, in cui prevalgono le personalità di Boggio, Mamiani, Pistone, Benintendi, Cornero.[95] I *Liberi Comizi* dunque non parevano destinati a vita facile: la controversia interna non è ancora sciolta e già una scissione ne minaccia la forza; la mobilitazione del Centro li obbliga ad avviare trattative con «il sindaco Notta e altri del suo colore» per formare un'unica società,[96] e inoltre i loro primi passi ufficiali sono accompagnati da una insistente campagna di stampa per screditarli, avviata da *Il Corriere Mercantile*, giornale genovese influentissimo,[97] cui *Lo stendardo Italiano*, uscito il 15 dicembre come orga-

[93] Per *I Partiti al Parlamento* cit., pp. 17-9, gli statuti furono resi noti il 6. *L'Armonia* del 12 dicembre conferma la data, precisa l'approvazione avvenuta in casa Sineo e pubblica l'articolo 1: «L'Associazione Costituzionale dei Liberi Comizi ha per scopo di promuovere sotto gli auspici della libertà e dell'indipendenza italiana, la sincera attuazione e il regolare svolgimento dei diritti costituzionali, e la loro progressiva applicazione a tutte le parti della vita sociale». La Commissione Centrale, secondo l'Asproni, fu invece costituita l'8 dicembre. Se, come probabile, restò invariata fino al costituirsi de *La Nazione Armata*, essa risulta costituita da A. Brofferio Presidente, S. Türr, cooptato però negli ultimi giorni di dicembre, R. Sineo, C. Beolchi, P. Garda, M. Farina, G.A. Sanna, G. Asproni, G.E. Garelli. V. *Appendice*: il *Programma sociale de* La Nazione Armata.
[94] *Le carte di Giovanni Lanza* cit., vol. II, Beolchi a Lanza, Torino, 1° marzo 1860, p. 159.
[95] Notizie sulle trattative fino allo scioglimento de *La Nazione Armata* in *I Partiti al Parlamento* cit., che illustra le vicende dal novembre 1859 a gennaio del 1860. Cfr. anche il *Diario* di G. ASPRONI cit., vol. II, pp. 372-98. Ambedue le fonti sono di parte rattazziana.
[96] Si tratta del sindaco di Torino, alla cui richiesta di avviare trattative per costituire un'unica società allude il *Diario* di G. ASPRONI cit., vol. II, p. 372.
[97] V. *I Partiti al Parlamento* cit., p. 17. Asproni attesta però che vi fu il tentativo di coinvolgere nel progetto dei *Comizi* il gruppo raccolto intorno a questo foglio, ch'egli definisce sprezzante «partito della corruzione», ma la proposta incontrò la ferma opposizione del Celesia.

no dell'associazione, cercherà di porre vane difese.[98] Affidato alla direzione del Beolchi, il foglio aveva in Brofferio, nominalmente il proprietario, la penna più velenosa che fin dai primi numeri prese di mira Cavour mettendo a rumore la capitale. Una campagna politica, di per sé più che legittima, ma condotta con violenza inusuale sulla base di attacchi personali e minacciante eventuali e indesiderate rivelazioni era certamente in grado di suscitare subito forti allarmi e di creare scandalo. Cosa infatti non attendersi dalle seguenti premesse?

«Avvertiamo i nostri lettori che stamperemo una serie di articoli in cui si prenderà ad esaminare la vita politica del conte di Cavour nelle sue varie fasi; e porremo loro innanzi Cavour deputato, Cavour ministro, Cavour presidente del Consiglio, Cavour ambasciatore a Parigi, Cavour e il Parlamento, Cavour e le ferrovie, Cavour e la questione economica, Cavour e la questione religiosa, Cavour e le riforme interne, Cavour e la questione italiana. Tutto ciò che diremo sarà corredato con prove, specialmente desunte dagli atti del Parlamento e proveremo anche ai ciechi [...] che Cavour finanziere non fece una legge, neppure una, che non fosse d'immensa gravezza ai contribuenti e pochissima utilità del pubblico erario; che Cavour economista dovette riporre in vigore tutti gli aboliti ordinamenti come quelli delle mete, delle tasse sulle carni, sul pane, sulla farina nell'interno; e quelle che, per imprudenti trattati coll'estero non poté ristabilire, ebbero per effetto lo scoraggiamento della patria industria, senza sollievo per noi delle derrate straniere; che Cavour per la libertà interna non ha mai fatto il più piccolo favore, perché delle libertà osteggiatore ... e che fu tutto suo dono la bella legge che abbiamo dei conventi e della Cassa Ecclesiastica che fruttò allo stato più di ottocento liti, quasi tutte perdute e il beneficio di avere i conventi e la cassa, i frati e le liti».[99]

Una tale lista di misfatti da svelare sollevò le proteste di tutta la stampa liberale, e anzi, a dar retta alla testimonianza del Beolchi, questi modi impolitici sarebbero stati all'origine di un altro contrasto, interno alla redazione del giornale, tra lui e l'Interdonato da una parte, e il Brofferio dall'altra.[100] Quei modi amareggiavano il conte non perché giudicasse l'irruento polemista realmente pericoloso — in fondo quegli assalti erano anch'essi parte della «serie de fau-

[98] Molto si alluse sulla stampa su chi foraggiasse il giornale, alcuni parlando di denari del re, altri del ministero e della Rosina. Secondo l'Asproni «il re sussidia segretamente il giornale», p. 359. Per non sottostare ai ricatti di tipografi *Lo Stendardo* aveva tipografia propria, ed uscì fino alla fine di marzo, v. nota 112. Di esso sono consultabili solo alcuni numeri sparsi, conservati presso la *Biblioteca del Museo del Risorgimento di Torino*.

[99] Riportato in *L'Armonia* del 22 dicembre 1859. Il 24 pubblicò un altro articolo, *Non toccate il conte di Cavour*, che tra il serio e il faceto riassunse il clamore sollevato da *Lo Stendardo* e dai fogli intervenuti nella disputa, non senza irridere la pretesa provvidenzialità dell'opera del conte.

[100] *Le carte di Giovanni Lanza* cit., vol. II, p. 159.

tes» che avvicinavano la caduta di Rattazzi[101] — ma perché riconosceva i «potenti personaggi» celati dietro quella penna, li vedeva agire incuranti del danno provocato al paese, svelando «le antipatie, gli odi e le basse gelosie» che animavano gli ambienti di corte nei suoi confronti.[102] Oltre ciò resta infatti difficile immaginare qual pericolo, almeno nell'immediato, la linea oltranzista di Brofferio recasse alla direzione cavouriana e quali spazi potesse effettivamente contendere al conte nel momento che gli avversari, accecati dall'idea di vederlo tornare al potere scaricavano contro di lui non una ragionata alternativa, ma un'insieme di risentimenti, di accuse più o meno credibili, di vere e proprie calunnie, e la minaccia agitata di un re che avrebbe preferito abdicare piuttosto che riaverlo alla testa del governo, come appariva inevitabile. Perché, malgrado tutto, *L'Opinione* a fine novembre aveva ripetutamente preso posizione a favore della nomina di Cavour a rappresentare il Piemonte al congresso di Parigi;[103] e il Boggio, nel momento in cui svolgeva una parte di primo piano nelle trattative per la fusione tra *Unione liberale* e *Liberi Comizi*, doveva discutere con lui per assicurarsi la rielezione;[104] e infine nei giorni in cui gli era rivolto l'attacco più duro, un altro esponente influente del Centro, il Boncompagni, gli rinnovava la sua fiducia.[105] E sempre *L'Opinione* poneva a Rattazzi la domanda di fondo, pretendendo una risposta inequivoca:

«Siccome il paese comincia a prepararsi alle elezioni politiche ed è necessario ben determinare il terreno sul quale si vuole lottare»,

da che parte stava il Ministero, con l'estrema Sinistra, che fino ad allora aveva fatto opposizione, o con chi invece lo aveva appoggiato?[106] Allarme non fuor di luogo poiché il *Comitato Parlamentare dell'Unione liberale* non poté tollerare oltre i ripetuti attacchi rivolti da Brofferio a Cavour, i quali mettevano a prova

---

[101] Cavour a W. De La Rive, Turin, 7 janvier 1860, in CHIALA, vol. III, p. 168.

[102] Cavour a Farini, 25 dicembre [1859], in *Liberazione del Mezzogiorno* cit., vol. V, p. 436.

[103] V. gli articoli del 26 e 29 novembre parzialmente in CHIALA, vol. III, pp. CCLXXXIV-VI.

[104] V. il breve carteggio Boggio-Cavour in CHIALA, vol. VI, pp. 501-3. Nell'ultima lettera di esso, in data Torino, 10 dicembre 1859, Boggio esprimeva la sua totale simpatia alla nomina di Cavour al congresso, aggiungendo che «l'opinione universale in Piemonte [fa] della sua [di Cavour] presenza nel ministero la condizione indeclinabile della forza del governo», p. 503.

[105] *Ivi*, pp. 507-8.

[106] L'articolo, parzialmente in CHIALA, vol. III, p. CCXC, chiamava il ministero a respingere il pericoloso appoggio della Sinistra. La domanda poi era cruciale, poiché, scriveva in quei giorni La Farina, senza appoggio di Cavour, Rattazzi non sarebbe rimasto un'ora al ministero.

l'unità dei liberali, stabilita tra i fini istituzionali del *Comitato* stesso. Un primo articolo della serie anti cavouriana, apparso il 19 dicembre col titolo *Le idola-trie politiche*, provocò un irrigidimento dell'*Unione*. Rattazzi sembrò intuire che i suoi amici lo tiravano in un vicolo cieco, ed in un colloquio con Asproni, Capriolo, Farina e Sineo, rivolse caldi inviti a non provocare la rottura, anche in questo caso però senza indicare una linea politica, ma solo una pausa tattica: per far apparire l'*Unione* interessata solo agli aspetti deteriori del potere, l'accordo doveva sciogliersi al momento della verifica delle candidature elettorali. Il 20 poi lo zelante Brofferio esplose il suo colpo da novanta rivolgendo a Cavour l'accusa di aver seguito la politica del connubio al fine esclusivo di restaurare la sua popolarità, scossa profondamente dalle cattive prove date come ministro, contro cui si erano abbattute le dimostrazioni delle ostilità torinesi.[107] *Lo Stendardo* riapriva una pagina amara della carriera politica del conte, ma il danno provocato da quella rievocazione fu di gran lunga superiore ai vantaggi: *L'Opinione*, che aveva già preso una posizione netta, rivolse a Rattazzi l'invito a non confondersi col foglio brofferiano; il 22 *L'indipendente*, foglio ufficiale de *L'Unione*, diretto dal Boggio, pubblicò la dichiarazione che rompeva la trattativa con i *Comizi*;[108] Rattazzi e Capriolo dovettero prendere le distanze dall'articolo incriminato e Depretis e Valerio, partecipi alla riunione dei deputati del Centro, dichiararono di non aver mai fatto parte de *I Liberi Comizi*, con supplemento di critiche pubbliche del primo alla società e al suo organo.[109] A questo punto l'offerta di Brofferio di sottoscrivere personalmente i suoi articoli anticavouriani onde non coinvolgere la responsabilità dell'intera asssociazione non era neppur un modo ingegnoso di porre riparo ai guasti provocati.[110] Nei giorni successivi il *Comitato parlamentare dell'Unione* subì un rimpasto e rilanciò il programma di unità dei liberali, avanzando nuove proposte di trattativa alla società brofferiana che, secondo Asproni, si diffondeva nelle altre città.[111] Ma il deputato sardo coglieva anche i segni del malessere, le preoccupazioni ti-

[107] V. *ivi*, pp. CCXCII-V, l'articolo *Il programma del connubio*.
[108] *Ivi*, p. CCXCV. La mozione fu comunicata dal Boggio a Cavour, che da Torino, 23 dicembre 1859, ringraziava (CHIALA, vol. VI, p. 515). Il testo è sottoscritto dai deputati: Alvigini; Ara Casimiro; Benintendi; Bertini; Boggio Pier Carlo; Borella; Bottero; Brunet, Canalis; Chiapusso, avv.; Chiaves Desiderato; Cornero Giuseppe; Crosa Saverio; Franchi di Pont; Mamiani Terenzio; Montezemolo Enrico; Notta; Pateri; E. Pistone; Riccardi Ernesto; Richetta Nicolò; Tecchio Sebastiano; Vicari; Zerboglio.
[109] V. il *Diario* di G. ASPRONI cit., vol. II, pp. 386-400. La dichiarazione di Valerio e Depretis suscitò lo scandalo di Asproni.
[110] Dopo lo scandalo suscitato da *Il programma del connubio* Brofferio si disse disposto a firmare gli articoli e impegnare solo la sua persona, pensando così di risolvere il più grosso problema politico sollevato dalla mozione dei deputati de *L'Unione*. Ma egli restava proprietario del giornale, osservò il Beolchi che, dopo la fine dei *Comizi*, tentò di acquistarlo: v. *Le carte di Giovanni Lanza* cit., vol. II, p. 159.
[111] V. il *Diario* di G. ASPRONI cit., vol. II, pp. 386-400.

piche di chi vede la barca affondare, quelle di coprire i passivi de *Lo Stendardo*, garantiti da Capriolo «a piè di nota».[112] L'abbandono di alcuni è però compensato dall'arrivo di altri, che rafforzano la società pericolante: si stabilisce un patto di alleanza con Marazio e Oliva, redattori de *Il Dirittto* e con l'*Associazione Unitaria* milanese, cui forse erano forniti i fondi per pubblicare un suo organo.[113] Il conflitto sembrava prossimo a incanalarsi lungo le vie della normale dialettica politica, ma verso la fine dell'anno ebbe un improvviso ritorno di fiamma con l'arrivo a Torino di Garibaldi, che la sera del 28 dicembre ebbe un lungo abboccamento con Rattazzi e con il re, le argomentazioni del quale furono, come al solito, risolutive per le sue ulteriori decisioni.[114] Il 29 poi Rattazzi indirizzò una circolare ai governatori che con il nuovo anno, assumevano nelle province l'incarico cui erano stati chiamati a seguito della riforma amministrativa. Essa suonava come una puntigliosa rivendicazione dell'ispirazione liberale della legislazione sviluppata durante il regime dei pieni poteri, grazie alla quale il paese, usciva da una guerra vittoriosa e da un regime dittatorio «non solo più grande e più potente, ma altresì più liberale»;[115] perciò apparve più dichiarazione volta a perseverare nella politica del ministero che non ammissione della crisi di consenso in cui si trovava. In quello stesso giorno Garibaldi aveva invia-

[112] *Ibidem*. Il contrasto successivo tra Brofferio e Beolchi sulla proprietà del giornale indica che l'impegno non fu onorato. *L'Opinione* del 23 marzo 1860 pubblicò una dichiarazione, rifiutata dal tipografo Biaccardi, con cui il Beolchi annuncia la fine de *Lo Stendardo Italiano*. Si attribuì quel rifiuto a ragioni politiche, ma il povero tipografo non era stato pagato.

[113] *La Libertà*, cfr. cap. I, fu quasi certamente finanziato da denaro ministeriale, cfr. *Diario* di G. ASPRONI cit., pp. 360-3. Nel n° 2 del 30 dicembre 1860, presentando i due comitati elettorali costituiti a Torino, i quali avevano entrambi chiesto collaborazione all'*Unitaria*, dà la notizia della collocazione della società milanese al fianco de *I Liberi Comizi*.

[114] V. CHIALA, vol. III, p. CCCIII; i documenti in nota, fanno pensare ad un accordo per il futuro tra il re e Garibaldi, probabilmente su quel che sarebbe diventata la spedizione dei Mille. Non si hanno versioni del colloquio del 28 tra i due, salvo un breve, ma illuminante cenno del *Diario* di Asproni, p. 391, secondo il quale al Borella che parla della necessità di riportare al potere Cavour, Garibaldi avrebbe risposto «che era inutile occuparsi di questo perché il re, col quale egli aveva parlato la sera precedente, non voleva sentirlo neppur nominare», parole gravi che svelano la posizione del re nei giorni della crisi de *La Nazione Armata*, e confermano ove fosse il vero stravolgimento del sistema. Il re infatti spinge costantemente Rattazzi alla contrapposizione personale a Cavour e ne riduce la funzione politica. In polemica con improprie considerazioni del Mack Smith, C. PISCHEDDA *Cavour dopo Villafranca* cit., p. 153, ha dato di questa esperienza un giudizio appassionatamente negativo quanto esatto.

[115] Cito da *L'Armonia* del 30 dicembre. La circolare esalta poi la funzione cui i governatori sono chiamati dalla legge, che attribuisce loro una larga parte delle funzioni «dinanzi esercitate dal potere centrale» e il controllo sui pubblici funzionari e chiude con l'invito a rialzare gli animi turbati dalle incerte condizioni delle regioni centrali dell'Italia, rassicurandole della cura presa dal governo del re alla questione nazionale.

to al La Farina le sue dimissioni dalla presidenza della *Società Nazionale*,[116] sicché la mattina del 30, quando Asproni volle convincerlo ad aderire ai *Comizi*, la scelta era già fatta: bisognava fondare un'associazione di venticinque milioni d'italiani in armi. Fu da questa idea un po' esagerata che nacque la mattina successiva, in una stanza dell'Albergo Trombetta di Torino, alla presenza di Sineo, Brofferio, G. A. Sanna, Asproni, Garelli, Garda, Beolchi, Interdonato e Türr, già sul posto, *La Nazione Armata*.[117] Non è facile immaginare come la nuova società il cui nome era stato scelto da Garibaldi, intendesse riprendere l'originario disegno di unire il Centro e la Sinistra per dar vita ad una nuova maggioranza parlamentare; ormai in essa erano rimasti gli elementi più estremi, schierati ad oltranza sulla linea anticavouriana. Considerato che il tentativo in atto mirava a costituire un ministero più caratterizzato a sinistra e insieme continuare nella conciliazione con gli uomini dell'*Unione liberale*, esso non poteva mutare i termini politici della situazione; ma fin dove poteva aggravarla?[118] La risposta all'interrogativo sta nella possibilità di valutare, cosa tutt'altro che facile, fino a qual punto si spinse la forzatura dei meccanismi costituzionali da parte del gruppo rattazziano in stretto rapporto con il re. Ma l'esperienza oltre ad offrire a Cavour ottimi motivi di riflessione per il futuro, lo rese più rigido nella trattativa sui modi per uscire dignitosamente dalla crisi, e nella richiesta di convocare il Parlamento, tanto più che ancora una volta l'eroe di Caprera, fosse questo tutto il bagaglio della sua visione politica o idea suggeritagli da altri, ripropose la necessità d'una dittatura di Vittorio Emanuele. Egli non si limitò a sostenere tale idea con un proclama che, fallita l'operazione, si sarebbe desiderato non avesse visto mai la luce, ma di esso restò una traccia non contestabile,[119] bensì cercò di metterla in pratica fornendo quel supporto del consenso popolare sempre necessario in ogni tentativo di colpo di stato, consenso più pericoloso in quanto metteva in campo non solo genericamente la pubblica opinione, ma quei settori di volontari ben esperti nell'uso delle armi. D'altra parte l'appello rivolto da Garibaldi ai liberali italiani, accettando la presidenza della nuova società, li chiamava «sotto il vessillo unificatore di Vittorio Emanuele», li sollecitava a deporre «le dissidenze», li informava della trasformazione de *I Liberi Comizi* ne *La Nazione Armata* e riprendeva il tema di fondo

[116] ENSG, *Epistolario*, vol. IV, cit., p. 223, Garibaldi a La Farina, Torino, 29 dicembre 1859. Con essa «a datare da oggi» rinuncia alla presidenza dell'*Associazione Nazionale Italiana*.

[117] V. *Diario* di G. ASPRONI cit., vol. II, pp. 389-90. Con il nuovo nome si voleva coinvolgere più direttamente l'*Unitaria* e favorire il superamento delle divisioni manifestatesi.

[118] *Ivi*, pp. 390-5.

[119] Del proclama fu goffamente negata l'esistenza, confermata per leggerezza dal Türr, che ne rese nota una parte su *Il Diritto* del 26 gennaio 1860: v. *Schiarimenti*. In realtà, essendo la fretta cattiva consigliera, esso fu pubblicato da *La Libertà* del 1° gennaio 1860. Questo parlare di dittatura aumentò l'irritazione inglese verso Rattazzi.

del comunicato con cui la *Commissione Centrale* della prima associazione motivava la sua trasformazione: «Il diritto sostenuto dalle armi sia il nostro programma e la liberazione dell'Italia sia nostro unico voto».[120] Ciò poteva apparire eccessivo sulla bocca del presidente di una associazione che faceva dell'armamento della nazione il suo fine, ma assumeva caratteri dirompenti quando questo presidente era Garibaldi; e lo diveniva ancor più allorché il delirante comunicato con cui la neonata società lo accompagnava sviluppava quel tema in un ragionamento minaccioso verso la diplomazia, sensibile solo all'argomento delle armi, e in una violenta denuncia di quanti «mentre le provincie libere dell'Italia rivolgono i loro pensieri all'interno ordinamento, [...] nemici della libertà e dell'indipendenza nazionale vanno costruendo in ogni canto macchinazioni ed insidie».[121] Appello singolare nel momento in cui la diplomazia occidentale, e in particolare la Francia, davano prova di voler risolvere il problema dell'Italia centrale. Ma la chiamata alle armi andava letta solo in prospettiva italiana? L'improvvisa comparsa del Türr tra i protagonisti di quelle giornate costituisce un elemento di novità inquietante, e nel banchetto svoltosi all'albergo Trombetta in suo onore, davanti a «deputati, governatori, cittadini di tutte le classi e di tutte le frazioni del partito liberale», Garibaldi fece un brindisi all'Ungheria, all'Italia e al Türr, che auspicò di «veder Garibaldi a Pest nella prossima primavera».[122] Alla luce dei contatti di quei giorni e considerato che l'iniziativa balcanica alludeva alla ripresa delle aspirazioni venete, privilegiate dal monarca, una manifestazione simile e le parole pronunciate, dovevano apparire meno di circostanza di quanto si sarebbe portati a credere.[123] All'ipotesi di una crisi balcanica era però avversa fermamente la diplomazia inglese,[124] e ciò era sufficiente a stabilire un interesse comune a quello di Cavour per sconfigge-

[120] L'appello in *La Libertà* dell'1 gennaio 1860, nonché in CHIALA, vol. III, p. CCCIV. Il foglio, stampato a Milano e non nella capitale, e non avendo probabilmente grande diffusione, provocò un danno meno grave, e perciò ancora nel mese di gennaio a Torino si continuò a negare l'esistenza del proclama.

[121] V. *La Libertà* del 1° gennaio 1860 il *Programma Sociale* de *La Nazione Armata* diffuso dalla *Commissione Centrale* da *I Liberi Comizi*, che così davano anche conto della loro trasformazione.

[122] È quanto si legge nel resoconto de *La Libertà* del 2 gennaio sotto la rubrica *Notizie*. Garibaldi parlò poi al popolo «alla cui testa era la società operaia», dal balcone dell'albergo.

[123] Sul nesso tra problema italiano e balcanico, riproposto dagli scritti del bulgaro Tchibatchef e del croato Kvaternik nel 1859, v. A. TAMBORRA, *Cavour e i Balcani*, Torino, ILTE, 1958, che ricostruisce la politica di Cavour, per più aspetti continuata anche durante la sua assenza dal governo, ma si sofferma poco sulla seconda metà del 1859. Scarsi i riferimenti alla politica balcanica del re. Cfr. anche FRANCESCO GUIDA, *L'Italia e il Risorgimento balcanico: Marco Antonio Canini*, Roma, Ateneo, 1984.

[124] La linea inglese sulla questione veneta era ribadita dal Russel a Cavour appena riassunta la direzione del ministero (CHIALA, vol. IV, p. II).

re un così ambizioso disegno. Il conte d'altronde non ignorava le voci insistenti, secondo le quali Brofferio

«d'accordo col Rattazzi, incaricò Garibaldi, in presenza di sedici persone, di recarsi dal re, onde ottenere il decreto di una nuova dittatura per tutto il tempo che dovrà trascorrere prima che sia definitivamente risolta la questione italiana».[125]

Se è poco per ipotizzare tentazioni di forzature extraistituzionali, d'altra parte è sempre difficile disporre di testimonianze più ricche in simili pratiche, è certa però la contraddizione dei comportamenti di Cavour, che di fronte a questo nuovo tentativo, da un lato parve tanto convinto del suo carattere velleitario da scriverne a Farini in termini assai tranquilli, cogliendone bene il significato di avventura, pericolosa solo perché espressione di un'*extrema ratio* aggressiva volta a distruggere con lui tutto lo schieramento che lo sosteneva.[126] Ma nella corrispondenza continua a prevalere la nota ironica e distesa:

«Non vi dia fastidio la *Nazione Armata*. Le armi di quella nazione, o dir meglio genìa, non ferirà [*sic*] nessuno».[127]

Dall'altro è nel momento della verità, quando cioè l'*Unione liberale*, sollecitata all'accordo da Garibaldi che aveva voluto una commissione paritetica composta da Sineo, Brofferio, Asproni e da Mamiani, Cornero e Bottero per continuare la trattativa, fu di nuovo chiamata a deliberare l'accordo con *La Nazione Armata*, Cavour reagì con energia, come non aveva fatto il 22 dicembre, e rese noto che la costituzione di una simile alleanza, modificando la maggioranza parlamentare, lo avrebbe costretto a rinunciare a rappresentare il Regno Sardo alla conferenza internazionale, e a ritirarsi a Leri.[128] V'è dunque qualche elemento che sfugge, se il conte sentì che stava per affrontare una difficile prova; certo più della potenza di Garibaldi lo preoccupò soprattutto il clima vischioso

---

[125] *La Libertà* del 24 gennaio 1860. Il giornale rivelava tardi queste voci, con l'intento di smentire un'ultima diceria contro il ministero Rattazzi.

[126] Cavour a Farini, 2 gennaio [1860], in *Liberazione del Mezzogiorno* cit., vol. V, p. 441. «Qui il Ministero vedendo la mala prova fatta da Brofferio e dai Liberi Comizi, ha indotto Garibaldi a mettersi a capo di quella Società morta nata, credendo darle vita con mutarle nome. Per raggiungere questo scopo si sono adoperate arti indegne. La Farina, voi ed io dobbiamo essere *demoliti* da questo nuovo ordigno di guerra».

[127] *Ivi*, Cavour a Farini, 3 [gennaio] 1860, p. 442.

[128] Cavour a La Farina [2 gennaio 1860], in CHIALA, vol. III, pp. 159-60. Cfr. C. PISCHEDDA *Cavour dopo Villafranca* cit., pp. 157-9. Non mi pare che Cavour fosse «colto di sorpresa» dall'intervento garibaldino.

e velleitario cresciuto intorno alle iniziative della corona, onde ricorse senza timore al poco discreto appoggio offertogli dall'ambasciatore inglese.[129]

L'intervento inglese si inserì nella particolarissima congiuntura internazionale, che forse lo stesso Rattazzi aveva pensato di mettere a frutto per rafforzarsi al ministero,[130] onde si spiegherebbe meglio anche questa colossale ingenuità di giocarsi il tutto per tutto mettendo insieme il diavolo e l'acqua santa, la Sinistra e la Destra, Garibaldi e Mamiani, ed esponendo oltremisura il ruolo costituzionale del re per riuscire nell'impossibile impresa.[131] Infatti la comparsa alla fine del 1859 della *brochure* napoleonica su *Le pape et le Congrès* segnava una svolta nell'atteggiamento di Parigi verso la questione dell'Italia centrale, annunciando una disponibilità francese all'annessione che a Londra non meno che a Torino avevano interesse a mettere rapidamente alla prova.[132] In tali urgenze non era da escludersi neppure qualche intervento men che formale della diplomazia britannica,[133] e l'interpellanza del deputato Stansfeld, amicissimo di Mazzini, al ministro degli Esteri Russel, chiamò la Camera inglese a discutere

---

[129] Cfr. *Parlamento inglese*, in *L'Opinione* del 5 febbraio, che riporta il dibattito svoltosi in quel consesso.

[130] CHIALA, vol. III, p. CCCXXXVIII, riprendendo un tema avanzato da Rattazzi il 26 maggio in Parlamento indicò un nesso tra nascita de *La Nazione Armata* e sviluppi della situazione internazionale. La stampa filorattazziana fece di tale interpretazione dei fatti il suo cavallo di battaglia: Cavour aveva chiesto l'intervento inglese per bloccare i successi che sembravano ormai arridere al ministero e impedirne il rafforzamento, con ciò sacrificando Nizza e Savoia.

[131] Il giudizio più politico sulla crisi del ministero Rattazzi lo dette Cavour in una lettera ufficiale del 23 gennaio a Des Ambrois, allora ambasciatore a Parigi: «La cause véritable c'est qu'il ne pouvait plus marcher. Composé d'eléments hétérogènes: n'ayant pas de principes fixes: donnant un jour tout à fait à gauche, pour se retourner le lendemain vers l'extrême droite; il avait perdu toute force morale, toute considération, tout prestige» (*ivi*, p. 181). Il giudizio rivela anche preoccupazione per la stanchezza del paese, di cui si era fatto interprete il Farini: «Il solo Parlamento può esautorare i circoli; gli uomini politici nel solo Parlamento possono esautorare i saltimbanchi». Pochi giorni dopo ribadì la condanna per la condotta del re e di Rattazzi, raccomandando opposizione in tutto legale, perché «Il sistema parlamentare ha già patite gravi ingiurie» (*Liberazione del Mezzogiorno* cit., vol. V, pp. 442 e 448). Di queste ingiurie Cavour aveva coscienza, e nella lettera al Des Ambrois osservò che al fine v'era stata una sola pressione: quella dell'opinione pubblica, con mezzi che «s'ils n'étaint pas parfaitement légaux, étaint parfaitement légitimes», e contro chi voleva impedire la riunione del Parlamento.

[132] Cavour definì le novità di Francia nello scorcio del 1859, con la crisi provocata da un discorso dell'arcivescovo di Bordeaux e la pubblicazione della *brochure* imperiale «il Solferino.. [e]..il Magenta» del papa, cfr. a Farini, 29 dicembre 1859, *ivi*, vol. V, p. 440. Su ciò hanno insistito C. PISCHEDDA, *Cavour dopo Villafranca* cit., pp. 160-3, e R. ROMEO, *Cavour* cit., pp. 668-9, per il quale le novità di Francia spinsero il conte ad intensificare l'opposizione al governo. Vedi anche Cavour a W. De La Rive il 7 gennaio, in CHIALA, vol. III, pp. 167-8, ove tra l'altro conferma che le sciocchezze di Garibaldi provocano reazioni anche fra i democratici.

[133] Sulle iniziative concordate tra Cavour e Hudson per fare pressione sul re attraverso il governo inglese e costringerlo a convocare la Camera vedi C. PISCHEDDA, *Cavour dopo*

se fosse vero che a Torino si costituiva *La Nazione Armata* «col permesso del re» e che Garibaldi stava per essere nominato con decreto ispettore generale della *Guardia Nazionale* del Regno;[134] inoltre se rispondesse al vero che l'Hudson, avverso le decisioni assunte dal re «di sua spontanea volontà», avesse minacciato il ritiro dei buoni uffici inglesi a favore della causa italiana nel congresso internazionale. Per chi conosceva le procedure parlamentari inglesi la risposta del Russell era tanto formale quanto severa, poiché senza entrare nel merito della prima questione, riguardante gli affari interni di uno Stato amico, sul resto evitava la polemica, dichiarando che le informazioni da lui ricevute provenivano da una lettera privata dell'Hudson, a sua volta interpellato da personalità torinesi, e tra esse Garibaldi, in veste di privato cittadino.[135] L'ambasciatore aveva osservato, e ciò aveva poi scritto anche al suo ministro, che era del tutto estranea alla sua concezione della monarchia costituzionale «una associazione armata che non fosse sotto il controllo del Sovrano», ed il Russell non a caso suscitava tale aspetto, quasi a sottolineare diplomaticamente che quella società era al di fuori della tradizione costituzionale o, più sottilmente, che essa fosse *di fatto* sotto il controllo del re, così rivolgendo il più duro richiamo a un monarca che in modo tanto vistoso era entrato nelle controversie di partito. Sottigliezze diplomatiche, certo, ma la versione di Russell taceva su molti aspetti, perché Garibaldi si era rivolto all'Hudson per conoscerne il pensiero, se al privato cittadino o all'ambasciatore poco monta, ma lo aveva fatto a seguito di voci e pressioni ricevute perché abbandonasse la presidenza de *La Nazione Armata*, all'origine delle quali si trovava, come tutta Torino sapeva, l'ambasciata inglese.[136] Il Generale in realtà scriveva in quei giorni al Medici di esser riuscito ad ottenere il comando della Guardia Mobile in Lombardia, ove sperava di inquadrare i

*Villafranca* cit., p. 174, nota, il quale però su questa base non ritiene il biglietto di Hudson, che impegnava il ministero alla riapertura del Parlamento, una trappola per provocarne la caduta. R. Romeo, *Cavour* cit., pp. 671-2, invece richiama i precedenti della crisi del ministero d'Azeglio e poi quella Calabiana per osservare che l'intervento delle potenze occidentali negli affari interni sardi non era irrituale.

[134] C. Pischedda, *Cavour dopo Villafranca* cit., pp. 154-7, esamina con attenzione i motivi della nomina di Garibaldi a capo della Guardia Nazionale e conclude che la morte precoce de *La Nazione Armata* risparmiò al re, Rattazzi e Garibaldi, di anticipare le giornate drammatiche di Aspromonte.

[135] Sul significato di questa procedura ci illumina lo stesso Cavour che illustra al Des Ambrois l'uso della diplomazia inglese di utilizzare corrispondenze ufficiali e confidenziali e ricorre a quella particolare e personale, destinata a «n'être jamais publiée», ignota perfino ai successori, onde sfuggire le «habitudes de publicité» dei paesi costituzionali (Chiala, vol. III, 23 janvier 1860, pp. 180-1). Una tal lettura getta una luce più sinistra su *La Nazione Armata*.

[136] ENSG, vol. V, p. 5, a Sir J. Hudson, 4 gennaio 1860. Il testo viene da copia di Hudson. La lettera sembra preparata da altri e sottoscritta da Garibaldi. *Lo Stendardo Italiano* dichiarò: «*La Nazione Armata* più non esiste. Chi l'ha uccisa è la diplomazia straniera; o per dir meglio, è il signor Dabormida, umilmente inginocchiato dinnanzi alla diplomazia». L'intervento dell'Hudson fu tra le cause dello scatto d'orgoglio con cui i mini-

suoi volontari, trovando però la netta ostilità alla formazione di una forza militare fuori dal controllo dell'esercito in Dabormida, La Marmora e Cavour. Poi, con l'aria di indicare la fonte di quell'opposizione, rivelava di aver ottenuto la stessa risposta dall'Hudson, da lui appositamente interpellato, ma faceva il solo Cavour responsabile di aver messo in crisi la sua presidenza de *La Nazione Armata*.[137] La sera del 2 gennaio intanto il *Comitato parlamentare dell'Unione Liberale* respinse l'intesa con Garibaldi, resistendo all'assalto finale del fronte rattazziano, fortemente sostenuto dal re, e rinnovò la fiducia a Cavour. La vicenda era stata occasione di un'impropria consultazione della volontà parlamentare a Camera chiusa, ed aveva dunque tanto maggior valore nel significare che il governo non ne godeva più la fiducia.[138] Come sarebbe stato subito chiaro, quel tentativo servì a prolungare di qualche giorno l'agonia del ministero, non certo a rendere possibile una svolta della situazione politica, per la quale ci sarebbe stato bisogno di una proposta ben più articolata. Rattazzi usciva sconfitto e il risultato lo costringeva, salvo un estremo accordo con Cavour, ad abbandonare il governo, anche se gli si deve riconoscere il merito di aver tentato di rompere il monopolio cavouriano del potere. La sconfitta era frutto dell'illusione di poter tenere contemporaneamente una posizione di governo ed una di opposizione: questo i tempi, in quell'alba del sistema parlamentare italiano, ancora non consentivano.

Un estremo accordo con Cavour: era davvero possibile un simile percorso? Le forze che lo auspicavano non mancavano. Alla fine di novembre il Cassinis, contattato in vista di un rimpasto del gabinetto rattazziano, aveva avanzato questa condizione per aderire al progetto, proponendo il reingresso del conte

---

stri respinsero come ingerenza il biglietto scritto dallo stesso il 16 gennaio per conto di Cavour. *La libertà* del 9 febbraio, cfr. *Armiamoci! Armiamoci!*, espone il progetto di armamento nazionale, attribuisce all'ingerenza inglese la crisi di gennaio e osserva che le preoccupazioni di Hudson e di Cavour aumentarono perché Garibaldi ebbe la presidenza de *La Nazione Armata* «dopo che il ministro Rattazzi lo aveva già liberamente prescelto a capo ed ordinatore supremo di tutte le milizie nazionali». A fronte di tanto parlare di ingerenze diplomatiche in questa crisi, Cavour nel suo intervento alla Camera dell'11 ottobre 1860, affermò che essa «non fu prodotta da cause relative alla politica estera, ma da ragioni che si riferivano unicamente al reggimento interno» (API, *Camera dei deputati, Discussioni*, p. 1007).

[137] ENSG, *Epistolario*, vol. V, cit., pp. 6-7, Torino, 5 gennaio 1860. Questa lettera, più di quella all'Hudson, rivela il pensiero di Garibaldi. Essa consente due precisazioni: Garibaldi distingue l'ottenuta nomina per la Guardia Mobile dai fatti de *La Nazione Armata*; inoltre, con la forza della documentazione coeva, conferma che egli pensa alla formazione di un corpo volontario, composto dai quadri garibaldini, parallelo o di supporto all'esercito. Ciò aumentava i pericoli della sua presidenza de *La Nazione Armata* (cfr. al proposito anche le considerazioni di C. PISCHEDDA *Cavour dopo Villafranca* cit., pp. 154-7), carica che, secondo la testimonianza del Castelli, egli lasciò per intervento del re (CHIALA, vol. VI, p. 529, a Farini, Torino, 4 gennaio).

[138] Sulla crisi ministeriale, che ai fini della genesi del *Terzo partito* importa solo perché rese definitivamente incompatibili Cavour e Rattazzi, cfr. C. PISCHEDDA, *Cavour dopo Villafranca* cit., pp. 157-70 e R. ROMEO, *Cavour* cit. pp. 668-74. Sui fini affidati da

al governo, ma incontrò la netta opposizione del ministro degli Interni;[139)] la *Società Nazionale* si mostrò tutt'altro che ostile all'ipotesi,[140)] e *L'Unione liberale* aveva già difeso questa bandiera respingendo le aggressioni brofferiane;[141)] infine l'aveva sostenuta anche *L'Opinione* in due interventi, il 24 dicembre e il 13 gennaio.[142)] Cavour aveva ripetutamente rifiutato quell'idea prima e dopo la sua nomina al congresso di Parigi, ma poi l'aveva ripresa, forse nel tentativo di trovare una soluzione morbida alla crisi e forse per coinvolgere Rattazzi in una fase delicata e che egli stesso giudicava ancora non matura per un suo ritorno alla testa dei pubblici affari. Aveva però incontrato le stesse resistenze del Cassinis.[143)] Anche Rattazzi dunque, quali che fossero le sue ragioni, sembrava

Garibaldi a *La Nazione Armata* condivisibili le considerazioni del primo; insisterei però sul ruolo strumentale rispetto alla politica del sovrano che egli, anche in questa fase, si trovò a giocare. Molto opportuno invece il richiamo alla convinzione cavouriana che il ministero ormai poteva esssere abbattuto solo con la convocazione del Parlamento e il ripristino della legalità costituzionale.

[139)] CHIALA, vol. VI, lettere di Cassinis a Cavour del 17 e 27 novembre 1859, pp. 481-2 e 489-92.

[140)] Tra La Farina e Rattazzi il rapporto è complesso. La *Società Nazionale*, rifondata col consenso rattazziano, nella crisi delle Romagne sostenne la linea cavouriana e stabilì stretti legami col conte, ma non attaccò il ministero, sulle cui responsabilità nella crisi di fine anno l'*Epistolario*, cit., anche in lettere di indirizzo politico, riporta duri giudizi. Le istruzioni elettorali del 4 dicembre affermano «La *Società Nazionale* non parteggia per tale o per tal altro ministero, tanto meno per tale o tal altro ministro» lasciando liberi gli affiliati nel giudizio sugli atti governativi; ciò ribadì il 3 febbraio: «non siamo né con il ministero né contro il ministero» (*Scritti politici* di G. LA FARINA, vol. II, cit., pp. 225 e 258). Forte vicinanza però su alcuni aspetti della linea rattazziana, in particolare sul centralismo, su cui La Farina intervenne più volte, critico verso i metodi politici e il carattere burocratico del centralismo rattazziano, cfr. *ivi*, l'articolo del novembre 1861 *Gli impiegati*, ma ancor più critico verso posizioni federaliste e decentratrici. La sua posizione fu decisiva nel dar via libera al primo ministero Rattazzi.

[141)] *Programma della Società dell'Unione liberale* in *Memorie* di G. PALLAVICINO cit., pp. 852-3. C. PISCHEDDA, *Cavour dopo Villafranca* cit., pp. 143-4, anticipa troppo la data del documento, da collocarsi nell'ultima settimana di dicembre e collegato alla decisione dei deputati del centro, attivi sotto il nome di *Commissione Parlamentare per l'Unione liberale*, di formare una associazione. Ciò avvenne tra le riunioni del 22 dicembre e del 2 gennaio. Secondo una *Lettera di Felice Chio all'*Opinione *con preghiera di pubblicazione* un programma elettorale fu discusso nella riunione del 24 dicembre. La trasformazione del *Comitato* in società fu successiva onde il Chio dichiara di ritirarsi perché contrario al cambiamento: v. *L'Opinione* del 3 gennaio. Altra conferma dalla nota di *La libertà* del 30 dicembre che informa del costituirsi a Torino dei comitati elettorali de *I Liberi Comizi* e *L'Unione liberale* e pubblica parte del *Programma* riportato dal Pallavicino.

[142)] I due articoli richiamati rispettivamente da E. PASSERIN D'ENTRÈVES, *La politica del Piemonte* cit., p. 97, e R. ROMEO, *Cavour* cit. p. 669, nota.

[143)] V. Cavour a Farini, Torino, s.d. [18 gennaio 1860], in *Liberazione del Mezzogiorno* cit., vol. V, pp. 449-50. Alla luce della controversia sulle intenzioni di Cavour verso il ministero Rattazzi, il giudizio va preso nel contesto, dove di seguito si afferma che le cose son giunte al punto da non offrire alternative. Egli svolge quindi un ragionamento astratto, e sembra sottintendere che il ministero non aveva risolto i problemi della transizione

acquisito alla opportunità di una posizione alternativa nei confronti dei cavouriani, e il conte aveva mostrato di intendere l'utilità che alla sua sinistra si costi-
tuisse una opposizione, dichiarando non proficua la ripresa dell'esperienza del
connubio,[144] che aveva lasciato tanti orfani. Esso era stato insieme alleanza di
partiti e programma di governo, e si era rivelato elemento vitale e dinamico del
sistema parlamentare e della politica fintanto che aveva mantenuto quei caratteri, nella specifica dimensione dello stato regionale nel quale era sorto.
Significativamente, era però entrato in crisi proprio nel momento in cui il
Piemonte, a partire dal 1856, si proiettava oltre le sue frontiere, ad assolvere
quel ruolo di motore del processo dell'indipendenza italiana che era stato, ma in
altre condizioni e secondo prospettive assai diverse da quelle concretamente
realizzatesi, uno dei motivi su cui l'accordo si era fondato. Gli eventi degli ultimi tre anni avevano modificato profondamente gli equilibri italiani, e non potevano non mettere in discussione l'asse del sistema politico del Piemonte, portando al prevalere di un «secondo connubio» tra forze liberali e nazionali, queste ultime raccolte intorno alla società lafariniana. Infatti, sebbene fondato sulla
continuità del vecchio stato, la dimensione *nazionale* di quello che sarebbe sorto
poneva problemi tali, primo tra tutti l'amalgama delle diverse tradizioni locali,
sui quali andavano verificate le antiche e consolidate le nuove alleanze.
Segnalando al paese l'irreversibile caduta della formula magica, la crisi del gennaio aveva chiarito l'impossibilità, per entrambi i protagonisti, di un governo
Cavour-Rattazzi. Tuttavia, malgrado il duro scontro invernale, non erano ancora
maturate le condizioni di una più netta e definitiva differenziazione. Così, in vista delle elezioni politiche, infine convocate per il 25 marzo, prevalsero le pressioni del più largo schieramento liberale e negli ultimi giorni di gennaio, insieme
alla riforma del suo gruppo dirigente e alla nomina del Boncompagni alla presidenza,[145] *L'Unione* si costituì come nucleo di raccolta di tutti i liberali e punto
di riferimento delle iniziative elettorali locali sulla base di tre deliberati, proposti

per cui era sorto, cioè assicurare le annessioni dell'Italia centrale. Comunque allo stesso
Farini il 9 gennaio aveva scritto che la questione italiana era entrata in una fase nuova cui
l'azione del governo si doveva adeguare (*ivi*, p. 447). Puntuale la ricostruzione e il giudizio
di C. PISCHEDDA, *Cavour dopo Villafranca* cit., pp. 164-9, sull'andamento della crisi ministeriale tra il 14 e il 18 gennaio 1860.

[144] V. il *Diario* MASSARI cit., p. 464, il 5 gennaio Cavour ricusa l'ipotesi di governo con
Rattazzi, e parte per Leri. Il 13, in casa Hudson, presenti Marliani e Massari, alla stessa
proposta risponde «Il faut qu'il ait une extreme gauche», lui è per il principio nazionale,
non per la democrazia e, alleato a Rattazzi, il paese «extenué» non lo seguirà, gli amici lo
lasceranno, p. 466.

[145] Come sappiamo da Cavour, il 2 gennaio *L'Unione* aveva eletto il *Comitato di
Presidenza* nelle persone, di Mamiani presidente, Notta vicepresidente, Boggio, Tegas,
Bottero consiglieri (a Farini s.d. [3 gennaio 1860], in *Liberazione del Mezzogiorno* cit., vol.
V, p. 443). Ora l'elezione del Boncompagni alla Presidenza e del La Farina come suo vice
era segno della cresciuta influenza cavouriana in essa.

dal neo presidente e approvati dall'assemblea.[146] Il primo, divenuto tema di fondo della campagna elettorale, negava ogni appoggio dell'associazione a candidati contrari all'annessione del centro Italia. Col secondo si dava concretezza all'opera di riorganizzazione e si costituiva un comitato interno al gruppo dirigente nazionale in corrispondenza con quelle regioni e con l'estero per meglio coordinare le iniziative elettorali e associative da promuovere sul territorio.[147] In questo contesto la designazione di La Farina alla vicepresidenza della *Unione* equivaleva ad affidarsi all'esperienza di un organizzatore di prim'ordine e soprattutto a collocarsi, per questo aspetto, quasi all'ombra di quella consolidata macchina di consenso costituita dalla società lafariniana su scala nazionale. Il siciliano non deluse le aspettative di questa sua nomina e dette un decisivo contributo al formarsi di quel nucleo parlamentare, che si affrettava a presentare agli affiliati alla *Società Nazionale*,[148] orientando la sua polemica elettorale in senso antifederalista. Il terzo deliberato impegnava l'*Unione* a favorire ogni occasione per spingere il governo alle annessioni. Ciò doveva dimostrare alla diplomazia europea, e francese in particolare, l'unanime e forte tensione del Parlamento a favore dell'annessione dell'Italia centrale. La separazione dalla componente rattazziana sul piano del governo, non era potuta diventare il punto di partenza per la costruzione di due piattaforme politiche di orientamento liberale, ma distinte, nella contesa elettorale. Se il ritorno al potere di Cavour segnava la ripresa del programma nazionale, non v'è dubbio che questa prospettiva aveva bisogno dell'unità la più vasta possibile e la prevalenza dell'*Unione*, ago della bilancia dello scontro tra rattazziani e cavouriani,[149] era il più evidente risultato di tale situazione, che almeno nelle intenzioni, seppe dare alla propaganda per la campagna elettorale del 1860 un grande respiro unitario.[150]

Tuttavia sarebbe un grave errore non cogliere di questa situazione gli elementi di dinamismo che scandivano inesorabilmente la fine del vecchio Piemonte. La politica di Cavour insisteva sull'unità, ma, lo confermavano le ulti-

[146] *La Libertà* del 31 gennaio 1860, nella rubrica *Notizie*.

[147] V. in questo senso l'esperienza genovese in cap. I.

[148] V. *L'annessione* apparso in *Il piccolo Corriere* del 3 febbraio 1860, ora in *Scritti politici* di G. LA FARINA cit., vol. II, pp. 258-9. All'incontro in cui si era nominato Boncompagni presidente e La Farina vicepresidente avevano partecipato «non meno di ottantaquattro deputati», prova della volontà unitaria delle antiche province.

[149] La Farina a G. Vergara, Torino 28 febbraio 1860, dice di non potersi allontanare da Torino, perché oltre la direzione della *Società Nazionale* deve presiedere *L'Unione* «la quale si aduna tutti i giorni per discutere le candidature» (*Epistolario* di G. LA FARINA cit., vol. II, pp. 298-9), il che prova l'importante funzione svolta da questa società e, al suo interno, dal La Farina.

[150] Anche *L'Opinione* del 2 febbraio, *Elezioni politiche*, auspica l'unità dei liberali «sulla gran questione nazionale», e disponibilità alla discussione su quella «del modo di essere», come dire: confronto sugli ordinamenti interni, tregua sulle linee di edificazione della nazione.

me vicende, un'unità da misurarsi nel paese, secondo un'esigenza di coinvolgimento di massa nel processo unitario dal quale traeva vigore la confermata alleanza con la *Società Nazionale* e l'insorgere del movimento associativo, manifestatosi sia attraverso la società lafariniana, che in modo autonomo da essa. Questa era poi la novità destinata a modificare le vecchie abitudini della politica, e Cavour lo aveva inteso allorché, all'indomani del pronunciamento dell'*Unione* contro Rattazzi aveva indicato agli amici i nuovi confini della sua azione politica.[151] E rispondendo all'indirizzo augurale rivoltogli dal Boncompagni, appena eletto presidente della nuova società, egli svolgeva al proposito un suo ragionamento, e anzitutto l'auspicio che «l'idea nazionale» non dovesse «mai scompaginarsi da quella della interna libertà». In tal senso, l'opera del governo per affrettare la riconvocazione delle Camere sorgeva dalla necessità che esso godesse la piena e duplice legittimazione derivante dal consenso del re e del Parlamento, quasi a ribadire una distinzione rispetto a chi volesse sostenere un metodo diverso o contrapposto per far vivere l'idea nazionale, ad esempio quello di mantenere i pieni poteri fino al trionfo di essa. Saldata così la polemica sul passato prossimo, il conte mostrava ancora una volta di non riconoscere alcun fondamento alle distinzioni tra cosiddetto paese legale e paese reale; sicuro del buon esito della nuova consultazione imposta dalla diplomazia europea all'Italia centrale in relazione all'annessione, sicché, in condizioni più libere, più evidente apparisse il «grand'atto della volontà nazionale», egli confermava subito che, oltre alla espressione plebiscitaria, quella volontà avrebbe dovuto poi trovare una «legale sanzione» nel nuovo Parlamento.[152] E qui interveniva il compito specifico de *L'Unione*, cui sarebbe spettato far sì che esso riuscisse composto degli uomini più qualificati «per sapienza e unanimità di voleri».[153] Il ragionamento è lineare: unico interprete della volontà nazionale è il Parlamento; compito dei partiti, o delle associazioni, è selezionare la classe politica, sicché la volontà del paese si esprima al meglio nell'istituzione rappresentativa; ma essa non vive in astratto, nell'atto del voto in sé, bensì nella scelta tra diverse opzioni politiche, tra linee distinte e comprensibilmente distinte, ed era il sugo della polemica retrospettiva. Ora per rendere attivo e normale un siffatto

[151] V. lettera a Farini, 3 gennaio: «Credo che bisogni ora dare a questi [dirigenti dell'*Unione*] schietto appoggio, epperciò vi prego di mandare la vostra adesione al medesimo a Mamiani. Perché ci fanno guerra aperta, difendiamoci». La frase va interpretata nel senso di disporsi a combattere sul terreno sul quale gli avversari hanno portato la sfida. Nello stesso senso va letta anche la lettera a La Farina [Leri, gennaio 1860,] in CHIALA, vol. III, p. 191.

[152] Sul modo in cui Cavour pone il rapporto tra plebiscito e Parlamento si veda quanto scrisse all'inviato straordinario a Parigi, Francesco Arese, il 18 febbraio 1860, in CHIALA, vol. III, pp. 211-4.

[153] *Ivi*, pp. 200-1. Cfr. anche in *L'Opinione* del 12 febbraio 1860, che la presenta come risposta ad un indirizzo dell'*Unione*.

procedimento era necessario poter governare per alcun tempo il paese su questa linea, come c'era voluto il suo tempo perché classe dirigente e paese s'abituassero al regime parlamentare, che aveva posto radici, ma correva ancora pericoli. Questa era dunque una prima ragione per la quale i tempi della distinzione tra cavouriani e rattazziani, tra Destra e Sinistra liberale, non erano ancora maturi.

Una seconda ragione di questa mancata distinzione stava nel fatto che essa, al momento, non conveniva certo a Rattazzi. Uscito dal ministero sull'onda di un crescente discredito per i numerosi aspetti poco limpidi della sua alleanza con l'estrema, se egli si fosse messo all'opposizione avrebbe corso il serio rischio di esservi risucchiato per sempre.[154] Ad evitare questo pericolo era necessaria una fase nella quale l'opposizione fosse insieme visibile e non pregiudiziale; rompere l'unità dei liberali mentre la stampa e lo stesso Cavour andavano ripetendo che il problema cruciale della nuova Camera non poteva essere quello di avere deputati «un po' più a destra, od un poco più a sinistra del ministero», sarebbe parsa conferma di una posizione estremistica.

«Il nostro credo politico è molto largo; senza ricercare il passato di nessuno, possiamo accogliere nelle nostre file tutti coloro che vogliono sinceramente la monarchia costituzionale, *il progressivo sviluppo dei principii liberali che lo Statuto proclama*, l'indipendenza nazionale promossa con vigore, ma con prudenza; in modo da non compromettere per soverchia fretta il già acquisito»

scriveva Cavour al Valerio.[155] Rattazzi, che aveva fatto in modo ufficiale queste aperture di credito verso uomini provenienti da fedi ed esperienze diverse,[156] difficilmente poteva essere rassicurato da tali parole; anzi, partendo da Torino il 27 gennaio per un periodo di riposo a Nizza, ospite, sembra, nel palazzo del re, si era detto quanto mai fermo «nel proposito di fare occulta e inflessibile guerra al conte di Cavour».[157] Per mobilitare il paese in vista delle elezioni era

---

[154] Il Capriolo il 10 gennaio osservò all'Asproni che i fondatori de *La Nazione Armata* volevano assorbire anche il ministero. A sua volta *Lo Stendardo* attribuiva le cause della sconfitta alla «mancata audacia» di Rattazzi: v. in *La libertà* del 25 gennaio il riassunto di un articolo del confratello torinese. Né mancava chi sognava la ripresa dell'idea che aveva ispirato *La Nazione Armata*, cfr. *ivi*, 9 febbraio, l'articolo *Armiamoci! Armiamoci!*, già citato.

[155] A L. Valerio, Torino, 10 febbraio 1860, in CHIALA, vol. III, pp. 207-8. Sottolineo il passo perché in poche occasioni Cavour espresse così netta la sua visione dinamica dei principi statutari. Naturalmente non va trascurato l'altro aspetto della selezione elettorale, che passa nelle direttive ai governatori e intendenti a sostenere candidature vicine al governo.

[156] «Epperò, posto in oblio ogni passato, in quanto non tocca i servizi resi al re ed al paese, accetterete il concorso di tutti gli onesti senza far loro appunto delle dottrine che possono avere per lo innanzi professate», cfr. la circolare ai prefetti del 29 dicembre 1859, cit.

[157] *Diario* di G. ASPRONI cit., vol. II, p. 404. A sua volta Brofferio scriveva al Guerrazzi «L'inimicizia fra Cavour e Rattazzi è immensa», in F. MARTINI, *Due dell'estrema* cit., p. 71.

necessario però un avversario palese e, nelle condizioni di unità dei liberali, esso poteva individuarsi tra i federalisti, come fece il La Farina, tra i mazziniani, cui si dava scarso credito,[158] o infine tra i clericali. Ma anche in questo caso, a volte la stampa governativa ammetteva i fini elettorali di una tale agitazione.[159] Il vero rischio denunciato da *L'Opinione* mentre ferveva un fiero scontro nello schieramento liberale, era che l'accordo all'interno di esso sui principi di libertà, contro il clericalismo e sulla indipendenza della patria, non attenuava affatto il conflitto di linee che lo divideva, e lucidamente si interrogava «Ma sono poi tutti concordi [i liberali] riguardo alla loro attuazione? [...] È l'adesione ai principi che costituisce il partito: ma il partito non ha corpo, anima, vita e forza se non è rappresentato, se non ha dei capi».[160] In realtà Cavour era un «capo», e così appariva Rattazzi, e *L'Opinione*, senza chiamarli in causa, identificava nei temi della finanza pubblica e dell'amministrazione locale e dello Stato, nel suo «ingrandimento [...] e [nel]la partecipazione di nuovi popoli alla vita politica» motivi in grado di produrre «modificazioni nell'ordinamento delle parti politiche» e costituire una base più che sufficiente per giustificare opzioni profondamente diverse. Invece dove era il capo di un partito clericale che, per quanti sforzi si facessero, nessuno poteva più identificare con papa Pio? dove poteva poggiare una sua specifica piattaforma programmatica per i problemi dello Stato, al di là della denuncia del carattere usurpatorio e forzoso del diritto moderno? I cattolici, anzi i «conservatori» come si autodefinivano, dando in verità al termine un significato più politico che sociale, si attestarono proprio su queste due, improbabili alternative, tagliandosi fuori da ogni possibilità di giocare un ruolo attivo. Peraltro che tale possibilità esistesse lo provava la lacerazione che, certo sotterranea, li attraversava e passava soprattutto tra quanti facevano riferimento a Roma e alla *Civiltà Cattolica* e i torinesi raccolti intorno a *L'Armonia*, per i quali il sentimento *politico* cattolico entra in un particolare conflitto con il problema della fedeltà alla monarchia, con il senso del dovere e dell'ossequio ad un re che, in qualche misura, si riteneva anch'egli vittima della arbitraria prepotenza dei «libertini». Così se i primi condannano senza appello le responsabilità di chi attenta al trono e all'altare, arrivando fin all'invettiva

[158] V. l'articolo *Spettri del '48*, in *L'Opinione* del 13 gennaio 1860. Vedi anche cap. I.

[159] *Ivi*, 17 febbraio, in *Le prossime elezioni* è un quadro rapido della mobilitazione elettorale, nella speranza che dal confronto scaturissero due partiti, uno liberale e l'altro clericale. L'auspicio faceva trasparire non la convinzione di affermazione clericale, ma il timore che l'unità dei liberali, privata di un vero contrappeso, finisse per diventare una «confusione babelica». Il giornale tra gennaio e il 25 marzo tornò più volte sul tema: in *Associazioni politiche*, 3 febbraio, osservava che era presto per iniziare l'agitazione politica: «È vero che i clericali lavorano da molto tempo, ma il paese non vuol saperne di loro»; vari anche gli articoli sul tema dei rapporti stato chiesa o su questioni più immediate. Il 19 febbraio constatava che l'agitazione clericale «non ha radici in alcuno stato europeo» e il clericalismo non era un reale pericolo.

[160] V. l'articolo *I principi e gli uomini*, 5 gennaio 1860.

contro i «selvaggi», violatori dei più elementari diritti umani e divini,[161] i secondi sembrano meno certi che la sfida del momento sia così radicale, il papa da una parte, tutti gli altri, fino a Mazzini e ai rivoluzionari più radicali dall'altra. E se giungono a tale conclusione,[162] sembrano arrivarvi *obtorto collo*, dopo aver sollecitato gli elettori conservatori a iscriversi alle liste elettorali e a non disertare le urne per eleggere i consigli municipali e provinciali, dove sembra individuarsi una efficace nicchia di resistenza alla preponderanza anticattolica,[163] e soprattutto dirigendo la loro polemica contro la legislazione rattazziana, la cui riforma in senso democratico della legge elettorale provinciale e comunale, che ha allargato il diritto di voto alla piccola proprietà, a svantaggio del ruolo della possidenza, ha reso più difficile l'esistenza politica dei cattolici.[164] È una contraddizione che si fa più pregnante al momento del voto politico, quando un severo articolo di Solaro della Margarita svela la crisi lacerante attraversata da chi deve scegliere tra fedeltà al papa o al proprio sovrano, e la risolve con un rigido richiamo al carattere morale dell'impegno politico, un dovere da «compiere anche quando non si abbia speranza di successo».[165] Dunque è il riconoscimento della nuova realtà politico-territoriale il terreno minato che rivela l'ambiguità della posizione dei cattolici piemontesi, i quali dapprima sperano di condividere con i lombardi le scelte cui saranno chiamati, finché ne *L'Armonia* si fa strada la comprensione, progressiva e cocente, della particolare posizione di questi ultimi. Così si passa dall'auspicio che il clero milanese faccia proprie le tradizioni di «grande affetto al Cattolicesimo, al popolo e alla monarchia» di quello subalpino,[166] auspicio corroborato dalla pastorale del vescovo di Crema

---

[161] V. *La Civiltà Cattolica*, vol. 42, giugno settembre 1860, *Non mussulmani, ma selvaggi*, pp. 25-37. *Ivi*, vol. 40, gennaio-marzo 1860, è presentato l'opuscolo di DOMENICO CERRI, *O papa o irreligione, anarchia e morte*, Torino, Tip. Martinengo e C., 1859.

[162] V. *I due soli partiti possibili*, in *L'Armonia* del 14 febbraio 1860. La svolta nasce, ed è detto in modo esplicito, dalla pubblicazione dell'opuscolo *Le Pape et le Congrès*.

[163] V. *ivi*, 20 novembre 1859: *Liste elettorali amministrative*. Un *Necrologio del municipio di Torino* dedicato agli elettori, *ivi*, 14 gennaio, svela l'enorme disavanzo cittadino e chiama gli «elettori proprietari e commercianti» a votare alle amministrative per i conservatori.

[164] V. *ivi*, 11 gennaio 1860: *Della legge comunale e provinciale*. Osservato che l'opuscolo *Le Pape et le Congrès* ha fatto cadere l'attenzione verso la nuova legge, critica l'istituto dei governatori e rileva le gravi difficoltà di azione imposte al clero dalla nuova legislazione, in particolare dall'articolo 268, che prevede severe pene a chi turba la quiete pubblica con indebito rifiuto d'ufficio. Osserva poi che essa, abbassando l'elettorato al pagamento di 5 lire d'imposta diretta di qualunque natura, penalizza il possesso e farà aumentare l'astensionismo. Una corrispondenza torinese in *La Civiltà Cattolica*, vol. 40, gennaio-marzo 1860, pp. 731, attribuirà a queste cause il cattivo risultato nelle amministrative, prevedendo quello negativo delle politiche.

[165] *Parole del conte Solaro della Margarita in occasione delle prossime elezioni*, in *L'Armonia*, 5 marzo 1860.

[166] *Il clero Piemontese e il clero lombardo, ivi*, 26 ottobre 1859.

che chiama gli elettori al dovere del voto,[167] alla scoperta «di alcune defezioni dal retto sentiero»,[168] al pieno disvelamento della vocazione conciliatorista prevalente tra i cattolici lombardi, sicché *Il Conciliatore*, che ne è l'organo, sarà uno dei principali bersagli polemici del foglio torinese. D'altronde il fiero Solaro non va oltre l'impegno solenne a difendere sempre e comunque i diritti del papa, ma con la significativa, duplice specificazione che tali diritti siano sempre riconosciuti «da tutte le potenze» — e non si può trascurare che proprio allora la Francia mostra più di un dubbio su tale riconoscimento, mentre da tempo l'Inghilterra era tutt'altro che convinta della legittimità del potere temporale — e poi perché «così mi detta la coscienza, così la ragion di stato e il rispetto per le tradizioni dell'augusta Dinastia, a cui mi lega un'antica, inalterabile devozione».[169] Questa inoltre non era posizione di tutti i conservatori piemontesi, secondo la *Civiltà Cattolica* divisi «in due file», rappresentate in Solaro e in Ottavio di Revel, il secondo considerato il capo dei «conservatori moderati», più sensibili alla ragion di stato.[170] Tutto insomma evidenzia il difficilissimo punto di passaggio cui si trova stretta la coscienza cattolica, sospinta dall'esigenza di un adeguamento del cattolicesimo politico alle nuove condizioni italiane, e in una situazione in divenire che rende ancor più drammatica la frattura.[171] Il problema poi si complica ulteriormente, poiché oltre alla fedeltà ai princìpi si tratta di verificare le condizioni specifiche di operatività su scala nazionale *italiana* di un movimento che fin allora ha agito su basi statali regionali, di fondere un clero con tradizioni diverse, di sviluppare strumenti d'azione adeguati alla moderna contesa politica,[172] nonché, estrema e definitiva espressione di un mo-

---

[167] *Ivi*, 25 novembre 1859. Su questa interessante figura cfr. Giorcio Campanini, *Alle origini del movimento cattolico: tre discorsi agli operai (1863, 1864, 1866) del vescovo di Crema, Pietro Maria Ferré*, in *Bollettino dell'Archivio per la storia del movimento sociale cattolico*, a. XXV (1990), 1, pp. 71-95.

[168] *Che cosa è il Papa?*, *ivi*, 27 novembre 1859.

[169] *Parole del conte Solaro della Margarita* cit.

[170] *La Civiltà Cattolica*, vol. 41, marzo-giugno 1860, *Cronaca Contemporanea. Stati Sardi*, p. 232.

[171] È significativo che commentando lo scritto di Solaro della Margarita, *L'Armonia* insistesse sul fatto che «Sebbene la rivoluzione abbia cercato tutti i mezzi di separare la casa di Savoia dal Papa, pure non v'è riuscita».

[172] Per esempio una rete nazionale della stampa cattolica. *L'Armonia* in un laconico articolo del 29 dicembre 1859, *La buona stampa*, affronta il problema, ma segnala solo pochi giornali subalpini, *Il Cattolico* di Genova, *Il Campanile*, *L'Apologista*, *Il Piemonte*, *L'Indépendent* di Aosta, il savoiardo *Courier des Alpes* e *L'Ichnusa* di Cagliari. Stesso sconforto nell'articolo del 3 gennaio 1861, *I giornali cattolici in Italia nel 1861*, ove ai titoli citati si aggiungono *L'Araldo* di Lucca, *Il Contemporaneo* e *La stella d'Etruria* di Firenze, *L'Aurora* di Napoli, definita «sorella dell'*Armonia*». «L'elenco dei giornali che possiamo raccomandare ai nostri lettori non va più oltre». Tale povertà si conferma nei saggi bibliografici sui periodici cattolici delle regioni centro-settentrionali apparsi in *Bollettino dell'Archivio per la storia del movimento sociale cattolico* tra il 1966 e il 1974. Per il 1860-'61 non si indicano neppur tutti quelli qui citati.

dificarsi epocale delle condizioni della presenza politica cattolica, si tratta di ammettere la nuova e decisiva funzione che in una simile partita è chiamato ad assolvere il laicato, rendendo più complessi la mediazione e il ruolo della gerarchia.[173] Sono tutti problemi che il 1860 avrebbe aggravato, ma gli spazi di una prima e pur limitata assunzione di responsabilità dei cattolici nel nuovo quadro della politica nazionale potevano determinarsi anche subito, come con particolare acume e coraggio, segnalò la *Civiltà Cattolica* a commento delle elezioni politiche del marzo 1860 e in vista della tornata suppletiva di aprile nella quale dovevano eleggersi una settantina di deputati. Il giornale dei gesuiti commentava l'esplodere dello scontro aperto tra Cavour e Rattazzi, con il primo che «combatte a tutt'uomo» la candidatura di Garibaldi e per superare i suoi avversari non sarebbe stato alieno dal far eleggere anche qualche deputato «conservatore cattolico».[174] D'altra parte il conte non aveva consigliato Farini, prima delle elezioni, a non infierire contro i «sanfedisti» per non essere sospettato di voler condizionare le elezioni?[175] Assente nella cultura cavouriana e moderata, l'anticlericalismo non era ancora divenuto una corrente impetuosa, e perfino *La Libertà* si pronunciava per l'autonomia della Chiesa nell'esercizio delle sue funzioni non solo religiose, convinta, secondo un'impostazione razionalista, che il vero antidoto all'influenza clericale poteva essere trovato soltanto in una rigorosa coscienza laica.[176] Perché la polemica anti clericale assumesse vigore era necessario che divenisse evidente l'inconciliabilità tra gerarchia e principio nazionale e si ergesse il macigno, allora insormontabile ad una piena integrazione dei cattolici nella vita politica: il problema della doppia fedeltà cattolica al capo della Chiesa e al papa re. Non aver dato a questo motivo carattere dogmatico fu il massimo sforzo opposto dalle tendenze conciliatoriste e da quanti seppero distinguere tra interessi trascendenti e mondani, anche se allora erano questi ultimi a sballottare l'arca di Cristo in aspri marosi.[177]

---

[173] V. *La Civiltà Cattolica*, vol. 40, gennaio marzo 1860, pp. 145-66, *Il silenzio del clero cattolico in Italia nel 1859*, che respinge l'accusa di pusillanimità e di torpore del clero italiano di fronte ai misfatti del potere civile, ma lamenta che «han parlato e parlano assai poco» i laici, colti, perché alla libertà di stampa sono opposti ostacoli vari e per la paura di vendette.

[174] V. *La Civiltà Cattolica*, vol. 41, aprile-giugno 1860, *Cronaca contemporanea*, pp. 485-6, che insiste sull'opposizione «a tutt'uomo» alla candidatura di Garibaldi da parte del conte.

[175] Cavour a Farini, s.d. [febbraio 1860], in *Liberazione del Mezzogiorno* cit., vol. V, p. 459.

[176] La posizione ignora il problema del rapporto tra le due potestà e sconta la superiorità dei valori laici. Cfr. il fondo sul n° del 26 febbraio che segnala manifestazioni di opposizione del clero al «nuovo ordinamento politico», ma condanna anche le repressioni del potere civile.

[177] V. gli articoli – certo apparsi in un contesto critico più evidente per i cattolici – su *Le speranze dei cattolici*, in *L'Armonia* del 22, 23 e 28 dicembre 1860, ove si afferma un forte motivo salvifico che affida le speranze sul destino della chiesa alla sua natura mistica, un rinnovato anatema contro le porte dell'inferno, che non prevarranno. I fedeli non cer-

Tuttavia vi erano anche ragioni non contingenti a sollevare timori sulla vera forza del partito clericale, ed esse, soprattutto nelle antiche province, traevano origine intanto dal ricordo troppo recente del duro confronto elettorale del 1857, e dal successo clamoroso allora riportato dal «partito prete».[178] Si può dire anzi che in certa misura la paura del ripetersi di quell'esperienza contribuì, quasi riflesso condizionato, a riproporre in situazione profondamente diversa la stessa tattica dell'unità dei liberali. Inoltre la campagna anticlericale sembrò rinvigorita dalla recente svolta parigina: l'oracolo imperiale per l'interposta voce della nota *brochure* del La Guérronnière, aveva parlato,[179] facendo prevedere la ripresa in Francia e su scala europea di una fase di aspro conflitto con il partito cattolico. Cavour tentò di trarne profitto, ponendo il problema delle Marche e dell'Umbria, insofferenti al dominio dei preti,[180] ma senza illusioni, perché fu subito chiaro che l'appoggio inglese non prevedeva ulteriori modifiche degli assetti raggiunti e la Francia mutò presto rotta, ponendo alle annessioni varie difficoltà, risolte dal conte tirando dritto sulla sua strada.[181] Ma le idee esposte in *Le Pape et le Congrès* fecero apparire assai probabile il riaccendersi della polemica antitemporalista[182] con la soluzione della questione romana, da Cavour considerata tra tutte la più importante «non seulement pour l'Italie, mais pour la France et l'Europe».

Il peggioramento delle trattative tra Francia e regno sardo era seguito con attenzione da Vittorio Emanuele, attore ed auspice di una svolta nell'opinione

cheranno salute nella «Russia, nella Prussia, nell'Austria», ma nel miracolo permanente della storia del papato come rivelazione della mano di Dio operante nella storia.

[178] Sulle elezioni del 1857 fondamentale C. PISCHEDDA, *Le elezioni piemontesi del 1857 (Appunti critici per una ricerca)*, Cuneo, 1969, largamente ripreso da R. ROMEO, *Cavour* cit., pp. 383-93.

[179] Per il giudizio di Cavour sulla *brochure* vedi le lettere al De La Rive, Turin, 7 janvier 1860, e al principe Napoleone, Torino, gennaio 1860, in CHIALA, vol. III, pp. 167-8 e 186-7. Per gli echi da essa suscitati in area cattolica cfr. E. PASSERIN D'ENTRÈVES, *Discussioni e scambi d'idee fra cattolici italiani e francesi dall'armistizio di Villafranca al marzo '60*, in *La formazione* cit., pp. 113-31; per il dibattito europeo invece cfr. A. SAITTA, *Il problema italiano nei testi di una battaglia pubblicistica. Gli opuscoli del Visconte de la Guérronnière*, voll. 4, Roma, Istituto Storico per l'età moderna e contemporanea, 1963.

[180] Cfr. le istruzioni all'abate Stellardi, inviato in missione a Roma, da Torino, 8 febbraio 1860, in *La questione romana* cit., vol. II, pp. 253-5. Era forse un modo di chiedere molto per avere poco, ma anche per porre il problema.

[181] Definitiva la ricostruzione di C. PISCHEDDA, *Toscana e Savoia (1860)*, ora in *Problemi dell'unificazione* cit., pp. 187-269. Cfr. R. ROMEO, *Cavour* cit., pp. 679-95. Degna di maggior attenzione la prima reazione di Cavour alle notizie delle richieste imperiali di annessione della Savoia, espressa in una lettera al De La Rive: «je pense que la [annexion] considérant surtout comme un moyen de briser les traités de 1815», Napoleone si contenterà della linea delle Alpi; Cavour a De La Rive, Turin, 15 janvier 1860, in CHIALA, III, pp. 171-72.

[182] Oltre a quanto scritto nell'introduzione e nei testi ripubblicati in A. SAITTA, *Il problema italiano* cit., basterà scorrere la collezione della *Civiltà Cattolica* di quegli anni.

pubblica che gli rendesse possibile allontanare Cavour dal potere, uomo del quale conosceva l'energia, ma di cui sperava liberarsi presto, malgrado i tempi favorissero una tregua.[183] Ad essa, forse più per necessità che per virtù, secondo quanto scriveva al Pallavicino, sembrava essersi acconciato il Rattazzi, che lamentava di essere stato costretto a cedere il potere «dalla guerra sleale e incessante» condotta contro di lui proprio quando era necessario il massimo di concordia, onde la sua decisione di dimettersi, era per l'appunto rivolta a far cessare un conflitto pericoloso.[184] In realtà la tregua era favorita dalla necessaria transizione tra i due ministeri e dal fatto che il mese di febbraio trascorse nelle trattative per le liste dei candidati alle elezioni, nonché nel faticoso procedere di quelle con la Francia. Ma intanto era venuta alla luce, con effetti che si possono ben immaginare, la questione di Nizza e Savoia, rispetto alla quale Cavour si meraviglia di trovare opposizione in elementi savoiardi che un anno prima non avevano avanzato riserve sulla cessione, mentre i suoi amici erano determinati e convinti della necessità di consumare in fretta il sacrificio.[185] La tattica del conte legò strettamente la definizione del trattato di Nizza e Savoia ai tempi previsti nelle procedure per le annessioni, a loro volta connesse ai momenti di manifestazione istituzionale della volontà popolare, plebisciti prima ed elezione dopo, in un processo di riconoscimento reciproco tra Francia e Italia del principio di nazionalità come fondamento del nuovo diritto internazionale, eversore dei principi stabiliti a Vienna nel 1815. Manovra sottile e di non facile comprensione, che tra l'altro diminuiva la possibilità di un uso elettorale della questione di Nizza e Savoia e, bisogna riconoscerlo, salvo qualche stonatura, l'attenzione degli elettori non si catalizzò su questo problema. A questo si limitò la tregua concessa allora dal re e da Rattazzi a Cavour; d'altra parte per l'avvocato alessandrino questa via era in certa misura obbligata se non voleva tornare a confondersi con gli estremisti alla Brofferio, tornato attivo proprio

[183] *Le lettere di Vittorio Emanuele*, vol. I, cit., p. 186, a Rattazzi, 14 febbraio, conferma la continuità della congiura anticavouriana, ed esprime, nella concordanza apparente con il conte, una ammiccante complicità col destinatario, fatta di allusioni e di attese: «Le cose come vede vanno di galoppo come le dissi prima che lei partisse, che io desideravo». La frase è una piccola e laconica summa delle aspettative regie, se si tien conto, come informa il CHIALA, vol. IV, p. IV, che al momento dell'incarico a Cavour il re lo aveva aggiornato sui segreti intenti imperiali. Anche la soddisfazione espressa verso i fallimenti cavouriani «per acquistare alla sua fede gli amici», sottinteso i nostri, tra i quali è considerato il Ricasoli, esprime più di una neutra costatazione. Che la lettera non fosse innocente lo prova poi il consiglio di bruciarla.

[184] *Memorie* di G. PALLAVICINO, vol. III, cit., pp. 568-9, Nizza Marittima, 3 febbraio 1860.

[185] Sul trattato per Nizza e Savoia, CHIALA, vol. IV, a p. XXXI dà un rapporto di Hudson al suo governo ove riferisce la sorpresa di Cavour per il cambio di posizione di alcuni savoiardi. Vedi anche R. ROMEO, *Cavour* cit., pp. 679-99. La posizione dei cavouriani a favore delle richieste francesi è espressa in quei giorni da Farini a Cavour (*Liberazione del Mezzogiorno* cit., vol. V, pp. 460, Modena, 3 febbraio 1860).

agli inizi di marzo, ed ora costretto a scontare la presa di distanze del suo nume tutelare, della quale faceva responsabile il Capriolo.[186] Tuttavia il partito rattazziano mantenne un minimo di visibilità, peraltro compatibile con l'accordo elettorale stabilito con *L'Unione Liberale*, ed oltre a rivendicare le sue specificità,[187] mobilitò comitati elettorali propri a Genova e a Milano, ove l'*Unitaria* diffuse il programma del «partito liberale progressista», oltre a sostenere Cattaneo e Ferrari, elementi monarchico-costituzionali come G. Camozzi, Oliva e Morardet, o governativi come Farini.[188] In Toscana invece, per impulso di Guerrazzi, l'opposizione originò una fioritura giornalistica sostanzialmente effimera, che segnalava il persistere dello scrittore livornese su posizioni regionalistiche.[189] Ma qui, come in Piemonte, Emilia e con alcune sfasature in Liguria, le elezioni non furono positive per la Sinistra, che ebbe buoni risultati in Lombardia, in particolare a Milano e Cremona, mentre la *Società Nazionale*, prova dei nuovi caratteri della lotta politica, si affermò come potenza emergente.[190]

---

[186] F. MARTINI, *Due dell'estrema* cit., Brofferio a Guerrazzi, Torino, 5 aprile 1860, p. 71. Viste le difficoltà da lui incontrate nell'elezione, la scelta di emarginarlo si rivelò giusta.

[187] V. *La Sinistra parlamentare (1848-1860). Chi fummo e chi siamo*, Torino, Tipografia del Commercio 1860, apparso nel marzo e, secondo ASPRONI, *Diario* cit., p. 488, scritto anch'esso dal Sineo.

[188] V. *La libertà* del 3 marzo. Questo foglio il 14 attaccò *L'Unione Liberale*, organo della palude centrista, troppo disposta a far da sgabello al ministero. Il 22 e 23 pubblicò i nomi dei candidati.

[189] F. MARTINI, *Due dell'estrema* cit., pp. 64-6. Guerrazzi anima *L'amico del Popolo* e *L'Unione*, stabilisce contatti con gli esuli napoletani uniti intorno a *Il Risorgimento*, moderato, ma federalista, raccoglie fondi per *L'Unità Italiana* di Firenze, poi diretta da P. Cironi e, con fondi mazziniani, uscita fino all'ottobre per spegnersi definitivamente nel gennaio 1861. Solo queste due testate ebbero vita, non vigorosa, oltre la fase elettorale. Brofferio invece rinunciò a continuare *Lo Stendardo* e pubblicò *Il Rinnovamento*, apparso dal 6 al 31 marzo. *La Libertà* dell'8 marzo dà un estratto del programma nello stile ridondante e demagogico del Brofferio, che insiste sul monarcato democratico e su Vittorio Emanuele, re amico della rivoluzione.

[190] V. *Scritti politici* di G. LA FARINA cit., vol. II, pp. 290-2 e pp. 304-6; il 1° aprile afferma che di 128 candidati appoggiati da *L'Unione liberale* e dalla *Società Nazionale* ben 82 risultano eletti al primo scrutinio; di 25 andati al ballottaggio ne erano riusciti 15. La *Società* poteva già contare su 40 eletti. Con i successivi ballottaggi i deputati salirono a 68, cfr. lo scritto del 6 giugno. Analoghi successi vantava sul piano organizzativo: i soci aumentano al ritmo di trecento per settimana, sosteneva il 3 giugno. La valutazione del La Farina è invece ottimistica sull'esito in Toscana, ove anche il gruppo di Ricasoli esercitò un certo controllo del voto. *La Libertà* del 30 marzo concorda col La Farina sulla sconfitta dei clericali che «vanno spacciando d'essersi astenuti», e la attribuisce correttamente a «Gli ultimi avvenimenti [che] hanno finito per distruggere il partito municipale, o per meglio dire hanno convertito all'idea italiana tutta quella gente timida, amante del quieto vivere ad ogni costo, della quale i clericali si sono serviti nel 1857 per tentare il loro piccolo colpo di stato». L'insuccesso democratico era ammesso indirettamente riferendo il risultato positivo lombardo e tacendo sulle altre regioni. Su risultati e comportamenti elettorali della *Società Nazionale* cfr. R. GREW, *A Sterner Plan* cit., pp. 261-79.

Per forza di cose l'elezione del Parlamento esaurì la fase di tregua e segnò il passaggio di Rattazzi dall'opposizione «occulta» alla palese.

Il primo passo nel rilancio del contenzioso con il *Terzo partito*, non formalizzato ancora come tale, venne da Cavour, che in occasione dell'apertura del nuovo Parlamento, il 2 aprile del 1860, affidò al discorso della corona il compito di delineare le linee d'azione del suo gabinetto. Con l'esaltazione dei progressi della causa nazionale nell'ultimo anno per «virtù dei popoli» dell'Italia centrale, per il valore dei soldati «nostri» e di «un alleato magnanimo», per «la annegazione dei volontari»; insieme al richiamo ai prossimi sacrifici da compiersi con il trattato «sulla riunione della Savoia e del circondario di Nizza alla Francia»;[191] con l'impegno di «mantenere intera la libertà civile e la mia [del re] autorità» nel caso che quella «ecclesiastica adopri le armi spirituali per interessi temporali» e ricordando infine le diverse condizioni con cui Emilia e Toscana erano state unificate al Piemonte, il discorso metteva l'accento sui compiti prossimi, non senza aver prima espresso un giudizio negativo, sebbene formulato come una constatazione oggettiva, sulla legislazione rattazziana.[192] L'impegno assunto dal governo per bocca del sovrano, ma in modo limpido e vincolante chiamando a sostegno le tradizioni municipali delle libertà di cui il passato italiano era stato splendidamente glorioso,[193] era di presentare presto al Parlamento, dopo un primo periodo in cui si sarebbero affrontate le questioni più urgenti, un'organica proposta di riforma amministrativa in senso autonomistico. Dunque al momento Cavour non sembra aver ancora acquisito nel suo orizzonte l'idea di una ripresa in termini militari e in tempi ravvicinati dell'iniziativa nazionale; egli sente piuttosto il bisogno di preparare il Paese ai tempi nuovi preannunciando una fase di profondi mutamenti degli assetti politici con accenti appassionati che, per certi aspetti, si potrebbero dire mazziniani:

«Nel dar mano agli ordinamenti nuovi [...] invitiamo a nobile gara tutte le sincere opinioni per conseguire il sommo bene del benessere del popolo e della grandezza della patria. La quale non è più l'Italia dei Romani, né quella del medio evo:

---

[191] «Salvi il voto dei popoli e l'approvazione del Parlamento, salve in risguardo della Svizzera le guarentigie del diritto internazionale, ho stipulato un trattato ecc.». Così il discorso del re. Cfr. API. *Sessione del 1860, Documenti*. Il discorso è pure in CHIALA, vol. IV, pp. LXIX-LXXI. Negli stessi termini Cavour aveva preso l'impegno, di fronte alla diplomazia internazionale.

[192] API, *Sessione del 1860, Documenti*, «Il tempo breve e gli eventi rapidi hanno impedito di preparare le leggi che dovranno dare assestamento e forza al nuovo stato»

[193] *Ibidem*. «Fondata sullo Statuto la unità politica, militare e finanziera, e la uniformità delle leggi civili e penali, la progressiva libertà amministrativa della provincia e del comune rinnoverà nei popoli italiani quella splendida e vigorosa vita che, in altre forme di civiltà e di assetto europeo, era il portato delle autonomie dei municipi, alle quali oggi ripugna la costituzione degli Stati forti e il genio della nazione».

non deve essere più il campo aperto delle ambizioni straniere, ma deve essere bensì l'Italia degli Italiani».


Ma questo appello poteva essere raccolto? Spenta appena l'eco del discorso della corona il conte avvertiva il Nigra delle difficoltà cui il gabinetto andava incontro, il rischio di «se dissoudre» travolto dall'affare di Nizza, annunciando insieme il ritorno di Garibaldi a Torino.[194] A chi conosceva il carattere non casuale delle apparizioni in terra ferma del Generale, quel cenno bastava. Infatti, primo atto della nuova guerra, egli interpellò il ministro dell'Interno mentre ancora la Camera non aveva esaurito la verifica dei poteri e dunque non era di fatto costituita, sicché facilmente Cavour, con la forzata adesione del Sineo, lo fermò con una pregiudiziale di ordine procedurale. Il modo irrituale di aprire i lavori parlamentari costituiva un preavviso del passaggio all'opposizione del gruppo rattazziano,[195] la cui saldatura con quello garibaldino era facile a prevedersi. Inoltre l'elezione del presidente della Camera mise in luce crepe preoccupanti nella maggioranza cavouriana, che avrebbe preferito al Lanza un candidato più indipendente dal ministero.[196] Sensibile alle riserve del paese verso il trattato, attraversata da un malessere che la stampa raccogliava e al quale gli interventi garibaldini avevano offerto altri incentivi, la Camera bloccò il Lanza al di sotto del *quorum* nella prima votazione, mentre il riorganizzato partito rattazziano fece confluire 68 voti sul proprio *leader*.[197] La stabilità del risultato di Rattazzi nei due scrutini allarmò Cavour, che previde il sorgere di «une forte opposition qui marchera sous les drapeaux *de Rattazzi e de Garibaldi*»;[198] op-


[194] V. le lettere di Cavour del 2 e 4 aprile 1860 a Pietri e a Nigra, in *Cavour-Nigra* cit., vol. III, pp. 237 e 244-45.

[195] Cfr. API, *Camera dei Deputati, Discussioni*, tornata del 6 aprile. Gran parte del dibattito è anche in CHIALA, vol. IV. Ancora nei giorni seguenti Garibaldi si recò a Nizza, agitando il sentimento filoitaliano, un altro atto ostile al governo e alla Francia, in un momento delicato delle relazioni bilaterali e quando il trattato con essa era stato da poco definito e sottoscritto.

[196] *L'Opinione* del 10 aprile pubblica una lettera con cui Boncompagni rifiuta la candidatura. *Il Diritto* l'11 riporta voci secondo cui Cavour fa dell'elezione del Lanza questione di fiducia, aumentando i malumori poi concentrati sul voto al Boncompagni; il 12 riprende un intervento de *L'Unione Liberale* che rimprovera il conte di scarsa deferenza al Parlamento (*Tu quoque fili mi?*).

[197] Il nome di Rattazzi, secondo l'ASPRONI, *Diario* cit., pp. 437 fu avanzato per favorire la convergenza di un'opposizione più vasta, calcolo rivelatosi non del tutto fallace. Rattazzi ebbe circa un terzo dei voti espressi, rispetto ai 40 che il conte gli accreditava.

[198] *Cavour-Nigra* cit., vol. III, a Nigra, Turin 12 aprile, pp. 254-5. Corsivo mio. Cavour è conscio dell'esistenza di un asse non occasionale tra i due oppositori. Egli osservò che le cause del voto negativo erano dovute al malessere dei deputati delle antiche province per la cessione di Nizza, e che altri risultati così avrebbero travolto il ministero. Due giorni prima, sempre al Nigra, pp. 252-3, scriveva che Rattazzi secondava «les furieuses interpellations» su Nizza di Garibaldi ed altri deputati.

posizione che nei suffragi confluiti in prima battuta sul Boncompagni, oltre ai 6 di Minghetti colse il segnale di un possibile cedimento della maggioranza, irritata anche dal pessimo discorso d'insediamento del neopresidente.[199] Lo stesso giorno Garibaldi interpellò di nuovo il governo sul destino della sua città, trasferendo a livello istituzionale l'ondata emotiva che attraversava l'opinione pubblica, turbata per la sorte di territori già saldamente uniti ai vecchi stati. L'iniziativa fece salire la pressione e i malumori, profondi tra i cittadini delle antiche province, ma soprattutto anticipò i tempi previsti dal conte per la discussione di merito, costringendolo sulla difensiva in una situazione in cui non poteva chiarire il suo disegno politico, del quale il trattato costituiva «un fatto che rientra nella serie di quelli che si sono compiuti e di quelli che ci restano a compiere»,[200] né poteva tranquillizzare i suoi sostenitori presentando un'ipotesi di accordo sulla linea del nuovo confine alpino, elemento decisivo per ben giudicare l'entità del sacrificio da sopportare. Dal dibattito comunque, anche a giudizio di Cavour, il gabinetto uscì scosso, ed egli fece osservare al Nigra come nessun membro della maggioranza avesse proposto il passaggio puro e semplice all'ordine del giorno: la Camera «avait peur» di assumere sul problema responsabilità più dirette[201] mentre la stampa d'opposizione, in testa Il Diritto, accentuava i toni, dando un ulteriore saggio del duro scontro che si addensava.[202] Nella crisi evidente della stabilità ministeriale l'ultimo motivo di difficoltà venne agli inizi di aprile dalle notizie sui moti di Sicilia, portati all'attenzione del Parlamento da Bertani. Con modi vieppiù incalzanti, la stampa chiede solidarietà verso l'isola, in un crescendo che echeggia la corrente di simpatia da cui sono animati la gioventù e i volontari, avanguardie del paese. Tale agitazione rendeva ogni resistenza delle autorità a queste tensioni altamente rischiosa ed atta solo a creare uno steccato profondo tra opinione pubblica e governo, con il rischio di travolgerlo.[203]

---

[199] API, *Camera dei deputati, Discussioni*, tornata del 12 aprile. L'accoglienza al discorso spinse Lanza a dimissione; Cavour le bloccò perché «sarebbe un semi trionfo per Rattazzi che c'indebolirebbe d'assai», (a Lanza, Torino, 13 aprile 1860 in CHIALA, vol. III, p. 237).

[200] API, *Camera dei Deputati, Discussioni*, tornata del 12 aprile 1860, p. 85.

[201] *Cavour-Nigra* cit., vol. III, p. 258, a Nigra, Turin, 13 april 1860. Così la Camera affidava al governo la conduzione dell'affare su cui era interpellato. A. CARACCIOLO, *Il Parlamento nella formazione del Regno d'Italia* cit., osservò il carattere mitico della dittatura parlamentare di Cavour; la VII e l'VIIII legislatura lo rivelano in modo chiaro.

[202] Il 12 *Il Diritto* irrideva le promesse di futuri compensi nella Venezia e definiva la cessione di Nizza «non [...] questione *d'opposizione e di partito* [...] ma *d'onestà e di convenienza*», testuali le sottolineature; il 13, dopo il voto sull'*Interpellanza Garibaldi*, così titolava l'articolo, con maggior durezza affermava «Il primo voto del Parlamento fu un voto di vergogna e d'onta». La campagna si intensificò nei giorni seguenti, sempre agitando la bandiera di Garibaldi.

[203] R. ROMEO, *Cavour* cit., pp. 690-705. Alcune domande sulla reale imprevedibilità di certi eventi restano aperte, ma il problema implica troppo lungo discorso, fuorviante rispetto all'asse della mia trattazione. Cfr. pure cap. I.

Fu in questo clima che Cavour subì la provocazione del re, che il 17 aprile, nel corso di un colloquio a Firenze, fu protagonista di un durissimo attacco al suo ministro, dal quale il conte uscì tanto provato da spingersi fin al punto di voler presentare le dimissioni.[204] Il motivo del contrasto resta un po' oscuro, ma per essere così radicale non poteva aver origine da valutazioni diverse sull'iniziativa al sud, perché tra l'altro le corrispondenze del Villamarina da Napoli nello stesso periodo mostrano che il ministero seguiva con attenzione l'evoluzione della situazione meridionale. Meno improbabili le divergenze sui tempi dell'azione, che il re poteva voler affrettare e il ministro ritardare in vista di una possibile decisione della Francia di abbandonare Roma; ma un problema di questa natura non sarebbe stato tale da creare una crisi come quella che emerge dalla lettera del conte al Farini. Più grave sarebbe stata una divergenza sulla cessione di Nizza, cui lo stesso conte fa cenno, ma in questo caso, per quanto fa intendere il principe Eugenio, che prima di recarsi a Firenze era stato messo al corrente del contrasto sorto con il sovrano,[205] il contenzioso tra i due illustri personaggi potrebbe essersi allargato all'insieme della tattica cavouriana e alle questioni relative allo *status* particolare concesso alla Toscana.[206] Tuttavia il principe nella sua lettera, la più ampia testimonianza su quei fatti, parla della crisi in atto partendo dal richiamo alla situazione parlamentare,[207] che si è visto qual fosse a ridosso del viaggio del re a Firenze, iniziato il 16 aprile. Anzi Garibaldi in quella sede si era contrapposto a Cavour con tanta intransigenza da chiudere la discus-

---

[204] V. *Liberazione del Mezzogiorno* cit., vol. V, pp. 470-1, Cavour a Farini, Firenze, 17 aprile [1860] e nota, ove dal curatore i motivi di questo conflitto sono giudicati «ben definiti: la cessione di Nizza e l'atteggiamento verso la spedizione garibaldina che si preparava a Genova, e che avrebbe reso impossibile la partenza dei Francesi da Roma», così mettendo insieme le due ipotesi avanzate da CHIALA, vol. IV, pp. CXIX-XLVI, che poi però alle pp. CLVIII-LXI fa prevalere la seconda. Ma qui la ricostruzione dei tempi della crisi confonde due diversi momenti. Lo stesso L. CHIALA, *Giacomo Dina e l'opera sua* cit., vol. I, p. 342, nota, fa un cenno criptico allo scontro d'aprile, mettendolo in relazione con la pericolosa trasmodanza garibaldina di settembre, che Cavour «alla vigilia della spedizione» aveva previsto, preannunziando al re il pericolo.

[205] *Liberazione del Mezzogiorno* cit., vol. I, pp. 76-7, il principe Eugenio a Cavour, Florence. La lettera, senza data, fu scritta intorno al 25 aprile, e ad essa Cavour rispose da Bologna, 2 maggio 1860, insistendo sulla pericolosità di un eventuale ministero Rattazzi, verso il quale esprime duri giudizi, mentre nota che il re continua a lavorare all'idea di un cambio di ministero (*Cavour-Nigra* cit., vol. III, pp. 276-77).

[206] Nel dibattito sul trattato con la Francia Rattazzi disse che si erano cedute due province «nostre indubbiamente, [...] e ci siamo uniti a provincie per le quali dovremo ancora probabilmente lottare per conservarle» (API, *Camera dei Deputati, Discussioni, Sessione del 1860*, tornata del 26 maggio, p. 311). Va ricordato il cenno del rapporto Hudson sui savoiardi che han cambiato opinione, cfr. nota 185, possibile allusione al re. A Farini il 27 aprile, in *Liberazione del Mezzogiorno* cit., vol. V, pp. 476-7, Cavour scrive che l'affare di Nizza porterà ad una crisi.

[207] *Ivi*, vol. I, p. 77: «Je regrette infiniment ce qui passe aujourd'hui dans le Parlement».

sione con un intervento nel quale, con scarso lume politico, aveva mantenuto il suo ordine del giorno, ignorando gli sforzi dei suoi amici per pervenire a risultati che costringessero il governo a decisioni più impegnative di quelle che poteva contemplare il puro e semplice rinvio della discussione politica chiesto dalla maggioranza.[208] Proprio ai comportamenti di Garibaldi, purtroppo accreditati dalla presenza presso di lui di «quell'asino» di Trecchi, sono riferite le parole di deplorazione del principe Eugenio verso chi spende il nome del re; parole che trovano singolare riscontro in quanto Cavour scrive a Farini il 22 aprile, tra l'altro informandolo sui preparativi genovesi per la spedizione, a lui dunque ben noti e certo rintuzzabili, se lo avesse davvero voluto o potuto.[209] Comunque lo preoccupa il fatto che «il contegno del Generale *inquieta* il governo» francese, scredita quello sardo e rende più difficile la decisione imperiale di richiamare le truppe da Roma,[210] in una parola crea gravi imbarazzi alla politica del conte, che a maggior ragione ha tutto il diritto di temere la scelta di un tal personaggio alla guida della spedizione al sud. Un contrasto sull'opportunità di affidare il comando dell'azione al sud a Garibaldi diveniva perciò assolutamente lacerante poiché il re aveva da tempo preso impegni in tal senso, conscio di poter controllare le mosse del nizzardo senza particolari problemi,[211] mentre Cavour era troppo realista per ignorare le prove di fatto degli stretti legami tra quel nome e l'azione dei suoi avversari, cui non poteva a cuor leggero concedere un vantaggio così rilevante. Si aggiunga, che negli stessi giorni in cui il conflitto tra Cavour e il re raggiunge la sua punta massima i giornali parlano dei viaggi di Garibaldi tra Torino, Nizza e Genova, dove va dicendo a studenti e operai «non doversi accusare di quel mercato [di Nizza] Vittorio Emanuele, intorno al quale per contro dobbiamo stringerci come a centro d'azione pel conquisto dell'unità della patria».[212] Infine, a rendere più completo il quadro, va ricordato che la con-

---

[208] API, *Camera dei Deputati, Discussioni*, Tornata del 12 aprile, p. 102.

[209] Questo argomento usa il principe Eugenio nella sua lettera, precisando di aver chiesto a Cassinis e a Farini di far presente al re «que l'on se servait de son nome pour agir». Poi afferma di aver detto al re «qu'un Parlement qui s'occupe de personnalité ne peut pas être possible» e che «Garibaldi devenait bien remuant» (*Liberazione del Mezzogiorno* cit., vol. I, p. 77).

[210] «Ditelo al re» conclude, con la stessa espressione usata dopo l'esito elettorale di Garibaldi a Torino, per chiedere sempre a Farini di mostrare al re la forza dei rattazziani (*Liberazione del Mezzogiorno* cit., vol. V, lettere del 22 aprile e s.d., p. 472 e p. 480). Sempre sui rapporti Garibaldi-Rattazzi, Borromeo a Farini, 24 aprile 1860, *ivi*, vol. I, p. 63, a proposito della sottoscrizione per il milione di fucili, fa osservare che quel fondo «istituito sotto il Ministero Rattazzi, fu non solo autorizzato, ma protetto, ma d'altra parte vi sono leggi che proibiscono ai particolari di far magazzeno di armi».

[211] *Manifesto ai popoli dell'Italia meridionale*, firmato dal re il 9 ottobre 1860, porta l'arrogante esaltazione di «un prode guerriero devoto all'Italia e a Me» (CHIALA, vol. IV, pp. CLX-LXI, nota). Di esso era autore il Farini, che ben sapeva la storia dell'incarico a Garibaldi.

[212] V. *Il Diritto* del 18 aprile 1860.

giura contro il conte si era messa in atto anche ad altri livelli, come provano due diversi, ma entrambi significativi episodi: Farini era stato oggetto di interessate attenzioni per separarlo da Cavour e farne «un ponte di passo ad altri uomini e sistemi»;[213] Depretis invece si era affrettato, non senza forzature istituzionali, a cercar l'occasione per rientrare in Parlamento, dove in un primo momento aveva immaginato di poter rimanere assente, convinto che per un certo periodo non sarebbe stato quello il centro dello scontro politico.[214] Forse l'idea di ripetere in maniera più decisa il troppo rapido tentativo de *La Nazione Armata* e costruire sulla contrapposizione tra Cavour e Garibaldi una linea politica, ebbe solerti seguaci assai prima dei trionfi siciliani e napoletani di quest'ultimo. Ancora una volta quel che restava da specificare da parte di tutti i protagonisti del, questo sì, mostruoso connubio, era quale sistema politico sarebbe potuto sorgere sulla base della preponderanza del principio monarchico con alleato in funzione subalterna il principio popolare; poiché non bisognava solo fondare la nazione, ma rispondere alla domanda cruciale di qual tipo di Stato si sarebbe voluto edificare. Questo interrogativo ebbe una risposta inequivoca attraverso un *pamphlet* su *I partiti al Parlamento* che vide la luce nei difficili momenti di aprile,[215] a ridosso di una importante scadenza elettorale suppletiva, da cui poteva uscire un risultato tale da mettere in difficoltà l'incerta maggioranza raccolta da Cavour in occasione del voto per la presidenza della Camera. Manifesto politico dell'opposizione, embrionale ed autonomo definirsi del *Terzo partito* e del suo programma, quel *pamphlet* fu un nuovo atto di guerra politica col quale per la prima volta si sciorinò in pubblico, ovviamente dal punto di vista di una delle parti, tutta la vicenda che aveva spaccato la classe dirigente piemontese alcuni mesi prima, in occasione della crisi de *La Nazione Armata*. Nelle conclusioni però esso risaliva in modo netto all'alternativa tra sistemi politici e modelli costituzionali impersonati da Rattazzi e da Cavour:

[213] *Liberazione del Mezzogiorno* cit., vol. V, p. 476-7, Farini ad E. Visconti Venosta, Firenze, 27 aprile 1860. Le pressioni erano forse intervenute a ridosso del conflitto tra il re e Cavour. Farini, giunto a Firenze mentre il conte se ne allontanava, aveva resistito a tali pressioni cosciente della posta in gioco e della forza di Cavour. Analogo tentativo sarà rinnovato a luglio. Debole la resistenza di Farini durante la luogotenenza napoletana, con la morte di Cavour si sarebbe ridotta al minimo. Comunque proprio a lui Cavour ricorderà, in una lettera del 9 novembre, la gravità delle offese ricevute dal re a palazzo Pitti (*ivi*, vol. III, p. 302).

[214] V. i carteggi di Farini con Cavour, Borromeo e Guglianetti, *ivi*, vol. I, pp. 72-3, vol. V, pp. 472-8. Farini tra l'altro, p. 72, scrive: «Depretis [...] vuol venire alla Camera [...] non ha saputo resistere alla tentazione dei suoi [...] amici. Sin qui non c'è male. È bene che ogni partito abbia i suoi capi naturali [...] che la opposizione parlamentare sia capitanata da gente che ha cognizione della tattica parlamentare. Si formi pure la parte sinistra della opposizione nella Camera e combatta il nostro sistema. Non è male. Il male sta in questo: che fuor di Parlamento si facciano brighe, conciliaboli, pratiche più o meno sediziose per esautorare moralmente il Ministero».

[215] *I partiti al Parlamento 1859-1860. Seguito della Sinistra Parlamentare* cit.

«Frattanto questo noi, oggi 16 aprile 1860, storicamente fermiamo: che il primo Parlamento del nuovo Regno Italiano, a malgrado delle ufficiali ed officiose parole di unione e di concordia fra tutti quanti i liberali, è diviso in due schiere, e sotto due bandiere: l'avvocato Rattazzi, il conte di Cavour; Democrazia, Aristocrazia, Costituzione belga o Costituzione inglese. Se nuovi avvenimenti, dentro e fuori d'Italia, modificheranno lo stato delle cose, ciò non varrà ad alterare la storica verità del presente».[216]

Fu dunque nei fatti che la posizione del conte coincise strettamente con un certo modello di regime parlamentare e col sistema di libertà politiche e civili da esso garantite; è in nome di questi valori che sempre più si caratterizzerà la stessa impostazione dei liberal conservatori seguaci del conte. La crisi d'aprile portò il ministero sull'orlo delle dimissioni,[217] evitate grazie ai buoni uffici del principe Eugenio d'intesa col Cassinis e Farini, i quali si applicarono a far rientrare le manifestazioni più clamorose dell'ostilità regia verso il conte, alla fine convinto dai consigli pervenutigli che la fine del ministero era un rimedio peggiore del male, e il momento consigliava di chiudere il conflitto senza ulteriori rotture.[218] Con una lettera al sovrano non pervenutaci, Cavour probabilmente rientrava nei ranghi e accettava il punto di vista altrui, tanto che da allora non pose più il problema né cercò di ostacolare la spedizione per la Sicilia; ma una lettera del re a lui diretta mostra, in modo peraltro laconico, il permanere di divergenze, sulla cui ampiezza, in mancanza di altri elementi, non è facile fare ipotesi.[219]

[216] *Ivi*, p. 57. Oltre l'alternativa aristocrazia-democrazia, interessa quella di sistemi costituzionali e, in questo senso, R. ROMEO, *Cavour* cit., pp. 690-705, sottostima la crisi d'aprile, che non fu solo una prova dell'antipatia o del contrasto col re. Sull'influenza del modello costituzionale e amministrativo belga cfr. C. PAVONE, *Amministrazione centrale* cit., pp. 40-3 e 257-67.

[217] Cavour vi ripensò alcuni giorni dopo; la lettera a Farini del 24 aprile rivela profondo scoramento poiché l'affare di Nizza lascia «il ministero e me» «straordinariamente indebolit[i]». Chiede di sondare Ricasoli per un ministero con Minghetti agli Interni, alla Guerra Cialdini e l'appoggio sicuro dei cavouriani (in *Cavour-Nigra* cit., vol. III, pp. 266-7).

[218] Il ruolo di Farini fu anche in questa fase essenziale, poiché impedì al re di ricevere coloro che portavano petizioni per Nizza, lo convinse ad autorizzare la presa di distanze del governo da chi lo comprometteva con azioni pericolose, pur fatte salve le iniziative di privati! Decisivo il sostegno a Cavour: v. il loro carteggio in *Liberazione del Mezzogiorno* cit., in particolare lettera a Cavour, 25 aprile, vol. V, pp. 474-5, in risposta a quella del conte del 24. *Ivi*, pp. 476-7, a Farini il 27: «Ho seguito il vostro consiglio. Qui compiegata troverete una lettera pel Re che vi prego consegnarli con i rispettosi miei complimenti»; prosegue poi con altri dettagli sulla situazione.

[219] *Le lettere di Vittorio Emanuele* cit., vol. I, p. 602: «Le fait le plus grave de la conversation est ceci; il regard l'occupation du Ro[yaume] de Naples». Datata dal curatore ai primi di maggio. Il conte inoltrò la lettera al re tramite Farini il 27 aprile. Se il riferimento fosse al colloquio del 17 significherebbe che s'era discusso l'insieme del piano per l'Italia meridionale.

Paradossalmente la partenza dei Mille da Quarto, nell'immediato, giovò più di quanto potesse nuocere alla stabilità del ministero, che poteva mantenere sul fatto una posizione ambigua, accreditando l'idea di una sua presa di distanza a fini esclusivamente diplomatici, e soprattutto perché calamitò l'attenzione della pubblica opinione dal confine alpino ai nuovi scenari mediterranei, tanto da far prevedere a Cavour un clima politico meno avvelenato e un'opposizione meno violenta.[220] Ma ben presto parve chiaro, al di là delle polemiche, che il governo assumeva i compiti di difesa del movimento nazionale nel consesso europeo, rivendicando la linea del non intervento negli affari interni dell'Italia; in nome delle libertà costituzionali tollerava la mobilitazione del paese a favore della Sicilia, mentre definiva le linee di una partecipazione diretta agli eventi, sia pur motivandola con argomenti di tipo moderato che però facevano risaltare il carattere rivoluzionario del moto isolano. Intanto, per accelerarne la crisi, agiva sui settori deboli del Regno borbonico, come la flotta, senza rifiutare aiuti a Garibaldi, fin dove la prudenza lo consigliava, e tenendo rigorosamente distinte la questione napoletana e quella dei territori pontifici, con il fine di risolvere prima l'una e poi l'altra, un modo anche questo di mantenere sotto controllo il moto.[221] Comunque la spedizione avventurosa avviava una nuova stagione nel processo unitario e spingeva i partiti a render più nette le opzioni e le linee di demarcazione degli schieramenti. Incombeva una *finis Pedemontii* e stava per sorgere una realtà politica che imponeva originali opzioni strategiche e desuete prospettive, sebbene anche ora non mancassero i nostalgici del connubio.[222] Con la presentazione di un progetto di legge per la costituzione della commissione straordinaria e temporanea presso il Consiglio di Stato, nella quale si sarebbe dovuta incanalare la discussione della riforma amministrativa in senso autonomistico,[223] inscritta nel programma ministeriale e solennemente sancita nel discorso della Corona, il ministero dava ulteriore conferma dei diversi punti di vista che muovevano il partito di Cavour e quello di Rattazzi. Allo stesso modo nel *Terzo partito*, diventa ora prevalente la preoccupazione di definire motivi e modalità della propria alterità rispetto al ministero. In questo senso, quasi occasione solenne di un confronto di linee, il dibattito sul trattato con la Francia favorì un primo confronto a tutto campo e in particolare sulle questioni della riforma amministrativa dello Stato, in apparenza tanto lontane da quelle internazionali su cui avrebbe dovuto incentrarsi la discussione. Quando poi

[220] R. ROMEO, *Cavour* cit., pp. 699-706; anche sui contatti del La Farina in Sicilia.

[221] V. *ivi*, pp. 706-39, e soprattutto i dispacci di Cavour tra la fine di maggio e i primi di giugno in *Liberazione del Mezzogiorno* cit., vol. I.

[222] Cfr. A. LUZIO, *Aspromonte* cit., pp. 29-31 che riprende documenti dai carteggi del Castelli.

[223] Cfr. R. ROMEO, *Cavour* cit., pp. 859-60, ove si accenna anche all'opposizione di Depretis e Tecchio, esponenti rattazziani, all'iniziativa.

si chiuse la sessione parlamentare, ai rilievi de *L'Opinione* verso l'opposizione, per non aver chiarito principi e programmi cui si ispirava, *Il Diritto* contrappose le linee programmatiche avanzate da Rattazzi proprio nell'occasione del dibattito sul trattato, e il ruolo per l'opposizione delineato dal Cabella nel suo intervento sul disegno di legge per il prestito di centocinquanta milioni.[224]

La discussione per la ratifica del trattato del 24 marzo con la Francia si aprì tra le attese generali il 25 maggio e subito dalla Sinistra alcune voci chiesero il rinvio della discussione, considerati gli insufficienti elementi di informazione forniti dal governo. In queste scaramucce si cercò di far emergere il conflitto, che si sapeva esistere, almeno per la questione di Nizza, tra Cavour e il suo ministro della Guerra, il generale Fanti. Il nodo della contesa si svelò il giorno successivo, quando si alzò a parlare Rattazzi, il cui discorso appagò le aspettative non solo per la dichiarazione di voto sul trattato, preannunciata come astensione dopo che i plebisciti, già svolti a Nizza e in Savoia, rendevano ormai inevitabile «un male», quanto perché fin dalle prime parole egli chiarì come l'opposizione e lui stesso si collocassero verso il ministero, enunciando una linea di responsabilità e moderazione, poiché i tempi imponevano a tutti

«l'appoggiare, per quanto da noi dipende, gli uomini che seggono al potere, quando altronde dobbiamo credere [...] le loro intenzioni [...] ispirate dal desiderio di promuovere il bene del paese».

Ciò chiarito, e precisato che il voto sarebbe stato «per avvertire il ministero che egli [il governo] si è posto su una via assai pericolosa», poneva il secondo, grande tema politico-propagandistico di lì in poi agitato dall'opposizione:

«Io non posso approvare il trattato, mosso particolarmente dalla considerazione che il Ministero nell'accettarlo, ha abbandonato quella politica che si era seguita fin qui [...] il principio della nazionalità egli lo ha abbandonato, per appoggiarsi sopra un altro interesse, voglio dire nel desiderio esclusivo dell'ingrandimento del regno».

[224] Dopo il 10 luglio si svolse un dibattito tra *L'Opinione* e *Il Diritto*, organi ufficiosi del ministero e dei rattazziani. Il primo il 19, il 26 e il 28 luglio chiamò *L'opposizione* a non personalizzare lo scontro e il 28 scrisse: «si dee proporre non solo un cambiamento di persone, ma di politica, non solo la vittoria dei propri capi, ma dei propri principi»; *Il Diritto* rispose al primo articolo per la penna anonima di Guerrazzi, svelata dall'interlocutore; all'ultimo, il 27 luglio, col rinvio agli interventi di Rattazzi e Cabella, ove si trovava «il vero programma dell'opposizione».

Era un classico *coup de théâtre* quello con cui il capo di un raggruppamento, che aveva il suo punto di forza in una consistente rappresentanza della posizione municipalistica piemontesizzante, faceva proprio il tema nazionalizzatore, fino a indicare nel trattato l'abbandono della via dell'indipendenza e dell'unificazione su cui s'era imposta la direzione morale del vecchio Piemonte sul moto italiano, e l'avvio di un mercato di popoli, in cui non era affatto detto che il regno avesse guadagnato. L'ultimo tema proposto fu la difesa del suo ministero, finalmente di fronte all'opinione pubblica, come non aveva potuto fare quando aveva lasciato il potere. Richiamato dunque lo spirito di servizio con cui aveva assunto il carico della gestione dello Stato in momenti in cui altri, al contrario, aveva preferito «togliersi da ogni imbarazzo», egli rivolse a Cavour l'accusa di aver mosso «guerra acre e..sleale» al ministero La Marmorra-Rattazzi, proprio quando le condizioni internazionali venivano prendendo un corso favorevole, tale da far sperare nella annessione dell'Italia centrale senza il sacrificio di Nizza.[225] Ma a Rattazzi stava soprattutto a cuore la difesa della legislazione unificatrice che, ammetteva, in qualche punto poteva essere emendata dai difetti dovuti all'inesperienza o alle urgenze nelle quali fu varata, senza meritare le «continue disapprovazioni di chi non l(a) conosceva; poiché quelle leggi erano ispirate dallo spirito vivificatore della libertà e del progresso».[226] La risposta di Cavour alle questioni sollevate fu particolareggiata e introdusse nella discussione più di un elemento che coronava e svelava il senso della sua politica. Egli riconosceva a Rattazzi di aver tenuto il discorso su un piano scevro da personalismi, ma riprendendo l'incauto paragone storico richiamato dal Guerrazzi, che aveva ricordato la sorte serbata dagli inglesi a lord Clarendon per aver ceduto Dunkerque alla Francia, replicava ad usura all'accusa di aver cambiato la politica del Piemonte. Gli avversari di quell'uomo, egli ribatteva, s'eran mostrati uniti solo nell'egoismo, senza principi e al servizio di tutte le bandiere, repubblicani e realisti, «demagoghi nella piazza, cortigiani nella reggia». Questo era un giudizio politico, non morale, e richiamava la singolare posizione di coloro le cui finalità s'erano continuamente adeguate agli eventi, assumendo oggi la casacca di un acceso nazionalismo come ieri avevano indossato quella del particolarismo regionalistico. Né volle seguire l'antagonista «nella lunga ed eloquente

---

[225] La parte rattazziana parlò di incontri diretti tra Cavour e Rattazzi per evitare la perdita di Nizza. Nell'occasione il primo, promesso l'appoggio, inspiegabilmente ritiratosi avrebbe fatto fallire il tentativo. CHIALA, vol. IV, *Appendice V*, pubblica alcuni articoli del febbraio 1861 apparsi su *La Monarchia Nazionale* e su *L'Opinione*. La ricostruzione rattazziana, da quel che si capisce, riferisce l'incontro tra i due *leaders* al novembre-dicembre 1859, mentre lo stesso Rattazzi alla Camera afferma che la richiesta francese per Nizza e Savoia fu avanzata il 24 febbraio del 1860. Bisogna ricordare che il re e Rattazzi non contemplavano l'annessione toscana, ritenuta essenziale da Cavour per procedere sulla via della completa unificazione.

[226] API, *Camera dei Deputati, Discussioni*, tornata del 26 maggio, pp. 303-12. In realtà la legge comunale e provinciale era stata elaborata fin dall'avvento del ministero. Il 2 set-

digressione» sull'operato legislativo dispiegato dal precedente ministero; solo ricordò «le calunnie e le ingiurie» rivolte dai sostenitori di esso a quanti lo avversarono, donde provenne la «censura» cui dové soccombere e insieme la prevalenza della propria linea che, fondata sulla libertà all'interno e sulla nazionalità all'estero, su salde alleanze internazionali e non sull'isolamento, aveva sin lì portato all'annessione della Lombardia, della Toscana, dell'Emilia e dei ducati. Su questa linea si doveva procedere «senza far sosta», tanto più che il paese, mostrando la sua simpatia per «le imprese più avventurose» affermava la volontà di continuare in una «politica così attiva, così militante». Inoltre le condizioni dell'Italia e dell'Europa non garantivano il pacifico sviluppo dello Stato, la sua sicurezza, impedendoci di «dedicare tutti i nostri sforzi all'ordinamento interno nella costituzione di un regno forte sovra basi liberali». Dunque, ora che l'Inghilterra era «disposta ad impedire non solo coi protocolli, ma colle armi, qualunque attentato che contro questa libertà potesse farsi» e Napoleone III confermava le sue scelte a favore di un regno italiano indipendente, si rendeva possibile, anzi necessario, procedere sulla via dell'unità. Cavour riproponeva nelle nuove circostanze la questione del dopo Villafranca: arrestarsi o procedere; solo l'eventuale scelta della prima alternativa poteva rendere politicamente prevalente l'istanza di riforma degli ordinamenti interni. Ma ormai Garibaldi era già in Sicilia. Su questo dato di fatto egli poteva entrare nel vivo del conflitto coi rattazziani circa le prospettive della riforma dell'amministrazione solo in senso per così dire di principio, giacché «noi ammettiamo che l'unione si possa compiere senza che immediatamente, repentinamente, vengano estese alle nostre provincie tutte le leggi antiche […] tutte le leggi nuove». Erano poi state queste che avevano provocato in Lombardia pericolosi malumori, ben più gravi, ai fini dell'unità, dell'autonomia mantenuta in via transitoria alla Toscana in vista della più generale riforma in senso «scentralizzatore» da realizzarsi presto, comunque nella fase in cui il processo unitario fosse realmente compiuto.[227] Questa era la novità rilevante emersa dalla discussione: l'affermazione netta della necessità di assecondare il processo in corso, che doveva creare le condizioni minime di sicurezza e di indipendenza del regno. Ma, cosa ancor più interessante, la ripresa di una politica di movimento si collegava all'indicazione di due modi di intendere e costruire l'unità politica cui il paese aspirava e delineava due diverse tendenze, due partiti.

Alla tribuna si susseguirono i nomi più illustri delle contrapposte schiere e i capi del settore centrista de *L'Unione Liberale*, il Boggio e il Boncompagni, i

tembre poi fu inviata ad alcuni deputati una prima stesura per averne un parere, e ciò sappiamo da *L'Armonia* del 16 dicembre 1859 che, ostile alla riforma, pubblica lettera al ministro dell'Interno del deputato cavouriano P. Salinas, che si dice impossibilitato a esprimere il richiesto parere perché il testo inviatogli è privo di adeguata documentazione.

[227] *Ivi*, tornata del 26 maggio, pp. 312-23.

quali confermando appoggio a Cavour, delineavano, specie per bocca del secondo, le nuove tendenze della politica italiana, con il confluire della propria componente nell'alveo liberal conservatore raccolto intorno al conte, che avviava il paese verso alternative chiare, dalle quali era esclusa ogni tentazione cesarista, ovvero di dittatura democratica. Con il trattato con la Francia, diceva il Boncompagni,

«è finita [...] l'antica monarchia assoluta; essa è finita sotto tutte le forme sue vetuste di Regno di Cipro, di Sardegna, di Gerusalemme, e non rivivrà, se a Dio piaccia, sotto le forme di una dittatura democratica».

Invece il nuovo Stato che stava nascendo qualificava la sua natura liberale nel rilievo che in esso assumeva la funzione di governo, fondata sull'alternanza che allo stesso modo traeva giovamento dal consenso ottenuto e da quello negato da oppositori «che preparano un'altra amministrazione», la cui opera quindi non «scalza il sistema e gli uomini, senza sapere cosa né chi mettere in vece loro».[228] Il Boncompagni coglie il processo di trasformazione che investe il sistema politico, onde l'appello ad una opposizione costituzionale, allora rappresentata potenzialmente da Rattazzi, perché si riveli all'altezza della situazione, e si definisca come partito dentro il gioco istituzionale, con le sue idee, i suoi capi, i suoi programmi. Ma questo era anche il problema cruciale ai fini del corretto svolgimento del sistema e si sarebbe riproposto nei nuovi interventi di Rattazzi e di Cavour,[229] come nel dibattito sul prestito di cento cinquanta milioni, iniziato il 27 giugno. Ad alcuni esponenti del *Terzo partito*, quali Macchi, Sineo, Guerrazzi, che dichiaravano un voto a favore del prestito mantenendo le riserve sulla politica del ministero, che avrebbero voluto più impegnato nell'armamento nazionale, il Minghetti osservava:

«Se io avessi dubitato coll'onorevole Macchi [...] coll'onorevole Sineo[...co]ll'onorevole Guerrazzi [...] avrei dato il mio voto assolutamente contrario. Pretendere di conoscere il modo, le forme, il tempo, e persino quando il Ministero spenderà nella grande impresa che tutti desideriamo, è mancare di fiducia verso di esso. Ora io non intendo come in una questione così grave, qual è la presente, si possa dare il voto favorevole ad un ministero senza avere in esso fiducia».[230]

[228] *Ivi*, tornata del 28 maggio, pp. 354-61.
[229] *Ivi*, tornata del 29 maggio, pp. 372-8. Nella replica, dura sul merito, Cavour accolse e rimarcò le parole con cui Rattazzi separò le sue responsabilità dagli attacchi personali rivoltigli nella crisi precedente da esponenti della Sinistra.
[230] *Ivi*, tornata del 27 giugno; il passo alle pp. 789-90.

Ma sui modi e le vie per edificare un sistema politico liberale non tutta la classe dirigente aveva le idee chiare se persino Minghetti, nel porre perentoriamente alla Sinistra la necessità di definirsi, versava poi il suo obolo all'ideologia della fusione dei partiti rilevando nel Parlamento la mancanza della componente conservatrice, intesa come quella favorevole alla stasi del processo nazionale, sicché da questo punto di vista tutti gli schieramenti erano assimilati sotto il vessillo dei «rivoluzionari». Aveva buon gioco il Cabella a rimproverarlo per il contraddittorio intento di voler spingere a forza all'opposizione chi fosse distinto o distante dalla politica ministeriale,[231] salvo inscrivere tutti i deputati al «partito avanzato [...] di coloro che vogliono andare avanti». Il genovese invece introdusse un motivo di distinzione più sottile, ma più netto: dichiarando infatti la sua disponibilità a votare tutte le richieste del governo per avanzare nel moto nazionale egli ribadiva la comune ispirazione nazional-liberale; ma la politica seguita nel trattato con la Francia «serve a segnare la divisione profonda che passa tra la politica del Ministero e la mia: dico mia perché non posso parlare in nome d'altri che di me».[232] La distinzione dei partiti sulla base di una comune condivisione di finalità generali, ma di una altrettanto chiara distinzione «sui mezzi», doveva piacere certamente a Cavour, che ascoltò con attenzione, come segnala lo stenografo parlamentare, il discorso del Cabella, e non mancò di mostrargli privatamente la sua stima, nel rispetto e nella conferma delle diverse posizioni politiche.[233] Lo scivolone «dell'onorevole amico» Minghetti non sfuggì al più esperto Farini, che intervenne dopo la replica e le precisazioni di Bastogi e Fanti sulle obiezioni tecnico-finanziarie e militari del Cabella. Il ministro dell'Interno respinse l'accusa di timidezza rivolta al governo dalla opposizione appellandosi ai successi conseguiti in un decennio, ma aggiungeva un invito alla cautela nel «servirsi di frasi le quali possono essere interpretate vagamente», poiché il termine di rivoluzionari poteva estendersi all'assemblea tutta solo se in esso era il richiamo ai principi dell'89 e al sentimento generale della nazione. Invece

---

[231] *Ivi*, tornata del 28 giugno, pp. 808-14. Cabella esordì richiamando l'uso costituzionale di non negare le «somme richieste ai servigi pubblici»; onde la necessità di aver chiaro l'impiego dei fondi per dare un voto di merito sul prestito, se investisse spese già fatte o da farsi. Rilevate oscurità e incongruenze nei calcoli di bilancio prendeva in esame la «questione politica», nel merito della quale mi pare che *Il Diritto* del 27 luglio, cfr. nota 224, iscrivesse il Cabella *ex officio* all'opposizione rattazziana. D'altronde Farini nella sua risposta distinse le posizioni di Macchi, Sineo, Guerrazzi, Pareto, da quelle del Cabella.

[232] *Ivi*, tornata del 28 giugno, p. 812.

[233] Cfr. L. Ridella, *La vita e i tempi di Cesare Cabella* cit., pp. 331-7, il carteggio tra Cabella e Cavour. L'intervento del primo fu in nulla astioso e non privo di riconoscimenti al governo. È forse da aggiungere che si è parlato assai del carattere ristretto della classe dirigente quanto poco ci si è soffermati sui suoi limiti culturali e politici, confermati dal quadro singolarmente povero di veri *leaders* parlamentari. Siamo ben lontani dal mito crociano dell'«eletta» di uomini. Ciò vale non solo per la Destra.

«se taluno volesse [...] personificare questo sentimento in una scuola o fazione pretendente al dominio nazionale a dispetto dei diritti della nazione libera e della monarchia costituzionale, noi non possiamo, volendo essere onesti, essere in questo senso rivoluzionari».[234]


Per la stessa ragione dichiarava il governo indisponibile a lasciarsi trascinare da qualunque pressione, fermo nei principi su cui fondava la sua politica audace, ma non temeraria, prudente, ma non timida e della quale il Parlamento parve tanto convinto da autorizzare con voto quasi unanime il prestito. Tra maggio e giugno Cavour aveva notevolmente raddrizzato la posizione parlamentare del ministero, mentre si era parallelamente affievolita la pressione del partito rattazziano.[235] Comunque i dibattiti di quel periodo costituirono un passo avanti nella comune presa d'atto della necessità di progredire nella costruzione del sistema politico più consentaneo ai nuovi tempi. In questo senso la precisazione di Farini era importante poiché indicava la disponibilità del gruppo dirigente cavouriano a svolgere un ruolo di forza moderata nell'ambito d'un sistema bipartitico, pur permanendo quel «male» accennato dallo stesso Farini, per cui l'opposizione agiva, anzi «brigava», fuori dal piano istituzionale, incapace di vincere con le armi costituzionali. In questo il re offriva ai rattazziani una sicura sponda, il che accresceva enormemente le sue responsabilità per la mancata «normalizzazione» del conflitto politico. Il governo perciò aveva buone ragioni per sentirsi più forte sul piano parlamentare, ma altrettante per non esserlo ancora abbastanza per rilanciare la sua iniziativa verso il sud, come era lecito aspettarsi facesse dopo aver corretto nelle ultime discussioni della Camera l'originaria sua posizione ed affermato non essere quello il momento di soste e di riforme interne dello Stato, ma di dar compimento alla edificazione del regno. Nonostante l'ambigua condotta dei rattazziani, tuttavia Cavour tentò di definire le basi comuni su cui poggiare una politica capace di ricondurre la rivoluzione sotto la direzione della legalità o, come scrisse al Nigra presentandogli un preciso quadro della situazione interna, di «parvenir à amener [Garibaldi] à jouer un rôle compatible avec l'organisation régulière de l'Italie».[236] Nell'alternativa tra pilotare il moto meridionale verso l'annessione o far prevalere la rivoluzione, egli spiegava, sulla prima strada non si può procedere senza tener conto «du pouvoir irrésistible» del sentimento unitario. Si deve presumere allora che quando Bertani, agli inizi di luglio, coglieva la disponibilità del go-


[234] API, *Camera dei Deputati, Discussioni*, tornata del 29 giugno, p. 833.
[235] Ciò Cavour aveva notato già all'indomani della discussione sul trattato con la Francia: v. quanto scrive il 3 giugno 1860 al principe Eugenio, in *Liberazione del Mezzogiorno* cit., vol. I, pp. 161-62. Cfr. anche cap. I.
[236] *Cavour-Nigra*, vol. IV, cit., dispaccio da Turin, 4 juillet [1860], p. 56.

verno a collaborare o segnalava la possibilità che intervenisse nel centro Italia, o quando Pianciani ne registrava l'attivizzazione,[237] tutto questo fosse parte della ricerca di una collaborazione tra forze distinte. Né il ministero agiva diversamente in direzione della componente rattazziana, e da un lato subiva la designazione di Depretis alla prodittatura della Sicilia, dall'altro, attraverso *L'Opinione*, inviava un chiaro messaggio su una delle questioni più delicate del conflitto politico tra i due schieramenti, quella degli ordinamenti amministrativi. Scriveva infatti il foglio ufficioso, a Parlamento chiuso, che per il governo si trattava di trar profitto della sosta per meglio chiarire qual dovesse essere il rapporto tra istituzioni dello Stato subalpino e realtà politica sorta dopo Villafranca, in una situazione in cui le scelte possibili dipendevano dalla ancora incerta definizione politico-territoriale del nuovo Stato nazionale: infatti soltanto da ciò dipendeva il ruolo che, in un caso o nell'altro, il primitivo «nucleo» piemontese avrebbe svolto. Dunque una aperta dichiarazione di disponibilità a porre un freno al processo di riforma amministrativa di fronte ai compiti più urgenti posti dal movimento in corso, cui s'accompagnava il riconoscimento che quanto è «destinato a durare non può essere né d'improvviso pensato né precipitosamente consentito», né affidato al lavoro di assemblee «che han dubbi e lunghe discussioni».[238] Se tra maggio e giugno s'era fatto un passo avanti nella revisione della legislazione amministrativa con il costituirsi della commissione speciale presso il Consiglio di Stato e poi con la sua convocazione,[239] l'intervento de *L'Opinione* aveva tutta l'aria di voler rassicurare gli avversari di una riforma in senso decentratore sul fatto che quella commissione non sarebbe stata la sede e l'occasione definitiva per affrontare il problema. La speranza di accordo fu di breve durata e alcuni giorni dopo il conte, in un successivo rapporto al Nigra, lo rilevò, ammettendo l'impossibilità di controllare i comportamenti di Garibaldi, ma escludendo che un gabinetto diverso potesse ottenere miglior risultati. La linea della concordia tra tutte le forze liberali, tra le «forces vives» del paese, metteva in discussione non gli uomini che siedevano al ministero, ma la loro politica, e di ciò bisognava prendere atto, ad evitare le «conséquences fatales» di una scissione[240] che poteva sfociare nella vittoria della rivoluzione o, ancor peggio, nel fallimento di tutti. Ad imporsi era il problema cruciale del «governo» della rivoluzione o, se si preferisce, della definizione dei suoi caratteri: onde l'impossibilità di accordo tra forze antagoniste doveva divenire la chiave di volta dell'azione.[241] Insomma marciare con la rivoluzione, cioè con Garibaldi, fin

[237] V. cap. I.

[238] Cfr. *L'Opinione* del 10 luglio 1860, *Le vacanze parlamentari*.

[239] Sulla formazione della Commissione e sulla sua attività v. C. Pavone, *Amministrazione centrale* cit., pp. 276-8 e la documentazione relativa, pp. 278-98.

[240] *Cavour-Nigra*, vol. IV, cit., a Nigra, Turin, 12 juillet 1860, p. 71.

[241] *Ivi*. I dispacci del 4 e del 12 luglio al Nigra sono parti di un unico discorso, ma nel secondo muta la prospettiva per il fallire dell'accordo. Ora «lorsq'un parti est devenue l'u-

dove non vi fosse il pericolo di essere trascinati a guerra con la Francia, e finché la bandiera agitata fosse quella della monarchia costituzionale.[242] Invero Cavour ha già spiegato che se questo avvenisse si determinerebbe l'eventualità meno pericolosa, poiché allora il Generale non sarebbe più «à craindre» e pochi battaglioni di bersaglieri potrebbe averne ragione.[243] L'individuazione, a certe condizioni, della soluzione per così dire militare del problema spiega perché Cavour non accederà alla proposta avanzata dal Nigra il 5 agosto, con la finale precisazione di un consiglio dato «d'aprés le point de vue de Paris», di aprire il Parlamento.[244] Render pubblica la frattura nel movimento nazionale avrebbe mutato la natura del conflitto, dandogli rilevanza non più interna, ma internazionale; giustificata l'eventuale decisione regia di rimuovere il governo come ostacolo all'unità, mettendo il moto italiano a rischio di pressioni esterne;[245] inoltre, cosa non detta eppur in tutto evidente, ad assumere con mano ferma la direzione degli eventi quando i tempi sarebbero stati maturi, più che una mozione di fiducia sarebbe tornato utile mettere in campo la forza militare che, sola, avrebbe conferito al conte l'autorità per imporre la sua direzione. Fallita l'ipotesi di un accordo con l'opposizione, *L'Opinione* tornava ai toni polemici e accusava gli avversari di seguire una tattica che «consiste nel cercar di screditare il governo all'interno e nel comprometterlo all'estero», che lo attacca sui fatti di Sicilia per mettergli contro l'opinione pubblica nazionale, e ricorre alla tesi, pericolosa di fronte alla diplomazia, di non dare il debito sostegno ad un'impresa verso la quale si era compromesso non avendo potuto o voluto impedirla.[246] Il partito rattazziano dunque continuava a creare difficoltà al governo, senza definire una alternativa che, resa franca e chiara nei suoi contenuti politici, non solo era legittima, ma auspicabile. Invocare il senso della responsabilità nazionale poteva essere anch'essa una scelta, ma doveva contemplare un comune atteggiamento verso la rivoluzione democratica. C'era invece qualcosa che non andava nel verso giusto se da un canto il Rattazzi assicurava il Castelli, amico suo e del conte, sulla propria disponibilità a collaborare col mi-

nique à prendre, il ne faut plus supputer les dangers qu'il entraîne, il faut s'occuper des moyens de les surmonter» (*ivi*, a Nigra, Turin, 9 août 1860, p. 145). Dunque l'allontanamento di La Farina dalla Sicilia non fu causa della crisi dei rapporti tra Cavour e Garibaldi, come ritiene R. ROMEO, *Cavour* cit., p. 727, ma effetto dell'impossibile accordo tra le varie anime del movimento nazionale.

[242] L'alternativa è così posta nel dispaccio del 9 agosto, *ivi*, p. 145, ma è *in nuce* in tutti i rapporti successivi al 4 luglio.

[243] *Ivi*, a Nigra, Turin, 4 Juillet 1860, p. 55.

[244] *Ivi*, Nigra a Cavour, pp. 134-6. La citazione a p. 136.

[245] *Ivi*, la risposta di Cavour del 9 agosto al consiglio del Nigra: «nous sommes placés entre Garibaldi et l'Europe», p. 145.

[246] V. l'articolo *L'opposizione* nel numero del 19 luglio 1860, cui rispose *Il Diritto* del 27 luglio.

nistero,[247] mentre a persona ritenuta più affidabile parlava in termini assai diversi, che svelavano le professioni di conciliazione come specchietto per le allodole. Al Cabella dunque Rattazzi confermava senza riserve l'avversione sua e del re — ed era grave ammissione — verso Cavour, sostenendo che il vero problema non era quello di imporgli una sconfitta per condizionarne la politica verso i garibaldini, bensì di infliggergli un colpo definitivo, «disfarsene», «annullarlo»:

«Quanto a diffidare [il re] di Cavour non fa mestieri di fare alcun passo. Egli lo conosce, e lo apprezza come possiamo conoscerlo, ed apprezzarlo noi due, o forse meglio [...] La difficoltà sta nel disfarsene. In questi momenti Cavour ha ancora molto prestigio. Sta per lui una grandissima maggioranza nel Parlamento — se dovesse nelle contingenze attuali ritirarsi, renderebbe non solo difficile, ma quasi impossibile l'opera di qualsiasi altro ministero. È necessario che l'opinione pubblica sia meglio chiarita, e ciò richiede ancora tempo: perché sai che certe verità non si diffondono nelle masse così facilmente. Senza di questo invece di annullarlo, lo si renderà più forte. Io ritengo che Cavour a quest'ora vedrebbe volentieri di trovarsi costretto a dimettersi per qualche urto col re, perché da un canto si toglierebbe dagli imbarazzi in cui si trova, dall'altro sarebbe persuaso di risorgere presto più potente di prima. Parmi che sia migliore e più prudente consiglio lasciarlo, ma sorvegliarlo attentamente per impedire che ci rovini e nello stesso tempo, nulla ommettere per farlo conoscere per quello che è».[248]

A questi ostacoli frapposti all'azione del conte, altri ne aggiunse il Ricasoli, che proprio allora intensificò la pressione sul governo perché scendesse in campo e finalmente prendesse la testa del moto, portando l'esercito nell'Italia centrale e a Napoli, nel momento in cui il regno borbonico, anche su sollecitazioni francesi, si mostrava disposto a trattare con Torino e ad avviare un processo costituzionale all'interno.[249] Finché una tale pressione si fosse limitata a rivendi-

[247] V. lettera di Rattazzi a Castelli (ripresa da A. LUZIO, *Aspromonte* cit., pp. 35-6), Terme di Vinadio, 17 luglio 1860, e presentata come prova delle buone intenzioni di Rattazzi.

[248] E. RIDELLA, *La vita e i tempi di Cesare Cabella* cit., pp. 379-80, Rattazzi a Cabella, Torino, 28 luglio 1860. Difficilmente ignoto al Luzio, il documento getta ombre sui suoi scrupoli scientifici, fa apparire risibile la tesi della disponibilità rattazziana ad aiutare Cavour a uscire dalle difficoltà derivate dal passare dall'attesa all'iniziativa verso Garibaldi, e prova le vere intenzioni dei rattazziani.

[249] Ricasoli insiste per l'azione diretta contro Napoli, che da sola non sarebbe insorta, e vi vede «l'occasione e il momento nel quale il re Vittorio Emanuele possa sostituire le iniziative sicure del suo governo alla iniziativa individuale meno sicura» (*Carteggi Ricasoli*, vol. XIV, cit., lettera del 5 luglio 1860, pp. 14-17); il conte risponde che la differenza tra loro è solo di «*colorito*», poiché non può respingere l'offerta di accordo con Napoli avan-

care maggiore energia, si sarebbe potuta considerarla eccesso di zelo, ma vi erano più pericolosi sintomi che essa mettesse in discussione alcuni caposaldi della linea governativa, costringendo Cavour ad un'indiretta e risentita risposta, con la quale invitava il barone a farsi avanti se si sentiva in grado di proporre una diversa linea d'azione e chiedere la guida del governo.[250] Indubbiamente le impazienze ricasoline erano un ulteriore prodotto della tattica regia: a Firenze era noto che l'opposizione di Garibaldi si rivolgeva «contro il Ministero e non contro il re».[251] D'altronde qualcuno buccinava alle orecchie del barone dell'avvento di un gabinetto da lui diretto,[252] e dunque egli non attenuò la sua polemica nemmeno dopo il colloquio avuto con il conte a Torino alla fine di luglio.[253] Si configurava tra le due personalità uno scontro di linee, mai del tutto ricomposto, delle cui motivazioni, Cavour era solo in parte avvertito;[254] scontro che raggiunse toni neppur garbati nella forma sulla questione relativa al passaggio di Mazzini in Toscana. In realtà il vero nodo che rendeva incompatibili le due posizioni, non investiva questioni solo personali, o il diverso giudizio sull'energia da dispiegare in quella fase, e nemmeno le profonde e sottaciute divergenze circa la questione romana[255] né gli ambigui compromessi del barone coi volontari di Nicotera e col Dolfi, giunti fin al punto di organizzare in pro-

zata sotto auspici francesi (*ivi*, pp. 27-8). Anche Pepoli minaccia di mettere Cavour in stato d'accusa di fronte al Parlamento se sottoscrive l'accordo con Napoli; questi gli replica di portar la minaccia a Parigi, ove il marchese ha buoni ascoltatori (*Cavour-Nigra*, vol. IV, cit., p. 107, Turin, 25 juillet).

[250] *Liberazione del Mezzogiorno* cit., vol. II, pp. 17-8, dispaccio al principe Eugenio, Turin, 6 août 1860. Peraltro fin da giugno il conte aveva avvisato Ricasoli che sarebbe stato chiamato a Torino al momento di decisioni definitive su Napoli e Garibaldi. Sui rapporti Cavour-Ricasoli tra giugno e settembre 1860 cfr. anche cap. I.

[251] *Carteggi di Bettino Ricasoli*, vol. XIV, cit., M. Amari a Ricasoli, 23 luglio 1860, p. 101.

[252] Per il contrasto su Mazzini v. *ivi*, vol. XIV, i dispacci telegrafici tra il 1° e il 13 agosto di Farini e Cavour da un lato e Ricasoli, che continua a negare la presenza dell'esule a Firenze, pur sapendo che è rifugiato in città: v. *ivi*, pp. 172-3, la corrispondenza col Principe Eugenio. R. ROMEO, *Cavour* cit., pp. 756-9, ha ragione ad osservare che Ricasoli, tornato a Firenze, continuò a tenere contatti ambigui con la Sinistra, perché voleva estendere il movimento a Roma. Sulle relazioni tra lui e il re, v. S. CAMERANI, *Il re e Ricasoli*, in *Studi in onore di Nino Cortese*, Roma, Istituto per la Storia del Risorgimento Italiano, 1976, pp. 81-90.

[253] *Carteggi di Bettino Ricasoli*, vol. XIV, cit., p. 115. Il conte informava anche il Nigra delle resistenze fiorentine, (*Cavour-Nigra*, vol. IV, cit., a Nigra, Turin, le 5 août 1860, pp. 137-9).

[254] *L'Opinione* tra luglio e agosto ripropose in vari interventi le preoccupazioni ministeriali sugli sviluppi della situazione internazionale, ma Ricasoli non si fece convincere perché, e Cavour non valuta appieno questo aspetto, pensa ad una soluzione militare della questione di Roma. Né lo persuase l'esame analitico della situazione fattagli dal ministro Corsi a nome del governo (*Carteggi di Bettino Ricasoli* cit., vol. XIV, pp. 163-5. Alle pp. 181-85, la risposta del barone).

[255] Su questo aspetto ha giustamente insistito R. ROMEO, *Cavour* cit.

prio un tentativo insurrezionale negli Abruzzi, in concorso alle parallele iniziative dei bertaniani in quella regione. Il conflitto sorgeva da un contrasto di culture animatrici di due diverse concezioni dello Stato da edificare, dallo scontro tra una visione ottimisticamente liberale, che conosce le complessità dei processi sociali, ma ha fiducia di poterli governare con il metodo della libertà, e il sentimento di smarrimento e di paura nutrito dalle classi possidenti, ben rappresentate dal paternalistico autoritarismo radicato nel gruppo toscano e nel barone.[256] Lo sviluppo del movimento democratico nel 1860 riaccende i ricordi della crisi attraversata tra la fine del 1848 e i primi mesi del 1849, quando la politica della piazza scardinò le certezze di pacifico progresso della libertà, nutrite dai moderati, a giustificare i quali può accamparsi solo l'inesperienza dei meccanismi della più sofisticata mediazione e formalizzazione della politica che l'istituto parlamentare, guardato sempre con più di un sospetto, era in grado di esercitare sul conflitto.[257] Siamo in presenza di un fenomeno involutivo che anche quando si esprime nella richiesta di maggior audacia ed energia, come in Ricasoli, chiamato con ironia da Cavour «uomo forte», svela lo smarrimento di una classe dirigente, mascherato dietro la semplificazione del ruolo della politica e nella ricerca di illusorie scorciatoie. Anche per i toscani la via verso forme di regime dittatorio passa per il conferimento dei pieni poteri al monarca, richiesta fattasi più pressante tra settembre e ottobre; ad essi ancora una volta il conte oppone un ragionamento che è difficile valutare fin dove gli interlocutori volessero o potessero intendere. Al Salvagnoli che su ispirazione del Ricasoli, tornava a prospettare il ripristino dei pieni poteri,[258] egli rispondeva pacato che una simile decisione avrebbe allarmato l'opinione liberale inglese ed europea senza «rimettere la concordia nel grande partito nazionale», né sarebbe stata la miglior critica a teorie estreme, come lo era invece il «lasciare al parlamento liberissima facoltà di censura e controllo». La forza del ministero stava nel voto dei deputati, mentre il regime dei pieni poteri «finirebbe ad attuare il concetto di Garibaldi [...] ottenere una gran dittatura rivoluzionaria da esercitarsi in nome del re, senza controllo di stampa libera, di guarentigie individuali né parlamentari».[259] Come ogni grande conservatore e secondo una lezione nitida nella classe dirigente piemontese, Cavour sa impossibile fermare il mutamento

[256] C. PISCHEDDA, *Appunti ricasoliani*, ora in *Problemi dell'unificazione* cit., pp. 271-321, senza rigidità interpretative di tipo classista, ha chiarito il carattere conservativo, sul piano sociale e politico, della posizione del barone, che in larga misura riflette l'ambiente moderato toscano.

[257] V. anche l'*Introduzione* a proposito del carteggio Cavour-Circourt del dicembre del 1860.

[258] La lettera del Salvagnoli del 30 settembre 1860, in *Carteggi di Bettino Ricasoli* cit., vol. XV.

[259] A V. Salvagnoli, 2 ottobre 1860, in *Liberazione del Mezzogiorno* cit., vol. III, p. 12. Cfr. pure la replica di quest'ultimo, il 5 ottobre, *ivi*, pp. 47-48.

e, ad evitare si imponga disordinatamente per forza propria, bisogna piuttosto governarlo. Questo è il nodo drammatico e vero della sua «ultima battaglia»: di fronte alla preoccupante involuzione in senso antiparlamentare ed autoritario di settori consistenti di classe dirigente, impauriti dai successi più apparenti che reali dei democratici, egli difende le condizioni minime a garanzia di uno stile di governo. Né dittatura moderata né dispotismo rivoluzionario, ribadiva, nessun sacrificio della libertà all'indipendenza, né v'è altro modo per

«raggiungere questo scopo che attingere nel concorso del parlamento la sola forza morale capace di vincere le sette e di conservarci le simpatie dell'Europa liberale. Ritornare ai comitati di salute pubblica e [...] alle dittature rivoluzionarie d'uno o di più, sarebbe uccidere nel nascere *la libertà legale* che vogliamo inseparabile compagna della indipendenza della nazione».[260]

È il grande tema cavouriano della crisi della fine del 1860 che si preannuncia. L'Italia per conseguire la propria indipendenza ed identità ha dovuto superare l'ostacolo frapposto dalle forze antinazionali interne ed esterne attraverso la sua «rivoluzione» che, quasi un miracolo negli annali della storia contemporanea, si è svolta lungo la saggia via della legalità e dell'ordine.[261] Per mantenersi su questa strada l'atto rivoluzionario che ha portato alla liberazione del sud, ed è l'ultimo precisa già il conte, deve ancora una volta ricondursi entro il circuito virtuoso della legalità costituzionale, entro cioè quel sistema che già qui egli chiama di libertà legale. Cavour intende il movimento nazionale come una grande trasformazione dello Stato in senso liberal-costituzionale, questo è il suo problema; il resto verrà.[262] Dar realtà ad un grande progetto di innovazione conservatrice, opera che alla fine lo avrebbe distrutto, per sua fortuna prima di veder in tutto dismessa la via maestra da lui tracciata: questo fu lo scopo, il senso della sua partecipazione alla vicenda fondativa dello Stato nazionale.

[260] *Ivi*, p. 12. Corsivo mio.
[261] V. il *Memorandum* del 12 settembre, in *Cavour-Nigra* cit., vol. IV, pp. 204-8, inviato a Nigra per esporre i «motifs qui nous obbligent à adopter cette politique», che non solo illumina sulla attuale disposizione di Cavour, ed alcune linee ed espressioni di esso tornano nel discorso suo di ottobre alla Camera, ma offre alcune chiavi di lettura dei suoi orientamenti nel passato recente.
[262] Nel 1858 Cavour chiude entro questi limiti il compito della sua generazione e affida al futuro la questione sociale, cfr. G. MASSARI, *Diario dalle cento voci* cit., p. 41. In tal senso la persuasione del carattere di alternativa sociale insita nella posizione democratica aggiunge un ulteriore motivo culturale alla sua linea politica.

Tra il luglio, trascorso nella definizione del suo *piano*[263] e l'agosto, quando mise decisamente mano alla sua realizzazione,[264] Cavour dette spesso l'impressione di cercare una occasione per dare le sue dimissioni,[265] ma dopo il voto pressoché unanime del Parlamento sul prestito di centocinquanta milioni sarebbe stato invero difficile aprire una crisi ministeriale senza creare allarme nell'opinione pubblica, a meno che non fosse in qualche modo giustificata da qualche evento clamoroso. Onde sembra chiaro che la reiterata minaccia di un tal gesto assuma un significato tattico: non allentare la pressione sul re per costringerlo o a dare appoggio al ministero o ad assumere l'iniziativa della crisi, ma in questo caso lasciando aperta, anzi obbligata, la via di un reincarico di fronte alle susseguenti, inevitabili difficoltà. Tuttavia nelle attuali condizioni egli non può pensare a cuor leggero alla seconda ipotesi, e dunque il vero nodo da sciogliere era come assicurare al ministero il sostegno del sovrano. Ancora una volta il conte si affida al consenso dell'opinione, rispecchiato nel Parlamento, per sciogliere il groviglio politico interno e internazionale; la forza dell'opposizione invece sta nell'agitare un supposto conflitto tra governo e nazione del quale deve esser giudice il sovrano. Cavour incontra momentanee difficoltà, ma segue vie ben tracciate che prevedono la soluzione della questione del Mezzogiorno, poi l'azione verso le Marche e l'Umbria. Solo tale sequenza rispondeva alla prevalente necessità di aver «*le spalle del tutto coperte*» rispetto a eventuali smarcamenti del re,[266] perché crea le occasioni di una collaborazione obbligata tra le diverse componenti del moto nazionale pur tenendo distinte le rispettive opzioni politiche. Malgrado le smanie ricasoliane, il problema del

[263] Il termine entra ora nel linguaggio del conte con insistenza, cfr. le istruzioni al Nigra del 4 luglio «Je vous esquisse un plan», p. 57; il 9 agosto allo stesso «ou notre plan reussit», p. 144; e il 29 «Farini[...]lui[à l'empereur] a expliqué en détail le plan que nous avons adopté», p. 186; infine il 12 settembre, sempre a Nigra «Notre plan doit paraitre un coup de tête», p. 202. Tutte in *Cavour-Nigra* cit., vol. IV.

[264] Al Nigra il 1° agosto, e a Persano il 3 (*Liberazione del Mezzogiorno* cit., vol. II, p. 8), con parole diverse esprime lo stesso concetto: siamo al momento supremo; R. ROMEO, *Cavour*, cit., p. 751, indica nell'agosto «il momento decisivo del confronto tra il governo e la "rivoluzione"».

[265] Ne parla al Nigra il 23 luglio, poi al Persano e, quasi a suggerire la linea agli avversari, scrive «Non esiterei un istante a ritirarmi onde facilitare lo stabilimento d'una perfetta armonia tra Garibaldi e il Ministero» (CHIALA, vol. III, p. 298); ad agosto Farini, nei colloqui con Bertani, accennò a dimissioni del governo nel caso il re avesse respinto misure repressive contro il *Comitato* di Genova; e ancora il 23 agosto, altro momento critico, scrive al Nigra di essere «bien décidé à ne pas fléchir et à donner ma démission plutôt que de céder» (*Cavour-Nigra*, vol. IV, cit., p. 177), ma ora il senso della minaccia è cambiato.

[266] *Ivi*, p. 125.

sud doveva risolverlo Garibaldi, ma a due condizioni; precederlo, *se possibile*, a Napoli;[267] evitare a ogni costo la saldatura tra iniziativa democratica al sud e al centro.[268] Questo è il limite con cui avvia la trattativa con Bertani, lo sguardo alla reggia e ponendo l'alternativa: accordo o repressione, ma dimissione del ministero, se il re ostacolasse la seconda via. L'opposizione rattazziana è messa allora nella condizione di inseguire la linea cavouriana, fino a subire lo scacco nel dibattito parlamentare di ottobre;[269] poiché se Rattazzi è «trop raisonnable pour accepter le programme de Garibaldi»,[270] a maggior ragione deve esserlo Vittorio Emanuele, e dunque né lui né il suo pupillo possono affidarsi in modo esclusivo alla incerta e scomposta agitazione del duce dei Mille. Una prima prova della cautela sovrana può cogliersi nel diniego opposto ai sondaggi fatti a fine luglio da Bertani per aver appoggio nella azione al Centro, anche se le iniziative del re in quella direzione, gestite in proprio e tramite il Ricasoli, restano assai confuse.[271] Cavour poi condusse la sua linea con mano d'artista e sapendo

---

[267] L'insurrezione di Napoli ha valore simbolico; in realtà è solo una variante più favorevole, cui Cavour rinuncia agli inizi di agosto accettando il passaggio dei volontari sul continente: v. *Liberazione del Mezzogiorno* cit., vol. II, i carteggi col Persano, Villamarina e gli inviati a Napoli. A Nigra scrive il 1° agosto «*Bien que notre parti soit pris*, dans l'hypothèse du succès complet de l'entreprise de Garibaldi dans le Royaume de Naples, je crois qu'il est de notre devoir vis à vis du Roi, vis à vis de l'Italie, *de faire tout ce qui dépend de nous* pour qu'elle ne se réalise pas» (*Cavour-Nigra*, vol. IV, cit., p. 123). Sottolineo io, anche per evidenziare la distanza da chi, come Ricasoli, ritiene che l'ingresso di Garibaldi a Napoli «va impedito a qualunque costo» (*Carteggio Ricasoli*, vol. XIV, cit., pp. 326-27, a Massari, Firenze, 6 settembre 1860).

[268] A suo sostegno Cavour allega le rigidità franco inglesi per Roma e Venezia. Il 12 settembre scrive a Nigra che l'imperatore ha discusso l'azione nei dettagli «en arrêtant même les limites du champ d'operation de notre armée», (in *Cavour-Nigra* cit., vol. IV, pp. 202-8, e il *Memorandum* unito). Riferisce poi il fallimento dei tentativi di accordo con Garibaldi perché questo seguita a parlare di Roma e Venezia, di riprendere Nizza, ecc. Sulla posizione franco-inglese cfr. R. ROMEO, *Cavour* cit., pp. 730-48; per l'Inghilterra anche I. NAZARI MICHELI, *Cavour e Garibaldi nel 1860* cit., pp. 170-72, e il biglietto di A. Panizzi a E. d'Azeglio, lunedì [6 Agosto 1860], in *Cavour e l'Inghilterra. Carteggio con V. E. d'Azeglio*, vol. III, Bologna, Zanichelli, 1961, p. 120. La simpatia inglese per Garibaldi, come Cavour sa, dipende dalla sua ostilità per la Francia. *L'Opinione* del 4 settembre, *La politica del governo*, scrive che le potenze guardano all'Italia con favore, vedono nella monarchia una garanzia di moderazione, ma la Francia non vuole rischi a Roma, l'Inghilterra vuol la pace in Europa.

[269] La riunione del Parlamento consigliata dal Nigra in realta è da Cavour solo rinviata e già il 21 agosto annunciata a Ricasoli (*Liberazione del Mezzogiorno* cit., vol. II, pp. 117-18).

[270] *Cavour-Nigra* cit., vol. IV, a Nigra, Turin, 12 luglio, p. 71. Riprenderà questo giudizio nel gennaio del 1861, ma, alla luce di Aspromonte, esso pare troppo ottimista circa Rattazzi.

[271] Oltre all'episodio Brignone, su cui cfr. cap. II, il *Carteggio Ricasoli* cit., vol. XIV, pp. 254-5, accenna ad un non chiaro rapporto del barone con tal D. A. Serrano, che agisce nell'Abruzzo teramano. A questa «risorsa» insurrezionale egli ricorre, cercando di coinvolgere il Persano, alla vigilia della entrata di Garibaldi a Napoli, *ivi*, p. 339, per im-

che «Un faux pas peut nous faire perdre toute force morale», lancia segnali contrastanti che confondono gli avversari. Da un lato infatti moltiplica le intenzioni conciliative e i segnali di disponibilità all'accordo con Garibaldi, divenuto di nuovo tra fine agosto e settembre il primo attore dello scontro politico, inviandogli attestati di stima e di ammirazione personale, per lasciare la responsabilità del mancato accordo agli avversari,[272] dai quali riceve sconfortanti risposte. Ancor meno rassicuranti i comportamenti dei rattazziani le cui posizioni mai come in questo momento s'intrecciano e fondono con quelle garibaldine, amplificate da *Il Diritto*, che denuncia al re, garante ed interprete della volontà della nazione, il conflitto fatale tra le forze patriottiche ed insiste ancora sul tema della mancata annessione della Sicilia come prova della sfiducia di Garibaldi verso chi siede al ministero.[273] Reduce dai toni moderati della campagna contro la circolare Farini, il foglio torinese agli inizi di settembre alza il livello polemico e attacca il governo per non aver secondato con energia sufficiente l'iniziativa meridionale. La stessa linea ribadiscono i comitati de *La Nazione*, i quali col peso di un pronunciamento dell'opinione pubblica, dirigono al re un indirizzo che avanza una logica politico istituzionale di tipo prettamente plebiscitario, e un appello al sovrano come massimo simbolo della volontà della nazione e garante del suo voto concorde espresso sui campi di battaglia, l'una e l'altro minacciati dalla permanenza di Cavour al ministero.[274] A questo segue il *Manifesto del Comitato modenese di Provvedimento*, che nei preparativi del governo per l'invasione delle Marche denuncia l'intenzione «di prevenire l'arrivo di Garibaldi» e un tentativo «di rialzarsi nel concetto dell'opinione pubblica».[275] Mentre il Magenta dà l'allarme sul nuovo attivismo del comitato Bertani ove tornano ad agitarsi «esponenti mazziniani», l'iniziativa più pericolosa, ben-

---

pedire l'evento e accendere un'insurrezione che interessi le regioni meridionali in relazione alla prevista sollevazione dell'Umbria.

[272] *Liberazione del Mezzogiorno* cit., vol. II, p. 191, a Garibaldi, 31 agosto 1860. Cavour, visto impossibile precedere Garibaldi a Napoli, forse affida a un emissario più complete spiegazioni della sua linea. Comunque deve dimostrare di non voler la rottura: v. in tal senso *L'Opinione* del 4 gennaio 1861, *Il governo e Napoli*, che spiega la linea del conte su tutta la questione.

[273] Cfr. L'Opinione, *Mazzini e Bertani*, in *Il Diritto* del 1° settembre, che dichiarava: la «nostra fede unica, suprema[...] nella lealtà di Vittorio Emanuele e nel genio della Nazione [e] di Garibaldi, sua vivente personificazione», ed assicura che l'Italia si sarebbe fatta contro il ministero. Lo stesso giorno, presentando *Il nuovo scritto di Guerrazzi* sull'annessione della Sicilia il giornale rattazziano insisteva sulla fiducia di Garibaldi solo nel re, ma non verso gli uomini di governo.

[274] «Voi reggete costituzionalmente e in Voi contiamo. Se legge è il voto di maggioranza, il Ministero in codesto non può dar legge. La maggioranza che vuole l'unità nazionale [...] ha scritto il suo voto sui campi di battaglia» (*Il Diritto* del 2 settembre 1860). Cfr. anche cap. II. Cavour conosce l'iniziativa de *La Nazione* fin dal 23 agosto: v. il suo dispaccio al Nigra in *Cavour-Nigra*, vol. IV, cit., pp. 176-7.

[275] V. *Il Diritto* del 6 settembre 1860, ma l'indirizzo ha la data del 2 settembre.

ché ripetitiva delle tattiche seguite dal re e da Rattazzi nei loro reiterati conati anticavouriani, è l'incontro di un gruppo di «deputati di tutte le frazioni della parte liberale» i quali, «se non siamo male informati», scrive *Il Diritto*, «privatamente» riuniti per dicutere le condizioni del paese e il conflitto che lo turba, vollero segnalare al re il malessere vivo tra i membri del Parlamento nazionale. Infatti

«il Ministero avrebbe dovuto associarsi fin da bel principio con animo risoluto e compatibilmente con la sua posizione, all'impresa del generale Garibaldi; che non avendo ciò fatto ne derivò tra il nostro Governo e Garibaldi una dualità funesta che scisse l'Italia e cagionò gravi pericoli allo stato; che importasse sommamente far cessare questa dualità togliendo ogni ostacolo all'impresa di Garibaldi (per esempio il divieto alla partenza dei volontari) ed anzi secondandola vigorosamente. E se i nostri ragguagli non mentono uno dei deputati presenti all'adunanza venne incaricato di riferire l'oggetto della riunione e di esprimerne i voti al Presidente del Consiglio».[276]

Per la verità l'iniziativa, anche questa volta, sembra avere un carattere confuso, tra presa di posizione istituzionale dei membri della commissione incaricata di esaminare il progetto di riforma del codice civile e pronunciamento di una parte della stessa commissione, quindi di uno schieramento politico che presenta la novità di coinvolgere parlamentari toscani.[277] Peraltro Cavour non si era fatto granché impressionare da questa manovra ed anzi il suo atteggiamento verso gli inviati di quel particolare consesso mette in luce la studiata attenzione per i tempi delle sue reazioni e, soprattutto, un orientamento tuttaltro che favorevole a qualsiasi compromesso con la componente garibaldina.[278] *L'Opinione* tuttavia s'affrettava a smentire formalmente le informazioni diffuse dal foglio rattazziano, lasciando però trasparire il diffondersi di un certo nervosismo tra le file dei deputati.[279] Le voci che già circolavano a Torino del prossi-

[276] *Il Diritto* del 6 settembre.

[277] *Il Diritto* la considera decisa «privatamente», e così anche la presenta Galeotti, insieme al Tecchio membro della delegazione inviata a Cavour: v. *Carteggi Ricasoli* cit., vol. XIV, pp. 327-8, Galeotti a Ricasoli, Torino, 6 settembre 1860, e in *Liberazione del Mezzogiorno* cit., vol. II, pp. 248-9, Cavour a Farini, Torino, 6 settembre 1860. Il conte sembra invece ritenerla una delegazione ufficiale della Commissione legislativa per la riforma del codice civile.

[278] V. *ivi*, p. 249: «gli farò una risposta recisa». Cavour si muove fin da ora su quella linea che suggerirà al re (*Cavour-Nigra*, vol. IV, cit., pp. 241-42), nel dispaccio del 5 ottobre 1860: nessuna transazione con mazziniani e garibaldini, ogni riguardo verso Garibaldi.

[279] Cfr. il numero del 7 settembre: «Siamo autorizzati a dichiarare essere del tutto inesatta la relazione data dal *Diritto* di ieri (giovedì) circa una riunione di deputati tenuta in Torino in questi giorni» ed anch'essa auspicava la concordia. Ma *Il Diritto* non accolse la smentita e il giorno successivo ribadì il suo resoconto, cfr. *All'*Opinione.

mo ritiro del conte dal ministero e dell'intenzione del re di sostituirlo con persone meno esposte all'inimicizia di Garibaldi, ed il nome fatto è quello del solito Rattazzi, sembravano dunque non del tutto inverosimili, intanto che la vittoriosa entrata a Napoli del Generale ne portava alle stelle la popolarità e insieme gli dava la forza di porre al sovrano il dilemma: «Ti consegno un regno, in cambio di un governo di cui fidarmi».[280] Cavour però aveva già pronta la contromossa per scompaginare gli avversari: rapida, efficace e sconcertante essa avrebbe neutralizzato l'ostilità e le manovre del re, imponendo a tutti, compreso Garibaldi, la propria direzione sul moto nazionale. In questo senso la sequenza cronologica costituita dall'ingresso di Garibaldi a Napoli, seguito dall'offerta delle dimissioni del governo al re, quando però era già fissata la data dell'iniziativa sarda nelle Marche e Umbria, prevista tra il 10 e il 12 settembre, così come l'insurrezione generale delle regioni centrali era fissata tra l'8 e il 10 settembre,[281] è l'unica che illumina e consente di capire i comportamenti del conte, a spiegare i quali non v'è bisogno di supporre in lui particolari doti «divinatorie». Ma questa sequenza ha senso solo se si prende in considerazione l'ipotesi che l'ingresso di Garibaldi a Napoli rientrava nei calcoli cavouriani.[282] Certo dopo questo evento non v'era più tempo per tentennamenti ulteriori e davvero bisognava che il ministero montasse a cavallo e dirigesse di carriera verso il sud, come Farini aveva scritto a Ricasoli sul finire di agosto, subito prima dei colloqui con Napoleone per prendere gli ultimi accordi sulla campagna nell'Italia Centrale.[283] Quel «montare a cavallo» era una descrizione in forma epica di una scelta politica che, fuor di metafora, implicava la scesa in campo di Cialdini e Fanti, cioè l'iniziativa militare; una decisione che aveva più lontane radici e poteva già leggersi nella ininterrotta riaffermazione, tra luglio e agosto, della necessità di risolvere prima la questione napoletana e poi quella romana. Nelle circostanze che con tanta sagacia Cavour aveva contribuito a determinare, per il sovrano diventava davvero impossibile lasciare scoperte le spalle al ministero, e ciò per tre ordini di ragioni: il primo sta proprio nelle condizioni

---

[280] R. ROMEO, *Cavour* cit., pp. 780-94. In area mazziniana il conflitto tra Garibaldi e Cavour è svolto in senso radicale, come contrasto tra nazione e diplomazia: v. ne *L'Unità Italiana* del 14 agosto 1860 l'articolo *Strani consigli*.

[281] La documentazione ufficiale conferma variamente queste date. Cfr. il dispaccio di Cavour a Persano del 31 agosto 1860, e l'altro allo stesso, del 3 settembre, in *Liberazione del Mezzogiorno* cit., vol. III, pp. 192-3 e p. 218. Nelle corrispondenze del periodo il conte precisa che Napoli non insorge, e che per recuperare ciò che lì si perde bisogna muovere rapidamente verso Ancona.

[282] Questa ipotesi emerge netta dal complesso del carteggio *Cavour-Nigra* cit., vol. IV, tra luglio e settembre, e in questo senso non può essere in nessun caso sottovalutato quanto Cavour aveva scritto e ribadito circa l'impossibilità dell'accordo tra le diverse forze liberali. Egli quindi non ha alcuna disponibilità a farsi coinvolgere dai canti di conciliazione delle sirene rattazziane.

[283] *Carteggi Ricasoli*, vol. XIV, cit., p. 269, Farini a Ricasoli, Torino, 26 agosto 1860.

che egli impose al sovrano prospettandogli le sue dimissioni l'8 settembre curandosi di lasciare una traccia ufficiale e tangibile dell'alternativa di fronte alla quale lo aveva posto.[284] La scelta dei tempi era perfetta, poiché non c'è dubbio che quello, e quello solo, era il momento in cui il re si sarebbe trovato di fronte alle sue responsabilità istituzionali e politiche, in quanto principale sostenitore e quindi capo, sia pure *sui generis*, di una diversa opzione tattica. Il ministero dunque, presentandosi al giudizio del re, dichiarava che una sola era la politica compatibile col ruolo della monarchia sabauda: quella di forza conservatrice dell'ordine sociale interno e internazionale. Rispetto a quest'ultimo il *memorandum* del 12 settembre inviato al Nigra, fondato sul punto di forza costituito dall'intesa sostanziale con Napoleone sul modo di procedere, definiva le ragioni di una limitata e controllata violazione dell'ordine esistente in virtù delle esigenze di sicurezza dello Stato sorto dagli eventi del 1859 per l'affermarsi del principio nazionale, e nella prospettiva di porre un freno al moto rivoluzionario nell'interesse della stessa comunità internazionale. Vittorio Emanuele si trovò così di fronte ad una alternativa posta in termini rigidi e netti: se per seguire questa politica si poteva trovare una soluzione ministeriale con uomini più compatibili con il governo dittatorio a Napoli, il gabinetto si sarebbe adeguato e, rassegnate le proprie dimissioni, avrebbe fatto il sovrano garante di quella linea; ovvero quest'ultimo avrebbe dovuto seguire il ministero in carica e condividerne le scelte effettuate e da effettuarsi, prossime ad essere sottoposte al giudizio del Parlamento come sola espressione legittima della nazione e come arbitro del contrasto con Garibaldi.[285] Dal punto di vista di Cavour un tal disegno avrebbe di fatto favorito l'evoluzione della crisi in atto verso esiti parlamentari, cioè legali, chiudendo il circuito rivoluzionario. Restava davvero al sovrano la possibilità di smentire tale linea, assumendo la responsabilità delle conseguenze che sarebbero potute derivarne, tanto più nel caso si fosse voluto tentare un ritorno ai pieni poteri, giustificabile solo con la presa di distanze dalla politica del conte e aprendo le prospettive di una guerra generalizzata? Questo era esattamente il programma mazziniano;[286] era ben difficile per il re seguire a cuor

[284] *Liberazione del Mezzogiorno* cit., vol. II, *Processo verbale d'un colloquio col Re*, pp. 258-59.

[285] Cfr. *ivi*, in particolare il quesito posto al re se «non ravviserebbe opportuno di scegliere altri consiglieri, *che pur seguendo la stessa politica* potessero con maggior facilità evitare i probabili conflitti col Dittatore dell'Italia meridionale». Sottolineo io per evidenziare i limiti in cui si muove la deliberazione di Cavour, che così li ribadirà nell'intervento alla Camera l'11 ottobre. Se tale espressione ha un senso, essa significa che egli non avrebbe ammesso una chiamata di Rattazzi.

[286] Il ribaltamento del tema mazziniano dei due programmi inizia ora in area moderata. *L'Opinione* del 23 settembre in *Garibaldi e Cavour*, insiste sul contrasto non personale, ma politico, sotteso al motto *Italia e Vittorio Emanuele*. Anche l'articolo del La Farina del 16 settembre 1860 su *I due programmi*, osserva che con questo motto non si esalta solo il soldato, ma «il principe leale, il capo d'un governo regolare e libero». In esso «personifi-

leggero una simile via, rendendosi prigioniero non tanto della politica di Garibaldi, di certo sotto il suo controllo,[287] quanto del partito agitantesi dietro di lui, le cui azioni erano di gran lunga più pericolose e meno prevedibili, ed al momento deciso a puntare su Roma, spinto da Bertani, che ambiva realizzare le speranze concepite col compromesso raggiunto ad agosto coi cavouriani.[288] Inoltre, come aveva intuito precocemente Cavour, anche nel caso che il Generale e i suoi fossero restati entro i limiti posti dal governo e Vittorio Emanuele avesse potuto senza traumi assumere il titolo di re d'Italia, in tali condizioni lo sarebbe stato solo per i meriti e per la volontà dell'eroe.[289] Era questa la seconda ragione che lo obbligava a sostenere il ministero, e la terza, ad essa strettamente collegata, sorgeva dalle pressanti necessità del momento, poiché in quei giorni si determinava l'ultima occasione attraverso la quale l'Esercito Regio, con la campagna nelle Marche e nell'Umbria, avrebbe potuto dare un fondamentale apporto all'unità del Paese, assumere un ruolo attivo a Sud, rilegittimarsi come alfiere della causa nazionale e ricostruire la propria immagine di armata belligera agli occhi della opinione nazionale. Orbene, se il re avesse accettato le dimissioni del ministero cavouriano, sarebbe stato impossibile trovare soluzioni al vuoto di potere che ne sarebbe derivato senza la convocazione del Parlamento e, a poche ore dall'azione nelle regioni centrali, ciò avrebbe imposto una sospensione e forse la definitiva cassazione della spedizione, creando quindi un obiettivo contrasto tra armata e sovrano. Se agli inizi di settembre dunque gli avversari di Cavour paiono particolarmente baldanzosi, ciò avviene poiché essi non calcolano bene i reali rapporti di forza e le dinamiche della congiuntura politica, sopravvalutando la condizione di debolezza del gabinetto, i cui orientamenti conciliativi vengono fraintesi non solo a Napoli, ma pure a Torino. Le lettere di settembre con cui Garibaldi chiede «l'allontanamento di quelli individui» ai quali attribuisce le ostilità frapposte dal governo alla sua impresa, confermando la sua inimicizia verso il conte,[290] preannun-

chiamo i ministri, che godono la sua stessa fiducia e quella del parlamento, il Parlamento istesso, la sua maggioranza legale, le libere istituzioni che ci governano» (G. LA FARINA, *Scritti politici* cit., vol. II, pp. 334-5).

[287] L'esperienza maturata a seguito delle vicende del 1859-60, fanno apparire ciò che Cavour scrive al Nigra il 12 juillet 1860, cioè che solo il re esercita «une certaine influence» su Garibaldi, un voluto e diplomatico eufemismo (*Cavour-Nigra*, vol. IV, cit., p. 71).

[288] La posizione di Bertani, giunto a Napoli a fianco di Garibaldi, è richiamata dal Romeo sulla scorta della White Mario. È noto che allo stesso si deve la stesura della lettera del dittatore a Depretis, in cui si nega l'annessione della Sicilia (ENSG, *Epistolario*, vol. V, cit., pp. 233-34).

[289] V. quanto scrive il conte a Nigra le 1er août 1860, in *Cavour-Nigra*, vol. IV, cit., p. 122, su Vittorio Emanuele, divenuto re d'Italia solo perché considerato «l'ami de Garibaldi».

[290] ENSG, *Epistolario*, vol. V, cit., Napoli, 11 settembre 1860, pp. 237-39. Una, più biglietto che lettera, sembra scritta di getto da Garibaldi, a giudizio di Asproni in grado di

ciano la posizione più formale, e perciò subito apparsa sul *Giornale Officiale di Napoli*, assunta verso il ministero il 15 settembre con la missiva al Brusco, diffusa da tutta la stampa nazionale.[291] A questo punto però esse si rivelano tutte non solo atti tardivi, tanto più che si producono sullo sfondo della preannunciata riunione del Parlamento, segno dell'esaurirsi della fase rivoluzionaria e del pieno ritorno alla normalità costituzionale, ma perfino controproducenti, tanto da servire al conte come prove del pericoloso estremismo garibaldino e, all'esterno, come conferma della necessità di bloccare la rivoluzione al Sud. Dunque a questo punto l'azione dei democratici aveva dato tutto ciò che poteva dare; ora prevaleva l'esigenza di una chiarificazione rapida dei rapporti tra componenti del movimento nazionale.[292] Ma forse l'iniziativa di Cavour verso il sovrano ha origini ancor più remote, che risalgono alla definizione del «piano» elaborato d'intesa col Nigra ed altri pochi intimi fin dal luglio del 1860[293] per costruire le condizioni di una obbligata collaborazione tra «les principales forces vives» del Paese;[294] così quando il re si ebbe da Garibaldi le lettere settembrine che chiedevano la liquidazione del ministero cavouriano in termini perentori, la sua scelta era obbligata e per primo dovette riconoscere quelle richieste «impossibili».[295] Poi ebbe modo di far sapere di essere rimasto «un po' urtato del tono brusco e risoluto» di quelle missive; così si espressse il Marazio con il Macchi,

compilare solo brevi missive. In essa chiamava addirittura il re a Roma. L'altra è forse frutto di una mano più matura, come avviene spesso per le lettere ufficiali o «politiche», preparate da terzi e firmate dal Generale. Ambedue derivate da una trascrizione cavouriana a Nigra, per esse non è documentato l'intervento dei rattazziani. La Mario, sulla base del diario di Bertani, che accenna genericamente al Trecchi spedito in missione dal re, dubita della loro autenticità.

[291] La lettera del 15 è ora *ivi*, pp. 241-2. *L'Opinione* intervenne nel conflitto in atto solo quando «seppe che il generale persisteva nella pretesa che il re allontanassse dal suo fianco il Cavour e il Farini», rileva L. CHIALA, *Giacomo Dina* cit., vol. I, p. 342.

[292] Tutta la discussione sull'ispirazione della preveggente reazione di Cavour, è ora riesaminata da R. ROMEO, *Cavour* cit., pp. 794-801.

[293] Il piano cavouriano è ben esposto nel rapporto del Nigra, Paris, le 14 juillet 1860, in *Cavour-Nigra*, vol. IV, cit., pp. 80-2. Cfr. anche Gualterio a Ricasoli, 28 luglio 1860, in *Liberazione del Mezzogiorno* cit., vol. I, pp. 404-5. Ciò spiega le incongruenze di calendario: ad esempio le lettere di Garibaldi al re per chiedere le dimissioni del governo hanno la data dell'11 settembre, ma già il 10 La Farina parla di esse e della negativa risposta del sovrano (*Epistolario* cit., vol. II, a G. Ingrassia, Torino, 10 settembre 1860). Peraltro nel suo intervento alla Camera, l'11 ottobre, Cavour fissa la data della deliberazione del gabinetto di incontrare il re agli ultimi giorni di agosto.

[294] Già nel dispaccio del 4 luglio a Nigra Cavour aveva insistito sugli «embarras» che Garibaldi avrebbe provocato, e non possiamo immaginare che questo nome non evochi in lui e in chi lo ascolta il grumo d'opposizione da esso rappresentata ben prima di ora, onde l'osservazione della non comune abilità necessaria per portarlo «à jouer un rôle compatible avec l'organisation régulière de l'Italie» (*Cavour-Nigra*, vol. IV, cit., pp. 55-6).

[295] Il re le ebbe tra il 13 e il 14 settembre (a Farini, Venerdì, [14 settembre 1860], in *Liberazione del Mezzogiorno* cit., vol. V, p. 488).

al quale riportava le riflessioni di Rattazzi sulle ragioni per cui era stato impossibile accogliere le istanze del Generale contro al governo. Ma, insisteva, esse potevano essere ancora ascoltate, soprattutto se reiterate in toni più moderati, accompagnate da professioni di obbedienza al sovrano e rinunciando apertamente ad ogni tentativo su Roma.[296] Accogliendo il suggerimento, Garibaldi tornò a denunciare al re il «dualismo […] fatale» suscitato dagli uomini del ministero,[297] ma per una congiuntura casuale il segreto di questa lettera era nelle mani di Cattaneo, che l'aveva rielaborata dopo averne gelidamente respinta un'altra, redatta in tono che a lui, arrivato a Napoli a prestare il soccorso del suo consiglio, era parsa tale da spingerlo a reimbarcarsi subito per altri lidi.[298] Questa volta però la stampa d'opposizione, sempre sollecita a dar risalto agli scritti garibaldini, si guardò bene dal pubblicare il carteggio, frutto di un ennesimo garbuglio rattazziano che Maurizio Quadrio, avutane qualche contezza, non aveva esitato a bollare, dando prova invero di sconfinata ingenuità, come un trucco e una scaltra manovra di Cavour.[299]

A ben altre «manovre» in realtà il conte aveva dovuto dar corso per vincere prima la «battaglia bertaniana» e poi la campagna meridionale, ma era potuto riuscire perché fidente nelle contraddizioni dei suoi avversari e in particolare del partito rattazziano. Da un lato infatti Rattazzi, delegato il compito di promuovere l'iniziativa popolare all'espansione dell'organizzazione bertaniana, aveva dato prova di non sapere, o non potere, uscire dalla logica di un gruppo strettamente parlamentare, come invece aveva osato Cavour in quell'anno, in vista delle novità imposte dallo sviluppo del movimento italiano. Si può dire anzi che il confuso demagogismo di uomini come Brofferio e Guerrrazzi esprima l'esigenza, che Rattazzi non può soddisfare, di dare all'opposizione parlamentare una base sociale, un partito in senso moderno. Di conseguenza, ed era l'altro motivo della sua contradditoria condotta, egli aveva costantemente surrogato l'assenza di una specifica visibilità di partito affidandosi all'iniziativa regia e all'intrigo cortigiano, che passò innanzitutto in quel troppo ambiguo e speciale rapporto tra Garibaldi e Vittorio Emanuele. Sorretto dall'idea del superiore modello di civiltà incarnato dal Piemonte, incapace a sciogliere la logi-

[296] La lettera, del 17 settembre, in MRM, *Carte Bertani*, b. 11, pl. XII. 81. Edita da I. NAZARI MICHELI, *Cavour e Garibaldi* cit., pp. 166-70, il Luzio se ne accreditò scorrettamente la scoperta, forse per apparire equanime, ma a conferma del suo scarso rigore. L'ultimo a utilizzare il carteggio per ricostruire i rapporti tra il re, Garibaldi, Rattazzi e Cavour in questa fase, è stato R. ROMEO, *Cavour* cit., pp. 788-801.
[297] ENSG, *Epistolario*, vol. V, cit., a Vittorio Emanuele, Napoli, 21 settembre, pp. 245-6.
[298] *Epistolario* di C. CATTANEO, vol. III, cit., pp. 394-7, alla moglie, Napoli, 22 settembre 1860. Il Caddeo confonde tra le lettere dell'11 settembre, spedite quando Cattaneo non era ancora a Napoli, e quella del 21, di cui Cattaneo peraltro doveva ignorare la primitiva fonte torinese.
[299] MRM, *Carte Bertani*, b. 18, pl. XXXIII, 11a e 11b.

ca perversa di un raggruppamento che vuol unire ciò che non può esserlo, la fedeltà alla monarchia amministrativa e il princìpio nazionale, la difesa del ruolo del Piemonte come nucleo duro del nuovo Stato[300] e l'istanza novativa del movimento patriottico, il princìpio dinastico inteso come ossequio alla gerarchia e l'elemento popolare utilizzato in senso demagogico, egli pensò di realizzare l'impossibile disegno attraverso la difesa della prerogativa regia, agitando nel binomio Garibaldi-Vittorio Emanuele il mito grottesco del sovrano repubblicano, forse idoneo a soddisfare la *pruderie* rivoluzionaria dei borghesi, ma suscitatore di temibili fantasmi nei settori aristocratici e soprattutto inadatto a sposare l'idea nazionale, animatrice del moto popolare, con un progetto di legalità, di cittadinanza, di «libertà legale».[301]

Intorno alla sua linea, che aveva la forza di proporre una scelta di civiltà fondata sulla libertà, la legge e la nazionalità, Cavour poteva ancora aggregare un raggruppamento liberal conservatore non privo di interne contraddizioni, distinto tra una componente popolare e di «sinistra», costituita dai settori lafariniani raccolti intorno alla *Società Nazionale*, i quali agitavano con maggior enfasi il motivo nazionale, e una Destra rappresentata dal gruppo de *La Perseveranza*, la cui attenzione invece si concentra sulle pratiche del buon governo e della retta amministrazione.[302] Esso però, unito su alcune grandi opzioni rafforzava la sua unità intorno alla comune adesione alla direzione di Cavour e al suo indiscusso ruolo di capo del partito, che significava consenso alla politica del progresso senza avventure, i risultati della quale erano sotto gli occhi di tutti. Restava però al suo interno un nodo, difficile a sciogliersi: quello degli ordinamenti del regno, del suo sistema amministrativo, che intanto obbligava e avrebbe poi costretto il conte a complesse mediazioni e anche a momen-

---

[300] Silvio Spaventa, a ridosso di Aspromonte, giudicò drasticamente Rattazzi «un miserabile leguleio senza fede e senza cuore», e l'interprete del «principio piemontese nella sua forma più assorbente»: in S. SPAVENTA, *Lettere politiche (1861-1893)*, edite da GIOVANNI CASTELLANO, Bari, Laterza, 1926. Cfr. lettere a Bertrando, 7 ottobre 1861, pp. 13-17, e 22 agosto 1862, pp. 35-36.

[301] L'espressione di Cavour è prova non unica della coscienza che il gruppo dirigente cavouriano aveva della necessità di andare oltre la nazione per costruire un paese di cittadini. Ad esempio nel maggio, alla Camera, Farini osservava al Regnoli che voleva estesa a tutti gli Italiani la cittadinanza sardo-piemontese: «l'idea di stato pur troppo non quadra perfettamente con quella di nazione, né si può confondere la "connazionalità" con la cittadinanza» (API, *Camera dei Deputati, Discussioni*, tornata del 24 maggio 1860, p. 272).

[302] *La Perseveranza* dedicò vari articoli al «discentramento», sostenendo le proposte minghettiane e polemizzando con i rattazziani e *La Monarchia Nazionale* (v. in particolare gli interventi del 2, del 4 e 7 dicembre 1860, e del 3 e 6 gennaio 1861), offrendo a Cavour di fronte all'evolvere della situazione internazionale e alle elezioni, solo un appoggio critico giustificato con le difficoltà attraversate dall'Italia, ma facendolo responsabile dei ritardi con cui procedeva all'attuazione del decentramento. Ma attaccava il *Terzo partito* osservando che i partiti intermedi avevano in realtà sempre favorito la vittoria degli estremi: v. *Le elezioni*, nel numero del 10 gennaio 1861.

tanee ritirate,[303) e, dopo la sua morte, avrebbe messo in discussione la coesione di questa maggioranza. Invece la solidità dell'alleanza tra democrazia garibaldina e monarchici costituzionali di Rattazzi riposava al momento su contingenti convergenze in funzione anticavouriana, per intrinseco fondamento costruite sull'intrigo, sulla manovra di palazzo, sul doppio o sul triplo gioco. Certo, nel lungo periodo il *Terzo partito* avrebbe esercitato una grande forza d'attrazione su consistenti settori garibaldini, sui Crispi, sui Mordini e sulla componente meridionalistica che poi si raccolse intorno alla preminenza di Nicotera,[304) ma intanto molta acqua sarebbe dovuta passare sotto i ponti. Nel settembre del 1860 però, quando lo scontro politico, con la scesa in campo dell'esercito regio, assunse potenzialmente la forma di confronto militare e, in contrapposizione, quando l'unica risposta possibile diveniva, dal punto di vista rivoluzionario, quella di sviluppare il movimento nazionale verso Roma e di approfondire il carattere eversivo della «liberazione» del Mezzogiorno, come potevano i rattazziani seguire Bertani e Mazzini su questa via?[305) Se fin allora i primi avevano potuto fare affidamento, per non tagliarsi fuori dal movimento di massa, sullo speciale rapporto coi comitati bertaniani, come identificarsi con essi, spinti dall'ineluttabile logica delle cose, ad esaltare il loro ruolo rivoluzionario? come potevano i bertaniani a loro volta pensare di poter mettere a frutto fino in fondo per le loro finalità, fossero pur quelle esclusivamente nazionali, il partito del re? Aveva ben visto Cavour quando aveva ritenuto che l'unico modo possibile per obbligare le diverse forze vive del paese a collaborare fosse di costringervele di fatto, nel senso di far compiere ad ognuna fino in fondo la propria parte. Non si trattava di un particolare atto di fede in una specie di provvidenziale *concordia discors* o, se si preferisce, di *discordia concors*, ma di una valutazione esatta delle tendenze di fondo dei processi in atto e dei rapporti di forza dei diversi schieramenti, tanto che quando apparve davvero possibile da parte democratica una risposta alla politica del conte in termini militari, l'elemento dirimente divenne la chiamata in campo dell'esercito.[306) La risposta dunque era adeguata ai pericoli che la situazione comportava e doveva servire a mettere fine alle velleità di settori garibaldini di trascinare il governo in una spirale, prima verso

---

[303) Cfr. cap. VII.

[304) Sull'evoluzione della Sinistra negli anni tra il 1861-76, e il ruolo di Nicotera cfr. A. CAPONE, *Giovanni Nicotera e il «mito» di Sapri*, Roma, Centro Studi per il Vallo di Diano, 1967.

[305) Bertani il 19 giugno 1863 alla Camera (cfr. *Introduzione*), rivendicò a sé una linea di resistenza all'ingresso delle truppe regie nel Napoletano. Cfr. anche le lettere da lui scritte a Garibaldi tra il 23 e il 25 settembre in G. E. CURATULO, *Garibaldi, Vittorio Emanuele, Cavour* cit., pp. 385-9.

[306) Da questo punto di vista è decisiva l'esperienza della crisi del novembre 1859 e del gennaio 1860. Cavour può calcolare con precisione il rapporto tra Garibaldi e il re, come aveva in modi discreti fatto presente al Nigra il 12 juillet 1860 (*Cavour-Nigra*, vol. IV, cit., pp. 70-1). Egli sa bene fino a che punto il re può disporre della volontà di Garibaldi.

Roma, poi verso Venezia e magari in una guerra generale, foriera di pericoli mortali per il giovane Stato e per gli assetti sociali interni e internazionali, e tanto più temibile nella grave instabilità degli assetti europei. L'intervento del Parlamento, previsto da Cavour fin dal primo delinearsi della crisi di settembre dimostra che egli non pensò mai la soluzione del problema in termini esclusivamente militari; infatti questo atto doveva riportare il conflitto a livello fisiologico, politico, e porre di fronte alle proprie responsabilità chiunque, in quelle circostanze, avesse teso a rendere incolmabile la frattura tra forze protagoniste del processo unitario. Gli effetti di questa scelta si videro subito nell'evoluzione della linea politica de *Il Diritto*,[307] e, per altro verso, nell'esplosione dei contrasti nel gruppo dirigente garibaldino, chiusi con le dimissioni e la marginalizzazione di Bertani.[308] Inoltre lo svolgimento della sessione parlamentare parve scompaginare gli avversari del conte;[309] essa fu il passaggio obbligato che definì gli orientamenti della fase nuova e aprì la via, ma con una maggioranza uscita compatta e rafforzata dalla ritrovata identità, al prossimo appuntamento elettorale da cui, piuttosto prima che poi secondo la volontà di Cavour, sarebbe dovuta uscire la legittima rappresentanza dello Stato nato dagli eventi di quel biennio incredibile.[310]

[307] Sull'evoluzione de *Il Diritto* tra settembre e ottobre cfr. cap. II. In *Rattazzi et son temps* par M[adame] R[attazzi], vol. I, cit., pp. 516-7, si sostiene che Cavour, dopo essersi inteso con Rattazzi, avrebbe semplificato le differenze e nel successo ottenuto in ottobre dal primo nel Parlamento «se retrouvent» i consigli di Rattazzi. V. anche cap. II.

[308] Nei gravi contrasti esplosi nel gruppo garibaldino a Napoli in questa fase c'è la mano di Cavour che può affidarsi a Bixio, Medici, Cosenz, Sirtori e altri, i quali, a certe condizioni, rendono velleitaria ogni ipotesi di rivoluzione al sud. E fu proprio Bixio, secondo varie testimonianze, a contrastare l'opera di Bertani. V. anche cap. II.

[309] Il dibattito alla Camera si chiuse con un altro clamoroso risultato favorevole a Cavour e dal quale i rattazziani uscirono annichiliti: su 294 votanti solo 4 schede furono contro il Ministero. V. cap. IV.

[310] V. in *Cavour e l'Inghilterra* cit., vol. II, pp. 128-29, la lettera a d'Azeglio del 24 settembre 1860 in cui gli chiede di mettere in luce presso l'opinione inglese l'osservanza da parte del governo italiano delle consuetudini parlamentari; e, allo stesso, da Torino il 16 novembre inviava una informativa su diversi avvenimenti recenti, e concludeva con la previsione «que le jour n'est pas loin ou les Députés de 23 millions d'Italiens se reuniront à Turin».

CAPITOLO IV

## Cavour o Garibaldi (con Vittorio Emanuele, Mazzini e Pio IX).
## I partiti e le prime elezioni dell'Italia unita.

*«La lotta non è fra Cavour e Rattazzi, ma fra Cavour e Garibaldi»*
**(Brofferio** a **Bellazzi**, lettera del 25 dicembre 1860)

*«Non vogliamo essere* eletti, *poiché non ci vogliamo trovare a' fianchi né di Liborio Romano, né del generale Nunziante, né di Camillo Cavour che compie bellamente il triunvirato [...]*
*Di poi non vogliamo essere nemmeno* elettori. *La legge ci accorda un diritto che noi questa volta rifiutiamo, e ci sovrabbondano le ragioni per rifiutarlo»*
**(Né eletti né elettori**, in *L'Armonia* dell'8 gennaio 1861)

*«L'Armonia ha dichiarato che i clericali non solo non aspirano ad essere deputati, ma non vogliono neppure esercitare il diritto elettorale [...] Checché ne sia non crediamo che il partito clericale si astenga da ogni intrigo elettorale, ma abbiamo la certezza che non può vincere. La lotta si restringerebbe dunque tra il partito costituzionale ed i mazziniani»*
**(Le elezioni**, in *L'Opinione* dell'11 gennaio 1861)

*«Due programmi, giova or più che mai ripeterlo, si contendono la direzione del moto italiano.*
*Il primo è segnato* Cavour, *il secondo* Garibaldi»
**(Doveri degli elettori**, in *Il Popolo d'Italia* del 30 dicembre 1860)

Le dichiarazioni con cui le forze politiche in campo scompigliano i termini del confronto in atto, in vista di quello elettorale, costituiscono un modo singolare e adatto ai tempi di personalizzare i grandi problemi posti all'ordine del giorno dagli eventi del 1859-'60, quasi che sia possibile, anziché affrontarli per quel che sono, semplificarli rendendo visibile un nemico o un avversario su cui scaricare le tensioni, o contro il quale mobilitare un fronte più largo. Drammatizzazione che in realtà dava un volto rassicurante e familiare a un fermento confuso, a un diffuso malessere, alle paure dell'ignoto radicate nell'incertezza delle soluzioni da adottare, modi, tempi, procedure dell'unificazione, degli esiti degli inevitabili scontri che sarebbero insorti intorno ai processi di costruzione dello Stato e della nazione. Questi erano poi i nodi da sciogliere, i connotati nuovi della questione italiana dopo il 1860: semplificati nel corso della lotta, ora infine si imponevano dacché l'istanza unitaria, punto obbligato di mediazione, parve conseguita,[1] pur se la polemica su Roma e Venezia aprì una *querelle* specifica connessa a questo motivo. Ora si doveva navigare per mari ignoti, difendere, costituire, consolidare l'unità reale dell'Italia. Le risposte adeguate in realtà avrebbero potuto trovarsi solo con il tempo e con una ferma direzione del processo fondativo del sistema politico e del Paese, attraverso la stabilità di governo.[2] Ciò metteva a dura prova la maturità del ceto politico, chiamato ad interpretare e ordinare le disparate istanze che, dal nord al sud, si erano raccolte ed erano confluite sotto le bandiere del movimento nazionale: tale stabilità infatti poteva cercarsi per vie diverse, coinvolgere o no il partito d'azione, che continuava a privilegiare il movimento con l'obiettivo minimo di creare difficoltà e contraddizioni all'azione del governo e con quello massimo di mantenere aperta la fase rivoluzionaria, magari, come sognava Mazzini, allargata all'Europa. Ma al contempo si imponeva una radicale verifica degli equilibri politici tra partiti, fino alla costituzione di una diversa maggioranza, in grado di affermare la propria opzione e farla diventare progetto di governo, ridu-

[1] Solo singole personalità, non correnti politiche, respingono questa impostazione: Jacini, nei suoi scritti del periodo, delinea il quadro dei problemi più che degli schieramenti; dai primi scende la necessità di un forte legame tra elettori e rappresentanti, idea cui si legano le dimissioni da ministro a causa del ballottaggio cui è costretto nel suo collegio: cfr. S. JACINI JR., *Un conservatore rurale della nuova Italia,* Bari, Laterza, 1926, vol. I, pp. 122-36; Cattaneo con la sua incessante polemica antiunitarista, che non trova attenzione neppure in Bertani, a lui così vicino; Montanelli, che in *Schiarimenti elettorali,* Firenze, Torelli, 1861, p. 9, scrive: «le due grandi clientele» di Cavour e Garibaldi «non mi sembrano così separate da divisamenti da giustificare cotanto clamoroso scisma», e punta l'indice sulla vera, grande questione che divide e dividerà il paese: i «differenti» sistemi di Rattazzi e di Farini-Minghetti, p. 12.

[2] A Cavour, che lo sollecita a misure forti verso le agitazioni dei democratici, a procedere all'arresto dei capi, a far sentire energica la mano del governo, Farini già minato dal male, amareggiato da quel che vede a Napoli e da quanto gli scrivono da Torino risponde: «In momenti difficili avvien sempre che l'uomo studi di pigliarsela con qualche cosa che gli par la causa semplice del male, e per lo più crede di vincerlo con isforzi di potere e di volontà. Ma le cause dei mali politici e sociali, frutto delle rivoluzioni e dei mali governi, sono composte e complicate, e le si superano con molte e varie diligenze e coll'aiuto del tempo» (Farini a Cavour, Napoli, 19 dicembre 1860, in *Liberazione del Mezzogiorno,* vol. IV, cit., p. 113).

cendo a possibili alternative le altre linee e arginando le tendenze estreme sulla destra e sulla sinistra; ridefinire il rapporto tra la sovranità monarchica e della nazione; unire in un ordine amministrativo comune e condiviso le differenti realtà entrate a far parte dello Stato, ricostruire il sistema politico-istituzionale, le forme e strutture di governo e la stessa rappresentanza, giacché il nuovo Stato, allargato dalla dimensione regionale a quella nazionale imponeva su tutti questi aspetti una riflessione ulteriore.[3] Il compito era parso chiaro a Cavour ben prima che si aprisse la sessione parlamentare del 2 di ottobre, dove avrebbe cominciato a dipanare l'ulteriore fase politica in vista dell'appello da inviare dalle aule parlamentari all'opinione pubblica e al Paese,[4] perseguendo un metodo di pubblicità cui ancora una volta si mostrava fedele e che avrebbe dovuto

[3] MAURIZIO FIORAVANTI, *Costituzione, amministrazione e trasformazione dello stato*, in *Stato e cultura giuridica in Italia dall'Unità alla Repubblica*, Bari, Laterza, 1990, osserva come il dibattito giuspubblicistico italiano post-unitario teorizzasse lo Stato liberale sorto dal moto risorgimentale nella forma di "stato di diritto", dottrina della quale Santi Romano fu massimo interprete come sostenitore della tesi della continuità dello Stato, onde l'Italia non sarebbe uno Stato "nuovo", in assenza di una volontà costituente nella sua nascita. Ciò può essere vero in senso tecnico, giuridico-formale, non in senso storico-politico, come sostenne polemicamente fin nel titolo, in una sua nota opera BENEDETTO CROCE, *Storia d'Italia dal 1871 al 1915*, Bari, Laterza, 1934⁵, contro le tendenze storiografiche sabaudistiche. La posizione del Romano sembra, pur da un diverso punto di vista, dare ragione alla tesi sul piemontesismo, contrastata fieramente da esponenti di primo piano del ceto politico e da un'ampia parte dell'opinione liberale, e non solo per il ruolo costituente attribuito ai plebisciti e per le procedure e la legislazione costituzionale che ne derivò, come sostenne Vittorio Emanuele Orlando. Comunque il Fioravanti, p. 11, considera il modello costituzionale italiano fondato sul dualismo equilibrato tra prerogativa regia e parlamentare. Ciò impegna l'indagine storica a farsi carico della verifica di come esso funzioni, e ancor più come tale equilibrio si costruisca e si attesti in ogni fase, specie in quelle aurorali del sistema, quali furono segnate dal proclama di Moncalieri nella storia costituzionale del Regno Sardo, e dal conflitto tra monarchia e Cavour nella fase decisiva della formazione dello Stato nazionale tra il 1859-'61. Sulla diversa posizione di Santi Romano e Vittorio Emanuele Orlando si veda anche GIANFRANCO LIBERATI, *Il Parlamento nella storia d'Italia, lettura di una mostra bibliografica*, in *Risorgimento e Mezzogiorno*, 1998, n. 1-2, pp. 15-35.

[4] Dalle notizie della discussione parlamentare date da Guido Borromeo e Francesco Giuglianetti al Farini, in *Liberazione del Mezzogiorno* cit., vol. III, si evince: 1) che l'opinione pubblica è molto reattiva alla svolgimento della discussione, «sebbene pochi avessero avuto notizia di ciò che s'era passato» in aula; 2) Cavour è seguito da folla plaudente quando va dalla Camera al ministero, in un clima di partecipazione ed entusiasmo; 3) gli interventi in aula sono pubblicati dai giornali o in opuscoli, discussi nei caffè e in altri luoghi pubblici; cfr. la lettera di Cavour al Farini del 10 ottobre, su interventi di deputati come il Chiaves, che «Con forme parlamentari disse verità acerbe ai Mazziniani». Vuole farne un opuscolo di tremila esemplari «per spargerlo nelle antiche province; sarebbe bene il farlo ristampare per Napoli», *ivi*, pp. 75-76. Secondo G. ASPRONI, *Diario politico*, vol. II, cit., p. 546, si erano avute «pratiche conciliative perché la discussione [parlamentare] non si esasperi». Ma la sua testimonianza sullo spirito antigaribaldino dell'opinione pubblica centro-settentrionale, coincide con quelle dell'ambiente cavouriano, cfr. *Liberazione del Mezzogiorno* cit., vol. III, a Vittorio Emanuele, 2 ottobre 1860, p. 9; a Farini, stessa data, p. 10. La stessa fonte documenta che nei giorni dello svolgimento del plebiscito a Napoli e

essere verificato nelle elezioni generali. Confronto parlamentare sollecitato da più parti fin dal luglio, ma da lui rinviato in attesa che l'iniziativa garibaldina avesse esaurito le sue finalità unitarie e il governo avesse potuto render visibili gli esiti delle sue scelte, mettendo in pratica una tecnica di gestione istituzionale della crisi nella quale si evidenzia una particolare attenzione a tener separate le fasi operative, di governo, da quelle di discussione e di giudizio; tecnica che tende a distinguere e valorizzare, ciascuno nel proprio ambito, il Parlamento e il potere esecutivo. D'altra parte convocando prima le Camere, si sarebbe prodotta nella opinione nazionale una frattura così profonda da causare il blocco dell'impresa meridionale, rendere incompatibile il sostegno governativo ad essa, e porre l'una contro l'altra le «forze vive della nazione», di fronte a un contrasto radicale di metodi che invece, a cose fatte, ciascuna poteva difendere come il più idoneo in base al contributo dato al successo della comune causa dell'unità.[5]

Nelle argomentazioni e nei percorsi cavouriani traspare una proposta liberale che ripropone nel Parlamento, al cui interno dovevano ricondursi e risolversi i conflitti che percorrono la nazione nel costruirsi e ordinarsi, il luogo della rappresentanza permanente della nazione stessa e il durevole depositario del suo potere costituente. L'intransigente difesa della prerogativa parlamentare è così strumento privilegiato con cui limitare l'esorbitanza regia[6] e porre a freno il plebiscitarismo alimentato dal partito d'azione. In questo senso l'azione del conte va considerata insieme un procedimento costituzionale e un processo politico: in ciò risiede l'importanza del dibattito parlamentare di ottobre, che conclude una fase politica e la VII legislatura e fa da volano della nuova che avrebbe preso le mosse con l'VIII, la prima del nuovo Stato nazionale. Nell'occasione egli deve cercare assai di più di un successo parlamentare, per costruire intorno alla propria proposta un consenso talmente ampio da offrire un serio ingaggio per chi voglia creargli alternative, e non pensa solo a Garibaldi, appellandosi alla pubblica opinione affinché, in vista della scadenza elettorale, conservi la sua fiducia in coloro che con fermezza e discernimento hanno fino ad allora diretto tra tante difficoltà la nave dello Stato.[7] Difficile di-

in Sicilia Garibaldi va perdendo assai nella considerazione popolare; cfr. anche i dispacci a Cavour del Mancini e di Massari.

[5] Cfr. cap. II.

[6] R. ROMEO, *Cavour e il suo tempo* cit., pp. 885-6, ritiene il conte cosciente della ristabilita alleanza tra Rattazzi e Garibaldi e convinto dell'impossibilità di seguire una diversa linea rispetto al nizzardo, giudicando il partito garibaldino in grado di provocare imbarazzi allo stesso Rattazzi, se fosse giunto al potere, e perciò fosse ben deciso a «tagliare alla radice ogni ipotesi di governo fondato sulla prerogativa regia».

[7] «Né retrogradi, né rompicollo [...] Questa esser dee la politica degli elettori» scriverà *L'Opinione* l'11 gennaio 1861 in un articolo su *Le Elezioni*, raccogliendo uno degli argomenti polemici del dibattito parlamentare, divenuto parola d'ordine di largo riscontro nella fase elettorale.

re fin dove Cavour pensi di poter estendere questo successo: esso illumina con un forte connotato parlamentare le ultime vicende della monarchia sabauda e gli inizi di quella nazionale, segnate all'origine dall'intenso scontro tra i partiti, di cui si ha il primo avviso con la richiesta di Garibaldi, dopo il suo ingresso a Napoli, di un cambio di ministero; scontro che sarebbe continuato al momento dell'apertura della sessione parlamentare e mentre le truppe regie facevano il loro ingresso nel Sud, e fra Torino, Firenze, Bologna e Ancona si precisavano, non senza contrasti, i dettagli dell'attesa partenza del re per Napoli, ove avrebbe dovuto ridurre alla ragione l'elemento garibaldino. In quei frangenti ripigliava fiato e faceva nuovi adepti, provocando nel conte qualche nervosismo, l'idea di riaffidare al re i pieni poteri,[8] dietro la quale si scorgeva l'incessante azione regia che interferiva nella contesa politica oltre quanto fosse lecito o funzionale in una corretta dinamica interna agli alti poteri dello Stato, o tra essi. E se era comprensibile l'ostruzionismo dei rattazziani nei lavori in commissione, mirante a provocare una soluzione di continuità, a rompere il nesso politico-istituzionale che la maggioranza cercava di stabilire tra rapido pronunciamento delle regioni meridionali coi plebisciti ed elezione del nuovo Parlamento per legittimarli,[9] lo era meno invece l'incauto raccordo stabilito con il sovrano per aprire pericolosi varchi a interventi eccezionali, ad esempio il temuto governo del re, che fin troppe compiacenze mostrava verso l'elemento garibaldino, tanto da spingere il conte, irato, a minacciare le dimissioni.[10] Lo scontro tra i partiti rimaneva poi sotteso nei comportamenti evasivi di Rattazzi, ed era possibile coglierne un'eco perfino nelle parole rivolte dal sovrano alla deputazione guidata dal Giorgini, che recava a Napoli l'indirizzo della Camera, nel quale pur si sottolineava con parole tanto più significative, se si considera che allora era già viva la polemica sui "229", come:

«nessun Parlamento avrà mai una storia più gloriosa di questo, perché i termini tra i quali si trova compresa la sua breve esistenza sono veramente e resteranno i fatti più grandi del nostro nazionale risorgimento, perché a lui fu dato di ratificare il primo di questi due fatti [le annessioni di Emilia e Toscana], e di apparecchiare il

[8] Si veda cosa scrive Ricasoli a Cavour il 1° ottobre, in *Carteggi di Bettino Ricasoli* cit., vol. XV, p. 102. La polemica di Cavour verso il sovrano è chiara nei documenti di inizio ottobre in *Liberazione del Mezzogiorno* cit., vol. III, alle pp. 38-39. Sul "nervosismo" del conte, cfr. lettera a lui di Farini, Ancona, 5 ottobre [1860], pp. 42-44, mentre era in atto il tentativo regio di giungere all'annessione del Sud nella forma di dedizione alla corona.

[9] *Ivi*, la nota p. 39 riporta il passo di una informativa di Borromeo a Farini sugli sforzi dei deputati rattazziani per evitare il voto di fiducia. Vedi anche le notizie sulla discussione parlamentare che Guglianetti, pp. 22-23, in altra del 3 ottobre 1860 dà a Farini, ove parla anche di un incontro dell'opposizione per decidere la tattica parlamentare.

[10] *Ivi*, Cavour a Farini, Torino, 26 novembre [1860], pp. 384-85.

secondo [l'annessione del Sud], mediante il pieno e leale concorso che si gloria di aver prestato alla politica del vostro Governo»:[11]

Formalmente la convocazione del Parlamento recava all'ordine del giorno la *«Presentazione del progetto di legge per accordare facoltà al governo di accettare e stabilire per Decreti Reali l'annessione allo stato di altre provincie italiane»,*[12] ma doveva costituire l'occasione per presentare il bilancio dei risultati raggiunti dal movimento nazionale sotto la guida del governo e definire i nuovi compiti che si dovevano affrontare, a partire proprio dai modi con cui chiudere la fase militare per aprire quella costitutiva del nuovo Stato unitario. Dunque una delega così delicata al governo, in una fase come questa, doveva collegarsi alla richiesta della fiducia. Cavour apriva il suo intervento annunciando in modo solenne che il dibattito alla Camera iniziava mentre il re, l'esercito, i ministri dell'Interno e della Guerra erano lontani, partiti da Torino «avendo dovuto portarsi in altre provincie per servizio all'Italia», in esecuzione di un dovere in cui si realizzava il voto di fiducia di giugno, dal quale il ministero aveva tratto forza e autorità morale per difendere il principio di non intervento e sostenere l'armata, che aveva «prontamente liberato l'Umbria e le Marche». Ora

«altri undici milioni di italiani hanno infranto le loro catene e sonosi fatti arbitri di scegliere quel Governo ch'ei reputeranno più conveniente ai sentimenti ed agli interessi loro».

Il risultato poteva attribuirsi con equanimità al concorso di tutti, non senza un tributo alla retorica del primato piemontese, nel ricordo di Carlo Alberto, iniziatore della politica e dei principi cui il governo del re si era tenuto fedele, e riferibili al monarcato costituzionale e al rispetto del principio parlamentare. Ma il ministro considerava che

«le presenti emergenze non previste nei giorni della votazione del prestito, imponevangli [al governo] lo stretto obbligo di accertarsi che non gli sia venuto meno

---

[11] Cfr. API, *Camera dei Deputati, Discussioni*, tornata del 19 ottobre 1860, p. 1138. La risposta del re, letta dal Presidente della Camera il 28 dicembre, *ivi*, p. 1139, non è meno polemica con Cavour «S.M. disse essere ormai una realtà l'indipendenza e l'unità italiana, e che proseguirebbe la grande impresa del nazionale riscatto sino al suo compimento; *confidare nella cooperazione di tutti gli Italiani*, i quali eransi fin qui mostrati per senno e per valore degni di formare una nazione libera e padrona dei suoi destini». Per la polemica sui "229" cfr. cap. II. Sottolineo io la frase, critica contro le distinzioni di partito definite da Cavour.
[12] API, *Camera dei Deputati, Discussioni*, tornata del 2 ottobre.

quel concorso efficace delle due Camere dal quale emerge la maggiore delle forze governative».[13]

Posti così alcuni punti fermi, anche rispetto alle procedure parlamentari, per la successiva discussione, Cavour enunciava la prossima linea dell'azione ministeriale: porre fine all'iniziativa rivoluzionaria, pur riaffermando con calde parole il diritto italiano su Venezia e Roma; concentrare l'iniziativa nazionale nella organizzazione del nuovo Stato. Il rifiuto della guerra all'Austria discendeva dal giudizio sulla fase delicata e gravida di tensioni per i più complessivi equilibri europei e insieme sulla impossibilità di una pace duratura sul continente se al problema italiano non fosse stata data la sua naturale soluzione. Di ciò le potenze erano consapevoli, ma l'Italia, rotta la pace e isolata dalle grandi correnti della opinione pubblica e della diplomazia non sarebbe stata in grado di reggere una prova militare. Nel progettare alla luce dei prevalenti interessi e preoccupazioni europei il futuro del nuovo Stato il conte segue una ispirazione di lunga lena[14] e tesse l'elogio della moderazione. La questione di Roma si presentava ancor più complicata: il debito assunto verso la Francia a Magenta e Solferino, la persistente centralità dell'alleanza col potente vicino e la particolare natura del pontificato romano, istituzione religiosa di carattere universale, mettevano in evidenza la specificità di un nodo che non poteva esser sciolto «con la sola spada». Quindi, a soddisfare le aspirazioni nazionali, era necessario accrescere il ruolo dell'Italia nel contesto internazionale perché «per ora non siamo in condizioni d'adoprarci a favore di Venezia e di Roma». Anche l'istanza del movimento democratico, – ritardare l'annessione del Sud e farne la base d'appoggio all'azione rivoluzionaria –, non era respinta in via di principio, illuminando un modo di ragionare che offre chiavi di lettura della recente condotta del conte, ma per i motivi di ordine internazionale considerati. D'altronde la continuità geopolitica assicurata dalla liberazione delle Marche e dell'Umbria garantiva la raggiunta unità da minacce di interna dissoluzione. Al contrario di quanto sostenuto nel dibattito su Nizza e Savoia, egli ora affermava:

«Nel termine in cui siamo giunti, e quando è in nostra facoltà [...] comporre uno stato di 22 milioni d'italiani [...] forte e concorde [...] l'era rivoluzionaria debb'essere chiusa per noi; l'Italia deve iniziare con gran franchezza il periodo suo di ordinamento e di organamento interiore».[15]


[13] *Ivi*, pp. 890-91.
[14] Sulla diplomazia moderata che legalizza di volta in volta agli occhi delle potenze lo sviluppo del Regno cfr. A. Caracciolo, *Il Parlamento nella formazione del Regno d'Italia* cit., pp. 6-7.
[15] API, *Camera dei Deputati, Discussioni*, tornata del 2 ottobre, p. 892.

Così emergeva al primo posto la questione di come superare lo stato di incertezza in cui vivevano le province meridionali, dando a quei popoli

«opportunità di uscire dal provvisorio, manifestando apertamente, liberissimamente la volontà loro».

Considerato che la discussione parlamentare, lo stesso Cavour lo aveva ricordato, si svolgeva mentre le truppe regie marciavano verso l'ex regno borbonico, anzi parallelamente il conte sollecitava il re e Farini a entrare a Napoli al più presto, questa affermazione, netta e ribadita, sulla reale possibilità di espressione "aperta" e "liberissima" della volontà del Sud, si può intendere in due modi: uno attiene alla normale ipocrisia del politico, che mentre parla di principi sa che alla fine conta il rapporto di forza. L'altro, forse non meno vero, al profondo sostrato unitario che accomuna il movimento nazionale in tutte le sue componenti, onde l'affermazione cavouriana che «tutti vogliamo recare a compimento il grande edificio dell'unità nazionale» suona alle orecchie di tutti profondamente credibile. È fatto singolare, prova di adesione a un principio condiviso oltre ogni spirito di partito, che nessuno in tale sede, né in altra pubblica, evidenziasse la contraddizione, ancor più stridente nel ragionamento sulla richiesta di adesione incondizionata del Sud «al nostro stato». Infatti si nega agli uni di stabilire condizioni, perché imporrebbero una volontà parziale a tutto lo Stato;[16] ma ciò non vale per lo Stato, che di fatto impone la sua alle province meridionali. La spiegazione, non la soluzione, ché la contraddizione sarebbe rimasta insoluta e avrebbe pesato nella storia dello Stato unitario, va cercata su un piano diverso: Cavour poteva agire spregiudicatamente sulla molla unitaria o essere coinvolto profondamente nelle illusioni dell'epoca, ma nei suoi calcoli poteva certamente contare su questo dato morale che definisce la coscienza del movimento nazionale. Su questa base aveva dato un primo colpo ai progetti di Bertani agli inizi di agosto; su questa base si apprestava a dargliene uno nuovo e isolare la sinistra democratica. Perché il voto che autorizzava il governo del re

«a chiedere alle due Camere che gli sia fatta facoltà di compiere l'annessione di tutte quelle provincie italiane le quali, interrogate col mezzo del voto universale e diretto, dichiarassero di voler essere parte della numerosa famiglia di popolo già ricoverati sotto le ali del regno glorioso di Vittorio Emanuele»[17]

[16] *Ivi*. Imporre condizioni all'annessione, dice Cavour spiegando il carattere *formalmente* libero ed eguale del patto «sarebbe [...] dar facoltà ad una o più provincie italiane di imporre la volontà loro alle provincie già innanzi costituite e d'inceppare l'ordinamento futuro introducendovi un vizio radicale e un germe di funesto antagonismo e di discordia».
[17] API, *Camera dei Deputati, Discussioni*, tornata del 2 ottobre 1860, p. 892. Il progetto di legge, di un solo articolo, presentato alla fine del suo intervento, a p. 893.

rendeva di fatto alternative le prospettive del governo e quelle del movimento garibaldino, sottraendo la decisione a ogni controversia e al rischio di draconiane risoluzioni, imposte magari da una crisi incontrollata, comunque provocata, a Napoli.[18] La perentorietà con cui Cavour chiede la fiducia sull'annessione senza condizioni delle nuove province nasce dai timori di una agitazione per la costituente,[19] nazionale o meridionale, cui contrappone l'esempio del sicuro procedere verso l'unità di Toscana ed Emilia, rispetto al quale egli dà più ampie garanzie costituzionali di quante non fosse stato possibile concedersi quando le urgenze internazionali avevano reso obbligata una forzatura della legalità.[20] Ma ora la cura principale che lo assale si specifica nella netta ripulsa dell'unione personale e diretta del Mezzogiorno alla corona, nel fondare cioè l'unità della nazione sulla corona, non sul regno costituzionale di Vittorio Emanuele. Egli chiarisce:

«Noi non dubitiamo [...] di significare che il sistema delle annessioni condizionate da noi ripulso è contrario all'indole delle moderne società, le quali se possono in certe peculiari congiunture ordinarsi convenientemente sotto forma federativa, non ammettono più il patto deditizio, vera reliquia del medio evo, modo d'unione poco degno di Re e di popolo italiano»;

né era la prima volta in cui era costretto a preoccuparsi degli intrighi correnti tra la reggia e Garibaldi per sanzionare l'adesione di parte o di tutte le province meridionali direttamente alla corona dei Savoia.[21] Sono parole da cui emerge in quali difficili equilibri egli si trovi ad operare, quali potenze debba affrontare

18) Cfr. M.me RATTAZZI, *Rattazzi et son temps*, vol. I, cit., p. 516, che dà questo senso alla convocazione del Parlamento, anche se parla di intesa tra Cavour e Rattazzi, specie in relazione ai conflitti che sarebbero potuti sorgere nell'Italia meridionale. Da ricordare poi che Garibaldi aveva richiesto la sua dittatura plenipotenziaria, civile e militare, per un anno.

19) Il tema è presente e preoccupa Cavour nel cenno fatto al pericolo che il moto nazionale «uscendo dall'orbita regolare e meravigliosa che ha trascorsa finora, [fa] correre supremi pericoli così alle provincie testé emancipate quanto a quelle che sono da oltre un anno fatte libere ed indipendenti» onde sottolinea la forma del voto, che sarà «quella medesima posta in atto nell'Emilia e nella Toscana». Qui infatti il problema aveva avuto rilievo, e Cavour, d'intesa col La Farina, lo aveva subito tacitato; le istruzioni inviate al Bartolommei erano chiare, anche se da leggersi in rapporto ai pericoli di rilancio della dinastia lorenese: v. MATILDE GIOLI, *Il rivolgimento toscano e l'azione popolare*, Firenze, Barbèra, 1905, alle pp. 237-41.

20) L'11 ottobre, a conclusione della importante tornata parlamentare, Cavour ricordò in pieno parlamento il carattere straordinario, «l'atto incostituzionale» compiuto con la richiesta fatta ai dittatori della Toscana e dell'Emilia di convocare, insieme ai plebisciti, l'elezione dei deputati di quelle province al Parlamento di Torino.

21) API, *Camera dei Deputati, Discussioni*, p. 892. Su segnalazione del La Farina, Cavour a metà agosto, aveva respinto con fermezza l'ipotesi di annessione della Sicilia alla

e quali derive evitare, quando nelle alternative tra sistemi è messa in gioco la forma dello Stato: ribadire gli orientamenti ministeriali, tra spinte contrastanti, che di lì a poco diverranno devastanti, significa tenere aperta una via di riforma, o di costruzione, dello Stato nato dalla rivoluzione nazionale, sottolineandone il carattere innovativo e riaffermando il principio liberale e rappresentativo. Perciò si sente spinto a dare assicurazioni, a bilanciare la dichiarazione di non essere «federalisti» con l'altra, di non *voler essere* «accentratori», in un dilemma rispetto al quale

«[…] non esiteremo a preferire il sistema federale, o quello del compiuto accentramento, ad un assetto politico per cui le provincie, benché unite sotto il medesimo scettro, permanessero nelle più importanti materie legislative, autorità indipendenti dal Parlamento e dalla nazione».[22]

Sono gli equilibri di sovranità fra monarchia e Parlamento a costituire la chiave di volta del processo costitutivo del nuovo ordine italiano. Per questa difficile via Cavour cerca di difendere il *carattere pattizio* dell'incontro tra diverse realtà che entrano nel nuovo regno come se ciò avvenisse per volontà reciproca e libera di costituirsi in Stato nazionale, a cui il sud manifesta di *voler* aderire col voto del plebiscito, e la restante Italia, accettando gli esiti di quel voto, qualunque fossero per essere, di *non volere* «imporre l'atto d'annessione ad alcuna parte». Questo atto lasciava impregiudicati i futuri ordinamenti del Regno, che spettava al nuovo Parlamento, espressione del nuovo Stato appena sorto, definire. Così la fiducia richiesta diviene accettazione solenne da parte del regno sabaudo del patto e delle sue clausole, esplicite ed implicite, ivi compreso il carattere costituente del parlamento da eleggersi; in questo processo si estrinseca quello che Cavour chiama «lo spontaneo consenso dei popoli», e nelle conclusioni del suo discorso chiarisce il voto di fiducia per quel che è: atto di delega temporanea all'esecutivo di un potere procedurale costituente, sul quale perciò il Parlamento deve esprimersi comunque con la fiducia, perché

corona in virtù di un decreto dittatorio e non del plebiscito, cfr. *Liberazione del Mezzogiorno* cit., vol. II, pp. 84 e 91, mentre avrebbe ribadito il nesso tra scelta federativa e dedizione del sud alla corona. Per la più recente ripresa di questa agitazione, che lo preoccupa, si veda la lettera a lui di Giacinto Carini del 12 ottobre, cui risponde il 19 in *Liberazione del Mezzogiorno* cit., vol. III, pp. 95-8 e 142-3, ribadendo che l'annessione condizionata avrebbe portato di necessità al federalismo.

[22] API, *Camera dei Deputati, Discussioni*, tornata del 2 ottobre, p. 892. Nei *Discorsi parlamentari* di Camillo Benso di Cavour, a cura di Armando Saitta, Firenze, La Nuova Italia, 1973, i discorsi di questa tornata sono nel vol. XV (1859-1861).

«nelle straordinarie condizioni in cui versa la patria, il Parlamento non può restringersi a deliberare sulle disposizioni legislative fatte opportune o necessarie dallo svolgersi degli avvenimenti politici».

In realtà non sembra rendersi conto che mentre sfugge alle pericolose intenzioni di fondare il regno sul patto dedititio potenzia il carattere dirompente assunto dal plebiscito rispetto agli equilibri tra i grandi poteri dello Stato, ora assai più che nel 1860, perché il Sud si è liberato per forza propria, anche se in virtù di una molla esterna iniziatrice, ma agente in nome dell'unità con Vittorio Emanuele. Dunque alla contraddizione circa il carattere atipico di patto inteso come libera espressione della volontà nazionale un'altra se ne aggiunge, assai più pericolosa, perché apre varchi a una lettura plebiscitaria e populista del processo di unificazione, i quali diverranno incontenibili brecce già nel dibattito parlamentare sulla legge con cui Vittorio Emanuele assume per sé ed i suoi eredi il titolo di Re d'Italia. Per il Giorgini infatti nel plebiscito si è rappresentato l'ultimo atto di un martirologio italiano raccoltosi intorno alla monarchia, da rendere «superflua» dal punto di vista costituzionale la legge in discussione.[23] Agli inizi del 1861 dunque era già diventato difficile contenere la forza di questo messaggio; per ora il conte può immaginare sufficiente a garanzia del ruolo dell'esecutivo e del Parlamento, il correttivo del voto di fiducia. Con esso la nazione si fa giudice delle capacità degli uomini investiti di compiti di governo, e soprattutto conferisce loro una specifica legittimità tra i poteri dello Stato, nella cui concordia consiste l'alta natura morale su cui si fonda l'autorità dei governi liberi.

«Ogni mezzo materiale posto a requisizione della potestà esecutiva e ogni facoltà che la legge le può concedere tornerebbe sempre scarsa e debole qualora mancasse ai ministri del Re quella efficacia morale, quell'autorità irresistibile di cui nei Governi liberi e costituzionali è fonte perenne e unica la perfetta concordia fra i massimi poteri dello Stato».

Ma questa non è solo una notazione di teoria dello stato, sembra piuttosto una apologia attraverso la quale Cavour fa intravvedere i guasti gravi di un conflitto tra essi e l'assillante presenza dell'azione sovrana che invece tende ad esaltarlo. L'insistenza sul nesso che lega lo svolgimento dello Stato unitario al ruolo

[23] API, *Camera dei Deputati, Discussioni*, tornata del 14 marzo 1861, p. 217. Il Giorgini sostiene che il «potere costituente della nazione» si era espresso, prima dei plebisciti, nei fatti splendidi «di dodici anni di prodezza, di fede, di costanza» nei quali erano iscritti «i titoli» alla sovranità di Vittorio Emanuele. Il pronunciamento parlamentare perciò diventava *«un grido d'entusiasmo convertito in legge»* (sottolineato nel testo).

delle istituzioni rappresentative, la ricerca del punto di equilibrio tra i grandi poteri dello Stato, rende ancora più nitidi i punti di riferimento di una linea opposta, e comune, tra il re, Rattazzi e Garibaldi per ridimensionare il ruolo del Parlamento.[24] Cavour esplicita che l'eroe di Marsala ha appena espresso la sua sfiducia nel ministero, e pensa che quella «voce giustamente cara alle moltitudini» non può ritenersi al di sopra dell'autorità dei grandi poteri dello Stato. E nell'intervento finale cerca l'occasione per ricordare che il dibattito in corso perfeziona la procedura avviata a settembre presentando le dimissioni del gabinetto al re il quale, respingendole, ne aveva così approvato la condotta.[25] In questo modo e sotto la veste innocua del più assoluto rispetto delle procedure, Cavour può far emergere alcune scomode verità politiche, relative a Garibaldi e al re, ai contrasti nella conduzione della politica unitaria, e soprattutto crede così di tagliare la via all'alleanza tra principio popolare e monarchia, bloccando questa nel suo ruolo e frenando ogni velleità di rimettere in discussione la solidarietà regia col ministero, che ora aveva anche il conforto del voto delle Camere. L'avversione a Cavour e alla sua politica, infatti, se in Garibaldi raggiunge toni rozzamente antiparlamentari, negli altri esponenti anticavouriani assume accenti più sottili, vagheggianti uno stile populistico-plebiscitario che esalta nel capo supremo, il re, il fondamento dell'unità nazionale. Consapevoli delle regole del giuoco, Vittorio Emanuele e Rattazzi sono costretti puntualmente a fermarsi dove lo strappo con le procedure statutarie diventa troppo grave ed evidente, e semmai affidano all'eroe "popolare" il compito di tirare la corda. Queste idee poi trovano ispirazione e una sponda nella Francia bonapartista:[26] una lettera di Vimercati al Castelli indica come esse rispondano anche all'autorevole opinione di Napoleone III, e siano all'origine del disamore

[24] Pare interessante osservare che B. CROCE, *Storia d'Italia* cit., p. 8, parli di una Destra «molto meno pratica del "cesarismo", che essa [la Sinistra] avrebbe appreso dal terzo Napoleone», giudizio tanto poco citato quanto significativo, considerato che questa sinistra di cui parla il Croce deriva per filiazione diretta dal partito rattazziano.

[25] API, *Camera dei Deputati, Discussioni*, tornata dell'11 ottobre 1860, p. 1008. La presentazione delle dimissioni del gabinetto al re è da Cavour anticipata alla fine d'agosto. *L'Opinione* del 4 gennaio 1861 spiegò alla rattazziana *Monarchia Nazionale*, che accusava Farini, tornato dal Sud, e il ministero, di fallimento per non aver usato il prestigio di Garibaldi, che il dibattito parlamentare dell'ottobre era stato promosso proprio a sanare il conflitto tra il Generale e il ministero: «Era in quella occasione che i rappresentanti della nazione avrebbero dovuto, se lo avessero ritenuto opportuno, dichiarare la necessità impreteribile di conservare al governo delle Due Sicilie il prestigio del Generale Garibaldi. Questo era possibile con un cambiamento di gabinetto che sarebbesi compiuto giusta le norme strettamente parlamentari».

[26] R. ROMEO, *Cavour* cit., ritiene improprio in questo dibattito il riferimento al modello napoleonico. A me pare esservi un conflitto di fatto sul terreno della forma stato tra modelli costituzionali, parlamentare inglese, plebiscitario francese, che erano, volenti o nolenti, i punti di riferimento obbligati del dibattito politico e giuspubblicistico, in cui, come si è visto, alcuni rattazziani introducevano la variante del costituzionalismo belga.

verso Cavour, che era ben lungi dal condividerle, manifestato spesso dall'augusto personaggio dopo Villafranca.

«L'Imperatore persiste a credere che è un errore del Conte quello di unificare l'Italia col mezzo del Parlamento; questa unificazione, a parer mio, non è possibile che col mezzo di un potere forte e quasi assoluto nelle mani di Cavour».[27]

Inoltre nel momento in cui il nuovo Parlamento deve articolare il suo compito costituente per via ordinaria sorge un'ulteriore contraddizione nel conflitto tra carattere universale del plebiscito, e suffragio oligarchico su cui si elegge la rappresentanza nazionale, interprete stabile della volontà costituente nazionale. Sarebbe difficile però dare un corretto giudizio su queste vicende senza tener conto dello scontro politico in atto, che per necessità poneva questo problema, vivo nel dibattito in tutta l'età della Destra, non solo per le sollecitazioni della parte democratica, in un processo evolutivo del sistema parlamentare che al momento era impossibile avviare.[28] Al momento la nascita dello Stato nazionale segnava la fine inesorabile del monarcato subalpino, coi suoi costumi, le sue tradizioni, i suoi riti di signoria paterna e bonaria, in certa misura ancor vivi nel costituzionalismo a dimensione regionale. Mazzini aveva torto a ritenere l'unità incompatibile con la monarchia, ma questa tesi esprimeva la coscienza che il ruolo del soggetto popolare si sarebbe esaltato nella dimensione nazionale. Nella esplosione dei movimenti di massa promossi dalla rivoluzione, la prospettiva conservatrice poteva fondarsi sui riti del governo parlamentare e sul consenso creato intorno alla rappresentanza elettiva e alla tradizione del re costituzionale solo se tenuta in mano da una guida politica forte, altrimenti i settori popolari avrebbero rapidamente ripiegato sul disegno bonapartista e neoassolutista, contro il quale si esprimeva l'avversione, anzi il terrore, dei ceti moderati e aristocratici, che vi scorgevano il volto della tirannia moderna.[29] La vicenda storica avrebbe in realtà prodotto un singolare miscuglio tra le due possibilità, il dominio dei funzionari. Intanto insistendo sulla necessità di bloccare la rivoluzione, Cavour svela gli elementi di crisi politico-sociale, le preoccupazioni di natura

---

[27] Cfr. Chiala, vol. VI, p. 693, Parigi, 19 marzo 1861. «Napoléon n'aime pas Cavour, quoiq'il se plaise à le taquiner» aveva scritto Rattazzi al re nel novembre 1860, in *Liberazione del Mezzogiorno*, vol. V, cit., pp. 340-2.

[28] Su questi aspetti cfr. C. Ghisalberti, *Storia costituzionale d'Italia 1848/1948* cit., in particolare pp. 93-104.

[29] Avversione spiegabile con la particolare esperienza del ceto moderato subalpino, maturata nel contesto politico-culturale pre quarantottesco e nella riflessione sull'esperienza napoleonica: cfr. S. La Salvia, *Il moderatismo in Italia*, in *Istituzioni e ideologie in Italia e in Germania tra le rivoluzioni*, a cura di Umberto Corsini e Rudolf Lill, *Annali dell'Istituto storico italo-germanico in Trento*, n. 23, Bologna, Il Mulino, 1987.

più squisitamente di governo, per cui continuare su una simile via importerebbe inevitabilmente un mutamento di natura della rivoluzione stessa:

«V'ha nella natura dei fatti – egli osserva – una logica la quale trionfa delle più gagliarde volontà e contro cui non valgono le migliori intenzioni. Facciasi permanente la rivoluzione a Napoli ed a Palermo, ed in breve tempo l'autorità e l'impero trapasseranno dalle mani gloriose di chi scriveva sul proprio vessillo: *Italia e Vittorio Emanuele* in quelle di gente che a tal formula pratica sostituisce il cupo, mistico simbolo dei settari: *Dio ed il popolo*».[30]

Ma egli porta con sé la nitida coscienza che non sono solo ragioni sociali a dare rilievo al problema della annessione, e lucidamente coglie la linea di frattura tra forze nazionali lungo il crinale specifico tutto interno ai temi dell'organizzazione dello Stato, al centro dei futuri scontri e della imminente fase elettorale.[31]

Chiudere il circuito rivoluzionario: questa esigenza diviene la stella polare sulla quale Cavour orienta la sua condotta,[32] non l'estemporanea trovata con cui far fronte alle difficoltà del momento, ma l'approdo di un'analisi che lega in modo tutt'altro che meccanicamente diplomatico, come si diceva allora e in certa misura si è continuato a dire, bensì in forma più impegnativa e cogente, l'evoluzione interna alle dinamiche globali e agli orientamenti del concerto europeo, con un forte ancoraggio del giovane Stato alle potenze occidentali. Così egli si fa interprete di una svolta conservatrice, una parte che il conte ripiglia dopo aver troppo a lungo vestito agli occhi delle corti e dell'opinione europea gli abiti del rivoluzionario. Ciò fa attribuendo al concetto nazionale i caratteri di un «gran principio di conservazione», distinto da quel cataclisma

«che ha per scopo di svellere le radici della società, turbare gli ordini civili, di sostituire ai grandi principi che regolano la famiglia e la società civile altri principi e massime pericolose».[33]

---

[30] API, *Camera dei Deputati, Discussioni*, tornata del 2 ottobre, p. 892. Sul discorso del 2 ottobre negli sviluppi della linea unitaria del conte, cfr. E. PASSERIN d'ENTRÈVES, *L'ultima battaglia politica di Cavour*, cit., pp. 39-42, dove è ben colta la misura politico istituzionale della posizione cavouriana, ma del tutto trascurato il perdurante conflitto col re.

[31] Il dibattito pubblicistico prima delle elezioni del gennaio 1861 – si vedano le polemiche de *L'Opinione* con *La Monarchia Nazionale*, e le posizioni de *Il Diritto* – è tutto proiettato sul problema del governo del Sud e della costruzione del sistema politico.

[32] Cfr. in *L'Opinione* del 23 settembre 1860, l'articolo *Cavour e Garibaldi*, apparso anche in L. CHIALA, *Giacomo Dina e l'opera sua*, vol. I, cit., pp. 342-45, importante conferma della netta alternativa costituita dal conte alla posizione democratica e della stetta rispondenza tra la linea del giornale e quella ministeriale.

[33] API, *Senato del Regno, Discussioni*, tornata del 16 ottobre 1860, p. 276. Non credo che l'intervento, fatto di fronte alla parte conservatrice del Parlamento, possa considerarsi in modo strumentale.

Cavour introduce con forza nel dibattito politico, sia pur in termini diversi e, nella situazione della realizzata unità, assai più chiari, il tema dei limiti della rivoluzione italiana, sul quale, certo in modo non casuale, già si era soffermato Farini nel dibattito parlamentare del giugno.[34] Anche questa volta è l'intervento del deputato Cabella ad aiutarlo a rendere più compiuto il senso della sua proposta, che mira a una netta delimitazione della maggioranza. Costui infatti, definitosi «vecchio soldato dell'opposizione», porta in aula la richiesta già avanzata e respinta parzialmente in commissione, di conoscere la opportuna documentazione per ben valutare azioni e orientamenti del gabinetto e, nel voto di fiducia, distinguere il giudizio di merito sulla politica seguita da quello sulle annessioni, facendosi interprete di una logica oppositiva volta a separare il giudizio sull'operato da quello sugli obiettivi, sui quali poteva invece esservi convergenza. Ma il conte ribadì seccamente che la fiducia al decreto sulle annessioni era inscindibile dal giudizio sulla azione ministeriale

«per modo che, anche quelli fra i deputati i quali approverebbero l'annessione immediata, ma che come l'onorevole deputato Cabella sono annoverati nelle file dell'opposizione, *non* possono rendere il partito favorevole».[35]

Insomma Cavour nel chiarire la sua opzione sostiene apertamente la necessità della divisione tra due concezioni del moto italiano, sollecita l'opposizione ad assumere pubblicamente le proprie responsabilità, a venire allo scoperto, e spera in una evoluzione del partito rattazziano consona alla visione sociale che esso interpreta, quindi più vicina al ministero. Ma al momento le sue aspettative sembrano disattese. La sua supremazia nell'agone parlamentare rende cauti gli amici di Rattazzi, i quali dalla metà di settembre, in previsione della prossima battaglia parlamentare, attenuano la carica antigovernativa,[36] e si limitano a bilanciare i successi ministeriali con iniziative meno clamorose, con l'indocilità manifestata nel lavoro di commissione,[37] col discreto avvio delle procedure per dar vita ad un giornale, portavoce ufficiale del partito che stava per costituir-

---

[34] Cfr. cap. III.

[35] API, *Camera dei Deputati, Discussioni*, tornata del 5 ottobre, p. 907. Corsivo mio.

[36] Cfr. i capitoli II e III. M.me RATTAZZI, *Rattazzi et son temps* cit., insiste molto sull'intesa con Cavour. La legge sulle annessioni subì l'opposizione diretta di pochi deputati, tra cui Bertani, Ferrari, Macchi, Fantoni, Cabella e Filippo Mellana. Dunque il gruppo rattazziano, in gran parte, votò per il ministero, ma con intenzioni tutt'altro che buone, come scriveva Guglianetti a Farini il 7 ottobre 1860 in un rapporto parzialmente pubblicato in *Liberazione del Mezzogiorno* cit., vol. III, e integralmente in MARIO CRENNA, *Come fare la patria degli Italiani? Dal carteggio (1848-1872) di Francesco Guglianetti*, in *Bollettino Storico per la provincia di Novara*, a. LXXXVIII (1977), n. 2, p. 566.

[37] La discussione in commissione sulle leggi sulle annessioni e la riforma delle circoscrizioni elettorali è in A. CARACCIOLO, *Il Parlamento* cit., pp. 150-82. Questo dibattito

si,[38] con un lavoro di allargamento delle proprie alleanze verso uomini di primo piano dei quali si conoscevano i cattivi rapporti politici e personali con il conte, come era il caso del Ricasoli. Il primo di ottobre Riccardo Sineo, di ritorno da Napoli, scriveva infatti al barone, "l'uomo forte" come ironicamente era indicato nelle corrispondenze degli esponenti cavouriani, per invitarlo a prendere parte alla riunione ormai prossima del Parlamento, e offrirgli la disponibilità «di parecchi buoni italiani» a «unirsi con Lei» onde evitare una grave crisi, il pericolo di guerra civile cui si andava incontro se, in quei momenti, Garibaldi avesse fatto ritorno a Caprera in segno di insanabile rottura con il governo dell'Italia settentrionale. Il quadro risentiva di una voluta drammatizzazione degli eventi, ma il suo interesse sta nel fatto che questa lettera consente di cogliere ciò che agita la casa rattazziana che, nonostante su un altro piano sembra lavori ad un'intesa col governo,[39] continua ad avanzare la parola d'ordine dell'accordo tra il re e Garibaldi, sul quale costruire «un programma molto semplice da concertarsi» e per il quale chiede al Barone «la preziosa opera sua». Sineo così conferma l'iniziativa non sporadica del gruppo diretto da Rattazzi verso la costituzione di un raggruppamento proprio: la proposta di convergere su un lavoro da qualche tempo avviato si colloca nettamente in un'ottica di partito, che tende a muoversi a sinistra rispetto a Cavour, ma sull'ambigua base della mediazione con Garibaldi:

«In una riunione di deputati tenuta in Torino nei primi giorni di settembre, di una ventina di membri appartenenti a parecchie frazioni della Camera, s'è presa la risoluzione di far ogni sforzo per condurre ad un perfetto accordo Garibaldi e il governo del Re».[40]

Cavour vigila sull'evoluzione dei rattazziani cosciente che i compiti imposti dal processo unitario impongono di non lasciare inerti le scarse risorse di uomi-

porta l'autore, p. 37, a dubitare del luogo comune della docilità del Parlamento ai voleri di Cavour.

[38] Cfr. cap. III.

[39] Oltre la testimonianza di M.me Rattazzi, G. ASPRONI, *Diario politico* cit., pp. 545-47, arricchisce il quadro dei rapporti tra rattazziani e cavouriani con queste valutazioni: 1) *Il Diritto* si adegua a Rattazzi e «abbassa la bandiera» di oppositore a oltranza; 2) l'accordo si basa sulla «coscienza che Torino non potrebbe stare più capitale», p. 545; 3) la Sinistra democratica, senza mezzi di informazione, non può contrastare la propaganda cavouriana.

[40] I rattazziani tengono di certo riunione fra loro, lo dicono Guglianetti, Asproni, e Sineo, che ne dà annuncio in questa lettera, in *Carteggi di Bettino Ricasoli* cit., vol. XV, pp. 105-6. In questa fase Ricasoli rimase riservato, ma il 24 gennaio del 1861, cioè alla vigilia del voto, *L'Opinione* sentì la necessità di smentire l'adesione del Barone alla «opposizione parlamentare».

ni,[41] di cui pur conosce la natura. Agli inizi di ottobre crede di potersi giovare della collaborazione del suo ex alleato, ritenendosi abbastanza forte per fronteggiarne eventuali manovre ed affidando al dibattito parlamentare in atto il compito di definire gli schieramenti, chiarire le posizioni dei partiti; e scrive al Farini:

«Se credete che Rattazzi possa fare a Napoli non mi oppongo. Finché dura il sistema parlamentare non abbiamo ragione di temerlo. Tuttavia conviene aspettare l'esito della discussione *onde vedere s'egli è deciso a romperla pubblicamente non solo coi mazziniani, ma altresì coi Garibaldini*».[42]

Ma già qualche giorno dopo mostra di non credere più a tale possibilità: il silenzio imbarazzato osservato dall'avvocato alessandrino – «si dice ammalato onde non intervenire alla Camera»[43] – non ne chiarisce la collocazione. Dall'esperienza dell'autonomia toscana, che Cavour ritiene ora necessario chiudere,[44] si potevano facilmente ipotizzare le difficoltà che sarebbero insorte con le annessioni delle province meridionali, liberate per iniziativa garibaldina, e dove quindi si sarebbero potute manifestare più forti tendenze autonomistiche, specie in Sicilia. Peraltro il nesso tra esigenza tattica e strategica è evidente.

«Garibaldi n'a aucun idée politique précise. Il rêve une espèce de dictature populaire, sans parlement et avec peu de liberté. Ses adeptes Bertani et autres acceptent sa dictature comme un moyen d'arriver à la Constituante et de la constituante à la République»

aveva scritto a fine settembre all'Azeglio, informandolo che il Dittatore chiedeva al Re le dimissioni del governo.[45] Non era anche qui sottolineato il rischio

---

[41] Preoccupazione che si affaccerà a volte anche durante la campagna elettorale: si veda ad esempio *Il programma di Garibaldi* in *L'Opinione* del 7 gennaio 1861, che considera i rattazziani una "frazione" del gran partito costituzionale-liberale.

[42] Cfr. *Liberazione del Mezzogiorno* cit., vol. III, p. 21. Corsivo mio. Ai primi di ottobre Rattazzi rifiutò di andare Commissario in Sicilia, disposto però ad accettare Napoli: cfr. *ivi*, Cavour a Farini, 1° e 2 ottobre, pp. 2 e 10. A. Bixio il 14 ottobre si rallegra col conte per la collaborazione di Rattazzi col Ministero «dans la dernière crise» (*Cavour-Nigra*, vol. IV, cit., p. 250).

[43] *Liberazione del Mezzogiorno* cit., vol. III, Cavour a Farini, 8 ottobre 1859 [*recte*: 1860], p. 65. Nella stessa lettera dava direttive severe circa il modo di trattare mazziniani e garibaldini indocili. Sempre M.me Rattazzi, *Rattazzi et son temps*, cit., vol. I, p. 537, parla di un appartarsi del marito dall'agone politico per non fare ombra a Cavour.

[44] *Liberazione del Mezzogiorno* cit., vol. III, Cavour a Farini, [Torino], 13 ottobre 1860, p. 101: «Il Consiglio ha deciso di scrivere confidenzialmente a Ricasoli che lo stato anormale della Toscana cessi alla fine dell'anno. È tempo di farla finita colla dittatura del Barone che è incomportabile».

[45] Cfr. *Cavour e l'Inghilterra* cit., vol. III, Cavour a d'Azeglio, 27 settembre 1860, p. 133.

che la rivoluzione si facesse «permanente», oltrepassando i limiti suoi?[46] Se dunque a Salvagnoli, nei primi giorni del dibattito parlamentare, ribadiva con tranquillità e solennemente la fede nel carattere liberale della rivoluzione italiana, fondata sul primato parlamentare, a dicembre 1860, poco prima dello scioglimento della Camera, avrebbe scritto al La Farina

«La nostra salvezza sta nel Parlamento [...] nell'averlo presto e buono [...] Non ripetiamo l'errore di Rattazzi che si perdette in parte per aver indugiato soverchiamente la convocazione delle Camere».[47]

Unificare l'Italia col mezzo del Parlamento, dunque, nella prospettiva che ispirava l'agire cavouriano non era posizione fine a se stessa, generica affermazione del politico moderato della superiorità del paese legale sul paese reale. La concezione del conte vive piuttosto di un'idea schiettamente liberale dello Stato, che si afferma come il luogo astratto, generale, pubblico dell'autorità, la quale però nella società di nuovo regime non può presentarsi, o rappresentarsi, come assoluta, sciolta dal controllo dell'opinione. Essa infatti non ha di fronte a sé altre volontà parziali di natura collettiva, regolamentate in un sistema di garanzie distinte in virtù del riconoscimento a priori dell'autorità e del monopolio della forza, grazie al quale ribadisce a posteriori la propria funzione generale. Da ciò la necessità che l'autorità trovi il modo di estrinsecare pubblicamente il suo ruolo regolatore in un punto riconoscibile e riconosciuto di composizione del conflitto, nella visione di Cavour elemento fisiologico, anzi misura della vitalità degli organismi sociali, e si esprima come potenza e mediazione politica, legittimate dal consenso. Il gioco della moderna politica sta tutto nella capacità di rappresentare il conflitto negli istituti e nelle procedure parlamentari, ed egli sintetizza anche in formule felici la concezione secondo la quale «un voto di maggioranza ed un battaglione» bastano ad affrontare ogni opposizione che agisca «nel Parlamento e nella piazza». Di fronte alla naturale riottosità dei partiti la nuova ragion di stato trae forza, anche quella fisica, dal voto di maggioranza che la legittima.[48] Si potrà obiettare questa fosse l'ideologia, diversa la prassi, ad iniziare dal controllo sulle elezioni, la "corruzione elettorale" che amici e avversari rinfacciano a Cavour, e diviene poi tema ricorrente del dibat-

---

[46] È singolare e forse mai notato che Cavour adoperi questo concetto in senso assolutamente moderno, sia come rivoluzione continua che come moto che trapassa in forme via via più radicali.

[47] Cfr. *Epistolario* di G. LA FARINA cit., vol. II, p. 454. Sulla lettera di Cavour al Salvagnoli cfr. cap. III.

[48] Così il 19 dicembre 1860 ribadì la sua fede unitaria e rassicurò il Devincenzi, che aveva chiesto e pòrto consiglio sulle tristi condizioni del Sud: in *Liberazione del Mezzogiorno* cit., vol. IV, p. 101.

tito nell'età della Destra.[49] Queste idee però, esposte in varie circostanze, non si rapportano solo ad una esigenza empirica di difesa dell'ordine minacciato, ma cercano di definire le condizioni permanenti del ritorno alla "normalità" della politica e, in tal senso, sono il risultato teorico più rilevante dell'amara esperienza della fase dei pieni poteri.[50] Per questo, con la morte del conte, viene meno qualcosa di più di un capo riconosciuto della maggioranza parlamentare e del movimento italiano, e la sua assenza peserà in modo significativo nell'evoluzione del nostro sistema politico.[51] Dal suo carisma infatti poteva in certa misura dipendere il rafforzamento e lo svolgimento del sistema rappresentativo e dei partiti: qui stava il senso della dittatura di Cavour, cui alludevano i democratici nella polemica antiministeriale e di cui erano coscienti i moderati per la lezione appresa da Burke, attraverso il quale avevano meditato sul sistema inglese.[52] Peraltro la natura non formale della elaborazione cavouriana si può cogliere nel tema fisso agitato per tutto il 1860 e riaffacciatosi nel dibattito di ottobre quando, contro il centralismo, si richiama ai «pensieri espressi da noi intorno all'ordinamento amministrativo dello stato»,[53] ed ha in mente la rifondazione complessiva della macchina e del sistema tracciati dalla legge rattazziana dell'ottobre 1859. Su questo terreno la lotta politica conferma i caratteri di uno scontro complessivo tra culture, con Cavour che prende via via coscienza di crescenti difficoltà cui va incontro per affermare i suoi "pensieri" di riforma

[49] E tuttavia contro la polemica sui condizionamenti ministeriali delle elezioni *L'Opinione* del 4 gennaio 1861 rivolge un forte richiamo agli avversari del Ministero: *Rispettiamo il voto*.

[50] Motivo autocritico affacciato nel noto carteggio con la contessa di Circourt, proprio in questa fase, quando Cavour le fa osservare: «Je ne me suis jamais senti faible que lorsque les Chambres étaint fermées». Cfr. *Cavour e l'Inghilterra* cit., vol. III, p. 284, [Turin], 29 décembre [1860].

[51] Sul ruolo di Cavour nell'evoluzione del sistema politico italiano, e sul trauma della sua morte, insiste con grande acume D. ZANICHELLI, *Introduzione storica allo studio del sistema parlamentare italiano*, in *Studi di storia costituzionale e politica*, Zanichelli, Bologna, 1900. Ma già i contemporanei sentirono la mancanza di questo potente fattore di unificazione, in mancanza del quale, come si esprime RUGGERO BONGHI, *Le elezioni del Deputato. Lettere due*, Firenze, Le Monnier, 1865, i deputati «si spartiscono tra quei parecchi, che per ingegno, per condizione sociale, per autorità di fatti compiuti, sono in grado di fare la calamita di altri [...] condizione ordinaria d'ogni assemblea [che] non piglia un aspetto diverso se non dove e quando si trova un uomo capace di rompere cotesti circoli», p. 33.

[52] Penso ai passi che in EDMUND BURKE, *Riflessioni sulla rivoluzione francese*, a cura di VITTORIO BEONIO BROCCHIERI, Bologna, Cappelli, 1930, pp. 120 e segg., esaltano i rivoluzionari i quali «tendono alla riorganizzazione, non alla distruzione» e avversano a un ceto politico di avvocati e medici, dominante nella Assemblea Nazionale francese; ancora, pp. 293 e sgg., ove disegna i caratteri del leader politico.

[53] Cavour allude alla *Nota* Farini del 13 agosto e alle *Proposte* avanzate il 30 dalla Commissione sulle regioni, su cui cfr. C. PAVONE, *Amministrazione* cit., pp. 279-91. Sul tema, che assume un vero e proprio carattere fondante, tornerò nel cap. VIII.

amministrativa.[54] E mentre cerca di proporli al centro dello scontro elettorale, abbassa tuttavia i toni, sentendo che questo è un tema che fa vacillare la sua maggioranza politico-parlamentare.

Se è questa la materia del contendere sono più gravi le persistenti ambiguità del re, il cui operato mira a confondere il conflitto tra due politiche, una interpretata da lui stesso e da Rattazzi, e l'altra dal conte, a tutto scapito della costruzione di una chiara alternativa. Cavour si sforza di definire i confini della maggioranza, da cui la componente rattazziana resti esclusa come forza di opposizione, o inclusa sia pur in posizione critica,[55] ma non ha alcuna possibilità di successo: le coperture del sovrano inquinano lo scontro tra partiti, tolgono ad esso i caratteri di un conflitto tra programmi, tra due grandi progetti statuali, riducendolo a lotta tra gruppi di potere. Allo stesso tempo le ambigue relazioni di Garibaldi con il re bloccano l'evoluzione della componente democratica in senso istituzionale, tengono l'illusione di poter aggirare le linee di confine tracciate da Cavour, confermano la falsa idea di poter mantenere un ruolo rivoluzionario ed extralegale, delegando ai rattazziani quello della opposizione parlamentare, che peraltro si manifesta con le caratteristiche già dette. Quando poi emerge con maggior vigore la tendenza a investire nella lotta politica, come nell'assemblea costitutiva dell'*Associazione dei Comitati di Provvedimento per Roma e Venezia* del 4 gennaio, ove si discusse di presentare alle elezioni candidati democratici, l'intervento di Garibaldi sul partito è talmente pesante da confonderlo e rigettarlo in una prospettiva esclusivamente militare.[56] Questa presenza del partito del re si fa sentire nel dibattito sulle annessioni, poi in quello elettorale, favorendo un mutamento negli orientamenti della pubblica opinione rispetto alla situazione della metà di ottobre e provocando, per ora e per il futuro, condizionamenti importanti nell'evoluzione dell'opposizione meridionale.[57] Ma ai primi di ottobre il conflitto ha valenze specifiche:

[54] PIERO CALANDRA, *Storia dell'amministrazione pubblica in Italia*, Bologna, Il Mulino, 1978, uno dei rari studi, tra i molti apparsi in questi ultimi anni, ad appellarsi alle ragioni non solo giuridico-formali, ma alle «culture confliggenti», ai dati politico-sociali che orientano le scelte degli apparati e le varie concezioni dell'amministrazione. In questo contesto egli dedica pagine del tutto condivisibili alla specifica cultura amministrativa del conte, accusato dai rattazziani di avere al riguardo una formazione carente, e al nesso che nella sua concezione si stabilisce tra idea dello Stato rappresentativo e progetto amministrativo.

[55] Oltre a quanto tentato tra ottobre e dicembre per portare Rattazzi a Napoli come luogotenente, vedasi anche l'estremo tentativo fatto attraverso *L'Opinione* del 6 gennaio 1861, *Le elezioni*, allorché quell'ipotesi era definitivamente fallita, per richiamare i rattazziani al ruolo di «frazione» del partito liberal-conservatore.

[56] Vedi anche cap. II.

[57] Cfr. in tal senso la tabella geopolitica delle forze parlamentari nell'età della Destra elaborata da MARIA SERENA PIRETTI, *Le elezioni politiche in Italia dal 1848 ad oggi*, Bari, Laterza, 1995, p. 42.

Cavour sollecita Farini perché il re marci su Napoli a por fine alla agitazione garibaldine, non solo per impazienza o incomprensione delle difficoltà incontrate dal suo ministro, ma perché ansioso di bloccare la rivoluzione e preoccupato per le velleità regie, alle quali intende contrapporre le prerogative parlamentari,[58] di cui però può farsi forte solo a Camere aperte e finché restino rappresentanza effettiva del Paese. Perciò l'adesione delle nuove province al regno impone il rinnovo del Parlamento, ove il 6 ottobre, egli presenta la legge di delega al governo per la modifica dei collegi elettorali, compiendo il primo passo in questa direzione, mentre la discussione generale sulle annessioni è ancora in corso. La delicatezza del passaggio costituzionale, essendo la legge elettorale considerata consustanziale allo statuto, è chiarita con queste parole

«Nel presentare il progetto di legge per cui si chiedeva la facoltà di compiere l'annessione allo Stato delle provincie affrancate, che per voto universale dichiarassero a volerne far parte, il Ministero non tralasciava di volgere la mente alle conseguenze che nel rapporto agli ordini costituzionali sarebbero derivate dall'annessione accettata e stabilita»,

allusive al modo con cui affrontare la formazione della rappresentanza nelle condizioni mutate dalle annessioni.[59] Ed in realtà la delega chiesta dal governo si limitava alla modifica del numero dei parlamentari e alla revisione dei collegi, questioni per certi aspetti collegate, ma in realtà distinte ed entrambe di grande rilievo politico e tecnico, onde nel corso della discussione in commissione vi si esercitò il tentativo ritardatario dei rattazziani, che fecero riemergere il disaccordo antico con i cavouriani apparso in occasione della riforma della legge elettorale del novembre 1859.[60] Come allora, il problema del numero dei deputati implica un'idea molto diversa del ruolo dell'organismo rappresentativo, e anche stavolta Cavour, ma dal governo, insiste sulla inopportunità di moltiplicare collegi e deputati per non rendere la Camera elettiva organismo pletorico e con gravi limiti funzionali. Nel presentare il progetto di legge egli chiede quindi una delega generica e ampia al governo per definire il numero massimo

---

[58] In *Liberazione del Mezzogiorno* cit., vol. III, l'allarmato dispaccio telegrafico di Cavour a Farini del 4 ottobre, pp. 31-2, la risposta del giorno successivo, nella quale si delineava un quadro delle difficoltà incontrate, anche per mediare i contrasti con il sovrano, pp. 42-4, nonché la citata lettera dell'8 ottobre allo stesso.

[59] *Progetto di legge presentato alla Camera il 6 ottobre 1860 dal presidente del Consiglio dei Ministri*. API, Sessione del 1860, *Documenti*, p. 365. Il progetto fu approvato il 12 ottobre, cfr. *ivi, Discussioni*, pp. 1017-19, e pubblicato il 31. La discussione del progetto nelle Commissioni Parlamentari è documentata anche in A. CARACCIOLO, *Il Parlamento* cit., pp. 188-98.

[60] Si veda anche il cap. III.

dei membri della Camera elettiva,[61] insistendo sul fatto che la moltiplicazione di collegi e deputati

«tornerebbe più che ad altri, al nostro paese dannoso ed incomodo, sia per le meno rapide e più dispendiose comunicazioni, sia pel minor numero delle famiglie agiate al segno da sostenere la dignità della rappresentanza senza retribuzione di sorta; e finalmente per la difficoltà di raccogliere nel Parlamento il numero legale, cioè l'assoluta maggioranza de' suoi membri».[62]

In realtà le prime due motivazioni sono alquanto deboli e perfin contraddittorie: infatti un numero maggiore di deputati avrebbe comportato collegi di più piccole dimensioni che avrebbero reso *più* rapide e *meno* dispendiose le comunicazioni, almeno per gli elettori, costretti a spostamenti meno faticosi[63] mentre, a guardare la composizione della Camera, al secondo problema si sarebbe potuto porre un qualche rimedio.[64] In realtà Cavour era preoccupato del terzo aspetto, dei pericoli di paralisi sorgenti da una rappresentanza troppo larga e quindi meno efficace nelle sue funzioni, in un momento in cui i grandi, nuovi compiti costituenti necessitavano semmai di un sinedrio di saggezza legislativa e di speditezza, cosa che sarebbe stata messo a rischio dal fatto che il numero legale dell'Assemblea era stabilito alla metà più uno degli

---

[61] Rinvio al testo del progetto governativo, p. 366. La questione del numero fu definita in commissione, con un compromesso del quale si intravvedono le tracce nelle parole del relatore, che ricorda come in commissione vi fosse un accordo di tutti sul numero di 500 deputati per tutta l'Italia (comprese le regioni al momento separate), di fronte ad un numero avanzato dal governo di 400. Il compromesso stabilì che i limiti: «sarebbero conformi ai voti espressi dagli uffizi, se consistessero nel determinare che il nuovo Parlamento non avrà mai un numero di deputati inferiore ai 400, e che la cifra media di popolazione, presa a norma per formare i singoli collegi, non eccederà mai i 50 mila abitanti» (cfr. *Relazione fatta alla Camera il 10 ottobre 1860* ecc., in API, Sessione del 1860, *Documenti*, p. 367).

[62] *Ivi*, p. 365.

[63] Come è noto, il collegio elettorale si riuniva nei capoluoghi di mandamento: cfr. il Titolo III della legge elettorale agli articoli 63-66. *Ivi*, p. 365. Sui «viaggi elettorali» dalla residenza dell'elettore al seggio si vedano le considerazioni di RAFFAELE ROMANELLI, *Le regole del gioco. Note sull'impianto del sistema elettorale in Italia (1848-1895)*, in *Quaderni Storici*, a. XXIII (1988), n. 69, pp. 685-725, in particolare alle pp. 689-91.

[64] Tema caro a Bertani, che il 9 marzo 1861 scrive a Dassi a proposito dei nuovi eletti, stigmatizzando «l'impudenza di far accettare quelli che hanno soldi dal governo», in BMF, CG XCI, 7, e il 25 aprile dava indicazioni a Bargoni, direttore de *Il Diritto*, di «incaricare il Bottero di fare un'enumerazione *religiosamente precisa* dei deputati della maggioranza che godono direttamente o indirettamente pensioni o gratificazioni governative o che hanno missioni, incumbenze, ciondoli ecc. ecc. Importa provare con cifre di dove tragga il ministero il favore cieco [...] se dalla indipendenza o dalla riconoscenza della maggioranza» (MCRR, 235, 8, 4).

eletti.[65] D'altronde in commissione prima e in aula poi la discussione ruotò intorno a tre questioni: la individuazione dei criteri di formazione numerica, per cui venne accolta la preoccupazione del governo, assumendo però i 400 deputati come numero minimo sulla base di un rapporto tra collegi e popolazione fissato a cinquantamila abitanti.[66] Poi il tema spinoso, ma un po' artificiale, di accertare la «necessità giuridica di derivare questa modificazione, dal Parlamento nostro»,[67] o da quello che avrebbe dovuto eleggersi, questione che importava delicati ragionamenti di tipo procedurale e istituzionale, risolti però col buon senso – la legge del novembre 1859 era stata emanata da un Parlamento meno rappresentativo dell'attuale – e con attenzione agli aspetti costituzionali, molto presenti nelle valutazioni del Senato.[68] Terzo problema, la «latitudine lasciata al potere esecutivo nella distribuzione o formazione dei collegi»,[69] che era poi, non solo tecnicamente, il più rilevante, e al momento insolubile se non per delega al governo, e fissando un limite nel rapporto tra abitanti e deputati. Infatti un intervento sulla materia in questa fase imponeva tempi assai lunghi, considerata la poca conoscenza delle divisioni territoriali e delle condizioni logistiche delle regioni annesse. Qui la relazione della commissione sembra ben intendere l'esigenza cavouriana di aver «presto e bene» il nuovo Parlamento. Infatti, scelta la via della revisione parlamentare dei collegi

[65] Il relatore Pasini alla Camera a nome della commissione fa osservare che applicando la legge del 1859 si avrebbero 660 deputati, fino a 750 con l'unione territoriale del Veneto e di Roma. In Inghilterra una popolazione maggiore dava luogo ad un minor numero di parlamentari, e lì il numero legale era stabilito in 40 deputati presenti in aula; vedi API, Sessione del 1860, *Documenti*, p. 368. La commissione cui fu affidato l'esame preliminare del progetto, presentò la relazione il 10 ottobre, la discussione alla Camera iniziò e si concluse il 12.

[66] La delega prevista dal progetto governativo subì in commissione una modifica radicale, limitandosi a «regolare [...] le circoscrizioni dei collegi elettorali» sulla base del doppio criterio del numero minimo di 400 deputati e della «cifra media» dei cinquantamila abitanti per collegio, *ivi*, p. 367.

[67] In commissione l'ipotesi fu sostenuta da Lorenzo Pareto, esponente della sinistra parlamentare, che in aula a titolo personale si disse ispirato da valutazioni di opportunità costituzionale, ma annunciò di essersi convinto, perché la soluzione adottata non consentiva di «circoscrivere i circoli elettorali in modo da ridurre di troppo il Parlamento», in API, *Discussioni*, Tornata del 12 ottobre 1860, p. 1017.

[68] Tema posto alla Camera, ripreso nella *Relazione fatta al Senato il 18 ottobre dall'Ufficio Centrale* ecc. ecc. Qui si nota che l'annessione, comporta l'accettazione dello Statuto e implica «con sé l'adozione delle principali leggi politiche per le quali lo Statuto è applicato», e quindi della legge elettorale, che rende fruibili i disposti statutari: cfr. API, Sessione del 1860, *Documenti*, p. 368. La legge fu presentata al Senato il 16 ottobre, la commissione relazionò il 18, andò in aula il 22 e lo stesso giorno fu approvata in via definitiva. Fu pubblicata il 31 ottobre. Forse anche per questo, svolti i plebisciti, nelle province annesse si pubblicò lo statuto albertino con la legge elettorale, quella del 1859, come ricorda LEOPOLDO GALEOTTI, *La prima legislatura del Regno d'Italia, Studi e Ricordi*, Firenze, Le Monnier, 1865, p. 7.

[69] API, Sessione del 1860, *Documenti*, pp. 366-67.

«gli inconvenienti pratici di questo partito sono molti. Se vi sarà epoca in cui l'opera del Parlamento dovrà essere pronta e continuata, quest'epoca sarà quella che succederà alle annessioni. Basti accennare l'organamento amministrativo e le finanze dello Stato, che avranno estremo bisogno di essere immediatamente regolate»,

per poi sottolineare, rispetto ai rilievi costituzionali di chi richiamava il legame intrinseco tra Statuto e legge elettorale, che essa in realtà veniva modificata nel solo punto del numero dei deputati, per cui non intervenire su questa sarebbe equivalso a «lasciar ferma la lettera e violar [...] lo spirito» di quello.[70]

La partita sui tempi entro i quali avere un nuovo Parlamento era in realtà tutta da giocare, non solo perché le deleghe ricevute dal governo in materia di annessioni e revisione della legge elettorale andavano tradotte in decreti, e tra le esecuzioni procedurali bisognava pensare alla formazione delle liste elettorali e alla definizione dei collegi, che nelle nuove regioni era problema non semplice, ma perché la battaglia politica non cessa e ad essa si aggiungono pericolosi eventi esterni da cui possono scaturire ulteriori e prolungati rinvii della consultazione. La questione tuttavia deve essere colta in tutta la sua delicatezza e centralità: essa è il perno della tattica cavouriana, tanto che per tutta la fase preparatoria della riforma elettorale il Parlamento resta in sessione prorogata e il decreto della sua chiusura è emesso con la data del 17 dicembre, coincidendo con la pubblicazione della nuova legge elettorale con annesso il quadro dei collegi.[71] Non basta: infatti il 6 novembre il conte aveva scritto al Farini:

«Ne prononcez pas l'annexion par décret définitif afin que les pleins pouvoir durent jusqu'à la réunion des Chambres»[72]

ed anche in questo caso i decreti definitivi di annessione portano la data del 17 dicembre.[73] Considerato infine che la loro pubblicazione sulla *Gazzetta Ufficiale del Regno* avviene tra la fine di dicembre e i primi di gennaio, e del 3 di questo mese è il decreto, subito apparso sulla stampa,[74] di convocazione dei collegi e del nuovo Parlamento, si evidenzia una sequenza di date certamente

[70] *Ivi*, p. 367.
[71] Dopo il decreto del 17 dicembre la Camera si riunì il 28 per ascoltare due comunicazioni: la risposta del re all'indirizzo da essa trasmessogli a Napoli e il decreto del suo scioglimento.
[72] Dispaccio di Cavour a Farini in *Liberazione del Mezzogiorno* cit., vol. III, p. 289.
[73] I decreti di accettazione dei plebisciti di Sicilia, Napoli, Umbria e Marche sono su *La Gazzetta Ufficiale del Regno* del 26 dicembre 1860. Nelle regioni centrali si tennero il 4 e 5 novembre.
[74] Si veda infatti *L'Opinione* del 4 gennaio 1861.

non casuale perché in esse si compendia il senso della tattica cavouriana, condizionata dalla necessità di tenere sempre attivo un potere di controllo sul monarca. La chiusura della discussione parlamentare e il successo schiacciante del conte non avevano ridimensionato le velleità del sovrano e di quanti puntavano ad inceppare la rapida transizione tra legislature. Per questo egli insiste perché il re faccia al più presto ingresso a Napoli, sanzionando di fronte all'Europa un altro passo in direzione dell'unificazione, e vi avvii una amministrazione più ordinata, e soprattutto perché si ponga fine attraverso i plebisciti al potere rivoluzionario e alternativo che emana dalla dittatura di Garibaldi.[75] Quando però il 21 ottobre, dopo varie crisi e difficoltà, essi si svolgono, e a Napoli si pensa di affrettare la pubblicazione dei risultati, in modo da attenuare l'impatto del passaggio di poteri dalla rivoluzione all'ordine e quasi a far apparire che è la volontà popolare, non Garibaldi, ad affidare l'Italia meridionale a Vittorio Emanuele, Cavour, che continua a temere le manovre sovrane, dà piuttosto un segnale di frenata.[76] Egli infatti si limita a raccomandare al Farini di occuparsi «senza indugi della formazione delle circoscrizioni elettorali», dopo averlo

[75] In vista finalmente dell'ingresso del re a Napoli *Il Nazionale* del 5 novembre salutava l'evento come il passaggio dal regime dittatorio a quello costituzionale: cfr. *Quello che noi sosterremo*. Sui contrasti tra piemontesi e garibaldini a Napoli esiste una letteratura vasta, rianimata dalla comparsa del saggio di D. MACK SMITH, *Cavour e Garibaldi*, cit., da cui originò una nuova fase di polemiche che mi pare definitivamente chiusa con la comparsa della biografia di R. ROMEO, *Cavour* cit.

[76] Cfr. in *Liberazione del Mezzogiorno* cit., vol. III, pp. 183-89, le informazione che il Villamarina e Pasquale Stanislao Mancini inviano al proposito a Cavour in data 24 e 25 ottobre. Le cautele cavouriane al proposito sono indirettamente illuminate da quel che il re scriveva a Garibaldi il 31 ottobre: «Appena io potrò legalmente, per la pubblicazione del risultato del plebiscito, assumere il Governo, provvederò sui due argomenti dei quali Ella, a ragione, si preoccupa» e si trattava di questioni relative al trattamento dei volontari (*ivi*, p. 240), mentre Minghetti qualche giorno dopo avanza l'ipotesi che il decreto del plebiscito delle regioni centrali sarà portato a Napoli e poi a Torino per le firme del re e dei ministri, ma specifica: «Vi si aggiungerebbe [al decreto] che lo Statuto avrebbe il suo pieno effetto solo il giorno dell'apertura delle Camere», p. 296. V'è da aggiungere che sul mantenimento del titolo del re, che continuò ad appellarsi di Sardegna quando era riconosciuto di fatto re d'Italia, problema che si connette a quello della formale pubblicazione del decreto sui plebisciti, si sviluppò una polemica che ebbe il suo vigore negli antichi Stati, provocando una crisi nel consiglio comunale torinese, con dimissioni della giunta, e una campagna di raccolta di firme a favore dell'intitolazione di Vittorio Emanuele come re d'Italia promossa dalla *Gazzetta del Popolo* di Torino. Prese di posizioni cui rispondeva *L'Opinione* del 26 novembre, notando che il ritardo nell'assunzione di quel titolo non dipendeva da motivi e difficoltà di ordine diplomatico, ma «dal riguardo al Parlamento, al quale il Ministero vuol riservare il diritto di proclamarlo». Che era poi quanto Cavour aveva scritto a Farini il 23 ottobre, in *Liberazione del Mezzogiorno* cit., vol. III, pp. 179-80: «L'Italia non sarà legalmente costituita se non il giorno in cui i Deputati di tutta la penisola proclameranno Vittorio Emanuele Re d'Italia». Il significato rivoluzionario, in senso parlamentare, di tale scelta è stato del tutto trascurato nel dibattito storiografico, e anche in quello giuspubblicistico: nessuna tradizione, neppure quella democratica, fu all'altezza di questa eccezionale eredità, che affidava la proclamazione di un re al Parlamento.

informato che la legge elettorale «con l'aggiunta testé fatta» è pronta e può mandargliela e insistendo sull'importanza di avere presto il nuovo Parlamento.[77] Insomma, se egli intende ristabilire a Napoli un principio di legalità, non intende creare ulteriori vantaggi allo spregiudicato svolgersi dell'iniziativa del sovrano. Quando poi nella seconda metà di ottobre i rischi di una guerra all'Austria si fanno più reali in vista del congresso di Varsavia ove si riuniscono le potenze europee conservatrici il contrasto interno viene messo in seconda linea: questi pericoli modificano il quadro generale, e a tale, temibile attacco non si può che rispondere con la mobilitazione di tutto il paese senza esclusivismi.[78] Ma una volta cessati, subito riprendono quota i dissidi col re, che ritarda il suo ingresso in Napoli o mostra qualche attenzione di troppo verso la tesi garibaldina sulla necessità di governare il sud con la dittatura ancora per un anno, tanto che *L'Opinione*, porta parola del governo, non esita a rendere pubblica questa assurda, quanto pericolosa richiesta di Garibaldi.[79] Inoltre il re comincia a parlare di una amnistia, da estendersi anche a Mazzini, facendo saltare letteralmente i nervi al conte, che non nutre alcuna fiducia sulle intenzioni sovrane.[80] Manda però a Farini un secco avviso

«Rappelez au Roi que le Parlement n'à pas donné les pleins pouvoirs».[81]


Si è discusso di recente, ed autorevolmente, se Cavour non manifestasse un eccesso di rigidità nei confronti dell'elemento garibaldino e dei democratici, compreso Mazzini, e se questa lacerazione drammatica all'origine non sia stata

---

[77] *Ivi*, a Farini, 23 ottobre 1860, pp. 179-80: «Vi prego di occuparvi senza indugio del problema delle circoscrizioni elettorali. È di somma importanza di riunire il nuovo Parlamento».

[78] Di fronte all'eventualità della guerra il re, Garibaldi e i volontari, Cialdini e Fanti dovrebbero portarsi al nord per opporsi all'Austria in una guerra «alla spagnola» in cui «l'elemento volontario deve essere utilizzato»: cfr. *ivi*, pp. 205-6, Cavour a Fanti. A crisi chiusa un articolo de *L'Opinione* del 1° novembre 1860, anche in L. CHIALA, *Giacomo Dina* cit., pp. 348-51, ribadiva il giudizio degli ambienti cavouriani su questa crisi e sul modo di affrontarla.

[79] *Ivi*, p. 350. Al contrario altri giornali evitano di correlare la partenza di Garibaldi da Napoli col rifiuto del re di concedergli i pieni poteri, e insistono sul mito del Generale risorsa degli Italiani, non dei partiti, uomo d'Italia; si veda la *Gazzetta del Popolo* del 12 novembre. Solo quando il tema è diventato di pubblico dominio, il 21 novembre, questo foglio ne dà conferma, ribadendo «il profondo rispetto che il Re in ogni occasione conserva per gli ordini costituzionali».

[80] Dopo il forte contrasto con Farini sulle cose di Napoli e di Sicilia, Cavour il 20 novembre gli scrive che i suoi rimproveri non erano diretti a lui, ma, con evidente allusione al re «a persona nella quale non ho fede nessuna» (*Liberazione del Mezzogiorno* cit., vol. III, p. 348).

[81] *Ivi*, Cavour a Farini, 13 novembre 1860, p. 319.

la prima in una storia più lunga di lacerazioni che avrebbe caratterizzato tutto il percorso dell'Italia nazione.[82] Se però si tiene presente il principio da cui Cavour parte, cioè la necessità di chiudere la fase rivoluzionaria, le sue decisioni debbono risultare conseguenti: egli sa di aver costruito l'Italia sull'ambiguo equilibrio con la rivoluzione, che l'Europa lo guarda con sospetto, anche quando realizza il suo "piano" in vista di sbarrare la via al contagio rivoluzionario. Perciò gli è fatto doppio obbligo ad attenersi senza deflettere a questa linea che configura l'esigenza di credibilità internazionale di una rivoluzione mirabilmente ordinata, esigenza che ha un primo terreno di verifica nella necessità che il governo riassuma la direzione del movimento nazionale. Questa è la premessa che dà origine all'inevitabile scontro con i democratici,[83] che poi è inasprito dal carattere assunto dal legame tra il re e Garibaldi, per i significati che questa alleanza proietta sulla via dell'interna evoluzione del sistema politico. Ora non v'ha dubbio che tale scontro costituisce in via pratica e di principio, un *fatto* da cui derivano inevitabili conseguenze, alle quali volontà e intenzioni particolari debbono piegare. Il resto, lo scioglimento dell'esercito meridionale, per il quale pure ostacolò le più dure intenzioni dei generali piemontesi interpretate dal Fanti,[84] il rinnovato conflitto con il re sulla linea da seguirsi in quei frangenti, ad esempio sulle elezioni,[85] o la crisi dell'aprile del 1861 che lo contrappose a Garibaldi in modo frontale, furono episodi, occasioni nelle quali la lotta politi-

---

[82] R. ROMEO, *Cavour* cit., vol. III, pp. 820 sgg., allargandolo poi al tema delle due Italie, cioè il nord e il sud, ha voluto individuare qui il «nucleo originario» di un conflitto destinato a riproporsi, oltre il momento contingente, «nella coscienza e nell'ideologia del Risorgimento come rivoluzione incompiuta, matrice sul piano politico di sempre sorgenti contestazioni dell'assetto vigente e, sul piano culturale, del "revisionismo risorgimentale"». Poco prima di lui A. CAPONE, *Destra e Sinistra da Cavour a Crispi*, Torino, Utet, 1982, soprattutto nella parte iniziale, ove svolge il conflitto Cavour-Garibaldi, ha insistito sulla particolare dialettica inscritta nella dimensione nord-sud entro la quale si è costituito, con tutti suoi elementi irrisolti, lo Stato nazionale, riconoscendo che la politica cavouriana fece fallire la vittoria militare garibaldina e bloccò una soluzione di sinistra della politica italiana, se mai fosse stata possibile, ma, nella fase dominata dal personale politico di origine risorgimentale, non risolse mai, neppure in una dimensione puramente repressiva, la contraddizione che ne aveva accompagnato la nascita.

[83] Le ragioni interne e internazionali di tale decisione sono esposte soprattutto nei dispacci al re del 3 e del 5 ottobre, in *Cavour-Nigra* cit., vol. IV, pp. 237-41. Comunque la frase «esterminateli fino all'ultimo» rivolta al Farini a proposito dei garibaldini segue una lunga serie di indicazioni conciliative e vale solo nel caso «Se si rivoltano»: cfr. Cavour a Farini, 8 ottobre 1860, in *Liberazione del Mezzogiorno* cit., vol. III, pp. 63-5.

[84] *Ivi*. Nelle corrispondenze tra Torino e Napoli, dalla metà di ottobre, il problema assume forte rilievo: Fanti e i generali al seguito del re si esprimono per una linea severa verso i volontari; il re invece non vuol essere ingrato e impolitico «contre ceux qui s'étaint battus pour l'Italie», e Cavour che chiede una Comissione di scrutinio, per valutare meriti e demeriti con scrupolo.

[85] Al rapido svolgimento delle elezioni il re fu prima ostile per timore di ingovernabilità del futuro Parlamento (Cassinis a Cavour, Napoli, il 18 dicembre 1860, in *Liberazione del Mezzogiorno* cit., vol. IV, pp. 101-3). Ma ci manca un dispaccio del 15, che informava

ca si concretizzò. Questa riflessione sui motori interni che spingono il gran moto nazionale, non la virtù profetica di un sia pur grande politico, lo mettono in grado, subito dopo il dibattito parlamentare di ottobre, di lanciare lo sguardo sul futuro e cogliervi i germi dei prossimi conflitti,[86] anche se, forse per la prima volta, nelle sue analisi appaiono motivi di preoccupata incertezza, che alterna con baldanzosi entusiasmi di antico combattente.[87] Qualora fosse stato possibile seguire una via diversa, si deve realisticamente pensare non all'alternativa democratica, ma a quella impersonata dal re e da Rattazzi, che con la circonlocuzione della "conciliazione" s'appropriano del carattere eversivo dell'agitazione garibaldina, insererendola in una linea politica, verso la quale Garibaldi appare sempre convergente, se non schierato. Rispetto a questa tendenza Cavour non si lascia irretire,[88] eppure si mostra assai incerto su come procedere, mentre la prospettiva delle elezioni, già delineata nel dibattito di ottobre e chiusa col voto del 27 gennaio 1861, costituisce un fattore ulteriore nel definitivo deliberato del gruppo rattazziano di costituirsi come autonomo partito, che continua tuttavia ad essere confuso strumento dell'intrigo regio. Rattazzi per conquistare la statura di *leader* di fronte al Paese doveva porsi quale interprete di una esplicita alternativa alla linea del suo antagonista, rompere ogni solidarietà con la maggioranza e assumere l'onere di farsi portatore di una diversa proposta di governo, come aveva fatto da parte sua Cavour quando l'anno precedente aveva messo sotto accusa il sistema dei pieni poteri. Questa statura mancherà sempre all'uomo politico alessandrino, che in verità deve ora compiere una tale scelta in un momento difficile, quando la popolarità del conte è all'apice, pareggiando ogni altra popolarità, fosse quella del re o di Garibaldi, onde il suo tentativo di agire nel modo meno impegnativo e clamoroso, di tirarla in lungo,

della perplessità regia, al quale Cavour subito risponde che solo i garibaldini potevano proporre il rinvio dell'elezione.

[86] «Garibaldi et son entourage nous donneront encore, je le crains, des sérieux embarras» scrive ad Alessandro Bixio il 18 ottobre ed insiste poi sul problema dei volontari garibaldini «en grand partie indignes d'entrer dans une armée régulière»: *Liberazione del Mezzogiorno* cit., vol. III, p. 256.

[87] A Cassinis l'8 dicembre esterna preoccupazione sulla «opposizione formidabile» che si dovrà affrontare nel nuovo Parlamento; lo stesso concetto esprime al re il 14 dicembre, aggiungendo che il confronto può estendersi dal Parlamento alla piazza, ma senza mostrare sgomento: vedi in *Liberazione del Mezzogiorno* cit., vol. IV, p. 31, e in *Cavour-Nigra* cit., vol. IV, p. 293. I caratteri di questa opposizione sono spiegati in una lettera ad Alfonso La Marmora del 16 novembre, in CHIALA, vol. IV: «Le lotte che avremo a sostenere saranno lotte politiche, e quelle saranno vivissime. Il Garibaldinismo, lasciato il campo, si presenterà nel Parlamento e ci darà seri fastidi», p. 95.

[88] «Il dire: noi siamo con Garibaldi non è un programma, a meno che l'essere con Garibaldi non sia un'espressione moderata per indicare che si è contro il ministero» scrive *L'Opinione* il 5 gennaio in polemica con *La Monarchia Nazionale*. Tutta la polemica elettorale tra i due giornali si nutre però di questo motivo, che contiene in sé quello sul governo del Sud.

il suo "girare nel manico" per evitare di esporsi nel corso del dibattito parlamentare e intanto consolidare una rete di relazioni cui dar come riferimento un nuovo giornale,[89] mostrarsi disponibile all'accordo e moderare i toni de *Il Diritto*, avviando il proprio distacco da questa testata, ma senza rinunciare a mettere qualche altra zeppa nei difficili rapporti tra il gabinetto e Garibaldi.[90] Cavour si convince rapidamente che «Rattazzi non conviene a Napoli», ben valutando l'ampiezza delle divergenze che ormai lo separano da lui;[91] eppure fino alla metà di gennaio mostra più di un'incertezza sulla strada da percorrere: quella di un'estremo tentativo di riunificare il grande partito liberale, includendovi fin la componente garibaldina,[92] oppure l'altra di una definitiva frattura, sicché pare di continuare ad assistere, ma a parti invertite, al singolare balletto svoltosi in occasione delle elezioni del 1860, quando il conte aveva preso più decisamente la via della distinzione.[93] Questo incerto procedere si può riferire a due ordini di questioni, uno di natura specifica, l'altro più generale. Il primo va individuato negli assilli del gruppo cavouriano in relazione alle elezioni del nuovo Parlamento: v'è una grande insicurezza non solo e non tanto sull'esito complessivo del voto, ma sul livello del personale politico che sarà selezionato,

---

[89] Castelli informa Farini che anche «Pepoli è entrato nel Terzo partito, ma protesta che sarà sempre con Cavour», doppia fedeltà un po' contraddittoria, ma che, come nel caso dei contatti con Ricasoli, indica l'attivazione dei rattazziani per allargare il partito a elementi non piemontesi: in CHIALA, vol. VI, p. 678, da Torino, 21 gennaio 1861.

[90] Cfr. *Liberazione del Mezzogiorno* cit., vol. III, pp. 88-9, Bertani a Garibaldi, 11 ottobre [1860] Torino. Bertani, allora in stretti rapporti coi rattazziani, inviò Campanella, Bottero e poi Asproni a Napoli con documenti per spingere il Dittatore ad accogliere bene il re, ma mobilitare la piazza contro Cavour. Sarebbe interessante sapere, oltre quanto riferisce Campanella nella lettera a Brofferio, pubblicata in F. MARTINI, *Due dell'estrema. Il Guerrazzi e il Brofferio* cit., p. 93, che ruolo tali documenti ebbero nella crisi intervenuta tra Garibaldi e Pallavicino in quei giorni: cfr. *Diario* di G. ASPRONI, cit., vol. II, pp. 546-9.

[91] Cavour aveva anche respinto l'idea di portare Rattazzi al ministero degli Interni – cfr. la sua lettera ad Audinot del 31 ottobre, in CHIALA, vol. IV, p. 81 – perché «risolleverebbe [...] nel Piemonte stesso un'opposizione vivissima in un partito che non conviene irritare». Per quanto criptica credo che l'allusione di Cavour sia alla componente aristocratico-moderata, che era stata fortemente ostile al governo dei pieni poteri, e a quella dei lombardi.

[92] Questa tendenza si esprime negli articoli sulle elezioni apparsi ne *L'Opinione* del 5, del 7 e del 10 gennaio 1861, ove tra l'altro si legge «Noi comprendiamo nel partito costituzionale tutte le gradazioni degli uomini politici che sono per la monarchia sabauda e l'unità nazionale», tagliando fuori quindi solo, i clericali e i mazziniani.

[93] Una testimonianza di Castelli, nella lettera a Farini già indicata a nota 89, conferma il cauto procedere di Rattazzi, e indica che Cavour a metà gennaio aveva deciso il suo comportamento: «L'opposizione del partito di Rattazzi è finora impastata della antica *malva*. Nelle grandi questioni saranno col governo [...] Cavour non vuole *far nulla* prima dell'apertura del Parlamento. Allora porrà la questione in termini crudi e nudi. Si anima e si esalta già fin d'ora all'idea di quella lotta. Ottenuto un voto, allora mostrerà tutta l'energia e darà i provvedimenti necessari a provare che in Italia vi ha un solo re, un solo governo e una sola politica».

con valutazioni tutt'altro che benevole rispetto al voto meridionale,[94] cui si aggiunge un'ulteriore preoccupazione circa la tenuta dello schieramento raccolto intorno a lui, messo a dura prova dalle difficili condizioni della edificazione del nuovo stato. Il secondo aspetto, più generale, riguardava proprio la complessità del compito che questo rinnovato e ampliato ceto politico avrebbe dovuto affrontare, problema del quale tutti si rendevano conto, ma per il quale ben pochi avevano in mano le chiavi della soluzione. D'altra parte, messe a confronto le idee di Cavour e Rattazzi, i metodi di governo del Mezzogiorno, le differenze tra loro risultano a colpo d'occhio e sono meno legate a motivi contingenti di quanto si possa pensare, rinviando a una diversa concezione del ruolo dello Stato e dell'amministrazione. Secondo Minghetti infatti, Cavour intendeva procedere con cautela verso l'unificazione,

«conservare il più possibile dell'amministrazione precedente, riordinando ciò che sia confuso e disordinato, che dee certamente esser moltissimo, e preparando l'avvenire»,

per affrettare invece la riunione del Parlamento, anche se rinviarla, aggiungeva, poteva comportare molti vantaggi.[95] In un rapporto inviato da Rattazzi al re nel momento in cui questi entrava in Napoli[96] colpiscono invece subito due affermazioni: quella sul carattere particolare del regno meridionale, un «bloc monarchique» con istituzioni fisse, adattatesi ad ogni dominazione e base della sua tradizionale autonomia; l'altra, sulla rivoluzione italiana, vista «précisément» come la negazione di questa autonomia, «le nivellement de ces individualités dans la même famille».[97] Questo rende eccezionalmente chiara la visione rattazziana dei processi di modernizzazione indotti dall'unità nazionale, che si configura come opera di livellamento entro lo Stato nazionale delle specificità

---

[94] Su questo aspetto i rapporti che pervengono a Cavour dall'Italia meridionale da uomini come Farini o Cassinis o da elementi napoletani come il Mancini, il Bonghi ecc., non lasciano spazio a ottimismo, e spesso in essi emerge anche la pochezza di uomini che, pur temprati dalla esperienza politica, qualche volta mostrano di essere trascinati da guerre personali.

[95] *Liberazione del Mezzogiorno* cit., vol. III, Minghetti a Farini, Torino, 1° novembre 1860, pp. 251-3. Con tutta evidenza Cavour vuole giocare la partita della riforma amministrativa in Parlamento, al quale così conferma il ruolo costituente nell'ordinamento del nuovo Stato.

[96] *Ivi*, vol. V, pp. 340-2. La provenienza del documento dalla silloge *Rattazzi et son temps*, pp. 537-41, ne rende dubbia la trascrizione. Tuttavia l'interpretazione proposta è autorizzata dalla Rattazzi, che lo dice frutto di prolungata corrispondenza con Pallavicino e Depretis, e scritto quando il marito «n'était pas d'accord avec Cavour, *qu'il soutenait cependant au parlement*» (sottolineo io) dandoci ancora prova della ambiguità della situazione. M.me Rattazzi afferma comunque che Cavour avrebbe conosciuto il documento.

[97] *Ibidem*.

(autonomie) giuridico-istituzionali, secondo una tendenza che segnava la linea maestra da assecondare, sia pur con prudenza, perché comunque destinata a lasciare nei corpi sociali una cicatrice, attenuabile solo nel tempo e resa meno visibile dall'opera del governo, ma ineliminabile. Entro questa visione, la funzione rappresentativa del Parlamento sta nell'esprimere la tendenza livellatrice che costituisce il farsi della nazione, una legislazione generale che tolga a province o regioni, ma qui si intendono le aree statali preunitarie, gli ordinamenti autonomi intesi solo come differenze o privilegio,[98] mentre la dimensione «purement local», comunale e provinciale, esprime consuetudini e interessi particolari, e dunque «il faut l(a) respecter» come espressione del privato, luogo di rifugio di una società civile pigra e recalcitrante. L'uomo di diritto si poggia sulla tradizione romanistica della *lex* come principio unificatore e di autorità, e gli esponenti del terzo partito sono quasi tutti avvocati e giuristi, rispetto al quale il costume locale è una pura e semplice sopravvivenza del passato, aristocratico e particolaristico, elemento che non contribuisce e non arricchisce la produzione di nuovo diritto (pubblico), ma lo intralcia e lo impedisce. Qui c'è certamente un principio d'ordine giacobino nel quale l'istanza dell'eguaglianza è spogliata d'ogni valenza sociale e ricondotta a legalità secondo un principio formale che in realtà serve a ridefinire i confini tra lecito e illecito, tra normalità e devianza, tra norma (universale) e autonomia, che assume i caratteri della eteronomia. In questa visione l'unico elemento critico verso la "filosofia" esposta nella legislazione rattazziana del 1859 è dato da una maggiore disponibilità a considerare i termini temporali che una simile opera di livellamento comporta, mentre la disgregazione delle autonomie operata da una politica lungimirante trova la sua compatibilità quando ad esse subentri il ruolo della monarchia nazionale e intorno ad essa si dispone il sistema di comando, il centro della macchina dello Stato, ravvivata dall'idea della patria italiana. Non meraviglia dunque se il conte, in una situazione in cui l'esigenza di uomini esperti nel governo era vitale, pur intuisse la difficoltà di servirsi di Rattazzi per Napoli, nella cui visione coglie la presenza di un motivo illiberale che, ben oltre i legami di inimicizia personale, sfocia in una dedizione al primato del monarcato, al quale invece egli affida solo il ruolo di rappresentare il gran principio dell'unità della nazione. Perciò si mostra perfin infastidito dal fatto che i suoi più stretti collaboratori, Farini prima e Cassinis poi, si facciano irretire dalle sirene regie, rischiando di perdere la rotta.[99] Ma in queste vicende emergono due contrastanti visioni del significato e dei fini del movimento italiano: fu quella di Cavour a soccombere,

[98] Per Cavour invece «Il Parlamento sarà organo di concordia e d'unione, non di tirannia *centralizzatrice*»: cfr. *ivi*, vol. III, p. 145, a Giacinto Carini, 19 ottobre 1860.

[99] I replicati attestati di Farini alle buone intenzioni del re sono tutti motivati e riassunti nelle lettere inviate a Cavour il 14 novembre (*ivi*, vol. III, pp. 323-8), in risposta alla secca replica con cui il conte a nome del governo, risponde all'insinuante proposta del re, fatta avanzare appunto al Farini, di amnistia ai condannati per i fatti di Genova del 1857,

ma non si capirebbe molto del nostro Risorgimento trascurando questa alternativa di valori,[100] all'origine dei limiti del nostro liberalismo, dei suoi esiti intrinsecamente autoritari, del fallimento della possibilità non remota di farsi movimento popolare. I gravi dissensi e i contrasti tra la linea del governo e quella del re, sono i primi segnali dei pericolosi scogli contro i quali il conte stava imbattendosi nella sua rotta, e forse per questo non ebbe interesse a risolvere la diatriba circa l'impiego di Rattazzi, durata fino a Natale, quando i giochi erano ormai fatti o, per dirla fuor di metafora, i partiti si erano definiti e la macchina elettorale cominciava a mettersi in moto. A questo punto l'incarico per la Luogotenenza assunto dal deputato di Alessandria sarebbe stato un segno del ricostituirsi del "connubio",[101] che era ormai un'alleanza parlamentare trapassata definitivamente. Allora infatti, ultima sanzione o, se si vuole, pubblico avviso della separazione formale tra Rattazzi e Cavour, doveva già essere nota la circolare, apparsa il 23 dicembre con l'annuncio dell'uscita per il primo di gennaio de *La Monarchia Nazionale*, nuovo organo del *terzo partito*.[102] Naturalmente il carattere della proposta del neonato foglio rattazziano è subito colta dalla stampa senza demonizzazioni, come è pur giusto che fosse, trattandosi di un'evoluzione del sistema parlamentare che veniva giudicata a seconda della linea di cui gli altri fogli si facevano portatori. Così a *Il Movimento*, da sempre vicino alle posizioni *del terzo partito*, il programma, dato in sunto, appare

«modesto epperò efficace. Annuncia opposizione sincera al ministero ove si distacchi dall'idea unitaria, o volesse giungervi per transazioni o compensi, e dimanda piena libertà nel comune e nella provincia per quanto lo consentano gli interessi dello Stato. Il titolo suo dice schiettamente qual sia la sua idea fondamentale».[103]

---

cioè a Mazzini. Breve invece la fiducia del Cassinis per il re, cfr. i suoi rapporti del 20 e 25 novembre, *ivi*, pp. 349-54 e 377-80, il secondo dei quali descrive il sovrano che passa il tempo a Capodimonte a cospirare contro il ministero torinese, circondato da «mordiniani, garibaldini e simili».

[100] Attribuisco perciò una notevole responsabilità nella fuorviante lettura della storia del moto unitario a Stefano Jacini, *I conservatori e l'evoluzione naturale dei partiti politici in Italia*, Milano, Brigola e C., 1879, che, mosso da preoccupazioni politiche specifiche, ritenne la condotta italiana dal 1859 al 1866 «fatalmente tracciata», né potesse essere altra da quella «di un governo provvisorio, di una *dittatura* temporanea esercitata dalle classi [...] in grado di formarsi l'idea più chiara» del bene pubblico, p. 61. Capì dunque non molto del conservatorismo di Cavour, i problemi da lui affrontati, pur riconoscèndogli la statura di grande politico conservatore. Jacini aveva esposta questa tesi anche in precedenti interventi.

[101] Infatti l'Artom, nella lettera al Massari del 31 dicembre diceva «s'era sparsa la voce che Rattazzi fosse pregato dal Re d'assumere quest'uffico [a Napoli], ma sembra ch'egli abbia rifiutato dichiarando che non acconsentirebbe ad un nuovo connubbio» (*ivi*, vol. IV, pp. 153-4).

[102] Vedila in cap. III. *La Monarchia Nazionale* uscì il 1° gennaio 1861.

[103] Vedi *Il Movimento* del 2 gennaio 1861. Il foglio genovese loda poi lo stile schietto e le simpatiche appendici, il cui autore anonimo rivela in Vincenzo Riccardi.

Viceversa *La Gazzetta del Popolo* di Torino, che dopo l'esperienza de *La Nazione Armata* aveva svolto una costante polemica contro i rattazziani, giudica il programma in tutto vago, eccetto che sull'Italia una e indipendente.[104] Ma di gran lunga più interessante è la valutazione de *La Perseveranza*, espressione del moderatismo lombardo fortemente autonomistico e anzi imbevuto di federalismo, e perciò storica antagonista, sul tema delle libertà locali, della legislazione rattazziana. Nel nuovo giornale il foglio lombardo vede la nascita di un'opposizione costituzionale pur ribadendo l'avversione alla linea centralistica di cui, riprendendo l'espressione de *Il Pungolo*, dice aver invano sperato che il nascente partito si fosse purgato.[105] Invero nei due ultimi anni, nel 1860 specialmente, erano accadute troppe cose per non giustificare l'evoluzione del quadro politico: con la geografia dell'Italia non poteva non mutare tutto il sistema dei partiti. Le nuove, possibili alleanze e gli equilibri politici e di governo dello Stato unitario non potevano essere cercati nelle formule del passato, ma avrebbero tratto la loro sanzione soltanto dalle elezioni del 27 gennaio e del 3 febbraio 1861.

Certamente fu questo motivo a dar rilevanza particolare alla scadenza elettorale, rendendo così lunga e piena di varianti e di eventi la fase che la precedette: essi però furono in parte il frutto della complessità dei problemi da affrontare, ma per una parte non meno cospicua di quella cospirazione regia che Cavour non esita a definire «fatale»,[106] e proprio per questo lo irritano le corrività di alcuni dei suoi uomini di fiducia nei confronti del re, mentre il severo giudizio su Rattazzi scaturisce dal veder confermata una linea che gli pare esclusivamente ispirata dalla tattica di

«ordi[re] intrighi nella speranza di usufruttare i rancori del selvaggio guerriero».[107]

La macchina della propaganda elettorale finalizzata al voto parve però stentare ad avviarsi, entrando nel vivo solo intorno alla metà di gennaio.[108] Comunque essa sostanzialmente si mise in moto mentre l'importante sessione

---

[104] Vedi *La Gazzetta del Popolo* del 2 gennaio 1861.

[105] Vedi *La Perseveranza* del 3 gennaio 1861.

[106] Così si esprime con il Cassinis il 26 novembre 1860, al quale consigliava addirittura di non perder tempo a discutere con il sovrano, ma mostrargli «irremovibili proponimenti, con la più rispettosa deferenza»: in *Liberazione del Mezzogiorno* cit., vol. III, p. 385.

[107] *Ivi*, vol. IV, p. 188, Cavour a Farini, 8 gennaio 1861. Quest'ultimo risponde il 14, mostrandosi però fiducioso sulla capacità del conte di vincere «la cabala» che gli si preparava a Napoli.

[108] È un dato su cui concordano i fogli dell'epoca da *La Perseveranza*, che il 16 gennaio rileva ancora un clima poco caldo e tutto concentrato in un conflitto sui nomi, a *Il*

parlamentare di ottobre si concludeva dopo aver definito la linea politica del governo, cioè quella che si sarebbe dovuta confermare o battere, e aperto la strada alla consultazione.

«Dopo questa sessione il Parlamento sarà sciolto, ed il Ministero avrà braccio libero sino alla convocazione del nuovo Parlamento coi deputati delle nuove provincie. Se non amministrativamente, politicamente il Governo avrà dunque la dittatura. Non è sperabile che la proclami il Parlamento stesso: vi si oppone la gelosia che ha ogni potere di conservare le sue prerogative; vi si oppone la sinistra che farebbe un fracasso del diavolo; vi si oppone, per dir tutto, il sentimento della maggioranza savia e liberale, che non si fida del Re e teme che si potesse portare un ministero Garibaldi. E si sa che il Re disse tempo fa: "Quando Garibaldi sarà a Napoli, bisognerà fare un ministero a modo suo!". Ripeto però che il Governo non avrà imbarazzi dal Parlamento, e potrà andare diritto e libero per la sua strada»:

scriveva Celestino Bianchi a Ricasoli[109] riassumendo bene la situazione come si presentava sullo scorcio di quel dibattito e dando insieme conto del senso politico complessivo della nuova fase che si iniziava. Difficile dire se il riferimento alla dittatura fosse solo un modo di tranquillizzare "l'uomo forte", che da più giorni andava vagheggiando poteri assoluti, o esprimesse una più generale esigenza di sicurezza che attanagliava tutto il gruppo moderato toscano: certo è che una tale condizione di assoluta "mano libera" si esprimeva con quella non irrilevante precisazione, che essa cioè era da intendersi «non amministrativamente [...] ma politicamente». Infatti l'avvio precoce del confronto elettorale sul piano politico non riuscì ad accelerare i tempi e le procedure che avrebbero dovuto portare al voto, e ciò nonostante gli sforzi e le sollecitazioni di Cavour. Ma la lotta elettorale subì anche un prolungamento, dovuto in parte alle numerose opzioni causate dalle candidature doppie in molti collegi, tecnica che, in assenza di nominativi sicuri, serviva intanto a schierare gli elettori con l'uno o l'altro partito;[110] in parte al fatto che la riforma dei collegi moltiplicò, specie

Movimento che, il 10 gennaio, esprime un'analoga valutazione in una corrispondenza da Torino.

[109] Torino, 8 ottobre 1860, in *Carteggi di Bettino Ricasoli* cit., pp. 135-37. La citazione a p. 137.

[110] La tecnica della candidatura in più collegi venne espressamente applicata, su indicazione del La Farina, dalla *Società Nazionale* in occasione delle elezioni del 1860, e su ciò v. *Epistolario* di G. LA FARINA cit., vol. II, lettera a G. Germani del 16 gennaio 1860, pp. 283-84. Ciò avvenne certamente anche nel 1861, malgrado il contrario pronostico de *L'Opinione*, del 4 febbraio, *Il nuovo Parlamento*. Nelle suppletive, numerose quelle svolte tra il 7 e il 21 di aprile, solo il 7 votarono 66 collegi pari a circa il 15% della Camera. Di questi 35, cioè oltre il 50%, per duplicazione e per la opzione conseguente: 8 erano al nord, 14 al centro, gli altri meridionali.

nelle condizioni delle antiche province, le candidature, e i troppi candidati resero difficile il superamento del meccanismo della doppia condizione di elezione prevista dall'articolo 91 della legge elettorale;[111] in parte infine perché i cavouriani scelsero questa volta la strada di una minuziosa verifica delle elezioni,[112] che incrementò il ricorso a una nuova convocazione dei collegi, di cui circa un centinaio fu concentrata in aprile. Solo dopo questa tornata elettorale supplementare fu possibile valutare meglio gli equilibri politici emersi dal voto, anche se a quel punto il Parlamento aveva già affrontato alcuni nodi cruciali e soprattutto in esso s'era cominciata a manifestare quella fortissima opposizione di cui si preoccupava Cavour, un dato che, nel primo momento di euforia per un risultato che vedeva sconfitti ed assenti dai banchi parlamentari gli esponenti della democrazia radicale, egli non colse o non volle sottolineare.

La strada di costruire l'Italia col Parlamento e di riunirlo nei tempi più brevi rendeva urgente il varo della nuova legge elettorale,[113] della quale era parte essenzialissima la modifica delle circoscrizioni elettorali; bisognava poi attendere almeno 35 giorni dalla sua pubblicazione prima di poter convocare i collegi, e un simile risultato fu raggiunto non senza difficoltà. Quando anzi quella tabella fu pubblicata, essa rappresentò l'ammissione di un lavoro imperfetto, poiché non solo si delegavano le giunte municipali delle città cui era attribuito più di un seggio, a definire i confini delle relative circoscrizioni,[114] ma il successivo decreto del 5 gennaio 1861 dava facoltà a governatori, intendenti, prefetti ed altri capi di provincia «di provvedere con appositi decreti all'aggregazione più vicina dello stesso collegio di quei mandamenti» nei quali il numero degli elet-

[111] L'articolo 91, 92 nella legge del 1848 e del 1859, stabiliva che si era eletti se partecipava al voto un terzo degli aventi diritto, e il candidato otteneva «oltre la metà» dei suffragi espressi. La moltiplicazione delle candidature favoriva forse una più ampia partecipazione al voto, ma rendeva difficile superare la seconda condizione prevista. Si veda al proposito quanto scrive *L'Opinione* il 23 gennaio 1861, in *Cronaca elettorale*.

[112] Cfr. *L'Opinione* del 21 e 25 febbraio 1861, *La verificazione delle elezioni* e *La verificazione dei poteri*, il secondo in risposta a *La Monarchia Nazionale*, intervenuta dopo la pubblicazione del primo, che annunciava un rigoroso esame della eleggibilità dei deputati in relazione alle norme di legge sulle incompatibilità. Al momento la Camera era aperta, ma erano giunti solo "poco più di 200 verbali" di collegi, e se ne prevedeva un afflusso lento, specie dal sud. Il tema della verifica dei poteri offre un bel motivo di indagine tecnico-politica, per altro poco praticata, sulle problematiche relative ai sistemi elettorali e alla formazione della rappresentanza, che non è possibile svolgere in questa sede.

[113] Il R. D. 17 dicembre 1860, n° 4513 applicativo della legge di delega al governo del 31 ottobre per la definizione dei collegi elettorali, ne determinava il numero e stabiliva la pubblicazione in tutto il Regno della legge elettorale del 20 novembre 1859. Per un confronto della legge del 17 dicembre 1860 con la precedente legislazione in materia cfr. PIER LUIGI BALLINI, *Le elezioni nella storia d'Italia dall'unità al fascismo. Profilo storico-statistico*, Bologna, Il Mulino, 1988, pp. 43-60.

[114] Cfr. *Legge elettorale approvata con Decreto 17 dicembre 1860 e tabella di circoscrizione dei collegi elettorali del Regno d'Italia*, Milano, Luigi Pirola, 1861. *L'Opinione* del 13 gennaio pubblica il deliberato della giunta torinese.

tori iscritti fosse inferiore a quaranta, di stabilire in un comune diverso dal capoluogo di mandamento, se richiesto, una o più sezioni elettorali con non meno di duecento elettori, e di assegnare a qual mandamento dovessero inerire alcune sezioni aggregate ad altri collegi rispetto alle precedenti elezioni, e questo valeva per le antiche province.[115] Per le province meridionali poi, di fronte alla richiesta di protrarre l'epoca delle elezioni, Minghetti ricordava «la implicita facoltà per modificare la legge elettorale e adattarla, secondo le necessità e le circostanze», a norma dell'articolo 82 dello Statuto in vigore nelle province all'atto del decreto di annessione del 17 dicembre,[116] per cui respingeva il richiesto rinvio, dovuto a varie difficoltà, non ultima proprio quella di mettere ordine, nella mappa dei collegi, da Farini ritenuta non definibile prima del 15 dicembre,[117] mentre Cavour lo sollecitava a ordinarli in modo da «regalarci il minor numero di Deputati possibile» provenienti dal Sud.[118] E sotto questo aspetto la legge elettorale si pubblicò con la indicazione del solo numero di deputati per ciascuna provincia, mentre la definizione dei collegi fu perfezionata successivamente.[119] La Camera si era resa ben conto del rilievo politico che tutta questa materia assumeva nelle antiche come nelle nuove province; il ministero invece non si aspettava forse le resistenze degli uffici provinciali, base amministrativa a cui in prima istanza fu affidata l'opera di revisione dei collegi. Proprio per questo doveva muoversi con cautela, poiché oltre alle accuse di manipolazione, cui andò incontro specie quando si evidenziò il carattere poco rigoroso del lavoro svolto,[120] in quest'opera erano impliciti elementi di ordine

---

[115] La prima tabella sul rapporto eletti-elettori per tutto il regno in L. GALEOTTI, *La prima legislatura del regno d'Italia* cit., pp. 8-9. Più recenti elaborazioni dei dati del corpo elettorale in P. L. BALLINI, *Le elezioni* cit., ma per il 1861 l'accorpamento, p. 54, per aree geografico-regionali di elettori, di abitanti e collegi non è applicabile; si veda anche M. S. PIRETTI, *Le elezioni politiche* cit.

[116] *Liberazione del Mezzogiorno* cit., vol. IV, Minghetti a Nigra, Torino, 22 gennaio 1860, pp. 242-43.

[117] *Ivi*, Farini a Minghetti, Napoli, 5 dicembre 1860, pp. 20-1.

[118] *Ivi*, p. 30, Cavour a Farini, s. d. [8 dicembre 1860].

[119] *Ivi*, p. 49, Minghetti a Farini, Torino, 10 dicembre: «Propongo a Cassinis per telegramma di inserire nel decreto di convocazione dei collegi elettorali solo il numero dei deputati Provincia per Provincia, con un articolo transitorio che dà ai Luogotenenti Generali di Napoli e Sicilia la facoltà di determinare le circoscrizioni dei collegi nel numero fissato». *Ivi*, p. 114, La Farina a Cavour annuncia che siamo al 19 dicembre, il completamento del lavoro per le circoscrizioni e, non saprei se incidentalmente o conseguentemente, un buon risultato elettorale. Una relazione al presidente del Consiglio, che ha la data del 18 dicembre, annunciava invece non compiuto tale lavoro. Farini poi, p. 122, annuncia la chiusura del capitolo a Cavour solo il 20 dicembre.

[120] «Le circoscrizioni elettorali saranno preparate col parere di Commissioni provinciali che saranno a tal fine radunate dai governatori nei capoluoghi delle rispettive provincie, di cui faranno parte due membri per ciascuno dei distretti componenti la provincia»; così *La Gazzetta del Popolo* del 21 novembre; il 2 dicembre diceva l'opera quasi compiuta e si sarebbe presto passati alla compilazione delle liste elettorali, salvo osservare il 21 di-

amministrativo che non era opportuno trascurare, e sui quali in questa fase era bene procedere con attenzione.[121] Perciò si dovette riaffidare tutta la materia all'esame dell'Ufficio dello Stato Maggiore del Genio, e un tale incidente non mancò di accrescere i motivi di sospetto delle opposizioni, oltre a ritardare il decreto di determinazione delle circoscrizioni e tutto il percorso preparatorio al voto. Alla polemica sui condizionamenti imposti dal governo nella selezione dei parlamentari[122] se ne aggiungeva ora un'altra, nella quale *Il Diritto* si gettò a capofitto, con un attacco violentissimo che, alla vigilia del voto, accusava il governo di essersi fatto le circoscrizioni su misura per battere l'opposizione. Esso definiva «improvvida» la legge elettorale, non potendo usare un tale aggettivo riferito al Parlamento, che l'aveva votata affidando al governo un potere di manipolazione della volontà popolare, tale da rendere inaccessibile la Camera «a coloro che fossero malavisi dal governo» stesso.[123] Si tratta di esagerazioni propagandistiche che evidenziano però problemi significativi, i quali anch'essi hanno bisogno di essere decantati dal tempo, affinché i collegi eletto-

---

cembre che nel fare una tale scelta «il governo non si ricordò che fanno parte delle deputazioni provinciali molti onorevoli deputati i quali desiderano di essere rieletti». Sicché quest'opera di aggregazione fu tutta riconsiderata. Sulla situazione a Napoli dà qualche notizia *Il Popolo d'Italia* del 16 novembre, osservando che fra gli sforzi operati dal governo per avere presto il nuovo Parlamento, si sono convocati ovunque i consigli provinciali «i quali nel nostro paese tengono il posto dei consigli generali, affinché diano il loro avviso sulle nuove circoscrizioni da scegliersi, secondo la nuova legge recentemente promulgata». Il lavoro comunque viene seguito direttamente a Napoli, dal Farini.

[121] Per le Marche abbiamo la prova del conflitto tra Ascoli e Fermo nella corrispondenza da Fermo in *L'Opinione* del 19 gennaio 1861. Le due province furono unificate probabilmente per consentire una più idonea definizione dei collegi; infatti la prima aveva 110 mila abitanti, la seconda 90 mila, e insieme davano una provincia con quattro collegi, senza resti in più o in meno. Per le nuove province si definivano anche le nuove divisioni amministrative del Regno. Minghetti mette un primo punto fermo al lavoro dei collegi il 5 dicembre. Lo stesso giorno concorda col Pepoli che l'Umbria avrà una sola provincia; il 13 il consiglio dei ministri decide che le Marche ne abbiano 4. Subito, il 14, da Fermo scrivono a *L'Opinione*, con evidente intento di limitare i danni della delibera. Il 17 dicembre, giorno in cui la tabella è pubblicata, il consiglio dei ministri prende l'ultima decisione, di darla in ordine alfabetico. Si veda ALDO BERSELLI, *Il Diario di Marco Minghetti*, in *Archivio Storico Italiano* a. CXIII, f. II, 1955, pp. 283-387, sotto tale data.

[122] La polemica sulle modalità di selezione dei parlamentari, resi dal ministero «docili arnesi d'imbroglio elettorale», fu per Cattaneo la base psicologica e politica al suo rifiuto di impegnarsi nella lotta parlamentare. Tale posizione è ricordata da A. CARACCIOLO, *Il Parlamento* cit., pp. 30-3. La lettera-corrispondenza di Cattaneo, apparsa su *Il Progresso*, è ora in *Epistolario* di C. CATTANEO cit., vol. III, pp. 247-49.

[123] *Il Diritto* del 22 gennaio 1861. Il giornale sosteneva che il governo aveva accettato l'opera delle deputazioni provinciali solo per la parte coincidente con i propri interessi, e l'intervento dello Stato Maggiore del Genio, cui secondo questa testimonianza era stato affidato solo il compito di dirimere le controversie irrisolte tra l'opera delle deputazioni e i pareri ministeriali, si era ridotto a trovare «sempre ragioni topografiche per dare ragione al governo». A prova delle accuse citava le modifiche introdotte nei collegi, rattazziani, di Alessandria e Pinerolo.

rali assumano «il carattere di famiglia elettorale, quindi stabilizzarsi, per impedire il successo di candidati intriganti».[124] La polemica sul Parlamento, sui suoi processi di formazione e selezione del ceto politico entra fin d'ora a vele spiegate nella lotta elettorale. Nella riflessione della democrazia garibaldina, cui *Il Diritto* dà voce, assume toni più acuti perché non risponde solo ad esigenze legate alla scadenza del voto, ma esprime la ricerca di una via, anzi di una scorciatoia, capace di provocare un corto circuito in quello scambio tra direzione cavouriana e pubblica opinione, un percorso lungo il quale, e da più lungo tempo, si sono cimentate le tendenze extraistituzionali del monarca. Questi toni arrivano a concepire la prerogativa regia come garanzia cui ricorrere per rimuovere un ministro la cui azione impedisce che «giunga alle sue [del re] orecchie la giusta e fedele espressione della pubblica opinione», manifestata dalla stampa e dal Parlamento. Dunque

«Qualora una consorteria riuscisse con subdole arti ad impossessarsi dei portafogli e si servisse del conquistato potere per imporre da un lato i suoi adepti ai collegi elettorali e per crearsi dall'altro lato devoti servitori nella stampa, la monarchia potrebbe lungamente aggirarsi in un circolo vizioso»,

che tuttavia potrebbe rompere, «per concorde volontà di re e di popolo», e impedire che i ministri disfacciano ciò che il Paese ha fatto. *Il Diritto* si spinge così molto più avanti rispetto al *Terzo partito* circa il ruolo della corona,[125] svelando intera la sua pochezza teorica. Su questo ben concreto terreno politico, poggia il mito della "monarchia rivoluzionaria": che l'opposizione di estrema sinistra, con ancora forti venature repubblicane, autoproclamandosi espressione della pubblica opinione, chiami il sovrano a esperire la sua prerogativa in nome di presunti interessi superiori della nazione e oltre le volontà delle maggioranze parlamentari, fino ad abbattere un ministro, è invero caratteristica

---

[124] Della necessità che le circoscrizioni elettorali fossero stabilmente definite parla *La Gazzetta del Popolo* che, ad evitare continui interventi sulla materia, proponeva di fissare fin d'ora i collegi per tutto il territorio nazionale, comprese Venezia e Roma: si veda l'articolo *Riforma delle leggi*, 9 novembre 1860. Il passo citato è invece nel numero del 21 dicembre 1860, *Circoscrizioni elettorali* di Borella. Anche *Il Diritto* insiste sulla centralità del problema e lo definisce il più bel tema che l'opposizione possa affrontare in relazione alle elezioni, aggiungendo «Si osservi che tutti i collegi che hanno mandato al Parlamento uomini liberi e indipendenti furono dal governo malignamente disformati e soppressi. L'opinione pubblica è offesa».

[125] *Il diritto del Re e del Popolo*, 1 gennaio 1861. Attribuirei lo scritto al Bargoni, dagli avversari considerato, per gli interventi su queste materie, il costituzionalista dei democratici. L'articolo si chiude con una forte denuncia delle manipolazioni ministeriali, onde se fossero continuate, negando la piena libertà del voto, «si propugnerebbe il diritto del popolo e del re».

tutta propria della nostra tradizione politica, almeno fino all'avvento dell'Italia repubblicana.

In realtà il lavoro di definizione dei collegi, certo indirizzato dal ministero con una qualche propria finalità – basterebbe ricordare i reiterati appelli a Farini per limitare il numero di quelli meridionali – era nelle mani del governo centrale, considerate truffaldine da *Il Diritto*, solo per gli antichi stati, poiché come per il Sud era stato affidato al Farini, che necessariamente doveva tener conto dei suggerimenti locali, così in Toscana a Ricasoli, cui Minghetti rivolgeva i suoi solleciti,[126] e per le altre regioni ai locali governatori, Pasolini per Milano e la Lombardia, Pepoli per l'Umbria, Lorenzo Valerio per le Marche.[127] Ma anche in questi casi sorgono problemi e necessità di ulteriori interventi che ritardano la conclusione dei lavori.[128] L'assenza di un punto di centralizzazione non soltanto rallenta la definitiva formulazione e approvazione della relativa tabella,[129] non solo crea indesiderate confusioni e sovrapposizioni, ma dà un senso di incertezza e di provvisorietà che certamente non può che alimentare le diffidenze e le accuse al governo, la sensazione di aver affrettato le

[126] *Carteggi di Bettino Ricasoli* cit., vol. XV, Minghetti a Ricasoli, Torino, 19 novembre 1860, chiede tabelle stampate dei collegi elettorali, ad evitare errori; «vorrei ai primi del mese di dicembre pubblicare la legge sulle circoscrizioni: così nel gennaio potrebbero aver luogo le elezioni.». Si veda anche la risposta di Ricasoli a Minghetti, Firenze, 21 novembre 1860: «Io ho eziandio consultato i nostri Consigli Compartimentali. Mi piace di fare lavorare molto queste Rappresentanze degli interessi locali; esse si educano alla nuova vita, e il Governo acquista nozioni che altrimenti non avrebbe. Intanto anco le autorità governative s'immedesimano agli interessi del Paese», p. 266.

[127] Il *Diario di Marco Minghetti* cit., documenta gli intensi rapporti minghettiani con questi interlocutori nella fase preparatoria delle circoscrizioni. Inoltre ci informa che Minghetti intorno al 13 novembre invia una circolare a Governatori e intendenti «in cui si dichiara che la media fissata [...] in 50 mila non implica la necessità di stare per ciascun collegio entro quella cifra. Similmente che rimane abrogato l'art. 62 della legge elettorale».

[128] A Vincenzo Salvagnoli, che gli scriveva il 24 novembre della «carta bislacca dei nuovi collegi elettorali» fatta dal Casamorata, Ricasoli lo stesso giorno rispondeva: «Non ti preoccupare del lavoro elettorale di Casamorata; e piuttosto che fare rimprovero a lui, vedasi la pochezza di mente di chi fa inopportuna censura [...] Quando venne da Torino l'assegno per Compartimento dei Deputati toscani, io decisi tosto di consultare i Consigli Compartimentali, come i soli giudici per indicare la naturale tendenza dei rapporti economici delle popolazioni; e quindi per dare una base ai giudizi di questi Consigli chiesi alla Statistica un progetto qualunque di circoscrizioni elettorali per Compartimento, che contenesse le indicazioni delle Comunità e delle popolazioni per Comunità. Pensai che questo avrebbe facilitato il lavoro dei Consigli. Il progetto fu dal Casamorata fatto in 24 ore, e la cosa fu poi elaborata e compiuta benissimo e prontamente e dai Consigli e dalle Prefetture [...] Se il Governo voleva far lui e da sé, non si sarebbe rivolto ai Consigli e alle Prefetture; volendo invece sapere da loro si limitò piuttosto a fare un quadro d'insieme del Compartimento, e una proposta di circoscrizione qualunque». V. *Carteggi di Bettino Ricasoli* cit., vol. XV, pp. 279-81.

[129] Ancora il 16 dicembre comunque Cavour sollecita Cassinis ad inviare con corriere i decreti su annessioni, circoscrizioni e scioglimento delle Camere con la sottoscrizione del Re: in *Liberazione del Mezzogiorno* cit., vol. IV, p. 81.

elezioni per fini particolari, senza tener conto, anzi pensando perfino di giovarsi di questa situazione. In realtà anche su questo terreno, in apparenza tecnico e neutro, si manifesta con vigore la contraddizione tra la via parlamentare scelta da Cavour, le inevitabili incertezze che essa comporta, e la necessità che invece si manifesti subito e in modo inequivoco un centro di governo in grado di ordinare e dirigere, specie nel Sud, la difficile transizione.[130] Le difficoltà incontrate nella compilazione delle liste non furono minori, tanto che Minghetti, per non complicare la già difficile situazione nella quale si andavano organizzando gli adempimenti pre elettorali, abrogò l'articolo 61 della legge, che prevedeva l'obbligo dell'invio agli elettori da parte dei sindaci del certificato di iscrizione nelle liste stesse.[131] Queste dovevano ordinarsi dalle giunte comunali che, al costituirsi delle amministrazioni, formula riferibile alle condizione delle nuove province, avviavano la procedura per registrare gli elettori, potendola compiere d'ufficio per coloro i cui requisiti erano noti, e per gli altri, chiamati con pubblico avviso emesso dalla giunta, su richiesta individuale, documentata con il possesso dei titoli all'iscrizione e avanzata entro il termine di quindici giorni. Le giunte comunque disponevano di venti giorni per questa incombenza e, una volta formulate le liste, dovevano esporle per tre giorni, mentre entro 5 rispondere agli eventuali ricorsi, esaminati dai Consigli o da Commissioni da essi incaricate. Qui l'*iter* si concludeva, ma solo per la prima elezione, ed era un'altra specificazione casistica che si riferiva alle nuove province; eventuali, ulteriori ricorsi avverso le deliberazioni dei Consigli comunali potevano essere rivolti alla Corti d'appello ad elezione avvenuta, e le eventuali rettifiche applicate per le future elezioni.[132] In Sicilia i termini procedurali furono abbreviati, mentre a Napoli e nelle province di terraferma, sebbene le giunte avessero avviato i lavori il 6 dicembre, si dovette andare ad una analoga decisione per non protrarre la data del voto,[133] a prova di un andamento in certo modo eccezionale nella

<hr />

[130] Per affrettare la definizione della tabella, Minghetti, appena assunto al Ministero dell'Interno, consiglia Farini a verificare la legge elettorale napoletana del 1848, fatta sulla base di un deputato per cinquantamila abitanti: cfr. *Liberazione del Mezzogiorno* cit., vol. III, p. 252.

[131] Si veda la nota 127. L'articolo citato da Minghetti si riferisce alla legge 680 del 17 marzo 1848, modificata con legge 3778 del 20 novembre 1859, nelle quali l'articolo 62 riguarda l'obbligo in questione. Nella legge del 17 dicembre 1860 invece è il 61, e il 62 è divenuto il primo del Titolo III, *Dei Collegi elettorali*. L'abrogazione va correlata alla necessità di semplificare obblighi e procedure, per non ritardare il voto o, a voto espresso, non dar luogo a contenziosi secondari.

[132] Si veda il *Titolo II*, gli articoli dal 19 al 30.

[133] Un appello del D'Afflitto a iscriversi alle liste elettorali, del 6 dicembre, è in *L'Opinione* del 2 gennaio e dice: «Oggi le Giunte elettorali di tutti i municipi di queste provincie meridionali cominciano a formare le liste degli elettori». Secondo Minghetti invece Farini pubblica il decreto che impone alle giunte di avviare le operazioni di legge il 9; il 21 lo stesso Farini auspica: «non sarà indugiata la compilazione definitiva delle liste elettorali» (in *Liberazione del Mezzogiorno*, vol. IV, cit., p. 75 e 132). Il 22 gennaio il

esecuzione delle procedure, adattate alle «necessità e alle circostanze», e di una normativa che senza dubbio lascia margini di discrezionalità all'azione delle autorità locali, specie nelle condizioni confuse e incerte in cui nel Sud si svolge la consultazione. Ma in mancanza di adeguata documentazione e di appositi esami poco può affermarsi positivamente.

Gli adempimenti procedurali seguono un proprio *iter* in certa misura affatto indipendente dalla selezione dei candidati, con la quale si introduce un piano più direttamente connesso alla lotta elettorale, rimettendo l'iniziativa nelle mani dei partiti, i quali cominciano ad attivarsi fin dal mese di dicembre. Ai *Comitati di Provvedimento*, che Bertani vagheggia trasformare in Comitati Elettorali locali della democrazia garibaldina prima ancora che deliberino di trasformarsi in associazione, Bellazzi invia a fine novembre una circolare con l'invito a «prepararci alla lotta elettorale».[134] Presso a poco nello stesso tempo la *Società Nazionale* comincia ad agire per la selezione delle candidature, definendo per i comitati locali quali debbano essere le caratteristiche degli eligendi.[135] Nell'Italia meridionale e in Sicilia l'agitazione elettorale ha un andamento quasi ininterrotto: prima lo scontro tra moderati e garibaldini sull'alternativa tra plebiscito e assemblea napoletana, poi lo svolgersi del plebiscito, infine l'incertezza sui tempi di scioglimento del Parlamento e di convocazione dei collegi elettorali,[136] insieme agli aspetti più generali della crisi politica che non sembra attenuarsi, alimentano un clima di permanente lotta di partiti che corrode lentamente, ma inesorabilmente la credibilità del governo.[137] Comunque anche qui tra la fine di novembre e gli inizi di dicembre la polemica assume più specifiche finalità elettorali, con il costituirsi di appositi comitati che fan capo alle diverse

Minghetti scrive al Nigra che non è possibile protrarre la data delle elezioni, ma i luogotenenti hanno facoltà «per modificare la legge elettorale e adattarla secondo le necessità e le circostanze», *ivi*, p. 242.

[134] Si vedano le circolari del 27 novembre e del 4 dicembre di Bellazzi ai *Comitati di Provvedimento* in le *Circolari alla Associazione dei Comitati di Provvedimento Preside Garibaldi. Comitato Centrale di Genova. Dal 2 ottobre al 30 giugno*, Genova, Lavagnino, [1861], pp. 15 e 19.

[135] Cfr. R. GREW, *A Sterner Plan for Italian Unity* cit., pp. 393-96.

[136] *Il Popolo d'Italia* del 25 novembre ipotizza le elezioni per dicembre, non so bene su quale base, mentre in un articolo di commento politico apparso il 20 e 21 di quel mese, *Ove siamo?*, osserva che mentre la situazione si complica sul piano internazionale su quello interno «Tutto è provvisorio, anche nelle antiche provincie della monarchia, tanto più nelle nuove», e aspettando le istituzioni che darà il nuovo parlamento, mancano «le più necessarie misure che valgano a medicare i più madornali sconci».

[137] Si veda la lettera del Nisco a Ricasoli, datata novembre 1860, ma forse successiva, ove si dice delle difficoltà generali di governo a Napoli, e si rileva che «L'essersi prolungato tanto il convocare i collegi elettorali ha fatto conquistare il campo a quei che per diversi propositi concordano a voler caduto questo presente», rafforzando l'idea di uno stato di provvisorietà, dal quale non si intravvedeva l'uscita: in *Carteggi di Bettino Ricasoli*, vol. XV, p. 278-79.

forze politiche in campo e che appaiono innanzitutto impegnati a definire le candidature elettorali.[138] Lo stesso avviene nelle aree centrali come la Toscana, dove all'opera della *Società Nazionale* si affianca, ma a volte si contrappone, il gruppo dei fedeli di Ricasoli, e nella Lombardia, dove Pasolini appare l'interlocutore privilegiato del governo e dell'amico Minghetti, che come ministro dell'interno deve seguire l'insieme delle operazioni, e viene regolarmente informato e aggiornato su ogni aspetto della vicenda relativa alla formazione di candidati e di comitati elettorali.[139]

Insomma, come per gli aspetti procedurali, anche per quelli politici, nella vicenda elettorale emergono le divisioni, prodotte da cause profonde, dalle difficoltà di dirigere da un centro unico, e sia pure il centro governativo, tutto il Paese, corrodendo quel clima di generale entusiasmo che Cavour aveva saputo alimentare nella discussione parlamentare di ottobre. La politica in vario modo registra queste difficoltà, attraverso la comparsa ufficiale del Terzo Partito, la presenza di una componente democratica di cui è difficile prevedere la consistenza, le divisioni interne cui soggiace ormai la *Società Nazionale*, la crescita del peso dei localismi, elementi che rivelano la crisi dei vecchi equilibri. Siamo al punto di origine di un mutamento profondo dei partiti che maturerà nel corso della legislatura, trovando nella morte del "gran conte" un fatale motivo di accelerazione.[140] Al momento questo dato evolutivo rende ancor più incerti i prossimi scenari, mentre la somma delle varianti politico-procedurali che entrano in gioco complica la ricostruzione di un quadro d'insieme del confronto elettorale. Bisogna allora pensare, volgendo l'occhio a questo appuntamento,

[138] Della lotta elettorale a Napoli e Sicilia dirò più ampiamente nel capitolo VI. Per ora rimando alla pubblicazione del programma del *Circolo Elettorale Unitario*, apparso su *Il Popolo d'Italia* dell'11 dicembre e la risposta de *Il Nazionale* del 14. Col primo articolo polemizzò anche *La Perseveranza* del 19 dicembre.

[139] Si veda il *Carteggio tra Marco Minghetti e Giuseppe Pasolini*, per cura di GUIDO PASOLINI, Torino, Fratelli Bocca, 1929, vol. III.

[140] La crisi dei partiti che emerge nel primo Parlamento italiano è colta con acutezza da RUGGIERO BONGHI, *I partiti politici nel Parlamento Italiano*, ora in *Programmi politici e partiti* cit., pp. 13-80. È anche questa analisi, che evidenzia la crisi originaria del sistema dei partiti in Italia, a suggerire una particolare attenzione al punto di vista proposto da LUIGI MUSELLA, *Individui, amici, clienti, Relazioni personali e circuiti politici in Italia meridionale tra Otto e Novecento*, Bologna, Il Mulino, 1994, ove l'indagine sui partiti si sposta dalla categoria di «aggregati sovraindividuali», alla massa di istanze individuali di cui divengono veicoli. Un modello estensibile oltre l'ambito geografico-cronologico preso in esame è anche quello di PERCY A. ALLUM, *Potere e società a Napoli nel dopoguerra*, Torino, Einaudi, 1975. Ma le "particolarità" del caso meridionale o italiano non vanno enfatizzate. I rapporti di potere impliciti nei sistemi di relazione che partono dagli individui, naturalmente non "qualunque" individuo, valgono, come dimostra nella fattispecie la lotta elettorale del 1861, per Napoli e per Torino, come per l'Inghilterra del secolo scorso, e costituiscono l'intelaiatura di base della tradizione "politica", che i procedimenti formativi della moderna rappresentanza non sempre, anzi non spesso scalfiscono.

che la tattica ritardatrice messa in atto da Rattazzi e dal re non risponde all'assenza di una vera alternativa alla linea di Cavour, ma a una scelta per logorare la maggioranza, dimostratasi tanto inattaccabile e solida a conclusione del dibattito parlamentare, quanto indebolita e incerta sarebbe uscita dal responso dell'urna.

Per comprendere bene questo aspetto bisogna tornare ai temi posti al centro della lotta elettorale, anzi di quella che possiamo chiamare una autentica campagna[141] condotta in nome della contrapposizione tra i "due programmi", quello di Cavour e quello di Garibaldi, e della necessità di una conciliazione tra essi in nome del superiore interesse della patria italiana, dove, ovviamente, la parte cavouriana è presentata come sostenitrice intransigente della divisione e della distinzione. Questa agitazione fa emergere di più alcuni temi, ad esempio quello del governo delle regioni meridionali e della loro reale integrazione nel corpo dello Stato, altri ne attenua, e tra questi il più grande, quello della riforma amministrativa, il conflitto tra centralizzazione e autonomie che, quando si presentò, rimase piuttosto confuso in una polemica di personalità, annacquato dalla comune dichiarazione di fede nel valore e nella funzione delle autonomie locali e nella comune istanza di unificare un Paese fin allora diviso. L'incerta collocazione dei rattazziani tra Cavour e Garibaldi è dovuta in parte alla scelta tattica di presentare il partito in modo rassicurante e allo stesso tempo a confondere la componente cavouriana circa le proprie intenzioni, in parte dalle divisioni interne al gruppo,[142] ma mentre a sinistra cresce ora una tendenza nettamente alternativa sul terreno politico-sociale, la collaborazione tra centro destro e centro sinistro, cioé tra quelle forze che più facilmente possono ritrovare un tessuto solidale come nucleo dirigente formatosi intorno alla monarchia e allo stato sabaudo, veniva facilmente percepita da una parte rilevante del Paese, in particolare nelle antiche province, come garanzia di stabilità del sistema. I settori cavouriani intesero la fondatezza di questa posizione, e cercarono

---

[141] Su questo concetto ha di recente posto l'attenzione SERGE NOIRET, *Le campagne elettorali nell'Italia liberale: dai comitati ai partiti*, in *Idee di rappresentanza e sistemi elettorali in Italia tra Otto e Novecento*, a cura di P. L. BALLINI, Venezia, Istituto Veneto di Scienze, Lettere ed Arti, 1997, pp. 383-454. La ricerca resta nella prospettiva della transizione di fine secolo, ma si presenta anche come un'utile puntualizzazione delle problematiche.

[142] La rubrica *Sacco Nero*, in *La Gazzetta del Popolo* del 15 dicembre riporta una nota da *L'Osservatore Pavese* che dà conto dell'intenzione di «alcuni della antica sinistra [...] uniti sotto la bandiera del *Diritto*», di fondare un nuovo organo del gruppo, e presenta la decisione come ulteriore prova delle divisioni al suo interno tra «il montagnardo» Brofferio e Asproni, una seconda tendenza con Rattazzi, Sineo, Sanna e Mellana, un terzo «brano» con Depretis e un quarto con Valerio. L'auspicio era che le sparse membra si unissero per costituire una più forte maggioranza in grado di scalzare Cavour. Invece il 6 gennaio *Il Movimento* parla della linea politica della *Monarchia Nazionale* come quella di chi dice «Noi canteremo lo stesso motivo [del ministero], ma lo canteremo meglio».

di introdurvi elementi di chiarificazione, fino a proporre la ricostituzione di una grande area liberale nella quale i rattazziani convergessero come specifica tendenza,[143] secondo una scelta da questi praticata nelle elezioni del 1860. Adesso erano i cavouriani ad agitare il ramoscello d'olivo, anche se era evidente che nella ricerca delle convergenze v'era qualcosa di strumentale che le toglieva credibilità: se infatti il cuore della linea cavouriana era nel tentativo di dar vita ad un partito conservatore, secondo il disegno di chiudere la via alla rivoluzione, onde il conflitto con il Farini a Napoli, la cui condotta sembrava condiscendere troppo verso l'elemento garibaldino,[144] come era immaginabile, se non nel senso di pura propaganda «per le elezioni» un simile richiamo ai rattazziani, impegnati sul versante opposto a trovare un collegamento coll'elemento radicale e garibaldino?[145] Questi risposero sullo stesso terreno, con una tattica dilatoria che lasciò incerta fino all'ultimo la loro collocazione su due questioni centrali, intorno alle quali si sarebbe dovuta ricostruire l'unità d'azione dei settori liberali: la prima relativa alla possibilità, rimasta aperta fino agli ultimi giorni del 1860, che Rattazzi si rendesse a Napoli luogotenente col principe Eugenio;[146] la seconda riguarda la costituzione di un *Comitato Centrale elettorale* per le antiche province con il compito di definire la lista comune dei candidati per i collegi interessati. Il tentativo fu fatto fallire solo dopo una lunga e snervante trattativa, tanto da creare in Minghetti uno scatto d'impazienza e

[143] «Nella lotta dei partiti per le elezioni, coloro i quali di per sé non rappresentano alcun principio ovvero uno ne rappresentano che sanno respinto da' popoli, si veggon costretti a ricoverar sotto le ali di qualche gran nome popolare». Così *L'Opinione* del 5 gennaio, che prosegue chiarendo come una simile legittimazione sia «merce di contrabbando», utile oggi, ma ingombrante domani una volta conquistato il potere. Valutazione che anche Cavour esprime in quei giorni in una lettera al Vimercati del 16 gennaio: cfr. *Carteggi di Camillo Cavour. La questione romana negli anni 1860-1861*, Bologna, Zanichelli, 1961, vol. I, pp. 199-200.

[144] Cavour il 29 novembre scrive a Farini e gli chiede di dire francamente le ragioni politiche di quel che a lui apparivano incomprensibili tentennamenti, disposto a discuterne. Farini rispondeva il 3 dicembre in termini inequivoci «Ho detto al Re che se egli potesse mostrarsi fautore degli uomini e del sistema della agitazione continua, io farei opposizione al suo Governo: gli ho detto essere opinione mia che ora il suo Governo debba appoggiarsi più a dritta che a sinistra. Questo ho detto al Re, e questo, dacché mi interrogate, dico a voi» (in *Liberazione del Mezzogiorno*, voll. III e IV, pp. 397-99 e 10-12). Sui contrasti tra Cavour e Farini per Napoli cfr. E. PASSERIN D'ENTRÈVES, *L'ultima battaglia* cit., pp. 119-37.

[145] Bisogna considerare sempre il ruolo del re, valutare questa logica riallocazione delle diverse forze alla luce del rapporto speciale, non in tutto limpido o basato sulla reciproca, affettuosa amicizia con Garibaldi dipinta da certa agiografia, ma più concreto e duro, accennato dal re a Cavour, cogli uomini della sinistra «che ho creduto di dovere adoprare per il passato per la causa comune»: in *Le lettere di Vittorio Emanuele II*, raccolte da F. COGNASSO cit., vol. I, p. 663.

[146] Secondo il Minghetti, *Diario* cit., p 294, fu il principe Eugenio a rifiutare Rattazzi per Napoli.

qualche sospetto che investì anche l'incolpevole Boncompagni,[147] come nel 1860 presidente della *Unione Liberale* e portavoce dei settori centristi, impegnati alacremente anche questa volta nel tentativo di ricompattare il fronte liberale.[148] Presso di lui infatti si incontrarono più volte per questo intento «alcuni deputati ed uomini politici». A seguito di un primo incontro, tenuto il 22 dicembre, egli era stato

«incaricato di dettare un programma tale che potesse essere accettato da tutti coloro che volessero l'Italia indipendente e libera, una, sotto la monarchia di Savoia».[149]

L'accordo trovato sul programma non evitò la rottura, che certo qualcuno cercò e si delineò sulla questione se «fosse opportuno o no affrontare i contrasti a cui esso [programma] avrebbe potuto dare occasione». In altri termini si chiedeva una definizione più chiara dei punti controversi, ma era un modo di boicottare di fatto l'accordo, poiché, osservò il Boncompagni che si pronunciò contro questa procedura da cui sarebbero emerse in modo chiaro le divergenze, così si sarebbero divisi, non uniti i liberali. Si deve ritenere perciò che furono i due interlocutori del *Terzo partito* presenti, Rattazzi e Depretis, a preferire il metodo opposto,[150] proponendo a posizioni ribaltate, la stessa alternativa del

[147] «Conferenza con Boncompagni circa il suo programma e i suoi soci Rattazzi e Depretis. Qui est ce donc qui me trompe ici», annotava alla data del 2 gennaio il Minghetti nel suo diario, cfr. *Diario* cit., p. 295. In precedenza, il 21 dicembre, Minghetti aveva dato incarico a Torelli «di scrivere un opuscolo sulle prossime elezioni», *ivi*, p. 292.

[148] R. ROMEO, *Cavour* cit., p. 886 intende male la posizione del Boncompagni, che non condivise menomamente le posizioni rattazziane, e anche negli anni successivi si schierò sulle posizioni della Destra e non del *terzo partito*: cfr. NARCISO NADA, *Carlo Boncompagni di Mombello*, in *Il Parlamento nella storia d'Italia*, Milano, Nuova CEI, 1988, vol. I, pp.274-75. Il primo incontro tra i protagonisti della trattativa, si svolse il 22 dicembre in casa Boncompagni ove convennero Carlo Michele Buscalione per la *Società Nazionale*, e Rattazzi: cfr. R. GREW, *A Sterner Plan* cit., p. 393 nota, che però si limita a segnalare la richiesta del Vegezzi Ruscalla al Buscalione di avere informazioni sugli incontri. In questa richiesta, che porta la data del 30 dicembre 1860, si specifica che l'ultima riunione si era tenuta «stamattina alle 10» e in essa «doveva leggersi il programma», a conferma di quanto dice Boncompagni circa la fase avanzata raggiunta dalla trattativa, MCRR, 718, 82, 4, Vegezzi Ruscalla a Lorenzo Festi, 30 dicembre 1860.

[149] *L'Unità d'Italia e le elezioni, del cavaliere* CARLO BON COMPAGNI *già deputato al Parlamento*, Torino, Unione Tipografica Editrice, l861. La *Prefazione* accenna rapidamente all'andamento della trattativa, segue un appello *Agli Elettori* sottoscritto da Bon Compagni, ma con evidenza il testo preparato per l'accordo, cui succedono le sue ampie considerazioni sulla situazione politica delle quali la parte su Garibaldi fu pubblicato da *L'Opinione* del 17 gennaio 1861.

[150] *L'Unità d'Italia e le elezioni* cit., p. 3. *Il Movimento* del 3 gennaio riprende da *La Perseveranza* la notizia della prossima comparsa di un programma per le elezioni, sotto-

1860, ma con una più aperta propensione dei rattazziani a separarsi dalla maggioranza. Insomma le condizioni della immancabile rottura, che sempre *Il Movimento* ci segnala essere intervenuta il 9 gennaio, erano già maturate quando i due esponenti del *Terzo partito* si rifiutarono di firmare il programma ormai «formulato».[151] Questo muove da alcune affermazioni di carattere generale, quali la necessità dell'unità dei liberali «per provvedere alle emergenze della cosa pubblica», nonché l'adesione al regno costituzionale di Vittorio Emanuele, allo Statuto e alle libertà civili, politiche e religiose che ne scaturivano. Inoltre, sempre sul piano generale, si afferma l'impegno prioritario del governo e del Parlamento a dare impulso alla politica nazionale e rimuovere gli ostacoli alla liberazione del Veneto. Con queste finalità si pensa di promuovere un organismo transitorio per orientare e concentrare il voto degli elettori, cooperando all'elezione di un Parlamento che propugni i diritti della nazione. Tuttavia si definiscono alcuni punti specifici, di cui il primo prevede l'impegno a

«adoperare tutti i modi consentanei allo Statuto affinché Parlamento e governo compiano l'opera delle annessioni, con assimilare l'antico e nuovo territorio dello Stato nell'unità di tale ordinamento governativo e amministrativo, che assicuri a tutto il regno la larghezza delle libertà provinciali e comunali; e che distribuiscano equamente le gravezze, cosicché ogni cittadino concorra in proporzione delle sue facoltà agli sforzi che le condizioni presenti richiedono».[152]

La complicata stesura svela lo spessore problematico e le ambiguità interpretative di un tema la cui formulazione comunque non poteva eludersi, anche se, come provano le indiscrezioni sul dibattito della commissione del Consiglio di stato per il decentramento amministrativo, la maggioranza cavouriana vi si mostrava ipersensibile anche perché da lì stavano venendole notevoli difficoltà.[153] Nella logica delle priorità, subito dopo l'ordinamento del regno si

scritto da Tecchio, Boncompagni, Rattazzi ed altri «Questo programma propugna idee schiettamente liberali, dice doversi incitare il governo ad affrettare gli armamenti e fa appello agli uomini la cui professione di fede politica si fonda sulla monarchia e l'unità nazionale». Il foglio genovese, nettamente rattazziano, sembra dare avallo, sulla base di una lettura di parte, all'accordo.

[151] *Il Movimento* del 9 gennaio.

[152] *L'Unità d'Italia e le elezioni* cit., p. 5.

[153] Il 28 novembre 1860 Minghetti presentò alla Commissione legislativa del Consiglio di Stato la nota sull'ordinamento amministrativo, apparsa il 2 dicembre sulla *Gazzetta Ufficiale*. Cavour – *Liberazione del mezzogiorno* cit., vol. IV, a Cassinis, 3 dicembre 1860 – scriveva che «Il progetto Minghetti è favorevolmente accolto», p. 10. La discussione successiva invece avrebbe evidenziato le difficoltà cui la proposta andava incontro, come ci testimonia lo stesso Minghetti nel suo *Diario* cit., p. 296, il 6 gennaio: «Conferenza colla sotto-commissione del Consiglio di Stato. Oppongo i miei pensieri –

imponeva il tema del suo rafforzamento militare, nel quale entrava in gioco la questione dei volontari, cui era dedicato uno specifico capitolo, che impegnava i parlamentari eletti ad incoraggiare i «generosi che accorreranno volontari sotto il nostro vessillo ed accresceranno il numero di coloro che emularono [...] la gloria dell'esercito regolare coll'eroico valore e disciplinatezza». Altro punto, in vista della «costanza e alacrità» del governo nello svolgimento della «politica italiana», prevede la costituzione di una futura maggioranza parlamentare per rafforzare i poteri costituzionali del governo e procedere nell'azione «audace e prudente» contro i nemici d'Italia. Infine, posta nell'indipendenza l'«interesse supremo» della nazione, un dovere a realizzare il quale ogni sacrificio doveva considerarsi inadeguato, si auspicava la cessazione dei dissidi su ogni questione secondaria e di persone, e l'ovvio riferimento era al contrasto tra Cavour e Rattazzi.[154]

Il tentativo del Boncompagni rilanciava il ruolo dell'*Unione liberale* come anello di saldatura tra centro destro e centro sinistro; inoltre per capire quanto innanzi si fosse spinta l'apertura di credito verso la componenete rattazziana, va notato che il suo stesso autore, di fronte alle indiscrezioni della stampa francese, sentì il bisogno di precisare che il programma «non era di opposizione, ma di unione tra tutti i costituzionali». Sorge allora ancor più viva la domanda: perché un programma con tante concessioni alle ragioni del *Terzo partito* fu proprio da questo rifiutato? Il fatto è che la stampa, certo con maggior enfasi quella più vicina ai rattazziani, registra proprio in questi giorni il percettibile mutamento dell'opinione pubblica, che non sembra più così unanimemente schierata sulle posizioni cavouriane, fornendoci anche l'occasione di cogliere la vasta rete di appoggi nel giornalismo locale di cui i rattazziani disponevano, specie nelle antiche province.[155] Il 3 gennaio infatti *Il Movimento*, in una breve nota sui lavori ministeriali, o meglio sul «grande affaccendarsi» del ministero per preparare la lista dei suoi candidati, osservava

«È difficile il presagire l'esito della lotta elettorale, ma è certo che in tutti i modi il Ministero non può sperare una grande maggioranza».

Anche *Il Diritto*, in varie occasioni ferocissimo verso il ministero promotore di ogni sorta d'intrighi per vincere le elezioni, sente circolare un clima nuovo, e mostra un imprevisto ottimismo per il prossimo risultato. Gli scacchi subiti dal

sulla Regione – sulla definizione dei Comuni in più classi – sulla indipendenza della Provincia dal Prefetto – Essi mantengono le loro opinioni».

[154] *L'Unità d'Italia e le elezioni*, cit., pp. 5-6.

[155] Oltre *La Monarchia Nazionale* i rattazziani dispongono de *Il Movimento*, dell'*Avvisatore Alessandrino*, de *Il Tempo* di Casale, de *Il Cittadino* di Asti, e di consistenti appoggi ne *Il Diritto*, del quale Mauro Macchi ha la direzione.

governo ultimamente a Napoli e a Palermo hanno rianimato gli spiriti sull'esito non scontato del prossimo voto.[156] Si torna così alle ragioni politiche per spiegare il rifiuto dei rattazziani a sottoscrivere l'accordo con la maggioranza, rifiuto che, come si è visto, si precisa intorna alla prima decade di gennaio. La sconfitta che la linea cavouriana ha subìto nell'approccio al problema del Mezzogiorno, di cui sono espressione le dimissioni di Farini, i successi ottenuti invece dai rattazziani nel movimento elettorale con accordi importanti sottoscritti nel sud e in Lombardia, l'ostilità incontrata in Sicilia dagli inviati di Cavour, i quali, e specialmente il La Farina, avevano pur preso alcune decisioni importanti ai fini del buon andamento del voto, ma avevano favorito una saldatura tra forze autonomiste e sinistra,[157] fanno crescere un malessere che l'opposizione pensa di poter pienamente capitalizzare, e quindi può aspirare a mantenersi più libera per una futura occasione, restando distinta dai cavouriani. Inoltre la collaborazione chiesta dal governo al *Terzo partito* nella persona del suo capo, perché assumesse la luogotenenza a Napoli, per quanto potesse essere manovra per metterne realmente alla prova le proclamate istanze collaborative o per dimostrarlo incapace a governare, tuttavia poneva Rattazzi in prima linea e in una posizione eminente tra i possibili uomini di governo, come lo stesso Cavour era costretto a notare.[158] Proprio perciò anche su questo terreno l'avvocato alessandrino non poteva cadere nella rete tiratagli dal conte, salvo richiedere un prezzo inesigibile. Spiegava infatti *Il Movimento* di Genova che Rattazzi aveva respinto la proposta per ragioni di ordine politico, riferite ai segni di debolezza del ministero per la posizione difficile in cui si era venuta a trovare il Minghetti, e il riferimento era chiaramente ai problemi sorti nella discussione del progetto regionalista, nonché ai successi ottenuti dall'opposizione garibaldina che voleva a tutti i costi la guerra all'Austria,[159] mentre la linea del gabinetto rappresentava l'alleanza francese ostile a tale ipotesi. In tali condizioni, stando a «certe dicerie»,

---

[156] *Il Diritto* del 22 gennaio 1861, in una nota sullo scontro elettorale nel collegio di Milano.

[157] *Il Diritto* del 7 gennaio 1861 attacca il governo per la sua politica in Sicilia e dà notizia che «In Palermo il partito democratico e ostile ai cavouristi si è organizzato» dal 20 dicembre. Il 13, riprendendo *Il Popolo d'Italia*, parla della «fusione fraterna» delle opposizioni in vista delle elezioni.

[158] Cavour a Cassinis, 14 dicembre 1860, in *Liberazione del Mezzogiorno* cit., vol. IV, pp. 69-70. Le contraddizioni di questo dispaccio cavouriano insospettiscono circa il carattere di manovra che, almeno in una certa fase, poteva aver assunto la proposta. Infatti anche ammettendo che il conte fosse disposto ad accettare il trionfo di Rattazzi per il bene dell'Italia, se in lui vedeva l'espressione di un pericoloso sistema di governo non si capisce quale bene avrebbe davvero rappresentato; lascia poi sconcertati la singolare affermazione che, nell'alternativa se andare lui o inviare il suo avversario a Napoli, lui avesse «tutto a perdere e nulla a guadagnare» da tale scelta, mentre non si spiega come questa valutazione non avesse a valere pel Rattazzi.

[159] *Il Movimento* del 17 gennaio riporta un passo di un fondo de *La Monarchia Nazionale* «di ieri» sul problema della guerra. Vi si dice che la guerra non dipende solo da

il Rattazzi non era andato col principe di Carignano in modo che il re avesse disponibile un «uomo di Stato» in caso «il capo dell'attual gabinetto dovesse ritirarsi». La previsione catastrofica era esagerata: intanto in quei giorni, sempre la stampa fa correre la singolare notizia dell'intenzione del re, di costituire presso di sé chiamandovi Farini o altri, forse lo stesso Rattazzi, una segreteria politica, idea veramente singolare dal punto di vista costituzionale.[160] Rattazzi incassava da varie parti il riconoscimento di essere l'uomo più vicino al re e l'unico "uomo di stato" in grado di subentrare a Cavour, divenendo la sua personalità sempre più alternativa al conte. Alla cui politica il giornale genovese dà l'ultima stoccata, presentando il deputato alessandrino compartecipe di dubbi e preoccupazioni che nell'opinione pubblica suscita la situazione meridionale concludendo che, oltre alle altre ragioni, la mancata partenza per Napoli era anche dovuta al fatto che

«il sig. Rattazzi avrebbe voluto ottenere carta bianca dal governo delle provincie napolitane»,[161]

noi, modo invero brillante per non dire se «noi» la vogliamo, ma importante è che il governo armi. Il giornale genovese commenta: non importa se questa posizione sia «uno stratagemma del partito che aspira ad assumere le redini del governo», ma esprime «il voto della nazione».

[160] La notizia, che resta avvolta nel mistero e di cui nulla fino ad ora si conosce di altro, oltre ciò che si ricava dalla stampa coeva, viene data da *Il Movimento* l'8 gennaio, ripresa da *L'Espero*, giornale di tendenza rattazziana che, forse con involontaria ironia, dice il re lamentarsi perché il suo gabinetto si occupa solo del suo patrimonio. *La Gazzetta di Milano* dà seguito alla notizia, di qui ripresa da *La Gazzetta del Popolo* di Torino dell'11 gennaio in un articolo col titolo significativo *Quanti Ministeri?*, ove la creazione di questo «ufficio d'importanza politica» si mette in relazione «alla benevolenza speciale» del re per Rattazzi, e a un lungo colloquio tra loro. Il giornale torinese si dichiara nettamente contrario all'ipotesi e auspica che essa si riveli una «enorme supposizione», tanto impossibile appare l'idea, in termini politici e costituzionali, di costituire «un governo nel governo», e un «potere incostituzionale». *L'Opinione* il giorno dopo annuncia che il re chiama Farini presso la sua segreteria personale in compenso alle dure fatiche di Napoli, e fa risalire a ciò le voci di una segreteria politica particolare del sovrano. Il 14 *Il Movimento* giudica non esatta la notizia del giornale cavouriano, ma aggiunge che l'atto era da molti ritenuto incostituzionale. In altra corrispondenza da Torino, il 18, torna a polemizzare, ma con cautela, col foglio torinese, osservando che questo non aveva risposto, dunque aveva ragione lui nell'aver messo in dubbio la nomina. «Però può darsi che anche *L'Opinione* non avesse torto» aggiunge in modo sibillino, e conclude che la cosa non ebbe seguito per una sollevazione della pubblica opinione, onde Farini ora è solo storiografo di corte. L'unico, imbarazzante consenso, una simile ipotesi lo ottenne solo da *L'Armonia*, nel numero del 15 gennaio 1861, nell'articolo *Il Gabinetto del re*.

[161] Cfr. *Il Movimento* dell'8 gennaio 1861, l'articolo *Il Gabinetto di Torino*. Il cenno alle difficoltà di Minghetti nel gabinetto allude alla ripresa della discussione, avvenuta in quei giorni sulla proposta di decentramento regionale. Va notata la consequenzialità, casuale o forse no, tra il servizio che annuncia il rifiuto di Rattazzi di andare a Napoli e quello relativo alla mancata firma del programma elettorale unitario, apparso sullo stesso giornale il 9.

ed era proprio una cosa impossibile, poiché, come osservò *L'Opinione*, allora tanto sarebbe valso lasciar in vita il governo dittatorio di Garibaldi.[162]

Tra polemiche giornalistiche, schermaglie politiche, tattiche dilatorie e così via la campagna comunque non s'era interrotta nella sua parte per così dire ancora in ombra, che era poi quella della formazione delle liste dei candidati. Infatti fino ad allora era stata necessaria una certa cautela nel renderle pubbliche, giacché tutti sapevano bene che, sottoscritto un documento comune, occorreva poi accordarsi sui nomi da presentare nei collegi, almeno per le regioni centro settentrionali, se non in tutto il Paese.[163] I giornali, specie i grandi, fino ad allora avevano dato un contributo fondamentale allo scontro elettorale polemizzando sulle questioni generali, a volte anche sui principi, come amavano fare *Il Diritto* e *L'Opinione*, la cui collocazione di partito era molto netta, e ciascuno a suo modo segnalò la delicata fase di passaggio. Il primo insiste infatti sulla necessità di rimettere al centro della polemica elettorale il problema politico della lotta contro un ministero che si contrappone alla nazione, mentre fino allora si era data prevalente attenzione ai collegi e ai nomi dei candidati; ciò diviene tanto più opportuno giacché la stampa governativa va cantando un unanime coro di lodi al ministero.[164] Il discorso era diretto ai comitati elettorali formatisi localmente affinché, essendo ormai tramontata ogni ipotesi di accordo tra i partiti, si rendessero più nitide a livello degli elettori, le scelte dei diversi candidati. Il fallito accordo coi rattazziani fa nascere anche nel centro e nelle altre forze che si richiamano alla direzione cavouriana una preoccupazione analoga e *L'Opinione* si volge a screditare chi, in nome di Garibaldi, costruisce la propria identità su un culto comune adombrato nel motto *Italia e Vittorio Emanuele*, senza precisare la propria proposta di governo. Ciò porta il giornale ad assumere toni più aggressivi verso gli ambigui comportamenti del *Terzo Partito*.[165] Ma intanto non può non prendere atto che il fallimento dell'accordo innesca una tendenza alla frammentazione localistica del confronto elettorale, fenomeno in sé non negativo e, se non fossero prevalse le istanze municipalistiche, un segno della maturità dell'elettore e del rinsaldarsi di un sano legame tra candidato e collegio. Ma, soggiungeva, sollevando il problema organizzativo,

[162] Si veda *L'Opinione* del 12 gennaio, il fondo *Cose di Napoli,* e la polemica con *La Monarchia Nazionale* nel numero successivo.

[163] Questo aspetto, ovviamente, essendosi la trattativa interrotta prima, rimase in penombra.

[164] Si veda *Il Diritto* del 16 gennaio, l'articolo *La politica del Ministero e la politica della Nazione*, e il giorno successivo le notizie elettorali nella rubrica *Diario Interno*.

[165] Cfr. *Le elezioni*, in *L'Opinione* dell'11 gennaio 1861. L'articolo esamina le forze in campo, e conclude un ragionamento sviluppato nell'intervento del 5, già citato, e del 7 gennaio, intitolato *Il programma di Garibaldi*, ove si considerano le istanze nazionali poste dal Generale, su cui c'è accordo, cosa ben diversa da un programma per governare il paese.

«Se l'opera di un comitato centrale non avrebbe potuto recare un gran giova-mento, la istituzione di comitati locali gioverebbe d'assai a riunire e conciliare gli animi»,[166]

dando in ciò il buon esempio perché negli ultimi dieci giorni la testata concen-trò il suo impegno elettorale soprattutto nell'informazione sulla situazione di alcuni collegi e sui programmi-manifesti avanzati da alcuni candidati. Ma pro-prio il ragionamento de *L'Opinione* mostra fino a qual punto fossero sottovalu-tate le conseguenze del fallito tentativo di dar vita a un grande raggruppamento liberale, sia pur costituito entro i limiti dell'Italia centro settentrionale. Perché il ritorno al localismo in queste condizioni aveva due valenze: quella positiva, cui accennava il foglio torinese, di una valorizzazione delle energie locali; ma una corrosiva che cristallizzava la presenza dei partiti a livello locale con conse-guenze variamente negative: la prima era quella di porre un freno ideologico al-la crisi di trasformazione attraversata dai partiti; la seconda era nei caratteri particolari di questo ripiegamento sul localismo, inteso come conferma dell'in-sanabilità delle fratture e dei confini degli schieramenti ereditati dall'Italia pre-unitaria. Infine l'impossibilità di affidare a un chiaro quadro delle forze politi-che la rappresentanza delle molteplici spinte prodotte da un voto esteso in mi-sura rilevante in aree toccate troppo di recente dal moto nazionale e dove la ri-voluzione, pur accelerando enormemente i processi di maturazione, non sempre, né allo stesso modo aveva favorito il radicamento di forme di aggregazione mo-derne, orientate alla creazione di un modello nazionale, lasciava poi ampi spazi di sopravvivenza a tendenze locali, centrifughe rispetto allo sforzo unificante che pure la posizione cavouriana sollecitava.[167] Diviene allora inquietante regi-strare che l'unico potere in grado di dare unità ad un quadro così frastagliato

[166] Cfr. *L'Opinione* del 16 gennaio 1860, *Le elezioni*. Il giornale dava poi concrete in-dicazioni su come superare con l'opera dei comitati locali le più evidenti lacune di un'a-zione disgregante e, come presa d'atto della tendenza dominante, cominciò a dar conto nella sua *Cronaca elettorale*, di programmi e candidati di singoli collegi, con particolare ri-ferimento a quelli piemontesi.

[167] Il tema meriterebbe una riflessione più storicamente rigorosa delle pur intelligenti divagazioni di RAFFAELE ROMANELLI, *Le radici storiche del localismo italiano*, in *Il Mulino*, 1991, 4, nelle quali mi pare di cogliere l'avvio di una fase nuova della riflessione dell'auto-re sul tema locale-nazionale, poi maturata nel saggio *Centralismo e autonomie*, in *Storia dello Stato italiano*, a cura dello stesso, Roma, Donzelli, 1995, e dove tuttavia l'amplifica-zione delle positività del localismo confonde problemi nettamente diversi, il ruolo di un centro politico morale che dia unità e uno stile al Paese esprimendo un modello nazionale egemonico, e il centralismo all'italiana nel quale, come è stato impeccabilmente detto, «di fronte all'assenza di egemonia assoluta di un gruppo dirigente pur all'interno di una classe sostanzialmente omogenea [...] gli interessi confliggono in famiglia» (P. CALANDRA, *Storia dell'amministrazione* cit, p. 6), in una dimensione inevitabilmente provinciale, che si difen-de solo entro i confini dell'"Italietta". Significativo in questo senso il fatto che l'alternativa

sia nelle mani del re, che con allusioni oscure commenta la situazione a non molti giorni dal voto con un militare, uno dei suoi fedelissimi:

«Qui [a Torino] sono gravi questioni politiche, ma mi sento forte e tutto andrà bene. Dell'alta Italia me ne incarico io, a loro il mezzodì. Il Ministero però è debole, hanno voluto la Camera contro il mio parere, se ne accorgeranno loro; pare che i signori ministri se la sentino colare,[168] come diceva Barone, *ma io ho tutti i partiti nelle mani* e me ne batto la cuggia».[169]

Ma la frattura non era solo tra l'alta Italia e la meridionale; la Sicilia e Napoli, ove l'orientamento elettorale era meno prevedibile, seguirono logiche specifiche e distinte;[170] l'antico regno, sempre disposto ad unirsi intorno al governo, in un sussulto di orgoglio nel quale si esprimeva anche un forte istinto di autodifesa dell'identità regionale, accanto alla tradizionale divisione tra Torino e Genova vedeva ora sorgerne, e con maggior vigore, una nuova, quella tra Cavour e Rattazzi;[171] e infine il centro Italia, dove la funzione connettiva svolta dalla *Società Nazionale*,[172] era indebolita dall'interna spaccatura che partiva dal centro bolognese, e dalla concorrenza infastidita dei moderati toscani, mentre del tutto

sia sempre intesa tra unità e federalismo, trascurando che entro una prospettiva unitarista potevano contemperarsi forti istanze federaliste o, se si preferisce, autonomiste.

[168] Nell'aulico parlare regio l'allusione è alla materia organica evocata da Cambronne.

[169] In *Le lettere di Vittorio Emanuele II*, raccolte da F. COGNASSO cit., vol. I, p. 676, lettera al generale Della Rocca, Torino, (10-15) gennaio 1861, pp. 676-77. Sottolineo io.

[170] Perciò sulle elezioni nell'ex regno delle Due Sicilie si parlerà nel cap. VI.

[171] L. GALEOTTI, *La prima legislatura* cit., analizza i caratteri del primo Parlamento italiano con attenzione a questi problemi in modo per più versi esemplare, e mette in relazione la scarsa dimestichezza amministrativa dei deputati, onde l'incapacità a risolvere il conflitto tra accentramento e decentramento, da cui derivò la frattura della maggioranza, le disfunzioni parlamentari e la mancata educazione politica di un paese costantemente trascinato tra le Scilla e Cariddi del timore dei timidi per l'eccesso di libertà e le grida degli estremi ai quali ogni libertà pareva poca. In *Rattazzi et son temps* cit. vol. I, p. 557, questo giudizio sul Parlamento del 1861 è assunto, ma depurato dai motivi polemici antirattazziani. Al tema si riconnette ampiamente anche il saggio citato di R. BONGHI, *I partiti politici*.

[172] Sulla *Società Nazionale*, si veda lo studio di R. GREW, *A Sterner Plan* cit., che alle pp. 393-97 si sofferma anche sull'azione della società nella campagna elettorale del gennaio-febbraio 1861. Per l'azione della società lafariniana nelle regioni centrali della Penisola in diverse epoche si veda A. DALLOLIO, *La spedizione dei mille* cit.; ROMANO UGOLINI, *Cavour e Napoleone III nell'Italia Centrale*, Roma, Istituto per la Storia del Risorgimento Italiano, 1973; SERGIO CAMERANI, *La Società Nazionale nell'Italia Centrale*, in *Il movimento unitario nelle regioni d'Italia*, Atti del Convegno delle Deputazioni e Società di Storia patria (Roma, 10-12 dicembre 1961), Bari, Laterza, 1963, pp. 21-41; RAYMOND GREW, *La Società Nazionale in Toscana*, in *Rassegna storica Toscana*, a. II, f. I-II, pp. 70-102; GIOVANNI MAIOLI, *La Società Nazionale in Bologna e nelle Romagne*, in *Saggi e documenti di Storia del Risorgimento italiano*, vol. II, Bologna, Zanichelli, 1933, v. anche il vol. III; T. ZAMPETTI BIOCCA, *La Società Nazionale nelle Marche. Studi e documenti* cit.

particolare e anche qui fortemente intriso di interessi specifici, fu l'orientamento, o potremmo meglio dire, il disorientamento elettorale della Lombardia, che questa volta però lo manifestò prevalentemente in senso moderato.[173]

La crisi della rappresentanza non colpisce solo le forze politiche attraverso le quali si esprime l'oligarchia dominante, ma investe, sia pur in modo e per cause assai diverse, le forze in grado di portare in scena le istanze popolari. Dalle vicende che si organizzano intorno al rito elettorale, assumendo i caratteri di un rito di fondazione, le figure di Pio IX e Mazzini restano assolutamente escluse, irati numi della democrazia pura e del movimento cattolico, detentori di una potenzialità dissolvente ed eversiva che aggiunge minaccia a minaccia. Nel dramma rappresentato sulla scena nazionale, essi costituiscono un "contro" al momento emarginato e perciò imponderabile, che indebolisce il nuovo stato soprattutto di fronte ai cittadini del futuro. La linea conservatrice di Cavour non aveva escluso dal suo orizzonte il problema sociale, con la coscienza che in parte riguardava l'avvenire, ma sul versante cattolico egli aveva cercato di risolverlo subito: il grande tema del movimento cattolico, già chiaro alla sua mente all'indomani delle elezioni del 1860, quando cercò anche di reimpostarlo, dopo la conquista dell'Umbria e delle Marche si era fatto più intricato.[174] In realtà proprio il riproporsi della dimensione locale sottolinea una contraddittorietà della scelta dei cattolici di astenersi dal voto come candidati e come elettori, anche se fatta con la chiara delimitazione che essa valeva solo per «questa volta» ed era stabilita per ragioni di opportunità e convenienza, non di ordine teologico e di principio.[175] Con questa decisione, dal prevalente connotato tattico e sorta dall'esperienza dell'anno precedente, i cattolici ritennero, di

[173] Due motivi caratterizzano in questa fase la posizione lombarda, sospettosa anche verso Cavour: quello fiscale, che aveva avuto una prima manifestatzione nella discussione sulla tassazione della proprietà fondiaria, dallo stesso Cavour riconosciuta in Parlamento sperequata per la Lombardia (vedi CHIALA, *Lettere*, cit. p. CCXLV), e dell'imposizione diretta, sorta a seguito dell'applicazione del decreto 12 dicembre 1860, che attizzò una polemica sul problema più generale della distribuzione del carico impositivo tra nuove e antiche province dello Stato; l'altro, che aveva più lontane origini e costituiva un punto critico nei rapporti tra Milano e Torino, delle autonomie. Si veda in *Appendice* il programma elettorale dell'*Associazione Unitaria* e l'articolo *Le elezioni* in *La Perseveranza* del 10 gennaio 1861, che contiene sostanzialmente una dichiarazione di appoggio a Cavour, condizionato però a una maggior iniziativa sui temi della riforma amministrativa. Perché, concludeva il giornale, «Meglio un governo forte, malgrado alcuni errori, che un governo debole, il quale è astretto farsi cortigiano dei partiti e lasciarsi portare dal vento delle passioni».

[174] Tuttavia nella classe dirigente piemontese, frutto delle lotte parlamentari già sostenute, era abbastanza diffusa l'idea che i cattolici avrebbero alla fine contribuito al rafforzamento di un partito conservatore, e in tal senso si esprime anche un personaggio certamente più a sinistra di Cavour, il deputato GIOVANNI BATTISTA MICHELINI, *Sulle elezioni politiche del Regno d'Italia. Lettere*, Valenza, Biagio Moretti, 1861, pp. 29-32.

[175] Cfr. *L'Armonia* dell'8 gennaio 1861 l'articolo *Né eletti né elettori*, anche in A. CARACCIOLO, *Il Parlamento* cit., pp. 281-3.

fronte alle difficoltà di una loro partecipazione, che questo fosse l'unico modo per non uscire sconfitti, potendo annettersi l'ampio e prevedibile astensionismo.[176] Giustamente *L'Opinione* non dette credito a una loro totale assenza dalla scena elettorale,[177] con una valutazione non priva di una sua elementare evidenza: infatti la dimensione locale dello scontro lasciava molti margini di azione al clero, e forse, proprio a partire da questo aspetto, la pressione partecipazionista dovette essere ben forte se la cattolica *Armonia* fu costretta a tornare sulla questione alla vigilia del voto per ribadire che le condizioni di partecipazione dei cattolici alle elezioni, tranne per i collegi piemontesi, erano tali da non garantire sicurezza e libera espressione del voto.[178] Esclusione interessante, che ribadisce il carattere empirico della decisione di non partecipare, e tuttavia non sufficiente a dar ragione del contrasto tra potenzialità di influenza a livello locale e impossibilità a giocare un qualsiasi ruolo a livello nazionale. Ai cattolici infatti si aprivano due possibili vie per svolgere la propria ispirazione dentro il sistema parlamentare, verso il quale, dopo le esperienze in Belgio, Francia e Inghilterra, ovviamente non avevano preclusioni di principio. La prima, che però li avrebbe portati all'incontro con l'odiato Cavour, era costituita dalla assunzione più consapevole di un ruolo di conservazione, ricostruendo l'unità coi settori aristocratici nella prospettiva di una rinnovata egemonia nobiliare garantita dalla dinastia, e abbandonando ogni tentazione a voler rappresentare l'elemento popolare, sia pur nell'equivoca forma della tradizione teologica del "popolo di Dio".[179] L'altra invece comportava la riaffermazione della tradizione

---

176) *Ivi*, p. 281: «*Né eletti né elettori*. Ecco in due parole il nostro programma, *il quale questa volta vincerà di sicuro*». Le ultime parole, che sottolineo io, sono in chiara relazione col giudizio dato sul voto del 1860. Le ragioni accampate sono di vario e diverso tipo: 1) Non vogliamo confonderci in Parlamento con chi spogliò il Papa; 2) Non vogliamo essere elettori perché: a) la lotta è tra Garibaldi e Cavour e non siamo con alcuno dei due; b) se vinciamo veniamo vessati al punto di annullarci la vittoria; c) non saremo pienamente liberi nel voto; d) non vogliamo legittimare quanto fatto nell'Umbria e nelle Marche e quanto può farsi a Roma. 3) Il nuovo atteggiamento dipende da «i tempi e le cose». 4) Nell'elezione su scala nazionale non vi sono possibilità di vittoria. Ovviamente ogni argomento ha una sua precisa valenza politica.

177) Si veda l'articolo citato su *Le elezioni*, dell'11 gennaio. Dopo essersi interrogati sui motivi della astensione dal voto de *L'Armonia* si dice «Checché ne sia, noi non crediamo che il partito clericale si astenga da ogni intrigo elettorale, ma abbiamo la certezza che non può vincere».

178) Cfr. *L'Armonia* del 26 gennaio, *Né eletti, né elettori*. In precedenza, il 15 gennaio, il giornale era intervenuto, cfr. *I candidati dell'*Armonia *alle prossime elezioni*, e, in risposta alle lettere che chiedono notizie sui candidati cattolici rinviava all'articolo dell'8, ove, si dice, si è parlato chiaro. La risposta imbarazzata segnala le resistenze persistenti alla linea dell'astensionismo. Comunque non v'è dubbio che il foglio cattolico sottolineasse motivi di preoccupazione veri. Non mancavano infatti i casi di persecuzione del clero per ragioni politiche, e la vita dei giornali cattolici era soggetta all'intervento dell'autorità giudiziaria e alla violenza (ciò avvenne a Napoli per *La croce rossa* e per *L'Aurora*).

179) Questa tendenza era prevalsa in occasione delle elezioni del 1860, vedi cap. III, ed era ancora ben viva. *L'Armonia* del 12 gennaio 1861, dopo il suo appello astensionista,

paternalista, culminante nella più schietta difesa del principio monarchico e delle prerogativa del re, che però poteva essere assunta solo attraverso il riconoscimento di un unico monarca e rinunciando a qualunque posizione legittimista.[180] Ma su questa strada, strettissima a praticarsi, dovevano fare i conti con un sovrano che giocava la sua partita fuori dai ruoli, come capo neppur troppo incognito delle tendenze "rivoluzionarie".

È del tutto evidente che le reiterate prese di posizione de *L'Armonia* avessero anche lo scopo strumentale di dipingere un paese tuttora in preda all'idra rivoluzionaria e a forme di governo eccezionali, tali comunque da impedire la libera manifestazione del voto, un clima dunque che faceva balenare agli occhi delle classi dominanti e dell'Europa l'idea minacciosa, contro la quale Manzoni si sentì chiamato a impegnare la sua penna di polemista cattolico liberale, di un ritorno della rivoluzione di Francia negli eventi italiani.[181] Se però si volessero individuare i veri motivi dell'astensionismo cattolico come traspaiono nella pubblicistica, bisogna andare oltre la polemica immediata e cogliere da un lato il senso di smarrimento che il rapido sviluppo del movimento nazionale produce in questi settori e dall'altro, primo segno di una possibile rinascita, la coscienza di non essere sufficientemente organizzati per far fronte alle condizioni della lotta politica imposta dalle nuove condizioni del paese. Così, ancora una volta, sarà proprio *La Civiltà cattolica* a proporre l'analisi più realistica e più adeguata dei cambiamenti intervenuti e dei condizionamenti nuovi cui andava incontro l'azione dei cattolici, resi certi ormai che erano finiti irrimediabilmente i tempi nei quali il papato poteva contare sulla spada delle grandi potenze a

nell'articolo *I guadagni dei conservatori,* si consolava per la definitiva espulsione di elementi moderati dalle proprie file; il che, alla fine dei grandi rivolgimenti attraversati, era caparra alla prossima vittoria. Bisogna poi ricordare che la Sacra Penitenzieria, interrogata se fosse lecito partecipare alle elezioni per i consigli municipali e se gli eletti potessero ritenere l'ufficio di consigliere, il 10 dicembre 1860 aveva risposto di sì, purché non si fossero uniti «a quelle cose che avversano le leggi divine ed ecclesiastiche» e si astenessero dal prestare giuramento secondo la forma proposta dal governo; si veda il deliberato in VALENTINO STECCANELLA, *Il valore e la violazione della dichiarazione pontificia sopra il dominio temporale della Santa Sede*, Roma, Tipografia della Civiltà Cattolica, 1864, p. 475.

[180] Linea a cui sembra più sensibile il gruppo cattolico toscano de *Il Contemporaneo*, giornale pubblicato dal maggio del 1860, il quale, incorso in un processo per attentato alle istituzioni, cfr. *L'Opinione* del 21 gennaio 1861, ribadiva in risposta alle insinuazioni del foglio torinese, di non aver mai messo in discussione l'ordine monarchico e costituzionale: cfr. *Nostri processi*, nel numero del 30 gennaio 1861.

[181] Il tema domina gli articoli di argomento elettorale, ma anche le riflessioni sulla condizione politica dei cattolici: cfr. *L'Unione* in *Il Contemporaneo* del 27 dicembre 1860, ove si delinea il conflitto tra ordine e anarchia e il futuro dell'unità italiana, mentre si lamenta l'assenza di unità tra i cattolici, cfr. *L'Armonia* del 22 dicembre *Le speranze dei cattolici*, e del 16 gennaio *L'utopia dell'unità*, ove si insiste sull'artificioso carattere dell'unità appena raggiunta, conservabile solo con un regime tirannico. Sulla stessa lunghezza d'onda *La Civiltà Cattolica* nel primo numero, vol. 44, gennaio-marzo 1861 (cfr. *L'Italia Una nel 1861*, in particolare alle pp. 22-31).

difesa del potere temporale,[182] come dimostravano la lunga polemica contro l'opuscolo del La Guérronnière e la politica francese nel suo complesso. Il periodico dei gesuiti infatti, nell'esaminare la situazione italiana all'indomani del voto, prende atto coraggiosamente che «sia o non sia per essere il Regno italiano», il Parlamento italiano è «strafatto», anzi

«è un avvenimento acquistato alla storia, è un fatto compiuto, contro il quale non valgono nulla gli anatemi del Vaticano e le artiglierie rigate dell'Austria»[183]

mentre i grandi ostacoli all'unità, «nel doppio ordine morale e materiale», erano costituiti dai problemi aperti da Roma, l'ordine morale del rapporto con la religione e con la chiesa, e Venezia, l'ordine materiale che poneva la questione della forza del nuovo Stato. Dunque il processo nazionale italiano è incompiuto, un «corpo informe di sette membra dispaiatissime per indole, per tradizioni, per abitanti, per interessi, sproporzionate per dimensioni», costringibili forse in un sol nodo politico mantenendo i parlamenti regionali. Insomma le differenze e i particolarismi costituivano un elemento esplosivo in mancanza di un principio unificante di ordine morale che la religione soltanto poteva offrire. Ma l'assenza dei cattolici dal Parlamento e da questa fase della vita pubblica è fatta risalire alle preoccupazioni di chi conosce «quello che sappiano e possono fare i partiti, giunti che siano ad impossessarsi della forza governativa». Le intenzioni di chi ora governava in nome dei nuovi principi era insomma tutta da verificare nella sua effettiva dimensione di libertà; messaggio reso più chiaro nell'esaltazione della lotta parlamentare di O'Connel e nell'attacco all'Inghilterra, schierata in Italia a difesa dei principi liberali negati in Irlanda. Dunque le cause dell'assenza dei cattolici, in quanto tali o come «amici dell'ordine», dal confronto elettorale erano del tutto contingenti, e alla fine dipendenti dall'impossibilità di disporre di una forza idonea ad affrontare forme e dimensioni della lotta politica odierna.[184]

---

[182] Sulle scarse illusioni dei cattolici per un intervento internazionale a difesa del papa cfr. le osservazioni di A. SAITTA, *Il problema italiano* cit., anche sul ruolo de *La Civiltà Cattolica* nella battaglia pubblicistica contro l'opuscolo del La Guérronnière, e l'articolo già citato *Le speranze dei cattolici*, in *L'Armonia* del 22, 23 e 28 dicembre 1860.

[183] *Il Parlamento italiano nel 1861*, in *La Civiltà Cattolica* vol. 44, gennaio-marzo 1861, pp. 512-30, e vol. 45, aprile-giugno 1861, pp. 33-47. Il passo a p. 513. Rispetto alle posizioni di un prete liberale come Francesco Liverani, che sosteneva non esservi alcun argomento teologico in grado di convincere i romagnoli a tornare sotto il governo del papa, non vi era molta differenza, salvo il punto di vista morale diverso.

[184] *Ivi*, vol. 44, p. 526. Sempre nel vol. 44, nella rubrica *Cronaca contemporanea. Stati Sardi*, p. 374, si dà notizia e spiegazione della posizione astensionista assunta da *L'Armonia*. Bisogna osservare che la strada dell'opposizione popolare, con pubbliche dimostrazioni, come a Firenze il 31 dicembre, non è condivisa ovunque né produce gli effet-

«I cattolici poi e gli onesti perché non costituiscono un partito, sono meno di qualunque altro opportuni a disfare l'opera nefanda della tirannide oligarchica [....]. Nel resto se la vera Italia universalmente si è astenuta dalle elezioni, anche quando l'ha fatto per ragionate deliberazioni, l'ha fatto per ottimi motivi e vi è stata confortata dagli esempi e dagli ottimi consigli di chi potea darli. Essa si è astenuta, *perché insueta della vita pubblica, e non ha ancora intesa la rilevanza suprema di quell'atto, ed agli amici dell'ordine la fazione prevalente non avrebbe lasciata libertà di fargliela intendere;* si è astenuta perché, a pigliarvi parte efficacemente sarebbe stato uopo *intendersi, organarsi, disciplinarsi a certa guisa,* affinché i molti potessero convenire ad un intento comune».

L'astensione infine era giustificata «per ribrezzo d'oppressione e [di] un'urna contaminata per tutto [...] dalla fellonia».[185] D'altra parte il dibattito interno al mondo cattolico fu quanto mai fervido per tutto il decennio successivo,[186] tanto che, da questo punto di vista, la difesa ad oltranza della prima legislatura, messa in atto dall'ala moderata del gruppo cavouriano facente capo a Farini, Minghetti, Boncompagni, può apparire un errore, poiché nei cinque anni della sua durata sarebbe forse stato possibile lanciare un ponte versi i cattolici ai fini di un loro più diretto impegno nella vita pubblica e di un più forte contributo al consolidarsi del partito conservatore in Italia. Certo una simile evoluzione avrebbe avuto bisogno di una più coraggiosa definizione dell'identità conservatrice; Cavour, che aveva fatto del tema della difesa dell'ordine, interno e internazionale, un punto fermo della sua politica, avrebbe avuto la forza per realizzarla? Così se all'indomani delle elezioni del 1860 la strada di un incontro sembrò perfino praticabile[187] nel 1861 sembrò solo una interruzione; ma il successivo dibattito, l'irrompere della questione di Roma in tutta la sua complessa valenza di unica, possibile capitale del nuovo Stato, la conseguente

ti sperati, e se non si riduce al fallimento di cui parla la stampa liberale, non lascia segni durevoli sull'opinione interna e internazionale.
[185] *Ivi*, vol. 45, p. 35. Sottolineo io. Naturalmente «la vera Italia» è quella cattolica.
[186] Per una prima ricostruzione del problema cfr. LORENZO GIAMPAOLI, *Sulla formola né eletti né elettori*, Roma, Tipografia Cattolica, 1873. Qui tra l'altro si rivolge l'accusa agli ambienti intransigenti di aver occultato l'atto con cui l'1 dicembre 1866 la Sacra Penitenzieria consentiva ai cattolici di essere eletti ed elettori. Gli ambienti cattolico-liberali, sulla base di questo atto, accreditarono anche dopo il 1870 la tesi del superamento della "questione cattolica": ad esempio ANTONIO MONTALBO, *Delle elezioni politiche*, Genova, Schenone, 1872, estratto dalla *Rivista Universale*, sostiene il carattere definitivo del pronunciamento della gerarchia nel 1866. Cfr. pure SALVATORE COGNETTI GIANPAOLO, *L'intervento dei cattolici alle elezioni politiche*, Napoli, Morano, 1879, interessante anche per le notizie sul giornalismo cattolico dei primi anni '60. L'autore diresse varie testate napoletane: cfr. ID., Il Conciliatore *e le elezioni politiche del 1866*, Napoli, tip. De Ruberto, 1867.
[187] Oltre quanto già detto, cfr. *supra*, vedasi pure la lettera di Cassinis a Cavour, Ginevra, 12 agosto 1860, in *Liberazione del Mezzogiorno* cit., vol. II, pp. 68-70, che pur

accentuazione degli oltranzismi di ambe le parti, tutto spinse a rendere la questione cattolica un problema del futuro. Al momento però un successo elettorale delle sole forze cattoliche era impossibile e soltanto un sistema elettorale a suffragio universale avrebbe forse potuto dare risultati favorevoli a questi settori, ma come forze di reazione e non di conservazione. Perché la questione potesse fare un passo avanti era necessario risolvere il problema di Roma e riportare i rapporti tra Stato e Chiesa alla "normalità".[188] Vi è poi un altro aspetto, che pur merita di essere considerato, all'origine delle cautele con cui i settori cattolici più avvertiti affrontano il tema elettorale e l'insieme del rapporto con la nuova realtà nazionale: quello della divisione che attraversa ormai in modo palese il clero dopo che a metà del 1860 due opuscoli anonimi, ma diffusi dagli ambienti de *L'Armonia*,[189] avevano criticato *Il Conciliatore*, la cui modesta intenzione di «Togliere le esagerazioni rispettive e ricondurre le cose allo stato loro naturale» e «far opera di ravvicinamento e conciliazione» veniva riguardata come un tradimento.[190] A questo tasto dell'unità cattolica, che *L'Armonia* defi-

mantenendo l'impostazione giurisdizionalistica nei rapporti tra Stato e Chiesa, affronta il problema secondo l'ottica: rompere apertamente con la rivoluzione per aver amico il clero e i cattolici.

[188] La posizione cavouriana su questo tema così come emerge nelle sue prese di posizione tra fine 1860 e febbraio-marzo 1861, in *Questione romana* cit., vol. I, appare molto avanzata e volta a trattare con la Chiesa come potenza d'ordine morale assicurandole su questo terreno la piena libertà, che è poi il senso ultimo della parola d'ordine «Libera Chiesa in libero Stato». Se si rivela inadeguata rispetto alla dimensione storicamente determinata del conflitto in atto, pur muovendo dall'intenzione di risolverlo, come ha ben sostenuto E. PASSERIN D'ENTRÈVES, *Ancora sulla formula cavouriana «libera Chiesa in libero Stato»*, ora in *Religione e politica nell'Ottocento europeo*, a cura di FRANCESCO TRANIELLO, Roma, Istituto per la Storia del Risorgimento italiano, 1993, pp. 242-52, che sottolinea «un aspetto utopistico e dottrinario nel programma di Cavour», p. 249, c'è però da osservare che il conte ha netta coscienza di essere un precursore su un terreno che rappresenta l'inevitabile futuro dei rapporti tra Stato e Chiesa, cfr. il suo dispaccio a Vimercati del 4 janvier 1861, sempre in *Questione romana* cit., vol. I, pp. 168-73

[189] *Il Conciliatore degli inconciliabili, ossia rivista di un giornale a proposito delle questioni del giorno*, Torino, Tip. Speirani e Tortone, 1860. L'opuscolo era contro coloro «che vorrebbero mettere d'accordo le aspirazioni del mondo presente e gl'insegnamenti della cattolica fede», p. 3. Ripubblicato alcuni mesi dopo con l'appendice *I clericali del Conciliatore. Seconda rivista d'un giornale a proposito delle questioni del giorno*, Torino, Tip. L. Ferrando, 1860. Quest'ultimo opuscolo ha un rilevante interesse, poiché conferma la singolare miscela di dogmatismo teologico e di sensibilità sociale, sia pure in senso retrivo, di cui sono portatori gli ambienti de *L'Armonia*. In questo caso infatti la definizione di clericale è considerata impropria se riferita a chi osserva la dottrina della Chiesa, mentre va rivolta a chi pratica dottrine politico-sociali retrive con spirito dogmatico e senza tener conto dei fatti sociali.

[190] Il giornale, edito a Milano dai primi mesi del 1860, non va confuso con l'omonimo, pubblicato a Napoli nel 1863. Notizie sul primo in GABRIELE DE ROSA, *Il movimento cattolico in Italia dalla restaurazione all'età giolittiana*, Bari, Laterza, 1962, pp. 41-2. *L'Armonia*, grande avversaria del foglio milanese, il 16 gennaio del 1861 gli rivolgeva l'ac-

nisce *Il più grande dolore di Pio IX*,[191] si è particolarmente attenti: esso provoca un'autentica reazione di panico per i pericoli di una infiltrazione di spirito protestante, un principio di frattura che dal piano politico possa trasferirsi a quello dogmatico-religioso coinvolgendo clero e fedeli.[192] Ma come difendere dai rivolgimenti del secolo la coscienza cattolica in crisi di identità, evidenziata dall'abbandono dell'impegno religioso da parte di tanti preti, dall'adesione loro alla più difficile milizia nei gruppi di clero liberale, sorti un po' ovunque,[193] dal precoce avanzare di tendenze conciliatoriste[194] da cui non rifuggono settori, pur marginali, della gerarchia? Insomma i motivi che allontanano i cattolici dal voto non stanno solo nel rifiuto, pur temporaneo, della nuova realtà statuale così improvvisamente sorta, ma in una difficoltà più complessa che al momento essi non sanno sciogliere, e tuttavia gli interrogativi di oggi sono l'avvio di un percorso, lungo il quale la coscienza cattolica avrebbe ritrovato le vie di una composizione con la società moderna, ricerca che il movimento nazionale italiano, con la sua affermazione, aveva solo reso più urgente e ineludibile.

Bisogna ammettere che in quel pezzo di campagna elettorale, fatta attraverso la stampa, i comitati politici, le discussioni, e che origina con la scelta dei candidati, il nome di Mazzini circola in modo prepotente e mimetizza, ben oltre il pericolo che realisticamente rappresenta, il grande problema sociale.[195]

---

cusa di insultare l'episcopato italiano sostenendo esservi nel clero due opinioni. Il passo è dal primo numero de *Il Conciliatore, foglio religioso*, riportato in *Il Conciliatore degli inconciliabili*, cit. p. 5.

[191] *L'Armonia* dell'11 novembre 1860.

[192] *L'Armonia* del 29 novembre 1860, *La guerra contro il cattolicesimo*, annuncia il sorgere a Torino di una chiesa nazionale con un suo foglio, *Il rivelatore*; il 20 dicembre riporta le reazioni del clero diocesano, promotore di una domenica di preghiera contro la minaccia di scissione.

[193] Sul primo aspetto cfr. Guido Verucci, *L'Italia laica prima e dopo l'Unità* cit., pp. 65-8. Il Verucci ha richiamato il carattere di periodo di transizione dei primi anni '60, «epoca di preparazione e d'incubazione di nuovi motivi che si aggiungono ai precedenti», p. 75. Sul secondo aspetto, ancora da lumeggiare in modo adeguato, cfr. la ricerca pionieristica e ricca di suggerimenti di Maria Luisa Trebiliani, *Indicazioni su alcuni gruppi del clero nazionale italiano nel decennio 1860-'70*, in *Rassegna Storica del Risorgimento*, a. XLIII, f. III, 1956, pp. 561-575, e Ferdinando Manzotti, *Gaetano Clerici e il clero nazionale (1860-1863)*, *ivi*, a. XLVIII, f. II, 1961, pp. 271-93. Su un terreno contiguo a questo, in vari scritti, ora raccolti in volume, spunti fondamentali offre E. Passerin d'Entrèves, *Religione e politica nell'Ottocento* cit.

[194] Un'ampia indicazione dei problemi e del dibattito in corso in quel momento in V. Steccanella, *Due esponenti della consorteria clerico liberale secondo V. S. Il clero negli attuali rivolgimenti politici*, Venezia, Tipografia Emiliana, 1862.

[195] Oltre gli interventi de *L'Opinione*, variamente citati, fu *La Gazzetta del Popolo* a svolgere una specifica campagna antimazziniana volta in particolare a giovani e operai; cito per tutti gli articoli del 3 e 4 gennaio *Guai a voi giovinetti! Guai a voi operai!* o la rubrica *Sacco Nero* del 14 gennaio che loda il presidente della Società Operaia Vercellese per aver respinto materiali e stampati di propaganda democratica.

L'orientamento del voto cattolico resta invece parzialmente sullo sfondo come problema, da un lato sopraffatto dalla grande questione dei rapporti tra Stato e Chiesa, da quella di Roma e infine da quella di ordine politico teologico relativa ai rapporti tra i due poteri;[196] dall'altro poiché entra nella disputa soprattutto nella valutazione dei comportamenti concreti del clero,[197] e quindi probabilmente nelle misura in cui il piano locale, che più sfugge al nostro esame, lo assume come tema di assicurazione o controassicurazione, di scambio o di divisa ideologica, per convogliare un certo numero di consensi su un nome o su un altro. In questo senso non aveva tanto ragione *La Gazzetta del Popolo* a parlare tra il serio e il faceto delle «ciancie» al caffè come di «politica da caffè», valutazione che poteva pure attagliarsi alla dimensione cittadina non certo a quella dei centri minori.[198] Qui la voce della grande stampa che dibatte i temi generali arriva in certi luoghi di incontro, appunto i caffè, la spezieria o la farmacia, le

[196] *L'Opinione* dà ampio risalto a questi temi: l'11 gennaio esamina l'opuscolo uscito in Francia su *Il Papa e i vescovi francesi*, dove fra l'altro osserva che il papato va incontro ad una di quelle grandi trasformazioni che hanno caratterizzato la sua storia «senza pregiudizio delle sue legittime prerogative». La potenza, anche politica del pontefice è sempre dipesa dall'aver con sé l'opinione. Il 16 gennaio pubblica un breve, ma impegnato articolo, *Il Papa e l'Italia*, ove auspica che la Chiesa misuri bene i suoi veri interessi e non osti l'inevitabile evento di Roma capitale d'Italia. Ciò mentre sembra esservi una ripresa di contatti con la corte romana. Il 10 e il 13 pubblica lo scambio di lettere tra Farini e l'arcivescovo di Napoli svoltosi sul finire del 1860, e per non dar modo a polemiche su pubblicizzazioni a fini politici di carteggi di governo, lo riprende dalla stampa francese e da *L'Aurora*, giornale cattolico bisettimanale diretto da Vincenzo Brescia e continuatore del periodico *Scienza e fede*, dove tutti questi temi sono messi a fuoco, pur indirettamente, con Farini che conferma l'orientamento cavouriano a favore della reciproca libertà, col superamento di orientamenti giurisdizionalisti e del regime concordatario poiché ciò che la Chiesa chiede allo Stato nelle cose spirituali si misura poi in ciò che lo Stato chiede alla Chiesa nella potestà ecclesiastica. Sulla polemica coll'arcivescovo di Napoli il foglio torinese torna il 22 gennaio, ricordando ch'esso, espulso da Napoli dalla dittatura, era stato richiamato da Farini, ed era tornato proclamando l'intenzione di fare un giornale conciliatorista e «il connubio» tra religione e libertà.

[197] La stampa riporta i conflitti locali sorti sul versante religioso, specie per quanto attiene all'esercizio dei sacramenti, nel quale si configura l'atteggiamento nei confronti del nuovo ordine. Il 30 dicembre *La Gazzetta del Popolo*, che in questa fase sviluppa una polemica filoebraica e mantiene alto il tono anticlericale, parla di *Un funerale senza preti*, tenuto a Cannobbio per renitenza del parroco, o ironizza sul culto della Madonna di Loreto, dove è avvenuto un furto che si è scoperto fatto dagli stessi preti del santuario, 16 dicembre. *Il Movimento* del 3 gennaio denuncia l'*Intolleranza religiosa* a proposito del rifiuto del sindaco di Cornigliano di seppellire un valdese. Per un'indagine su un clero locale, quello parmense, si veda CARLO PELOSI, *Note e appunti sul movimento cattolico di Parma*, Quaderno n° 4 di *Vita Nuova*, a cura della Giunta Diocesana di Azione cattolica, Parma, 1962; per l'esame del movimento cattolico in un'area regionale, *Cattolici e società in Umbria tra Ottocento e Novecento*, a cura di MARIA CRISTINA GIUNTELLA, GIANCARLO PELLEGRINI e LUCIANO TOSI, Roma, Edizioni Studium, 1984.

[198] «I caffè sono generalmente in Italia luoghi di frequente convegno, dove si fanno molte ciancie di politica; è politica da caffè», si veda il numero del 15 novembre 1860. E

sale di recezione di alberghi e locande, nelle barberie, o nei casi più formalizza-
ti presso circoli e gabinetti di lettura, e subito passa di mano in mano, ma anche di bocca in bocca.[199)] Ma quale ruolo svolgono i giornali nella lotta elettorale, astrazion fatta cioè da quel più generale ruolo di informazione sui grandi
temi politici? La risposta a questa domanda richiederebbe una analisi minuziosa della stampa locale e provinciale, attraverso la quale sarebbe possibile fare
una più precisa mappatura della dislocazione delle forze parlamentari all'indomani del voto. Ma intanto si può segnalare il grande interesse di giornali e giornalisti verso questa fase politica,[200)] che costituisce occasione da cui originano
testate transitorie, come *L'Elettore Indipendente* di Modena, e comunque assicura finanziamenti aggiuntivi dal governo, dai partiti o da gruppi.[201)] Il carattere locale e regionale della lotta elettorale, confermato anche sul piano giornalistico, non esclude affatto la dimensione politica dello scontro in atto e dà origine ad una singolare simbiosi con la grande stampa nazionale, che fornisce le indicazioni di linea, mentre da quella locale vengono assunte le informazioni di
volta in volta più significative di ciò che avviene nelle province. Si stabilisce così un circuito che costituisce la principale fonte di circolazione di notizie, naturalmente non tutte certe e verificabili, ma questo è già un problema che tocca
gli aspetti della lotta elettorale, la quale poi ricorre a informazioni illecite e
fuorvianti anche per altra via, come probabilmente si verificò con l'invio di let-

tuttavia il foglio interveniva per chiedere una diminuzione della imposta sulle bevande
zuccherate, per non mettere in difficoltà questo luogo di spontanea associazione.
[199)] Piccolo segnale di un fenomeno che si diffonde anche nei centri minori: a Cameri,
informa *La Gazzetta del Popolo* del 9 gennaio, si costituisce un *Circolo degli artisti*, al quale una persona agiata offre vari giornali, per ispirare i giovani a togliersi dall'ozio, specie
nei giorni di festa.
[200)] Se la *Gazzetta del Popolo* il 29 dicembre 1860 rivolge un appello *Ai giornalisti italiani* perché preparino l'opinione a scegliere un Parlamento che proclami con solenne e
unanime voto il Regno d'Italia, e chiama alla guerra contro preti e mazziniani, *Il Diritto*
del 1° gennaio, già citato, polemizza contro la stampa manipolata da un ministero sordo
alla pubblica opinione. Lo stesso numero riprende la proposta avanzata da *Il Corriere
Cremonese*, foglio democratico locale, di un congresso annuale dei giornalisti, proposta
che segnala come a partire dalla lotta elettorale, che impone scelte di schieramento, il giornalismo cominci a cercare una sua specifica identità professionale, superando le pur diverse opzioni politiche.
[201)] Si veda come Minghetti indirettamente ci suggerisce il diverso livello di finanzia-
mento di alcuni giornali lombardi, in una scala di fedeltà al governo in *Carteggio tra Marco
Minghetti e Giuseppe Pasolini* cit., vol. III, p. 91. Bertani a sua volta tiene in vita *Il
Corriere del Popolo* di Bologna proprio per le elezioni. A Genova in questo periodo esco-
no due nuovi giornali, *Il Commercio*, diretto da Jacopo Virgilio, e *La Sfinge*. Tralascio il
giornalismo napoletano, così folto e condizionato da finanziamenti esterni. Bellazzi con
circolare del 15 dicembre comunica ai Comitati che come azione di propaganda, dovranno raccogliere abbonamenti e diffondere *Il Diritto*. Riceveranno «una certa quantità» di
copie. Ma le ristrettezze economiche lo portano, subito dopo la campagna elettorale, a sospendere l'invio ai Comitati di giornali pagati dal *Comitato Centrale*.

tere a firma, probabilmente falsa, di C. M. Buscalione ai comitati di Reggio Emilia, Milano e Correggio della *Società Nazionale* con la richiesta di appoggiare la candidatura Brofferio.[202] Con questa vicenda ci imbattiamo in un'altra rete di circolazione dell'informazione e della lotta elettorale che passa attraverso i contatti epistolari, attivati da privati e da associazioni. Attraverso questa via giungono agli elettori, opuscoli, fogli illustrativi, comunicati, e vario materiale di propaganda, che poi anch'esso trova la via della diffusione di mano in mano e in alcuni casi dell'affissione. La lotta entra nel vivo quando, accanto a queste reti ampie di azione propagandistica, si sviluppa una struttura vasta di comitati elettorali che rispondono essenzialmente ad alcuni scopi: l'individuazione del candidato, scelto localmente o proposto dall'esterno per la sua notorietà o per altri meriti, ed è la fase più delicata, poiché a volte bisogna decidere tra molti nomi; ma anche uno solo, nel caso sia esterno al collegio, può non essere condiviso. Si tratta dunque di agire presto, nel senso di lanciare per primi nella mischia quel certo personaggio, e con la opportuna delicatezza onde non scontentare glorie e pretese locali. In molte occasioni, per esempio è il caso dei comitati elettorali milanesi o per quello fiorentino della *Società Nazionale*,[203] il capoluogo svolge una funzione di coordinamento delle candidature e della lotta elettorale a livello provinciale o interprovinciale, costituendo un primo elemento di superamento di tendenze localistiche spinte e parcellizzanti. I comitati provinciali lavorano attraverso contatti e incontri di vario tipo, colloqui, carteggi, assemblee, all'approntamento di una lista complessiva di proposte, e in questo caso esigenze e istanze particolari vengono mediate e accolte valutandone la possibile influenza sugli esiti del voto. Poi vi è una fase successiva, ma che ove manca il coordinamento provinciale è la prima istanza, in cui il comitato elettorale del collegio sceglie il candidato in pubblica assemblea degli elettori, una specie di elezione primaria che si svolge con voto segreto. Naturalmente il voto ottenuto nelle primarie non garantisce l'elezione automatica, anche perché a queste riunioni partecipa un numero di votanti che le relazioni accreditano sempre come folto, ma che quando si precisa, appare nettamente inferiore non solo a quello degli aventi diritto, ma anche ai votanti. Tuttavia non si deve neppure sminuirne l'importanza, visto l'effetto moltiplicatore che l'espressione della volontà dei più attivi nella vita politica locale, e sono certamente i parteci-

[202] MCRR, 716, 32, 1; 63, 12; 92, 1. Il sospetto di falsità è avanzato da Federico Ferri, Reggio Emilia, che severamente aggiunge: «Brofferio non può né deve essere appoggiato mai»; da Maurizio Ghisalberti, Milano, mentre don Emilio Guzzoni, Correggio, dice solo che è tardi per dar seguito alla segnalazione. La lettera inviata da Torino per Brofferio è senza data e arriva a ridosso del ballottaggio. Ma il Buscalione forse persegue un'apertura all'opposizione parlamentare.

[203] Si veda *La Nazione* del 9 gennaio 1861, appello del *Comitato Elettorale Fiorentino* agli altri provinciali o, in assenza, ai Comitati dei singoli collegi, di mettersi in accordo con esso. Il *Comitato fiorentino* si era formato il 7 gennaio.

panti a queste assemblee, svolge sull'opinione. Da ora il comitato elettorale assume impegno a sostenere il candidato, con tutti i compiti di contatto con gli elettori, di polemica con gli avversari e di propaganda. Tutto ciò naturalmente stabilisce circuiti forti di relazioni locali, rispecchiate dal consolidamento del collegio intorno al nome di un candidato. Da questo punto di vista le elezioni del 1861 sono un gran punto interrogativo, poiché l'ampliamento delle circoscrizioni elettorali modifica in modo significativo la geografia politica, è all'origine della moltiplicazione delle candidature, specie nei collegi periferici, ed infine alimenta la polemica sulla formazione dei collegi che si trasferisce poi sulla scelta dei candidati. Da una analisi del voto delle antiche province emerge tuttavia che i deputati confermati o che avviano una tradizione di stabilità elettorale sono in percentuale superiore al 50%, esprimendo anche un ricambio significativo, oltre un quarto degli eletti, con una punta elevata nella provincia di Alessandria, dove su tredici collegi solo tre confermano gli antichi deputati, e dove la presenza articolata e forte del partito rattazziano dà al fenomeno un netto carattere politico.[204] Ora l'attivazione del circuito delle relazioni elettorali, per il modo in cui si determina, da una parte conferma le potenze locali, ma in egual misura, per il potere che la politica concede all'eletto, le cambia, e ciò avviene preferibilmente laddove è più presente l'elemento di intervento dei partiti. Infatti i comitati elettorali hanno tre diverse possibilità di origine: essi nascono per iniziativa dei sindaci, tutti o alcuni, dei comuni inclusi nel collegio, e in questo caso è facile ipotizzare abbiano alle spalle le strutture di governo; poi vi sono comitati che sorgono per impulso dei partiti, i quali o trasformano i loro comitati locali in elettorali, ovvero danno origine ad appositi organismi che da essi strettamente dipendono. Infine vi può essere l'iniziativa di cospicue personalità locali, che confermano anche per questa via il loro ruolo nella comunità di appartenenza. L'ampia informazione della stampa sulla campagna elettorale non si sofferma però su una delle forme più consolidate di iniziativa propagandistica, elettorale e non, cioè il banchetto, il cui svolgimento doveva poi seguire proprio alla fase della scelta del candidato. Le indicazioni che si hanno sulle svolgimento delle assemblee nei circoli elettorali dipingono piuttosto un quadro di riunione in cui vanno prese decisioni, quindi discorsi a favore

[204] Qui sono eletti Capriolo e Mellana, due degli esponenti del *Terzo partito* più intimi di Rattazzi, ma anche Boggio e Lanza. Singolare il caso di Asti, dove Luigi Bayno dato per sicuro perché forte di una lunga serie di conferme, che si ripeteranno nelle elezioni successive, fino all'XI legislatura, nel 1861, sia pur d'un soffio, è sconfitto da un nome nuovo, quello dell'ingegnere Luigi Ranco. Questo però ha l'appoggio del governo, cfr. CHIALA cit., vol. IV, p. 129. In Sardegna invece dove i deputati si avvicendano, i collegi paiono meno stabili. Presa come tornante la VII legislatura, 1860, tra il prima e dopo 1861, dei 56 deputati piemontesi eletti 35 sono confermati, o lo saranno nelle successive legislature; 11 su 16 in Liguria, si veda la *Storia dei Collegi elettorali*, Roma, Tipografia della Camera dei Deputati, 1898.

di uno o altro candidato, verifiche delle posizioni dei proposti, voto; siamo dunque lontani dall'atmosfera conviviale, che pure non si può escludere vi fosse, e che la stampa forse censura per eccesso di moralismo.[205]

La localizzazione del conflitto, nei termini precisati, sembrerebbe dover favorire le forze più diffuse nel territorio, vale a dire proprio quelle strutture associative quali la *Società Nazionale* e la *Associazione dei Comitati di Provvedimento*. In realtà le due entità sono in dimensioni incommensurabili l'una con l'altra: la società lafariniana conta su una capillare diffusione dei suoi comitati,[206] mentre l'associazione bertaniana ha riunito nel congresso costitutivo 57 organismi locali in rappresentanza di 49 località, l'orientamento politico dei quali è tutt'altro che omogeneo e trova l'unità solo intorno al nome di Garibaldi. Costui peraltro col suo proclama del 1 dicembre 1860 agli italiani perché si raccolgano intorno al re in vista delle prossime scadenze, senza curarsi delle sorti di qualsiasi ministero, ha fortemente ridimensionato le prospettive politiche della nuova organizzazione; ancor più ne ha fiaccato le possibilità elettorali rinunciando alla sua candidatura, rifiutando qualunque impegno a favore della promozione di una lista garibaldina e facendo circolare un elenco di candidati da lui appoggiati che sconcerterà i suoi elementi più fidi, rinunziando a prender parte allo promozione di giornali democratici, confermando il suo poco o nullo entusiasmo verso il promotore di questa nuova organizzazione, Bertani,[207] ostacolando insomma in ogni modo l'autonomo sviluppo di una associazione politica democratica. La scadenza del voto inoltre coincide con la formalizzazione delle dimissioni dal Comitato Centrale eletto il 4 gennaio, prima di Bertani e poi di Bellazzi, che hanno appunto atteso la consumazione delle elezioni prima di rendere pubblica la loro decisione, sicché le iniziative elettorali della sinistra garibaldina come tale possono contarsi sulle dita di una mano. Immaginando o illudendosi ancora di dirigere un organismo vitale, Bellazzi il 15 dicembre emana una circolare ai *Comitati* perché riprendano l'agitazione pubblica con la stampa e facciano opera di proselitismo, poi convoca l'assemblea del 4 gennaio, che si riduce a una faticosa trattativa con Caprera, continua a diffondere la lista dei "229", e anche questa iniziativa è smentita da Garibaldi, infine, pur potendo contare sul nuovo giornale diretto da Brofferio, il *Roma*

---

[205] Non appesantisco questo quadro con citazioni, ma le informazioni sono in gran parte desunte da molteplici notizie della stampa, di governo e di opposizione. Ho tenuto presenti le seguenti testate: *Il Diritto, L'Opinione, La Gazzetta del Popolo, Il Movimento, L'Unità Italiana, Roma e Venezia, La Perseveranza, La Nazione*. Questi giornali però riportano spesso le informazioni delle testate locali. Non parlo qui della stampa meridionale.

[206] In un *Programma politico* diffuso per la morte di Cavour, il 15 giugno 1861, firmato dal La Farina e da C. M. Buscalione, la *Società Nazionale Italiana* conta su 454 Comitati e 4500 commissari, cioè i membri dei comitati locali, che ne costituiscono la struttura dirigente complessiva.

[207] Su tutto ciò si veda il cap. II.

e *Venezia*,[208)] si vede costretto a togliere al foglio qualsiasi ufficialità, e a invitare i *Comitati* a servirsi della stampa locale nella loro azione di propaganda, anzitutto dei fogli amici, che pur non mancavano di farsi pagare il servizio.[209)] Egli non riuscì a mobilitare questa ancor fragile organizzazione, la cui presenza nella lotta elettorale fu del tutto ininfluente, sia ai fini del risultato elettorale sia ai fini del progresso nella costruzione del partito. Estremo segno delle difficoltà anche di ordine pratico, tra i pochi *Comitati* mobilitati, a Livorno, Forlì, e Cremona[210)] si trovano ad agire due comitati elettorali tra loro divisi e a sostegno di candidature diverse.[211)] La stampa democratica quindi dà con qualche enfasi la notizia della creazione a Parma di un comitato elettorale promosso da quello cittadino de *La Nazione*[212)] mentre le sollecitazioni del *Comitato Centrale* a quelli locali restano senza risposta,[213)] e alla fine Bellazzi si riduce a chiedere a *Il Diritto* e a *L'Unità Italiana* il sostegno ad alcune candidature, come quella di G. B. Varé per Sondrio, di G. Acerbi per Asolo, di A. Sacchi per Bozzolo, di Chiassi per Castiglione dello Stiviere.[214)] La lotta elettorale del *Comitato Centrale* è tutta qui, cui si può forse aggiungere l'appoggio alla candidatura Cairoli a Pavia, battuto da Giovanni Mai, sorretto dalla *Società Nazionale*. L'insuccesso diviene clamoroso in situazioni in cui invece non può essere negata una forte effervescenza del movimento garibaldino, ed è il caso della Lombardia, che nelle precedenti elezioni aveva dato alla democrazia un ricono-

---

[208)] Sulla cui origine si veda S. LA SALVIA, *Primo contributo* cit., pp. 163-79. È forse agli ambienti brofferiani o dei giovani universitari raccolti intorno al suo giornale che si deve l'iniziativa clamorosa dell'affissione massiccia di manifesti con la scritta «Fuori i 229» nella piazza Vittorio Emanuele a Torino di cui dà notizia *L'Unità Italiana* del 23 gennaio in una corrispondenza da Torino.

[209)] Cfr. le *Circolari alla Associazione dei Comitati di Provvedimento Preside Garibaldi* cit. Vedi anche MCRR, *Copialettere di Federico Bellazzi*, d'ora in poi *Copialettere*.

[210)] Su *Il Diritto* del 19 gennaio una corrispondenza da Cremona parla dei due comitati elettorali, uno intitolato dai *Comitati di Provvedimento per Roma e Venezia* e l'altro *di casa Persichetti*, dal luogo ove si riunisce. Si augura che, essendo simili i programmi e l'ispirazione, garibaldina e azionista, si fondano, invitando il primo ad abbandonare le candidature Crispi e Mordini, che saranno eletti in Sicilia.

[211)] A Livorno accanto alla candidatura Guerrazzi, si lavora anche al successo di una più radicale, col risultato della sconfitta di entrambe; a Cremona ci si trova con due comitati, uno diretto da Luigi Ciniselli e l'altro dall'avvocato Giuseppe Tavoletti, in *Copialettere*, vol. 526, 157 e 160, e con due candidature, quella di Macchi e di Bargoni. A Forlì è stato dato incarico a due comitati distinti, perché il molto da fare consiglia di rivolgersi a tutti, *ivi*, 526, 214.

[212)] Le notizie sul movimento elettorale dei *Comitati di Provvedimento*, salvo diversa indicazione sono in *Il Diritto*. Per le notizie su Parma vedi il numero del 20 gennaio, che informa di una assemblea nella quale si svolgono elezioni primarie.

[213)] Inviti a costituire comitati elettorali sono rivolti a Stanzani per Bologna, a Luigi Carbone per Sestri Ponente. Qui, dopo aver proposto Mosto, viene anche avanzata l'ipotesi di candidatura Bixio (MCRR, *Copialettere*, 526, 439; 527, 29).

[214)] MCRR, *Copialettere*, vol. 527, 36-41.

scimento sicuro nel voto e dove non a caso si era trasferita *L'Unità Italiana*, ivi chiamata da amici, e che ora, «nella patria di Parini e di Cattaneo», si sentiva cittadina di pieno diritto.[215] Qui, in specie a Milano, si era subito sviluppata l'organizzazione dei circoli elettorali, ed aveva assunto immmediatamente colorazioni antigovernative: fin dal 10 gennaio *Il Diritto* dà notizia della costituzione di una associazione elettorale che intende appoggiare uomini non preconcettamente antigovernativi ma

«determinati a porre a freno e riparo ad una improvvida aministrazione che suscitando recriminazioni e discordie, può compromettere la causa nazionale».

Il circolo sarà chiamato *della Borsa*[216] poiché, sostenuto da ambienti economici e finanziari e si riunisce nei locali della Borsa milanese; poco dopo gli si affiancherà quello dell'*Unitaria*, anch'esso schierato su una linea di opposizione.[217] Al di là delle retoriche affermazioni sulla grande tradizione della democrazia lombarda o sulla non meno grande tradizione civile, una cosa si nota invece nella lotta elettorale e nella deputazione che ne esce: la scarsa presenza in quel gruppo, fatta eccezione di pochi nomi, di personalità di rilievo, come se avessero fatto di tutto per autoescludersi dalla rappresentanza.[218] Non di meno impressiona il risultato dei collegi della provincia di Brescia, dove Depretis aveva esercitato l'ufficio di governatore e anche adesso si candida nel collegio cittadino: qui un gruppo di nomi, alcuni, come Acerbi e Zanardelli, provenienti dal movimento garibaldino, compattamente sostenuti da un *Circolo*

[215] Vedasi il saluto ai lettori genovesi nell'ultimo numero del 1860, e quello *Ai milanesi* nel primo numero del 1861. Cavour prevedeva che «L'attitude hostile de Garibaldi exercera une influence fâcheuse en Lombardie et dans quelques localités de l'Italie centrale» nelle elezioni: in *La questione romana* cit., vol. I, p. 171, Cavour a Vimercati, 4 janvier 1861.

[216] *Il Diritto* del 10 gennaio 1861. La prima riunione si è tenuta la mattina del 9 nei locali della borsa; ne sono membri Giuliano Guastalla, avvocato, Ferdinando Triulzi, Luigi Castelli, avvocato, Francesco Della Porta, ragioniere, Gaetano Agnelli avvocato.

[217] *Il Diritto* del 22 gennaio presenta il primo come «più eclettico e perciò più procelloso»; il secondo, più politico, raccoglie «la parte puritana dell'opposizione». Ma a questa data entrambi avevano subito scissione. Per quello dell'*Unitaria* vedi avanti; da quello della borsa era nato un circolo locale, che sostenne nel primo collegio milanese la candidatura di Ambrogio Trezzi, poi affermatasi, ottenendo per questo carattere locale l'appoggio de *La Perseveranza*.

[218] La situazione sembra ripetere quanto già avvenuto nel 1860, e su ciò si veda NICOLA RAPONI, *Politica e amministrazione in Lombardia agli esordi dell'Unità* cit., pp. 159-65, con l'aggravante che è proprio la sinistra democratica ad abbassare ulteriormente il livello qualitativo dei suoi eletti, fra cui mancano ora uomini come un Cattaneo e Bertani.

*Nazionale*[219] e presentati da *Il Diritto*, guadagnano 7 collegi su 10.[220] Ma il risultato non può accreditarsi al movimento dei *Comitati*, o alla prevalente azione della sinistra radicale, che invece riuscì a far parlare di sé provocando una scissione nel *Circolo Elettorale della Società Unitaria* di Milano, da cui nacque il *Circolo Popolare Elettorale Unitario*.[221] Questo rese rapidamente noto un programma molto radicale nel quale, accanto alla creazione di un nuovo ministero, si chiedevano riforme sociali e il suffragio universale, ma non lo accompagnò con indicazioni di nomi di candidati, salvo e per onor di bandiera, essendo stato il promotore della scissione, Vincenzo Brusco Onnis.[222] D'altra parte questo programma non trova grande risonanza sulla stampa, e *L'Unità Italiana*, la più solerte sostenitrice del *Circolo Popolare,* ma meno presente nel dibattito elettorale di altri fogli, si trova a polemizzare più volte anche con il moderatismo de *Il Diritto* che non riesce a svolgere il suo ruolo di giornale di sinistra neppure nella campagna contro la rielezione dei 229.[223] I risultati apparentemente migliori ottenuti dai candidati della *Società Unitaria* a Milano non possono modificare un quadro sostanzialmente negativo rispetto alla autonoma presenza delle forze della sinistra garibaldina: i nomi presentati da quella associazione corrispondono piuttosto all'antipiemontesismo lombardo che non a una evidente scelta di linea politica e mentre tra gli eletti figura il nome di Giuseppe Ferrari, dimostratosi già nel precedente parlamento tanto roboante quanto innocuo ai fini dello scontro politico, c'è pure quello di Giovanni Cappellari, alla fine presentato a Gorgonzola, uomo tanto caldo anticavouriano oggi quanto ben noto

[219] Candidati nazionali, o presentati da circoli che assumono tale denominazione sono in genere elementi misti del *Terzo partito* insieme ad elementi provenienti dal garibaldinismo.

[220] *Il Diritto* del 20 gennaio presenta, come designati dal *Circolo Nazionale*, Anselmo Guerrieri Gonzaga ad Asolo; Francesco Cuzzetti a Breno; Luigi Melegari a Castiglione dello Stiviere; Filippo Ugoni a Verolanuova. Erano stati tutti eletti nel 1860 e confermati ora. A Chiari, nel collegio che in elezione suppletiva nel maggio 1860 aveva eletto Depretis, ora è presentato ed eletto Berardo Moggi; Zanardelli è presentato ed eletto a Iseo; Depretis è eletto a Brescia; i candidati del *Circolo Nazionale* non eletti sono Giovanni Acerbi per Lonato; C. Beccalossi per Leno; Ferdinando Odorici per Salò. Sette collegi su dieci sono conquistati dunque dai candidati del *Terzo partito,* appoggiato da elementi garibaldini.

[221] *L'Unità Italiana* del 13 gennaio riporta un lungo articolo firmato da V. Brusco Onnis, *Circolo Elettorale promosso dalla Associazione Unitaria,* nel quale si fa una ricostruzione della crisi di questo Comitato dal punto di vista dei promotori della scissione.

[222] Riportato su *L'Unità Italiana* del 17 gennaio 1861 è in *Appendice*. Anche il *Comitato di Provvedimento* di Varese, secondo *Il Diritto* del 26 gennaio 1861, fece un appello a non sostenere candidature di campanile, ma senza indicare nomi alternativi. Lo stesso giornale pubblica il 19 gennaio il programma della *Società Unitaria*, ma non quello del circolo scissionista.

[223] Si veda l'articolo *Sì o no* nel numero del 23 gennaio, ma si è già ricordato altrove che al foglio mazziniano non andava a genio quella che a lui sembrava un'involuzione moderata de *Il Diritto* e fin dal 3 gennaio aveva denunciato questa situazione.

come solerte sostenitore dell'Austria ieri, nelle cui posizioni, e con profondo malessere, *La Perseveranza* sente un preoccupante puzzo di opportunismo sotto vesti municipali.[224] *Il Diritto*, prima del risultato, giudicherà comunque positivamente il movimento elettorale sviluppatosi nella Lombardia e a Milano, e ne attribuirà parte dei meriti ad un *Comitato della libertà elettorale*, struttura di coordinamento più che promotrice di iniziative e, sempre secondo il foglio di Torino, operativa anche dopo le elezioni sotto la presidenza di tal Vincenzo Bertolini.[225] Anche tenendo conto di questo più attivo quadro lombardo la posizione della democrazia garibaldina appare talmente ininfluente nel panorama della lotta in corso che quando Bellazzi, con qualche supponenza, si rivolge a Nino Bixio per invitarlo a scegliere tra Sarzana e Quarto, questo suo intervento non sorte effetto alcuno, perché l'illustre generale può contare su più influenti appoggi per essere eletto in un collegio genovese.[226] La situazione delle candidature nei collegi genovesi chiarisce la condizione in cui, dal punto di vista della lotta elettorale, si trova ad agire la *Associazione dei Comitati di Provvedimento*: essa infatti non avrebbe potuto non sostenere le tre candidature avanzate dal Circolo Elettorale genovese, poiché i nomi proposti erano certamente antigovernativi[227] e tradizionalmente collegati al movimento garibaldino, basti ricordare, per non dire di Bixio, il marchese Vincenzo Ricci, presidente dell'assemblea del 4 gennaio. Nel momento in cui Garibaldi, con le sue prese di posizione sulla questione elettorale, aveva tolto loro ogni autorevolezza su

---

[224] Le prime candidature avanzate dall'*Unitaria* a Milano sono quelle di Giuseppe Ferrari, Angelo Brofferio, Luigi Castelli e Antonio Mosca. Solo questo fu eletto a Milano, Ferrari a Gavirate, Brofferio a Casalmaggiore, Castelli a Rho. Eletto in un collegio cremonese, sua terra d'origine, anche Giovanni Cadolini. L'attacco al Cappellari apparve il 24 gennaio su *La Perseveranza*.

[225] *Il Diritto* del 24 gennaio 1861. Ben diversa la valutazione di Cairoli e Bertani sulla lotta elettorale nella regione, e su ciò v. Cap. II.

[226] MCRR, *Copialettere*, vol. 526, 219. Bixio era stato candidato per uno dei collegi cittadini, insieme a Vincenzo Ricci e Lorenzo Pareto, dal *Circolo Elettorale genovese*, la cui assemblea di «spettabili cittadini» si era riunita la sera del 18 gennaio. Qualche giorno prima Bixio era stato trionfalmente fatto socio onorario del *Circolo del Commercio*, che costituiva il centro della vita sociale genovese: si veda *Il Movimento* del 17 e del 19 gennaio 1861.

[227] A Cabella, escluso dalla elezione, Cavour, respingendo qualunque responsabilità nel cattivo risultato, scrisse «reputo non aver influenza di sorta sugli elettori genovesi, che sono, furono e saranno sempre proclivi a favorire chi combatte il governo» (Cavour a Cabella, 7 maggio 1861, in Chiala, vol. IV, pp. 229-30, e riportata in F. Ridella, *La vita e i tempi di Cesare Cabella* cit., pp. 344-45). Dissento dall'autore, che ritiene le affermazioni di Cavour non sincere. In anni più tardi lo stesso Cabella venne alla conclusione di essere stato avversato più da Rattazzi, nelle file del cui partito militava, che dal conte, il quale nella stessa lettera aveva osservato che «ove i suoi [del Cabella] amici gli fossero rimasti fedeli» poco avrebbe potuto l'opposizione di Cavour alla rielezione. Anche questa volta i tre candidati genovesi erano riconducibili alle posizioni del *Terzo partito*. Il Pareto venne in quei giorni nominato senatore.

questo terreno, pochi avrebbe potuto accettare una candidatura esclusiva dei *Comitati*, perché avrebbe assunto una valenza di estrema sinistra, e perché era ben difficile, se non impossibile, intravvedere nel movimento garibaldino una linea qualunque di politica parlamentare,[228] non solo per la formazione recente dell'associazione. Dunque nelle parole rivolte da Bellazzi al comitato livornese per avvisarlo che

«Ultimate appena le occupazioni per la lotta elettorale si provvederà all'istituzione dei Tiri Nazionali per mezzo dei singoli Comitati»

si sente quasi un sospiro di sollievo, il senso di un ritorno sui vecchi e più sicuri passi di un organizzazione senza troppe mire politiche.[229] A un anno di distanza Bertani non poteva più avere dubbi sull'impossibilità di trascinare Garibaldi ad essere protagonista nelle questioni politiche del giorno, o farsi soverchie illusioni sulla ripresa dell'azione rivoluzionaria nella prospettiva della liberazione del Veneto e di Roma. In lui rimaneva un rammarico per una potenza che ancora una volta era venuta meno alle aspettative:

«Purtroppo Garibaldi non è iniziatore politico, né rivoluzionario, ed ubbidirà finché non gli si porga il destro di scendere in campo, non fosse che con 100 uomini. Egli non sa, e non sente o non vuol usare, della sua potenza in tutto il partito democratico rivoluzionario europeo».[230]

Mentre si evidenziava una *politica garibaldina*, come osservava Cavour,[231] cioè un ordine di problemi da risolvere che dipendono strettamente dalla presenza sulla scena pubblica di un personaggio di tal fatta, con tutto ciò che rappresentava, e non solo sul piano simbolico; mentre la lotta elettorale da più parti veniva drammatizzata nel conflitto tra Cavour e Garibaldi, la politica di quest'ultimo in realtà non c'era, non aveva trovato modo di manifestarsi. Dei

228) Significativo il fatto che nella galleria dei *Nostri candidati* intrapresa dal Brofferio sul *Roma e Venezia*, i nomi che vi ricorrono, accanto ai Crispi, Dolfi, De Boni, Grilenzoni, sono quelli del Sanna, del Mellana, dell'Asproni, del Brofferio ecc., militi tutti della vecchia Sinistra parlamentare e sia pure della sinistra di questo partito.

229) MCRR, *Copialettere*, 526, 496, Bellazzi al Comitato di Livorno, Genova, 22 gennaio 1861.

230) BMF, CG XCI, 5, Bertani a Dassi, 4 febbraio 1861.

231) È stata troppo trascurata questa categoria della politica del "garibaldinismo" che proprio Cavour utilizza, e si veda quanto scrive al La Marmora il 16 novembre 1860: «Le lotte che avremo a sostenere saranno lotte politiche, e quelle saranno vivissime. Il Garibaldinismo lasciato il campo si presenterà nel Parlamento; e ci darà seri fastidi»: in CHIALA, vol. IV, p. 95.

due grandi nodi che il conte indicava come decisivi ai fini delle possibilità del suo governo di continuare nella intrapresa politica, «Garibaldi et l'état de choses à Naples»,[232] il primo si sarebbe rivelato tanto più difficile a governare poiché non trovava un punto fermo in una dottrina, in una organizzazione, in una linea politica, restando irriducibile e inafferrabile alla dimensione parlamentare nella quale Cavour poteva batterlo. Anzi, sconfitto in Parlamento, come in occasione delle elezioni o dello scontro parlamentare dell'aprile 1861, si ripresentava più forte nel Paese. Da questo punto di vista esso esprimeva più un limite che un valore positivo: un simbolo in cui le contraddizioni del processo unitario, l'incontro di due realtà così compiute e diverse dell'Italia, si ripresentavano costantemente,[233] animando il latente e perenne sentimento antiliberale e antiparlamentare del Paese, che la corona, con tanta sagacia, alimentava.

L'assenza del partito d'azione o il segno di una specifica presenza della sinistra nella campagna elettorale, la sostanziale scomparsa della sua visibilità a favore del *Terzo partito*, interessava non solo le province centro settentrionali, giacché Mazzini, che certo da Londra ha un'idea della situazione costruita sui giornali e sulle discontinue notizie che riceve dai corrispondenti,[234] scrive preoccupato al Saffi

«Non vedo organizzazione dei nostri, non banchetto, non comitato, non nome. Vedrete che i dottrinari compatti e organizzati vinceranno la prova»

e nel linguaggio mazziniano i dottrinari sono appunto gli uomini del *Terzo partito*.[235] Ma bisogna pur dire che egli non molto aveva fatto per spingere i suoi in questa direzione. Egli sente il bisogno di richiamarli ad un'agitazione elettorale che sia pubblica, fatta cioè di banchetti, di dimostrazioni, di comizi, e pensa di saldarla con l'iniziativa in Parlamento,[236] secondo un costante movimentismo che specie in questo periodo lo accompagna. Ma intanto quando ha detto a Bellazzi le sue idee circa le necessità urgenti e i compiti del partito nulla ha detto sulla priorità della preparazione della lotta elettorale.[237] Il fatto è che Mazzini non ha grande fiducia che la via parlamentare possa portare a Venezia

[232] In *La questione romana* cit., vol. I, p. 171. Ciò è detto in un rapporto al Vimercati a Parigi, ove si spiegano le valutazioni del governo sulla situazione e le prospettive del Paese.

[233] Si veda la nota 83.

[234] SEI, *Epistolario*, vol. XLI, le lettere del 2 dicembre 1860 e del gennaio 1861 a Saffi, del 3 gennaio 1861 a Emile A. Venturi, e varie altre del periodo dicembre-gennaio che indicano i difficili rapporti epistolari tra Mazzini a Londra e gli amici napoletani.

[235] *Ivi*, Mazzini a Saffi, [London, gennaio 1861], pp. 276-79. la citazione a p. 277.

[236] *Ivi*, Mazzini a Macchi, [London] 4 gennaio 1861, pp. 249-53. Vedi in particolare p. 253.

[237] *Ivi*, pp. 205-10, a Federico Bellazzi, Firenze, 29 novembre 1861.

e a Roma, e quindi ove pure chiami i fedelissimi, come Cironi e Giannelli, ad attivarsi, non manca di sottolineare il carattere di ripiego che questa scelta ha, rispetto ad una pura azione rivoluzionaria,[238] una strumentalità che diviene non meno chiara nei consigli che dà a Pianciani di accettare la candidatura, ma di dimettersi dopo aver fatto un po' di propaganda in Parlamento.[239] Insomma anche passando per Mazzini si rivelano le inadeguatezze politiche ed organizzative del movimento democratico ad affrontare l'appuntamento elettorale con speranze di pur minimi successi, e l'esule si contenterebbe di un solo deputato del colore che intende lui; tutto ciò mentre la stampa moderata e democratica continuano a presentare la scadenza come una specie di resa finale di conti tra due idee dell'Italia e del suo futuro, tra due programmi.[240]

Chi invece, forte dell'esperienze e della credibilità conquistata nelle elezioni del marzo 1860, si presenta come una vera e propria macchina conquistatrice di consensi è la *Società Nazionale*, che nelle Marche e dell'Umbria si presentava fortissima anche per le influenze esercitate nell'ultimo anno su quei territori agendo dai centri ove altrettanto fortemente insediata era la sua presenza e vivace la sua azione, le Romagne e la Toscana. L'Italia centrale, dal punto di vista elettorale, appariva ampiamente dominata dalla presenza pervasiva della società lafariniana, ciò che era ben noto a tutte le forze in competizione, e quando *Il Movimento* avanzò l'ipotesi che un certo numero d'indipendenti sarebbero stati eletti in quelle regioni «eccetto le Marche e l'Umbria che manderanno ministeriali puri» forse si faceva una qualche volontaria illusione.[241] L'opera di

[238] *Ivi,* pp. 281-84, a Giannelli l'11 gennaio 1861, scrive che il moto elettorale «Un tempo non importava gran che. Speravamo in altro che nel Parlamento. Oggi è altra cosa» e gli fa balenare la speranza di un risultato positivo al sud. Si veda anche, sempre in direzione di una attivazione dei repubblicani toscani, quanto scrive a Giuseppe Dolfi, *ivi,* pp. 279-81, e in edizione corretta in ELIO CONTI, *Lettere inedite di Giuseppe Mazzini a Giuseppe Dolfi,* in *Rassegna Storica del Risorgimento,* a. XXVI (1949), f. III-IV, pp. 159-188, a p. 160.

[239] SEI, *Epistolario, Appendice,* vol. V, a Luigi Pianciani, [London, gennaio 1861] pp. 133-34.

[240] Per completezza d'informazione segnalo che da Bondeno Ladislao Cuttica scriveva a C. M. Buscalione di «un ridicolo club che con proclama il più virulento ci propone Alberto Mario e Maurizio Quadrio». Questo fu in ballottaggio con Pietro Conti nel collegio di Comacchio.

[241] Si veda il supplemento al numero del 18 gennaio. Dei candidati presentati nelle Marche dalla *Società Nazionale,* cfr. T. ZAMPETTI BIOCCA, *La Società Nazionale* cit., p. 285, 14 su 18 furono eletti. Dei 4 residui, Cagli, Sanbenedetto, Sanseverino, Urbino, il primo era stato assegnato a Rinaldo Simonetti, che sappiamo fu tra i promotori della scissione del comitato emiliano, e molto probabilmente non più sostenuto. Il controllo sulle carte di provenienza dall'archivio di C. M. Buscalione, conservate in MCRR, consente di attribuire alla società lafariniana 23 collegi sui 29 di cui è possibile definire i candidati da essa sostenuti o appoggiati. I 6 collegi non guadagnati sono 2 fuori dell'Italia centrale (Busto Arsizio e Cantù), 2 nell'Umbria (Todi e Città di Castello), dove forte prestigio aveva acquistato il Pepoli, vicino o avvicinatosi al Terzo Partito, mentre l'uomo del re, Gualterio,

propaganda della *Società Nazionale* pose l'accento, nel tentativo di mantenersi collegata con tutte le frazioni liberali, quindi anche con alcuni settori garibaldini e con il *Terzo partito*, sui minacciati pericoli del partito mazziniano, suscitando anche qualche ironia sull'eccesivo tono di questa campagna.[242] Era proprio questa forza trionfante dell'associazione lafariniana a farla apparire allora come il primo partito d'Italia, ma essa in realtà nascondeva una doppia crisi di direzione, e di ispirazione politica, che non poteva certo dirsi di natura solo organizzativa.[243] Essa costituisce così il punto più vulnerabile nella capacità di tenuta del sistema di alleanze cavouriano, ed il conte forse non ha neppure conoscenza di quanto sta avvenendo in quel delicato e fondamentale organismo cui negli anni e nei mesi precedenti aveva affidato il ruolo di collegamento con i settori attivi dell'opinione nazionale e attraverso il quale aveva rafforzato la sua figura di *leader* e modernizzato la politica del Piemonte.[244] Il La Farina poi, in una lettera aperta ai suoi, ripeteva il dovuto omaggio alla direzione cavouriana del movimento moderato e scriveva nel suo programma elettorale, diffuso in Sicilia a nome della *Società Nazionale*:

«Ci dicono *cavouriani* quasi fosse ingiuria quel nome. Io per me lo accetto, e me ne fo vanto, perché mi onoro di essere partigiano di quella politica che ci condusse a Milano, a Parma, a Modena, a Firenze, a Bologna, a Perugia, ad Ancona; di quella

che non meno influenza si era guadagnato nella regione, a sua volta non aveva simpatia per il La Farina. Gli altri 2 sono a Cento e Pavullo, ma in quest'ultima località l'associazione è debole. I 23 candidati vittoriosi sostenuti o appoggiati dalla *Società Nazionale* sono: per Arezzo Carlo Poerio; per *Borghetto Lodigiano* Davide Levi; per Borgo S. Donnino Giuseppe Verdi (anche l'altro candidato è portato da un settore della società); per *Cairo Montenotte* Apollo Sanguinetti, sacerdote; per Cortona Sansone D'Ancona; per Empoli Antonio Salvagnoli; per *Fossano* Ignazio Pettinengo; per Foligno Tiberio Berardi; per Grosseto I Giovanni Morandini; per Lucca Giovenale Vegezzi Ruscalla; per Massa Carrara Domenico Cucchiari; per Lugo Silvestro Gherardi; per Modena I Giuseppe Malmussi; per Montepulciano Giuseppe Canestrini; per *Oneglia* Casimiro Ara; per Parma I Giuseppe Piroli; per *Pavia* Giovanni Mai; per Perugia I Pepoli Gioacchino; per Perugia II Nicolò Danzetta; per Pontremoli Antonio Giuliani; per Ravenna II Pietro Beltrami; per *Spezia* Carlo Pellion di Persano; per Volterra Lorenzo Nelli. In corsivo le località dell'Italia settentrionale. All'elenco degli eletti lafariniani va aggiunto il deputato di Spoleto, Luciano Scarabelli.

[242] Cfr. l'appello *Agli elettori della provincia di Parma,* Parma, Tipografia Cavour, 1861, edito nel gennaio, dopo il fallimento della trattativa per un impegno comune dei liberali, condotta dal Boncompagni. Copia in MCRR, N. G., V, 33, 25. Per la polemica con i lafariniani vedasi l'articolo *I Lafariniani e gli indirizzi per lo sgombro di Roma,* in *L'Unità Italiana* del 20 gennaio 1861.

[243] «The Italian National Society seemed about to became Italy's first national political party», R. GREW, *A Sterner Plan* cit., la crisi appare fin d'ora non solo di tipo organizzativo.

[244] Si tratta di quello che brillantemente C. PISCHEDDA, *Cavour dopo Villafranca* cit., ha definito il "secondo connubio".

politica che rese possibile l'eroica spedizione di Garibaldi [...] Se avrò l'onore di sedere anche questa volta, in parlamento combatterò adunque nelle file capitanate da
Cavour»,[245]


esplicita ed orgogliosa dichiarazione di appartenenza a uno schieramento che
per semplicità identifica una politica in un nome. Ma in quella stessa lettera, al
vanto di dirsi "cavouriano" unisce anche quello «del nome di *Piemontese*», e si
badi che dietro questa polemica, e il conte che piemontese lo era non si sarebbe perciò vantato di esserlo, si affacciava il grande tema della riforma decentra-
tiva dello stato. Certo era l'ammirazione di chi, siciliano, nel 1860 aveva trovato
nella sua terra una situazione tale per cui «il [18]48 era la repubblica di
Platone»,[246] onde il ruolo assolto in Italia dal Regno Sardo poteva apparirgli
solo un miracolo compiuto in pochi anni da una classe dirigente forte e coesa, e
non anche il frutto di tutta l'evoluzione della politica europea, e di condizioni
geopolitiche di accesso ai flussi modernizzatori provenienti dall'Europa, tutt'affatto diverse da quelle che avevano coinvolto la Sicilia. Era un limite di formazione culturale, ma era un anticipo di quello smarrimento politico che all'indomani del voto, quando ci si dovrà misurare con la questione cruciale dell'ordinamento del Paese, diverrà dissenso dalla linea cavouriana.[247] Ma questa incertezza o riserva in realtà è già largamente presente nel più vasto corpo dell'associazione, e riappare in uno dei programmi diffusi localmente, precisamente a
Parma, il quale ebbe sulla stampa larga diffusione.[248] Partendo dall'affermazione che il Parlamento e gli organi costituzionali *erano* la nazione, in una prospet-


245) Cfr. *Epistolario* di Giuseppe La Farina cit., vol. II, G. La Farina a C. Pisano,
Messina, 12 gennaio 1861, pp. 466-70; la citazione alle pp. 468-9. La lettera fu diffusa a
stampa a Messina.
246) *Ivi*, p. 461, a Vincenzo Gallina, Palermo, 25 dicembre 1860.
247) Certo il La Farina quando scrive al Pisano ha maturato già l'ostilità al progetto regionalista di Minghetti, perciò la sua posizione è distante dalle caute intenzioni unifica-
zioniste di Cavour, e non è inutile notare che la lettera, senza riserve nei confronti della
direzione cavouriana, si chiude con una chiara riserva a votare «quei virili provvedimenti
che soli potranno far godere a queste provincie [meridionali] i frutti di tanti sacrifizii fatti
e di tanto sangue versato in pro' della libertà, dell'indipendenza e dell'unità nazionale»:
*ivi*, p. 469.
248) *La Gazzetta del Popolo* ne parlò il 12 gennaio 1861, attribuendolo alla penna di A.
Redenti. In MCRR, 718, 44, una lettera di Saverio Scolari a C. M. Buscalione, da Parma,
11 (gennaio) 1861 dice: «Ha veduto il programma elettorale che ho scritto per questo
Comitato della Società Nazionale? Mi pare che non ci possano accusare d'intolleranza e di
esclusività. Non domandiamo che una buona professione di costituzionalismo. Qui fece
buon effetto». La lettera conclude con buone previsioni di successo elettorale «mandere-
mo tutti quelli della volta passata», e fu così, cambiando però i collegi e col nome nuovo
di Verdi per Borgo San Donnino, mentre Farini non si presentò nel collegio di Parma I.
Quindi i 5 deputati parmensi possono essere attribuiti alla *Società Nazionale*.

tiva di allargamento del suffragio che sarebbe stato reso possibile dallo sviluppo dell'istruzione, si discutevano i due problemi centrali sui quali la nuova Camera era chiamata a pronunciarsi: Roma e Venezia, l'ordinamento del Regno. La esposizione del tema istituzioni-nazione era di netta impostazione cavouriana così come tutto il punto relativo a Roma e Venezia. Ma sul secondo aspetto, la questione interna,[249] senza tacerne la gravità né le alternative cui dava luogo, tra esigenza di unificare e quella di garantire il rispetto delle specificità, non si prendeva alcuna posizione poiché

«il mandato da conferirsi ai deputati non può soffrire alcuna condizione o limitazione; ma comprenderà la pienezza del potere legislativo, che originalmente risiede nella nazione»,

e sembrava un modo un po' confuso di demandare tutto agli equilibri nuovi che si sarebbero costituiti nel nuovo Parlamento. Anche la bozza Boncompagni su questo punto era stata confusa, ma lì si trattava di un tentativo di mettere insieme parti diverse, qui era un partito che parlava ed ammetteva, sia pure tra tanti giri di parole, di non avere una propria proposta su un tema così cruciale. A completare il quadro dei problemi bisogna anche considerare che l'altro punto di crisi sorto nella *Società Nazionale* nasceva dalla direzione lafariniana, esposta enormemente negli anni 1859-'60. Il La Farina in questo impegno aveva subito due scacchi decisivi: l'allontanamento da Napoli il 13 luglio 1860, che lo aveva fatto apparire incompatibile con Garibaldi; le dimissioni, proprio in questi giorni, dal consiglio di luogotenenza in Sicilia e la sua successiva partenza dall'isola, dove s'era recato non solo per collaborare all'opera di riordinamento della amministrazione, ma anche a organizzare le elezioni e ricostituire le locali strutture della *Società nazionale*.[250] Come dopo la prima sconfitta a Napoli, anche in questa occasione il forsennato attacco rivoltogli tende a mettere in discussione l'alleanza tra Cavour e la *Società Nazionale*, i cui comitati vengono sollecitati a liberarsi di un personaggio ingombrante. La prima crisi era stata superata grazie all'imminente azione nelle Marche e nell'Umbria, che ave-

---

[249] Il testo che ho sotto gli occhi, proveniente dall'archivio di C. M. Buscalione, è stato utilizzato per riprodurlo su giornale. In frontespizio è scritto a penna: «Il nostro Comitato di Parma pubblicò un indirizzo agli elettori» e sulla prima pagina, sempre a penna, si indica allo stampatore il carattere testino, e di nuovo si dice «Il Comitato della Società Nazionale di Parma pubblicò un indirizzo *Agli elettori di Parma*, da cui copiamo il seguente estratto, dolenti di non poterlo riportare per intero». Indi, segnati con tratti di penna i pezzi da escludere, tutta la parte relativa all'ordinamento del Regno è cassata.

[250] Si veda su questi aspetti GIUSEPPE LA FARINA, *Epistolario* cit., vol. II, le lettere del dicembre 1860 dalla Sicilia, specie le due lettere a Cavour del 12 e del 19 dicembre, cui segnala di star cambiando pezzi decisivi dell'amministrazione locale, il questore di Palermo e tutti i prefetti.

va consentito di rilanciare il ruolo dell'associazione nel movimento naziona-le.[251] Ma i motivi di perplessità su questo legame così esclusivo tra La Farina e Cavour dovevano sedimentare nel corpo profondo dell'organizzazione, e di tanto in tanto riaffacciarsi.[252] La crisi siciliana ripropone un problema eviden-temente non risolto, poiché il bene fatto dal suo presidente per la ripresa della società nell'isola, in un certo senso può recar danno altrove,[253] e ancora una volta l'evento provoca una scissione in quel punto importante ed inquieto del suo sistema associativo che è Bologna. Qui Casarini e Simonetti, che tra luglio e agosto avevano ritenuto la direzione lafariniana troppo schiacciata sul governo,[254] promuovono un *Comitato Elettorale*, distinto da quello ortodosso, e al quale si richiamano alcuni settori della *Società Nazionale*.[255] Il programma bolognese appare così vicino a quello del *Terzo partito* che non solo *La Monarchia Nazionale* lo pubblica con evidenza, ma alcuni lo ritengono opera di questa fucina.[256] Comunque dalla sua lettura non è difficile valutarne i punti di convergenza con le posizioni rattazziane:

L'esempio dei popoli liberi, la solennità delle circostanze ci hanno indotto a riu-nirci in Comitato Elettorale.

Nostro proposito è di indicare e presentarvi quei cittadini, che pei principii e per i precedenti politici sono a nostro avviso atti a rappresentare la nazione nelle at-tuali condizioni.

[251] Si veda il capitolo I.

[252] L'8 novembre 1860 Giovenale Vegezzi Ruscalla informa Lorenzo Festi che gli emigrati veneti «furono in due schiere in due giorni diversi da La Farina per far propria la *Società Nazionale* e consegnarla esclusivamente alla questione veneta». E aggiunge: in que-sto caso La Farina resterebbe presidente dell'associazione, mostrando indirettamente, ma con evidenza che dopo la crisi di luglio-agosto la questione della presidenza era rimasta aperta (MCRR, 718, 82, 1).

[253] Ercole Benedetto Monti scrive a C. M. Buscalione il 22 gennaio 1861 che Gualterio, nel lasciare Perugia, e visti i casi del La Farina in Sicilia «mi manifestò essere suo parere che la Società Nazionale Italiana è ormai più d'imbarazzo che d'aiuto alla cau-sa» e in sostanza chiede, sia pur in modo sfumato, le dimissioni del presidente (MCRR, 717, 63, 2).

[254] Che il motivo del conflitto sorgesse intorno al rapporto Cavour-La Farina lo con-ferma lo scambio di lettere tra il conte e il Casarini, riportato in A. DALLOLIO, *La spedizio-ne dei Mille* cit., pp. 142-44.

[255] Il Comitato di Perugia precisa che tarda a costituirsi per non rischiare lacerazioni coi seguaci del comitato scissionista bolognese, cui si richiama invece quello di Medicina (MCRR, 716, 75, 2).

[256] Pubblicato con evidenza da *La Monarchia Nazionale*, da qui A. Fabbretti lo tra-scrive in una lettera a Ercole Benedetto Monti in Perugia, in data Torino, 22 gennaio 1861, riporta i sette punti programmatici, e attribuisce il programma ai rattazziani, ag-giungendo di «aderi[re] completamente» ad esso, che ha la data di Bologna, 17 gennaio 1861, vedi la nota successiva. La lettera del Fabbretti in ASR, *Carte Pianciani*, b. 34, f. Monti Ercole Benedetto.

È lungi da noi l'idea di imporre dei nomi, non volendo usare che la facoltà, concessa ad ogni cittadino, della proposta.

Coerenti alla nostra fede politica vi designeremo uomini i quali accettano e danno guarentigia di seguire il seguente

## PROGRAMMA

1) Unità d'Italia colla Monarchia costituzionale di Re Vittorio Emanuele e della sua dinastia.

2) Inalterate le prerogative del Re e del Parlamento.

3) Liberazione della Venezia al più presto, affrettando nel tempo stesso la fine dell'occupazione militare di Roma, naturale capitale d'Italia.

4) Aggrandimento dell'esercito e della marina, e armamento generale della nazione.

5) Appoggio all'autorità del governo del re perché le alleanze sieno senza protezione, senza dipendenza.

6) Mantenuti i principi, conciliazione nei mezzi tra gli uomini che meritano la riconoscenza della patria, perché contribuirono grandemente alla sua liberazione.

7) Migliore e pronto ordinamento della pubblica amministrazione.

È suprema necessità che il buon cittadino faccia uso del diritto di elettore, onde il suffragio del paese imponga a tutti rispetto, calmi e concili i partiti.

Accorrete dunque uniti all'urna elettorale e pensate che nel voto degli elettori sia il destino e l'avvenire d'Italia.[257]

Ora i temi di questa posizione eterodossa rispetto alla direzione lafariniana sono in realtà non tali da giustificare una separazione, e se ad essa invece si giunge ciò dipende soprattutto dagli aspetti nei quali più evidente è l'intenzione di avanzare un'istanza conciliatrice col garibaldinismo: nel punto 3, ove il problema di Roma e Venezia è posto senza alcun riferimento alle possibilità ponderate che possano renderne perseguibile la soluzione; nel 4 la questione dell'armamento chiama in causa i volontari; nel punto 5 sul carattere dignitoso e pari delle alleanze; e infine nel punto 6, che insiste sulla conciliazione con tutti «gli uomini che meritano la riconoscenza della patria». Sono i termini tipici della agitazione anticavouriana del *Terzo partito*; ma, a pensarci bene, essi non sono di per se stessi tali da contrapporsi in via di principio ai motivi di fondo

---

[257] Il programma bolognese ebbe risonanza sulla stampa. *Il Contemporaneo* del 25 gennaio 1861 lo pubblica come genericamente rivolto agli *Elettori della provincia di Bologna*, posizione di un *Comitato Elettorale* cittadino. Il foglio lo definisce «uno dei più chiari ed espliciti» in senso anticattolico, giudizio essenzialmente dovuto al punto 3. Copia con data di Bologna, 17 gennaio 1861, è in MCRR, N.G., V, 32, 9, da dove l'ho ripreso; la sottoscrizione di Rinaldo Simonetti, Camillo Casarini ed altri, lo attribuisce indubitabilmente ai settori dissidenti bolognesi della *Società Nazionale*.

agitati dalla società lafariniana, nella sua propaganda, specialmente se si tien conto che la scelta di puntare sull'ideologia antirepubblicana e antimazziniana finiva per creare una convergenza forte su altri aspetti programmatici delicati. Infatti nei manifesti dell'associazione sono due i temi dominanti: completamento della unità della patria, con Venezia e Roma, fatto salvo il primato della iniziativa del governo; unità intorno al re costituzionale. Il modello nazionale proposto tende però a soffermarsi sul re più che sul principio rappresentativo e in certo modo ricerca la propria caratterizzazione su un elemento di stabilità, se non di rigidità, come è il principio monarchico, rispetto alla dinamicità che contiene invece il principio parlamentare, in una prospettiva che sembra anticipare la parola d'ordine non di tornare, che non era ancora il tempo di tornare, ma di *restare* allo Statuto. In questa visione non sono perciò solo i comitati locali a subire una singolare attrazione verso i rattazziani, che negli ultimi due anni hanno sempre tenuto un atteggiamento critico verso il ministero, mentre i lafariniani ne sono stati i fondamentali alleati. Anche nella direzione della *Società Nazionale* si agita qualcosa, non del tutto espresso, e si intravvedono labili, ma significativi segni di una linea che continua a considerare i rattazziani come parte della maggioranza, secondo due ipotesi: di ricomposizione intorno a Cavour di un governo di centro sinistra coi rattazziani, nel quale i lafariniani possono assolvere un'importante funzione di equilibrio; o di alternativa costituzionale intorno a Rattazzi, ed anche in questo caso i secondi avrebbero giocato un ruolo di cerniera per tenere dentro tale alleanza Cavour e i suoi. I capi della *Società Nazionale* non potevano essere smemorati al punto di aver dimenticato le pericolose tendenze illiberali rivelate dal politico alessandrino durante la crisi del gennaio 1860, quando però alla fine si era tutto riacconciato in una combinazione politica nuova e gli avversari di ieri si erano ritrovati insieme, lasciando tuttavia irrisolti i motivi della crisi, orientata in apparenza lungo le cadenze di una normale dialettica parlamentare. D'altra parte essi non potevano sentirsi a proprio agio, considerata la loro originaria natura, dentro il progetto conservatore cavouriano. Viene allora ancor più da pensare in virtù di quali a noi non conosciute vie il re potesse ritenere di «avere tutti i partiti nelle mani».

Nella fase successiva ai plebisciti, si sommano due aspetti della crisi: la difficoltà drammatica di governo del Mezzogiorno e la destabilizzazione, che in parte ne è la più diretta conseguenza, dello schieramento su cui poggia il ministero.[258] La lotta elettorale tende a prenderne atto e confusamente mira al riequilibrio, che si coglie nella specifica difficoltà dell'associazione lafariniana, in

---

[258] Questo aspetto riguarda i rapporti con Farini e con la *Società Nazionale*, ma anche le difficoltà del ministero a trovare alternative ad alcuni ministri inadeguati alla situazione. Si diffondono perciò sempre più insistenti le voci di dimissioni del ministero, riprendendo vigore dopo le elezioni: si veda la polemica de *L'Opinione* del 4 febbraio con la solita *Monarchia Nazionale*.

larghi settori della quale, confortati dal tentativo, fallito, ma esperito, di combinare un programma e un *Comitato Centrale Elettorale* insieme ai rattazziani, si diffonde l'idea della necessità di un ritorno ad una maggioranza più larga. È un modo ostinato di riesumare vecchi equilibri, ormai improponibili perché le linee di demarcazione dei partiti si sono irrigidite, ma perseguibile finché i temi nuovi sui quali reimpostare le scelte di schieramento tardano a farsi luce. Il diniego opposto dal segretario generale della *Società Nazionale*, Carlo Michele Buscalione a Cavour, che vuole ostacolare l'elezione de «lo schifoso Mellana» a Casale e porre fine alla sua «tirannia» su quel collegio, non era certo frutto di "testa dura".[259] Qualche ulteriore dubbio possono provocarlo anche le lettere ricevute da alcuni comitati locali dell'associazione in appoggio a Brofferio e attribuite al Buscalione, potendole ritenere frutto del normale imbroglio con cui si tentava di vincere in tutti i modi le elezioni;[260] ma suscita più di un sospetto l'operato del *factotum* lafariniano se lavora alla candidatura di Annibale Marazio, allora direttore de *La Monarchia Nazionale*, e dunque come pochi legato alle manovre elettorali, e non solo elettorali, dei rattazziani.[261] Partito di

---

[259] Si veda in CHIALA, vol. IV, pp. 146-7, la lettera del 3 di gennaio 1861 all'Ara sulla intenzione del governo di opporre il Bottacco al Mellana, e la nota del curatore, p. 146.

[260] G. B. MICHELINI, *Sulle elezioni* cit., pp. 14-20, fa una viva descrizione delle lotte elettorali in Inghilterra, con gli elementi di corruzione e di inganno che vengono messi in atto per conquistare il voto. Alcune considerazioni moralistiche non ci illuminano sulla situazione in Italia, dove le forme della corruzione parlamentare e la manipolazione della campagna elettorale vengono attribuite al governo. Il nostro, figura di parlamentare indipendente, ma non amato dai cavouriani, non fu eletto in Piemonte, ma nelle suppletive del 7 aprile a Cagli.

[261] MCRR, 717, 32, Annibale Marazio a Carlo Michele Buscalione, [Torino] lunedì, 14 [gennaio 1861]: «Mio signore, Le accludo il mio programma: non occorre pubblicarlo, perché ne ho mandato molti esemplari nel collegio. Abbia la cortesia di tacere nell'articolo che io sono direttore della *Monarchia*; non occorre insistere troppo su questo: altronde la *Nazione* l'ha già fatto sapere a quei pochissimi che occorre». Marazio però non fu candidato nelle elezioni del gennaio-febbraio 1861, ma eletto al ballottaggio il 17 aprile del 1864 nel collegio di Santhià. Che la lettera non possa attribuirsi a tale data, ma al 1861 deriva: a) dalla collocazione archivistica; b) dal fatto che nel '61, il 14 gennaio è lunedì; c) dal fatto che il 14 aprile 1864 non è lunedì. Infine nel 1864 *La Monarchia Nazionale* è certamente cessata. Un altro documento conservato in MCRR, N. G., VI, 7, dà un altro squarcio sulla successiva evoluzione della *Società Nazionale* verso il *Terzo partito*. Si tratta di una lettera, scritta su carta intestata del Comitato Centrale della società lafariniana, di tal Alfonso Ferrari al solito Buscalione, da Torino il 12 gennaio 1862, nella quale si lamenta che essendo stato convocato dal La Farina perché si occupasse di lavori di amministrazione del giornale, evidentemente *Il Piccolo Corriere*, si era licenziato dal posto in cui lavorava, l'amministrazione de *La Monarchia Nazionale*. Stava tranquillo e contento della nuova situazione, ma «questo stato tranquillo mi è repentinamente distrutto dalla fusione dei due giornali e dalla esclusione della mia persona nella nuova amministrazione». La fusione dovrebbe aver interessato solo l'aspetto amministrativo, ma l'evento non è perciò meno significativo. Che poi lo stesso La Farina coltivasse un'ispirazione mediatrice verso il *Terzo partito*, favorendo il varo del primo ministero Rattazzi, lo accenna il Bonghi, quando os-

movimento, nato e fiorito fuori delle aule parlamentari, la società lafariniana era un elemento riottoso al progetto cavouriano, e i tempi viaggiavano forse più veloci di quanto lo stesso ministro potesse pensare rispetto alle possibilità del quadro politico di marcare i confini degli schieramenti, come il conte poteva desiderare o cercare di realizzare, confusi dal mimetismo del *Terzo partito* che continua a invocare la conciliazione. Non si può dubitare che, nelle gravi difficoltà dell'ora, questa via appaia al ceto politico più rassicurante, tanto che lo stesso Cavour non ebbe la forza di portare lo strappo oltre certi limiti, ed era poi quello che *La Perseveranza* gli rimprovera, senza asprezza, ma con fermezza,[262] e in fondo gli addita, presentando con favore il programma di un uomo che certo nei mesi precedenti, e fors'anco nei successivi, non s'accordava col suo moderatismo, quel Giuseppe Montanelli nel programma del quale però era chiaramente posta una scelta regionalista e decentratrice.[263] Ma neppure il foglio milanese, pur cogliendo lucidamente il senso complessivo della posizione del *Terzo partito*, il quale nell'

«inaugurare l'onnipotenza dello Stato, non vede altra miglior via che muovere l'invidia di municipii contro municipii»,

poteva a cuor leggero suggerire un sì profondo rimescolio degli schieramenti in quel momento. Allora ci si poteva ancora adattare all'idea di un passaggio per così dire *à rebours*, in cui l'opera di rinnovamento potesse attivarsi nella fase post elettorale; ma questo momentaneo ripiego sarebbe divenuto, con la scomparsa di Cavour, un punto di non ritorno in un Parlamento privo di personalità e di orientamenti politici forti, e in balia di eventi che nessuno sembrava in grado di governare, soprattutto in assenza di una rotta tracciata e di un nocchiero fermo sulla via fissata. La maggioranza cavouriana al momento annovera nelle

---

servò che esso sorse dallo smarrimento dei settori piemontesi del partito cavouriano, delusi dal ministero Ricasoli, la cui caduta «ebbe a coadiutori due siciliani illustri, l'uno dentro [Cordova], l'altro fuori [La Farina] del Ministero».

[262] *Il Ministero, La* Monarchia Nazionale *e il Terzo Partito*, nel numero del 24 gennaio, ove ribadiva il carattere della sua opposizione al ministero – «Non una quistione di *principii* [...] ma sibbene una di *condotta*, di *pratica applicazione*» – consistente nel fatto che il ministero Cavour, succeduto a quello dei pieni poteri, aveva assunto «una grave determinazione», forse imposta dalle circostanze, di «una persistenza e continuata applicazione di un sistema che era stato respinto», quello accentratore appunto.

[263] *Un nuovo programma* nel numero del 22 gennaio 1861, presenta il programma elettorale del Montanelli, ne richiama i dubbi sul carattere di alternativa reale tra Cavour e Garibaldi, ne sottolinea la franca scelta regionalista e conclude che, già federalista, il toscano: «ora anch'egli nella sincerità dell'animo suo, dice per qual modo soltanto essa [l'Italia] può vincere, e come noi la vuole *unita* ed *una*. Ed è anche questo un segno dei tempi». Il richiamo è a quel «come noi».

sue file sostenitori convinti del decentramento amministrativo, come Minghetti e Farini, accanto ad accentratori altrettanto convinti, come il La Farina, nomi giunti dalle schiere del moderatismo dinastico piemontese come Boncompagni, e liberali avanzati come l'Audinot, il cui programma elettorale conteneva forse una delle più illuminate teorizzazioni del governo parlamentare e del suo naturale sviluppo verso un sistema dell'alternanza.[264] Ma questo era il punto di arrivo di un'altra fase politica, quella che aveva portato all'unità. Il processo di formazione di una forza conservatrice raccolta intorno a Cavour non potè compiersi. Ed anche su questo punto sembra lucida l'osservazione del Bonghi, magari riferita a parti rovesciate, ed intendendo per destra lo schieramento fin allora raccolto attorno al ministero. Osserva infatti lo scrittore meridionale che

«Se il partito di sinistra dell'assemblea del 1861 avesse saputo perire, il partito di destra si sarebbe naturalmente scomposto; perché vinta la prova sul campo su cui aveva insistito sin allora, non avrebbe avuto più modo né ragione di starvi: e la ricca varietà dei bisogni dell'organizzazione d'uno stato nuovo, e dei criterii che vi si possono applicare, avrebbero dato luogo ad una diversa membratura del Parlamento. Perché ciò non è potuto accadere, noi siamo via via caduti in una confusione peggiore, e sempre più inestricabile».[265]

La vittoria «sul campo» della destra cavouriana, era stata quella del metodo moderato, l'aver fuso intorno all'obiettivo dei rivoluzionari, l'unità, gli interessi diplomatici e le aspirazioni delle minoranze attive, aggregando forze di origine diversa, prima il moderatismo regionale, poi l'opinione nazionale raccolta nel movimento lafariniano rafforzato dalla crisi dell'estrema sinistra. Questi settori avrebbero finito inevitabilmente per ridislocarsi; ed era la sinistra, largamente intesa, l'elemento propulsivo, ora che l'obiettivo dell'unità con cui s'era definita, era acquisito. Esso conteneva in sé le ragioni dell'unificazione nazionale e quelle dell'unitarismo statale, e solo la battaglia sul terreno dell'ordinamento del nuovo stato poteva creare le condizioni di un chiarimento, foriero di future distinzioni. Ma i processi di cui parla Bonghi sono facili a descriversi o ad auspicarsi; in fondo definiscono un modello costante delle crisi che colpiscono i sistemi parlamentari, ove la crisi stessa non viene a orientarsi, o viene orientata,

[264] Sta in *L'Opinione* del 17 gennaio 1861. Su questo interessante esponente del movimento liberale cfr. le considerazioni di F. MANZOTTI, *La Destra storica in Emilia nell'età della Destra,* in *Rassegna Storica Toscana,* a. VI (1960), pp. 186-88. Silvio Spaventa testimonia che l'Audinot ebbe offerto il ministero dell'Interno nel gabinetto Ricasoli nel novembre del 1861. Occasione mancata per approfondirne la biografia è la breve nota del *Dizionazio Biografico degli Italiani*. Più ricco il profilo di A. BERSELLI, *Rodolfo Audinot*, in *Il Parlamento nella storia d'Italia* cit., vol. I, pp. 191-2.

[265] R. BONGHI, *I partiti politici* cit., pp. 21-22.

verso una fuoriuscita dal sistema. Nella realtà però sono lenti e dolorosi, implicano sacrifici di idee e di persone, travolte dal moto incessante del cambiamento, e vogliono essere fatti senza che coloro in qualche misura esperti del potere debbano sopportare l'alea di prolungate assenze dalla sua gestione. Anche in questo caso l'esperienza dei pieni poteri ci aiuta a spiegare certe rigidità di Cavour, perché egli temesse tanto di dover lasciare il governo,[266] vista l'immane pressione e i pericoli estremi cui venne esposto il sistema statutario nella crisi della *Nazione Armata*.

Nascono in questo clima i luoghi comuni sulle elezioni del 1861, poi passati dalla polemica contingente all'interpretazione storiografica con una facilità per certi aspetti singolare. Perché prima che in Parlamento, già nel momento della lotta elettorale ha origine la «confusione» lamentata dal Bonghi: la sconfitta del progetto cavouriano si delinea in questa fase, nel momento in cui il conte viene meno a una sua fondamentale norma tattica, per cui fra due programmi che tra loro si contrastano, «il peggiore di ogni partito è sempre quello di rimanere a cavallo tra i due, di oscillare dall'una e dall'altra parte, di non parere risoluto per nessun(o), e smarrire così gli effetti e i benefici di ambedue».[267] Ora, e Cavour lo sapeva bene, il conflitto vero non era tra lui e Garibaldi, secondo la parola d'ordine enfatica lanciata da Mazzini e dalla estrema sinistra. Infatti dove era il programma alternativo, al di là di alcune suggestioni che assai poco potevano far presa, non solo su un corpo elettorale oligarchico?[268] E soprattutto quale visibilità reale aveva avuto durante la campagna elettorale? Quando il tema del "programma" garibaldino era stata ad esempio ripreso da *L'Opinione*, essa da un lato ne aveva mostrato l'assoluta genericità, che non costituiva un viatico efficace ad una linea di governo, e soprattutto, dall'altro, aveva denunciato il carattere di facciata del richiamo alla retorica della conciliazione. Perché, se due erano i temi di fondo del confronto, il completamento dell'unità e la riforma del sistema amministrativo e dello Stato, il primo era solo un classico, grande motivo di agitazione ideologica. I ministeri post-cavouriani dimostreranno ampiamente che tra «uno stato permanente di rivoluzione e di guerra, modificato da una tregua tacita» e una politica di alleanze internazionali,[269] di rispetto delle potenze amiche, non esisteva alcun vero conflitto, e qualora la

---

[266] Il problema prevalente ancora una volta appare quello della linea politica, come Cavour sottolinea scrivendo a Poerio il 13 gennaio 1861, sia pur in tono scherzoso, ma non meno rappresentativo del suo pensiero. Infatti osserva che la caduta del suo ministero non sarebbe stata gran male «se ve ne fosse in pronto un altro, capace di lottare con il garibaldinismo»: in *Liberazione del Mezzogiorno*, vol. IV, cit, p. 206.

[267] R. BONGHI, *I partiti politici* cit., p. 86.

[268] Il programma elettorale coi contenuti politico-sociali più radicali è certamente quello del *Circolo Elettorale Popolare Unitario*, che però non ebbe grande successo in termini di risultati.

[269] L. GALEOTTI, *La prima legislatura* cit., p. 14. L'analisi dello scrittore toscano fa nascere questa alternativa dalla cessione di Nizza, tema che tornò in questi giorni nella con-

rivoluzione avesse voluto uscire dalla «tregua apparente», l'irrealismo, l'impraticabilità di questa via si sarebbero subito rivelati. L'alternativa Cavour-Rattazzi perciò non era questione di personalità: essa interpretava il conflitto tra la conservazione del sistema di governo delineato dalla legislazione rattazziana che il paese, anche formalmente, non aveva voluto, né accettato, ma subìto, essendo sorta in regime di poteri eccezionali, e la faticosa ricerca di una «costituzione legislativa ed amministrativa del Regno» che fosse scaturita dalla matura e ponderata riflessione del Parlamento.[270] Era alla fine qui il senso ultimo della disperata difesa cavouriana della prerogativa parlamentare, perché il ceto politico non solo avrebbe preferito le tranquille scelte di conservare ciò che non sapeva da che parte riformare, e perché nessuno avrebbe potuto raccogliere intorno a sé lo stesso prestigio che solo a lui, agli occhi del paese liberale, dava la forza di ostacolare lo spregiudicato esercizio della prerogativa regia.

Dobbiamo immaginare che questo conflitto, per la sua acutezza, non poteva sfuggire, né sfuggiva, alla classe dirigente, e soprattutto a quel vasto corpo di funzionari che costituiva l'insieme della macchina dello Stato. Ciò ha una sua importanza per ben giudicare la grande polemica sull'intervento dello Stato nelle questioni elettorali sorta non da allora, ma certo molto sottolineata in occasione delle elezioni del 1861,[271] la quale per molti aspetti sembra anch'essa l'eredità di una battaglia ideologica che poco ha da vedere con la realtà. Infatti gli uomini di governo intervenivano come comuni uomini politici nel momento in cui andavano avanzate, selezionate, proposte e sostenute le candidature elettorali: ciò ci documentano in particolare i carteggi di Cavour, di Minghetti, di Farini ecc. e non v'è neppur dubbio che un tale sostegno potesse assumere agli occhi degli elettori un suo particolare significato. Tuttavia l'unico riferimento in termini per così dire clientelari che ci è capitato di incontrare nella documentazione relativa alla campagna elettorale del 1861 è quello di Pontedecimo, e riguarda il marchese Lazzaro Negrotto, sostenuto da *Il Diritto*, che non si perita

troversia giornalistica tra *L'Opinione,* si vedano gli articoli del 6 e del 9 febbraio 1861, e *La Monarchia Nazionale*.

[270] *Ivi*, pp. 26-30. Ma il Galeotti ritiene il contrasto sorto nel Parlamento del 1861. Si veda invece il cap. III sul discorso della corona dell'aprile del 1860, e sui problemi ivi sollevati.

[271] La circolare Minghetti del 4 gennaio 1861 su elezioni e i compiti dei prefetti, in *L'Opinione* del 15 gennaio 1861, suscitò grandi proteste a sinistra, ma in realtà appare come un intervento di *routine*. Si veda anche come Minghetti discute la situazione elettorale e le candidature con il Nigra, allora luogotenente a Napoli, ma siamo già al 22 gennaio 1861, in *Liberazione del Mezzogiorno* cit., vol. IV, pp. 242-3, e con il Pasolini allora governatore di Milano, in *Carteggio tra Marco Minghetti e Giuseppe Pasolini* cit., vol. III. Sul ruolo dei prefetti nelle competizioni elettorali ha insistito F. MANZOTTI, *La Destra storica in Emilia nell'età della Destra* cit., p. 172, in un contesto che sottostima quello dei partiti, ma il tema ha una lunga tradizione nel dibattito politico contemporaneo. Si veda anche A. AQUARONE, *Accentramento e prefetti nei primi anni dell'Unità*, in *Clio*, a. III (1965), f. II, pp. 358-87.

di ricordare agli elettori come il suddetto marchese avesse procurato al collegio un sussidio di ventotto mila lire dal governo per la costruzione della strada da Voltri a Ovada. Questo esempio allude ad un intervento che evidentemente deve esercitarsi piuttosto nel lungo che nel breve periodo; richiama una somma di interessi locali sui quali il candidato deve avere o deve sapere tessere una rete di relazioni articolate a diversi livelli, sulla quale probabilmente si determinano anche gli interessi e gli schieramenti "politici"; infine rinvia ad altri strumenti di intervento dei quali le autorità possono giovarsi, ma che in genere richiedono condizioni di maggiore stabilità amministrativa di quanta non potesse prevedersi in questa delicata fase. Infatti non è neppur detto che il governo potesse interamente fidarsi dell'apparato, che nel nostro paese notoriamente non ha una mentalità prussiana, né rinuncia a cercarsi in proprio le protezioni politiche: la circolare Minghetti, diffusa prima da *La Nazione*,[272] doveva restare riservata, ci informa con qualche dispetto *L'Opinione* nel ripubblicarla; in questo periodo, e in seguito, sui giornali di opposizione appaiono spesso denunce di iniziative *ex lege* messe in atto da settori degli apparati,[273] e ciò rinvia ad una lotta interna agli stessi; la rigorosa verifica delle elezioni, voluta dai cavouriani, viene certamente utilizzata per bloccare alcuni deputati oppositori, ma è soprattutto rivolta a selezionare l'elemento impiegatizio nel suo accesso alla rappresentanza. Inoltre bisogna tener presente che la vera mediazione in materia elettorale passa attraverso le relazioni con due figure importantissime dal punto di vista del controllo che possono esercitare sui flussi dell'opinione pubblica e quindi sull'elettorato a livello locale, vale a dire i segretari comunali e i sindaci.[274] D'altra parte i casi di Brescia e di Alessandria individuano due realtà provinciali rispetto alle quali il ministero non pare avere molti strumenti di contrasto.

[272] Il giornale fiorentino è sostenuto dagli ambienti toscani della *Società Nazionale*, della quale sostiene le posizioni nella fase elettorale.

[273] L'epistolario bertaniano, che sto raccogliendo, documenta una polemica per violazione di corrispondenza che il deputato di Milazzo portò di fronte ad un giurì speciale della Camera.

[274] Sui segretari comunali d'obbligo citare R. ROMANELLI, *Sulle carte interminate*, Bologna, Il Mulino, 1988. Sui sindaci, oltre il ruolo già ricordato nella costituzione dei comitati elettorali, le corrispondenze dei comitati locali della *Società Nazionale* segnalano spesso, ai fini di indicare il candidato più forte da appoggiare o la forza del candidato che si intende appoggiare, l'opinione del sindaco. Nel caso del collegio di Spoleto l'elezione di Pianciani è ostacolata in maniera frontale da un intervento del sindaco, Giuseppe Sorci, che rivolge un manifesto agli elettori perché votino Luciano Scarabelli, uomo della *Società Nazionale*. A sua volta il *Roma e Venezia* il 25 gennaio polemizza contro il sindaco di Narzole, uno dei «due o tre sindaci» del circondario di Cherasco, che dirigono il moto elettorale. Ma «i sindaci sono i servitori degli Intendenti, gli Intendenti i servitori dei Governatori, i Governatori i servitori dei Ministri, i Ministri a loro turno servitori di chi tiene la Presidenza del Consiglio». Come si vede però la trafila è lunga e potrebbe rompersi a qualunque livello. Lo stesso giornale il 4 febbraio denunciava il protagonismo elettorale dei sindaci del circondario di Castelnuovo.

Un ulteriore elemento da riconsiderare è poi quello del localismo. In realtà per quanto è dato di cogliere dalla documentazione esaminata, questo appare un altro grande luogo comune, e per due motivi: il primo è perché va affrontato in termini teorici il significato del localismo rispetto al sistema elettorale a collegio uninominale. Non v'è dubbio infatti che esso dovrebbe consolidare il rapporto tra eletto ed elettori e in certa misura esaltare gli interessi locali di cui l'eletto si fa portatore. Come si è visto questo tema sta ben dentro la discussione di questa fase, che evidentemente non ritiene questa dimensione oppositiva al carattere nazionale della rappresentanza, e neppure a una più netta visibilità delle grandi opzioni politiche.[275] Ma bisogna aggiungere che questo supposto localismo è ampiamente compensato dal ruolo fondamentale che in questa elezione giocano le strutture di partito, che non sono solo le più evidenti e formali che emanano dalla *Società Nazionale*, ma anche quelle meno apparenti o più tradizionali che operano secondo le direttive del *Terzo partito* o della maggioranza governativa. D'altra parte i comitati elettorali locali fanno spesso capo a quelli provinciali e il raccordo di questi ultimi con un centro nazionale è tanto scontato che si può sostenere come non lontana dal vero l'asserzione che in questa prima elezione dell'Italia unita non dovettero essere veramente molti i deputati sottratti a una qualche forma di investitura partita dai livelli appunto nazionali. Questa è poi, molto probabilmente, una delle cause della rigidità degli schieramenti presenti in Parlamento. Il vero discorso sul localismo che andrebbe fatto è quello relativo alla irriducibilità delle aree storiche tradizionali. Uno dei motivi del fallimento del tentativo del Boncompagni si riallaccia innanzitutto alla grande frattura nord-sud confermata e ribadita dalla consultazione elettorale, ma persistono non meno evidenti le altre irriducibilità, quella lombarda non meno di quella ligure, quella toscana non meno di quella umbro-marchigiana.

Il risultato elettorale risente di queste diverse influenze, anzi ne è determinato non solo per la presenza quantitativa del *Terzo partito*, ma anche per quella della *Società Nazionale*, consentendoci così di porre una forte riserva alle tendenze trionfalistiche espresse a caldo dagli ambienti governativi, all'indomani del voto del 27 gennaio, e influenzate dal risultato, certo clamoroso, che escludeva dal Parlamento gli uomini della sinistra più esposti sul versante antigovernativo, a cominciare da Bertani. Lo ammisero indirettamente e a denti stretti, nonché con parole quasi uguali che evidenziano una lettura del risultato elettorale concordata tra forze ancora alleate, Cavour e La Farina, sostenendo che la

---

[275] Le preoccupazioni del gruppo dirigente cavouriano sono nell'articolo *Il nuovo Parlamento,* in *L'Opinione* del 4 febbraio 1861, ove, ad elezioni avvenute, si danno assicurazioni sulla cultura non periferica degli eletti, in larga misura espressione degli ambienti cittadini.

nuova Camera non avrebbe avuto un colore esclusivo.[276] Da fonti diverse questa policromia parlamentare possiamo calcolarla sugli 80-90 deputati della sinistra parlamentare, che Cavour chiama semplicemente «garibaldiens»;[277] risultato in assoluto tutt'altro che spregevole almeno per tre ordini di motivi: perché raramente alla sedute della Camera partecipano intorno ai 400 parlamentari, anzi di consueto il livello è di gran lunga inferiore; ciò significa che il *terzo partito* disponeva di circa un quarto, a volte più, dei deputati. Secondo perché il voto dei «ministeriali» comprende, nelle valutazioni fatte, sia i cavouriani in senso stretta, sia i lafariniani, i quali, benché stavolta la *Società Nazionale* si sia ben guardata dal fare cifre, nondimeno dovevano aggirarsi sul centinaio. Questo risultato, che sulla base di quanto emerge dai dati parziali esaminati, può ritenersi attendibile, implica già di per sé, ed è il terzo motivo emergente da questo voto, che Cavour era al limite della maggioranza sul principale problema sul tappeto: la riforma amministritava dello Stato. Era un fatto di grandissima rilevanza politica, un fatto che non avrebbe mancato di avere ripercussioni nella successiva tattica parlamentare del conte.

[276] Cavour a Farini, 4 febbraio 1861: «Come avrete visto dai giornali, le elezioni procedono egregiamente: dei candidati di tutte le opposizioni ne riuscì quel tanto che è necessario onde la Camera non abbia un colore esclusivo», in *Liberazione del Mezzogiorno*, vol. IV, cit., p. 276. La Farina da parte sua scrive «Non è già che l'attuale ministero possa lusingarsi ( né ciò sarebbe desiderabile) di trovarsi senza opposizione in Parlamento», in *Scritti politici* cit., vol. II, p. 354, vedasi l'articolo *Le elezioni*, pp. 352-55.

[277] Cavour a Vimercati, 29 janvier 1861. Questa valutazione fa anche R. BONGHI, *I partiti Politici* cit., p. 20 ove attribuisce dai 60 a 70 voti all'opposizione, fino a 80 a p. 37. Disponiamo anche di una analisi dettagliata dei risultati, de *La Civiltà Cattolica*, vol. 44, a. XII (1861), s. IV, pp. 624-26, all'articolo *Stati Sardi*. Dopo aver accennato al sorgere dei due partiti, il foglio dei gesuiti informa che si erano tenute 417 elezioni: nell'Italia centrale e settentrionale avevano votato 254 collegi su 255, non potendosi fare elezione a Poggio Mirteto. Di essi ne attribuisce 218 ai ministeriali, 15 alla sinistra, 21 al *terzo partito*. Nel sud 188 collegi, 163 le elezioni tenute, con 120 seggi ai ministeriali, 6 autonomisti, 26 della sinistra e 11 incerti. Il totale dà, un po' singolarmente, 333 ministeriali, ma forse è un refuso, perché il totale doveva dare 338, 11 incerti e 75 alla Sinistra; anche qui il totale è ascritto ad una unica «opposizione». Naturalmente la rivista cattolica non segnalava il voto della *Società Nazionale*, poiché la riteneva intesa nella maggioranza ministeriale.

# APPENDICE PRIMA

## *Nota di filologia mazziniana*

I) La vastità del *corpus* mazziniano, peraltro lacunoso specie sul versante della raccolta dell'*Epistolario*, come dimostrano le continue acquisizioni, induce nel ricercatore un senso di sicurezza e di rispettosa deferenza. Sicurezza in quanto egli si sente come garantito nel metter le mani in uno scrigno di facile accesso, almeno dal punto di vista della immediata lettura e conoscenza; di rispettosa deferenza in quanto la qualità dei tesori che quello scrigno racchiude hanno per così dire un certificato di garanzia che deriva non solo dall'alto valore dei curatori dell'opera, ma anche dal fatto che generazioni di studiosi hanno attinto copiosamente da esso senza mai essersi ritrovati tra le mani monili e gemme del cui valore potessero dubitare. Insomma, fuor di metafora, mai si è posta in discussione l'attendibilità complessiva di quell'edizione, sebbene essa avesse già incontrato le autorevoli obiezioni salveminiane (GAETANO SALVEMINI, *Giuseppe Mazzini dall'aprile 1846 all'aprile 1848*, ora in ID., *Opere*, II, vol. II, *Scritti sul Risorgimento*, a cura di PIERO PIERI e CARLO PISCHEDDA, Milano, Feltrinelli, 1961), recentemente riproposte e discusse, nella prospettiva della cinquantennale attenzione rivolta dallo storico pugliese ai problemi della formazione e dell'azione politica di Mazzini, da Alessandro Galante Garrone (*Salvemini e Mazzini* cit., in particolare alle pp. 124-38 ), e, sempre in tempi recenti, fossero apparsi altri interventi di natura filologica volti a precisarne alcuni aspetti (GUGLIELMO MACCHIA, *Le lettere di Mazzini ai fratelli Botta e la corrispondenza di essi con Giuseppe Dolfi*, in *Archivio Trimestrale*, a. II (1976), nn. 2-3, pp. 141-51).

II) Per la verità a metà degli anni '50 la questione fu prospettata, anche se in modo quasi incidentale e comunque dandole un secondario rilievo, tanto da essere contenuta nell'ambito di una nota nella quale alcune valutazioni corrette e condivisibili si mescolavano a citazioni improprie e ad una scarsa attenzione complessiva verso il problema che, bene o male, pure era stato posto (ALDO ROMANO, *Storia del movimento socialista in Italia* cit., p. 38 in nota).

Non v'è dubbio che lo studioso siciliano avesse ragione nel ritenere che «Nessuna giustificazione sufficiente» fosse stata data dai curatori degli SEI, vol. LXVI (*Politica* XXIII) nell'attribuire a Mazzini, riportandolo alle pp. 259-68, il *Programma* apparso sul primo numero de *Il Popolo d'Italia* del 18 ottobre 1860 e, sia permesso aggiungere, nessuna giustificazione sufficiente per tale assegnazione si trova negli SEI, vol. LXX (*Epistolario*, XLI) nella *Introduzione* e tanto meno nelle lettere ivi pubblicate (agosto 1860-febbraio 1861). Inoltre il Romano rilevava che l'articolo era già stato pubblicato in A. SAFFI, *Ricordi e scritti* cit., vol. VI, pp. 176 e sgg. Mettendo di fatto in risalto una certa leggerezza nel modo di procedere dei curatori delle opere mazziniane, i quali avevano dato quell'articolo come non più apparso dopo la sua prima uscita sul giornale napoletano, ritenne forse per questa via, e dico forse perché egli non sollevò l'argomento, di rafforzare la propria tesi circa l'attribuzione dello scritto piuttosto al De Boni che non al Saffi, comunque non certamente all'esule genovese. In questo modo di procedere vi era una lacuna perdonabile, una leggerezza che faceva il paio con quella dei curatori degli SEI e un'omissione, sulla quale è più interessante soffermarsi. Ma conviene procedere con ordine. La lacuna, remissibile e qui esclusivamente posta per il contributo da trarsene al fine di chiarire complessivamente la questione, riguarda la circostanza che quel *Programma* era stato parzialmente ripubblicato in un'*Appendice* de *L'Unità Italiana* del 24 ottobre 1860 sotto la rubrica *Giornali nuovi*, preceduto da una premessa della redazione che salutava le giovani forze del giornalismo patriottico napoletano, presentava *Il Popolo d'Italia* come organo dell'*Associazione Unitaria*, riconosceva il suo programma «al tutto conforme al nostro» e infine, nel salutarlo «per fratello meridionale in proporzioni però più vaste e robuste assai di quelle dell'umile sorella sua l'*Unità* di Genova» si introduceva un ampio estratto del suo primo articolo perché i lettori fossero giudici «della valenzia delle penne che dirigono (*sic*) cotale periodico». È difficile immaginare che gli scrittori dell'*Unità*, che certo conoscevano quanto avveniva nella redazione del nuovo foglio, non avessero trovato il modo di fare un più diretto riferimento a Mazzini, e si fossero invece attenuti a questa citazione collettiva "delle penne", se quell'articolo fosse stato effettivamente suo. Né può trascurarsi quel riferimento alle «proporzioni […] più vaste» del confratello meridionale in confronto alle modeste dimensioni del foglio allora genovese, perché bisogna considerare che sia questa come l'omonima testata fiorentina, vivevano allora delle risorse esclusive della cassa mazziniana. Dunque quel riferimento deve essere anch'esso colto, malgrado la piena affermazione di identità programmatica, come un'indicazione delle più ampie convergenze politiche che si erano determinate intorno alla fondazione de *Il Popolo d'Italia*. Comunque, ed è questa la leggerezza commessa dal Romano, la tesi del giornale genovese coincide perfettamente con quella avanzata dai curatori degli scritti di Saffi, i quali non soltanto scrissero che quel *Programma* doveva considerarsi «evidentemente opera collettiva» sebbene ritenessero del pari evidente «che il contributo maggiore» fosse dovuto al romagnolo, ma tanto intesero sottolineare tale argomento che lo ripubblicarono in un corpo tipografico diverso rispetto a quello degli altri scritti saffiani ivi raccolti.

Tuttavia la pubblicazione di una lettera di Filippo De Boni a Georg Herwegh del 29 novembre 1860, (F. DELLA PERUTA, *Democratici italiani e democratici tedeschi* cit., p. 105), e ritenuta prova risolutiva della paternità mazziniana del *Programma*, darebbe a tutto ciò che si è fin qui detto il carattere di un esercizio calligrafico. D'altra parte lo stesso Della Peruta, quasi a suggello della controversia, ripubblicò quel testo in un'antologia di scritti di Mazzini e dei democratici italiani (*Scrittori politici dell'Ottocento*, tomo I, *G. Mazzini e democratici italiani*, Milano-Napoli, Ricciardi, 1969). A me però non sembra che tale testimonianza sia tanto risolutiva ai fini della questione in discussione; dunque ad evitare che non corrette estrapolazioni ne attenuino o modifichino il significato, conviene riportare per intero il passo della lettera di De Boni:

«Vi mando una copia del giornale, stampato finora malissimo. I correttori scorreggono, li stampatori non sanno il loro mestiere; la polizia cospira co' nostri operai; ed io ho tutto sulle mie spalle. E perduto il giorno con siffatte difficoltà materiali, debbo scrivere la notte articoli. Il progr[amma] è di Mazzini — già a Londra».

E subito continuava

«Voi in Svizzera potete essere la sintesi tra Berlino e Parigi. Scrivete, ve ne prego. Vi manderò quel denaro che più potremo. Anche capricci letterari».

Dunque la rivelazione sull'autore del programma si inseriva in un contesto di ulteriori insistenze per convincere lo Herwegh a scrivere per un giornale del quale, con grande sincerità, non si faceva un quadro brillante, pur nella convinzione espressa poco prima che esso, sebbene nato da poco, aveva però un avvenire. Se effettivamente il De Boni voleva alludere al *Programma* apparso nel primo numero del giornale e non riferirsi ad una più generica responsabilità di Mazzini nel progetto, si potrebbe supporre che una mezza verità, o una mezza bugia, potesse tornar utile allo scopo, e l'avanzare un nome così prestigioso di fronte alle tante difficoltà, peraltro non taciute, poteva pur essere un incentivo per una positiva decisione. D'altronde è singolare anche che il De Boni inviasse un numero uscito oltre un mese prima e lamentasse tanto scempio di tipografi e correttori proprio a pochi giorni dalla pubblicazione su *Il Popolo d'Italia* di un *Avviso* in cui si chiedeva scusa ai lettori per come il giornale era stato pubblicato fino ad allora, mentre «esce oggi con più nitida veste, e con caratteri nuovi» e con la decisione di pubblicare due edizioni, una del mattino e una della sera (si veda il n. del 26 novembre 1860). Dunque quale numero aveva mandato De Boni come saggio, quello del 29, dove per esempio erano i tre indirizzi al parlamento inglese, a Luigi Napoleone, e al parlamento italiano, o uno qualunque di quelli apparsi dal 18 ottobre in poi (ed evidentemente non il primo numero perché altrimenti si sarebbe espresso in modo diverso e avrebbe detto non «una copia» ma più probabilmente «il primo numero»)? La cosa non è senza importanza, perché il riferimento è troppo generico per poterne trarre una convinzione definitiva. A quale «programma» specifico poteva riferirsi? Per esempio il 20 e 21 novembre era pubblicato un importante articolo *Ove siamo?* che poteva essere definito come un programma politico della sinistra nella nuova situazione. Ma non tornerebbe di grande utilità il congetturare ulteriormente.

Vi è poi un ultimo elemento che credo opportuno sottoporre all'attenzione degli studiosi di Mazzini ed è il seguente: la raccolta del giornale da me consultata presso la *Biblioteca di Storia moderna e contemporanea* di Roma, la quale porta la segnatura 23. 14. F. 8 e contiene i numeri usciti nel 1860-'61, reca in calce al *Programma* una sottoscrizione a mano in cui si legge: "Filippo De Boni". La firma, che non parrebbe autografa, è però certamente attribuibile ad epoca non recente. Essa comunque è ben più chiara di quella sigla *M.* o *G.M.*, scritta in lapis rosso, che secondo i curatori degli SEI (vol. LXVI, p. XX) segnerebbe «in una copia della prima annata» del quotidiano napoletano, conservata allora presso il *Museo del Risorgimento* di Roma e ora presso la *Biblioteca di Storia moderna e contemporanea*, alcuni degli articoli attribuiti a Mazzini, rafforzando con questo elemento per così dire esterno la convinzione circa l'identità del loro autore. Questa copia, oggi conservata con la segnatura *Per. Ris. 10*, comprende in realtà i numeri dal 18 ottobre al 31 dicembre 1860, e dunque non trattasi della prima annata, ma soltanto dei numeri usciti nel corso del primo anno solare di pubblicazione del giornale. Comechessia, da un controllo da me effettuato sulla raccolta emerge che: a) la lettura della sigla come una *M.* appare non priva di forzature; b) ad ogni modo la sigla *G. M.* non appare mai; c) il segno in questione è in testa agli articoli dell'11, 14 e 15 novembre, che costituiscono un unico saggio, e in quello del 18 ottobre; d) invece in calce alla prima parte dell'articolo apparso il 24 e 26 ottobre col titolo *Il Congresso cattolico e il congresso di Varsavia*, si vede una *S.* stentata e scritta con la solita matita rossa. Tutto qui, ed è troppo poco per assumere questo fatto come una prova significativa in grado di rafforzare l'attribuzione dei vari articoli a Mazzini, e ancora meno il *Programma* che, nella collezione in questione, non è accompagnato da alcuna sigla. Perciò preferisco ritenere quell'articolo, come già è stato sostenuto, il frutto di una discussione collettiva e redazionale, a prescindere da chi possa averlo materialmente scritto.

374

III) Che questo fosse un metodo di lavoro frequentato dal gruppo di democratici che poi si ritrovò intorno al progetto del giornale napoletano, ce lo testimonia nel suo *Diario* l'Asproni il quale, sotto la data del 25 settembre, annota (p. 541):

«Nella stanza di Giuseppe Mazzini ci siamo adunati Crispi, Saffi, Campanella, Nicotera, De Boni, ed io per un indirizzo al paese che il De Boni ha redatto. Mazzini ha dato i più opportuni e sapienti consigli: è la mente più chiara ed elevata che il partito unitario abbia».


Tanto più si sarebbe dovuta seguire questa prassi nella definizione della linea politica del giornale destinato ad essere l'espressione di un composito «partito unitario», che solo nella discussione e nel confronto poteva pervenire ad un approdo sia pur parzialmente concorde, in grado di trasferirsi in iniziativa di movimento e di propaganda. Perciò se occorre sempre una grande cautela nell'attribuire a qualcuno scritti dei quali non si dispone di riferimenti autografi o di testimonianze inoppugnabili, tanto più essa è necessaria quando si tratti di definire la paternità di articoli apparsi su giornali e periodici.

A questo punto si può aprire il discorso sul peccato di omissione attribuibile al Romano. Infatti di 15 titoli apparsi su *Il Popolo d'Italia* e, benché anonimi, ripresi in SEI, LXVI, con l'indicazione: «Qui si ristampa per la prima volta», ben 10 non meritavano questa annotazione perché già pubblicati nel VI volume dei *Ricordi e scritti* di Aurelio Saffi, preceduti da una breve nota su *Aurelio Saffi giornalista*. Essi erano quindi già stati attribuiti al romagnolo. Ora, come è noto perché dichiarato nella premessa al I volume (Firenze, Barbèra, 1892), tale edizione dell'opera saffiana venne condotta sotto la guida della Giorgina Saffi e sulla base dei manoscritti allora raccolti nel «modesto studio di San Varano», ove peraltro, come ci informano i curatori SEI (vol. LXVI, p. XXII) era conservato «tutto l'archivio mazziniano». Allo stesso tempo però vale la pena di ricordare che i compilatori della silloge saffiana, presentando gli articoli del romagnolo tratti da *Il Popolo d'Italia*, scrivevano testualmente (Vol. VI, p. 6):

«noi abbiamo potuto constatarne l'origine sia per la minuta di parecchi ritrovata tra le carte di famiglia, sia per quello stile elevato [...]. E se anche in uno o due di quegli scritti l'ombra del dubbio si è affacciata alla nostra mente, l'abbiamo bandita in grazia appunto di quella *collettività* la quale, come per il *Programma* imponeva in determinate contingenze la mutua collaborazione».


La doppia attribuzione a Saffi e a Mazzini era stata parzialmente notata dal Passerin (Cfr. E. PASSERIN D'ENTRÈVES, *L'ultima battaglia* cit., pp. 209-10, note 5 e 9) ma non discussa, forse perché ininfluente rispetto al merito della sua ri-

375

cerca. Naturalmente il problema da porsi non riguarda la mancata segnalazione di una edizione degli scritti in questione precedente quella mazziniana, ma il fatto che tale omissione evitò ai curatori di quest'ultima di giustificare ed argomentare la loro decisione di assegnarli a Mazzini, onde quella mancanza di «giustificazioni sufficienti» lamentate dal Romano, ma solo per l'attribuzione del *Programma*. Ma a questo punto è opportuno procedere ad una verifica più puntuale di quegli articoli ai quali è attribuita una doppia paternità.

1) *Programma del "Popolo d'Italia"*. Di ciò si è discusso qui al punto II.

2) *Chi rompe la concordia* apparso nel numero del 19 ottobre 1860.

3) *Situazione* apparso nel numero del 30 ottobre. Esso peraltro rinvia ad altro articolo del 31 ottobre, pubblicato col titolo *Sintomi* e non ammesso tra gli scritti di Mazzini, mentre lo è tra quelli di Saffi. Ma dall'una e dall'altra silloge mancano *La moralità - La giustizia* (apparsi nel numero del 4 novembre) e *L'utilità*, stampato nel foglio del 12 novembre insieme a una nota che avvertiva «Questo articolo forma parte di una serie di articoli col titolo *La Situazione* di cui abbiamo già pubblicato nei precedenti numeri *La moralità - La giustizia*».

4) *Situazione - Dovere*. Di questo articolo, come si è visto, ho dato una lettura contrapposta rispetto a quello, sicuramente di Mazzini perché da lui rivendicato, su *I Comitati di Provvedimento*. Mi pare, ad evitare fuorvianti discussioni, che ai fini del problema posto da me nel capitolo, la reale verifica da fare consiste nel valutare se la lettura che ne ho proposto sia valida o no. Che lo avesse scritto Saffi o Mazzini, ma io decisamente non credo alla paternità del secondo, il nocciolo del problema consiste in altro e cioè che esso rivela una tendenza indubbiamente ben presente, in quella fase, nella discussione della democrazia napoletana. La tesi qui sostenuta sui Comitati, che chiameremo A, diverge nettamente da quella esposta dall'articolo dell'8 novembre, che chiameremo B, su punti non secondari, tanto da non far sembrare peregrina l'ipotesi che con tale intervento Mazzini volesse distinguersi e marcare una differenza.

Intanto, come si è visto in A, veniva negato ai Comitati lo statuto di Associazione. In B è affermato: «[I Comitati] diedero primi un indizio eloquente di ciò che possa l'associazione delle forze». Poi non veniva rivolta critica alcuna alla direzione garibaldina (ma questo, si potrebbe osservare, poteva essere conseguenza del colloquio col Generale, intercorso tra la pubblicazione di A e B). Ancora in B si sottolineava il fatto che essi fossero per sciogliersi, e che «Quel dissolvimento sarebbe di gravissimo danno al Paese». Nessuna posizione assimilabile a questa si ritrova in A dove anzi si sottolineava l'opportunità di dar vita ad una nuova associazione con centro a Napoli, per cui l'eventuale crisi dei Comitati non veniva certo considerata «gravissimo danno». Non basta, perché sempre in tale contesto in B si sosteneva apertamente: «La missione dei Comitati di Provvedimento non è compiuta», e ciò voleva dire che doveva continuare con nuove finalità. Infine, riprendendo il problema del "centro" da cui doveva venire l'iniziativa del rinnovamento dei Comitati, in B si trovano varie ipotesi (Parma, Lombardia, Napoli, Palermo) ma tutte indicate per dire che questo non costituiva il nocciolo della questione, poiché «da qualunque punto esca l'invito, troverà eco». Per i rapporti avuti con Macchi agli inizi di settembre, sicuramente Mazzini non doveva ignorare da dove dovesse «uscire l'invito». C'è poi un'osservazione ulteriore ed estranea a questa analisi comparativa dei testi e consiste nel fatto che A inizia con un riferimento ad altro intervento di «due giorni addietro» che, se la logica del calendario non è opinabile, non può rimandare all'articolo *Situazione*.

5) *L'Italia e l'Europa*, apparso in tre puntate l'11, 14 e 15 novembre. In SAFFI la puntata del 14 è data col titolo *Italia e Austria*. Ma è opportuno segnalare che Mazzini considerava l'idea d'una soluzione del problema veneto attraverso un sommovimento balcanico, slavo e magiaro, di difficile realizzazione, come fa prova la lettera da lui scritta a Garibaldi in data 8 gennaio 1861 (cfr. SEI, LXX, pp. 271-5). Anche se è bene tener presente che nell'articolo la proposta di agitazione della Croazia e dell'Ungheria, è avanzata in un contesto militare più ampio.

6) *Consigli al Governo*, sul numero del 18 novembre 1860.

7) *Questione di Roma* del 30 novembre 1860. Qui val la pena sottolineare che l'articolo presenta una posizione che accenna ad un primato della iniziativa romana su quella veneta, che contraddirebbe le posizioni di Mazzini. Ma esso è anche un appello che intende sollecitare l'adesione alla protesta contro l'occupazione francese di Roma. A proposito della quale, e degli altri indirizzi apparsi nel numero del 29 novembre, occorre rilevare che il Saffi, nel volume XIII della sua raccolta di *Scritti* di Mazzini, aveva riportato soltanto quello diretto *All'imperatore dei francesi* che però nel vol. SEI, LXVI più volte citato, viene pubblicato insieme al fac-simile dell'autografo. Saffi conosceva benissimo anche gli altri due indirizzi e se non li pubblicò dovrà pure aver avuto le sue buone ragioni, una delle quali potrebbe essere che in un appunto scritto per gli amici toscani mentre partiva per Napoli, Mazzini annotava:

«Aurelio ha tutte le mie idee per un indirizzo concernente Roma. Egli o altri potrebbe farlo. E cacciarlo in circolazione».

8) *Dovere degli elettori*. Mazzini scrive alla Sofia Craufurd nel gennaio 1861:

«Credo che l'articolo agli elettori del 28 o 29 del *Popolo d'Italia* deve essere tradotto» (SEI, LXX, p. 271).

Mettiamo da parte la questione che qui Mazzini non dice chi sia l'autore dell'articolo, ma solo che ne giudica utile la traduzione in Inghilterra. Comunque, secondo i curatori, tale riferimento rinvierebbe al testo «pubb. nel *Popolo d'Italia* del 30 dicembre 1860» (p. 271 nota) e riprodotto in SEI, LXVI, pp. 385-94. Mazzini però in questo caso ricordava bene, perché lo scritto fu pubblicato il 29 dicembre. Ma in questo stesso numero vi sono 2 articoli elettorali: uno è quello accolto in SEI, il secondo è una sintesi programmatica articolata per diversi punti e porta il titolo *Consigli agli elettori che seguono il programma Garibaldi.* Scrivendo ad Aurelio Saffi in data imprecisata, ma a gennaio 1861, Mazzini dice: «Dopo l'articolo elettorale ne mandai due *Occupazione di Roma* – e *Venezia*». Ancora una volta il primo riferimento («articolo elettorale») viene inteso come un rinvio a *Doveri degli Elettori*. Ma in una lettera a Giannelli dell'11 gennaio (*ivi*, p. 281-84), dando indicazioni sul lavoro elettorale Mazzini precisa:

«Del resto, escludere possibilmente i 229 che tradirono Nizza e Savoia – e scegliere sulle norme date da noi nel *Popolo d'Italia* » (cfr. p. 282),

ove quel termine "norme" fa piuttosto pensare al programma sintetizzato in una serie di punti.

9 e 10) *Occupazione francese in Roma* e *Venezia*. Come si è visto al punto 8 Mazzini rivendica esplicitamente i due articoli. Anzi in una lettera al solito Saffi del 17 gennaio 1861, avanza una «lagnanza» per i brutti errori di trascrizione che il suo articolo ha subìto e segnala un passo del primo assai maltrattato dal tipografo napoletano. In questo caso siamo di fronte ad una attribuzione certa, ma il testo apparso su *Il Popolo d'Italia* e riprodotto in SEI, LXVI, pp. 397-404 e 407-15, fino a che punto è attendibile, considerata appunto la "lagnanza" dell'esule, e considerato che i curatori hanno potuto restaurare un solo passo guasto, quello segnalato da Mazzini stesso?

IV) Dunque non si possono scambiare le dichiarazioni che Mazzini va facendo a questo o quel corrispondente circa il suo lavoro politico, cioè di essere impegnato all'impianto di un giornale, all'organizzazione del partito, allo stabilimento dell'*Associazione Unitaria* come altrettanti attestati di paternità per questo o quell'articolo, per questo o quel programma, compreso quello *Statuto dell'Associazione Unitaria* pubblicato nello stesso numero del 18 ottobre. Che Mazzini non fosse solo un intellettuale o un pensatore, ma uomo politico e formidabile organizzatore dovrebbe essere una verità lapalissiana: cosa altro avrebbe dunque potuto fare in una situazione per tanti aspetti vergine, e per lui particolarmente stimolante anche perché nuova, come quella di Napoli, se non ciò che aveva fatto per tutta la vita e che, tra l'altro, spiega la sua perdurante presenza nelle diverse fasi della lotta risorgimentale come uno dei grandi protagonisti, se non organizzare il partito, gli elementi a lui più vicini, ma anche quanti si riconoscevano in una battaglia comune per l'unità? Non scriveva forse egli stesso di passare tutto il suo tempo in discorsi, incontri, discussioni che lo sfinivano? Con il che non si vuole certo affermare che Mazzini non abbia scritto per il giornale napoletano, ma solo che la quantità e la qualità di tale collaborazione merita di essere ulteriormente verificata e chiarita. E la conclusione di questa nota non può essere che una: gli articoli apparsi su *Il Popolo d'Italia* e ripresi in SEI, LXVI debbono essere considerati, salvo i casi in cui non si disponga di elementi assolutamente certi, con grande cautela, ed al momento espulsi dalla Bibliografia degli scritti di Mazzini in quanto la loro attribuzione non solo è dubbia ma insufficientemente motivata. Infatti il problema che deve essere approfondito è esattamente quello che i curatori degli SEI, non solo non si erano posto, ma davano per inesistente, laddove affermavano (vol. LXVI, p. 19) che quel

«periodico [...] era stato fondato per sua [di Mazzini] iniziativa, dipendeva dai suoi principi».

So bene quali conseguenze queste osservazioni comportano ai fini della definizione del ruolo e della presenza di Mazzini a Napoli in quel periodo e negli anni successivi, ma si può sottovalutare la convincente forza di quel rapporto di 15 a 10 di cui si è detto, e che getta una complessiva ombra di dubbio sui criteri seguiti dai curatori SEI in questa occasione? Le cui benemerenze peraltro non si vogliono in alcun modo sminuire, ma senza rinunciare alla responsabilità di una critica che trova il suo motivo di essere esclusivamente nel fine di un progresso della comune conoscenza.

# APPENDICE SECONDA

## Il movimento associativo

**A) Programma de** *La Nazione Armata*[1]

[S. d.]

*La Nazione Armata* è un'Associazione fra tutti gli Italiani vogliosi di prendere le armi e capaci di energia civile e di sacrificio per liberare l'Italia da ogni tirannia e dalla soggezione straniera.

Essa ha quindi per scopo di fare *l'Italia libera ed una*.

Primo mezzo per raggiungere tanto scopo sarà la *militare* organizzazione dell'elemento volontario in tutte le provincie d'Italia, in tal modo che ad un anno si possano aver sottomano ed obbedienti le forze pei militari propositi.

Altri mezzi connessi al primo saranno: il trovar denaro; il preparare tutti i materiali, le intelligenze, gli aiuti che possano assicurare la sicura, segreta diramazione degli ordini the partiranno dal centro e l'effettuazione del militare progetto.

Un Comitato Centrale presieduto dal Generale Garibaldi curerà i rapporti convenienti col Governo e coll'estero; riunirà tutte le informazioni; raccoglierà e disporrà dei denari offerti; preparerà l'azione; darà gli ordini e presiederà al loro adempimento.

Ormai l'educazione politica in Italia è compiuta. Bisogna venire ai fatti. Non v'ha tempo da perdere in altre inutili propagande.

Il Governo fa quanto sa e può. La Nazione faccia ciò che deve.

Obbedienza e segreto, decisione e sagrificio: ecco i patti che si chieggono agli associati della *Nazione Armata*.

[1] Sta in MRM, *Bertani*, 10, X, 9.

**B) Programma sociale de** *La Nazione Armata*[2]

[Torino, Hotel Trombetta, 31 dicembre 1859][3]

*La Commissione provvisoria dell'Associazione dei* Liberi Comizii,

Considerando che mentre il governo ed il popolo delle provincie libere d'Italia rivolgono i loro pensieri all'interno ordinamento, i nemici della libertà e della indipendenza nazionale vanno costruendo in ogni canto cento macchinazioni ed insidie;

Che nelle relazioni internazionali il diritto non ha sufficiente efficacia se non è accompagnato dalla forza, e per consueto i deboli e gl'inetti sono calpestati ed irrisi, e i discorsi e le note dei diplomatici giovano soltanto quando sono sostenute dalle baionette e dai cannoni;

Che se da un lato gl'Italiani ripongono piena fiducia nel senno e nel valore del loro re, debbe dall'altro lato l'invitto principe potersi appoggiare con sicuro animo sul fermo e fiero contegno de' suoi popoli;

Che le incessanti oscillazioni della diplomazia, e le ostili falangi accampate sul suolo della Penisola, fanno ognora più stretto ed urgente l'obbligo della Commissione di promuovere l'armamento nazionale contemplato dall'art. 5 dello statuto dell'associazione, senza trascurare in nessun'altra parte le incumbenze a lei affidate;

Che a quest'uopo è necessaria la divisione del lavoro coll'assiduo concorso di ardenti e deliberati cittadini, concordi nel concetto e nell'opera;

Che è altresì necessario di rimuovere ogni causa e ogni argomento di dissidio nel campo dei liberali italiani;

Considerando inoltre il diritto unito colla forza e il valore cittadino congiunto alla virtù della guerra, trovano un degno rappresentante in quel prode che tenne così alto nei due emisferi l'onore delle armi italiani, combattendo ovunque la tirannide e l'oppressione;

*Per questi motivi:*

1) Ad istanza del generale Garibaldi delibera di convertire il titolo sociale dei *Liberi Comizi* in quello di *Nazione Armata*.

2) Sulla proposta del suo presidente Angelo Brofferio che si ritira con grande soddisfazione dal seggio a cui lo chiamavano i suoi colleghi, per vederlo occupato da così illustre cittadino:

---

[2] Pubblicato in *La Libertà* del 1 gennaio 1860, con una nota in cui si diceva: «La società dei *Liberi Comizi* si è trasformata in quella di *Nazione Armata*, chiamando a suo presidente il generale Garibaldi, che ne assunse la suprema direzione.» Poi presentava questo come «il programma sociale» di essa.
[3] Queste indicazioni sono desumibili dal resoconto giornalistico dello stesso foglio.

Proclama ad unanimità il generale Giuseppe Garibaldi presidente dell'Associazione della *Nazione Armata*, e confida al suo patriottismo la direzione della Società.

(*Segue il regolamento provvisorio*)[4]


**C) Programma della** *Associazione Unitaria Italiana* **di Milano** [5]


SCOPO DELLA SOCIETÀ

Cooperare al conseguimento dell'autonomia, della unificazione e della libertà d'Italia.

PRINCIPII FONDAMENTALI

1. *Nell'ordine politico*: Esclusione d'ogni dominio ed influenza straniera in Italia per riunire la intera nazione sotto una amministrazione comune; abolizione di qualsiasi forma di caste e privilegi; eguaglianza dei cittadini nei diritti politici; estensione del principio elettivo; guarentige efficaci del diritto di associazione e di petizione, della libertà personale e della libertà di coscienza.

2. *Nell'ordine civile*: Riforma della legislazione per metterla in piena armonia col principio dell'uguaglianza ne' diritti civili; abolizione dei feudi, fidecommissi e manomorte, ecc.; parificazione della prole nell'ordine di successione; restrizione in giusti limiti della patria potestà; emancipazione della donna.

3. *Nell'ordine amministrativo*: Ordinamento dei comuni a sistema elettivo e decentralizzazione del potere amministrativo.

4. *Nell'ordine giudiziario*: Applicazione della procedura pubblica ed orale a tutta l'amministrazione della giustizia; estensione del sistema dei giurati; limitazione del carcere preventivo; determinazione di pene più confacenti per la qualità e per la durata collo stato presente della civiltà; abolizione della pena di morte.

5. *Nell'ordine educativo*: Istruzione primaria obbligatoria; gratuità dell'insegnamento pubblico e libero sviluppo del programma governativo; libertà dell'insegnamento privato; diffusione del sapere in tutti i ceti del popolo; emancipazione della scienza dall'autorità del clero e dall'influenza d'ogni sistema religioso.


---

[4] Ma qui non è dato. Seguono invece le firme della Commissione: «G. Garibaldi, Presid[ente] - Angelo Brofferio - Stefano Türr - Riccardo Sineo - Carlo Beolchi - Garda Pietro - M. Farina - Giovanni Antonio Sanna - Giorgio Asproni - Villa Tommaso - Garelli Giusto Emanuele».

[5] Pubblicato in *L'armonia della religione colla civiltà* del 16 ottobre 1859. Questa società è la prima ad assumere il nome di *Unitaria*.

6. *Nell'ordine industriale e commerciale*: attuazione del principio di associazione in modo da non inceppare la libertà individuale, e da prevenire la coalizione tanto fra gli operai quanto fra i capitalisti; libertà del commercio; soppressione delle barriere doganali; sviluppo dei mezzi di comunicazione; assimilazione dei rapporti internazionali.

7. *Nell'ordine finanziario*: Massima economia nella pubblica amministrazione, senza nuocere alla prosperità dello Stato e delle sue istituzioni; limitazione delle varie specie d'imposte; equità nel ripartirle; convenienza nel modo di riscuoterle.

8. *Nell'ordine della pubblica difesa*: Sviluppo di tutte le forze militari del paese; ordinamento e disciplina dell'esercito secondo i principi dell'eguaglianza e della giustizia, fino a che l'alleanza fraterna dei popoli non permetta l'abolizione di ogni esercito stanziale.

Milano, [settembre-ottobre] 1859


### D) Regolamento generale per la istituzione dei cinque Comitati Veneti eletti dall'emigrazione[6]

1) L'Emigrazione Veneta costituisce cinque Comitati che risiedono a Torino, Milano, Brescia, Ferrara e Modena.

2) Ogni Comitato si compone di cinque rappresentanti scelti a scrutinio segreto nelle adunanze generali della Emigrazione da tenersi nelle città sopradette.

3 Ogni Comitato elegge nel proprio seno un Presidente e un Segretario.

4) Delibera a maggioranza di voti.

5) A tutti i Comitati spetta il diritto d'iniziativa nelle proposte che ritiene utili al comune interesse.

6) Per quelli che si riferiscono a tutta l'Emigrazione o a cose di massima, la deliberazione deve essere adottata dalla maggioranza assoluta dei Comitati.

7) Viene stabilito un Comitato centrale cui saranno rimesse le proposte dei singoli Comitati, a cui spetta di formularle; in quanto non lo siano, di trasmetterle agli altri Comitati e di ricevere i voti.

8) Il Comitato Centrale ha facoltà e dovere di patrocinare presso il Governo od il Parlamento, ed occorrendo, presso la Diplomazia estera, la causa dell'Emigrazione e della Venezia.

9) L'Emigrazione ha diritto di fare proposte ai Candidati[7] perché siano discusse nelle assemblee generali. Ogni proposta dev'essere firmata da 10 almeno degli Emigrati dimoranti nella città sede del Comitato rispettivo. Sarà previa-

---

[6] MCRR, vol 350, 184. Foglio a stampa senza note tipografiche e senza data, dovrebbe risalire certamente alla fine del 1859 o ai primi mesi del 1860.

[7] Credo debba leggersi Comitati.

mente sottoposta all'approvazione dei cinque Comitati, e quindi se approvata, verrà discussa nelle assemblee generali.

### Articoli Addizionali

a) I tre Comitati di Brescia, Ferrara e Modena, opteranno fra Milano e Torino per determinare quale debba essere il Comitato Centrale.

b) Se a Modena non si potrà costituire un Comitato, lo si costituirà a Parma o a Bologna.

### E) Nota di sottoscrizione del Comitato per soccorsi agli insorti siciliani[8]

A dì............1860

Io sottoscritto ho ricevuto la Nota Num[ero]... del Comitato per Soccorso agli insorti siciliani onde promuovere soscrizioni e mi impegno a restituire la suddetta Nota munita di firme o senza versandone il denaro presso il Tesoriere Sig[no]r d[otto]r Monselles.

*Numero.....*

Collettore Sig.
SOTTOSCRIZIONE NAZIONALE

I sottoscritti – eletti in Comitato da una numerosa riunione di ragguardevoli Cittadini per aiuti da mandarsi in ogni possibile modo ai Siciliani insorti contro la tirannide borbonica, e che al grido di ITALIA e di VITTORIO EMANUELE, sprovvisti di armi e di mezzi si battono disperatamente contro un nemico potente e feroce – assumendo questo patriottico incarico aprono una sottoscrizione in Pisa e suo Compartimento per raccogliere denari ed armi onde promuovere ed appoggiare il movimento Nazionale nel reame di Napoli.

Il Comitato ha nominato diversi Collettori a ciascuno dei quali ha rimesso altrettante note simili alla presente ritirandone ricevuta. Indi il Comitato darà esatto conto del ricavo della contribuzione.

Pisa, 2 maggio 1860

Francesco Ferrara, *Presidente*
Toscanelli Giuseppe
Dell'Omo d'Arme Giuseppe
Monselles Giovacchino, *Cassiere*
Rizzari Mario, *Segretario*

---

[8] MCRR, 718, 25, 2. Trattasi del Comitato promosso dalla *Società Nazionale Italiana*.

N.B. I sottoscritti sono invitati a segnare la cifra del contributo; chiunque è autorizzato a formare delle Note di volontari disposti a battersi per la Causa nazionale, prenderà il Nome, Cognome, domicilio ed età dei medesimi, rimettendo sollecitamente queste Note a Giuseppe Dell'Omo D'Arme, membro del Comitato.[9]

## F) Una Circolare dall'*Associazione Nazionale Italiana*[10]

*SOCIETÀ NAZIONALE ITALIANA*
*COMITATO CENTRALE*
*TORINO*

Signore,

Da una circolare pervenuta a questo Comitato Centrale, e sottoscritta dal Presidente e da sei membri del Comitato di Bologna, risulta che nell'adunanza ivi tenutasi il 22 corrente, i convenuti in numero di dieci, dopo di aver dichiarato *calunniose ed ingiuste* le accuse lanciate dai nostri avversari contro il nostro Presidente; dopo di aver detto *che sarebbe cedere con poco decoro e minore generosità, abbandonando il proprio Presidente alle esigenze delle circostanze*; dopo di aver proclamato il sig. La Farina *benemerito della Società Nazionale* e d'Italia, dichiararono che il sig. La Farina *non può più tenere la Presidenza della Società*; approvarono con sei voti contro quattro la proposta di un candidato successore; ed invitarono tutti i comitati della *Società Nazionale* a significare la loro adesione in una nuova adunanza da convocarsi a Bologna il due del prossimo agosto.

A questa usurpazione de' diritti della Società intera in generale e del *Comitato Centrale* in particolare, a questo tentativo di scisma, e, peggio, di dissoluzione della *Società Nazionale*, il *Comitato Centrale*, geloso dell'onore della Società, e deciso ad evitare dalla parte sua ogni scandalo, non oppone alcun pubblico atto; ma mi autorizza a far conoscere alla S. V. che, forte del suo diritto e del consentimento di tutti i comitati provinciali e municipali, non che dei Commissari locali, esso riguarderà da questo momento in poi come non più appartenente alla *Società Nazionale Italiana* il comitato bolognese, e qualunque altro volesse seguire la inqualificabile via da lui tracciata. I comitati disciolti verranno immediatamente ricostituiti.

[9] La *Nota* continua con una Tabella nella quale si deve scrivere il: 1) Numero d'ordine; 2) Nome e Cognome; 3) Domicilio; 4) Somme.
[10] MCRR, NG V, 2, 3. Si pubblica perché illustra la fase di crisi della presidenza La Farina e non compresa tra la pur vastissima documentazione pubblicata da ALBERTO DALLOLIO, *La spedizione dei Mille nelle memorie bolognesi* cit.

386

Noi vogliamo evitare ogni polemica, e lasciamo cadere tutta la responsabilità di questa divisione sui pochi individui che l'hanno provocata. Con dieci
membri di meno la Società Nazionale, che ne conta diecimila, non sarà né
men forte, né meno autorevole, stando la sua forza nell'unanime volere e nella
disciplina.

Mi creda ecc.

Torino, 27 luglio 1860

PER IL COMITATO CENTRALE
*Il Segretario Generale*
C. M. Buscalione

## G) Programma del Circolo Elettorale della *Società Unitaria* di Milano (1861)[11]

1) Rendere completa l'indipendenza d'Italia colla liberazione della Venezia,
di Roma e di Gaeta, per costituirla una e indivisibile.

2) Fare forza essenzialmente nella Nazione, nelle forze che stanno in lei.

3) Dare però il maggior sviluppo all'armamento nazionale col modificare la
legge di reclutamento, e quella della Guardia Nazionale, onde il concorso possa tornare efficace.

4) Non lasciarsi imporre dagli alleati né tollerarne la tutela, mantenendo invece i rapporti di alleanza col vero carattere che vi è attribuito dal diritto internazionale e dalle pratiche correlative, e conservando la dignità di Nazione indipendente.

5) Riordinamento dell'amministrazione interna attenendosi al riparto in regioni, con attribuzioni indipendenti pei rapporti regionali, estendendo il discentramento alle Provincie ed ai Comuni nella sfera dei loro particolari interessi.[12]

6) Sistema di imposte meno gravoso ai contribuenti, e più equo modo di ripartizione fra questi ultimi.

7) Legislazione basata sulle norme della progredita civiltà, non vincolata ad
altra preesistente.

8) Modificazione della legge elettorale per estendere la capacità attiva degli
elettori e la passiva degli eleggibili.

9) Indennità da accordarsi ai deputati.

[11] Sta in MCRR, NG V, 33, 18. Trattasi di ritaglio da giornale.
[12] Questo punto fu interpretato come la richiesta radicale di «un'amministrazione delle regioni con rappresentanza elettiva a voto diretto» ed «eliminato ogni controllo del potere centrale, da esercitarsi sia direttamente che a mezzo di propri delegati» vi fu una polemica dell'*Unitaria* con *La Perseveranza,* che aveva definito, ma senza connotati negativi, tale ipotesi «federalista».

Milano, 9 gennaio 1861

La Commissione Provvisoria Delegata dell'*Associazione Unitaria Italiana*

Dott. fisico Pietro Chiapponi; ing. Felice Crippa; Dott. Giuseppe Levi; Avvocato Achille Namias; relatore ing. Alessandro Usuelli.

## H) Programma del Circolo Elettorale Popolare Unitario[13]

Due politiche, due sistemi lottano oggi in Italia. Il primo di questi, rappresentato dal ministero Cavour, vanta propugnare la costituzione dell'unità Nazionale mercé l'alleanza straniera.

Il secondo, rappresentato dal Generale Garibaldi, vuole l'Unità Nazionale per virtù di devozione e di sacrificio di tutto il popolo italiano.

Per l'alleanza straniera Garibaldi fu arrestato sulla via di Roma: per l'alleanza straniera re Francesco II sta tuttora a Gaeta.

Il Circolo si pronuncia altamente per la politica di Giuseppe Garibaldi.

Esso giudica quindi indispensabile alla salute e all'onore della patria:

I) Assunzione al governo di uomini che abbraccino, senza esitazione, il principio – l'*Italia degli Italiani* per opera del popolo italiano.

II) Che si provveda sollecitamente all'armamento della Nazione, fatta in esso la parte più larga possibile all'elemento *volontario* cui debbe oggi l'Italia di 9 milioni di suoi figli.

III) Che giammai non si debba per qualunque pretesto di opportunità e necessità, transigere in questioni di moralità e dignità nazionali: dobbiamo procurare anzitutto di conservare la nostra onoratezza, anche a costo dell'indipendenza materiale della nostra patria.

Il Circolo crede necessarie al benessere delle provincie già unite le seguenti guarentigie:

1) Osservanza rigorosa delle leggi consacrate dallo Statuto, per parte di ogni ordine di pubblici funzionari: perciò crede inevitabile la sanzione di una legge speciale sulla responsabilità dei ministri.

2) Riforma radicale delle vigenti norme per la ripartizione delle imposte.

3) Massimo decentramento amministrativo – Massimo sviluppo della libertà comunale.

4) Nuova legislazione che risolva la questione delle tasse sull'istruzione, a totale vantaggio dei poveri figli del popolo.

5) L'istruzione elementare, resa, per legge, obbligatoria e gratuita.

6) Abolizione della pena di morte.

[13] Pubblicato in *L'Unità Italiana* del 17 gennaio 1861.

7) Riforme giudiziarie di tale natura, che rendano la giustizia penale e la civile, eguale per tutti, accessibile a tutti, inesorabile verso tutti: che facciano modello dell'antica sapienza italiana i codici della novella italiana società.

8) E poiché un governo, tanto più è legittimo e benefico quanto maggior numero di intelligenze concorre a formarl[o] il Circolo reputa urgentissima una nuova legge elettorale che renda universale il diritto di elezione.

9) Corollario a questo innovamento, domanda la indennità pecuniaria pei rappresentanti della Nazione durante il periodo delle sessioni legislative, esclusi senza eccezione dal Parlamento tutti gli impiegati del governo.

A sostenere nel nuovo Parlamento queste dottrine il Circolo pensa doversi assumere cittadini:

I) Che abbiano dato coi *fatti* prova di caldeggiare anzitutto l'unità dell'Italia, per opera del popolo italiano.

Dichiara quindi immeritevoli della fiducia degli elettori i «229» deputati del cessato Parlamento, che sanzionarono col proprio suffragio la cessione di Nizza, smembrarono la patria, tolsero la terra natale a Giuseppe Garibaldi.

II) Cittadini stimati per nobile onestà di vita, noti per potenza d'intelletto, per incorruttibile coscienza, per civile coraggio.

L'indipendenza del carattere e della sociale condizione, la saldezza nei convincimenti, i dolori patiti per la causa della libertà e dell'Italia, saranno nei candidati i titoli maggiori alla figura degli elettori che fanno adesione a questo programma.


Questi sono i principi ed i voti che il Circolo popolare unitario si tiene in dovere di manifestare ai propri concittadini, nell'atto di domandarne il concorso e l'appoggio. Corrono per l'Italia tempi scuri e perigliosi: la fortezza delle opere e il coraggio dell'opinione non furono mai, come al presente, così necessari alla salvezza della patria. Il terreno sul quale dobbiamo innalzare l'edificio della libertà, dell'indipendenza e dell'unità della nazione, è ingombro ancora dalle macerie del passato. Sgombriamo quel terreno, distruggiamo queste macerie. Il bene non sorge mai saldo e duraturo se non dove il male è stato prima abbattuto e spazzato.

Milano, 14 gennaio 1861

Gaspare Stampa
Adamo D'Oria
Virginio Visetti
Giovanni Fadigato
Giacomo Stella

# Carte riguardanti l'Associazione dei Comitati di Provvedimento

## A) Ordine del giorno dell'adunanza dei Comitati di Provvedimento del 4 gennaio 1861 in Genova[14]

1) Lettura delle lettere del Generale Garibaldi da Caserta e da Caprera.

2) Relazione del Dott. Agostino Bertani.

3) Relazione del Sig. Federico Bellazzi.

4) Proposta della Presidenza formulata come segue:

I Comitati di soccorso a Garibaldi per Sicilia e Napoli si costituiscono in *Comitati di Provvedimento per Roma e Venezia* e, nell'aspettativa dell'azione, si costituiscono intanto in Associazione permanente allo scopo

I) Di promuovere l'elezione di Deputati indipendenti che abbiano dato prova di volere sinceramente la libertà e l'integrità d'Italia, coll'attuazione del programma *Garibaldi e Vittorio Emanuele*.

II) Di diffondere nel popolo la coscienza delle proprie forze e il sentimento del dovere di valersene per conseguire l'*Unità e la Libertà italiana*.

III) Di raccogliere tutte le volontà e tutte le forze operose dell'Italia, acciocché si trovino ordinate e pronte per il giorno dell'azione.

5) Scelta della Presidenza dell'Associazione.

6) Formazione di un Comitato Centrale.

## B) Lettera di nomina del Comitato Centrale alla Consulta Legale dei Comitati di Provvedimento[15]

Il Comitato Centrale dell'Associazione dei Comitati di Provvedimento per Roma e Venezia, delegato dall'Assemblea del giorno 4 gennaio a provvedere ai mezzi più opportuni per tutelare il libero e legale esercizio della nuova associazione sulla proposta del signor F. D. Guerrazzi fatta nella stessa adunanza del dì 4 ha deciso di formare una consulta di uomini distinti la quale abbia per mandato di: «suggerire pronti rimedi di tutela e di difesa contro tuttociò che fosse il governo per adoperare di illegale e di violento a danno dell'esercizio dei diritti de' Comitati e dei cittadini allo scopo di conseguire il fine proposto nella deliberazione».

---

[14] In *Resoconto dell'adunanza generale dei rappresentanti dei Comitati di Provvedimento, Soccorso ed altri Comitati ed Associazioni......tenutasi il dì 4 gennaio 1861 in Genova*, Genova, Stabilimento tipografico di Lodovico Lavagnino, [1861], p. 5.

[15] MRM, *Carte Bertani*, 51, XXVIII, 72. Minuta con correzioni autografe di Bertani. Allegata la brutta copia di mano dello stesso, nella quale si leggono anche i nomi dei destinatari della presente comunicazione. Essi sono: «1) Cesare Cabella. 2) Carcassi; 3) Stefano Castagnola; 4) F. D. Guerrazzi; 5) Oreste Regnoli; 6) Vincenzo Ricci; 7) Riccardo Sineo».

Il Comitato Centrale si rivolge quindi a Lei, o signore, pregandola vivamente perché voglia far parte di questa importante consulta e nella fiducia di ottenere la preziosa opera sua le anticipo i ringraziamenti.

**N.B.** La consulta sarà interpellata e convocata dal Comitato Centrale.

## C) Verbali e resoconti delle sedute del Comitato Centrale di Provvedimento

### I) Verbale della prima seduta.[16]

Il Comitato Centrale nella sua prima seduta decise:

I) Di comporre immediatamente la Consulta legale proposta da F. D. Guerrazzi ed accettata nella adunanza del 4 gennaio.

Si assunsero graziosamente l'incarico i Sig[nor]i avvocati F. D. Guerrazzi; Stefano Castagnola; Cesare Cabella; G. Carcassi ed il M[arche]se Vincenzo Ricci.

II) Di inviare due dei suoi membri a Caprera per recare al Generale Garibaldi il deliberato dell'Assemblea, e furono eletti o sig[nor]i avv[ocat]o Enrico Brusco ed Antonio Mosto.

Il di 17 gennaio ritornarono i membri del Comitato Centrale inviati a Caprera e recarono la seguente risposta del Generale[17]

### II) Verbale della seduta del dì 8 gennaio [1861].[18]

Il Comitato Centrale di Provvedimento nello scopo di attuare il compito affidatogli dall'assemblea generale, formulato nei tre seguenti articoli, ha deciso di chiedere al Generale:

1° Che accettando pubblicamente la Presidenza dell'Associazione, sia che voglia esercitarla direttamente o per mezzo di un suo rappresentante, approvando le decisioni dell'assemblea dei Comitati che l'ha costituita ed incoraggiandone il lavoro, dia a questa l'appoggio potentissimo del nome suo.

2° Che prevenga gli Italiani che egli annuncerà quando i suoi compagni d'armi debbano raccogliersi per mezzo dei Comitati di Provvedimento.

---

16) MRM, *Carte Bertani*, 50, 26, 38. È pubblicato anche nel *Resoconto dell'adunanza generale dei rappresentanti i Comitati di Provvedimento* ecc., Genova, Lavagnino, s. d. [ma 1861], p. 59. La copia manoscritta è con tutta evidenza preparata per lo stampatore, recando una serie di appunti sui testi da dare di seguito al verbale.

17) L'appunto per lo stampatore qui recitava: «Qui si metta la lettera del Generale senza le note».

18) MCRR, 268, 46, 9. Si è osservata la grafia del testo. Il punto 3 è aggiunto, con scrittura che pare di Bertani, dopo il punto 4°. Altra copia in MRM, *Fondo Curatulo*.

3° Che apre un prestito per mezzo di adatta commissione onde raccogliere i mezzi che il popolo d'Italia e ogni altro paese offrirà per l'indipendenza nostra e delle nazioni sorelle.

3 Che per raccogliere il denaro indispensabile ad iniziare un lavoro qualunque apra per mezzo di predetta commissione un prestito rimborsabile dal governo d'Italia in Roma.

4° Che faccia un indirizzo agli elettori sollecitandoli a scieglere deputati decisi ad affrancare Roma e Venezia colle forze italiane e di appoggiare tali deputati con petizioni nazionali e cogli altri mezzi legali.

### III) Verbale della seduta del 31 gennaio 1861.[19]

Genova, 31 gennaio 1861

Alle ore 12 meridiane d'oggi 31 gennaio 1861 trovansi riuniti i signori Agostino Bertani, Antonio Mosto, Achille Sacchi, Enrico Brusco e Federico Bellazzi.

Interpellato il sig.r Antonio Mosto intorno alle intenzioni del Generale Garibaldi circa il Comitato, risponde saper egli null'altro che essere volontà del Generale si stabiliscano Tiri Nazionali; però aver egli pensiero di invitare per lettera i Municipi perché favoriscano una tale istituzione; potersi intanto iniziarli e parcamente favorirli a nome di quanto sarà per stabilire il generale Nino Bixio nominato da Garibaldi Ispettore de' Tiri Nazionali.

Achille Sacchi domanda se il Generale diede disposizioni per raccogliere mezzi pecuniari; si risponde aver il Generale asserito che una sua lettera ai Comitati autorizzava questi a raccogliere ancora oblazioni.

Si osserva che bisognerà delegare una commissione di uomini probi ed esperti di visare ai mezzi di una buona amministrazione delle finanze. Si ricordano a tale proposito i sig.ri Casareto e Vincenzo Ricci. Achille Sacchi fa notare che, essendo incaricato Cattaneo di formulare un progetto finanziario, fa d'uopo attendere tale progetto prima di lavorare a tale riguardo.

Bertani esterna il bisogno di trasmettere al Comitato Centrale il residuo degli oggetti che trovansi nel magazzino della cassa centrale cessata; però invita Bellazzi a presentare una copia in duplicato dell'elenco degli oggetti ancora esistenti in magazzino. Si chiede se il governo porrà il sequestro sul magazzino, se giovi celare le armi; Mosto adotta il consiglio di distribuirle mano a mano ai Tiri Nazionali nascenti, sotto la responsabilità dei rispettivi Comitati.

Si interroga Bellazzi intorno a ciò di cui si occupano attualmente i Comitati; l'interrogato risponde:

1° Dei lavori relativi alla compilazione della statistica storica dei volontari garibaldini.

---

[19] MCRR, 48, 4, 15. Inviato a Garibaldi in data Genova, 1 febbraio 1861, con una lettera di accompagnamento e quattro casse lasciate a Genova dal De Rohan per il Generale.

2° Della formazione morale di squadre di Garibaldini tenute di vista e pronte da quegli ufficiali che godono maggiormente la stima dei soldati.

3° Della raccolta di effetti militari perché siano concentrati presso il Comitato in Genova.

4° Della fondazione di altri Comitati principalmente nell'Italia meridionale.

5° Di tutto ciò che può somministrare a Garibaldi un corpo di almeno cinquemila uomini bene equipaggiati perché non sembrino vane le domande di uomini fatte da lui ne' suoi programmi.

6° Della istituzione dei Tiri Nazionali.

7° Dei mezzi di provvedere ai bisogni dei reduci garibaldini e delle povere famiglie dei caduti combattendo.

8° Della raccolta di offerte pel dono nazionale a Garibaldi.

9° Della depurazione dei Comitati.

A tale riguardo, dietro lettera di Garibaldi, si stabilisce che, riguardo al Comitato di Bologna, un giurì di onore che riferisca intorno a quanto accusa quel Comitato. Si delibera pure di assumere a componenti i Comitati persone di probità e fama sicure. Si decide pure di fare censura al Comitato di Modena circa il giornale da esso pubblicato, giornale più dannoso che utile.

Sacchi insiste sulla necessità di fondare un giornale, vero organo de' Comitati e di Garibaldi. Si osserva non essere tale pensiero favorito dal Generale. Doversi dunque in proposito conferire immediatamente col generale Nino Bixio.

Si osserva pure che, attesa la dimissione di Bertani e di Bellazzi e la lontananza del deputato Mauro Macchi, il Comitato Centrale deve essere ricostituito.

Si decide di conferire intorno a tale ricostituzione col generale Nino Bixio dal quale questa sera si recheranno alle ore 6 i sig.ri Achille Sacchi, Enrico Brusco, Antonio Mosto.

Federico Bellazzi


## D) Diffusione dell'organizzazione dei Comitati di Provvedimento

## I) Elenco dei rappresentanti dei Comitati di Provvedimento presenti all'Assemblea del 9 settembre 1860[20]

| | |
|---|---|
| Mauro Macchi | |
| Avv. Enrico Brusco | Rappresentanti il Comitato Centrale di Genova |
| Dott. Alessandro Antongini | |
| Maluccelli Leopoldo | Rappresentante il Comitato di Faenza |
| Giovani Benetti | Rappresentante il Comitato di Piacenza |
| Romani d[ottor] Antonio | Rappresentante il Comitato di Reggio |

[20] Sottoscrittori nominativi della *Protesta* contro il giornale *L'Opinione*, riuniti in Genova il 9 settembre 1860. In *Garibaldi e Cavour, Lettera di F. D. Guerrazzi,* Genova Ponthenier, 1860.

| | | | |
|---|---|---|---|
| Luca d[ottor] Reggi | | Rappresentante il Comitato di Reggio | |
| Andrea Modulo | | Rappresentante il Comitato di Reggio | |
| Avv. Giuseppe Camillo Mattioli | | Rappresentante il Comitato di Bologna | |
| Pontoli Enrico | | Rappresentante il Comitato di Parma | |
| Spinazzi Pompeo | | Rappresentante il Comitato di Parma | |
| Manzini D. Luigi | | Rappresentante il Comitato di Modena | |
| Francesco Bisi | | Rappresentante il Comitato di Ferrara | |
| D[ottor] Zara Paolo | | Rappresentante il Comitato di Ferrara | |
| D[ottor] Carlo Foldi | | Rappresentante il Comitato di Milano | |
| Notaio Chesta | | Rappresentante il Comitato di Cuneo | |
| Ilario Lari | | Rappresentante il Comitato di Sarzana | |
| F. D. Guerrazzi | | Rappresentante il Comitato di Livorno | |
| Cesare Tubino | | Rappresentante il Comitato di Provvedimento. | |

## II) Elenco dei Comitati di Provvedimento di Soccorso a Garibaldi, delle Associazioni aderenti all'Ufficio della Cassa Centrale e dei collaboratori presenti nell'adunanza tenutasi in Genova li 4 gennaio 1861.[21]

| Numero d'ordine | Città in cui risiede il Comitato | Denominazione del Comitato | Nome del rappresentante il Comitato |
|---|---|---|---|
| 1 | Albenga | Società Operaia | Bruno Enrico[22] |
| 2 | Albinea | C.to di Soccorso a Garibaldi | Ferrari Bravo Andrea |
| 3 | Arezzo | C.to di Provvedimento | Dolfi dr. Giuseppe |
| 4 | Barga | C.to di Provvedimento | Paoli dr. Tommaso |
| 5 | Berceto | C.to di soccorso a Garibaldi | Caprara Francesco |
| 6 | Bologna | C.to di Provvedimento | Stanzani Filippo |
| 7 | B.go S. Sepolcro | C.to Soccorso a Garibaldi | Cassa Centrale per mandato[23] |
| 8 | Brescia | C.to Soccorso a Garibaldi | Piccino Violini avv.to Guerini C.. |
| 9 | Cagliari | C.to Soccorso a Garibaldi | Macchi Mauro |
| 10 | Calcutta | C.to Soccorso a Garibaldi | omesso per troppa lontananza |
| 11 | Canelli | C.to Soccorso a Garibaldi | Cassa Centrale per mandato[24] |

[21] MRM, *Fondo Curatulo*. Questo elenco, con varianti, è in *Resoconto dell'adunanza generale dei rappresentanti i Comitati di Provvedimento [...] il dì 4 gennaio 1861 in Genova* cit. Nella lista a stampa variano alcuni cognomi; sono cancellati i comitati esteri che, spiega una nota finale «...non poterono per la lontananza prestarsi all'invito...oppure dichiararono che non potendo mandare apposito rappresentante consentivano e si sottoponevano alle deliberazioni dell'Assemblea»; sono indicati gli elementi scelti dalla Cassa Centrale, spesso tra i suoi collaboratori, per mandato di alcuni Comitati; infine gli stessi collaboratori della Cassa sono assai meno numerosi nella lista a stampa, onde sottolineo i nominativi presenti in ambedue le liste. Questo elenco, come sarà facile osservare, non contiene nomi di località dell'Italia Meridionale o della Sicilia.

[22] Nell'elenco a stampa il cognome è Bruna.

[23] L'opuscolo nomina Tommasi Domenico, inserito nella lista di collaboratori del *Comitato*.

[24] Il *Resoconto* reca il nome di Fasoli Pio, inserito nella lista dei collaboratori del *Comitato*.

| | | | |
|---|---|---|---|
| 12 | Cervia | C.to di Provvedimento | Brofferio avv. Angelo |
| 13 | Como | Società Patriottica | Brambilla dr. Giuseppe |
| 14 | Cremona[25] | C.to di Provvedimento | Lena dr. Luigi |
| 15 | Cuneo | C.to Soccorso a Garibaldi | Cassa Centrale per mandato[26] |
| 16 | Faenza | C.to Soccorso a Garibaldi | Maluccelli dr. Leopoldo |
| 17 | Ferrara | C.to di Provvedimento | Mosto Antonio |
| | | | Biasuti dr. Luigi |
| 18 | Ferrara | Emigrazione Veneta | Bisi Francesco |
| 19 | Firenze | C.to di Provvedimento | Dolfi Dr. Giuseppe |
| 20 | Forlì | C.to di Provvedimento | Monsegnani Sassatelli |
| | | M.se C.lo, | Danesi Antonio |
| 21 | Gazzuolo | | |
| | Mantovano | C.to Soccorso a Garibaldi | Marchi P.re Carlo |
| 22 | Genova | Cassa Centrale | Bertani d[ott]r Ag. – |
| | | | Bellazzi Federico |
| 23 | Genova | Società Operaja | Astengo – Casaccia Felice |
| 24 | Goito | C.to Soccorso a Garibaldi | Gayter dr. Giulio |
| 25 | Lima | C.to Soccorso a Garibaldi | omesso per troppa lontananza |
| 26 | Livorno | Comitato Nazionale | Guerrazzi F. D. |
| 27 | Livorno | C.to Soccorso a Garibaldi | Sacchi Achille |
| 28 | Lodi | C.to Soccorso a Garibaldi | Fè Alessandro |
| 29 | Londra | C.to Soccorso a Garibaldi | omesso per troppa lontananza |
| 30 | Lucca | C.to di Provvedimento | Paoli dr. Tommaso |
| 31 | Milano | C.to Soccorso a Garibaldi | Foldi dr. Carlo |
| 32 | « | Società Umanitaria | Levi dr. Giuseppe |
| 33 | « | Società di Istruz. Popolare | Mistrali B.ne Francesco[27] |
| 34 | « | Emigrazione Veneta | Levi dr. Giuseppe[28] |
| 35 | « | Società di Mutuo Soccorso | Stampa Gaspare |
| 36 | Modena | C.to di Provvedimento | Manzini dr. Luigi |
| | | | Cap(p)i dr. Luigi |
| 37 | Mondovì | Società Liberale | Stagni avvocato |
| 38 | Montevideo | C.to Soccorso a Garibaldi | omesso per troppa lontananza |
| 39 | Ovada | C.to Soccorso a Garibaldi | Carcassi avvocato |
| 40 | Parma | C. di Provvedimento | Spinazzi avv. Pompeo |
| 41 | Pavia | C.to Soccorso a Garibaldi | De Chò Luigi |
| 42 | Peterborgo | C.to Soccorso a Garibaldi | omesso per troppa lontananza |
| 43 | Piacenza | C.to di Provvedimento | Bianchi Giovanni |
| 44 | Pisa | C.to di Provvedimento | Bertarelli dr. Bernardo |
| 45 | Pistoja | C.to di Provvedimento | Dolfi dr. Giuseppe |
| 46 | Ravenna | C.to di Provvedimento | Ricci M.se Vincenzo |
| 47 | Reggio [Emilia] | C.to Soccorso a Garibaldi | Ferrari Bravo Andrea |

[25] Per Cremona la lista a stampa reca anche il nome di Gabbioneta Walter per il Comitato di Soccorso a Garibaldi.

[26] L'opuscolo ha il nome di Enrico Adamini, che figura tra i collaboratori del *Comitato*.

[27] L'elenco stampato per questa associazione aggiunge il nome di De Boni dott. Giuseppe.

[28] Nell'elenco a stampa questa società è omessa.

| 48 | S. Marino | C.to Soccorso a Garibaldi | Bargoni avv. A. |
| 49 | S. Pier d'Arena | Società Operaja | Grisei Silvano |
| 50 | « | Società Umanitaria | Bardino Francesco |
| 51 | Sarzana | C.to Soccorso a Garibaldi | Chioso Francesco[29] |
| 52 | Sassari[30] | C.to Soccorso a Garibaldi | Cassa Centrale per mandato |
| 53 | Sestri Ponente | Gabinetto di Lettura | Oliva Niccolò |
| 54 | Spezia | C.to Soccorso a Garibaldi | Massa Pietro |
| 55 | Tempio | C.to Soccorso a Garibaldi | Nicolai avv. Agostino[31] |
| 56 | Torino | C.to Garibaldi degli Studenti | Brofferio Figlio |
| 57 | Varese | | |
| | Lombardo | C.to Soccorso a Garibaldi | Brusco Avvocato |

*Collaboratori*

*Farina M(aurizio)*; Osio Enrico; *Pagano Nicolò*; *Cuneo G. B.*; *Losio Colonnello*; *Mojon Giuseppe*; Pittaluga Pietro capitano marittimo; Molinari Enrico capitano marittimo; Devoto capitano marittimo; Savi avvocato; Castagnola avvocato Stefano; Fasola Pio; Tomassi Domenico; Forza Pietro; Carrara Giacinto; Milani Rainieri; Milani Enrico; Giacché Giacomo; Adamini Enrico; *Sanna G. Antonio*.

## III) Località dei Comitati.[32]

Forlì; Arezzo; Milano; Sarzana; Tortona; Sale; Castel Nuovo (Scrivia); Caste Nuovo (Monti Reggiani); Livorno; Budrio; Corniglio Sestri Ponente; Como; Lodi; Viareggio; Pisa; Ponte d'Era; Grosseto; Massa Marittima; San Miniato; Scanzano; Rocca S. Casciano; Sassari; Piacenza; Soresina; Varese (Lombardia); Barga; Reggio (di Modena); Parma; Brescia; Bergamo; Milano; Firenze; Lucca; Pavia; Livorno; Ferrara; Pistoia; Siena; Sondrio; Goito; Gazzuolo (Mantovano): Ravenna; Faenza; Spezia; Cuneo; Cagliari; San Marino; Mondovì; Berceto; Sestri Ponenti; Pavia; Tirano; Albenga; Tempio; Cervia; Ovada; Borgo S. Sepolcro; Montevideo; Genova; Parigi; Lima; Calcutta; Londra; Napoli; Napoli; Londra; Palermo; Vestone in Valle Sabbia; Londra; Brescia per Bovegno; Cremona; Mirandola; Siracusa; Catania; Marsala; Cornegliano; Palermo; Macerata per Pausola; Castelclementino; Perugia.

*Appendice*

| Ciabatti P. F. (Dicomanno); | Avv. Spinazzi, id., (avvisare); |
| Dott. Luigi Parola, Cuneo; | Andrea Ferrari Bravo, Reggio |

[29] L'opuscolo porta il cognome Chiodo.

[30] L'opuscolo porta anche la rappresentanza della Società Operaia di Sassari, per mezzo di tal Brignardelli giureconsulto.

[31] Nicolari secondo la versione del *Resoconto*.

[32] MRM, *Carte Bertani*, 30, 69 bis, 67. Pubbl. in R. COMPOSTO, *I democratici* cit., pp. 217-18. Bertani scrive in calce il numero complessivo dei Comitati (82) e la data di compilazione dell'elenco stesso: «Ora 8 aprile u. s.». Si riporta come *Appendice* anche l'elenco, aggiunto a questo documento; minuta sempre di mano di Bertani.

Avv. Pietro Carminati, Fossano,
Avv. Gius. Dossena, Alesandria (avvisare);
Avv. Michele Romagnoli, Tortona;
Causidico Silvano Silvani, id.
Dott. Angelo Pogliani, Novara;
Dott. Carlo Fara, Orta;
Presidenza dell'Assoc. degli Operai, Intra;
Sig. Domenico Guzzi, Luino;
Dott. Roccarey, Arona;
Sig. Siro Fava, Pavia;
Sig. Direttore del *Proletario* , Lodi;
Sig. « dell'*Avvisatore Alessandrino*,
Alessandria;
Dott. Stradivari, Cremona;
Dott. Gius. Brambilla, Como;
Dott. G. Ragazzoni, id.;
Signor Stoppani, Menaggio;
Medici, Lecco;
Andrea Puricelli, Farmacista, Morbegno;
Maurizio Quadrio, con preghiera
         per Sondrio;
Sig. Pietro Zaneroni, Brescia;
Sig. Palazzini a Torino, incaricandolo
per Bergamo
Enrico Pontoli, Parma, (avvisare);
Sig. Conte Ugolini, Perugia;
Giuseppe Dolfi, Firenze;
Albanesi caffetteria, Livorno;
(avvisare) Allegrini ingegnere, Lucca;
Giuseppe Banti, Siena;
Piero Cironi, Prato;
Giuseppe Mazzoni, Prato;
De Boni Filippo o Mileti, Napoli;

A De Boni
A Palermo

Emilia (avvisare);
Filippo Stanzani, Bologna,
(avvisare);
Angelo Manini, Reggio Emilia
(avvisare);
Camillo *Grasselli*, id., avvisare;
(avvisare);
Augusto *Agleberg* , Bologna,
(avvisare);
Pietro *Zanoni*, Spezia;[33]
Sig. Tabacchi, Mirandola;
Pompeo Davilli, scultore,
(avvisare);
L. Scalaberni, direttore della
*Voce del Popolo*, Ravenna;
Colonnello Pianciani, Spoleto;
Sig. Gottardi Ladislao, Lugo;
Vincenzo Cattoli, Faenza;
Leopoldo Maluccelli, id.;

Cesare Liverani, id.;
A. Saffi, per Forlì;
Antonio Berti, Ancona;
Concetto Procaccini, Macerata;
Idem, Fermo;
Barone Favara Vincenzo, Palermo;
avv. Gavino Pirone Soca, Sassari,
con preghiera per Cagliari;
Dottor Bellati, Ferrara;
Avv. Parmiani, id.;
Prof. Rossi, Bologna;
Capit. Sabbattini Giovacchino, id.;
Capit. Stagni, id.;
Tirri Torelli Carlo, Lecco.


## IV) 1861. Comitati Istituiti con Mandato.[34]

| | |
|---|---|
| Ancona | Sig. Alessandro Misturi; Malacari Maggiore |
| S. Angelo in Vado di Urbino | Nicola Bellocchi |
| Amandola | Cesare Diotiguardi |

[33] La retta scrittura dei cognomi qui in corsivo è Grassetti; Aglebert; Zannoni.
[34] Fascicoletto ms. in MCRR, 53, 2, 8; in copertina il titolo qui indicato, il timbro della associazione, data e destinatario: «Al Generale Giuseppe Garibaldi Federico Bellazzi. 28 maggio 1861.» Per certi aspetti l'elenco, evidentemente compilato per dar ragione degli sviluppi dell'Associazione al suo Presidente, ricalca quello scritto da Bertani nella minuta pubblicata al numero precedente, ma è più aggiornato.

| | |
|---|---|
| Arezzo | Dott. Marco Petroni |
| Asti | Avv. Vittorio Negro; Trincherini dott. Luigi; Causidico Simone Molino; Giuseppe Ed.o Rabezzana |
| Albinea | Enrico Bottazzi; dott. C. Golfieri |
| Alessandria | Angelo Migliora |
| Barga | Gaetano Tallinucci; Michele Equi; Luigi Tallinucci; Luigi Capretz; Dott. Pietro Tallinucci |
| Budrio | Antonio Grazioli; Cuneo; Sacchi |
| Brescia | Avv. Piccino Violini |
| Berceto | Francesco Caprara; Gianelli Luigi |
| Bedizzole P.cia di Brescia | Giuseppe Capuzzi |
| Bagno | Giuseppe Biozzi; Dott. Ferdinando Giovanetti; Francesco Mordenti |
| Borgo S. Sepolcro | Giuseppe Gigli |
| Bologna | Filippo Stanzani |
| Bogliaco di Gargnano (P.cia di Brescia) | Agostino Carrettoni |
| Castorano (P.cia di Ascoli) | Francesco Orazi |
| Castelnuovo Scrivia | Pietro Scarabelli |
| Comacchio | Giovanni Cavalieri; Dottore Alessandrini Raimondo Bonnet; Dottore Balboni |
| Corniglio | Giovanni Nustici |
| Como | Innocenzo Regazzoni |
| Correggio di Modena | Vincenzo Marastoni; Settimo Sinigaglia Alessandro Mecelli; Gio. Batta Carbonieri |
| Catania | Barone Sisto |
| Castelnuovo Monti Reggiani | Feliciano Monzani; Dott. Secchi Cristoforo Luigi Crovegli; dott. Edoardo Rubini; dott. Carlo Dallari; Paolo Noltari; Giuseppe Cilloni; |
| Cervia | Eugenio Billi |
| Cuneo Borgo S. Dalmazzo per Rittana | Notaio Chesta |
| Cremona | Avv. Amilcare Rizzini; Ing. Giovanni Cadolini; dott. Carlo Carboni; Walter Sabbionetta; dott. Francesco Barile; dott. Edoardo Porro; avv. Giuseppe Tavolati |
| Castelclementino (P.cia di Fermo) | Giuseppe Filoni |
| Cagliari | Anastasio Sulliotti |
| Calcinato (P.cia di Brescia) | Antonio Consolini |
| Castelnuovo di Sotto | Carlo Soncini; Cesare Comini; Vittorio Marinelli; Gio. Ferroni; Majolo Majoli; Teodardo Frontanesi; Ing. Gorini Evandro Alfonso Montanari; Leandro Ruozi; dott. Giuseppe Colombi; Fulvio Testi; Guatteri Leandro; Luciano Prini; ing. Domenico Tassoni |
| Dicomano | Ferdinando Ciabatti; ing. Igino Bartolozzi; Mario Coradini |
| S. Gaudenzo | Ferdinando Fani; Oreste Cheli; Filippo Puccini; Clemente Puccini |
| Desenzano | Pietro Zeneroni; Giovanni Fiori; Andrea Grigoli |
| Fermo | Pompeo Broglio; Alessandro Concidei |

398

| | |
|---|---|
| Forlì | Danesi Antonio |
| Ferrara | Luigi Verrati |
| Firenze | Giuseppe Dolfi |
| Faenza | Dott. Leopoldo Maluccelli; V. Cattoli; Michele Chiarini; Federico Pompiglioli |
| Firenze S. Piero in Bagno per Alsero | Antonio Arciprete Santini |
| Gazzuolo Mantovano | Federico Negretti; Attilio Morí; Professor Marchi; Gio. De Luca; dott. Giuseppe Petrali; Gio. Cattabiani |
| Gravedona (P.cia Como) | Gio. Stampa; Gio. Batta Motti; Tommaso Ardenghi |

---

### Provincia di Mantova

| | |
|---|---|
| Castel Goffredo | Tognetti dott[or] Pietro; Guerzoni Lino; Bellini Costanzo; Bertari Luciano; Tonini Celfo; Petrali dott[or] Gio. Batta; Nodari ing.[egnere] Domenico |
| Solferino | Fantoni Pietro; Franceschini Francesco; Fattori ing. Luigi; Ferrari Giovanni |
| Canneto | Minozzi dott. Antonio; Visconti dott. Achille; Agostini Carlo; Zambelli Luigi |
| Guidizzolo | Barbetta Ciro |
| Volta | Boselli Giuseppino |
| Bozzolo | Cantoni Eugenio; Pignani Luigi; Gio. Batta Nicolini |
| Castellucchio | Ferrari ing. Aristide; Morandi dott.[or] G.[iusep]pe |
| Gazzolo | Arrivabene conte Rinaldo; Salvetti Francesco; Gerola Flaminio |
| Rodigo | Morelli Luigi; Mondini d[ottor] Vincenzo; Aporti Lodovico; Furlani ing. Leopoldo |
| Campitello | Chizzolini dott.[or] Giuseppe; Bini Posdocimo; Chizzolini Marcello |
| Commessaggio | Bachi Luigi Napoleone |
| Sabbionetta | Bazzi avv.[ocato] G. Battista; Carnevali dott.[or] Ettore; Fuà avv.[ocato] Alessandro; Albertoni dott.[or] Franco Gio.; Obbici Giuseppe; Bianchi dott. Francesco |
| Casatico | Ardenghi Giulio; Artoni Giuliano; Veneri Giacomo; Donelli Antonio |
| S. Matteo | Turchetti Senofonte; Crema dott.[or] Stefano; Turchetti Luigi |
| Castiglione | Botturi dott.[or] Leopoldo |
| Marcaria | Suzzara Antonio |
| Acquanegra | Biaggi Agostino |
| Pomponesco | Rosina Antonio |
| Livorno | Cesare Botta |
| Lodi | Alessandro Fè |
| Lucca | Ing. Giovanni Allegrini |
| Lima | Francesco Leonardi |

| | |
|---|---|
| Londra Halten Garden Halborn N° 22 | Andrea Erede; Antonio Berni G. B. Soldi; F.lli Trivelli; C. De Tivoli |
| Luino | Domenico Guzzi |
| Lonato | Dott. Michelangelo Toresini; dott. Giuseppe Pizzocolo; Francesco Chinelli |
| Macerata | Vincenzo Sassaroli; Luigi Braconi; Domenico Concordia; Cionone (sic) Santarelli; Filippo dott.[or] Tornaboni |
| Marsala | Andrea D'Anna; Abele Damiani |
| Monti Granaro (P.cia di Fermo) | Virgilio Tombolini |
| Mogliano (P.cia di Fermo) | Cesare Latini; Ernesto Rastelli |
| Montegiorgio (P.cia di Fermo) | Nicola Maria Gattami; Alessandro Mattei; dott.[or] Luigi Santoro |
| Mirandola | Davide Molinari |
| Morbegno (Sondrio, Lombardia) | Giovanni Gilardoni; avv.[ocato] Alessandro Botterini; ing. Benedetto Melchiori |
| Marano (P.cia di Fermo) | Gregorio Possenti |
| Milano | Carlo Foldi; Gaspare Stampa; Nava Luigi; Rancati Enrico; Alessandro Antongini |
| Massa Marittima | Apollonio Apolloni; dott.[or] G. Falusi Pietro Lapini; Bernardo Mencacci; Achille Fusi |
| Menaggio (Como) | Ing. Antonio Stoppani |
| Modena | Dott.[or] A. Mami; Rovigli Luigi; Achille Barbini |
| Monte S. Martino (P.cia di Macerata) | Pacifico Palombi |
| Montevideo | Antonio Franzini |
| Mondovì | Pietro Sclavo; Carlo Baretti |
| Napoli via S. Pietro a Maiella N° 28 | Gio. Nicotera; Aurelio Saffi; Filippo Deboni; avv. Nicola Mignogna; Gio. Matina; Giuseppe Lazzaro; Silvio Verrati; Antonio Rizzo (figlio); Francesco Scaffati; Luigi Caruso; Gaspare Marsico; Giuseppe Rosiello; Michele Magnone; Giacinto Albini; Carlo Gambuzzi; Nicola La Capra; Vitaliano Tiriolo; Giuseppe Libertini |
| Ovada | Costantino Pesci |
| Oneglia | Antonio Delbecchi; avv. Aristide Bona; Giacinto Serrato; Dioniso Berardi; Enrico Degrossi; causidico Ludovico Gismondi; dott. Giuseppe Gandolfi; Filippo Berio; Gio. Battista Cuneo |
| Piacenza | Giovanni Bianchi |
| Perugia | Gio. Enrico Angelelli |
| Pisa | Dott. Guelfo Guelfi; dott. Ilario Mazzoni |
| Parma | Luigi Ferrari fu Giacomo; Pompeo Spinazzi; Enrico Pontoli; Petibon |
| Pistoia | Attilio Grassi; Giuseppe Ulivi |
| Pietrasanta (P.cia di Massa Carrara) | Dott. Franco Puliti; Cav. Franco Tomei; avv. Olinto Bichi |

| | |
|---|---|
| Pausola (P.cia di Macerata) | Achille dott. Girj; Luigi Firmani; B. De Nobili Benedetto; dott. Vincenzo Narcisi |
| Pallanza | Dott. Innocenzo Ratti |
| Pavia | Sacchi Luigi |
| Pontedera | Neri Giovanni; Stefano Romoli; Lorenzo Masi |
| Parigi rue Neuve Breda N° 6 | Costanzo Ferrari |
| Palermo | Can.[onic]o Giorgio Asproni; Giorgio Tamajo; Barone G. S. Sutera; cav.[alier] R. Di Benedetto; avv.[ocato] Filippo Lo Presti; avv. Fran.co Mag.re Perni; avv.[ocato] Pasquale Sciales; E. Navarro della Miraglia; avv. Giovanni Costantino; avv.[ocato] Giacinto Scelsi; avv.[ocato] Nicolò Schirò; avv.[ocato] Fed.[eri]co Campanella; duca Corrado Valguarnera d'Arenella; Fran.[ces]co De Stefanò; Mariano Indelicato; march.[es]e G. Costantino; Barone V. Favara; avv.[ocato] F. Perroni Paladino; avv.[ocato] Saverio Friscia; Zaccaria Dominicis; Gaetano La Loggia; Biaggio Privitera; Luigi La Porta; duca di Verdura; principe Linguaglossa; G.B. Marinuzzi |
| Reggio (Emilia) | Luigi Chierici; Ponti Prospero; Manini Angelo; conte Paolo Cassoli; Antonio Grasselli |
| Rocca S. Casciano | Gioacchino Berti |
| Ravenna | Federico Ginani Corradini; Luigi Guaccimani |
| Sarnano (P.cia di Macerata) | Ettore Funari |
| Sestri Ponente | Giuseppe Magistris |
| Siracusa | Emilio Bufardesi; Giuseppe Cesario; barone Pancali |
| Sarzana | Carlo Chiocca |
| Soresina | Angelo Cauzzi |
| S. Miniato (P.cia di Pisa) | Ferdinando Cristiani; Goffredo Placchi; avv. Fran.co Rindi |
| Sale | Giovanni Sartirana |
| Siena | Francesco Guerri |
| Sondrio | Gio. Batta Caimi; Francesco Orsatti; Carlo Cao |
| S. Marino | Giacomo Martelli |
| Spezia | Pietro Massa |
| Sassari | G. Marinelli; Nicolò Costa; Francesco Mocci; avv. Pier Paolo Scotto; avv. Soro Pirino Gavino |
| Sarsina (P.cia di Forlì) | Luca Silvani |

## SICILIA

| | |
|---|---|
| Partinico (P.cia di Palermo) | Giuseppe Rizzuto; Ignazio Polizzi notaio; Nicolò Minore; Pietro Bonora; dott. Giuseppe Avellone; dott. Domenico Rondisi |
| Montelepre (P.cia di Palermo) | Pietro Purpura; Domenico Perez; Gaspare Riccobuono; Giacomo Galluzzo; Vincenzo Serio; Gio. Galluzzo |

| | |
|---|---|
| S. Stefano di Bivona - Girgenti | Filippo Reina; Angelo Reina; Andrea Attardi; Gaetano Piccone; Ignazio Inglese; G.ppe Marracini; Vincenzo D'Amico |
| S. Giovanni - Girgenti - Sicilia | Barone Illuminato Alessandro Michele Traina; Andrea La Corte; Girolamo Alessi; Vincenzo Gioacchino; Vincenzo Cimini |
| Comitini - Girgenti - Sicilia | Girolamo Vella; Vincenzo Vella; Gaetano Leone; Lorenzo Susino; Desidrio Poli; Gerlando Sciarrotta |
| Lucca - Girgenti - Sicilia | Giuseppe Lo Cascio; Vito Pagano; Giuseppe D'Angelo Buscemi; Antonino Triolo; Felice Maurullo; Gerolamo Lo Cascio |
| S. Biagio - Girgenti - Sicilia | Di Francesco Vaccaro; Salvatore Vaccaro; Giacinto Partanna; Ignazio Chiarenza; Giuseppe Manto; Sacerd.e Rosario Chiarenza; Lucio Manto; Santo Calderone; Giuseppe Savarino |
| Lentini circ. Noto - Sicilia | Eustachio Meli; Francesco Consiglio; sacerd.te Filippo Amato Guercio; padre Bonaventura Inserra; Giuseppe Bonfiglio Rosano; dott. Vincenzo Pisano; Pietro Perrotta |
| Tortona | Francesco Franchini; |
| Treja | Adriano Andreani |
| Tirano Valtellina | Merizzi Giacomo; Antonio Zanetti ufficiale telegrafico; Antonio Maria Lucini; dott. Benedetto Andres; dott. Frisio Abbondio Pinchetti; avv. Giuseppe Lucini; avv. Giovanni Salis |
| Tempio | Filippo Altea |
| Viareggio | Francesco Magherini |
| Vestone (Val Sabbia) | Domenico Riccobelli; G.B. Manni, Ercole Bellinzone; Francesco Manni |

## V) Lettere e Circolari per l'Associazione dei Comitati di Provvedimento per Roma e Venezia.[35]

**1)**[36]

Genova, 7 dicembre 1860

Onorevole Comitato,

Era mia intenzione (intenzione della quale resi consapevole per iscritto il Generale Garibaldi) che la lettera a me diretta da Caprera rimanesse, per un dato tempo, un secreto d'ufficio; e ciò possibilmente.

[35] Pubblico solo le circolari non apparse o date incomplete nella citata raccolta di *Circolari*. Le circolari riportate, salvo diversa indicazione, sono tutte su carta intestata del «Comitato Centrale – Associazione dei Comitati di Provvedimento – Preside Garibaldi – Genova».

[36] MCRR, 48, 4, 8. Le ragioni per cui non fu pubblicata nella silloge bellazziana sono evidenti, trattandosi di argomenti riservati, espressione dei conflitti interni all'organizzazione.

Circostanze impreviste, indipendenti dal voler mio fecero sì che altri, consapevoli del Programma di Garibaldi, di cui mandai copia, dessero pubblicazione al ricordato Programma. Tale pubblicazione è voluta da Garibaldi; seppi questo dal Sig.r Pancrazii, che asserisce averne avuto, primo, copia dal Generale. Tali fatti indussero me pure a rendere di pubblica ragione, per mezzo di affissione, quel documento; ne manderò copie ai singoli Comitati perché lo diffondano.

Io persisto ancora nella idea che sia assolutamente necessario il non dare pubblicità a tutte le disposizioni che Garibaldi sarà per indicare ai suoi Comitati. Tuttavia, siccome i Comitati Garibaldini attivi ormai da sei mesi sembrano minacciati nella loro esistenza dal solito partito avverso a un'*azione* costante, energica, immediatamente diretta alla attuazione del Programma di Garibaldi, vi sia bisogno di provare essere i Comitati Garibaldini i veri depositari del Programma del Generale, io non esiterò a far noti al pubblico anche la lettera, della quale vi ho mandato copia. Salute.

Il dirigente della Cassa Centrale
Federico Bellazzi

**2)**[37]

[Genova], 1 gennaio 1861

Beneamato sig. Direttore del giornale

Conoscendosi con quanta saviezza e patriottismo Ella sa propugnare le idee che sembrano le più adatte a favorire il rivolgimento italiano, questo Ufficio, in *pura* (*sic*) *confidenziale* , sottopone alla Sua considerazione quanto segue:

Da molti giorni prende credito la voce di un arruolamento di Militi garibaldini per l'Ungheria; pare anzi certo che tale arruolamento già sia avviato in alcune località.

Un tale fatto è disastroso per la buona riuscita della Rivoluzione Italiana.

I) Perché allontana le forze vive della Nazione, forze di cui non si ebbe mai tanto bisogno quanto al presente, e ciò per ragioni facili a immaginarsi.

II) Perché si sa che l'orgoglio militare dei liberali Ungheresi non tollera mai che un'armata non Magiara e di natura garibaldina prenda l'iniziativa nella lotta nazionale dell'Ungheri.

III) Perché si commetterebbe non solo un grave errore militare, ma un altro politico più grave ancora, quale è quello di impedire alla nostra patria [che] i 30.000 soldati di Garibaldi esercitino un'apostolato (*sic*) che può portare da un momento all'altro il numero dei combattenti a 300/m.

L'arruolamento per l'Ungheria insomma, da chiunque ne provenga, amico o nemico, è un vero tagliar di netto il nerbo della forza nazionale italiana.

---

[37] MCRR, *Copialettere,* 526, 1.

Se Ella, Sig. Direttore, concorda in tale partito, tenga all'erta l'opinione pubblica, onde da nuove divisioni non sia trascinato a più amari disinganni. Salute.

Il Dirigente la Cassa Centrale
Soccorso a Garibaldi

**3)**[38]

Genova, 3 gennaio 1860

Onorevole Signore,

Domani 4 corrente a mezzo giorno in punto nel Palazzo Carega avrà luogo la riunione dei Comitati, allo scopo di avvisare ai mezzi per attuare al programma del Generale Garibaldi. Pertanto viene la S. V. O. invitata a voler intervenire [qual Presidente dell'onorevole *Comitato Patriottico* di Genova] e perciò si invia il biglietto d'ammissione.

Il Dirigente il Comitato Centrale

**4)**[39]

Genova 6 gennaio 1861

Benemerito Comitato

Unitamente a questa nostra riceverete:

1° Il resoconto sommario della seduta del 4 corrente tenuta dai rappresentanti i Comitati.

2° Una nota confidenziale dei nomi che Garibaldi indica degni dell'Italia, come quelli di uomini meritevoli di sedere nel nuovo parlamento italiano.

Si avverte

A) Attendersi alla stampa della completa relazione di quanto fu letto, discusso e deliberato dalla assemblea del 4 gennaio. Di tale estesa relazione si manderanno copie ai singoli Comitati.

B) Dovere i singoli Comitati promuovere e sostenere la conferma di que' candidati che già furono deputati nella passata sessione parlamentare e che ora vengono proposti anche da Garibaldi.

C) Essere necessario di saviamente applicare ai singoli collegi que' candidati prescelti dal Generale che abbino maggiore probabilità di essere eletti in uno più tosto che in un altro collegio.

D) Essere liberi i singoli Comitati di proporre a candidato qualunque altro individuo che a lor giudizio, quantunque per avventura non compreso nell'uni-

---

[38] *Ivi*, 526, 38. Nel foglio è diretta al Sig. Sanguinetti, presidente del Comitato Patriottico di Genova, ma in indice è invece data come circolare.

[39] Pubblicata in *Circolari,* pp. 38-39, ma senza la lista dei deputati. Si trova in varie collocazioni archivistiche, ma con l'allegato è in *DMP, Carte Dolfi*, D, Vb, 72, 3. I nomi sono secondo la grafia del documento.

ta lista mandata da Garibaldi, si sceglierà come più accettabile perché più favorevole alle circostanze locali.

E) Essere stati, nella assemblea del 4 gennaio i Comitati di Soccorso a Garibaldi per Sicilia e Napoli, ricostituiti col titolo di Comitati di Provvedimento per Roma e Venezia.

F) Essere quindi necessario di far tenere a questo Ufficio i nomi dei membri componenti i singoli Comitati, perché si conosca quali altri patrioti furono assunti a fare parte dei Comitati dopo la circolare in data delli 11 novembre perché si rilasci loro un regolare mandato.

Per il Comitato
Federico Bellazzi

*Confidenziale*

Elenco dei candidati al Parlamento.

*Lombardi*: Brambilla dr G. ppe ( Como ); Cattaneo Carlo; Bertani dr Agostino; Levi dr Giuseppe ( Milano ); Camozzi (Bergamo); Sirtori; Medici; Sacchi generale; Sacchi dottore; Ripari dr Pietro; Cairoli Benedetto (Pavia); Bassini Angelo (Pavia); Missori; Nullo (Bergamo ); Bargoni Ang.(Cremona); Macchi Mauro; Carissimi; Nuvolari Gius. (Mantova); Simonetto; Antongina Ales. (Milano); Dezza.

*Toscani*: Serafini Camillo dr in Pomorance; Malenchini; Verità Giovanni; Guerrazzi; Montanelli: Paradisi; Dolfi Giuseppe (Firenze); Mordini; Sgarallini: Bandi (Maggiore); Ferrigni.

*Napoletani*: Cosenz; Zuppetta; Albino; Mignognia; Dagerolamo G.; Stocco Generale; Stocco Vincenzo; Plattino Plattino fratelli (Reggio);[40] Salituri C.te (Castro Villari); Conforti; Morelli Morelli fratelli (Cosenza).

*Genovesi*: Bixio Generale; Celesia avvocato; Cabella avvocato; Canzio; Stefano; Mosto Antonio; Burlando; Stallo; Damele; Torre; Casareto Michele.

*Piemontesi*: Brofferio avvocato; Valerio; Castellano; Brida ten. col. nell'Esercito meridionale; Mellana; Sineo; Villa; Marazio.

*Emilia*: Taddei

*Siciliani*: Crispi; Laloggia; Cortese; La Masa; Corrao; Palizzolo; La Porta: Orsini Salvatore (Trapani ); Calvino; Orlando Orlando fratelli; La Verdura duca; Pandolfina principe ; Fabrizi Nicolò ; Fabrizi Luigi; Paternò; Poulet; Pantaleo p. dre; Scalia colonnello; Santanna Santanna fratelli.

*Nizzardi*: Laurenti Rombaudi (sic); Camous avvocato; Domenico Gustavino; Casimiro Basso; Massouin; Pastore avvocato; Manuele notaio.

*Romani*: Gavazzi padre ; Cattabene G. B.; Caldesi Vincenzo; Cenni.

*Veneto*: Piva; De Boni; Mario.

*Sardegna*: Sullioti avv.to Anastasio; Asproni; Sanna.

---

[40] Probabilmente trattasi dei due fratelli, Antonio e Agostino Plutino.

**5)**[41]

[Genova], 27 gennaio 1861

Benemerito Signore,

Se fossi stato presente al momento in cui l'Assemblea del 4 gennaio mi volle onorare della elezione a membro del Comitato Centrale, avrei esposto, ringraziando, le ragioni per le quali non mi sentivo allora, non mi sento adesso degno di tanta distinzione.

Al Generale Garibaldi manifestai quelle ragioni. Però vi rendo noto che intendo non far più parte del Comitato Centrale, dalla cui nuova azione richiedonsi uomini di gran lunga ame superiori per saviezza di consiglio, per severità verso la Patria.

Tuttavia continuerò nell'attendere alla direzione dell'Ufficio per i pochi giorni che si crederà necessario io perseveri nel relativo lavoro, aspettando che altri più strenuamente assuma il difficilissimo mandato di mantenere viva, indipendente, la necessaria, coscienziosa operosità dei Comitati di Provvedimento.

Salute

Federico Bellazzi

**6)**[42]

Genova, 29 gennaio 1861

Benemerito Comitato,

Vi avverto che questo ufficio si è trasferito in via Giulia N° 15 casa Queiroli. D'ora innanzi lettere, stampati, ecc. saranno spediti al sottoscritto alla indicazione suindicata.

Onde trarre profitto della buona disposizione della gioventù e non lasciarla in una dannosa inerzia, sarà d'uopo stabilire dei *Tiri Nazionali* e scegliere fra i volontari quelli che si distinguono per attività, affidando a questi l'incarico di istruirli e tenerli in esercizio.

Sta bene prevenire gli avversari prendendo l'iniziativa in tale utile istituzione voluta da Garibaldi e di cui comprenderete l'importanza. Informate in proposito e spedite ppreventivo delle spese occorribili. Continuate ad occuparvi della statistica e se vi mancano fogli di registro stampati, domandatene a questo Ufficio e vi saranno spediti.

Interessatevi pure per raccogliere offerte pel Dono a Garibaldi. Attività e salute.

Per il Comitato Centrale
Federico Bellazzi

[41] MRM, *Fondo Curatulo*, 19, 688, 1415. È unita una lettera a Garibaldi ove spiega le ragioni del suo ritiro, precisando che ne invierà comunicazione «ai singoli componenti i Comitati». Questa dunque è una circolare, indirizzata ai singoli membri dell'organizzazione.
[42] MRM, *Fondo Curatulo*, 19, 527, 135.

406

# Lettere inedite di Agostino Bertani a Giuseppe Garibaldi e a Federico Bellazzi.

## A Giuseppe Garibaldi[43]

Genova, 14 luglio 1860

Caro Generale,

Il brik del capitano Gazzolo,[44] il *Nettuno*, parte oggi a vela di qui per Cagliari. Non mi fu possibile fare altrimenti.

Voi avrete la compiacenza di mandarlo a prendere coi vostri vapori, giacché siete ormai ricco.

Depretis parte ora da me. Egli vide il Re lungamente stanotte. Il re vi mandò Amari chiedendo soltanto se persistevate nel volere il Depretis: null'altro.

Il Re vorrebbe il Depretis e rideva della scena eroico-comica che fece il Valerio quando vidde la vostra lettera che chiedeva il Depretis.

Valerio è giorno e notte con Cavour. Figuratevi che gioiello avreste! Cavour, lo disse il Re, sbuffa, smania, si pesta il capo quando in consiglio dei ministri si parla di voi.

Depretis vi gioverà, ma se non ve lo danno con grazia o ve lo niegano, fate senza d'ognuno.

Il colonnello Sacchi[45] viene a voi pregandovi di lasciarlo ritornare tosto qui per lo Stato Pontificio. Gli affari urgono.

Brescia potrebbe dare ancora 90/mila e più franchi, ma vuole una vostra autorizzazione per pagarli a me. Fatemi la grazia di mandarmela.

Se voi ci dite una parola per lo Stato Pontificio *noi preveniamo* Farini e c[ompagn]ia. Pensatevi e risolvete.

Il contenuto del *Nettuno* lo mando all'intendente Acerbi.

Bravo, bravo pel La Farina:[46] chi sbuffa e chi ride.

Vostro aff[ezionatissi]mo
Ag[ostino] Bertani

Avvisatemi in tempo del quando io debba cessare di rappresentarvi, per non essere prevenuto dal glorioso dispetto cavouriano, il quale dice che a giorni finirà *l'imbroglio Bertani.*

---

[43] MCRR, 924, 68, 2. Su carta intestata della *Cassa Centrale di Soccorso a Garibaldi.*
[44] Giacomo, antico amico di Garibaldi.
[45] Achille, medico come Bertani, e tra i più vicini a lui per sentire politico.
[46] Le congratulazioni di Bertani si collegano alla espulsione dalla Sicilia del capo della *Società Nazionale.*

**Allo stesso**[47]

Genova, 15 luglio 1860

Caro Generale,

Le vostre lettere del dì 13 in cui mi incoraggite contro le male arti mi fu *supremo balsamo*. Ho guadagnato in salute. E non dubitate della mia fede, della mia volontà di riuscire, della mia dedizione a voi.

Vi mando due copie dell'*Espero*.[48] Vedrete che cosa sa scrivere e fa scrivere La Farina. Voi benedetto che l'avete mandato al diavolo! Fate altrettanto dei Baldisserotti[49] e c[ompagn]ia. Badate che Cordova[50] è con La Farina; solamente è più furbo.

Per vostra norma io diedi a Corte[51] 12/mila franchi per aiutarlo nel suo viaggio. Più gli pagai tutte le spese di trasporto da Gaeta a qui e il mantenimento degli uomini; e gli diedi equipaggiamento.

Rimandatemi in grazia subito il brik *Benvenuto* ed il *Nettuno* del Gazzolo, uomo un po' imbroglione, altrimenti mi passano inoperosi i mesi d'affitto.

Depretis verrà a voi. Speriamo che non mancherà alla sua buona fama e vi aiuterà, non vi impiccerà. Io confido che vi lascerà libero. Questa è una vittoria sopra Cavour.

Vi mando un indirizzo di Livorno. Credete alla loro sincerità e decisione.

Io ho costituito *Comitati di Provvedimento* a Bologna per le Romagne, a Parma pei Ducati, a Firenze e Livorno per la Toscana, ed agiscono energicamente e bene, ed impongono al Paese. Mediante questi io sono padrone di migliaia di uomini.

Anche il *Comitato dell'Ordine*[52] di Napoli mi supplica di dargli la parola d'ordine per insorgere. Ma siccome mi chiede armi, ed armi non ho disponibili per essi, così m'arresto. Ma *se volete*, dò fuoco alla miccia.

Vidi le vostre righe su Gallino.[53] Egli intrigava davvero, forse inscientemente, con tutti. Ora viene ad offrirmi 100/mila franchi che avrà, dice, da Farini. L'ho messo quasi in tutto da parte.

Siccome egli vi manda costì roba da confezionarsi, così mi limiterò a roba fatta. Provvederò la spedizione Sacchi.

Il Ministero offre roba: tanto meglio.

---

[47] MCRR, 924, 68, 3. Su carta intestata della *Cassa Centrale di Soccorso a Garibaldi*.

[48] Giornale piemontese filogovernativo, vicino agli ambienti della *Società Nazionale Italiana*.

[49] Francesco, a volte noto anche come Baldisserotto, capitano marittimo

[50] Filippo Cordova, siciliano, inviato in Sicilia da Cavour.

[51] Clemente Corte.

[52] A luglio il *Comitato dell'Ordine*, organismo di direzione e collegamento del movimento a Napoli, non si era ancora spaccato tra moderati filocavouriani e azionisti filogaribaldini.

[53] Valentino Gallino, armatore e corriere dei materiali e degli uomini della *Cassa Centrale*.

Avrete costì, vi ripeto, pressoché 800 arsenalotti di Venezia; sarà un tesoro per la nuova marina e le fabbriche d'armi e navigli. Trecchi[54] non capisce niente di politica. Türr meno ancora. A che prò andare ad inchinarsi a Cavour e mettersi a' piedi suoi? Sacchi, il colonnello, fu più bravo.

Vostro affezionatissimo
Ag[ostino] Bertani

**Allo stesso**[55]

Genova, li 19 luglio 1860

Caro Generale,

Se persistete nel compromettere Cavour, egli cadrà ben presto.

Cavour s'accorda con Napoleone. Finge che non accetterà, ma accetterà tutto ciò che sia per federazione e per compiacere il suo padrone.

Vi si ritirarono già molte concessioni, p. e. due cannoni da 80, più cannoni da 24, 6 mila chilogrammi polvere, palle, granate ecc. Tutto fu contrordinato. Non si volevano dar più convogli speciali per i volontari.

La Masa[56] vi scriverà e vi dirà il rimanente.

Cattaneo Carlo vi offre i suoi servizi. Sarebbe gran cosa riunire intorno a voi tutte le sommità italiane. Egli può giovarvi assai come ambasciatore a Londra perché, oltre il suo sapere, è cognato di un ministro e di un altro alto personaggio.

Il Brignone,[57] rispettabilissimo per tutti i riguardi, non può secondare il carattere insurrezionale, rappresentando troppo il Governo Piemontese ed essendo ancora in servizio. Falserebbe il carattere nazionale spontaneo, la vostra stessa intrapresa.

Longo,[58] Sacchi sarebbero utilissimi a noi. Pensateci. Il tempo stringe assai assai.

Cavour e Napoleone sono più attenti e preparati? E voi coi 15/mila uomini che avete già costì potete far miracoli.

Di Masi[59] che ne pensate?

Vi mando una delle carabine americana revolver ed una pistola revolver. Questa è un dono che vi viene e che già v'annunziai.

A Parker[60] ho scritto offrendo il quarto del valore per lasciare Liverpool, ma soltanto in conto prezzo, quando i vapori saranno accettati.

---

[54] Gaspare, ufficiale d'ordinanza del re, che se ne serviva per missioni ufficiali presso Garibaldi.

[55] MCRR, 924, 68, 4. Su carta intestata della *Cassa Centrale Soccorso a Garibaldi*.

[56] Giuseppe, siciliano, già attivo come capo militare nel 1848.

[57] Il generale Filippo Brignone era allora di servizio in Toscana.

[58] Nulla mi è stato possibile raccogliere su questo personaggio, probabilmente un militare.

[59] Luigi, colonnello, molto attivo negli eventi del 1848-'49.

[60] Cfr. la lettera a Garibaldi del 22 luglio. Si tratta di un armatore inglese con cui Bertani trattava acquisto di naviglio per l'Esercito Meridionale.

La *Queen of England* comprata da me per meno di 20/mila sterline, è quasi armata.

L'altro battello a sedici miglia l'ora prenderà presto il mare. Poi non penso più a vapori.

Spero avrete mandato a rimorchiare il *Nettuno* da Cagliari. Vi reca 6 mila fucili e molte munizioni.

Tutto ciò che parte adesso esce da questa Cassa.

Vi manderò presto i conti perché veggiate la mia amministrazione.

Pensate al continente, ven supplico. Io provvederò Napoli e Salerno e gli Abruzzi di qualche fucile per prepararci quelle provincie e la capitale.

Addio di cuore.

Vostro affezionato
Ag[ostino] Bertani

**Allo stesso**[61]

Genova, li 21 luglio 1860

Caro Generale,

So dei fatti di Melazzo e del vostro sbarco. Ottimamente.

I vapori di Parker si possono avere a due terzi del prezzo richiesto. Lasciate che me la intenda io. Ho a Londra il capitano Felletti[62] e Paolo Orlando[63] che fanno i nostri interessi.

Ho tenuto io qui l'Orrigoni[64] per adattare le caldaje e per caricare i volontari.

Ho veduto la lettera del capitano dell'*Amazon*. Avrete avuto già Sacchi, avete adesso Orrigoni. In tutto due mila uomini e più. Con Orrigoni ne avrete altri 500.

Voi non mi rispondete circa la spedizione pontificia. Vi comprendo. Parlai con Brusco.[65] *State sicuro* che non faremo a caso e che il vostro nome non sarà malmenato, e ne verrà fuori ancor più glorioso.

Un certo *Plates* partito con Medici, rubò a Treviso in compagnia con certo De Stefanis la cassa di finanza.

Vi scriverò dei casi vostri quanto prima.

Addio di cuore.

Vostro affezionato
Ag[ostino] Bertani

---

[61] MCRR, 924, 68, 5. Su carta intestata della *Cassa Centrale di Soccorso a Garibaldi.*
[62] Feletti Antonio, esperto di marineria.
[63] Uno dei tre fratelli, armatori e patrioti.
[64] Felice, da tempo amico di Garibaldi ed esperto di marineria.
[65] Enrico, avvocato genovese e collaboratore di Bertani presso la Cassa Centrale.

**Allo stesso**[66)]

Genova, 22 luglio 1860 domenica

Caro Generale,

Thomas Parker di Liverpool vuol rubarvi 1500 sterline sul solo prezzo dei due vapori offerti, più una *più che grossa* senseria.

Ho la prova in mano in una lettera nella quale offre di dividere la grossa e sporca senseria coi miei incaricati Felletti e Orlando,[67)] che rifiutarono. Bel patriotismo!

È quindi indispensabile che mi permettiate di liberarvi di lui.

Se vi occorrono ancora i due vapori che a lui avete commissionato, io vi farò avere quelli a 1/3 meno del prezzo, od altri scelti tra i migliori.

Attendo vostro riscontro *preciso* su di ciò.

La *Queen of England* è quasi tutta armata e quasi pronta al mare. Avrete 4 cannoni regalati dal famoso Withworth, altri comprati, e ne sarete contento.

Il battello gran camminatore sarà pronto giovedì. Farà 18 miglia l'ora. Domani o dopo arriveranno le altre armi.

Crispi vi leggerà lettera di Cattaneo.

Radunate intorno a voi, ma *chiamateli*, gli uomini più eminenti d'Italia. Allora sarete invincibile in guerra e in pace. È questo un *vostro e nostro <u>supremo bisogno</u>*, soprattutto nella prossima eventualità di Napoli.

Continuate, rinforzate la guerra a Cavour. Egli cadrà. Se sostituiste un democratico al conte Amari avvicinerebbe la caduta.

Panizzi di Londra, che è tutto cavouriano, vi prega per l'annessione. Non capisce un'acca.

Vi mando l'indirizzo del *Comitato di Provvedimento* di Firenze.

Il movimento qui è prossimo, inevitabile, grande, di certa riuscita. Ricasoli lo appoggia in contrarietà con Cavour. Morandi il generale sarà probabilmente con voi.

Fra un mese a rivederci a Napoli.

Vostro di cuore
Ag[ostino] Bertani

**Allo stesso**[68)]

Genova, li 23 luglio 1860

Caro Generale,

La *Queen of England* lascerà Liverpool sabato prossimo 28 o lunedì 30.

Porterà i suoi cannoni e proiettili nella stiva, carbone e mercanzia di certo Flarthy che pagherà il trasporto nelle mani dei miei incaricati in Londra. Sarà

---

[66)] MCRR, 924, 68, 6. Su carta intestata della Cassa Centrale di Soccorso a Garibaldi.
[67)] Cfr. la lettera del 21 luglio a Garibaldi.
[68)] MCRR, 924, 68, 7. Su carta intestata della *Cassa Centrale Soccorso a Garibaldi*.

diretto a Cagliari, avrà equipaggio inglese e lavoranti inglesi a bordo per compiere i lavori di adattamento.

Parmi che voi fareste ottima cosa mandando due ufficiali vostri di marina a Cagliari ad incontrarlo, a ricevere la consegna ed a recarvelo dove più vi piaccia.

Io darò gli ordini della consegna a chi presenterà un vostro ordine.

Vi raccomando Sandri e Marini per questa bella e preziosa consegna.

Spero che sarete contento.

Vostro affezionato
Ag[ostino] Bertani

Badate Generale che vi si vuole impedire la suprema mano nella Marina e che i Veneti sono accuratamente respinti.[69]

**Allo stesso**[70]

Genova, li 23 luglio 1860

Caro Generale

Vi acchiudo la perizia fatta dal colonnello Marchesi, capo dell'artiglieria della Marina sarda, del vapore *Badger*, qui nel porto di Genova.

Questo vapore e gli altri due suoi compagni il *Veasel* ed il *Ferret* (che viene costì con questo) furono giudicati attissimi a essere in poco tempo convertiti in buone cannoniere.

Il prezzo di compera di tutti e tre i vapori mi consta che fu di £. sterline 13330, cioè fr[anchi] 333.750.

Io spero di comprarli con poco di più lasciando un onesto guadagno al proprietario.

Il prezzo di riduzione a cannoniera, compresi i due cannoni rigati da 40 per ciascuno, fu valutato dal colonnello Marchesi unitamente al'abile (sic) ingegnere costruttore navale, di circa 48 mila fr[anchi] per ciascuno.

Il tempo richiesto fu circa un mese.

Il Marchesi, altri competenti ed io reputiamo codesto un ottimo affare.

Favoritemi di riscontro in proposito il più presto possibile, tenendo io intanto sospesa ogni trattativa coi proprietari. Ho assolutamente rotto ogni trattativa con Thomas Parker di Liverpool, dopo aver conosciuto i disonesti guadagni ch'egli voleva fare nel prezzo, oltre la sua mediazione.

---

[69] Infatti Cavour fu assai attento al controllo della Marina Napoletana in vista del crollo del regno, ma intanto Bertani cercava mezzi più diretti di costituire una forza navale al diretto comando di Garibaldi, cfr. la lettera a lui del 15 luglio 1861, ove si annunzia l'invio di arsenalotti veneti.

[70] MCRR, 924, 68, 8. Carta intestata del *Soccorso/a/Garibaldi/Cassa Centrale/in/Genova*. Unito il *Rapporto del Colonnello A. Marchesi Capo dell'Artiglieria di Marina Sarda sul vapore trasporto Badger ora nel porto di Genova*. Il titolo è di mano di Bertani che nella colonna a destra, all'inizio del rapporto aggiunge:« N. B. Compagni al *Badger* sono il *Vessel* ed il *Ferret* tutti ora nel porto di Genova, per cui questo rapporto è estensibile a tutti tre i legni. Agostino Bertani».

Ciò per vostra norma.
Vi saluto di cuore.

Vostro affezionato
Ag[ostino] Bertani

27.[71] Avendo potuto ottenere dal proprietario un forte ribasso sulla sua prima pretesa, molto al di là del costo, per suoi urgenti bisogni, ho stretto il contratto in franchi 425 mila per tutti e tre i vapori. Subito dò gli ordini per allestirli ed armarli. Credo aver fatto bene. Avrò presto bisogno d'altro credito.

V[ostro]
A[gostino] Bertani

**Allo stesso**[72]

Genova, il 27 luglio 186[0]

Caro Generale,
Nuova gloria e nuovo debito d'Italia per voi!
Io confido che dal Continente vi si risponderà come meritate. Risparmiatevi.
Vostro sempre

Ag[ostino] Bertani

**Allo stesso**[73]

Genova, 28 luglio 1860

Caro Generale,
Il colonnello Marchese Direttore dell'Artiglieria Navale della Marina Sarda mi ha comunicato un suo progetto di batteria gallegiante (*sic*) invulnerabile che appellò Aeropiroscafo.

Persuaso che tale proposta potesse tornarci utile, io la sottoposi all'esame di una Commissione d'uomini i più riputati per cognizioni di simil genere.

Il giudizio riescì pienamente favorevole, e quindi spedisco a voi i verbali relativi, sicuro che troverete accettabile la nave del Marchese:

1° Pei vantaggi che presenta a paragone di tutte le altre costruzioni di simil genere.

2° Per la sua origine esclusivamente nazionale.

3° Perché sarebbe merito dell'insurrezione l'aver accolta ed utilizzata la scoperta.

Vi saluto di cuore

Vostro affezionato
Agostino Bertani

---

[71] È probabilmente la data del poscritto.
[72] MCRR, 924, 68, 9. Su carta intestata del *Soccorso/a/Garibaldi/Cassa Centrale/in/Genova*.
[73] MCRR, 924, 68, 10. Su carta intestata del *Soccorso/a/Garibaldi/Cassa Centrale/in/Genova*. Autografa solo la firma.

**Allo stesso**[74]

Genova, li 30 luglio 1860

Caro Generale,

Col *Washington* avrete altri 4500 fucili. Spero che finalmente sarà arrivato il *Nettuno* col *tardo* Gazzolo con altri 6mila fucili e munizioni Enfield.

Nella settimana avrò altri 15-16 mila fucili che attenderanno per gli ordini.

Altri manderò poi a Napoli.

Altri in soccorso dell'Umbria e Marche ed Abruzzi perché insorgano.

Altri sono pronti per gli accorrenti.

I tre vapori Morelli sono comprati. Appena scrivono pel trasporto converrà armarli. Qui tutto è disposto.

Con Favarone siamo intesi.

La *Quenn of England* parte domani da Liverpool, avrà 16 cannoni. Alberi avrà vostri ordini ed ufficiali a Cagliari.

Conto che voi scendiate sul continente. Noi faremo il nostro dovere. L'accordo qui è compatibile.

Si tardò tanto la decisione pel prestito che adesso è diventato urgente, e quindi bisognerà adattarsi. Risponderò al Ministro.

Desidero sapere *precisamente* a chi furono date commissioni e quante per *armi* e fregate per non fare duplicati e concorrenza.

Me ne sono offerte dagli Stati Uniti, pronte e buone e a buon prezzo. Manderò a prenderle. Ma desidero autorizzazioni.

A rivederci in Napoli.

Vostro affezionatissimo
A[gostino] Bertani

Mando roba pronta di tela, ed ambulanza.

Vi mando un progetto di medaglia che *a me non piace*. A voi il giudizio.


**A Federico Bellazzi**[75]

GABINETTO DEL DITTATORE
delle Due Sicilie

Napoli, 22 settembre 1860

Caro Bellazzi

Sono molto contento della tua operosità, intelligenza, perseveranza nel disimpegno della grave faccenda di codesta Cassa Centrale. Intenditela con Macchi per l'indirizzo politico e con Pontoli[76] e gli altri – e andiamo avanti – e scrivi.

Tuo di cuore
A[gostino] Bertani


[74] MCRR, 924, 68, 11. Su carta intestata della *Cassa Centrale di Soccorso di Genova.*
[75] MCRR, 254, 63, 1.
[76] Enrico, esponente di punta del *Comitato di Provvedimento* di Parma.

## A Federico Bellazzi[77]

Miasino, il dì 15 novembre 1860

Caro Bellazzi,

La lettera di Bertarelli non mi porta né avanti né indietro. Speriamo che tutti gli strepiti fatti colà e li stupori per la protestata cambiale saranno altrettanti segni di solvibilità. Ed appena tu hai avviso da Napoli o Palermo che possa farmi tirar lungo il fiato non ritardarmelo.

Vedo che tu pure sei molto dimesso di speranze e d'opere dacché sapesti Garibaldi a Caprera. Pure ci rimonteremo. Per ora non mi curo che del rendiconto e del mio lavoro, che voglio far tradurre in francese ed inglese e perciò farò il più breve possibile. Poi, e sarà fra poco, penseremo ai Comitati.

Intanto leggi l'articolo, che ad ogni buon conto ti rimando, sui *Comitati di Provvedimento* che si stampò a Napoli. Nemmeno una parola per il fondatore, inspiratore, regolatore, anzi censure. E nemici vi infamano, gli amici tacciono il bene, e così s'accresce il gusto di lavorare! Ma scriverò al De Boni che quando si ha soffiata un'idea non la si ruba, la si fa propria e poi si tace anche del bene passato di chi ve l'inspirò.

È mio pensiero convertirli, come già scrissi a Saffi, e tu leggesti, in altrettanti Comitati di Provvedimento per l'impresa di Roma e Venezia, o Venezia e Roma. Ma per ora ci vogliono fondi.

Hai fatto bene per Osio e per Antongina;[78] a questo scrissi io pure che glie lo avrei mostrato qui od andando io da lui.

È buon pensiero che tutti gli interessati nell'amministrazione[79] veggano il modo di rendiconto e, se occorrerà, lo firmeremo in più d'uno. Per certe spese non ostensibili e per qualsiasi residuo me la intenderò con Garibaldi.

Circa la giusta richiesta di Maurizio[80] eccoti come soddisfarla: io comincio il mio lavoro assicurando il pubblico della mia perfetta calma. Dicendo che ho fatto in Parlamento l'ultimo sforzo di conciliazione, che non ispero più da questi uomini né fede nà giustizia, e tiro innanzi narrando come necessario preludio e per brevissime note come io intendessi, sviluppassi, attuassi o tentassi attuare il programma di Garibaldi. Mia fede la democrazia combattente, la rivoluzione; mio proposito la lealtà al grido di guerra di Garibaldi. Narro del pensiero e proposito, più tenace in me che in Garibaldi, dell'invasione ne-

---

[77] MCRR, 254, 63, 2. Su carta intestata del *Soccorso/a/Garibaldi/Cassa Centrale/in/Genova*.

[78] Due dei principali collaboratori di Bertani alla *Cassa Centrale* e poi nella stesura del *Resoconto* sulle attività di essa.

[79] Sottinteso: della *Cassa Centrale*.

[80] Quadrio. Forse costui aveva chiesto una relazione pel suo giornale sulla campagna del 1860. Qui Bertani fa il sommario di un lavoro che non si identifica con la relazione che accompagna il resoconto della *Cassa Centrale*, né con la relazione fatta all'assemblea dei *Comitati di Provvedimento*.

gli stati del Papa, come andò la faccenda arrivato a raggiungere in Cosenza il Generale, quali propositi, quali speranze, quali i pensieri di Garibaldi conseguenti al suo programma, ed allora più che mai il mio. Quale l'aspetto del paese percorso, come il solo popolo si vedesse in armi ed in applausi, stato di Napoli e provincie innanzi l'entrata di Garib[aldi] finché io ebbi in mano le fila del *Comitato dell'ordine*; come trovai Napoli; credenza di Garibaldi circa l'efficacia dei Ministri; non li voleva e non li considerava, e io lo lasciai fare, e feci la parte mia. Li esami dei decreti, tutti o pressoché tutti mossi da bisogni o richieste urgenti. Il ministero fa niente. Io tento provvedere alle maggiori esigenze in ogni dicastero. Garibaldi piega; io sono mezzo paralizzato. Il paese obbedisce *tutto* e *tutto* confida. La fazione dell'ordine è la sola opponente. Persano, Villamarina, i messi di Cavour, Trecchi, Vimercati, Pallavicino, Cattaneo ecc. e finalmente l'olocausto mio; a che prò? Il mio governo, che così non oserò mai dirlo, ha fatto quanto umanamente era possibile in Napoli in quei dì. Non lasciò guai, non lasciò gelosie, non deficit, non leggi organiche da cambiarsi.

Conclusione: non si voleva più di Garibaldi, dei suoi trionfi, dei suoi uomini. Se avessimo creato un paradiso, sarebbe stato per gli uomini di Torino quello di Maometto. La quistione è tra democrazia e aristocrazia. Cosa ci rimane a fare? E qui non so se converrà parlarne.

Bada però che codeste cose saranno toccate di volo, lasciando le particolarità ad altro lavoro; ma vedi che vorrei uscire contemporaneamente al rendiconto. Il mio sarà lavoro di circa 150 pagine.

Desidero particolarmente da Maurizio il giudizio esponibile sui decreti dei primi 21 giorni, sul contrasto tra democrazia ed aristocrazia, base che, secondo me, ci conviene mostrare ed avvalorare, e circa la convenienza o meno di occuparmi delle accuse o calunnie separatamente. Mi dirà p[er] e[sempio] quali sono a suo avviso i maggiori punti d'accusa fattimi e quali i maggiori argomenti ch'ei sente in mia difesa.

Se la mia casa è deserta meno male, non essendovi danari. Tratta bene, quando ne avrai, codesti bravi giovani e dì a Savignone[81] che mi scrisse, particolarmente raccomandomisi (*sic*), che lo avrò fra i primi in vista se avrò di che fare del bene a qualcheduno. Innanzi poco lasciar andare tutta quella gente, fare bene ordinare l'archivio, e perciò ancora molta circospezione per delicatissime carte. Se poi rimettiamo in piedi i Comitati, come scrissi, occorrerà di nuovo gente e lavoro. E per te cosa posso fare? dimmelo francamente e mi farai un gran favore. Ti farò cavaliere dei tribolati, gran cordone ecc. eccc.!!

Desidero avere le scattole di latta pel caffé, zucchero e the che sono negli ammezzati e che aveva al campo l'anno passato. Desidero i fascicoli del *Politecnico*, non me ne mandasti che tre vecchi; ricercamene di grazia. Vorrei

---

81) Desiderio, impiegato e collaboratore di Bertani alla *Cassa Centrale*.

quello coll'articolo: l'uomo nello spazio. Vorrei la *Riv[ista] di Fr[ancia]* di Louis Blanc e gli scritti scelti di C[arlo] Cattaneo. Più il mio astuccio di lamette che troverai sul bariletto di legno che sta sopra il mio scrittoio. Addio di cuore.

Tuo Ag[ostino] B[e]r[tani]

**Allo stesso**[82]

Miasino, 24 novembre 1860

Caro Bellazzi,

La lettera che impostai ieri, piccola in confronto alla solita, dovrà portare il n[umero] 4 e l'ommisi: questa avrà il 5.

Oggi attendo, o domani, l'Osio. Sarà il benvenuto e manderò a chiamare tosto l'Antongina, ed è bene che sia qui anche il Brambilla.

Mi farai grazia mandandomi copia delle lettere scritte al solitario di Caprera. Sii però parco con lui, se no perdono importanza.

Se la *Gazzetta di Milano* mi mandò soltanto oggi per inevitabile combinazione postale la mia risposta al Giovini,[83] non [quel]la stampata, la manderò direttamente all'*Unità*. Mi trovo pentito di aver mandato a Saffi quell'articoletto intorno l'(ingresso)[84] di Crispi, Cattaneo e mio, che tu avrai letto e che non fu mai pubblicato dal De Boni. Coloro mi sono press'apoco (*sic*) nemici come i cavouriani.

Chi t'ha mai scritto d'invitare i Comitati a mandare danari a noi? Hai letto o mi sono espresso male.

Mi raccomando, appena giungano danari, a farmene avere. Da Torino sono molte le esigenze, anche se oggi manderò mille franchi, ed è la terza spedizione di pari somma.

Bada che ogni somma allegata dai Comitati come versata alla Cassa Centrale abbia il suo riscontro preciso nella nostra ricevuta.

---

[82] MCRR, 254, 63, 3. Su carta intestata *Soccorso a Garibaldi/ Cassa Centrale in Genova*, il foglio porta sulla colonna sinistra due lettere di Garibaldi: la prima è quella a Bertani del 5 maggio 1860; la seconda, del 21 settembre 1860, è diretta ai *Comitati Italiani di Soccorso a Garibaldi*, e fu resa pubblica come prova della nuova investitura data dal Generale ai *Comitati* per ulteriori compiti, cioè Roma e Venezia. La predisposizione di questo foglio da lettera indica il maturare dell'idea bertaniana di dar vita alla nuova *Associazione dei Comitati di Provvedimento per Roma e Venezia*.

[83] Aurelio Bianchi Giovini, che alla fine dell'ottobre 1860 avviò sul suo giornale *L'Unione*, e coi finanziamenti del governo, la campagna contro Bertani, accusato di aver mal gestito e profittato dell'amministrazione della *Cassa Centrale*. Ne nacque una contro campagna di solidarietà dei circoli democratici, mentre Bertani avviò un'azione giudiziaria contro il Giovini.

[84] Non sono certo della lettura di questa parola, posta in fine del margine destro del rigo, e quindi ancor più frettolosamente vergata.

Mi fa pena veder stentare la Commissione d'abigliamento (*sic*) e quella dell'armi a protestare contro l'*Unione* od a dar segno almeno che riconosca fatta con lealtà la nostra amministrazione. Brambilla mi dice che la Comm[issione] d'abbigl[iamento] era in collera con Grillo[85] perché non giustificava mai con ricevuta quanto sottraeva dal magazzeno e non dava mai le polizze e distinte di carico. Bisogna avvertire il Grillo perché prepari il suo ragguaglio di carico e consegna, che risulterà certamente dai suoi libri. Io non lo posso o mi ripugna supporlo disonesto.

Alla *Gazzetta di Milano* ho scritto separatamente la mia lagnanza per la non inserzione o nessun cenno per la protesta. Io spero che ti piacerà e l'una cosa e l'altra.

Per il giornale *La Lombardia* mi pare che basti adesso. Ricordiamocene però, perché il vezzo di quel giornale e suoi colleghi non si cambierà mai in meglio od in giustizia per noi.

Ti chiesi appunto che possa tu fare o sappia[......][86] senza danaro.

Tu sai ancora trovare danari per gli urgenti impegni. Sei bravissimo. Appena ne avrai saldatene.

Non ho bisogno la copia del contratto delle strade ferrate napoletane che dev'essere stampato, ma se l'avrai tanto meglio. Mi raccomando per lo scritto analitico così che [.....][87]

Ricevo adesso la tua o tue del 22, ore 10 a[nti] m[eridiane e 7 p[ost] m[eridiane]. Dunque avremo danari. Ti prego fornirmene il più presto che puoi. I boni del tesoro sono sicuri? Rocca li conta come danari? Io lo spero e mi tengo calmo. Attenderò lettera d'Osio, ciò vuol dire che non viene.

Credo avrai avute tutte le lettere mie numerizzate.

Sono di diverso parere circa la risposta a Bianchi Giovini. Anche Brambilla è del mio parere. Bianchi mi chiama per nome, e mi giova anche, in pendenza del giudizio, illuminare il pubblico; e perciò, col dispiacere di non essere teco d'accordo, la mando.

Troverò le cambiali Pittaluga per rimandartele. Bada però che si paghi poco lo sconto, se no conviene aspettare. Penserai tu a dare la causale a quelle cambiali.

Io attendo la procura generale pei bastimenti; te la chiesi già più volte. Mandamela. Farò come dice Cabella.

Se tu hai scritto già a Caprera pei Comitati, attendi risposta prima della convocazione. Che giorno crederesti fissare? Io verrò per quel dì. La posta parte, Giacomo è irrequieto. Addio, a più tardi.

Tuo Agostino

[85] Federico, che presiedeva la commissione d'abbigliamento della *Cassa Centrale.*
[86] Breve passo che non decifro.
[87] Difficile la lettura del passaggio.

## A Giuseppe Garibaldi[88]

Genova, 7 gennaio 186[1][89]

Caro Generale,

Vi ringrazio della lettera di approvazione del mio operato che avete dato per me a Brambilla[90] e vi prego di apporre la vostra firma alla tabella del rendiconto che resti come documento nell'Ufficio.

Io son deciso di ritirarmi dal Comitato Centrale testé formato, la mia logora salute non mi permette quelle fatiche per ora.

Non ho insistito nell'Assemblea dei Comitati nella mia rinuncia per convenienza, ma le darò non appena tornino gli amici di costì.

Ho voluto firmare però il primo atto di questo Comitato perché esso racchiude tutte le proposte e le speranze mie dell'oggi per il trionfo del nostro programma unitario e liberale.

E serrandovi con affetto e devozione la mano Vi raccomando e Vi prego con ogni forza di esaudire le richieste che Vi sono fatte in quell'atto.

Vostro
Ag[ostino] Bertani

## Ai Comitati di Provvedimento per Roma e Venezia[91]

Genova, 25 gennaio 1861

Nell'adunanza del 4 corrente, tenuta qui in Genova, voi mi onoraste di un nuovo voto di fiducia, volendomi al Comitato Centrale della nostra associazione.

Alla vostra concorde instanza non ho potuto allora rifiutarmi, e per il potere della vostra confidenza parvemi sentir la forza pel nuovo ufficio. Ma dopo breve prova debbo confessarvi che ho troppo presunto della mia volontà e che non reggo all'incarico.

Già ho scritto al Generale Garibaldi le mie scuse e la mia decisione: ora prego anche voi, preziosi amici nella buona come nella triste fortuna, ad accettare la mia indeclinabile dimissione dal Comitato Centrale. In simili uffici non è possibile serbare né responsabilità, né ingerenza discosto appena dalle giornaliere faccende; e voi sapete che già ne assunsi, e ne conservo gran parte che ancor mi affatica.

Se nella lotta che si prepara perché i destini dell'Italia si compiano, come è nel voto di noi tutti, io potrò nuovamente dividere con voi le fatiche e i cimenti, io sarò ben lieto, posciacché sapete che non è in me diffetto di volontà; ma in-

---

[88] MRM, *Carte Bertani*, 47, IV, 38.

[89] Per un evidente *lapsus calami*, la data scritta sul foglio è però 1860.

[90] Collaboratore di Bertani alla Cassa Centrale fu elemento di punta della *Associazione Unitaria* di Milano e attivo nell'organizzazione operaia.

[91] Da una copia litografata conservata in DMP, *Carte Dolfi*, D IV f 14/ 69. Apparve anche in *Il Diritto*.

tanto concedete che ripari ai mali sofferti, e che il mio povero nome riposidagli strazii, che ne fecero i nostri nemici.

Perseverate voi e ricordatevi dell'amico e collega riconoscente

Agostino Bertani

## Lettere di Federico Bellazzi a Garibaldi[92]

**1)**[93]

Genova, 12 ottobre 1860

Generale Dittatore,

Per mezzo di me che solo rimasi qui in Genova alla direzione di quanto vi riguarda, nell'Italia settentrionale 40 Comitati a voi devoti vi dirigono una franca parola.

Come voi insegnaste coll'esempio, i Comitati son disposti a qualunque sacrificio. Però da tempo scevri di ogni spirito di parte fecero tendere la loro azione unicamente al procurarvi forze militari; però propriamente si potrebbero denominare «Comitati militari» – Il loro scopo è di rendere voi potente d'uomini e d'armi; laonde tengono a vostra disposizione altre migliaia di volontari, e principalmente veneti, cui arride il pensiero che voi siate loro liberatore. Volete voi che tanto eletta gioventù accorra sotto le vostre gloriose bandiere?

Scrivete una parola al sottoscritto, per tutti i vostri Comitati, e quella gioventù fra pochi giorni sarà fra le fila dei vostri soldati. Prudenza di consiglio vi sospinge a sospendere ( almeno per ora ) la chiamata di altri generosi sul campo delle battaglie? Scrivete una franca parola al sottoscritto e i vostri 40 Comitati saranno disciolti.

Generale dittatore, i vostri Comitati ebbero esistenza soltanto da voi; fate che almeno cessino di esistere *dignitosamente* per opera vostra e non per l'altrui.

Favorite presto un riscontro onde si possano licenziare i moltissimi che desiderano combattere le battaglie della patria.

Salute.

Per il Comitato
Federico Bellazzi

**2)**[94]

Genova, 30 ottobre 1860.

Signor Generale,

[92] Salvo diversa indicazione le corrispondenze sono su carta intestata della *Cassa Centrale* o, dopo il gennaio1861, dell'*Associazione dei Comitati di Provvedimento*.

[93] MCRR, 48/4/3. È parzialmente pubblicata in *Circolari,* cit., p. 7, all'interno appunto di una circolare ai Comitati.

[94] MCRR, 48, 4, 5. Nell'esergo il seguente appunto:« Acchiude documento e chiede al Generale di protestare contro una corrispondenza dell'*Unione* » Trattasi dell'attacco rivolto dal foglio del Bianchi Giovini a Bertani per l'amministrazione della *Cassa*.

Legga attentamente l'accluso documento. È necessario che anche lei protesti energicamente e mandi la protesta al sottoscritto.

Salute.

Federico Bellazzi

**3)**[95]

Genova, 4 dicembre 1860

Signore,

Ebbi la gentilissima sua in data del 1° corrente. La ringrazio quanto so e posso, perché con quella lettera Ella ha tracciato decisamente la via da percorrersi dai Comitati succursali di questa Cassa Centrale, agenti esclusivamente in nome di Lei. Il suo programma sarà quello dei Comitati Garibaldini, ma urge che Ella ci assista tutti quanti colla sua inspirazione; ed io son certo di questa assistenza.

La rendo consapevole:

1° Che è necessario d'ora innanzi agire un po' senza rivelare al pubblico quale sia per essere l'azione da lei inspirata; conseguentemente mandai copia *confidenziale* della generosa sua lettera ai singoli Comitati; non dimenticai Cattaneo.

2° Che a nome di questo ufficio mi limiterò a dirigere due parole di ringraziamento ai comitati che con tanto zelo lo coadiuvarono per favorire il di lei programma.

3° Che da questa momento inizia l'azione per mantenere concentrati intorno a determinati nuclei le disparse forze garibaldine.

4° Che eccito i singoli comitati a prepararsi alla lotta elettorale onde mandino al Parlamento uomini veramente devoti all'Italia una e principalmente quegli che al valore dimostrato sotto le di lei gloriose bandiere uniscono anche l'idoneità per essere deputati. A questo proposito l'avverto che sarebbe bene ella dirigesse a questo ufficio una parola onde persuadere i singoli comitati a far nominare deputati favorevoli al suo programma del 5 maggio. L'avverto pure ch'ella sarà proposta a deputato in molte città e che quindi sarebbe buon consiglio il prevenire per tempo i partiti avversi, che potrebbero forse trarre vantaggio da una contemporaneità di elezione a di Lei favore.

5° Che la Polizia e i partigiani del Ministero attuale s'industriano far credere ch'Ella, Cavour e gli altri sono tutti d'accordo e che il di lei ritiro a Caprera è una finta per buttare polvere negli occhi. Capisco che questi sono forse pettegolezzi ma Ella deve conoscerli allo scopo di mettersi in guardia anche contro le piccole cose.

6° Che qui in Genova si è ricostituita una Commissione di cittadini benemeriti per raccogliere denaro da destinarsi per un Dono nazionale a Lei, dono non ancora determinato, ma che potrebbe determinarsi da Lei in *armi od altro*. Tale

---

[95] MCRR, 48, 4, 6. In alto all'ultimo foglio si legge: « Federico Bellazzi/Genova/4 dicembre 1860. Risposto il 23 detto».

denaro si versa intanto nella tesoreria di Genova. Io temo che per esso denaro si possa correre pericolo di non averlo subito quando Ella ne abbia bisogno.

7° Che i Comitati di Emigrazione meritamente la nominano a loro presidente, primi fra tutti i Comitati Veneti. Sono assicurato che ciò fu fatto dietro finissima arte di Cavour, perché i Comitati di Provvedimento a lei esclusivamente devoti da sei mesi siano suplantati da altri abilmente creati da cavouriani e lafariniani sotto lo speciale pretesto che, dovendosi agire nel Veneto, Genova non sarà idonea per essere sede del Comitato Centrale. A Genova si vorrebbe sostituire Milano o Bologna. Veda Lei Genarale, nella sua saviezza. Io non oso darle consigli. Mi limito a prevenirla che una delegazione dei comitati di emigrazione, inspirati unicamente dal governo di Torino, verrà costì allo scopo sovra indicato. Ella veda e provveda; io sarò male informato, ma credo di non errare. So che il Comitato Veneto Centrale di Torino agisce nel senso su esposto.

Spedirò i revolvers l'ultimo mercoledì del corrente mese. Vedendo Mirolawski (sic) gli dirò quanto ella desidera che gli dica. Scriverò alla vedova Montanari secondo le sue intenzioni. I Comitati sono già avvertiti onde preparino materiali pel 1° marzo. Il Programma di lei é quello di tutti i Comitati. Salute e fraternità.

Federico Bellazzi

**4)**[96)]

Genova, 5 dicembre 1860

Signore

Onde Ella possa avere una giusta idea di quanto si opera da questo Ufficio per l'attuazione del Suo programma, io Le mando copia delle circolari diramate in questi giorni da Genova ai Cinquanta Comitati Garibaldini.

Ora è necessario

1° Che Ella mi mandi due parole d'invito agli Italiani perché per amore al Paese pensino ad eleggere deputati non servitori;

2° Che Ella mi renda noto se accetta il progetto di un pegno di rimunerazione onorifica ai cinquanta Comitati garibaldini consistente in uno dei migliori ritratti suoi portante la sua firma e una semplice sua parola

6 dicembre

Come già Le scrissi non era nelle mie viste il pubblicare il suo nobile programma senza aver avuto prima una autorizzazione da Lei, ma poiché vedo detto Suo programma stampato nel giornale *L'Unione* colla firma di Luigi Sacchi, io pure lo farò diffondere in numero di duemila copie. E questo io farò eccitato anche dal Sig.r Panerazzi che venne qui a Genova per pubblicare detto Suo programma.

---

[96)] MCRR, 48, 4, 7. Allegati: copia di circolare del 4 dicembre ai Comitati; copia di lettera di Garibaldi del 1° dicembre; copia di circolare ai Comitati del 5 dicembre, tutti pubblicati in *Circolari*, cit. L'esergo dell'ultimo foglio reca l'appunto «Genova, 5 dicembre 1860 Bellazzi. Risposto il 23 detto».

7 Dicembre

Ieri notte venne da me un signore inglese; aveva lettere dalla Scozia; ne aveva anche di Ashurst; manifestava intenzione di venire da Lei, e siccome sono molti quelli che vorrebbero venire a Caprera io faccio in modo che ne venga il minor numero e farò così fino a nuovo Suo avviso. Cercai di conoscere il nome dell'Inglese sopra indicato, ma non riescii; se ne partì un pò disgustato per alla volta di Napoli, donde tornando, ei diceva, darà notizie di sé. Non sarebbe intanto fuor di proposito l'indicarmi come io devo regolarmi verso quelli che vogliono venire da Lei. Gradisca un mio affettuoso saluto.

F[ederico] B[ellazzi]

**5)**[97]

Genova, 9 dicembre 1860

Signore,
Unisco a questa un involto contenente
[............................................................................................................................][98]
La prego di prendere in considerazione quanto sono per scriverle

I) È necessario che Ella autorizzi i suoi cinquantatré Comitati a raccogliere oblazioni per Roma e Venezia onde al momento dell'azione non manchino a Lei, sia ai valorosi suoi soldati i mezzi necessari.

II) I rappresentanti dei suoi cinquantatré Comitati desiderano riunirsi in Genova tra il 15 e 20 corrente, ma desiderano prima una linea di Lei a questo Ufficio approvando detta riunione.

III) Ho qui in magazzino della flanella rossa. Posso convertirla in camicie rosse? Spero di poterle mandare presto qualche lettera di Cattaneo.

Si ricordi di farmi sapere come devo regolarmi verso i molti che vorrebbero venire costì da Lei. Salute

Devotissimo suo
Federico Bellazzi

**6)**[99]

Genova, 5 gennaio 1861

Benamato signore,
Perdoni se oso pregarla altra volta di due parole agli elettori. Acchiudo una lettera dell'amico Türr, della quale mando copia al generale Bixio e al mio amico Canzio. Prima di venire al consiglio di pubblicare le lettere, desidero qual-

---

[97] MCRR, 48, 4, 8.
[98] Segue un elenco di allegati. Si tratta di appelli a Garibaldi dei sindaci di 11 località siciliane, sottoscritti da molte firme.
[99] MCRR, 48, 1, 32.

che schiarimento. Intanto scrivo a Türr che per ora scrivo nulla a tal riguardo.
Salute

Devotissimo servitore

Federico Bellazzi

P.S. Mi permette d'introdurre nella sua lista di deputati i nomi di Mauro Macchi e dell'avvocato Bargoni?

**7)**[100]

[Genova], 8 gennaio 1861

Signore,

Riservandomi a mandarle copia completa a stampa della relazione intorno all'operato dell'Assemblea dei Comitati, comincio col mandarle il sunto di quella seduta, accompagnato da circolare ai Comitati e da nota dei presenti. Tutto ciò per norma.

Giacomo Damele mi prega di farle notare il signor Mac Adam lo ha interrogato intorno ai mezzi e alle vie diverse per cui sarebbe facile recarsi a Caprera, indipendentemente dai mezzi ordinari ora in corso e dalla linea percorsa.

Per mio scarico, in Ufficio desidererei un cenno di ricevuta dei 93 revolver spediti costà ultimamente.

Se crede si attenderà esclusivamente a procurare volontari, armi, abbigliamento a norma del suo programma?

Piacque a tutti i buoni la sua franca risoluzione di non volere essere proposto a deputato.

Viva felice

**8)**[101]

[Genova], 22 [gennaio] del 1861

Signore

riceverà con questa alcune copie dell'opuscolo relativo all'amministrazione Bertani e un altro relativo alle elezioni.

La rendo consapevole

I) Che il dr. Andreini, estensore del giornale *Il Corriere del Popolo* a Bologna, unico diario che propugna nelle Romagne l'attuazione del di Lei programma, domada fondi per continuare ad esistere. Se ne devono dare?

II) Che il sigr. Armando Levi redattore del giornale l'*Esperance*, chiede pur esso denaro allo scopo di continuare nella redazione del suo diario. Il medesi-

---

[100] MRM, *Fondo Curatulo*, 19, 688, 1444. Il fondo è in via di riordinamento.
[101] MRM, *Fondo Curatulo*, 19, 688, 2115. Questa copia ha al margine un appunto autografo, scritto a matita, di Garibaldi, ove si legge: «al punto 1) desidero non imischiarmi con giornali; al punto 2) ho risposto che non posso far nulla per lui, per ora; al punto 3) Faccino come vogliono; al punto 4) assisteteli, ma non far rumori; al punto 5) Bene; al punto 6) Benissimo; al punto 7) le avranno». Sta pure in *Copialettere,* 526, 494-5.

mo è disposto a fare le più esplicite dichiarazioni, o perché non cada più dubbio intorno a lui. È persona che per lo meno non bisogna inimicarsi. Quale regola seguire?

III) Che è in corso un giornale col titolo *Roma e Venezia* in Torino, però sarebbe forse non fuor di luogo pubblicarne altro in Genova col titolo *Italia Una e Vittorio Emanuele*. Come regolare?

IV) Che l'agitazione dei Comitati è più attiva che mai nel senso militare-politico; che fra pochi giorni ne esisteranno in quasi tutte le città d'Italia; fa d'uopo d'assisterli?

V) Che feci pagare alla vedova Montanari It. L. 300 perché non è stato messo ancora in effetto il decreto dittatoriale che la favoriva;

VI) Che si intende ad instituire Bersagli e Tiri Nazionali presso i singoli Comitati;

VII) Che si attendono istruzioni intorno a tutto per mezzo del Gen. Nino Bixio.

Viva felice.

Per il Comitato Centrale<br>Federico Bellazzi

Forse questa notte, venendo in Ufficio i miei colleghi, avrò occasione di scriverle altro.


## Una polemica giornalistica di Bertani.

**A)** [102]

*Da parte autorevole riceviamo quanto segue:*
*Il generale Garibaldi ha dichiarato in Caprera al generale Türr ed al signor Cuneo ch'egli desiderava la concordia di tutti i partiti, che egli comunicherà politicamente anche col ministero Cavour, purché questo ministero più ch'è possibile armi il paese, onde, quando il momento verrà l'Italia sia forte abbastanza per domandare quelle parti che ancora le mancano. A quest'uopo, egli ha scelto il generale Bixio, onde lo rappresentasse presso i Comitati di Provvedimento. Il generale Bixio ebbe istruzioni di inculcare ai detti Comitati la maggior possibile concordia. Ogni Comitato faccia conoscere i bisogni della sua provincia, i quali saranno esposti al Governo per l'organo del programma di Garibaldi, il quale sarà un giornale che sta per essere fondato a Genova col titolo* Italia e Vittorio Emanuele. *Questo giornale non farà opposizione sistematica, ma sì giusta. Bisogna cercare di spingere il governo, senza suscitargli inutili imbarazzi; sopratutto non si deve perdere tempo a formare un poderoso esercito, e mettersi d'accordo coll'Ungheria, cogli slavi del sud, e coi Rumeni .*

[102] *La Perseveranza* del 20 gennaio 1861.

*Se i Comitati cammineranno come desidera il generale, potranno essere certi che il paese li asseconderà ed applaudirà così come applaudirà ai generosi sentimenti coi quali il generale Garibaldi desidera la concordia di tutti i partiti.*

## B) La Conciliazione[103]

*Abbiamo letto, come già avvertimmo, nei diari ministeriali certe relazioni di colloqui fra Garibaldi e i suoi visitatori intorno la di lui possibile conciliazione con Cavour, intorno la futura condotta dei Comitati di provvedimento e del loro Comitato centrale, e persino intorno al titolo ed al tema che sulla recente associazione politica dovranno assumersi.*

*Noi crediamo che siavi qualche inesattezza in quelle informazioni; ma ciò non monta. Noi che più d'altri abbiamo insistito, per togliere ogni malefico equivoco, a dimostrare la diversità del programma di Càvour da quello di Garibaldi; noi che abbiamo detto rappresentare essi più che mai due diverse convinzioni, due opposti procedimenti, due contrarie opinioni, vorremmo nullameno, e ben volentieri, se fosse possibile, che la perspicacia di Cavour e la tenacia sua nel conservare il potere l'avisassero (sic) in tempo delle transazioni che sono impreteribili a farsi, dell'appoggio e della fede che meritano gli uomini di Garibaldi e di tutta la convenienza nell'ingrandire, non nell'osteggiare, il prestigio di questo uomo che sarà, lo tolleri in pace il signor Cavour, il più grande in questa parte di secolo nei fasti italiani.*

*Sì, noi vorremmo che tanto vantaggio venisse all'Italia da un franco accordo fra le due parti, quanto furono gravi i danni che derivarono dal cozzo dei due sistemi, dalle passioni dei due partiti.*

*Ma qual è il campo delle trattative possibili? Sarà l'uomo che scenderà dal suo seggio dorato, o l'altro che moverà dal suo scoglio, per incontrare l'avversario? Avrà adesso Cavour libera una mano, sgombra da perniciose presunzione la mente per intendersela con Garibaldi?*

*Noi non vorremmo stranieri di mezzo; non possono essere disinteressati mai; sono spesso importuni, e talvolta sono fatali come intermediari nelle cose nostre.*

*Ma riputiamo che migliore intermediario non siavi di quello che rechi un piano di azione concorde.*

*Cavour comprenda la necessità di un accordo fra la rivoluzione e la diplomazia; comprenda la necessità che siano in armi ed in numero parimenti apprezzati, innanzi al pericolo che ci sovrasta, esercito e volontarii, comprenda l'armamento nazionale come l'intende Garibaldi e come lo sente e lo reclama la pubblica coscienza di chi ci rappresenta; e per il restante c'è più che largo campo a' patti che sodisfino la maggior parte delle opposte esigenze. Se Cavour significa ancora adesso quello che ha significato fin qui, Cavour è incompatibile con Garibaldi. Ma se Cavour comprendesse invece le nazionali esigenze dell'oggi, egli potrebbe cammi-*

---

[103] Da *Il Diritto* del 27 gennaio 1861. L'articolo è di Bertani, ed infatti la minuta, che reca la data del 23 gennaio, è in MRM, *Carte Bertani*, 51, 28, 6.

*nare trionfalmente con Garibaldi fino all'Isonzo, ed insieme scortare il re dell'Italia una in Campidoglio.*

*Non siamo idolatri d'alcun nome, d'alcun prestigio, per quanto grande si eserciti; le sorti della patria nostra non sono infeudate ad alcuno di essi; ma noi altri non vediamo in oggi che Vittorio Emanuele, Garibaldi ed il popolo in armi capaci, se uniti, di salvare l'Italia. Se Garibaldi può congiungere indissolubili ed invincibili mano del popolo con quella del Re, Cavour e tutti i consiglieri della Corona hanno una splendida parte a rappresentare nell'unione ed assicurare con essa l'avvenire d'Italia e della sua prima monarchia nazionale.*

*Quanto ai* Comitati di provvedimento *ed al* Comitato centrale, *per quanto a noi consta, non havvi in essi né proposito deliberatamente ostile al governo, né impossibilità d'accordo con esso. I promotori e i rappresentanti di questa nuova politica istituzione, che esprime il voto di buona parte energica della nazione, vogliono, non soltanto per commissione avuta, ma per convinzione propria, aiutare in ogni modo il programma di Garibaldi; essi, per altro, non si rifiuterebbero ad un accordo, se tale programma consentisse con quello del governo. E lo desiderano; imperocché ben vedono che con tale accordo l'azione sarebbe più facile, più diffusa, più produttiva. Ma pur troppo non vediamo che si prepari ancora il terreno per ciò; che a nulla valgono le assicurazioni o le supposizioni che possono da un momento all'altro essere smentite dai fatti.*

*Quanto al giornale che Garibaldi esige venga istituito in Genova col titolo di* Roma e Venezia, *esso non incontrerebbe certamente ostacolo dall'esistenza d'altro di simil nome in Torino. Noi non crediamo che finora il* Comitato centrale *abbia scelto un organo come suo monitore; siamo anzi certi che ciò non fu da esso ancora stabilito, nell'aspettazione delle decisioni di Garibaldi. Non crediamo però che dal* Comitato centrale *s'abbia per ora in mente di cambiare l'espressione che al suo titolo volle dare Garibaldi al nuovo organo, indicando con esso chiara la meta cui deve esclusivamente in oggi mirare ogni onesto italiano.*

*Né idolatri, né atei; né feticismo, né scetticismo; ma fede nella nazione, nel suo diritto e nel progresso umano.*

## Un programma politico di Bertani[104]

*Inviolabilità dei diritti e delle libertà già sancite nello Statuto. a) Libertà e diritto di riunione e associazione senz'armi.*

(Le associazioni politiche sono considerate come efficaci mezzi educativi ed ausiliari di un governo liberale e rappresentativo).

*b) Libertà di stampa,* senza le vessazioni, il sospetto, gli arbitri governativi che la rendono vana o stromento di partito.

[104] MCRR, 221, 11, 1. Non ha indicazioni di data, ma lo presumo scritto tra il 1861 e il 1862.

*c) Inviolabilità delle libertà individuali, del domicilio, della corrispondenza epistolare.*

*Libertà di coscienza,* quindi soppressione del 1° articolo dello Statuto.

*Libertà d'insegnamento.* Istruzione primaria obbligatoria. Questa e tutta quella fornita dal governo è *gratuita.*

Il governo dà l'esempio in ogni ramo di pubblica istruzione. Lascia ai comuni, alle provincie, ai consorzi la libertà di fondazione ed esercizio d'ogni istituto educativo che non sia contrario alle leggi del progresso.

*Uguaglianza per tutti* nell'esercizio dei diritti politici perciò riforme elettorali progressive fino al voto universale, fonte e base del nostro diritto pubblico.

*Riforma delle imposte* che concili lo sviluppo delle libertà di commercio e d'industria e i bisogni dello stato colle esigenze del proletario e le esuberanze del ricco.

*Riforma dei giudizi penali.* Sia presunta la innocenza non la colpa. Si apprezzi la via per la quale il delitto è provato. *Riforma carceraria.* Il carcere preventivo non sia scuola di sovvertimento o castigo anticipato ed avvertimento pericoloso. *Riforma penitenziaria* che svolga il germe della riabilitazione del colpevole. *Riforma della pena,* abolizione dell'enorme arbitrio umano: la *pena di morte.* *Giustizia criminale.*

*Discentramento amministrativo.* Le facoltà amministrative del potere centrale siano assegnate per quanto possibile ai poteri eletti dal voto popolare al provinciale cioè ed al comunale. Le facoltà strettamente governative siano in buona parte distribuite ai funzionari competenti apprezzatori delle condizioni locali e più solleciti provveditori per essi.

*Equa distribuzione e retribuzione di impieghi – assicurata la carriera e l'indipendenza dell'onesto impiegato nell'esercizio dei suoi diritti di libero cittadino*

*Armamento cittadino.* Sviluppo delle naturali e preziose qualità militari dell'italiano. Guarentigie della libertà interna – della potenza all'estero. Equilibrio fra i due fattori del nostro diritto pubblico: monarchia, nazione – diminuzione progressiva del grave carico di un esercito permanente.

*Alleanza* con chi, riconoscendo i diritti italiani partecipi ai suoi interessi, rispetti la volontà nazionale. *Solidarietà ed appoggio* per tutte le nobili cause di indipendenza delle nazioni che sorgono per rivendicarla.

# INDICE DEI NOMI

*I nomi che figurano sugli elenchi pubblicati in Appendice Seconda non sono indicizzati*

## A

Acerbi Giovanni, 200, 200n., 201n., 349, 350, 351n., 407.
*Acrini Innocenti Maria Grazia*, 144n., 145n., 176n.
*Adami Giacomo*, 30n., 46n.
Aglebert Augusto, 97n., 135n.
Agnelli Gaetano, 350n.
Àlberi Eugenio, 414.
Alfieri Carlo di Sostegno, 216n.
*Allum Percy A.*, 326n.
Alvigini Andrea, 232n.
Amari Michele, 63n., 110, 117n., 118, 269n., 407, 411.
Andreini Rinaldo, 207n., 424.
Annibaldi Biscossi Teodoro, 138n.
Annoni Francesco, 227n.
Antongini (o Antongina) Alessandro, 125n., 133n., 136n., 142, 142n., 163, 415, 415n., 417.
*Aquarone Alberto*, III, 216n., 366n.
Ara Casimiro, 232n., 356n., 362n.
*Arangio Ruiz Gaetano*, 12n., 13n., 36n., 38n.
Arese Francesco, 243n.
Artom Isacco, 54n., 211, 211n., 316n.
Ashurt William, 423.
Ashurt Venturi Emile, 130n., 133n., 149n., 354n.

## Asproni

Asproni Giorgio, 29n., 66, 66n., 68n., 113n., 115n., 142n., 156n., 159n., 162n., 165, 166n., 174n., 176n., 206n., 209n., 214n., 217n., 220n., 221n., 222n., 224n., 227, 227n., 228n., 229n., 230n., 232, 232n., 233n., 234, 234n., 236, 244n., 251n., 253n., 278n., 287n., 300n., 313n., 327n., 353n., 375, 383n.
Astengo Francesco Ferdinando, 143n., 160, 160n.
Audinot Rodolfo, 313n., 364, 364n.
Augier, capitano marittimo, 143n., 160, 160n.
Azeglio Massimo Tapparelli d', 52n., 238n.
Azeglio Vittorio Emanuele Tapparelli d', 113n., 119n., 166n., 167n., 273n., 283n., 301, 301n.

## B

*Badaloni Nicola*, 17n.
Baldisserotti (o Baldisserotto) Francesco, 408, 408n.
*Ballini Pier Luigi*, 319n., 320n., 327n.
*Balzani Roberto*, 46n.
Bargoni Angelo, 84n., 86n., 87n., 104n., 106n., 108n., 110, 110n., 117n.,

429

430

Brofferio Angelo, 23n., 25, 27, 27n., 28, 82n., 156, 173n., 190, 196, 197, 206n., 207, 207n., 214n., 216n., 219, 219n., 220n., 221n., 224n., 227, 227n., 228n., 229, 229n., 230, 231, 232, 232n., 233n., 234, 236, 236n., 244n., 250, 251n., 280, 313n., 327n., 346, 346n., 348, 352n., 353n., 362, 382, 383n.

Bruna (o Bruno) Enrico, 394n.

Brunet Carlo, 232n.

Bruschi Carlo, 90n.

Brusco Enrico, 41, 41n., 42n., 76n., 77n., 118, 125n., 132n., 133n., 142, 142n., 151n., 155, 155n., 158n., 191, 194n., 195n., 201n., 279, 391, 392, 393, 410, 410n.

Brusco Onnis Vincenzo, 60, 61, 151n., 351, 351n.

*Buonanno Gennaro*, 89n.

Burke Edmund, 303, 303n.

Buscalione Carlo Michele, 66n., 87n., 96, 96n., 164, 329n., 346, 346n., 348n., 355n., 357n., 358n., 359n., 362, 362n., 387.

Buttini Bonaventura, 227n., 232n.

C

Cabella Cesare, 20n., 41n., 42n., 64n., 65, 65n., 66n., 67, 67n., 68, 68n., 69, 69n., 77n., 132n., 209, 209n., 228n., 260, 260n., 264, 264n., 268, 268n., 299, 299n., 352n., 390n., 391, 418.

*Caddeo Rinaldo*, 6n., 166n., 179n., 183n., 280n.

Cadolini Giovanni, 87n., 89n., 159, 352, 352n.

Cairoli Benedetto, 11n., 199n., 200, 200n., 201, 349, 352n.

Calabiana Luigi Nazari di, vescovo di Casale Monferrato, 238n.

*Calandra Piero*, 304n., 335n.

Caldesi Vincenzo, 93n., 94.

Cambiaso Ernesta, 161n.

Cambiaso Negrotto Lazzaro, 366.

*Camerani Sergio*, 100n., 269n., 336.

Camous Emilio, 200.

Camozzi Gabriele, 200, 201, 251.

Campanella Federico, 4n., 154n., 168n., 313n., 375.

*Campanini Giorgio*, 247n.

Campello Pompeo di, 111n., 247n.

Canalis Giovanni Battista, 232n.

Canestrini Giuseppe, 356n.

Cantù Cesare, 55n.

Canzio Stefano, 76n., 423.

*Capone Alfredo*, 14n., 282n., 311n.

Cappellari, Giovanni, 351, 352n.

Capponi Gino, 221n.

Capriolo Vincenzo, 211, 232, 233, 244n., 251, 347n.

*Caracciolo Alberto*, 26n., 38n., 48n., 54n., 183n., 219n., 254n., 291n., 299n., 305n., 321n., 337n.

Carbone Luigi, 349n.

Carbonelli Vincenzo, 76n.

Carcassi Giuseppe, 77n., 390n., 391.

Carega Francesco, 153, 187.

Carignano, vedi Savoia Eugenio principe di.

Carini Giacinto, 294n., 315n.

Carlo Alberto, re di Sardegna, 204n., 290.

*Carocci Giampiero*, 49n.

Carrano Emanuele, 220n.

Casa Giuseppe, 77n.

Casamorata Augusto, 323n.

Casareto Giovanni Battista, 21n., 77n., 199 n., 392.

Casarini Camillo, 69n., 88n., 95, 95n., 96n., 128n., 359, 359n., 360.

*Casini Tommaso*, 220n., 221n., 222n., 223n., 224n., 225n.

Cassinis Giovanni Battista, 94n., 122n., 239, 239n., 240, 240n., 256n., 258, 311n., 312n., 314n., 315, 316n., 317n., 320n., 323n., 330n., 332n., 341n.

Castagnola Stefano, 76n., 390n., 391.

# INDICE

Finito di stampare nel mese di dicembre 1999 da:
*Grafica Romana srl* - 00133 Roma - Via F. Bartolozzi, 13
Tel. 06.20.177.11/24 - Fax 20.17.710